Verena Gassner – Andreas Pülz (Hrsg.)

Der römische Limes in Österreich

V. Gassner – A. Pülz (Hrsg.)

# Der römische Limes in Österreich

Führer zu den archäologischen Denkmälern

Redaktion: K. Lappé

Bibliografische Information der Deutschen Nationalbibliothek
Die Deutsche Nationalbibliothek verzeichnet diese Publikation in der Deutschen Nationalbibliografie,
detaillierte bibliografische Daten sind im Internet über http://dnb.d-nb.de abrufbar.

Umschlaggestaltung: J. Reiter
Layout: K. Lappé

Abbildungen des Umschlags:
Vorne Plan: Tabula Peutingeriana (ÖNB/Wien Cod. 324, Segm. IV)
Vorne links: Relief eines Tropaion (Land NÖ, Archäologischer Park Carnuntum, Foto: N. Gail)
Vorne rechts: Panzerstatue (Land NÖ, Archäologischer Park Carnuntum, Foto: N. Gail)
Hinten links: Wallsee, Restkastell (Archäologie Service, Foto: G. Artner)
Hinten Mitte: Visualisierung von Vindobona/Wien (Animation: M. Klein, 7reasons)
Hinten rechts: Mautern, Kastellwestseite (Foto: K. Lappé)

Die verwendete Papiersorte ist aus chlorfrei gebleichtem Zellstoff hergestellt,
frei von säurebildenden Bestandteilen und alterungsbeständig.

2. Auflage

Alle Rechte vorbehalten.
ISBN 978-3-7001-7787-6
Copyright © 2018 by
Österreichische Akademie der Wissenschaften, Wien
Druck und Bindung: Wograndl Druck GmbH, Druckweg 1, A-7210 Mattersburg
http://epub.oeaw.ac.at/7787-6
http://verlag.oeaw.ac.at

## Inhaltsverzeichnis

Vorwort der Herausgeber .................................................................................................................. 7

Forschungsgeschichte und Denkmalpflege (M. Pollak) ................................................................... 9
Die historische Entwicklung des österreichischen Limes (W. Hameter) ........................................ 21
Bauten und Truppen des römischen Grenzheeres in Österreich (Th. Fischer) .............................. 26
Ziviles Leben am Limes (P. Scherrer) ............................................................................................... 47
Götter, Kulte und Heiligtümer am österreichischen Limesabschnitt (V. Gassner) ........................ 68
Frühes Christentum am österreichischen Limesabschnitt (A. Pülz) .............................................. 79
Nekropolen im Limesgebiet (G. Kremer) ........................................................................................ 86
Rom und der Norden (M. Erdrich) .................................................................................................. 95
Römer und Germanen am norisch-pannonischen Limes (A. Stuppner) ...................................... 110

**Katalog der Orte** ......................................................................................................................... 127
Passau – Boiotro ............................................................................................................................ 128
Passau – Boiodurum ..................................................................................................................... 130
Passau-Haibach ............................................................................................................................. 134
St. Marienkirchen bei Schärding ................................................................................................... 135
Engelhartszell an der Donau ......................................................................................................... 137
Oberranna – Stanacum (?) ............................................................................................................ 138
Schlögen – Ioviacum (?) ................................................................................................................ 140
Kobling-Rossgraben ...................................................................................................................... 142
Aschach an der Donau – Ioviacum (?) .......................................................................................... 142
Eferding .......................................................................................................................................... 143
Wels – Ovilava ............................................................................................................................... 144
Wilhering ....................................................................................................................................... 150
Hirschleitengraben ........................................................................................................................ 153
Linz – Lentia .................................................................................................................................. 155
Enns – Lauriacum .......................................................................................................................... 163
Albing ............................................................................................................................................. 178
St. Pantaleon-Erla .......................................................................................................................... 181
Au ................................................................................................................................................... 183
Wallsee – Adiuvense (?) / Locus Felix (?) ..................................................................................... 184
Sommerau ..................................................................................................................................... 187
Mauer an der Url – Locus Felix (?) ............................................................................................... 188
Neumarkt an der Ybbs – Ad pontem Ises (?) ............................................................................... 191
Ybbs an der Donau ........................................................................................................................ 192

# Inhaltsverzeichnis

Sarling .................................................................................................................................. 193
Pöchlarn – Arelape ............................................................................................................. 194
Melk-Spielberg .................................................................................................................... 198
Blashausgraben ................................................................................................................... 199
Bacharnsdorf ....................................................................................................................... 200
St. Lorenz ............................................................................................................................ 202
Windstallgraben .................................................................................................................. 203
Mautern an der Donau – Favianis ...................................................................................... 204
St. Pölten – Aelium Cetium ................................................................................................. 210
Hollenburg .......................................................................................................................... 218
Traismauer – Augustiana .................................................................................................... 219
Maria Ponsee ...................................................................................................................... 223
Zwentendorf an der Donau – Asturis ................................................................................. 224
Tulln an der Donau – Comagenis ....................................................................................... 229
Nitzing ................................................................................................................................. 233
Zeiselmauer – Cannabiaca (?) ............................................................................................ 234
Greifenstein ........................................................................................................................ 238
Maria Gugging .................................................................................................................... 238
Klosterneuburg ................................................................................................................... 239
Wien – Vindobona .............................................................................................................. 242
Schwechat – Ala Nova ........................................................................................................ 267
Fischamend – Aequinoctium .............................................................................................. 270
Maria Ellend ....................................................................................................................... 274
Höflein ................................................................................................................................ 275
Carnuntum ......................................................................................................................... 278
Burg Devín ......................................................................................................................... 292
Rusovce – Gerulata ............................................................................................................ 295

Liste römischer Kaiser ........................................................................................................ 300
Siglenliste ............................................................................................................................ 302
Literaturverzeichnis ............................................................................................................ 304
Ortsindex ............................................................................................................................ 325
Abbildungsnachweis ........................................................................................................... 327

## Vorwort der Herausgeber

Die Donau bildete für mehr als 400 Jahre die Außengrenze des Imperium Romanum. In dieser Zeit entstanden am österreichischen Limesabschnitt zahlreiche militärische Anlagen, wie Kastelle oder Wachtürme, ebenso wie zivile Siedlungen und Verwaltungszentren. Sie wurden in der Folge zu Keimzellen moderner Orte und Städte, sodass noch heute in vielen Orten an der Donau das Stadtbild von Resten römischer Gebäude bestimmt wird. Hervorgehoben seien etwa das Wienertor in Traismauer oder die Türme der römischen Kastelle in Tulln (Salzturm) und Zeiselmauer (Körnerkasten). Aber auch die von den Römern angelegten Verkehrsverbindungen lassen sich sowohl innerstädtisch als auch über Land vielfach im modernen Straßennetz noch verfolgen.

In den letzten Jahrzehnten hat die Beschäftigung mit diesen Zeugnissen der römischen Vergangenheit einen starken Aufschwung erfahren, der sowohl die wissenschaftliche Erforschung ausgewählter Fundplätze, wie etwa Mautern oder Pöchlarn, als auch die Präsentation der neuesten Ergebnisse für die interessierte Öffentlichkeit betraf. In diesem Zusammenhang erwähnt seien vor allem die Museen entlang des österreichischen Donaulimes, die nicht nur die materielle Hinterlassenschaft dieser Epoche bewahren, sondern in ihren Schauräumen die in jahrelangen Forschungsprojekten gewonnenen Erkenntnisse zur Geschichte und Kultur des römischen Österreichs einer breiten Öffentlichkeit vermitteln[1].

Seit dem Erscheinen des von H. Friesinger und F. Krinzinger herausgegebenen Limesführers[2] sind mittlerweile über 15 Jahre vergangen. In dieser Zeit konnte erfreulicherweise eine Vielzahl von neuen Erkenntnissen gewonnen werden, weshalb sich die Österreichische Akademie der Wissenschaften entschlossen hat, einen neuen archäologischen Führer herauszugeben. Dabei handelt es sich nicht um einen überarbeiteten Nachdruck, sondern um eine vollkommen neue Publikation, welche die zahlreichen neuen Funde und Befunde, aber auch zeitgemäße Forschungsansätze sowie -methoden berücksichtigt.

Während der Führer des Jahres 1997 ausschließlich Fundorte beinhaltete, an denen heute noch Denkmäler im Gelände sichtbar sind, schließt die vorliegende Ausgabe an das Konzept des ersten Limesführers aus dem Jahr 1986[3] an und präsentiert in kurzer und prägnanter Form einen weitgehend vollständigen Katalog aller Orte, an denen materielle Zeugnisse und/oder zumindest Hinweise auf die Römerzeit gefunden worden sind.

Gegenüber den vorangegangenen Ausgaben verändert wurde das Format, dessen nahezu quadratisches Ausmaß nunmehr nicht nur ein zweispaltiges Textlayout, sondern auch ausreichend Platz für Abbildungen und Pläne bietet. Diese wurden mit ei-

---

1 Zur besseren Koordination und Förderung dieser Vermittlungsarbeit haben sich die Museen zum Verein ‚Museen am Donaulimes in Österreich' zusammengeschlossen. Mitglieder sind: Oberösterreichisches Landesmuseum, Nordico, Museum Lauriacum – Enns, Stadtmuseum Wels – Minoriten, Römermuseum Wallsee, Stadtmuseum Arelape – Bechelaren, Pöchlarn, Römermuseum Mautern FAVIANIS, Stadtmuseum Traismauer,

Museum Zwentendorf, Stadtmuseum St. Pölten, Römermuseum Tulln, Stiftsmuseum Klosterneuburg, Wien Museum – Römermuseum, Stadtarchäologie Wien (außerordentliches Mitglied), Archäologischer Park Carnuntum, Museum Petronell-Carnuntum Auxiliarkastell.
Vgl. die Websites www.donau-limes.at sowie www.limes-oesterreich.at/html/ (15. 10. 2014).

2 H. Friesinger – F. Krinzinger (Hrsg.), Der römische Limes in Österreich (Wien 1997).

3 H. Vetters – M. Kandler, Der römische Limes in Österreich (Wien 1986).

nem aufeinander abgestimmten Erscheinungsbild sowie einheitlicher Legende versehen.

Die behandelten Orte sind wiederum geographisch geordnet. Der Katalog der Fundstellen beginnt im Westen an der Grenze zur Nachbarprovinz Raetien und geht über die Provinz Noricum bis nach Pannonien, wo die beiden großen Legionslager von Vindobona/Wien und Carnuntum/Bad Deutsch Altenburg eine Schwerpunkt bilden. Neben diesen Fundorten auf österreichischem Staatsgebiet werden – gleichsam im Sinne moderne Grenzen überschreitender archäologischer und kulturgeschichtlicher Forschung – auch die unmittelbar angrenzenden Fundorte Passau (Bayern/D) im Westen und Bratislava (Slowakei) im Osten berücksichtigt. Römische Militärpräsenz und Besiedlung stellte aber nur eine Seite der antiken Lebensrealität dar. Daher wird im neuen Limesführer auch auf die zunächst jenseits der Donau – ab dem fortgeschrittenen 2. Jh., besonders aber seit dem 4. Jh. n. Chr. auch diesseits des Stromes lebenden germanischen Stämme und ihre materielle Hinterlassenschaft eingegangen und so ein zumindest summarischer Einblick in die Komplexität eines antiken Grenzraumes geboten.

Wie in den bisherigen Auflagen des archäologischen Führers widmen sich die vorangestellten einführenden Kapitel den wichtigsten Aspekten der antiken Kultur- und Religionsgeschichte sowie dem Militär mit speziellem Fokus auf das österreichische Limesgebiet. Die einzelnen Katalogbeiträge bringen jeweils eine kurze Einführung zu jedem Fundplatz, eine konzise Beschreibung der Monumente und der Funde, anschauliche Pläne und Bilder sowie die wichtigsten Literaturhinweise. Zudem werden nützliche Informationen zu den Besichtigungsmöglichkeiten der Denkmäler und Museen angeführt. Am Ende des Katalogteils findet sich außerdem eine Gesamtbibliographie. Sie erhebt keinesfalls den Anspruch auf Vollständigkeit, sondern stellt eine Auswahl der wichtigsten Publikationen dar, über die weiterführende Literatur gefunden werden kann.

Für die Erarbeitung des vorliegenden Limesführers konnte wiederum eine Vielzahl von Fachkolleginnen und Fachkollegen gewonnen werden, die ihre neuesten Forschungsergebnisse in die jeweiligen Beiträge einfließen ließen. Dieser Führer stellt damit das Ergebnis kollegialer Zusammenarbeit zahlreicher nationaler und internationaler Kolleginnen und Kollegen dar, denen an dieser Stelle herzlich gedankt sei. Besonderen Dank schulden wir der Präsidentin des österreichischen Bundesdenkmalamts, Barbara Neubauer, dem Leiter der Abteilung für Archäologie, Bernhard Hebert sowie Herrn René Ployer, welche die Grundlagen für die Pläne der Orte am norischen Limes zur Verfügung gestellt haben und wichtige Diskussionspartner waren[4]. Frau Kira Lappé und Herr Johannes Reiter haben die Beitragsredaktion und die Layoutierung bzw. die Gestaltung der Plandokumentation übernommen, wofür Ihnen unser besonderer Dank gilt.

Dankend hervorzuheben sind schließlich der Verlag der Österreichischen Akademie der Wissenschaften und seine Geschäftsführerin, Frau Lisbeth Triska, die die notwendigen finanziellen Rahmenbedingungen für die Erarbeitung des vorliegenden Limesführers sicherstellte.

*Verena Gassner und Andreas Pülz*

Wien, Oktober 2014

*Bemerkung zur zweiten Auflage 2018*

Für den Druck der zweiten Auflage wurden Tipp- und Satzfehler korrigiert, „in Druck"-Zitate aufgelöst sowie Website-Links aktualisiert.

Wien, März 2018

---

4  Vgl. R. Ployer, Der norische Limes in Österreich, FÖMat B 3 (2013).

## Forschungsgeschichte und Denkmalpflege

Die zum Teil noch aufrecht stehenden römischen Bauten des österreichischen Donaulimes, manchmal auch in die historischen Stadtbilder integriert, gehören zu den bedeutendsten Zeugnissen antiker Festungsbaukunst in Mitteleuropa. Gleichzeitig bildeten sie Kristallisationskerne für die mittelalterliche Siedlungsentwicklung, so dass sie vielfach die römische Vergangenheit der Orte sichtbar und sinnlich erfahrbar machen. Ihre möglichst unversehrte Bewahrung, wenn schon nicht in alle Ewigkeit, sondern für möglichst viele Generationen, gehört zu den wichtigsten Aufgaben der archäologischen Denkmalpflege und verpflichtet Fachleute, politische Entscheidungsträger und Eigentümer in gleicher Weise. Als bester Schutz für Denkmale bewährt sich das Interesse einer breiten Öffentlichkeit. R. v. Eitelberger, einer der Vordenker der österreichischen Denkmalpflege, schrieb schon 1856: „Denn das wichtigste Mittel, sie [die Denkmale] zu erhalten, ist, sie der Vergessenheit zu entziehen, ihren Werth anschaulich darzulegen, und das Interesse für sie zu erregen" (Eitelberger v. Edelberg 1856, 1).

Trotz ihrer Sichtbarkeit und Anpassung an die Erfordernisse mittelalterlicher Baukunst fehlen in Österreich – anders als in anderen europäischen Regionen – zumeist konkrete zeitgenössische Deutungen der antiken Ruinen, was auf die Brüche durch Völkerwanderungszeit und Ungarnkriege zurückzuführen ist. Sehr viel mehr Beachtung fanden antike Spolien (wieder verwendete Grabdenkmäler und Inschriften), die seit der Romanik als Bauplastiken an Kirchen, in christlichem Sinn umgedeutet, an prominenter Stelle Verwendung fanden. Da ihre Inschriften nicht mehr verstanden wurden, bezog z. B. der Mönch Berchtold von Kremsmünster die um 1300 n. Chr. bei Umbauarbeiten im Inneren der Kirche Hl. Laurentius in Lauriacum/Enns gefundene Grabinschrift von *Seccius Secundinus* und seiner Familie auf die Gründungsgeschichte der Kirche, nicht aber auf den antiken Ort, dessen Ruinen noch die Landschaft prägten.

Im Gegensatz dazu reflektierte die mittelalterliche Geschichtsschreibung die römische Vergangenheit von Landschaften und Städten, ihre Gründung durch Julius Caesar, Kaiser, Feldherren oder Heroen, was das Bedürfnis nach einer ruhmvollen Frühgeschichte zeigt. Für den österreichischen Donauraum lässt sich dafür die Diskussion um die Identifizierung von Favianis/Mautern heranziehen. So berichtet ein Zisterziensermönch aus Heiligenkreuz in seiner *Translatio sanctae Delicanae* für Wien von gewaltigen und uralten Mauern der Stadt Favianis, die noch auf die Römer zurückgehen sollen und damals noch weitgehend aufrecht standen. Da die Kenntnisse über die römische Vergangenheit an der Donau damals auf der Lebensbeschreibung des Heiligen Severin beruhten (verfasst vom Mönch Eugippius, gest. 533 n. Chr.), lokalisierte auch der babenbergische Geschichtsschreiber Otto von Freising (um 1112–1158 n. Chr.) in seinen *Gesta Friderici* Favianis in der neu aufstrebenden babenbergischen Residenzstadt Wien, was deren politische und kirchliche Bedeutung erhöhen sollte.

Gleichzeitig setzte in ganz Mitteleuropa der massive Verlust römischer Bausubstanz ein, der auf den beginnenden Aufschwung der Städte und die Wiederaufnahme der Steinbauweise zurückzuführen ist. Die römischen Bauten wurden verstärkt als Steinbrüche ausgebeutet. Die systematische Abtragung hatte ihre Hochblüte zwischen dem 11. und 13. Jh. n. Chr. Als besonders auffällig hervorzuheben ist der Unterschied zwischen dem niederösterreichischen Donauraum, mit seiner trotz aller historischen Diskontinuitäten und Brüche aufrecht stehenden antiken Bausubstanz, und dem heutigen Oberösterreich, wo sich kaum vergleichbare Ruinen erhalten haben.

Die Wehrmauern des Legionslagers Lauriacum/Enns müssen im Frühmittelalter noch weithin sichtbar und in ihrer fortifikatorischen Funktion deutlich erkennbar gewesen sein. Davon zeugt seine lokale Bezeichnung „Die Burg"; innerhalb des Lagers trug das Areal um die *principia* den Namen „In der Pfalz" (etymologisch *palatium* = Palast). Nur die um 1792 abgetragene Kirche Maria Anger, die ins *valetudinarium* des Legionslagers eingebaute spätantike Bischofskirche, blieb bis in jüngere Vergangenheit erhalten. Sie wird in Urkunden des 12. Jhs. n. Chr. als Kirche der heiligen Maria in der Burg Lauriacum bezeichnet und war mit Pfarrrechten ausgestattet. Der sie umgebende Friedhof wurde ab dem 10. Jh. n. Chr. genützt. Die heutige Basilika St. Laurenz entwickelte sich aus der spätantiken Kirche der Zivilstadt. Die mächtigen Wehrmauern wurden zum Steinbruch für die mittelalterliche Stadt auf dem Stadtberg, müssen aber bis ins 16. Jh. zumindest teilweise noch aufrecht gestanden sein, da der aus Abensberg in Niederbayern stammende bayerische Hofhistoriograph Johannes Turmair, genannt Aventinus (1477–1534 n. Chr.), von einer großen und mächtigen Reichsstadt mit einer zwei Meilen großen Ringmauer spricht.

Noch viel komplexer ist die Situation in Lentia/Linz, wo die Lage des kaiserzeitlichen Kastellareals trotz zahlreicher stadtkernarchäologischer Untersuchungen nach wie vor nicht abgesichert ist. Vom spätantiken Kastell auf dem Römerberg wurden der 4 m tiefe Spitzgraben und das zugehörige Gräberfeld am sog. Römerberg mit Bestattungen nachgewiesen, unter denen sich auch Militärangehörige befanden. Im Ruinengelände entstand das *castrum* Linz, das zusammen mit der westlich davon liegenden Martinskirche in einer 799 n. Chr. in Treisma (Augustianis/Traismauer) ausgestellten Urkunde erstmals genannt ist.

Östlich der Enns bildete die niederösterreichische Wachau eine Kernzone bayerischer Ostkolonisation, welche die alten Kastellorte im frühen 9. Jh. n. Chr. nach einer Periode längerer Verödung wieder in Besitz nahm. Erst nach dem Sieg über die Ungarn am Laurentius-Tag (10. August) des Jahres 955 n. Chr. setzte die hochmittelalterliche Siedlungsentwicklung ein. Sie bediente sich dabei mancherorts der wehrhaften antiken Kastellmauern, die dadurch bis heute sichtbar erhalten sind. So betritt der von Osten kommende Besucher Augustianis/Traismauer durch das Wiener- oder Römertor, dessen antike Bausubstanz – sowie die des Reck- oder Hungerturmes an der Nordfront – bis zum zweiten Obergeschoss erhalten ist (Abb. 139). Aus dem spätantiken Restkastell in der Nordwest-Ecke entwickelte sich das Schloss, das in einer Urkunde des Jahres 830 n. Chr. als *curtis* (königlicher Hof) bezeichnet wird und dessen heutiges Erscheinungsbild vorwiegend auf das 13. Jh. n. Chr. zurückgeht.

In Favianis/Mautern sind heute vor allem die Festungsbauten der Westfront, wie der Hufeisenturm und zwei Fächertürme, sichtbar erhalten. Wichtige Aufschlüsse zum mittelalterlichen Baugeschehen erbrachte die 2005 an der Nordfront des Lagers durchgeführte archäologische Untersuchung eines Hufeisenturmes, die dessen mehrfachen Umbau ab dem 10. Jh. n. Chr. bis in die frühe Neuzeit nachweisen konnte.

Vor allem die massiven Türme wurden mehrfach einer wirtschaftlichen Nutzung zugeführt, wie der Salzturm in Tulln als Stapelplatz an der Donaulände. Der heutige Ort Zeiselmauer, das römische Cannabiaca, wird durch mehrere antike Bauten geprägt, von denen das Restkastell an der Nordwest-Ecke besonders beeindruckt (Abb. 149), während das östliche Lagertor zu einem Zehentkasten umgestaltet wurde und seine fortifikatorische Bedeutung gänzlich eingebüßt hat.

Asturis/Zwentendorf erfuhr im Früh- und Hochmittelalter einen zweifachen Nutzungswechsel. Das Gelände diente im 10. und 11. Jh. n. Chr. als Friedhof, angelegt um eine Holzkirche mit Stifterbestattung. Nach dessen Auflassung wurde im ausgehenden 11. Jh. der südöstliche Fächerturm zu einem „Festen Haus", dem Sitz des Rittergeschlechtes der Chrotendorfer, umgestaltet. Eine nochmalige und letzte fortifikatorische Verwendung fand die bereits nicht mehr bewohnte Burg 1465 n. Chr. durch den Söldnerführer Wenzel Wiltschek.

In Klosterneuburg, dessen antiker Name bis heute nicht geklärt werden konnte, wurden sowohl die neue Residenz der Babenberger (1113 n. Chr.) als auch das heutige Augustinerchorherren-Stift (1114 n. Chr.) in den Mauern des Auxiliarkastells gegründet. Die seit dem 14. Jh. n. Chr. überlieferte Gründungslegende des Stiftes zeichnet hingegen das Bild eines unbewohnten Waldgebietes, ohne die dafür als Baumaterial dienende römische Ruine auch nur zu erwähnen.

Aber nicht nur Teile der Befestigung, sondern auch der Innenbebauung wurden im Mittelalter weiter verwendet und entsprechend adaptiert, wie die über den Zentralgebäuden der Lager errichteten Pfarrkirchen von Augustianis/Traismauer und Cannabiaca/Zeiselmauer zeigen.

Die Störungsbefunde und ihre Datierung sind in den Grabungsberichten immer wieder erwähnt und ergeben dadurch wesentliche Aufschlüsse zu Erhaltung und Nachnutzung sowie zu Abbruch und Zerstörung, die gleichberechtigt nebeneinander stehen. Bedauerlicherweise fehlen alle historischen Nachrichten darüber, welche Wertigkeit die Baumeister dieser Zeit den Ruinen beigemessen haben.

Die Gelehrten der Renaissance beachteten erstmals die Denkmale der römischen Antike nördlich der Alpen. So erkannte der in Wien wirkende Humanist Wolfgang Lazius (1514–1565 n. Chr.) in den Ruinen bei Petronell nicht nur das antike Carnuntum, sondern auch dessen fortschreitende Zerstörung. Er benennt als erster den Steinraub zur Baumaterialgewinnung als Bedrohung. Er schreibt: *„Alda haben letzlich ettliche alte herrn vnder dem gepied der ersten Marggraven in Osterreich ain burg vnnd schloss auss den stainen vnnd pruch des alten gemaurs gepauett vnnd werden die herrn von Sanndt Petronell genennet, welches geschlecht danach anno 1262 mit herren Albern abgestorben."*

In Augustianis/Traismauer vermutete der schon erwähnte Aventinus um die Mitte des 16. Jhs. aufgrund der über dem Schlossportal angebrachten Ehreninschrift für Kaiser Antoninus Pius ein an der Traisen errichtetes Römerkastell.

Erst im 18. Jh. werfen vereinzelte Nachrichten ein Schlaglicht auf den Erhaltungszustand antiker Ruinen am Donaulimes. Die beiden englischen Reisenden Richard Pococke (1704–1765 n. Chr.) und Jeremias Milles (1714–1784 n. Chr.) beobachteten etwa in Lauriacum/Enns, wie die Anwohner auf den frisch gepflügten Feldern nach Münzen suchten; sie beschreiben die Denkmale Carnuntums und erwähnen die Unterschiede zwischen den Ruinenhügeln im Spaziergarten des Schlosses Traun im Gegensatz zu den beackerten und landwirtschaftlich genützten Flächen, wo die Schutthügel schon eingeebnet, die antike Siedlungszone aber immerhin am Ziegelbruch erkennbar ist. Die Deutsch-Altenburger Bevölkerung sammelte die vielen Funde, um sie an die Badegäste zu verkaufen. Noch im 19. Jh. hat man die massiven antiken Grabsteine zur Sicherung der Uferböschung der Donau verwendet.

Das Erbe der klassischen Antike, Rom und die neu entdeckten Vesuvstädte waren dem gebildeten Publikum durch Studienreisen bekannt und ließen die römischen Hinterlassenschaften nördlich der Alpen zum Symbol des gemeinsamen zivilisatorischen Erbes werden. Die wissenschaftlichen Voraussetzungen entwickelte Johann Joachim Winckelmann (1717–1768 n. Chr.), Aufseher der Altertümer am Päpstlichen Stuhl. 1764 legte er mit dem Schritt von der Geschichte der Künstler zur Geschichte der Kunst in seiner „Geschichte der Kunst des Altertums" die methodischen Grundlagen kunstgeschichtlicher und archäologischer Forschung.

Die Entdeckungen im Mittelmeerraum demonstrierten die bis dahin ungeahnten Möglichkeiten archäologischer Ausgrabungen und regten während des 18. Jhs. Laien mit historischen, künstlerischen und literarischen Neigungen zu ersten, jedoch völlig unsystematischen Grabungen an. Die angetroffenen Befunde wurden mit der antiken Überlieferung verglichen und durch sie interpretiert. Diese Methode charakterisiert die wissenschaftliche Vorgangsweise dieser Zeit: Die archäologischen Quellen sprechen nicht für sich selbst, sondern sind nur anhand antiker Schriftzeugnisse erklärbar.

Am österreichischen Donaulimes ist allerdings kaum nennenswertes Interesse festzustellen. Dies bestätigt die Auffindung eines Mosaikbodens in der Zivilstadt von Lauriacum/Enns im Jahr 1765. Er wurde zwar zeichnerisch festgehalten, löste aber keine weiteren Forschungen am reichen Denkmalbestand der Stadt aus. Es sollten noch fast 90 Jahre bis zur ersten archäologischen Untersuchung vergehen. Eine große Ausnahme bilden die ersten Forschungsarbeiten des Seitenstettner Benediktinerpaters J. Schaukegl, der 1787 erstmals das Lager von Mauer an der Url als römische Befestigung erkannte, eingehend beschrieb und in einem Plan festhielt (Abb. 1).

Die gegen Ende des 18. Jhs. in England entstandene Ruinen-Romantik ästhetisierte in Literatur und Kunst die Baureste vergangener Kulturen. Ruinen wurden zu Schauplätzen der Ewigkeit, die sich mit

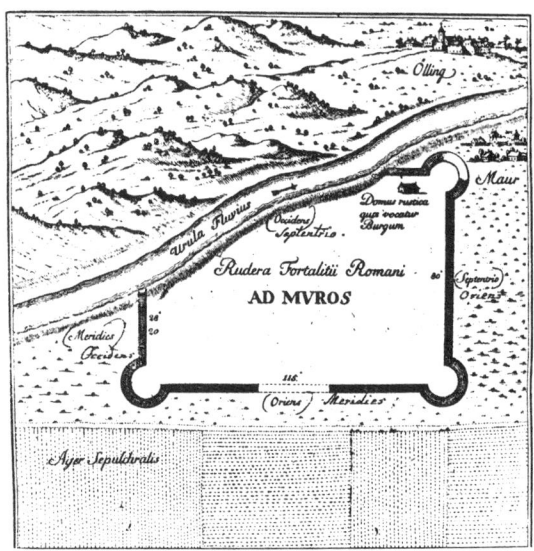

Abb. 1: Plan des Kastell von Mauer an der Url, 1787 verfasst von Pater Josef Schaukegl

der Landschaft zu einem harmonischen Ganzen verbanden. Äußerer Ausdruck dieser Mode sind auch die in Landschaftsgärten integrierten künstlichen Ruinen, wie z. B. im Park des Schlosses Schönbrunn (erb. 1780). Dichtung, Malerei und Grafik entdeckten dadurch Denkmale der klassischen Antike als neue Motive. Dabei spielten neben dem malerischen Erscheinungsbild vor allem ästhetische Kriterien eine wichtige Rolle. Die Vielzahl der Darstellungen des „Heidentores" bei Carnuntum ist dafür ein beredtes Zeugnis.

Die neuen geistigen Strömungen des 19. Jhs. führten zu grundlegenden Veränderungen im Umgang mit den archäologischen Hinterlassenschaften aller Perioden. Die verstärkte Auseinandersetzung mit antiker Architektur und historischen Quellen, die durch archäologische Funde erweiterte Materialbasis sowie das durch die Romantik geförderte Interesse an Religion und Mythologie führten im mittleren Drittel des 19. Jhs. zum bis heute gültigen umfassenden Verständnis von Altertumswissenschaft.

Die Bruch- und Verlusterfahrungen als Folge von Französischer und Industrieller Revolution bewirkten zudem ein neues Bewusstsein für die Gefährdung historischer Bausubstanz. Legitimierend wurde der „nationale Wert", da die Bauwerke, „aus welchem Jahrhundert sie auch stammen mögen", als Zeugen der Geschichte der lebendigen Erinnerung der Bürger dienten. Das kulturelle Erbe galt nun als historisch gewachsene Einheit, die gemäß den neuen politischen Vorstellungen des 19. Jhs. die Identität der jeweiligen Nation verkörperte. Das Interesse an den archäologischen Quellen sowie ihrer Erforschung und Bewahrung blieb weiterhin Sache weniger Idealisten. Bei antiken Bauten stand die wissenschaftliche Erforschung an erster Stelle. Die Erhaltung für zukünftige Generationen war nur bei besonders spektakulären antiken Ruinen erklärtes Ziel.

Die neue Beachtung der Realien der Vergangenheit manifestierte sich im frühen 19. Jh. in der Einbeziehung archäologischer Funde in die eben erstmals entstehenden Museen. Sie wurden als Erinnerungsräume einer Gesellschaft gestaltet, die aus der Vergangenheit Identität für die Gegenwart ableiten wollte. Für die „Magie der Dinge" spielten archäologische Funde als „stumme Zeugen der Vergangenheit" eine grundlegende Rolle. Die frühen sog. vaterländischen Museen waren als Universalmuseen mit umfassenden Sammlungen von Natur bis Kunst konzipiert und stellten gegenüber den fürstlichen Privatsammlungen ein neues und überaus fortschrittliches Museumsmodell dar. Alle

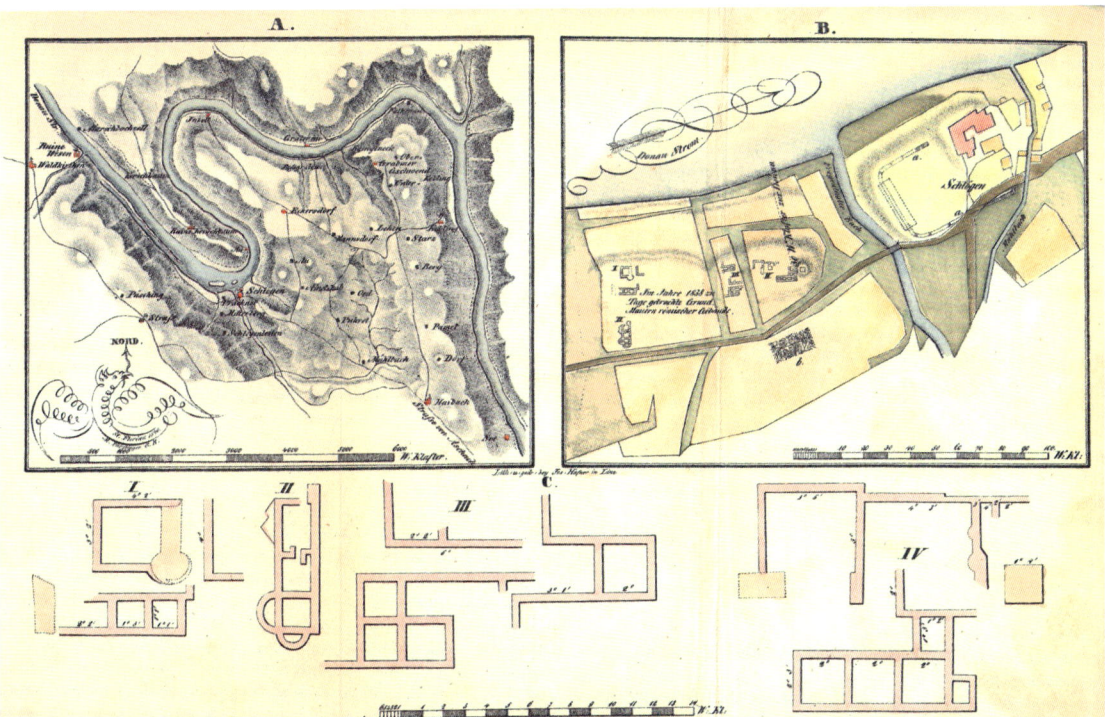

Abb. 2: Kastell und *vicus* Schlögen. Topographische Situation und Übersicht über die Grabungen. Plan J. Gaisberger, 1840

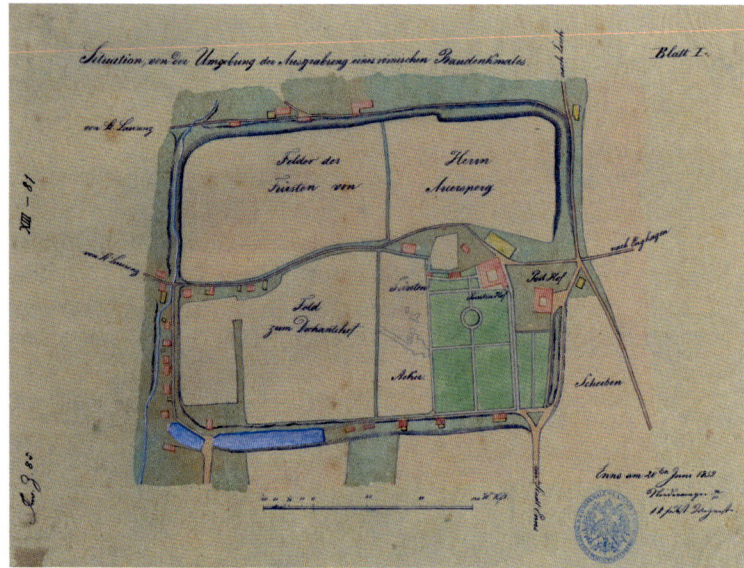

Abb. 3: Legionslager Lauriacum. Situationsplan 1852

waren private oder durch Kollektive, häufig den lokalen Adel, getragene Gründungen mit dem gemeinsamen Ziel einer Vertiefung des Wissens. Das von Erzherzog Johann 1811 in Graz gegründete Joanneum ist das älteste auf heute österreichischem Boden.

Trotz obrigkeitlicher Bedenken *„allzu viele Kenntnisse im Volke zu verbreiten"*, ließen sich im Vormärz die Entstehung und Verbreitung von Geschichtsvereinen auch durch Repressalien nicht verhindern, so dass lokale wissenschaftliche Gesellschaften entstanden, die auch das archäologische Erbe zu ihrem Forschungsziel machten. Die von ihnen getragenen Museen sammelten ab nun verstärkt das regionale archäologische Erbe.

Da denkmalrechtliche Bestimmungen fehlten, konnte jeder – sofern er das nötige Interesse und die finanziellen Mittel für die beschäftigten Taglöhner aufbrachte – archäologische Untersuchungen vornehmen. Das für die kaiserliche Sammlung in Wien seit 1812 bestehende Vorkaufsrecht für archäologische Funde war dabei kein Hindernis. Es beruhte auf dem landesfürstlichen Anrecht am Drittelanteil an einem zufällig gefundenen Schatz und sollte den Zuwachs an qualitativ hochwertigen Fundstücken für die kaiserliche Sammlung (oder ihres materiellen Gegenwertes durch Einschmelzen) absichern. Die Bestimmung wurde 1846 obsolet, als im Allgemeinen Bürgerlichen Gesetzbuch die Hälfteteilung zwischen Finder und Grundeigentümer eingeführt wurde. Anders als in vielen anderen europäischen Ländern wurde in Österreich aber kein Regal für archäologische Funde eingeführt, so dass die Gegenstände bei den Ausgräbern oder in den unterschiedlichsten Sammlungen verblieben.

Am Anfang der nun einsetzenden österreichischen Limesforschung steht der auch als „Vater der oberösterreichischen Archäologie" bezeichnete Joseph Gaisberger (1792–1871 n. Chr.), der auch an der Gründung des heutigen oberösterreichischen Musealvereines als „Verein des vaterländischen Museums für Österreich ob der Enns mit Inbegriff des Herzogthums Salzburg" 1833 mitwirkte. Unter seiner Leitung stand 1838–1840 die erste systematische archäologische Grabung Oberösterreichs als zugleich erste am Donaulimes im Bereich des Kleinkastells Schlögen (Abb. 2). Bald darauf ermunterten die Kreishauptleute in einem Präsidialerlass des Jahres 1841 zu archäologischen Ausgrabungen, um die Sammlungstätigkeit des neuen Museums in Linz zu fördern.

J. Gaisbergers zweite große Ausgrabung fand

1851/52 im Legionslager Lauriacum statt, wo das als „Hypokaustum im Auersperg´schen Garten" bezeichnete Kastellbad teilweise freilegt wurde (Abb. 3). Weitere Grabungen in diesem Areal folgten 1892 durch den Musealverein Enns (gegr. 1891), 1912/13 durch M. v. Groller sowie 1932–1937 durch A. Gaheis und J. Schicker. Wie gering aber das Bewusstsein für die Bedeutung des archäologischen Erbes in dieser Zeit trotzdem noch war, zeigt der Bau der Kaiserin-Elisabeth-Westbahn im Jahr 1858/59, als das Legionslager durch ihre Trasse diagonal durchschnitten wurde, wobei die Baureste undokumentiert zerstört, nur manche der Funde zusammenhanglos geborgen wurden. Diese Zerstörungen scheinen auch maßgeblich dafür gewesen zu sein, dass die knapp zwei Jahrzehnte zuvor gegründete k. k. Central-Commission zur Erforschung und Erhaltung der Baudenkmale 1868 eine Broschüre mit dem Titel „Die Bedeutung der Eisenbahnbauten für historische und archäologische Zwecke" herausgab (Abb. 4). Man hatte das Potential linearer Großbauvorhaben für neue archäologische Entdeckungen erkannt.

1853 folgte die Gründung des Alterthumsvereines zu Wien, in dessen Zeitschrift „Berichte und Mittheilungen des Alterthums-Vereines zu Wien" die bedeutendsten Altertumswissenschaftler ihrer Zeit, wie Friedrich von Kenner („Zur Topographie der Römerorte in Niederösterreich", 1877) und Eduard von Sacken („Archäologischer Wegweiser durch das Viertel ober dem Wienerwald", 1877), erste zusammenfassende Studien zur Römerzeit vorlegten. 1864 wurde der Verein für Landeskunde von Niederösterreich ins Leben gerufen, dem 1902 die Gründung des ursprünglich in Wien angesiedelten Landesmuseums zu verdanken ist. Dessen heutige umfangreiche Sammlungen in Bad Deutsch Altenburg (eröffnet 1904, bis 1938 Museum des Vereins der Freunde Carnuntums) bietet bis heute einen beeindruckenden Überblick über den Fund-

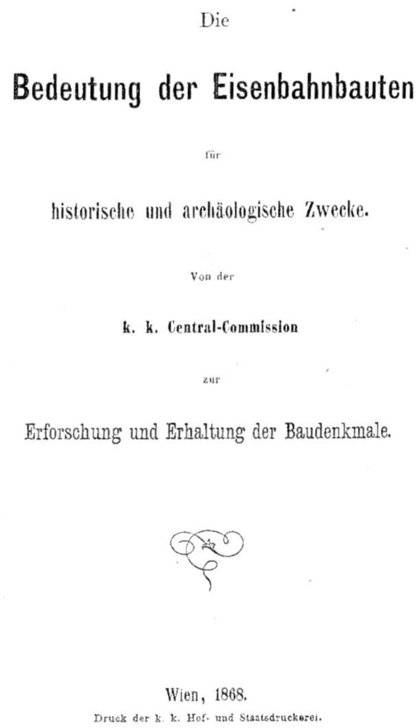

Die

Bedeutung der Eisenbahnbauten

für

historische und archäologische Zwecke.

Von der

k. k. Central-Commission

zur

Erforschung und Erhaltung der Baudenkmale.

Wien, 1868.

Druck der k. k. Hof- und Staatsdruckerei.

Abb. 4: Deckblatt der Broschüre „Die Bedeutung der Eisenbahnbauten für historische und archäologische Zwecke"

bestand der bedeutendsten archäologischen Fundlandschaft des österreichischen Donaulimes.

Trotz vieler kleiner Grabungsversuche fanden erst im letzten Drittel des 19. Jhs. erste großzügige Plangrabungen am Limes statt. Die 1897 nach deutschem Vorbild gegründete Limeskommission der Österreichischen Akademie der Wissenschaften entfaltete bis zum Beginn des Ersten Weltkrieges eine reiche Forschungstätigkeit, die vor allem den Legionslagern Lauriacum und Carnuntum sowie deren Umland galt. Die Untersuchungen erfolgten in enger Kooperation mit dem 1898 gegründeten Österreichischen Archäologischen Institut.

## Forschungsgeschichte und Denkmalpflege

Erst ab dem frühen 20. Jh. wurde auch auf die unversehrte Erhaltung archäologischer Denkmale Bedacht genommen und diese nicht mehr nur dem Zufall überlassen. Denkmalschutz und Denkmalpflege wandelten sich zu einem Wert an sich.

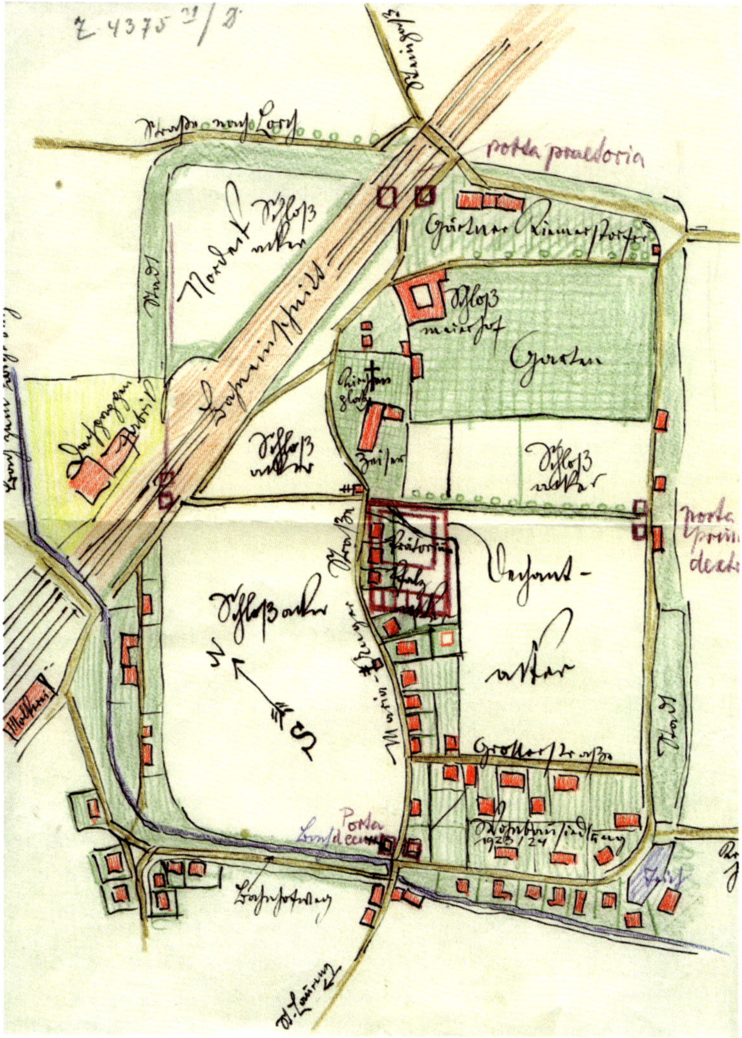

Um 1900 für die Bau- und Kunstdenkmalpflege entwickelte neue Ideen führten auch in der archäologischen Denkmalpflege zu grundlegenden Fortschritten und Neuerungen. Von nun an sollte die unrestaurierte, unveränderte, höchstens konservierte Originalsubstanz den Vorzug gegenüber den im 19. Jh. geschätzten Rekonstruktionen haben. Denkmale sollten nicht mehr aus ihrem ursprünglichen Zusammenhang gerissen und/oder museal genützt werden. Diese Auffassung wurde zuerst in den adriatischen Gebieten der Monarchie, später auch nördlich der Alpen maßgeblich und gehört bis heute zu den Maximen der Denkmalpflege an historischen Bauten. Sie bildet die Grundlage konservatorischer Maßnahmen an den spätantiken Bauten des Donaulimes und erfolgt in enger Kooperation von archäologischer und Baudenkmalpflege.

In die Frühzeit der erhaltenden archäologischen Denkmalpflege fallen auch die ersten konservatorischen Maßnahmen an den Denkmalen Carnuntums, wie dem Heidentor bei Petronell (1907) und dem Militäramphitheater (Amphitheater I) von Bad Deutsch Altenburg (Abb. 183).

Als die Wissenschaft im frühen 20. Jh. die Bedeutung großflächiger und intakter Siedlungsareale erkannte, wurden für ihre Erforschung neue Grabungs- und Dokumentationsmethoden ent-

Abb. 5: Legionslager Lauriacum. Skizze zu den schützenswerten Arealen und der beginnenden modernen Verbauung

wickelt, die aber in Österreich kaum angewendet wurden. Ursache dafür waren die wirtschaftlichen Probleme nach dem Ersten Weltkrieg und das daraus resultierende Fehlen ausreichender Forschungsgelder.

In die Zwischenkriegszeit (1926) fällt die Unterschutzstellung der nordöstlichen Lagerecke des Legionslagers Lauriacum/Enns auf Basis des 1923 erlassenen Denkmalschutzgesetzes als erstmalige, die zukünftige Erhaltung absichernde Schutzmaßnahme eines Bodendenkmals in Österreich.

Abb. 6: Zeiselmauer. Restkastell mit darin stehenden Kleinhäusern im Jahr 1931

Als ab den 1920er-Jahren zudem die Verbauung der Kastellinnenfläche konkrete Formen annahm, folgte 1931 der Versuch, die wesentlichen Flächen der Innenbebauung als Freiflächen zu erhalten. Das von J. Schicker, Konservator des Bundesdenkmalamtes und korrespondierendes Mitglied des Österreichischen Archäologischen Instituts, entworfene Konzept sah vor, die damals noch gut sichtbaren Lagergräben und die Areale mit den wichtigsten Gebäuden (*principia*, *valetudinarium* mit Kirche Maria Anger, *praetorium*, Lagerbad) zu schützen (Abb. 5). Aus heutiger Sicht ist zu bedauern, dass dieser Plan damals nicht weiter verfolgt wurde. Als herausragendes Forschungsergebnis der Zwischenkriegszeit zu vermerken ist die Freilegung der frühchristlichen Kirche Maria Anger im Jahr 1937.

Während südlich der Alpen bereits eine längere Tradition der Erhaltung antiker Bausubstanz gepflegt wurde, standen die römischen Ruinen des Donaulimes noch abseits denkmalpflegerischer Erhaltungsbemühungen. Zeiselmauer mit seinen ausgezeichnet erhaltenen römischen Ruinen rückte erst allmählich ins Blickfeld. Ursache dafür war die noch unklare denkmalfachliche Bewertung, hielt man die Baureste seitens der Denkmalpflege doch noch in den 1920er-Jahren für spätmittelalterlich (Abb. 6). Ohne sich auf die Problematik der Datierung einzulassen, wurde die Gemeinde Zeiselmauer im September 1938 zumindest ersucht, das aus den Mauern wachsende Strauchwerk zu entfernen. Der Zunahme der archäologischen Forschung in Deutschland ab der Machtergreifung Hitlers (1933) hatte ideologische Ursachen. Die nationalsozialistischen Vordenker begriffen die „nordische Vergangenheit" als Wesensbestandteil ihrer Ideologie, welche die prähistorische Forschung wissenschaftlich untermauern sollte. Großbauvorhaben im Vorfeld der Angriffskriege (vom Bau der Reichsautobahn bis zu Fabriken, Kasernen, Flugplätzen und Konzentrationslagern) erzwangen neue denkmalpflegerische Methoden, um die Zerstörung ganzer Fundlandschaften zumindest zu dokumentieren. Auf ihnen beruht die moderne archäologische Forschung und Denkmalpflege. Zur Nutzung der Luftbildarchäologie kamen verbesserte Grabungsstandards, die Einbeziehung der Naturwissenschaften sowie neue Konservierungs- und Dokumentationsmethoden. Die enge Verflechtung von Forschung

## Forschungsgeschichte und Denkmalpflege

und NS-Regime führte in den letzten beiden Jahrzehnten zur intensiven Auseinandersetzung mit der Forschungsgeschichte der NS-Zeit und lässt das Weiterwirken von darauf zurückgehenden Kontinuitäten und Brüchen bis in die Gegenwart erkennen. In Gegensatz zu seinen Paladinen, die, wie Heinrich Himmler und Alfred Rosenberg, die unter völkischen Gesichtspunkten betriebene archäologische Forschung forcierten, war Adolf Hitler selbst ein großer Bewunderer der klassischen Antike, was nach dem Anschluss für den niederösterreichischen Gauleiter Hugo Jury 1938 Anlass war, die im Folgejahr veranstaltete Führergrabung von Carnuntum im Tiergarten des Schlosses Traun (Petronell) zu initiieren.

Mit Kriegsausbruch im September 1939 mussten alle Forschungsgrabungen eingestellt werden, Rettungsgrabungen kamen nur noch in Ausnahmefällen zustande. Als Beispiel am Donaulimes genannt sei die Freilegung des großen östlichen Gräberfeldes von Favianis/Mautern auf dem Gelände der heutigen Julius-Raab-Kaserne in den Jahren 1938 und 1939, durchgeführt durch einen vom Luftgau-Kommando beauftragten Architekten.

Die Wiederaufbauarbeiten nach den Zerstörungen des Zweiten Weltkrieges in historischen Stadtkernen führten zu wesentlichen neuen Entdeckungen in Lentia/Linz und Vindobona/Wien. Sowohl in Lauriacum/Enns als auch in Carnuntum setzten in den zivilen Siedlungsbereichen umfangreiche Forschungsgrabungen ein. Die rasch wachsende Siedlungsverbauung im Legionslager von Lauriacum und seiner nächsten Umgebung machte zusätzliche Rettungsgrabungen erforderlich, die u. a. zur Freilegung großer Teile der spätantiken Gräberfelder (Espelmayerfeld, Ziegelfeld) führte.

Der Siedlungsdruck im Umland der antiken Kastelle am Donaulimes hält seither unvermindert an, so dass ein erheblicher Teil der ab den 1970er-Jahren gewonnenen archäologischen Ergebnisse weniger das Resultat geplanter Forschung als erzwungener Rettung vor der endgültigen Zerstörung ist.

In diesem Zusammenhang zu nennen sind auch die baubegleitenden archäologischen Untersuchungen der römischen Auxiliarkastelle unter mittelalterlichen Stadtkernen sowie die kontinuierlich fortschreitende Verbauung des Legionslagers Lauriacum durch Siedlungshäuser. Die dabei gewonnenen wissenschaftlichen Erkenntnisse aber lohnen die Mühen der Abstimmung zwischen Kommunen, Bauwebern und Denkmalpflege.

Das allgemein gewachsene Interesse an den Ergebnissen archäologischer Forschung sowie ein vermehrtes Bewusstsein um die historische Bedeutung eines Ortes für die Bewohner der Gegenwart

Abb. 7: Tulln. Schutzbau über dem östlichen Lagertor

ermöglichten es zuletzt, neu ergrabene antike Ruinen durch Schutzbauten und/oder Einbeziehung in moderne Bausubstanz unzerstört zu erhalten und dem interessierten Besucher zugänglich zu machen. Nur feste Bauwerke über freigelegten Ruinen gewährleisten deren zukünftige Erhaltung, da die historische Bausubstanz dadurch nicht den negativen Einflüssen von Wasser und Frost ausgesetzt ist, die auch die Zerstörung von massivem Mauerwerk innerhalb kürzester Zeit bewirken. An Beispielen genannt seien die archäologischen Krypten unter den Pfarrkirchen von Augustianis/Traismauer und Cannabiaca/Zeiselmauer oder der Schutzbau über dem östlichen Lagertor von Commagenis/Tulln (Abb. 7).

Jüngstes und spektakulärstes Beispiel neuer archäologischer Forschungsergebnisse und solcherart geglückter Denkmalpflege ist Locus Felix/Wallsee. Beim Abbruch der ehemaligen Volksschule wurde im Jahr 2011 das in der Südost-Ecke des weitaus größeren ursprünglichen Militärlagers situierte Restkastell freigelegt, dessen mächtige Mauern bis zu einer Höhe von 1,20 m erhalten waren (Abb. 8). Im Innenbereich trennt ein umlaufender Bogengang den offenen Innenhof von den ringsum gruppierten Räumen. Brandspuren und das eingestürzte Ziegeldach belegen, dass das Kleinkastell einer Brandkatastrophe zum Opfer fiel. Das spätantike Kleinkastell von Wallsee ist das am besten erhaltene Zeugnis dieser Denkmalkategorie am Donaulimes. Die Ruine wurde in Anschluss an die Grabungen in den Neubau eines Wohnheimes integriert und bleibt dadurch der Öffentlichkeit in ihrer einzigartigen Erhaltung auch zugänglich.

Abb. 8: Wallsee. Restkastell

Wesentlicher Teil der archäologischen Denkmallandschaft des Donaulimes sind auch die *in situ* (d. h. an ihrem Auffindungsort) konservierten Mauern von Kastellen und Wachtürmen von Oberranna an der oberösterreichischen Donau im Westen bis zum Windstallgraben westlich von Favianis/Mautern in der Wachau. Das am besten erhaltene Beispiel eines Wachturmes, von dem drei Geschosse erhalten sind, liegt in Bacharnsdorf (Gem. Rossatz, Niederösterreich).

Den repräsentativen Schlusspunkt der sichtbaren römischen Präsenz an der Donau bildet der Archäologische Park Carnuntum. Neben den die Landschaft bis heute prägenden antiken Bauten des Heidentores und der beiden Amphitheater – freilich geschmälert durch die modernen Monumente der alles überragenden Windkraftwerke – macht die Rekonstruktion von Thermen, gut ausgestatteten Wohnbauten, Gärten und Wirtschaftseinrichtungen antikes Leben mit allen Sinnen erfahrbar.

Die Erfolge von Forschung und Denkmalpflege am Donaulimes beruhten von Beginn an auf der Kooperation aller wissenschaftlichen Fachinstitutionen und der behördlichen Denkmalpflege. Viel dazu beigetragen haben auch die Initiativen der regionalen Forschung, die oftmals erst den Anstoß zur näheren Beschäftigung mit den Zeugnissen der Antike gab. Nicht vergessen werden darf das allgemeine Interesse an den Ergebnissen archäologischer Forschung sowie die Bereitschaft von Ländern, Kommunen, Bauträgern und Denkmaleigentümern, im Sinne der bestmöglichen Erhaltung der Monumente zusammenzuwirken und offen zu sein für denkmalverträgliche Lösungen bei Bauvorhaben.

Die im topographischen Teil vorgestellten Ergebnisse – so lückenhaft sie auch oft scheinen mögen – spiegeln das Entstehen einer bis dahin in Mitteleuropa neuen, durch den Mittelmeerraum beeinflussten Kulturlandschaft, die nur durch ein kulturell weit überlegenes Großreich mit einer straffen politischen Organisation möglich war.

Die sich aus urzeitlichen Wurzeln über die Römerzeit hinaus entwickelnden Lebensformen führten in einem langen und häufig gebrochenen Entwicklungsprozess zur mittelalterlichen Gesellschaft, die mit ihren oft aus römischen Ruinen entstanden Dörfern und Städten, Kirchen und Klöstern, Burgen und Schlössern das Bild Europas bis heute prägt.

Marianne Pollak

**Literatur:**
Friesinger – Krinzinger 1997, 11–17; Ployer 2013a; Pollak 2010; M. Pollak, Frühe archäologische Denkmalpflege in der Habsburgermonarchie im Spannungsfeld von Aufklärung und Politik (in Druck); Sedlmayer 2013.

# Die historische Entwicklung des österreichischen Limes

Jede Darstellung der österreichischen Geschichte steht vor einem besonderen Dilemma. Das Staatsgebiet des heutigen Österreich liegt nicht vollständig im Territorium des Gebietes, das Österreich genannt wurde. Erst 1816 wird Salzburg dem Kaiserreich einverleibt, das Burgenland entsteht überhaupt erst nach dem Ersten Weltkrieg (1921). Dieses geographisch-topographische Problem der österreichischen Geschichte gilt ebenso für die Zeit vor der Existenz eines Gebietes, das Österreich genannt wird. In römischer Zeit befanden sich auf dem Gebiet Österreichs drei Provinzen: Raetien (Vorarlberg und Tirol), Noricum (Salzburg, Kärnten, Steiermark, Ober- und Niederösterreich) und Pannonien (Niederösterreich, Burgenland). Keine dieser römischen Provinzen befand sich ausschließlich in österreichischem Territorium. Raetien deckte Teile Süddeutschlands und der Schweiz ab, Noricum erstreckte sich in den bayrischen Chiemgau und nach Slowenien, Pannonien nach Ungarn. Die Grenze des Imperium Romanum nach Norden bildete die Donau. Somit behandelt die Geschichte des österreichischen Limes das nördliche Grenzgebiet der Provinzen Noricum und Pannonien.

Die Besetzung dieses Gebietes durch die Römer erfolgte unter Kaiser Augustus (27 v. Chr. – 14 n. Chr.) – in welchen Schritten diese erfolgte, lässt sich nicht mit Sicherheit sagen. Die Angaben der antiken Autoren sind ungenau und widersprüchlich. Als gesicherte Eckdaten gelten die Eroberung des Gebietes der Zentralalpen durch Tiberius und Drusus, den Adoptivsöhnen des Kaisers, im Jahre 15 v. Chr. und die Kämpfe in Pannonien bis zum Jahr 9 n. Chr. Die Eroberung des Alpenraumes diente wohl primär der Sicherung der Wege über die Alpen nach Gallien bzw. als Verbindung nach dem Osten sowie möglicherweise als Sicherung der Aufmarsch- und Versorgungsroute für zukünftige Feldzüge nach Germanien. Der Feldzug des Jahres 15 v. Chr. erfolgte in einem großangelegten Zangenangriff von Süden und von Westen her. Drusus führte sein Heer von Süden über die Alpenpässe nach Raetien bis ins heutige Nordtirol, Tiberius kam aus Gallien und lieferte sich auf dem Bodensee mit einheimischen Stämmen ein kleines Seegefecht. Der Sieg über die unterworfenen Stämme wurde durch die Errichtung eines Siegesmonuments in La Turbie, nahe dem heutigen Nizza, gefeiert. In einer dort angebrachten Inschrift wurden alle unterworfenen Stämme angeführt. Diese Inschrift ist zwar nur mehr in wenigen, kleinen Fragmenten erhalten, aber durch eine antike literarische Kopie in dem Werk *naturalis historia* des Schriftstellers Plinius (23/24–79 n. Chr.) vollständig überliefert. Die exakte Lokalisierung der einzelnen Stämme wird noch heute in der Forschung heftig diskutiert. Auffallend ist, dass nur ein einziger norischer Stamm, die Ambisontes, die im oberen Salzachtal siedelten, hier genannt wird. Wie kann man sich die Situation östlich der Ambisontes vorstellen? Hier herrschte das keltische *regnum Noricum* mit seinem Zentrum am Magdalensberg, das besonders zu Caesar ausgezeichnete Kontakte hatte. Die Römer mussten im Jahr 15 v. Chr. sicher sein, dass das *regnum Noricum* während des Alpenfeldzuges nicht zu Gunsten der keltischen Alpenvölker intervenierte. Es ist nicht zu erwarten, dass man einer vertraglichen Zusicherung zum Stillhalten vertraute und man nimmt daher an, dass das keltische Königreich knapp vor oder sogar im Zusammenhang mit dem Feldzug militärisch besetzt wurde. Einzelne Angaben antiker Autoren zu Kämpfen zwischen Norikern und Römern lassen sich nicht eindeutig interpretieren.

Oft ist die chronologische Zuordnung nicht klar, manchmal liegt auch eine Verwechslung von norischen mit raetischen Stämmen vor.

Wie weit das *regnum Noricum* nach Osten reichte, ist unsicher. Südöstlich des Wiener Beckens hatten die Römer schon von 16 bis 9 v. Chr. mit norischen und pannonischen Stämmen gekämpft. Ob danach das eroberte Gebiet durch römische Truppen besetzt oder nur kontrolliert wurde, bleibt unklar. Im Jahre 6 n. Chr. stellte Tiberius bei Carnuntum ein großes Heer auf, um gegen das Markomannenreich des Königs Marbod im heutigen Böhmen zu ziehen. Kaum hatte Tiberius den Feldzug begonnen, da brach in seinem Rücken in Pannonien ein großer Aufstand aus, dessen Niederschlagung bis zum Jahre 9 n. Chr. andauerte. Durch die im Jahre 9 n. Chr. gleichzeitig erlittene schwere Niederlage im Teutoburger Wald wurde der römischen Expansion nach Norden bzw. nach Germanien vorerst ein Ende gesetzt.

Damit ergibt sich für die Romanisierung des norisch-pannonischen Grenzraumes an der Donau folgende Ausgangslage. Zwischen 15 v. Chr. und 9 n. Chr. ist mit militärischer Besetzung des Hinterlandes zu rechnen. Ob in dieser Zeit Raetien, Noricum und Pannonien sofort als Provinzen oder nur als militärisch verwaltete Besatzungszonen eingerichtet wurden, wird in den letzten Jahren wieder intensiv diskutiert. Gerade weil die antiken Autoren nicht immer eindeutige Angaben machen und einander teilweise widersprechen, existieren unterschiedliche Ansätze. Besonders für Noricum wird eine Einrichtung als Provinz entweder 16 v. Chr., 15 v. Chr. im Zusammenhang mit dem Alpenfeldzug, oder den Kaisern Tiberius (14–37 n. Chr.), Caligula (37–41 n. Chr.) oder Claudius (41–54 n. Chr.) nach unterschiedlich langen militärischen Besatzungszonen vorgeschlagen. Sicher ist sich die Forschung nur darin, dass ab Kaiser Claudius die Einrichtung der Provinzen Raetien, Noricum und Pannonien mit allen verwaltungstechnischen Elementen abgeschlossen war. Die neuere Forschung beruft sich vor allem auf den antiken Historiker Velleius Paterculus (20 v. Chr. – 30 n. Chr.). Dieser war ein treuer Feldherr des Kaisers Tiberius und verfasste eine zweibändige Weltgeschichte, in deren zweitem Buch (2,38 f.) er einen chronologischen Überblick über die Eroberungen aller römischen Provinzen gibt und Raetien und Pannonien als unter Tiberius eingerichtete Provinzen nennt. Noricum wird in diesem Zusammenhang mit dem Wort „Noriker" erwähnt. Ob damit die Noriker nur genannt werden oder in Verbindung mit Raetien oder Pannonien zu bringen sind, wird von den Forschern unterschiedlich bewertet. Diejenigen, die Noricum schon um 15 v. Chr. als Provinz eingerichtet sehen wollen, interpretieren diese Stelle dahin, dass Noricum hier ja nicht als unter Tiberius eingerichtete Provinz genannt werden kann, weil es schon unter Augustus zur Provinz gemacht worden war. (*At Ti. Caesar ... Raetiam autem et Vindelicos ac Noricos Pannoniamque et Scordiscos novas imperio nostro subiunxit provincias.* 2,39,2). Der Historiker Tacitus bezeichnet Raetien für das Jahr 14 n. Chr. als *provincia* (Tac. ann. 1,44,4). Die Gegner einer frühen Einrichtung als Provinz meinen, dieser Begriff sei hier nicht technisch zu verstehen, sondern bedeute ganz allgemein militärisch besetztes Gebiet. Dieses Argument ist eine nicht zu beweisende Annahme. Somit lässt sich aus den literarischen Überlieferungen schließen, dass Raetien und Pannonien unter Tiberius als Provinzen eingerichtet wurden. Die Situation für Noricum ist nicht so klar. Hier könnten Inschriften mit der Nennung von entsprechenden Verwaltungsbeamten helfen. Für Raetien gibt es mehrere Inschriften, die entsprechend interpretiert werden können. Für Noricum ist der erste inschriftlich genannte Statthalter, Caius Baebius Atticus, erst aus der Zeit von Kaiser Claudius überliefert.

Carnuntum wird von Velleius Paterculus noch als norische Stadt bezeichnet (Vell. 2,109,5). Die Grenzen zwischen Pannonien und Noricum sind also unter Tiberius noch nicht endgültig festgelegt. Damit bleibt die Frage nach dem Datum der Einrichtung der Provinz Noricum offen.

Unter Kaiser Claudius ist die Provinz Noricum als Verwaltungseinheit mit der Hauptstadt Virunum im Zollfeld in Kärnten endgültig eingerichtet. Als erster überlieferter Statthalter wird Caius Baebius Atticus in Inschriften genannt, sein Titel ist *procurator in Norico*. Der Provinzname wechselt in Inschriften zwischen *Noricum*, *in Norico* und *regnum Noricum*. Auch hierin ist keine Eindeutigkeit gegeben. Mit einem prokuratorischen, ritterlichen Statthalter ist Noricum auf jeden Fall eine Provinz ohne Legion. Auch in Pannonien stammt der erste inschriftlich überlieferte Statthalter aus claudischer Zeit, Lucius Tampius Flavianis, *legatus Augusti pro praetore*. Dieser Titel bezeichnet einen senatorischen Statthalter einer kaiserlichen Provinz, in der mindestens eine Legion stationiert sein muss.

Im Laufe des 1. Jhs. n. Chr. werden nun an der Donaugrenze militärische Einheiten stationiert und entsprechende Lagerbauten errichtet: Legionslager in Carnuntum und Vindobona, kleinere Hilfstruppenlager westlich davon. Die Grenze zwischen Noricum und Pannonien verläuft jetzt endgültig westlich von Klosterneuburg. Mit der Errichtung der Lager geht der Straßenbau entlang des Limes einher, wodurch eine wichtige West-Ost-Verbindung entsteht. In diese West-Ost-Verbindung münden die bedeutendsten Handelsstraßen von Süden. Die wichtigsten Städte im Norden der Provinz Noricum, Ovilava/Wels und Aelium Cetium/St. Pölten, liegen außerhalb des militärischen Grenzgebietes. Die Grenze war nur selten Schauplatz der großen Reichspolitik. So rief in den Wirren nach dem Tod Neros (68 n. Chr.) die Rheinarmee ihren Feldherren Vitellius zum Kaiser aus – das erste Beispiel für das Heer als Kaisermacher. Die Donauarmeen standen hingegen hinter dem in Rom amtierenden Kaiser Otho. Vitellius zog nach Rom, ohne Noricum zu betreten, und wich so einer militärischen Auseinandersetzung aus. Obwohl sich Vitellius dann in Rom durchsetzte, wurde im Orient Vespasian (69–79 n. Chr.) zum Kaiser ausgerufen. Wiederum unterstützten die Donauarmeen den Gegner von Vitellius. Raetien stand wie vorher auf dessen Seite. So kam es am Inn, der Grenze zwischen Raetien und Noricum, im Jahr 69 n. Chr. zum zweiten Truppenaufmarsch auf beiden Seiten, ohne jedoch zu eskalieren.

In nächster Zeit herrschte in den Donauprovinzen Ruhe. Die militärischen Bauten wurden zur Verstärkung in Stein umgebaut. Größere Auseinandersetzungen gab es an der Rheingrenze und im Osten, bis unter Kaiser Trajan (98–117 n. Chr.) das *imperium Romanum* seine größte Ausdehnung erreicht hatte. Pannonien wurde jetzt in *Pannonia superior* und *Pannonia inferior* zweigeteilt. Carnuntum wurde der Sitz der Verwaltung von *Pannonia superior*. Unter den Nachfolgern des Kaisers Trajan, Hadrian (117–138 n. Chr.) und Antoninus Pius (138–161 n. Chr.), herrschte zwar noch Ruhe, aber eine bevorstehende Krise zeichnete sich ab. Kaiser Antoninus Pius versuchte aktiv jenseits der Donau in die germanische Politik durch die Einsetzung eines Quadenkönigs einzugreifen. Dieses Ereignis wurde auf Münzen festgehalten und sollte so römische Stärke symbolisieren. Da aber unter Marcus Aurelius (161–180 n. Chr.), dem Nachfolger von Antoninus Pius, der Einfall der Markomannen und Quaden stattfand, muss man annehmen, dass die römische Propaganda wohl eher von unsicheren Verhältnissen ablenken wollte. Dieser Einfall der Markomannen und Quaden erreichte sogar Oberitalien. 200 Jahre zuvor waren das letzte Mal mit den Kimbern und Teutonen fremde Stämme so weit nach Italien vorgedrungen. Der Kaiser musste alle Reserven mobilisieren, um die Germanen wieder über die Donau zurückzudrängen. Marcus Aurelius verbrachte das Ende seiner Regierungszeit im Donauraum, um die Grenzen zu festigen. Ob Eroberungen jenseits der Donau geplant waren, lässt sich nicht mit Sicherheit sagen. Nach dem Tod des Marcus Aurelius (in Vindobona oder eher in Sirmium) behielt sein Sohn Commodus (180–192 n. Chr.) die Donaugrenze bei. Um aber neuen Drohungen entgegentreten zu können, wurde jetzt auch in Noricum eine Legion in Lauriacum/Enns stationiert. Damit änderte sich auch der Charakter der Provinz. Statthalter ist jetzt der Legionskommandant in Lauriacum, das jetzt auch Hauptstadt wird und als einzige Stadt in Noricum in der militärischen Zone liegt.

Das 3. Jh. n. Chr. wird gerne als das Jahrhundert der Krisen gesehen. Das trifft nur teilweise auf den hier zu behandelnden Raum zu. Wieder wird ein Feldherr zum Kaiser ausgerufen. Dieses Mal ist es der Legionskommandant von Carnuntum, Septimius Severus, der am 9. April 193 n. Chr. in Carnuntum zum Kaiser ausgerufen wird. Septimius Severus (193–211 n. Chr.) fühlte sich aus diesem Grund seinen Legionen und der Region verpflichtet. Carnuntum wird großzügig ausgebaut, das Straßennetz rundum erneuert, wovon viele Meilensteine Zeugnis ablegen. In dieser Blütezeit zu Beginn des 3. Jhs. n. Chr. war der berühmte Historiker Cassius Dio (163 – ca. 229 n. Chr.) um 225 n. Chr. Statthalter von Pannonien. Ab der zweiten Hälfte des 3. Jhs. n. Chr. beginnt der Druck auf das Reich von außen immer mehr zu wachsen. Als dann Kaiser Valerianus (253–260 n. Chr.) im Osten im Jahre 260 n. Chr. von den Sassaniden, den Neupersern, gefangen genommen wurde, erfolgte wieder in Carnuntum die Ausrufung eines Kaiser, Regalianus, um gegen die Sarmaten zu kämpfen. Kurz nach diesen Kämpfen wurde er noch im Jahre 260 n. Chr. ermordet. Die Unsicherheit an den Grenzen des Reiches ist durch diese Ereignisse gut fassbar.

Der massive Druck der Germanen im Norden und der Sassaniden im Osten führte zu einer vollständigen Reorganisation des Römischen Reiches. Kaiser Diokletian (283–305 n. Chr.) erhob einen Waffengefährten, Maximianus, zum Mitkaiser. Dieser sollte nun den Westen des Reiches, Diokletian den Osten regieren. Jeder der beiden *augusti* adoptierte einen Nachfolger, der den Titel *caesar* führte. Dieses System wurde Tetrarchie, Herrschaft von vier Regenten, genannt. Dadurch sollte es möglich sein, rascher auf mehrere Gefahrenherde reagieren zu können. Gleichzeitig wurde die Provinzverwaltung reformiert. Die Zahl der Provinzen wurde annähernd verdoppelt und die zivile von der militärischen Verwaltung getrennt. Noricum wurde in ein Ufer- und ein Binnennoricum geteilt, *Pannonia superior* in *Pannonia prima* und *Pannonia Savia*. Der römische Limes in Österreich erstreckte sich nun von Ufernoricum in die *Pannonia prima*. Die militärische Kontrolle wurde für beide Gebiete einem *dux Pannoniae primae et Norici ripensis* unterstellt. Nach den Vorstellungen von Diokletian sollten die *augusti* gemeinsam zurücktreten und ihre *caesares* sollten die Funktion der neuen *augusti* übernehmen und ihrerseits wieder neue *caesares* als zukünftige Nachfolger adoptieren. Diokletian trat daher um 305 n. Chr. mit seinem Mitregenten zurück. Es zeigte sich sofort, dass das sehr theoretische Konzept der Tetrarchie schwer aufrechtzuerhalten war – vor allem stellten die leiblichen Söhne der Regenten, die in diesem System nicht berücksichtigt wurden, Ansprüche auf Mitregentschaft. Schon 308 n. Chr. wurde deshalb in Carnuntum ein Treffen der Kaiser unter der Leitung von Diokletian zur Lösung der Regierungskrise einberufen. Die dort gefassten Beschlüsse hielten aber nicht lange und führten schließlich zur Alleinherrschaft Kaiser Konstantins des Großen (306–337 n. Chr.).

Trotz der militärischen Reformen blieb der Druck der Germanen an der Grenze bestehen. Dennoch hielt das Reich weitere 150 Jahre stand. In Noricum wurde zusätzlich eine neue Legion stationiert. Teile dieser Legion befanden sich im ausgebauten Lager in Mautern. Gegen Ende des 4. Jhs. n. Chr. hielten sich wieder Kaiser an der Donau auf. Kaiser Valentinian (364–375 n. Chr.) kämpfte zwar erfolgreich um 375 n. Chr. gegen die Quaden, erlag aber einem Schlaganfall. Der Historiker Ammianus Marcellinus (330 – ca. 400 n. Chr.) beschreibt in diesem Zusammenhang den Ort Carnuntum als „zwar verlassen und schmutzig, aber immer noch von strategischer Bedeutung" (Amm. 30,5,2). Kaiser Gratian (375–383 n. Chr.) besuchte Lauriacum im Jahre 378 n. Chr., als er sich auf dem Weg zum Balkan befand, um seinen Kollegen Valens (Kaiser im Osten von 364–378 n. Chr.) gegen die Goten zu unterstützen.

Die schon durch Diokletian begonnene Teilung des *Imperium Romanum* wurde unter Kaiser Theodosius (379–395 n. Chr.) endgültig vollzogen. Im Grenzgebiet wurden immer mehr Germanen als sog. Foederaten angesiedelt, die den Grenzschutz übernehmen sollten. Diese mussten sich jetzt selbst mit eindringenden Germanen auseinandersetzen. Dadurch spitzte sich die Lage immer mehr zu.

„Als Attila, der Hunnenkönig, gestorben war (453 n. Chr.), befanden sich die beiden pannonischen Provinzen und die übrigen Länder an der Donau in einem Zustand ständiger Unsicherheit." Mit diesem Satz beginnt die wichtigste historische Quelle für die Spätzeit am römischen Limes in Österreich. Es ist die Lebensbeschreibung des Heiligen Severin durch seinen Schüler Eugippius (ca. 465 – ca. 533 n. Chr.), der nach dem Tode Severins Abt des Severinsklosters bei Neapel wurde und dort dieses wichtige Zeugnis verfasste. Durch diesen Text erhalten wir ein sehr lebendiges Bild der Zeit des Endes der römischen Besiedlung am österreichischen Donaulimes. Wir erfahren die Namen der wichtigsten Siedlungen an der Donau, allesamt ehemalige Uferkastelle, und dass nur sehr wenige, kleine, verunsicherte Truppeneinheiten übriggeblieben waren, die der heilige Severin zum Kampf gegen plündernde Germanen „aufmuntern" musste. Es gelang Severin auch, der Zivilbevölkerung zu helfen. Er forderte mit harten Worten eine Witwe namens Procula auf, ihre gehorteten Getreidereserven ihren Mitbürgern zur Verfügung zu stellen, bis die durch Eis in der Donau in Passau aufgehaltenen Getreideschiffe kommen. Natürlich soll Severin auch Odoaker getroffen und ihm seine Zukunft vorausgesagt haben. Eugippius gibt den 8. Jänner 482 n. Chr. als Todestag des Severin an. Ab 488 n. Chr. ordnet Odoaker den Rückzug der romanisierten Bevölkerung von Ufernoricum an, der Leichnam Severins wird mitgenommen. Die Donaugrenze in Pannonien wurde schon früher aufgegeben.

Wolfgang Hameter

**Literatur:**
Alföldy 1974; Betz – Weber 1990; Dobo 1968; Gassner u. a. 2002; Kovács 2008a; Rollinger 2001; Schaub 2001; Sommer 2008; Strobel 2009; Ubl 2006c; Ubl 2011; Weber 2006b; Weber 2008; Winkler 1969.

## Bauten und Truppen des römischen Grenzheeres in Österreich

■ Die Begriffe „Limes" und „Ripa"

Man kennt aus antiken Quellen für die militärisch gesicherte Grenze des Römerreiches zwei verschiedene Begriffe für die Land- und Flußgrenze: Limes und Ripa. Das lateinische Wort *limes* stammt ursprünglich aus der Fachsprache römischer Landvermesser. Es bezeichnete anfangs nur einen Weg, der die Grenze zwischen zwei Grundstücken oder Vermessungssystemen bildete. Daraus entwickelte sich dann im Verlauf des 1. Jhs. n. Chr. in geänderter Bedeutung die Bezeichnung für die militärisch kontrollierte Landgrenze. Eingeschlossen ist hier die eigentliche Grenzmarkierung durch eine künstlich errichtete Sperranlage, z. B. eine Palisade, eine Mauer oder Erdwälle und Gräben. Dazu kommt ein System von grenzbegleitenden Militärstraßen, ein Signalsystem aus auf Sicht- und Hörweite errichteten Türmen sowie ein Netz aus größeren und kleineren Kastellen an der Grenze oder weiter im Hinterland, die, mit Straßen verbunden, zum Kontroll- und Verteidigungssystem des Limes gehören. Ersetzt ein Fluss die künstlichen Grenzmarkierungen, so wurde für solche Grenzabschnitte in der Antike stets das Wort *ripa* (ursprünglich „Ufer") in gleicher Bedeutung wie limes für Landgrenzen verwendet. Es hat also nie einen „Limes in Österreich" gegeben, sondern nur die *ripa Danuvii provinciae Norici* bzw. *ripa Danuvii provinciae Pannoniae*. Dies geht u. a. aus mehreren identischen Burgus-Bauinschriften aus der Zeit des Commodus aus dem heutigen Ungarn hervor (so etwa CIL III 3385 aus Intercisa). Dort heißt es, der Kaiser ließ die Grenze (*ripam Danuvii*) durch Türme (*burgi*) und Kastelle (*praesidia*) an *loca opportuna* (geeigneten Orten) errichten, um den Flussübergang von *latrunculi* („Räuberlein") von jenseits des Stromes zu verhindern. Nun hat sich aber, wie dies in der Forschung öfters geschieht, der an sich falsche und nicht antike Begriff „Donaulimes", ebenso wie etwa „Rheinlimes" oder „Euphratlimes", so fest etabliert, dass er allgemein verwendet und akzeptiert wird. Unkorrekt ist er trotzdem.

All diese *limites* und *ripae* sollten kein starres militärisches Verteidigungs- und Festungssystem darstellen, an dem sich – gleich modernen Festungsgürteln – die Angriffswellen größerer Truppenkonzentrationen brechen sollten. Vielmehr sollte er nur dazu dienen, den Grenzverkehr zu kontrollieren und, damit verbunden, Zölle zu erheben. Auch sollten die *limites* das Eindringen kleinerer Räuberbanden vereiteln und als Signalsystem umfangreichere Invasionen ausmachen und lokalisieren. Solche größeren Attacken von außen mussten dann im Bewegungskrieg durch größere Heere bekämpft werden, die aus dem Inneren der Provinz oder gar von anderen Grenzabschnitten herangeführt wurden. Denn größere Kriege stellten nicht mehr die Aufgaben der Truppen am Limes dar – sie betrafen vor allem die in den Legionslagern entlang der Grenzen stationierten Eliteeinheiten der römischen Armee, die Legionen. Den eigentlichen Wachdienst an den Grenzen übernahmen kleinere Einheiten minderen Ranges, die Hilfstruppen (*auxilia*) in ihren entlang der Grenzen aufgereihten Kastellen und Kleinkastellen.

### Bauten an der Donaugrenze

Die römische Armee der Kaiserzeit hat auch in Österreich in großem Umfang dauerhafte Bauwerke aller Art errichtet und in Form von archäologischer Substanz bis heute hinterlassen. Dieses Erbe der römischen Armee besteht aus den Überresten von Lagern, Kastellen, Türmen und Straßen, aus denen das komplexe Grenzschutzsystem an der Donau bestand. Dazu gehören auch die Reste kurzlebiger Anlagen jenseits des Stromes, die mit römischen Feldzügen im Barbaricum in Verbindung standen, etwa aus der Zeit der Markomannenkriege. Römische Lager der frühen und mittleren Kaiserzeit hatten von ihrer Zweckbestimmung her eines gemeinsam: Sie waren nicht als Festungen gedacht, in denen sich eine zahlenmäßig unterlegene Truppe gegen überlegene Gegner halten sollte. Vielmehr dienten sie nur als relativ schwach befestigte Kasernen, von denen aus die Truppen offensiv und beweglich operieren sollten. Harald von Petrikovits hat mit gutem Grund einen Ausdruck aus der altösterreichischen Militärsprache auf die römischen Lager übertragen: Sie stellen keine Festungen dar, sondern „fortifizierte Casernements".

## Lager und Kastelle

Ab der claudischen Zeit und in der zweiten Hälfte des 1. Jhs. n. Chr. entwickelte sich für Legionslager und Auxiliarkastelle das Bauschema eines Rechtecks mit abgerundeten Ecken („Spielkartenschema") heraus, das – mit mancherlei individuellen Zügen versehen – bis zum Ende des 3. Jhs. n. Chr. beibehalten worden ist (Abb. 95). Ab der flavischen Zeit sind die allermeisten Auxiliarkastelle auch an der österreichischen Donaugrenze so angelegt, sie lehnen sich stark an die bauliche Gliederung und Gestaltung der Legionslager an, besaßen aber natürlich entsprechend der Truppengrößen kleinere Dimensionen. Von der 500 Mann starken Infanterieeinheit (*cohors quingenaria*) bis zur 1000 Mann starken Reitertruppe (*ala milliaria*) betrug der Flächenbedarf zwischen ca. 1,5 und ca. 6 ha. Man kommt allerdings immer mehr davon ab, von der Kastellgröße automatisch auf die Art der Besatzungstruppe zu schließen. Denn zunehmend mehren sich die Indizien, dass in Auxiliarkastellen neben der Garnisonstruppe auch Detachements anderer Einheiten vorkommen können.

In der Regel erbaute man diese Kastelle zunächst in Holz-Erde-Technik, mit Umwehrungen als erdgefüllte Kästen oder mit einer hölzernen Front und angeschüttetem Erddamm (*agger*), auf welchem der Wehrgang verlief (Abb. 9). Tore, Türme und Innenbauten bestanden aus Lehmfachwerk. War dann die entsprechende Infrastruktur vorhanden, baute man sie, beginnend mit Legionslagern der neronischen Zeit, in Steinbautechnik um. In der frühen Kaiserzeit verwendete man für die Umwehrungen der Grenzkastelle und Legionslager verschiedene Holz-Erde-Konstruktionen von Wehrmauern und Innenbauten. Bei Grabungen an der norischen Donaugrenze, in Comagenis/Tulln, hat man auch ungebrannte Lehmziegel als Baumaterial für Wehrmauern entdeckt, in diesem Fall mit Holzeinbauten. Diese Bauweise ist im Mittelmeergebiet und im Orient, wo sie ursprünglich herstammt, sehr häufig für Lager und Kastelle verwendet worden.

## Hölzerne Umwehrungen

### Türme

In diese hölzernen Mauerkonstruktionen waren Türme als Eck- und Zwischentürme einbezogen, von denen man bei Grabungen aber nur die Pfostenlöcher der tragenden, senkrechten Balken (vier bei Zwischentürmen, fünf bis sechs bei Ecktürmen) erfasst. Holztürme sind immer in die Mauer eingebunden, d. h. sie springen nie vor die Mauerfront vor. Ihre Höhe ist mit mindestens drei Stockwerken anzunehmen. Nach Darstellungen auf der Trajanssäule werden sie häufig als offene Gerüste mit offenen, zinnenbewehrten Plattformen rekonstruiert. Das traf bei den meisten längerfristig bestehenden Anlagen sicherlich nicht zu. Aus fortifikatorischen Gründen und in Anbetracht der klimatischen Verhältnisse in den Nordwest-Provinzen muss man hier eher von geschlossenen Türmen (Verbretterung, Lehmfachwerk) mit Pult- oder Satteldächern ausgehen.

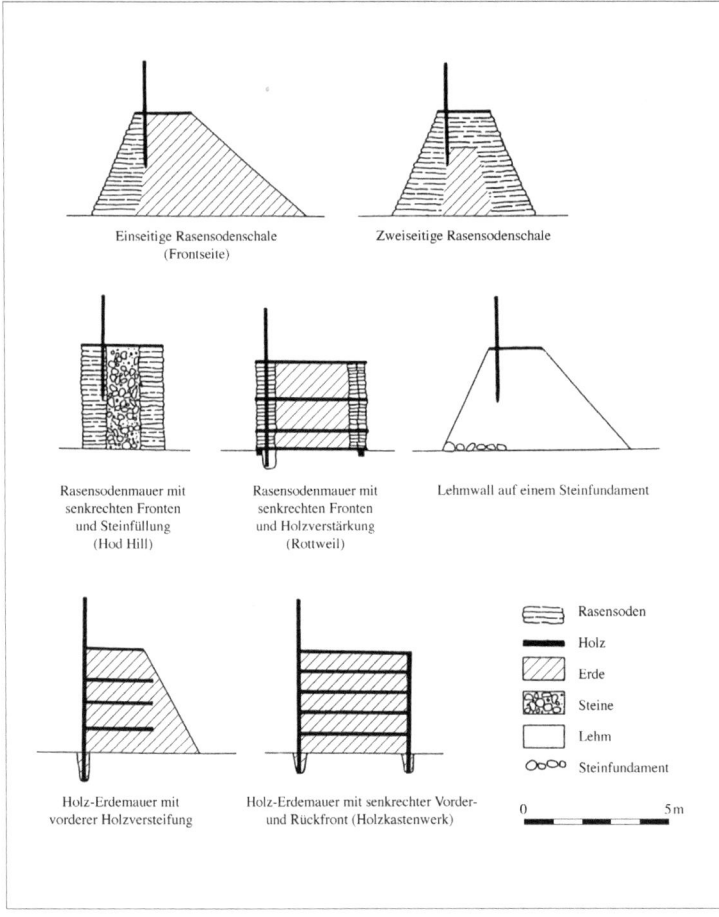

Abb. 9: Rasensoden- und Holz-Erde-Mauern

verschiedene Holzkonstruktionen, die alle gemeinsam haben, dass sie mit ihrer Außenfront nicht weit vor die Außenseite der Wehrmauer hinausragen. Man kennt in den Lücken der Umfassungsmauern paarweise einfache oder doppelte Vier- und Sechspfostenkonstruktionen, die dann zu flankierenden Tortürmen zu ergänzen sind. Zwischen diesen Türmen befanden sich Brücken mit dem Wehrgang samt Brustwehr. Es gab Torkonstruktionen mit einer oder zwei Durchfahrten. Auch hier ist bei Rekonstruktionen der Tortürme eher von geschlossenen Anlagen mit Pult- oder Satteldach auszugehen.

### Steinerne Umwehrungen

Nach und nach hatte man die Umwehrungen der Lager und Kastelle durch massive Steinmauern ersetzt (Abb. 70). Für deren Errichtung war allerdings eine gewisse Infrastruktur nötig. In den ehemals keltischen Gebieten an der Donaugrenze, wo es keine vorrömischen Steinbauten gab, stand erst nach einer gewissen Zeit der Konsolidierung der römischen Kultur eine geeignete Infrastruktur zur Verfügung: Dazu zählten Steinbrüche, Kalköfen und ausgebaute Transportwege. Daher dauerte es eine gewisse Zeit, bis auch die Umwehrungen von Militärbauten als gemörtelte Bruchsteinmauern errichtet wurden. Die Höhen dieser Mauern sind nur selten durch konkrete Befunde zu ermitteln. Sie betrugen bei Legionslagern ca. 5–6 m, bei Au-

### Tore

Zumeist hatten die Lager und Kastelle vier Tore, die mit Türmen flankiert waren. In der Mitte der vorderen Schmalseite lag, dem Feind zugewandt, die *porta praetoria*, an der gegenüberliegenden Schmalseite die *porta decumana*. Die beiden Tore an den Längsseiten lagen zumeist nicht mittig, sondern ein Stück zur *porta praetoria* hin versetzt. Diese seitlichen Tore hießen *porta principalis dextra* und *porta principalis sinistra*. Bei den Toren gibt es

xiliarkastellen ca. 4–5 m. Ein an der Außenseite der Wehrmauern in Höhe des Wehrgangs verlaufendes Werksteingesims scheint obligatorisch gewesen zu sein. Die verbindlichen Zinnen, die in der Antike breiter waren als im Mittelalter, besaßen halbkreisförmige Deckel aus Werksteinen.

*Türme*
Auch die steinernen Eck- und Zwischentürme waren, wie die Holztürme, bei Legionslagern und Auxiliarkastellen in den *agger* integriert und sprangen gar nicht oder kaum über die äußere Mauerfront vor. Dies bedeutet eine direkte Weiterführung der Holzbautradition, wo aus technisch-konstruktiven Gründen Türme nur in die Mauer eingebunden stabil stehen konnten. Kein Turm eines Legionslagers oder eines Auxiliarkastells ist komplett erhalten, so dass man deren Höhe nur indirekt aus Modellen oder Abbildungen als drei- bis vierstöckig erschließen kann. Funde von Werksteinen belegen überwölbte Fenster und Schießscharten in Kastelltürmen, wahrscheinlich besaßen sie hölzerne Fensterläden. Die Türme weisen Pult- oder Satteldächer mit Ziegeldeckung auf und keine zinnenbewehrten Plattformen. Auch Bleidächer wären denkbar, sind aber erst für die Spätantike konkret belegt.

*Tore*
Auch bei steinernen Lagern und Kastellen wurde in der Regel das Schema der vier Lagertore beibehalten: *porta praetoria, porta decumana, porta principalis dextra* und *porta principalis sinistra*. Tore von Legionslagern konnten sehr aufwändig gestaltet sein und besaßen mehrere Durchfahrten. Ihre Grundformen korrespondierten oft mit gleichzeitigen Stadttoren (Abb. 10). Sowohl bei Legionslagern als auch bei Auxiliarkastellen kamen, oft bei der gleichen Anlage, ganz verschiedene Torgrundrisse vor, ohne dass feste Regeln erkennbar wären. Es gibt etwa polyedrische, halbrunde oder rechteckige Flankentürme. Lager- und Kastelltore bildeten oft Torburgen oder Zwinger mit zwei Toren, in denen Gegner, die das äußere Tor überwinden konnten, dann vor dem hinteren Durchgang in der Falle saßen.

Bei Auxiliarkastellen kann man Tore mit einfacher und doppelter Durchfahrt beobachten. Eine feste Regel gibt sich hier nicht zu erkennen, sehr wohl aber eine Tendenz: Kastelle mit Kavallerie, also Anlagen, in denen *alae* oder *cohortes equitatae* stationiert sind, besitzen häufiger Tore mit zwei Durchfahrten, besonders bei den *portae praetoriae*.

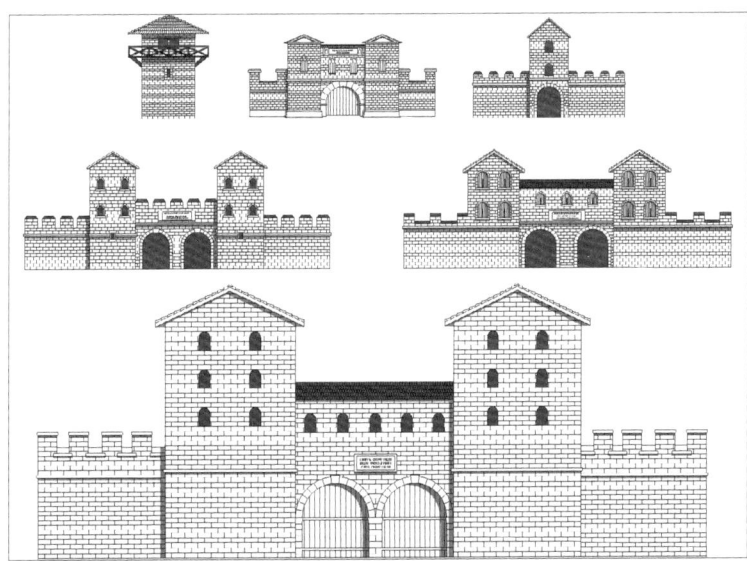

Abb. 10: Tore römischer Lager und Kastelle sowie ein Limesturm im Vergleich: Limesturm, Tor Numeruskastell, Tor Kleinkastell, Tor Kohortenkastell, Tor Alenkastell, Tor Legionslager

Immer wieder ist zu beobachten, dass in jüngeren Bauphasen bei Toren mit zwei Durchfahrten eine nachträglich zugesetzt worden ist, um die Anlage in Krisenzeiten leichter kontrollieren und verteidigen zu können. An allen vier Toren von Legionslagern und Kastellen waren steinerne Bauinschriften, z. T. mit Bronzebuchstaben, eingemauert.

## Innenbauten von Legionslagern und Auxiliarkastellen

Bei den Innenbauten der Lager und Kastelle an der Donaugrenze herrschte von Anfang an die Bautechnik in Lehmfachwerk vor. Dann wurde sie nach und nach durch Mauertechnik in Bruchsteintechnik ersetzt, zu der beim Architekturschmuck Werksteinarchitektur, etwa durch Gesimse und Säulen, hinzu kam. Manche Gebäude, z. B. Kasernen, erbaute man bis in das 3. Jh. n. Chr. hinein in Fachwerktechnik auf gemauerten Bruchsteinsockeln. Das Fachwerk der Lehmfachwerkbauten war nicht als Sichtfachwerk angelegt, sondern verputzt.

*Straßen*
Innen entlang der Umwehrung verlief eine durchgehende Straße, die *via sagularis*. Ein rechtwinklig sich kreuzendes Straßensystem gliederte den Innenraum. Hauptachse bildete die *via principalis*, welche die *porta principalis dextra* und die *porta principalis sinistra* miteinander verband. Diese teilte die Lager in zwei, zumeist ungleiche Bereiche: der vordere, kleinere Teil hieß *praetentura*, der hintere, größere *retentura*. Auf die *via principalis* stieß vor dem Haupteingang des Mittelgebäudes die *via praetoria*. Die Straße, die vom rückwärtigen Tor, der *porta decumana*, ins Innere des Lagers führte, hieß *via decumana*. Ansonsten gab es auch noch kleinere Straßen. In die geschotterten und gepflasterten Straßenkörper waren oft die Wasser- und Abwasserleitungen aus Holz und Stein eingelassen.

*Principia*
Im Zentrum der Lager und Kastelle der Kaiserzeit lagen die *principia*, ein großer, um einen Innenhof angeordneter Baukomplex (Abb. 138). Er kann seine Herleitung vom Forum ziviler Stadtanlagen nur schwerlich verleugnen. Nach Bauinschriften und literarischen Zeugnissen hieß dieser Bau *principia*. Der Haupteingang der *principia* lag an der *via praetoria* im Bereich des Hauptmesspunktes, der *groma*. Der Eingang zu den *principia* war architektonisch auf verschiedene Art hervorgehoben. Bei Legionslagern, etwa in Aquincum/Budapest, kennt man *tetrapyla*, also vierseitige Bogenmonumente, über der *groma* des Lagers auf der *via principalis* als Eingang zu den *principia*. Auch diese Bauform findet Entsprechungen in der städtischen Architektur. Der rückwärtige Bereich der *principia* besteht aus aufgereihten Räumen, denen eine Querhalle (*basilica*) vorgelagert ist. Man findet hier Rednertribünen, Altäre und Kaiserstatuen. Im Zentrum der Rückfront der *principia* befand sich das *sacellum*, das Fahnenheiligtum. Die Keller der Fahnenheiligtümer dienten als *aerarium*, also als Tresor für die Truppenkasse. Die den Fahnenheiligtümern benachbarten, z. T. beheizbaren Räume können als Schreibstuben, Archive oder sonstige Verwaltungsräume angesprochen werden. Hinter den Portiken der Seitenbereiche kommen dann ab der Mitte des 1. Jhs. n. Chr. auch Raumfluchten auf, die z. T. inschriftlich oder durch einschlägige Funde als *armamentaria*, als Waffenkammern gelten. Man muss in den Seitenflügeln auch mit weiteren Büro- und Archivräumen der Militärverwaltung rechnen.

*Praetorium*
In der Kaiserzeit bis in das 3. Jh. n. Chr. hinein waren die *praetoria* der Legionslager Legionslegaten vorbehalten, die aus der ersten Adelsschicht des Reiches, dem Senatorenstand, entstammten. Dementsprechend kann man für die Wohnhäuser die-

ser Legionslegaten zumindest in gut ausgebauten, mehrjährigen Standlagern einen Wohnkomfort voraussetzen, der sich nicht allzu stark von dem Unterschied, was dieser Personenkreis in seiner Heimat gewohnt war. *Praetoria*, neben oder hinter den *principia* gelegen, wiesen eine Fülle von Räumen und mehrere Innenhöfe auf, darunter Speiseräume (*triclinia*) und Badeanlagen (Abb. 180 Nr. 2). Auch ihre Ausstattung (Architekturschmuck, Wandmalerei etc.) spricht für gehobenen Wohnkomfort. Dies ist selbst bei den wesentlich bescheideneren Anlagen der Auxiliarkastelle zu beobachten. Nach einem Grabungsbefund aus Ladenburg in Baden-Württemberg, wo man eine umgefallene, bemalte Fachwerkwand bergen konnte, muss man sich die *praetoria* zweistöckig vorstellen.

*Tribunenhäuser*
In den Legionslagern gab es gesonderte Häuser für die Militärtribunen. Auch diese stellen, allerdings in bescheidenerer Form als die *praetoria*, Abwandlungen italischer Stadthäuser dar. Diese Tribunenhäuser lagen traditionell im *scamnum tribunorum* in der *praetentura* an der *via principalis*, wo schon in den Marsch- und Feldlagern der Republik die Zelte der Tribunen standen (Abb. 180 Nr. 6). Sie besaßen Innenhöfe, Heizungen und mehrere Raumeinheiten für den Wohn- und Dienstgebrauch. Gelegentlich gibt es auch Besonderheiten, so hat man in Aquincum/Budapest in einem Tribunenhaus ein Mithräum gefunden.

*Kasernen*
Die Mannschaften in Legionslagern und Auxiliarkastellen waren in den langgestreckten Barackenbauten (*centuria*) mit vorgelagerten Portiken untergebracht, die aus den Zelten der republikanischen Marsch- und Feldlager hervorgegangen sind. Sie besitzen kein Vorbild in der zivilen Architektur. Jeweils ein *contubernium* hatte in den Infanteriekasernen zwei Räume zur Verfügung, den hinteren Schlaf- und Wohnraum mit jeweils vier doppelstöckigen (?) Betten und einem Herd. Dieser Wohnraum hieß *papilio*, davor lag ein Lagerraum für Waffen und Gerät, der *arma* genannt wurde. Diese Bezeichnungen leiten sich von der republikanischen Tradition insofern ab, als *papilio* eigentlich Zelt bedeutet, *arma* war ursprünglich der Vorplatz vor dem Zelt, wo man Waffen und Marschgepäck ablegte. In den *papiliones* sind Herd- und Feuerstellen nachgewiesen, welche in den *armae* ebenso regelhaft fehlen. Man nimmt an, dass der Rauch über einen Kamin aus Lehm und Holz mit einem tönernen Kaminaufsatz im Dach abgeleitet worden ist. Noch bis vor wenigen Jahren war sich die Forschung nicht sicher, ob bei Kavallerieeinheiten die Pferde in gesonderten Ställen untergebracht waren oder nicht. Neuere Ausgrabungen haben aber klar ergeben: Kavallerieeinheiten lebten mit ihren Pferden unter einem Dach, daher sind hier auch die Mannschaftsunterkünfte anders gegliedert. Es gab einen (heizbaren) Wohnraum für drei Reiter und angrenzend einen Stall für drei Pferde. Die Reservepferde waren höchstwahrscheinlich außerhalb der Kastelle untergebracht.

Je nach Zeitstellung standen für ein Contubernium in einem kaiserzeitlichen Legionslager ca. 25–40 m², in einem Auxiliarkastell ca. 10–40 m² zur Verfügung. Diese Berechnungen schließen Reiterkasernen mit ein und gehen von der Prämisse aus, dass römische Kasernen nur ebenerdig gelegene Wohn- und Nutzräume aufwiesen. Es gibt allerdings Indizien dafür, dass es auch zweistöckige Anlagen gab. Die Centurionen bewohnten die sog. Kopfbauten am Ende der Baracken, die einen wesentlich höheren Wohnkomfort boten. Hier sind zum Beispiel des Öfteren Bäder, Fußbodenheizungen oder Wandmalerei sowie mehrere Wohn- und Schlafräume belegt. In manchen Lagern und Kastellen existieren vergrößerte Raumeinheiten auch am anderen Ende der Baracke, diese bezeichnet man als Endbauten. Möglicherweise beherbergten diese Bauten die Unterführer, etwa den *optio*. Außerdem enthielten sie Diensträume. Die Kopfbauten waren in der Regel bei den Cohorten 2–10 jeweils an dem Ende der Unterkunft angebaut, welches zur Umwehrung, also zur Feindseite, zeigte. Bei Alarm waren die Centurionen offensichtlich dafür verantwortlich, dass ihre Centurien sofort den ihnen zugewiesenen Abschnitt der Wehrmauer, bzw. andere Alarmpositionen bezogen. Bei der ersten Cohorte hingegen waren die Centurionenhäuser zur *via principalis* hin orientiert und lagen neben den *principia*. Als eine Art Garde des Legionskommandeurs waren sie offensichtlich für dessen Sicherheit verantwortlich bzw. bildeten eine Eingreifreserve unter seinem direkten Kommando.

*Tabernae*
Entlang der Lagerhauptstraßen von Legionslagern wurden, wie zum Beispiel in Inchtuthil, Reihen von einfacheren Bauten angetroffen, bei denen es sich wohl um die literarisch wie epigraphisch bezeugten *tabernae* handelt. In diesen befanden sich vermutlich die Unterkünfte des Trosses, also der Stallburschen, Muliführer und Kutscher der Transportwagen. Aber auch Schreibstuben, die Ställe und Remisen der Zug- und Tragtiere sowie die Lastwagen und Artilleriegeschütze werden hier angenommen. Einem Brief aus Vindonissa wird entnommen, dass die *tabernae* durchnummeriert und demnach leicht zu finden waren, und dass in einer eine Frau einheimischer Herkunft ein Wirtshaus betrieben hat.

*Bäder*
Auch in den Lagern und Kastellen der Kaiserzeit darf man davon ausgehen, dass die aus dem Mittelmeerraum stammenden Soldaten selbst im Felde auf das gewohnte warme Bad nicht verzichten mussten.

Nun sind heizbare Thermengebäude zwangsläufig mit Steinarchitektur verbunden, so dass sie in den frühen Holz-Erde-Lagern fehlen. Militärische Thermen in Lagern treten ab der neronischen Zeit auf, sobald Lagerbauten in Stein ausgeführt wurden (Abb. 96). Bei Legionslagern ist ihre Position innerhalb des Lagers zunächst recht verschieden, dann setzt sich eine regelhafte Lage in der rechten *praetentura* durch. Bei den Thermen der Legionslager gibt es keine standardisierte Bauform: Sie weisen individuelle Grundrisse auf, die von städtischen Bädern herzuleiten sind. Ab der flavischen Zeit wurden auch bei Auxiliarkastellen Thermen unentbehrlich. Die Bäder der Auxiliareinheiten liegen nur in Ausnahmefällen im Kastell. In der Regel trifft man sie außerhalb im Kastellvicus an. Kastellbäder sind meist nach dem sog. Reihentyp angelegt, wo die Räume für die wichtigsten Badevorgänge in einer Reihe liegen: *frigidarium* (Kaltbad), *tepidarium* (Laubad) und *caldarium* (Heißbad). In ihrer Ausstattung erreichen sie nicht das Niveau städtischer Thermen, immerhin sind aber Wandmalereien und Statuen lokaler Produktion bisweilen bezeugt.

*Getreidespeicher (horrea)*
Zu den wichtigsten Aufgaben militärischer Logistik zählt die Bereitstellung von Nahrungsmitteln in ausreichender Menge für die Soldaten. Wie den antiken Quellen zu entnehmen ist, bestand die an die römischen Legionssoldaten ausgegebene Verpflegung vor allem aus ungemahlenem Weizen, welcher von den Soldaten selber mit Handmühlen gemahlen werden musste. So gehörte es zur Hauptaufgabe der militärischen Logistik in römischer Zeit, große Getreidevorräte in den Lagern bereitzustellen. Es ist überliefert, dass jeweils der Jahresverbrauch einer Truppe im Lager in Vorrat gehalten wurde – dies entspricht bei einem Legionslager ca. 2000 Tonnen Getreide. So verwundern die zahlreichen *horrea* (Getreidespeicher) in den

Legionslagern und Auxiliarkastellen nicht. Diese besitzen eine ganz signifikante Bauweise: Die Böden waren abgehoben und so über durchlüftbaren Hohlräumen angelegt, welche eine stetig trockene Lagerung garantierten. An den Schmalseiten der *horrea* befanden sich Laderampen. Bei Steinbauten sind außen an den Mauerzügen pilasterartige Mauervorlagen angebracht, welche den Druck des Getreides gegen die Außenwände abfangen sollten. Sinnvollerweise wurden *horrea* stets in der Nähe der Lagertore erbaut, um kurze Wege für Transporte per Lastwagen zu ermöglichen.

*Lazarette (valetudinaria)*
*Valetudinaria* sind eine Erfindung der augusteischen Zeit, die nicht auf zivile Vorbilder von Hospitalbauten im mediterranen Raum zurückgreifen kann. Sie gehen offensichtlich auf die Erfindung eines genialen Militärarchitekten zurück, der der Tatsache Rechnung tragen musste, dass das Klima und die kriegerischen Nachbarn der Provinzen an Rhein und Donau zu einem höheren Aufkommen an Kranken und Verwundeten führten. So entstand in den Legionslagern, durchaus in mediterraner Tradition, ein vierseitiger Baukomplex um einen peristylen Innenhof mit Garten. Eine Seite diente als Eingangsbereich und enthielt Operationssäle, Lagerräume, evtl. auch Küchen oder andere Funktionsräume. In den anderen drei Flügeln erschlossen Korridore beidseitig liegende, kleinere Krankenzimmer und wohl auch Räume für das Pflegepersonal. Auch für Auxiliarkastelle werden Lazarettbauten angenommen, allerdings tritt hier das Problem auf, dass sie bisher nicht so eindeutig identifizierbar waren.

*Werkstätten (fabricae)*
In Legionslagern und Auxiliarkastellen finden sich oft mehrere Baukomplexe, die aus kleineren Raumeinheiten bestehen, welche um einen Innenhof oder Korridor gruppiert sind. Oft findet man darin Wasserbecken oder Öfen verschiedener Bauart und Größe. Schlacken, Gussformen und Halbfabrikate machen gelegentlich deutlich, dass es sich dabei um *fabricae*, also Werkstattbauten, vor allem für Metallverarbeitung, handelt.

*Vorratskammern und sonstige Räume*
Neben den *horrea* und *tabernae* findet sich in den Lagern und Kastellen eine ganze Reihe von Gebäuden verschiedener Form, deren Funktion unklar ist. Man benennt sie vielfach als Vorrats- und Speicherräume; es ist aber auch nicht ausgeschlossen, dass man es mit kleineren Spezialwerkstätten zu tun hat. In den Seitenflügeln der *principia*, aber auch als gesonderte Bauten, sind in Legionslagern und Auxiliarkastelle Waffenmagazine (*armamentaria*) belegt, so zum Beispiel in Carnuntum.

*Sonstige Anlagen zur Infrastruktur und Versorgung*
Gelegentlich findet man am Rande der *via sagularis* Backöfen in den *agger* (Erddamm) der Umwehrung eingebaut. Bei Legionslagern und Auxiliarkastellen, die längere Zeit existierten, war die Zufuhr von frischem Wasser aus Quellen von außerhalb und die Ableitung des Abwassers eine Selbstverständlichkeit. Demzufolge kommen in Lagern und Kastellen Brunnen kaum vor, mit Ausnahme eines Brunnens in den *principia*. Oft waren in die auf der Rückseite angeschütteten Erddämme der Wehrmauern an der *via sagularis* Wasserbecken (für Löschwasser?) oder Latrinen integriert.

## Zivile Siedlungen im Umfeld der Lager und Kastelle

Bei jeder römischen Truppengarnison, die längere Zeit existierte, entstand auch eine zivile Siedlung. Bei Legionslagern ist hier die Bezeichnung *canabae legionis* überliefert. Diese *canabae* unterstanden der Militärverwaltung und besaßen keine Selbstverwaltung, obwohl sie von ihrer baulichen Ausstattung her durchaus stadtähnlichen Charakter haben konnten. Wesentlich kleiner, aber durchaus mit Tempeln, Fora, Amphitheatern und Thermen ausgestattet, zeigten sich die Zivilsiedlungen im Umfeld der Auxiliarkastelle. Die Kastellvici wurden zusammen mit den Kastellen von Spezialisten der Truppe geplant und nach dem gleichen Meßsystem vermessen, die so entstandenen regelmäßigen Parzellen an den geplant angelegten Straßen und Plätzen dann aber von Zivilisten bebaut, die der Truppe gefolgt waren. Darunter befanden sich neben Handwerkern, Wirten, Prostituierten und Händlern auch die Familien der Soldaten. Besonders gut ist in Österreich der Kastellvicus von Mautern erforscht.

## Legionslager und Grenzkastelle der frühen und mittleren Kaiserzeit (Abb. 11)

### Legionslager
Auch die meisten Legionslager mit ihren ca. 20 ha Fläche sind nach dem Spielkartenschema erbaut. In Österreich gilt dies nur für Vindobona/Wien und für das kurzfristig von der *legio II Italica* belegte Albing. Die von der gleichen Legion längerfristig belegte Anlage von Lauriacum/Enns zeigt sich als Ausnahme in der Grundform einer Raute, ebenso Carnuntum, wo sich das Lager zusätzlich durch Abweichungen und Ausbuchtungen im Nordwesten und an der Ostseite sich dem Gelände anpasst.

### Alenkastelle
Die Kastelle für Reitertruppen sind entweder für eine *ala quingenaria* oder für eine *ala milliaria* ausgelegt. Alenkastelle waren im Falle einer *ala quingenaria* ca. 3,1–4,2 ha groß, *alae milliariae* waren in Kastellen von ca. 5,2–6 ha untergebracht.

### Kastelle einer cohors equitata
Relativ häufig sind Kastelle, in denen gemischte Besatzungen aus Infanteristen und Reitern untergebracht waren, die *cohortes equitatae*. Die Kastellgröße einer *cohors quingenaria equitata* schwankt zwischen 2,1 und 3,3 ha, die einer *cohors milliaria equitata* bewegt sich um die 2,1–3,1 ha.

### Kastelle einer cohors peditata
Die Größe der Kastelle einer *cohors quingenaria peditata* schwankt zwischen 1,4 und 2,5 ha. Allerdings hat man bisher reguläre Kastelle für eine *cohors quingenaria peditata* nur selten komplett ausgegraben.

### Numeruskastelle
Die Kastelle der *numeri* sind in der Regel unter 1 ha groß. An der norischen Donaugrenze wird bisher nur in Passau-Innstadt ein solches Numeruskastell angenommen.

### Wachtürme
Wachtürme gehören zu den Elementen des Wehrbaus, welche die Römer von den Griechen übernommen haben. Der lateinische Begriff *burgus* für Wachtürme ist vom griechischen πύργος (Pyrgos) abzuleiten, es gibt aber auch die lateinische Bezeichnung *turris*. Im 2. Jh. n. Chr. werden dann am Odenwaldlimes, obergermanisch-raetischen Limes, am dakischen Limes sowie an den Flussgrenzen an Rhein und Donau die Holztürme durch Steintürme ersetzt, deren Aussehen (drei Stockwerke, pyramidenförmiges Dach, umgehende Galerie) traditionell nach den Darstellungen der Trajanssäule oder Marcussäule rekonstruiert wird. Es sind aber auch andere Konstruktionen denkbar und belegt, wie etwa Satteldächer. Für die österreichische Donaugrenze gibt es Hinweise auf Steintürme ab der Zeit des Commodus (180–192 n. Chr.). Dies schließt aber nicht aus, dass bereits zuvor Holztürme existiert haben können. Diese und die meisten Steintürme sind bisher noch nicht nachgewiesen. Doch eine militärisch kontrollierte Grenze, wie die Donaugrenze in

# Bauten und Truppen des römischen Grenzheeres in Österreich

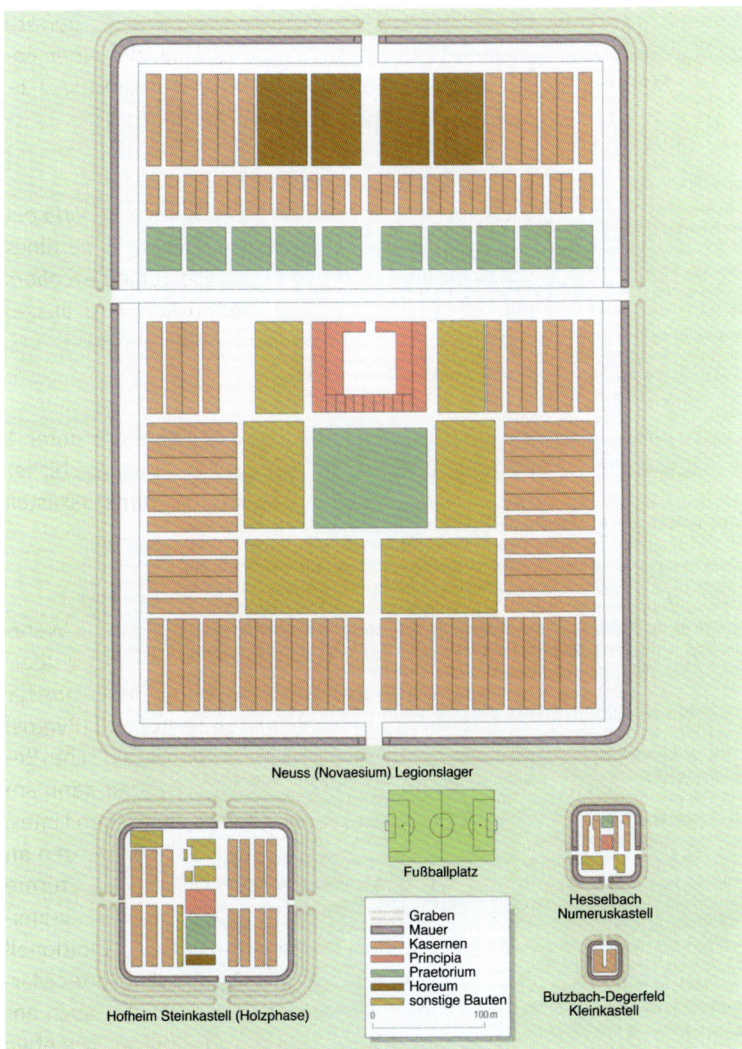

Abb. 11: Vergleich der Flächen römischer Militärlager und eines Fußballplatzes (Legionslager ca. 20 ha)

## Spätrömische Befestigungen

Die Spätantike ab der Tetrarchie (um 300 n. Chr.) mit ihrer veränderten Heeresorganisation brachte auch starke Veränderungen in den militärischen und zivilen Festungsbauten mit sich. Das Heer wurde in fest stationierte Grenztruppen (*limitanei* oder *riparienses*) und ein Bewegungsheer (*comitatenses*) mit wechselnden Garnisonen aufgeteilt. Die Größe der Truppenlager wurde reduziert, da in der Regel auch die Größe der Limitantruppen wesentlich geringer war, als die der vorhergehenden Auxiliareinheiten der mittleren Kaiserzeit. An der Donaugrenze in Noricum und Pannonien hat man die Grundform der älteren Lager vielfach auch in der Spätantike beibehalten und lediglich stärker befestigt, indem man Tore und Türme (Hufeisentürme und halbrunde Türme) außen an den Mauern anfügte oder verstärkte und die Mauern entsprechend erhöhte. Eine Ausnahme bildet Favianis/Mautern: Hier wurde noch im 5. Jh. n. Chr. die Ummauerung des Kastells bzw. der befestigten Siedlung wesentlich erweitert.

Österreich, kann nach unseren Vorstellungen nur dann funktionieren, wenn zwischen den Kastellen eine lückenlose Nachrichtenübermittlung über Wach- und Signaltürme möglich ist.

Oft ist in den wiederhergestellten Mauern der alten Festungen des 3. Jhs. n. Chr. die Truppe und die Zivilbevölkerung untergebracht, wobei das Militär gelegentlich in der Spätzeit in einem eigenen, kleineren Binnenkastell bzw. *burgus* untergebracht wurde. So entstehen aus den rein militärischen Lagern und Kastellen der mittleren Kaiserzeit vielfach die Festungsstädte der Spätantike mit militärischer Besatzung. Die spätantiken Befestigungen mit ihren mächtigen Mauern waren wesentlich stärker ausgebaut, als es die älteren Kastelle jemals waren.

Bei Tor-, Eck- und Zwischentürmen, die rund, halbrund, quadratisch oder polyedrisch bis fächerförmig auftraten, kann man feststellen, dass sie im Gegensatz zur vorangehenden Zeit nun immer nach außen vor die Wehrmauer ragten. Dies kann man am besten so erklären, dass in der Spätantike Pfeilgeschütze, deren Bolzen sich allenthalben in spätrömischen Kastellen finden, eine größere Rolle bei der Verteidigung spielten. Denn mit ihnen konnte man von den vorgeschobenen Türmen aus bei Belagerungen und Angriffen den Gegner besser von der Flanke fassen. Während viele Elemente des spätrömischen Wehrbaus überall verbreitet sind, gibt es bei den Türmen gelegentlich regionale Schwerpunkte. So sind zum Beispiel die Fächertürme an den Ecken der Kastelle und die Hufeisentürme als Form der Zwischentürme vor allem an der Donaugrenze ab der Provinz *Noricum ripense* konzentriert (Abb. 143).

Die Innenbebauung ist bei den meisten spätantiken Kastellen weitgehend ungeklärt. Denn es gibt nun, anders als in der frühen und mittleren Kaiserzeit, keine verbindlichen Muster mehr: Fast jedes Kastell sah anders aus. Die älteren Wachtürme zwischen den Kastellen wurden nun durch wesentlich massivere Kleinfestungen (*burgi*) ersetzt. In der Zeit Valentinians I. (364–375 n. Chr.) hat man die Grenzschutzanlagen noch einmal verstärkt und ausgebaut.

## Das Grenzheer der Provinzen Noricum und Pannonien

Die Aufgaben der römischen Armee an der österreichischen Donaugrenze ging in vielen Bereichen weit über das hinaus, was heute mit den Pflichten und Tätigkeiten einer modernen Armee verbunden wird. In ihrer klassischen Funktion als bewaffnete Macht des durch den Kaiser repräsentierten Staates war sie für die Abwehr äußerer und innerer Konflikte vorgesehen. D. h., sie bewachte die Grenzen und reagierte auf äußere Aggressoren. Daneben aber nahm die Truppe auch Funktionen wahr, die heutzutage Aufgaben von Polizei, Wirtschaftspolizei, Zoll- und Steuerbehörden darstellen. Damit nicht genug: Auch als Straßenbauer, Architekten, Bauunternehmer, als Produzenten von Baumaterial in Steinbrüchen und Ziegeleien und als Holzfäller waren die römischen Soldaten vielfach tätig. So baute das römische Militär nicht nur seine hölzernen und steinernen Feld- und Standlager selber, vom Legionslager bis zum Limesturm. Auch Kastellbäder, Straßen, Kanäle, Schiffe und Brücken konnten die erfahrenen Militärarchitekten mit Hilfe von speziellen militärischen Handwerkern und einfachen Soldaten als Handlanger und Arbeiter ohne jede Hilfe von zivilen Kräften erbauen. Die römischen Truppen an der Donaugrenze waren in Rang, Gliederung und Funktion zweigeteilt: Es gab die Elitetruppen, die Legionsinfanterie, die nicht direkt in den täglichen Dienst der Grenzkontrolle eingebunden waren. Sie hielten sich vielmehr für größere Kriege bereit, oft auch außerhalb der Provinzen, wo sie stationiert waren. Beim Ausbau der Infrastruktur (Straßenbau, Gewinnung von Baumaterial etc.) und bei Bauarbeiten an Auxiliarkastellen und Kastellbädern unterstützten sie die Auxiliartruppen ihrer Provinz. Die eigentliche Last des Grenzschutzes, also Kontrolltätigkeit, Zollerhebung und Abwehr kleinerer feindlicher Übergriffe, trugen die Hilfstruppen, welche auch die Wachtürme und Patrouillenschiffe bemannten.

### *Legionen*

Die Kerntruppen der römischen Armee bestanden aus den Legionen, den Eliteeinheiten der schweren

Infanterie, die seit der Heeresreform des Marius um 100 v. Chr. aus Berufssoldaten bestanden. Diese Soldaten mussten schon beim Eintritt in die Truppe das römische Bürgerrecht besitzen. Die unter Augustus (27 v. – 14 n. Chr.) reformierten Legionen der Kaiserzeit waren in Kohorten gegliedert, in Teileinheiten von ca. 500 Mann, die jeweils wieder in sechs Centurien à 80 Mann Kampftruppe unterteilt waren. Jeder Legion gehörten zwischen 5500 und 6400 Mann, aufgeteilt in 10 Kohorten, an, wobei wahrscheinlich erst ab der flavischen Zeit die erste Kohorte, die prima cohors, als vornehmste Teileinheit mit ca. 800 Mann etwa doppelt so stark wie die übrigen war. Die Iststärke einer Legion dürfte aber nur selten mit der Sollstärke übereingestimmt haben. Letztere lässt sich vereinfacht wie folgt darstellen (* = reine Schätzungen):

| | |
|---|---:|
| Kampftruppe in 60 Centurien à 80 Mann | 4800 |
| Legionsreiter | 120 |
| Handwerker und Magazinarbeiter, die im Lager arbeiteten | *300 |
| ständig außerhalb des Lagers beschäftigte Handwerker | *100 |
| Lazarettangehörige und Veterinärpersonal | *50 |
| 9 (10) Stäbe der Legion | *260 |
| beim Statthalter/Prokurator der eigenen Provinz tätig | *210 |
| bei Statthaltern/Prokuratoren anderer Provinzen tätig oder unterwegs | *210 |
| militärische Straßen-, Zoll- und Steuerstationen | *200 |
| sonstige Gefreite (*immunes*) und Abkommandierte | 150 |
| Summe | 6400 |

Von den Legionssoldaten gehörten rund 5000 Mann der kämpfenden Truppe an. Die meisten dienten als „gemeine" Infanteristen, als *milites gregarii*. Die Regeldienstzeit der Legionssoldaten betrug 20 Jahre; danach blieb der ehrenvoll entlassene Veteran noch fünf Jahre bei seiner Einheit (*veteranus sub vexillo*). Nach 25 Dienstjahren konnte er mit einer Abfindung (*praemia militiae*), die aus Bargeld und/oder einer Landzuweisung bestand, ins Zivilleben zurückkehren. Die einfachen Soldaten versahen ihren täglichen Dienst in einer der zehn Kohorten. Mit Ausnahme der ersten bestand jede Kohorte ihrerseits aus sechs je von einem Centurio befehligten Centurien („Hundertschaften"). In jeder Centurie dienten achtzig einfache Soldaten; die restlichen 20 setzten sich eben aus Spezialisten wie Handwerkern, Ärzten, Verwaltungssoldaten, Legionsreitern etc. zusammen. Zu jeder Legion gehörten auch 120 Reitern (*equites legionis*). Sie dienten wohl vornehmlich als Meldereiter und Boten. Im Gefecht kämpften sie gemeinsam mit Auxiliarreitern, von der Legion getrennt.

Der Kommandeur einer Legion, der *legatus Augusti pro praetore legionis*, wurde vom Kaiser ernannt. Er bekleidete, wenn nur eine Legion in einer Provinz stand, auch stets das Amt des Statthalters. Somit unterstand ihm neben dem Militär einer Provinz auch die zivile Verwaltung. Als nächsthöherer Offizier nach dem Legionslegaten folgte ein senatorischer Militärtribun, der *tribunus militum laticlavius*. Aus dem zweiten römischen Adelsstand stammten die ritterlichen Militärtribunen, die *tribuni militum angusticlavii*. Davon gab es bei einer Legion fünf. Die Militärtribunen waren nur im Rahmen ihrer gemischten, militärischen und zivilen, Ämterlaufbahn befristet bei der Truppe. Damit kann man sie nicht als Berufssoldaten bezeichnen. Ihre praktische militärische Erfahrung dürfte im Normalfall nicht übermäßig groß gewesen sein. Nur der *praefectus castrorum* (*legionis*) war Berufsoffizier: Rangmäßig stand er unter dem senatorischen Tribun, aber über den ritterlichen Tribunen. Auch er gehörte dem Ritterstand an. Als militärisches Rückgrat der Legion kann man die Centurionen bezeichnen. Diese etwa den modernen Hauptleuten gleichzusetzenden Offiziere waren durchwegs Berufssoldaten. Sie befehligten in der Regel die Centurien, die verwaltungsmäßig und taktisch kleinsten Einheiten der Legion. Letztlich waren sie dafür verantwortlich, dass im Kriegsfall militärische Operationen erfolgreich durchgeführt werden konnten. Daher hatten sie schon in Friedenszeiten besonders auf die Wahrung der Truppendisziplin zu achten. Im Rahmen dieser Pflicht setzten sie die Befehle der Legionsspitze bei den einfachen Soldaten durch. Entsprechend der Zahl der Centurien gab es 60 Centurionen je Legion. Der ranghöchste Centurio, der *primus pilus*, kommandierte die erste Kohorte.

*Hilfstruppen (auxilia)*
In etwa der gleichen Stärke wie die Legionen bestand ein zweiter Teil des römischen Heeres aus den sog. *auxilia*, den Hilfstruppen. Diese stellten nach Stärke, Besoldung und Rechtsstellung „zweitklassige" Abteilungen dar. Auxiliartruppen waren ab der Mitte des 1. Jhs. v. Chr. vor allem im Grenzschutz eingesetzt, im Gefecht operierten sie zusammen mit den Legionstruppen. Auxiliartruppen stellten in der Kaiserzeit auch die gesamte Reiterei (die wenigen Legionsreiter fielen hier kaum ins Gewicht). In diese *auxilia* konnten diejenigen freien Reichsbewohner aus den Provinzen eintreten, welche das römische Bürgerrecht anfangs noch nicht besaßen, die sog. *peregrini* („Fremde"). Hatten sie 25 Jahren Dienst getan und sich nichts zuschulden kommen lassen, dann konnten sie das begehrte römische Bürgerrecht erhalten. Waren die Hilfstruppen zunächst in Organisation, Garnison und Einsatz fest an die Legionen gebunden, so änderte sich spätestens seit der Zeit des Claudius (41–54 n. Chr.) ihre Stellung: Sie übernahmen als selbständige Einheiten den Grenzschutz an *limites* und *ripae* und besaßen nun auch eigene Lager – die Auxiliarkastelle. Die *auxilia* gliederten sich in Reiter- und Infanterieeinheiten, in *alae* und *cohortes*, etwa 500 (*quingenaria*) oder 1000 (*milliaria*) Mann stark. Nicht selten handelte es sich um gemischte Abteilungen, sog. *cohortes equitatae*.

• Eine *cohors quingenaria peditata* bestand aus 6 Centurien von je 80 Infanteristen unter der Leitung je eines Centurio, sie war mit Stab ca. 500 Mann stark. Ihr Kommandeur, der *praefectus* oder *praepositus cohortis*, entstammte in der Regel dem Ritterstand.

• Die *cohors quingenaria equitata* war aus Infanteristen und Reitern gemischt. Sie bestand aus 6 Centurien von je 80 Mann unter der Leitung je eines *centurio*. Dazu kamen 6 Turmen (bestehend aus je 30 oder 32 Mann) Reiterei, sie war mit Stab wahrscheinlich ca. 500 Mann stark. Ihr Kommandeur, der *praefectus cohortis*, entstammte dem Ritterstand.

• Eine *ala quingenaria* setzte sich aus 480 Reitern zusammen, die in 16 *turmae* von je 30 Mann gegliedert waren, der Führer der *turma* war der *decurio* (nicht zu verwechseln mit dem gleichnamigen Titel eines Stadtrates). Als Kommandeur der *ala quingenaria* fungierte ein *praefectus alae* aus dem Ritterstand.

Während die Römer zunächst aus den wehrfähigen jungen Männern der neu eroberten Gebiete zwangsweise Hilfstruppen bildeten und außerhalb des Rekrutierungsgebietes einsetzten, kam es im Laufe der Zeit zunehmend und mit wenigen Ausnahmen zur überwiegenden Ergänzung der Einheiten aus dem Hinterland des Standortes. Oft waren Auxiliareinheiten nach dem Volksstamm benannt, aus dem sie aufgestellt worden waren, z. B. *cohors Raetorum*. Wenn dann aber eine solche Raeterkohorte lange Zeit z. B. in Britannien lag, dann war der Name zum bloßen Traditionsnamen geworden, denn die Truppe bestand mit der Zeit vorwiegend aus Provinzbewohnern, also aus Britanniern. Anders war dies nur bei Spezialeinheiten mit einheimischer Bewaffnung oder besonderen Fähigkeiten, die für die römische Armee große Bedeutung besaßen. Zu diesen gehörten z. B. die Batavar vom Niederrhein, da sie Hilfstruppen mit besonderen Fähigkeiten darstellten: Sie waren nicht nur erstklassige Kämpfer zu Fuß und zu Pferde, sie konnten auch, was andere offensichtlich nicht beherrschen, in voller Rüstung mit ihren Pferden Gewässer durchqueren. Diese Fertigkeiten trainierten sie seit ihrer frühen Jugend. Damit gehörten sie neben den orientalischen Bogenschützen, vor allem aus Syrien, zu denjenigen Hilfstruppen, die nicht nur in einem Gebiet aufgestellt und dann mit Rekruten aus der Umgebung ihres Garnisonsortes ergänzt wurden, sondern man ergänzte sie auch immer wieder aus der gleichen Region. Auch ihre Offiziere waren einheimische Adelige. Daneben gab es auch einige Hilfstruppeneinheiten, in denen römische Bürger dienten (*cohortes civium Romanorum*).

Abb. 12: Eine Seite eines Militärdiplomes mit den Namen der Zeugen und Abdruck der Siegelkapsel (in Privatbesitz)

Auxiliareinheiten konnten auch nach dem Kaiser, unter dem sie aufgestellt worden waren, oder nach einem Offizier benannt werden, z. B. *ala Flavia* oder *ala Indiana* (nach dem Tererhäuptling Iulius Indus). Daneben gab es zahlreiche Ehrennamen, wenn sich die Einheit positiv hervorgetan hatte, z. B. *pia fidelis* (zuverlässige, treue) oder *victrix* (siegreiche). Auch eine Spezialbewaffnung kann gelegentlich in den Einheitsnamen aufgenommen werden, z. B. *sagittariorum* (Bogenschützeneinheit) oder *scutata* (d. h. die Truppe kämpfte wie eine Legion mit dem *scutum*, dem Rechteckschild). Nach 25 oder mehr Dienstjahren begannen für den Hilfstruppensoldaten mit seiner ehrenvollen Entlassung (*honesta missio*) bessere Zeiten. Nun wurden ihm nicht nur die über Jahre bei der Truppenkasse angesparten Gelder in bar ausbezahlt; er empfing jetzt endlich das römische Bürgerrecht, das sich auch auf seine Frau und seine Nachkommen erstreckte. Durch das außerdem verliehene „Eherecht" (*ius conubii*) wurde eine bereits bestehende oder eine beabsichtigte eheliche Verbindung mit einer „fremden" Frau vor römischem Recht voll anerkannt. Jetzt erst lebte man in einer vor römischem Recht bestehenden Familie, jetzt erst konnte der Neubürger sein Vermögen an seine Familie vererben. Das über den Hilfstruppendienst erworbene Bürgerrecht verhalf mehreren Millionen Provinzbewohnern zur rechtlichen und sozialen Angleichung an die in die Provinzen zugezogenen römischen Bürger. Kein Wunder, dass man sich seine Privilegien, genauer das Bürgerrecht und das Eherecht, in Form von Bronzetafeln, sog. „Militärdiplomen", gleich in doppelter Ausfertigung bestätigen ließ (Abb. 12). Sie enthielten den Text des kaiserlichen Erlasses zur ehrenhaften Entlassung aus dem Militärdienst, ferner eine genaue Datierung, Zeugennamen und ihre Siegel, die Personalien des jeweiligen Empfängers sowie seiner Frau und seiner Kinder, seines unmittelbaren und mittelbaren Vorgesetzten sowie eine Liste aller betroffenen Truppen in der jeweiligen Provinz – eine enorm wichtige Quelle für die römische Militärgeschichte. Das Original dieser Urkunde wurde in Rom beim Minervatempel öffentlich ausgehängt, der Empfänger erhielt also nur eine Kopie.

*Kriegsmarine*
Bei einer Flussgrenze sind Flotteneinheiten von besonderer Bedeutung. Man kennt schon seit dem 1. Jh. n. Chr. eine eigene pannonische Flotte (*classis Pannonica*), die an der Donaugrenze Patrouille fuhr. In Noricum sind verschiedene größere und kleinere Flotteneinheiten, die von Hilfstruppen und Legionen der Provinz gestellt wurden, erst für die Spätantike überliefert, doch könnte dies schon auf ältere Traditionen zurückgehen. Auch die römischen Flotten der Kaiserzeit gehörte zu den Hilfstruppeneinheiten, an deren Angehörige nach Ende des Dienstes Diplome ausgegeben wurden. Der Oberkommandierende einer Flotte, der *praefectus classis*, kam aus dem Ritterstand. Die römische Flotte war in Organisation und Zuständigkeit zweigeteilt, man unterschied klar zwischen dem seemännischen Personal und der Marineinfanterie. Dies ging sogar so weit, dass jedes Schiff zwei Kommandanten hatte, einen nautischen und einen militärischen. Militärische Schiffsbesatzungen waren den Centurien der Landarmee gleichgestellt. Diese bestanden aus ca. 80 Mann starken Kampfeinheiten unter dem Kommando eines Centurio. Daher gab es als militärischen Kapitän den Rang des *centurio classicus*. Vor allem das seemännische Personal war vielfach spezialisiert, es gab Steuerleute, Navigatoren, einen Mann, der am Bug Ausschau hielt und vor Untiefen warnte, Taktschläger für die Ruderer, Lademeister, Ärzte und andere.

*Numeri*
Seit dem späten 1. Jh. n. Chr. traten, rangmäßig noch unter den *auxilia*, die sog. *numeri* auf. Dabei handelte es sich um ca. 100–200 Mann starke Wach- und Aufklärungseinheiten, die an festen Grenzabschnitten stationiert waren. Waren solche Einheiten beritten, so hießen sie *exploratio*. Sie standen unter dem Kommando eines *praepositus numeri*, oft eines abkommandierten Legionscenturios, und waren von der Bürgerrechtsverleihung nach dem Dienst ausgeschlossen.

*Das Heer in der Spätantike*
In der Spätantike wurde das System einer Funktionsteilung des Heeres (Grenzschutztruppen in den Garnisonen der Grenze, bewegliche Einsatztruppen im Hinterland) im ganzen Reich eingeführt. Die ältere Ansicht einer plötzlichen Neueinführung dieses dualen Systems im Rahmen einer Militärreform unter Diokletian und Konstantin wird derzeit von der Forschung zunehmend in Frage gestellt. Man betont nun eher die kontinuierlich verlaufende Entwicklung des comitatensischen Heeres aus der mittleren Kaiserzeit heraus. Jedenfalls kam es im 4. und 5. Jh. n. Chr. zu grundlegenden Veränderungen im römischen Heer, die aber in ihren Einzelheiten nur schwer rekonstruierbar sind. Überhaupt ist das spätrömische Heerwesen wesentlich schwieriger zu durchschauen als jenes der Republik und der frühen bis mittleren Kaiserzeit. Für die Spätzeit kann auf die aus dem frühen 5. Jh. n. Chr. stammende Schrift *Notitia dignitatum omnium, tam civilium quam militarium, in partibus Occidentis* („Verzeichnis aller Ämter, sowohl der zivilen wie der militärischen, in den westlichen Reichsteilen"), kurz *Notitia dignitatum* genannt, zurückgegriffen werden. In dieser sind die Einheiten und Kommandoabschnitte des Grenzheeres und die Waffenfabriken aufgelistet.
Spätestens seit der Regierungszeit Konstantins I. war das römische Heer zweigeteilt: Es gab nun

ein fest in den Grenzfestungen stationiertes Grenzheer, die *limitanei* oder *riparienses*, und ein im Hinterland beweglich operierendes Bewegungsheer, die *comitatenses*. Die *limitanei* oder *riparienses* waren wie bisher an feste Standorte an der Grenze gebunden. Sie wurden auch nach Formation und taktischer Benennung (Legionen, Alen und Kohorten) weitgehend gemäß früherer Weise beibehalten, wobei ihre Sollstärke aber wesentlich geringer ausfiel, als die der gleichnamigen Einheiten der frühen und mittleren Kaiserzeit. Ihre genaue Größe ist unbekannt, sie war aber laut Ausweis der Kastellgrößen im Vergleich zur frühen und mittleren Kaiserzeit wesentlich geschrumpft.

Als wichtigste Neuerung erfolgte nun eine strikte Trennung von Militär- und Zivilverwaltung sowie eine Aufteilung und Verkleinerung der Provinzen. So lag nun die österreichische Donaugrenze im Norden der Provinz *Noricum ripense* (von *ripa* = Flußgrenze) und der Provinz *Pannonia prima*. Beide Provinzen gehörten zur neuen Großverwaltungseinheit Illyricum. Das militärische Oberkommando über die Grenztruppen des Westreichs lag laut *Notitia dignitatum* beim ranghöchsten Soldaten dieses Reichsteils, dem „Grenzabschnittsgeneral" (*dux limitis*). So kommandierte in der Spätzeit der *dux Pannoniae primae et Norici ripensis* nun die Donaugrenze beider Grenzprovinzen in Österreich.

Abb. 13: Rekonstruierter Legionssoldat der flavisch-traianischen Zeit mit Helm vom Typ Weisenau, Schienenpanzer, Rechteckscutum (Dekoration mit Blitzen und Adlerschwingen nach dem Vorbild der Traianssäule). *Gladius* vom Typ Pompeji und *pilum*

## Tracht und Bewaffnung der römischen Limestruppen

### Infanterie

Über die Tracht, Bewaffnung und Ausrüstung der römischen Soldaten am Limes ist man durch Funde aus österreichischen Lagern und Kastellen verhältnismäßig gut unterrichtet, man denke nur an das reichhaltige Fundmaterial aus Carnuntum (Abb. 13). Diese Waffen gehörten den Soldaten und waren nicht, wie man gelegentlich noch lesen kann, Staatsbesitz. Anscheinend gab es in jeder *canabae legionis* und fast in jedem Kastellvicus kleinere Privatbetriebe, die Waffen und Ausrüstung herstellten und an die Soldaten verkauften. Deren Normierung erfolgte über einheitliche Richtlinien und die vielfache lokale Nachahmung der vorschriftsmäßigen Armierung. Natürlich behielten die Ausrüstung und Bewaffnung des römischen Militärs von der Zeit der Okkupation unter Augustus bis zum Limesfall unter Gallienus nicht die gleiche Form, sondern sie machten eine Entwicklung durch, die man auch am reichen Fundmaterial Österreichs gut nachvollziehen kann. Am Körper trug der Soldat ein weites, wadenlanges Hemd aus Wolle oder Leinen, die *tunica*. Deren Saum hatte er im Dienst durch den Waffengurt bis knapp über das Knie hochgezogen. Es gab verschiedene Arten von Militärmänteln, die man auf der rechten Schulter durch Fibeln mit entsprechend weitem Bügel befestigte. Das raue Klima im Norden brachte die Soldaten bald dazu, die wärmende Tracht der Kelten und Germanen in Teilen zu übernehmen: Die Hose, als halblange Kniehose aus Stoff oder Leder, gehörte zur Standardkleidung am Limes. Aus einem Privatbrief am Hadrianswall in England sind auch wärmende Unterhosen und Socken als Ausrüstung der Soldaten bezeugt. Gegen Hitze und Kälte gleichermaßen gut war das Halstuch (*focale*), das gegen Sonneneinstrahlung und Schweiß seine Dienste tat, aber auch als Schal gegen Wind und Kälte schützte. Bei den genagelten Schuhen (*caligae*) haben moderne Experimente, wie Gepäckmärsche in nachgebauter römischer Rüstung, gezeigt, dass es sich dabei um recht bequemes Schuhwerk handelte.

Die römischen Soldaten trugen im Einsatz immer Metallhelme aus Eisen oder Bronze, die im Laufe der Zeit ihre Form veränderten. Auch der Körperpanzer veränderte sich im Verlauf der Kaiserzeit. Seit der augusteischen Zeit trug der Soldat das von den Kelten übernommene eiserne Kettenhemd, das in der Frühzeit zwei S-förmige Schließhaken besaß. Unter Augustus kam zusätzlich eine neu erfundene Form des Körperpanzers auf, der Schienenpanzer. Er bestand aus Eisenblechstreifen, aus denen, mit Hilfe von Lederriemen sowie Schnallen, Scharnieren und Schließhaken aus Bronze, ein Panzer für den Oberkörper und die Schulterpartien hergestellt wurde. Diese Panzer waren, mit leichten Weiterentwicklungen der Beschläge, bis um 200 n. Chr. in Gebrauch. Im späten 2. Jh. n. Chr. scheint der überwiegende

Abb. 14: Legionär aus der Zeit der Markomannenkriege mit Helm vom Typ Niederbieber, Schuppenpanzer, Rechteckscutum. *Spatha* und Lanze

Teil der Grenztruppen wieder auf das Kettenhemd als Körperpanzer zurückgegriffen zu haben. Für Infanteristen sind glatte und verzierte Beinschienen aus Eisen oder Buntmetall belegt.

Der römische Soldat trug als weitere Schutzwaffe den Schild, zusammengesetzt aus Holz, Leder, Filz oder Stoff, versehen mit Metallbeschlägen. Dieser bestand aus spanartigen Brettchen, die zu einer Art Sperrholz zusammengeleimt waren und dann mit Leder und/oder Stoff bzw. Filz überzogen und schließlich bunt bemalt wurden. An Metallteilen (Bronze oder Eisen) trug der Schild Randeinfassung, Schildbuckel, Schildfessel (Handgriff) und Zierbeschläge. Da die mit wasserlöslichem Knochenleim zusammengehaltenen Schildbretter, Leder und Filz bzw. Stoffteile sehr regenempfindlich waren, schützte man den Schild auf dem Marsch mit einem gut eingefetteten Lederüberzug. An diesem waren wohl auch die Tragriemen befestigt, mit denen man sich den Schild beim Marsch auf den Rücken schnallte. Während die Legionstruppen das *scutum*, ein gewölbtes Rechteckschild trugen, besaßen die Auxiliartruppen flache ovale, runde oder sechseckige Schilde.

Die wichtigste Blankwaffe des in dichter Formation kämpfenden römischen Soldaten war das klassische römische Kurzschwert, der *gladius*, mit Holz- oder Beingriff und mit metallbeschlagener und mit Leder überzogener Holzscheide. Während man bis zum Ende des 1. Jhs. n. Chr. den *gladius* in der Regel am *cingulum*, dem metallbeschlagenen Waffengurt, trug und mit den vier Trageringen aus Bronze befestigte, setzte sich dann immer mehr die Trageweise am schmalen Schulterriemen (*balteus*) durch (Abb. 14). Der *gladius* wurde an der rechten Seite getragen. Er wurde gegen Ende des 2. Jhs. n. Chr. vom Langschwert (*spatha*) abgelöst, das vorher nur von der Reiterei geführt wurde. Da man die längere *spatha* auf der rechten Seite nicht ungehindert ziehen konnte, trug man sie auf der linken Seite.

Als zweite Blankwaffe trug der Soldat den Dolch (*pugio*). Charakteristisch für diese Waffe waren ihre stark geschwungenen Schneiden und der aus Eisenblech bestehende, zweischalige Griff mit Mittelknoten. Die Scheiden der frühkaiserzeitlichen Stücke sind oft reich verziert. Im späten 2. Jh. und bis etwa zur Mitte des 3. Jh. n. Chr. kommt eine wesentlich größere Form des Dolches auf, in der man fast einen Ersatz für den verschwundenen *gladius* sehen könnte. Irgendwann im fortgeschrittenen 3. Jh. n. Chr. gehörte der Dolch plötzlich nicht mehr zur römischen Standardbewaffnung und verschwand völlig.

Zu den sonstigen Angriffswaffen gehören verschiedene Formen von Stoß- und Wurflanzen und Speere. Eine klassische Waffe der Legionen, die bei der Auxiliarinfanterie eher selten in Gebrauch war, war das *pilum*. Ein Holzschaft mit eisernem Lanzenschuh ging in verschiedenen Varianten der Befestigung in eine ungefähr genauso lange eiserne Klinge über, die – vierkantig oder rund – in einer pyramidenförmigen Spitze endete.

Die Soldaten der Hilfstruppen sind in der frühen und mittleren Kaiserzeit vielfach durch ihre Kleidung und Ausrüstung kaum von den Legionären zu unterscheiden. Sollten sie sich bei der Kleidung, etwa durch verschiedene Farbgebung oder sonstige Kennzeichnung der Uniform abgesetzt haben, so ist dies heute archäologisch nicht mehr nachvollziehbar. Nur beim Schild kann man deutliche Unterschiede aufzeigen: Während bei den Legionen das langrechteckige, gewölbte *scutum* in Be-

Abb. 15: Pseudoattischer Reiterhelm des Typs Ostrov mit Adlerkopf (Musée d'Art Classique de Mougins)

nutzung war, trug die Auxiliarinfanterie den Oval-, Rund- oder Sechseckschild. Spezialtruppen waren mit Pfeil und Bogen bewaffnet. Spezialbewaffnung, wie Schleudern, war zumindest in der Frühzeit bei Legionären und Auxiliaren verbreitet.

*Reiterei*

Die Angehörigen der römischen Reiterei waren die am besten bezahlten römischen Auxiliarsoldaten. Dementsprechend war ihre Ausrüstung oft wesentlich prächtiger verziert und aufwändiger gearbeitet als die der Fußtruppen. In der Kleidung unterschieden sie sich aber kaum von diesen, sieht man von

Abb. 16: Reiterhelm aus getriebenem Bronzeblech aus dem slowakischen Alenkastell von Rusovce-Gerulata. Zeichnerische Rekonstruktion

der Tatsache ab, dass sie von Anfang an halblange lederne Reithosen unter der *tunica* trugen und an den Stiefeln Sporen aus Metall. Ihre Schutzwaffen dagegen zeigten sofort den Unterschied: In der frühen Kaiserzeit trugen die Reiter prächtig verzierte, oft technisch sehr aufwändig gearbeitete Helme (Abb. 15). Ein Beispiel dafür ist der reich dekorierte Reiterhelm von Rusovce/Gerulata (Slowakei) aus getriebenem Bronzeblech (Abb. 16). Die Panzer, welche die Reiterei trug, mussten beweglicher sein als die der Infanterie. So bevorzugte man seit der Frühzeit das Kettenhemd und vor allem die Schuppenpanzer. Die Reiterei trug auch glatte und verzierte Beinschienen im Einsatz, nicht nur bei Reiterspielen.

Die Schilde der Reiter ähnelten bei den Ovalschilden denen der Infanterie. Sechseckige Schilde, durch Reliefdarstellungen und durch entsprechend ausgebildete Randbeschläge aus Bronzeblech belegt, schützten nur die Kavallerie. An Schwertern führten die Reiter von Anfang an die lange Spatha, die wahrscheinlich von den Kelten übernommen worden war. Ansonsten setzten die Reiter Lanzen und verschiedene Typen von Wurfspeeren ein. Östliche Bogenschützen besaßen aus Holz, Sehnen und Bein zusammengesetzte Reflex- oder Kompositbögen und Pfeile mit dreiflügeligen Spitzen.

Für turnierartige Reiterspiele, die sowohl der Waffenübung als auch als Attraktion für die Zuschauer dienten, besaß die römische Kavallerie eigene Prunkrüstungen, die als Paraderüstungen in die Fachliteratur eingegangen sind. Zur Paradeausrüstung gehören zweiteilige Maskenhelme aus Eisen oder Bronze, die aus einer Maske und einem

Hinterhauptteil bestehen. Sie kommen in zwei Typen vor: einem sog. hellenistischen Typ mit Lockenfrisur, der z. T. Darstellungen Alexanders des Großen nachahmt (so etwa der Fund aus Herzogenburg, NÖ), und einem orientalischen Typ mit einer spitz zulaufenden Frisur aus kleinen Löckchen, die gelegentlich auch als Pelzmütze gedeutet wird. Besonders prächtig sind Beinschienen mit abnehmbaren Knieschützern geschmückt. In der literarischen Überlieferung ist ausdrücklich erwähnt, dass die römischen Reiter bei ihren Reiterspielen keine Metallpanzer trugen, sondern nur „kimmerische Gewänder". Auch die Pferde waren für die Reiterspiele prächtig herausgeputzt. Zum Schmuck, aber auch zum Schutz, gab es Kopfschützer („Roßstirnen") aus Leder oder Metall mit durchbrochenen Schutzkörben aus Bronze über den Augen, am Zaumzeug trugen sie prächtig verzierte Metallscheiben (*phalerae*). Letztere werden auch gelegentlich als Paradeschildbuckel gedeutet.

*Römische Bewaffnung in der Spätantike*
Bewaffnung und Ausrüstung des spätrömischen Soldaten hatten sich im Vergleich zur mittleren Kaiserzeit teilweise stark verändert (Abb. 17). Über Ausrüstung und Bewaffnung der Soldaten im 4. und 5. Jh. n. Chr. ist man, verglichen mit früheren Phasen der römischen Kaiserzeit, verhältnismäßig schlecht informiert, denn es stehen u. a. weniger

Abb. 17: Rekonstruierter spätantiker Soldat mit Kammhelm, Kettenhemd, *spatha*, Lanze und Ovalschild mit Bemalung, darunter Victoria (nach einem Fund aus Ägypten)

Originalfunde zur Verfügung. Sicher ist, dass während des 3. Jhs. n. Chr. bei Legions- und Auxiliareinheiten manche Waffentypen ganz weggefallen sind, darunter das gewölbte Rechteckscutum der Legionsinfanterie, der Schienenpanzer und der Dolch. Die markanteste Neuerung bei der Tracht der Soldaten in der Spätantike stellt die Übernahme einer vorher nur beim pannonischen Heer üblichen Pelzmütze, des *pilleus Pannonicus*, dar. Für die Uniform der Spätantike charakteristisch sind die oft mit auffälligen, prächtigen Bronzebeschlägen versehenen, breiten Ledergürtel (Abb. 100). Diese sind nach neueren Forschungen von germanischen Prunk- und Waffengürteln des 3. Jhs. n. Chr. herzuleiten und lösen in der Zeit um 300 n. Chr. ältere Gürteltypen ab. Standardisierte militärische Mantelfibeln (Zwiebelknopffibeln) kamen bereits in der zweiten Hälfte des 3. Jhs. n. Chr. auf. Die Helme, die seit der Zeit der Tetrarchie bzw. Konstantin I. in der römischen Armee ausnahmslos üblich waren, besaßen nun eine ganz andere Konstruktion. Die stets aus Eisen bestehende Kalotte war zweiteilig, der Nackenschutz wurde gesondert angesetzt, später trat als neues Element ein Nasenschutz auf. Für Gardesoldaten oder höhere Offiziere gab es Stücke mit Silberblechüberzug, die vergoldet oder gar mit Glaseinlagen und Edelsteinen besetzt waren. Man hatte sie aus dem persisch-sassanidischen Bereich übernommen, aber in Details abgeändert. Sie waren leichter, und durch einfachere Herstellungstechnik als standardisierte Massenprodukte schneller herzustellen. D. h., man nahm den Nachteil geringeren Schutzes gegenüber einer einfacheren, schnelleren und damit billigeren Herstellung in Kauf. Die Hauptangriffswaffe der römischen Armee blieb nach wie vor das Langschwert, die Spatha. Sie bildete auch noch im 4. und 5. Jh. n. Chr. und weiter dann im frühen Mittelalter die Hauptwaffe von Reitern und Infanteristen. Eine neue Form der Schwertscheiden wurde offensichtlich aus dem sassanidischen Raum übernommen. Bei Pfeilspitzen und Wurfspeeren traten seit dem letzten Drittel des 3. Jhs. n. Chr. Stücke mit Widerhaken als Übernahme von den Germanen auf. Auch die germanischen Streitäxte kommen in der Spätzeit bei germanischen Truppen der römischen Armee vor.

Thomas Fischer

**Literatur:**
Baatz 1989; Bishop – Coulston 2006; Breeze 2011; Fischer 2002; Fischer 2012; Friesinger – Krinzinger 1997, 45–55; Gassner u. a. 2002; Humer 2006; Klee 2006; Petrikovits 1975; Ubl 1969.

## Ziviles Leben am Limes

### Die Aufsiedlung der grenznahen Zonen im 1. und 2. Jh. n. Chr.

Das gesamte Hinterland der heute österreichischen römischen Grenzstrecke – das nördliche Alpenvorland östlich des Inns bis zum Wienerwald in der Provinz Noricum und das nordwestliche Pannonien mit dem Wiener Becken einschließlich der Porta Hungarica und des Steinfeldes bis Neunkirchen und dem heutigen Burgenland – gehörte nach unserem derzeitigen Wissen bis etwa um die Mitte des 1. Jhs. v. Chr. zum Territorium des mächtigen Stammes der keltischen *Boii*, die bei dem im späten 1. Jh. v. und frühen 1. Jh. n. Chr. schreibenden Geografen Strabo als Nachbarn der jenseits des Inns siedelnden *Vindelici* genannt werden. Die Grenzfestung am Inn wurde daher Boiodurum genannt, Hauptort der *Boii* war aber wahrscheinlich der Burgberg von Bratislava. Nach einer vernichtenden Niederlage der expandierenden *Boii* gegen die Daker scheint das aufstrebende und mit Rom durch ein *hospitium publicum* seit dem 2. Jh. v. Chr. verbundene *regnum Noricum* auch im Boierland die politische Führungsrolle übernommen zu haben. Die Bevölkerung in diesen Gebieten scheint so ausgedünnt gewesen zu sein, dass noch im mittleren 1. Jh. n. Chr. der ältere Plinius von einer *deserta Boiorum* (Wüstung der Boier) spricht. Zwar lassen sich *Boii* bis weit in die römische Kaiserzeit, mindestens bis in das mittlere 2. Jh. n. Chr., als Angehörige römischer Auxiliareinheiten auf Militärdiplomen und in Grabinschriften im Gebiet rund um Wien und Carnuntum sowie um den Neusiedlersee, aber auch noch weit nach Süden entlang des östlichen Alpenrandes bis tief in steirische Täler – ein boischer Adelssitz dürfte etwa bei Geisttal gelegen sein – und ins nördliche Slowenien im Raum um Celeia/Cilli/Celje hinein nachweisen. In denselben Gegenden treten in römischen Inschriften aber auch Namen auf, die für die ursprünglich im Raum Kärnten, Osttirol/Pustertal und Salzburg beheimateten *Norici* und die mit diesen verbündeten Stämme typisch sind. Noch im 1. Jh. n. Chr. dürften die Römer auch mehrfach ins Reich eintretende markomannische Gruppen im ehemals boiischen Kernland zwischen Bratislava und dem mittelburgenländischen Raum angesiedelt haben, wie typische Germannennamen wie *Vannius* verraten. Diese Germanen und die alteingesessenen wie neu zugewanderten keltischen Gruppen bildeten eine seit spätestens dem ausgehenden 1. Jh. n. Chr. als lokale Verwaltungseinheit nachweisbare *civitas Boiorum*, die noch in flavischer Zeit von römischen Grenzpräfekten im Ritterstand verwaltet wurde – wie ein L. Volcacius Primus aus Picenum, einer Landschaft südlich von Ancona, zeigt, der unter Domitian unter anderem die Position eines *praefectus ripae Danuvii et civitatium duarum Boiorum et Azaliorum* bekleidete. Bald darauf scheinen dann die schon seit dem Jahr 70 n. Chr. in Militärdiplomen nachweisbaren *principes*, die den Römern gegenüber als adelige Stammessprecher auftraten, die Gemeinschaft politisch nach außen vertreten zu haben. Ein solcher in Bruckneudorf (Abb. 18) sitzender *princeps civitatis Boiorum* namens Marcus Cocceius Caupianus erhielt erst unter Kaiser Nerva (96–98 n. Chr.) das römische Bürgerrecht, während der *princeps* Titus Flavius Cobromarus mit Familiensitz in Au am Leithagebirge schon etwas früher dieses Privileg für sich verbuchen konnte.

Andere ‚Neuboier' treten uns in ungewöhnlich scheinenden Filiationen wie etwa Boius, Sohn des Boniatus, oder Comatus, Sohn des(selben) Boius, im steirischen Geisttal entgegen – hier haben wohl altboiische Adelige einen Sohn nach ihrem aussterbenden Stamm benannt. Umgekehrt führte ein von den *Norici* abstammender Ariomanus Iliati *filius* Boius – der Name ist sonst fast nur in deren engeren Stammesgebiet belegt – seine neue politische Heimatzugehörigkeit stolz an. Eine andere Inschrift aus dem Wiener Neustädter Raum nennt wahrscheinlich einen seiner Freigelassenen mit dem Germanennamen *Tudro*. Damit zeigt sich am Westrande der (späteren) Provinz Pannonien und in Südostnoricum, also im weitesten Sinne entlang der sog. Bernsteinroute mit ihren fruchtbaren Schwarzerdeböden, eine gewisse Bevölkerungskontinuität zumindest im ländlichen Raum mit Gutshöfen alteingesessener Herren, während wir im norischen nördlichen Alpenvorland bis jetzt noch immer keine Ahnung von landwirtschaftlichen Zentren der frühen römischen Kaiserzeit haben und

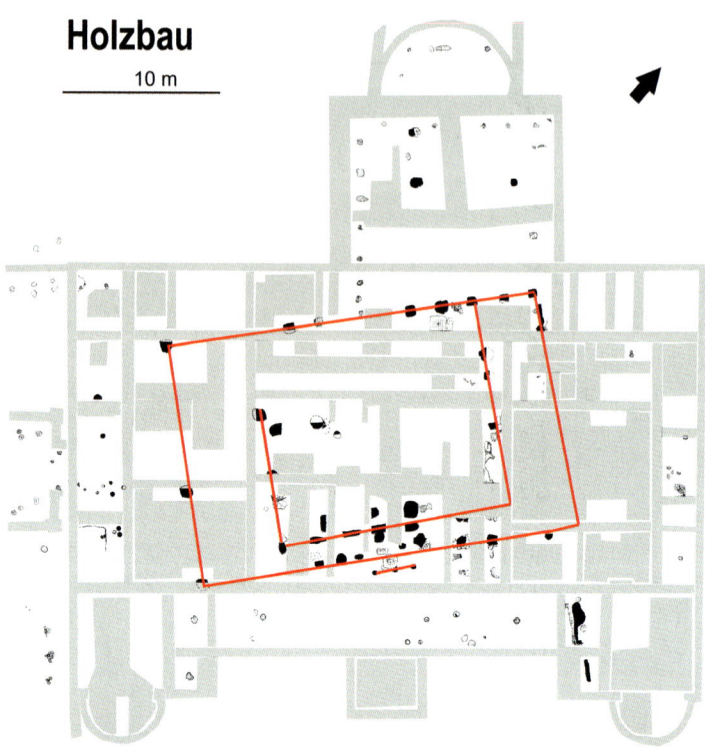

Abb. 18: Bruckneudorf. Pfostensetzungen des Holzhallenbaues des Boierfürsten Marcus Cocceius Caupianus aus der Zeit um 100 n. Chr. vor dem Hintergrund des spätantiken Palastgrundrisses

auch nur von wenigen Orten einigermaßen sicher wissen, dass sie in der ersten Hälfte des 1. Jhs. n. Chr. besiedelt gewesen sein dürften.

Dies sind vor allem die strategisch und handelstechnisch wichtigen Furtorte Lentia/Linz für den Donauübergang und die Verbindung ins Böhmische (Route Budweis – Prag) und der Ennsübergang bei Lauriacum/Enns. Hier ist aber keine wesentliche einheimisch-keltische Komponente in der Bevölkerung zu erkennen, die bekannte Grabstele der Barbii (Abb. 35) zeigt deutlich, dass – ähnlich wie bei den Stadtgründungen in Südnoricum und an der Bernsteinstraße – von Beginn an aus Oberitalien, vor allem Aquileia und Tergeste/Triest sowie Iulium Carnicum/Zuglio, oder dem Osten des Imperiums zugewanderte, meist aus dem Freigelassenenmilieu stammende Händler das Sagen hatten. Die Barbii waren eine der in Aquileia ansässigen weitverzweigten Handelsfamilien und breiteten sich vom Handelszentrum auf dem Magdalensberg (ca. 30 v. Chr. – ca. 45 n. Chr.) aus entlang der Handelsrouten und Flusstäler in ganz Noricum und über Emona/Ljubljana in Westpannonien aus, wo sie vor allem an Furten und Basispunkten der Passrouten gemeinsam mit anderen Händlern Kontore und Manufakturen aufbauten, die z. T. rasch Stadtrecht erlangten. Dies gilt im norischen nördlichen Alpenvorland lediglich für Claudium Iuvavum/Salzburg. Alle anderen bereits von Kaiser Claudius (41–54 n. Chr.) zu Munizipien, also autonom verwalteten Städten, erhobenen Orte der Provinz – Aguntum/Dölsach in Osttirol, Teurnia nahe Spittal/Drau und Virunum bei Maria Saal auf dem Zollfeld in Kärnten sowie Celeia/Cilli/Celje in Slowenien – lagen im Süden und nur eine Tagesreise von Italien entfernt. Bald kamen aber weitere Städte hinzu: zuerst unter Vespasian (69–79 n. Chr.) Flavia Solva bei Leibnitz, dann noch, eher unter Hadrian (117–138 n. Chr.) als unter Antoninus Pius (138–161 n. Chr.), im Limeshinterland Aelium Ovilava(/-is)/Wels und Aelium Cetium/St. Pölten. Die Gründung all dieser Städte lässt sich durch den in Weih- und Ehreninschriften überlieferten Namensteil, der den Familiennamen des Gründerkaisers (*Flavium* für Vespasian und Söhne; *Aelium* für Hadrian und seinen Adoptivsohn Antoninus Pius) widerspiegelt, gut einordnen. Für die Gründungen der Frühzeit (bis maximal zum Jahr 79 n. Chr.) besitzen wir außerdem Erwähnungen in der *naturalis historia* des älteren Plinius.

Diese in der wissenschaftlichen Literatur als Teil einer verspäteten Erschließung der Nordgebiete von Noricum durch Rom angesehenen Stadterhebungen hatten eine ihrer Ursachen darin, dass für den seit dem letzten Drittel des 1. Jhs. n. Chr. bis Hadrian systematisch mit Auxiliarkastellen ausgebauten norischen Donaugrenzabschnitt ein (land)wirtschaftlich strukturiertes Hinterland erst durch Ansiedlung größerer Bevölkerungsgruppen geschaffen werden musste. Außerdem wurde römische Zivilisation, abgesehen von eingewanderten Händlern, hier hauptsächlich durch die nach 25 Dienstjahren ehrenhaft entlassenen und mit dem Bürgerrecht ausgestatteten, lateinisch sprechenden und mit der Verwaltungspraxis, den Kulten, der Kleidung, dem Bauwesen und den Essgewohnheiten der Römer vertrauten Veteranen verbreitet. Städte im nördlicheren Alpenvorland konnten also, im Gegensatz zum Süden der Provinz, wo seit augusteischer Zeit größere Händlersiedlungen an den Kreuzungen von Straßen mit Furten an der Drau, Glan, Mur und Salzach bzw. am Zusammenfluss von Savinja/Sann und Voglaina im Nahebereich einheimisch-keltischer Höhensiedlungen bestanden, nicht vor dem zweiten Viertel des 2. Jhs. n. Chr. auf eine genügende Zahl von potentiell für die Stadtverwaltung geeigneten Bürgern zurückgreifen.

Nach jüngeren Forschungen zeigen besonders Gottes- und Personennamen, Grabformen und -beigaben sowie Trachtbestandteile wie Fibeln und manche Keramikformen deutliche Indizien für die Umsiedlung größerer Gruppen aus den traditionell bevölkerungsreichen südlichen Teilen von Pannonien und Noricum (Drau- und Savetal), vielleicht holte man auch Bergbauspezialisten aus Dalmatien. Beispielsweise lassen sich Hausurnen und asymmetrisch geteilte Grabkammern, die typisch für die pannonischen *Latobici* – mit einem Stammesgebiet um das Praetorium Latobicorum/Trebnje und das *municipium* Latobicorum/Drnovo in Slowenien – waren, im oberösterreichischen Hallstatt, im Wienerwald und im burgenländischen St. Martin an der Raab, also in eher gebirgigen und stark bewaldeten Gebieten nachweisen. Der sonst nur vom Ostkärntner Lavanttal über den südsteirischen Raum um Flavia Solva und Poetovio/Ptuj bis Siscia/Sisak an der Save verbreitete Gottesname Marmogius begegnet hingegen in einer vereinzelten Inschrift in Perwarth im Erlauftal. Auch die Sitte der sog. norisch-pannonischen Hügelgräber wurde über diese Umsiedlungsaktionen Roms in der zweiten Hälfte des 1. Jhs. n. Chr. aus dem steirischen Raum und seinen Nachbargebieten in das nördliche Burgenland, den Wienerwald, das Hinterland von Melk und das Einzugsgebiet der unteren Salzach im äußersten Westen von Noricum übertragen. Es zeigt sich somit deutlich, dass die römische Verwaltung einerseits in dünn oder gar nicht (mehr) besiedelten Randlagen durch Umsiedlung und Rodung landwirtschaftliche Zonen schuf, andererseits gezielt Siedlungen gegründet wurden, in deren Umgebung mit Bodenschätzen zu rechnen war. Die ab der Zeit um 100 n. Chr. aufblühende Siedlung in Hallstatt/Lahn lässt sich, trotz des bisherigen Fehlens jeglichen definitiven Beweises römerzeitlicher Salzgewinnung am Orte, nur mit dem Abbau dieses kostbaren Stoffes erklären. Ebenso spielten im westniederösterreichischen (Mostviertel, Eisenwurzen) und burgenländisch-westungarischen Raum neben der Landwirtschaft vor allem die weithin mögliche Eisenverarbeitung über den Abbau von Raseneisenerzen und im Gebiet südlich von Neunkirchen nach neuesten Forschungen wohl sogar das Auswaschen von Gold eine bedeutende ökonomische Rolle. Ebenfalls ein spezialisierter Sonderfall in der Siedlungslandschaft war der Ort Aquae/Baden, dessen heiße Quellen überwiegend von römischen Legionären für Heilbäder genutzt wurde.

Ansonsten entwickelten sich größere Orte, sowohl im Süden der Provinzen Noricum (Drau) und Pannonien (Save), als auch in der Limeszone, vor allem entlang der großen Flüsse und Straßenverbindungen. Die bereits genannten Stadtgründungen Ovilava/Wels und Cetium/St. Pölten lagen keineswegs zufällig abgerückt von der Grenze an den Übergängen der Traun bzw. Traisen. Die Flüsse garantierten den kostengünstigen Transport von Bauholz, Steinen, Ziegeln und anderen schweren und unhandlichen Wirtschaftsgütern und Lebensmitteln wie Getreide, der auf dem Landweg in der erforderlichen Menge für den Bau und Betrieb einer Stadt auf einem nacheiszeitlichen Schotterfeld mit geplanten 3.000 bis 5.000 Einwohnern kaum zu bewerkstelligen gewesen wäre. Außerdem lagen beide Städte etwa eine Tagesreise von der Lagerkette an der Donau entfernt, womit im Kriegsfall eine geordnete Evakuierung selbst dann noch garantiert schien, wenn die Grenze tatsächlich überrannt werden sollte. Im Falle von Cetium, das im Gegensatz zum anscheinend ab dem letzten Drittel des 1. Jhs. n. Chr. stetig anwachsenden Ovilava wohl ab ca. 125 n. Chr. als Planstadt ohne Vorgängerbebauung angelegt worden war, konnten gleich mehrere Militärlager und deren zivile Satellitensiedlungen (Pöchlarn und Melk im Westen, Mautern und Traismauer im Norden, Tulln, Zwentendorf und Zeiselmauer im Nordosten) mehr oder weniger leicht an einem Tag oder mit einem anderen Lager als Zwischenstation erreicht werden. Damit ließen sich nicht nur der militärische Schutz, sondern auch die Handelsmöglichkeiten multiplizieren. Ähnliches galt auch für Ovilava mit den Lagern Ad Mauros/Eferding (oder Aschach) im Nordwesten und Lentia/Linz im Nordosten, wobei das in der Antike kaum besiedelte Mühlviertel keine unmittelbare militärische Bedrohung darstellte.

Weitere Siedlungen, die z. T. namentlich aus der auf eine antike Straßenkarte zurückgehenden sog. *Tabula Peutingeriana* bekannt sind, bildeten sich vor allem entlang der sog. Norischen Hauptstraße aus, die von Aquileia über das Kanaltal und Villach nach Virunum führte und von hier über den Neumarkter Sattel in das obere Murtal. Während eine Straßenverbindung über den Lungau nach Iuvavum/Salzburg und über Bedaium/Seebruck am Chiemsee weiter zur raetischen Grenzstation Pons Aeni/Pfaffenhofen am Inn und nach Augusta Vindelicorum/Augsburg verlief, zog der östliche Ast auf im Detail noch nicht genau bekannten Wegen durch die Tauern in das Ennstal und über den Phyrnpass nach Oberösterreich, wo in Gabromagus/Windischgarsten eine größere Poststation lag, von der große Teile ausgegraben werden konnten. Der nächste durch Grabfunde archäologisch einigermaßen nachweisbare *vicus* (Dorfsiedlung) namens Tutatio lag bei Micheldorf im Kremstal in der Ebene, während auf dem nahe gelegenen Georgenberg ein latènezeitliches, von einem Wall eingefasstes Höhenheiligtum für Teutates/Toutates bestanden haben dürfte, in dem in der Spätantike eine befestigte Rückzugssiedlung eingerichtet wurde. Weitere Ortschaften müssen im Raum Steyr – Sierning – Neuzeug bestanden haben, wo ein Straßenast entlang der Steyr und Enns nach Norden zog und bei Lauriacum/Enns die Donau erreichte. Von diesem wiederum bog bei Steyr ein Abzweiger nach Osten ab und führte über Mauer an der Url, wo ein Nachschubkastell ausgegraben werden konnte, nach Cetium und Vindobona/Wien.

Die Hauptstraße dürfte sich jedoch etwa auf der Route der heutigen Phyrnautobahn nach Nordwesten gewandt haben und traf südlich von Wels auf eine Verkehrsroute, die – etwa der derzeitigen Bundesstraße 1 entsprechend – von Iuvavum über Ovilava nach Lentia führte. Dabei dürfte eine überraschend große, erst vor wenigen Jahren entdeckte und teilweise ausgegrabene Latènesiedlung bei Neubau–Hörsching in der vorrömischen Epoche die Rolle als lokales Zentrum gespielt haben, die dann Ovilava übernahm. Die weiteren in der *Tabula Peutingeriana* genannten Orte im oberösterreichischen Limeshinterland sind wegen des Fehlens großflächiger und moderner Ausgrabungen meist nicht sicher zu lokalisieren. Grund dafür ist, dass bei einzelnen Gebäuden oder bei nur in Suchgräben angeschnittenen Siedlungsresten meist eine gewisse Unsicherheit bestehen bleibt, ob diese zu einer größeren landwirtschaftlichen Einheit (*villa*), einer Straßenstation mit Beherbergung (*mansio*), einer kleineren Pferdewechselstation (*mutatio*) oder einer Dorfsiedlung (*vicus*) mit Marktfunktion und häufig streng arbeitsteiligen Verarbeitungsbetrieben von landwirtschaftlichen Produkten oder Bodenschätzen gehört haben. Ein größere Dichte an Siedlungen ist jedenfalls im Großraum Lambach – Bad Wimsbach festzustellen, wo die Traun günstige Transportmöglichkeiten bot, dasselbe gilt für das östliche Innufer. Im niederösterreichischen Mostviertel ist hingegen außerhalb der Donaulinie – abgesehen von Gutshöfen und anderen kleineren, eher landwirtschaftlich orientierten Siedlungen an den Melkflüssen und an der unteren Erlauf sowie im Großraum St. Pölten und an den Südhängen des Dunkelsteiner Waldes – nur eine ausgedehnte zivile Siedlung bei Pottenbrunn–Unterradlberg (Traisenübergang), vor allem aus ihren Gräberfeldern, bekannt. Der gesamte Süden zu den Alpen hin dürfte ohne größere Ortschaften geblieben sein. Auch eine früher gerne angenommene Straßenverbindung in das obere Traisental und nach Mariazell bzw. in das Mürztal ist bisher unbewiesen (und unwahrscheinlich) geblieben. Der angebliche Kronzeuge einer solchen römischen Straße, ein Wachturm bei Lilienfeld, hat sich vor einigen Jahren als mittelalterlich herausgestellt. Wahrscheinlich lief der gesamte Fern- und Schwerverkehr über zwei durch Meilensteine und die *Tabula Peutingeriana* bzw. ein Routenverzeichnis für Armeebewegungen (das sog. *Itinerarium Antonini*) gut belegte Straßen (Abb. 130) von Cetium – einerseits über das Perschlingtal und den Wienerwald, andererseits entlang der Traisen (antik: Tragisamus) nach Augustiana/Traismauer und entlang der Donau über Comagena/Tulln und Arrianis?/Klosterneuburg – nach Vindobona/Wien und wurde von dort über Carnuntum bzw. Scarbantia/Ödenburg/Sopron an die Bernsteinroute angebunden.

Die Namensgebung ziviler Siedlungen erfolgte, im Unterschied zum Militär, bei welchem auf das Lager meist der Name der erbauenden ersten Besatzungseinheit übertragen wurde, regelhaft aus vorrömischen, manchmal schwer zu deutenden Toponymen (Cetium vom *mons Cetius*, etwa „Waldstadt", vom Wienerwaldmassiv) oder lokalen Besonderheiten (Piro Torto = „Zum schiefen Birnbaum", im Perschlingtal), woraus sich keine bedeutende einheimische Vorgängerbesiedlung ableiten lässt, im Gegensaz zu Boiodurum (der „Boierfestung") oder Vindobona (vielleicht „Gutshof des Vindo").

Gesicherte dörfliche Siedlungen (*vici*) sind im Hinterland des Limes bzw. im nördlichen Alpenvorland noch nirgends zufriedenstellend erforscht worden. Allenfalls ließen sich hier der Kurort Aquae/Baden bei Wien, in dem die Legionäre von Vindobona und Carnuntum Heilung von Kampfverletzungen und rheumatischen Krankheiten suchten, für Pannonien, und Hallstatt, wo wohl Salz abgebaut wurde, für Noricum nennen, außerdem einige Orte am bayrischen Inn wie Pons Aeni/Pfaffenhofen und Bedaium/Seebruck am Chiemsee. Die Situation direkt an der Donau hat sich in den letzten 20 Jahren stark verbessert, wo bei den meisten Kastellen der Auxiliartruppen auch die im unmittelbaren Umfeld entstandenen Zivilsiedlungen mittlerweile immer deutlicher hervortreten. Vor allem in Mautern sind bei umfangreichen Grabungen seit dem 2. Weltkrieg vorerst vor allem Gräberfelder, in den Jahren um die Jahrtausendwende aber nach und nach immer mehr Siedlungsstrukturen großflächig untersucht worden. Interessanterweise veröedten diese Siedlungen nach den übereinstimmenden Grabungsbefunden an fast allen Orten weitgehend schon vor oder in der Mitte des 3. Jhs. n. Chr., wie dies auch im Süden Noricums in den gut erforschten Straßenknotendörfern beim heutigen Gleisdorf und Kalsdorf bei Graz zu belegen ist. Die Gründe dafür werden meist mit der zunehmenden militärischen Bedrohung angegeben, was aber für das mittlere 3. Jh. n. Chr. nicht überzeugt. Äußere Feinde sind vor den in Noricum nur stellenweise nachweisbaren oder wenigstens begründet anzunehmenden Einfällen der Sueben ab 260/270 n. Chr. (Zerstörungsbefund am Rathausplatz in Cetium/St. Pölten; Schatzfund von Mauer an der Url) nicht sehr wahrscheinlich. Die Aufgabe dieser Siedlungen könnte also mit Prozessen und Umstrukturierungen, etwa den während der Markomannenkriege ab 170/180 n. Chr. einsetzenden Seuchen, einer Klimaverschlechterung und damit und den zunehmenden Bürgerkriegen verbundenen Hungersnöten, der Ausdünnung der Bevölkerung im Allgemeinen, Arbeitskräftemangel durch Zwangsrekrutierungen und daraus folgenden Abwanderungen in landwirtschaftliche Betriebe im Hinterland, besser erklärt werden als mit der löchrigen Außengrenze. Erst mit dem Teilabzug der Grenztruppen ab Gallienus (260–268 n. Chr.) und Diokletian (284–305 n. Chr.) wurde in den Lagern der Platz zur Aufnahme der Zivilbevölkerung aus den umliegenden Vicussiedlungen frei. Hier ist aber noch viel Forschungsarbeit zu leisten, bis einigermaßen überzeugende Modelle vorgelegt werden können.

Die Siedlungen bei den höchstens 1000 Mann starken Truppenstationen in Noricum zwischen Boiodurum/Passau und Zeiselmauer bzw. bei den pannonischen Lagern in Arrianis?/Klosterneuburg, Ala Nova/Schwechat und Aequinoctium/Fischamend besitzen abgesehen von manchmal nachweisbaren kleinen Bädern des Reihentyps (Boiodurum/Passau; Schlögen; Wallsee?; Comagenis/Tulln?; Klosterneuburg) kaum öffentliche Bauten oder erkennbare Infrastruktur. Sie bildeten sich entlang der Limesstraße oder den von dieser zu den Lagern abzweigenden Stichstraßen und hatten in den wenigsten Fällen mehr als ein paar Hundert Einwohner. Deren Häuser sind in manchen Orten durchgehend vom 1. bis zum 3. Jh. n. Chr. reine Holzkonstruktionen oder bestenfalls Fachwerkbauten mit selten mehr als drei oder vier Wohnräumen. Oft waren auf den langrechteckigen Grundstücken, für die in der Forschung der Begriff Streifenhäuser verwendet wird, nach einem kleinen Vorhof und dem Wohnhaus Hinterhöfe mit Arbeitsstätten (Schmieden, Töpferöfen etc.) und danach Schuppen und Stallungen aufgefädelt. Sehr häufig sind in Noricum freistehende einräumige Keller zu finden, während am Rhein oder in Pannonien die Keller gerne in die Häuser integriert wurden. In Boiodurum/Passau konnte bisher ein einziges Gebäude (6 × 4 m) mit Steinfundamenten im südöstlichen *vicus* dokumentiert werden. Über einem Sockel aus Trockenmauerwerk war eine hölzerne Ständerkonstruktion aufgebaut, deren Fächer mit Rutenputz gefüllt waren. Bemerkenswert an diesem Gebäude des 2./3. Jhs. n. Chr. ist die Hypokaustierung. Ein anderes Gebäude (mittleres 2. Jh. n. Chr.) war nur aufgrund von Gräbchen nachweisbar, in denen die Schwellbalken verlegt waren. Sein Grundriss von mindestens 18 m Länge und einer Breite von 8 m verteilt sich auf eine Reihe von drei Räumen, ein vierter springt südlich vor, ein Vordach für den Restbereich erscheint logisch und lässt sich in ähnlichen Häusern andernorts (etwa Cetium/St. Pölten) gut nachweisen. Auch die Spätantike kennt solche einfachen Raumfolgen, wie in unserem Beobachtungsraum etwa ein Vierraumhaus mit sog. Schlauchheizungen der Grabung Keplerwiese auf dem Linzer Schlossberg zeigt. Komplexere Hofhäuser, wie eines beim Wiederaufbau nach dem 2. Weltkrieg im Bereich Tummelplatz – Altstadt von dem in der Archäologie weitgehend autodidakten Versicherungsangestellten P. Karnitsch dokumentiert und fälschlich nach dem damaligen Zeitgeist als Umgangstempel interpretiert wurde, bleiben vorläufig eher rätselhafte Ausnahmen. Karnitsch konnte in diesem Bereich allerdings ein Mithräum nachweisen, das bisher einzige Heiligtum in einem Lagervicus in Noricum.

Die großflächigen Grabungen im Zuge von Baumaßnahmen in Mautern haben wesentlich zu unserem Verständnis grenznaher Dorfsiedlungen beigetragen. Hier konnte im sog. „vicus Ost" eine geplante Parzellierung mit Zäunen als Grundstücksgrenzen erkannt werden. Die vier untersuchten Holz(fachwerk)häuser besaßen einen bis vier Räume (Gesamtgröße bis zu 118 m²) und verwendeten teilweise gemeinsame Wände. In Asturis/Zwentendorf im „*vicus* Süd" wurden in Messbildern ebenfalls Parzellen erkannt, die häufig ungefähre Größen von 40–45 × 10–14 m aufwiesen und anscheinend an der Straße einräumige Rechteckhäuser besaßen. Daraus sticht in unmittelbarer Nähe zum Lager ein Gebäudekomplex mit einer Gesamtausdehnung von 34 × 40 m (1.360 m²) mit zentralem Hof hervor, der aufgrund der prominenten Lage und des Grundrisses als *mansio* interpretiert wird. Im „*vicus* West" in Comagenis/Tulln wurde im Gebiet der Albrechtsgasse/Donaugasse 1996/97 bei großflächigen Ausgrabungen ein Streifenhaus aus dem 2./3. Jh. n. Chr. gefunden. Der Nord-Süd orientierte Bau von 34 m Länge und lediglich 6 m Breite besaß 0,60 m starke, mit Kalkmörtel gebaute Grundmauern. Im Bereich der Wassergasse konnten hingegen nur Holzbauten vorgefunden werden.

Als Besonderheit der östlichen Kastellsiedlungen von Noricum (Favianis/Mautern, Asturis/Zwentendorf, Comagenis/Tulln) sind rechteckige Grubenhütten hervorzuheben. In der Kastellsiedlung Mautern sind diese ab der ältesten Bauperiode des späten 1. Jhs. n. Chr. belegt, wobei der Höhepunkt der Vorkommen von den Ausgräbern St. Groh und H. Sedlmayer in das 2. und frühe 3. Jh. n. Chr. gelegt und festgestellt wird, dass die komplexe Bebauung mit Mehrraumhäusern der ältesten Siedlungsperiode im Verlauf der jüngeren mittelkaiserzeitlichen Belegung in vielen Fällen durch Grubenhütten abgelöst wird. Der ebenfalls durch geophysikalische Surveys untersuchte „*vicus* West" in Zwentendorf zeigt neben einem größeren dreiräumigen Steingebäude nur sog. Grubenhäuser im Messbild. Ihr Auftreten wird in der Forschung gelegentlich mit einheimisch-latènezeitlichen Siedlungsstrukturen oder germanischen Neusiedlern in Verbindung gebracht. Diese Grubenhäuser (8–10 m²; ca. 3,40 × 2,80 m) sind bis zu einem Meter im Boden eingetieft und werden von bis zu sechs Pfosten als konstruktiven Elementen, welche die Wände halten

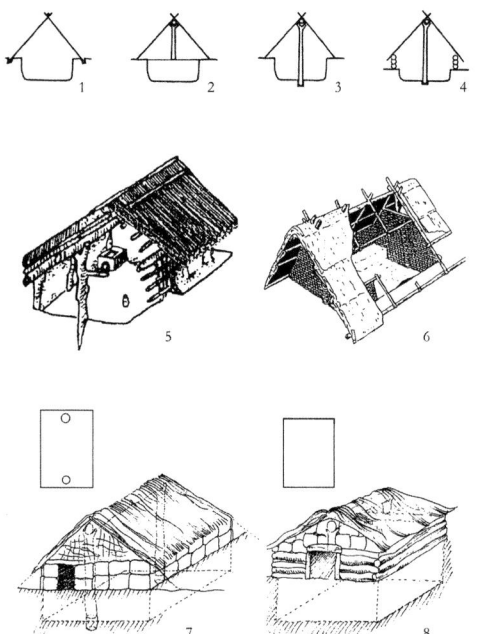

Abb. 19: Konstruktionsschemata von Grubenhütten in Mautern

und das Dach mit einem Firstbalken tragen, zusammengehalten (Abb. 19).

### Landwirtschaftliche Einheiten

Die ländliche Besiedlung dürfte ihre Norm in relativ dicht beieinander liegenden Einzelgehöften besessen haben, da das Fehlen von Motoren und Maschinen den Transport von Arbeitern wie Produkten auf Karren und Reit- bzw. Packtiere stark beschränkte bzw. sich Bewegung der einfachen Bevölkerung – auch Warentransport – weitgehend zu Fuß abspielte. Theoretische Modelle gehen heute davon aus, dass außerhalb einer Zone von etwa 3–4 km Radius das Verhältnis der Weglängen und -zeiten und der damit verbundene Kräfteverschleiß zu den verbleibenden Produktionszeiten unrentabel wurde. Tatsächlich sind im einigermaßen gut erforschten burgenländisch-westungarischen Raum mit den besonders fruchtbaren Schwarzerdeböden die hier häufigen großen Gutshöfe meist nur eine römische Meile voneinander entfernt. So gut wie bei allen einigermaßen flächig erforschten Guts- und Bauernhöfen (*villae*) lässt sich eine in den Entwicklungslinien grundsätzlich gleichartige, in den Bauformen und dem Ausmaß aber höchst variantenreiche Struktur erkennen. Neben dem eigentlichen 'Hof', dem Haupthaus, gibt es normalerweise ein freistehendes Badegebäude, bei größeren Besitztümern ein sog. Verwalterhaus (in dem der *vilicus*, der für den Besitzer den Betrieb bewirtschaftete, mit seiner Familie wohnte), Stallungen, Scheunen und Speicher, aber auch Taubenschläge, Brunnen und gelegentlich sogar eigene Heiligtümer. Die immer noch weit verbreitete Meinung, dass diese Villen reine Landwirtschaften waren, ist heute widerlegt. Es gab zumindest bei größeren Höfen wohl so gut wie immer über typische bäuerliche Selbstversorgungsinstallationen hinausreichende Einrichtungen. Das waren z. B. kleine Schmieden oder Brotöfen, gelegentlich richtige fabricae (baulich strukturierte und spezifisch eingerichtete Betriebsstätten), in denen Metall- oder Steinverarbeitung, Woll- und Textilproduktion sowie Seilereien oder Gewerke wie Hafnerei, Ziegelproduktion, Holzverarbeitung aller Art bis zur Küferei und Wagnerei etc. für den lokalen oder gar regionalen Bedarf und sogar für den Fernhandel ausgeübt wurden. Daher sind große Villen mit 10 bis 20 Nebengebäuden keineswegs eine Seltenheit. Ungeklärt ist weitgehend noch wie die Arbeitsteilung funktionierte, ob hier eher mit den Bewohnern nahegelegener Dörfer bzw. mit Wanderarbeitern als saisonalen Hilfskräften, etwa bei der Ernte, zu rechnen ist, oder die sonst mit anderen Produktionen, Bauarbeiten, Bewässerungsanlagen und dergleichen beschäftigten Sklaven bzw. halbfreien oder auch nur abhängigen, aber am Bauernhof dauerhaft lebenden Knechte und Mägde zur Erntearbeit vereinigt wurden.

Im weitläufigen, von mehreren Mauern und Zäunen in verschiedene Sektoren unterteilten Areal konnten in günstigen Fällen Obst- und Gemüse-, aber auch Gewürz- und (Heil)kräutergärten, Spazierparks mit Blumenbeeten und Buchsbaumhecken sowie verschiedene Viehpferche nachgewiesen werden (Abb. 20). Allgemein gilt, dass der Abstand eines Gebäudes oder Areals vom Haupthaus tatsächlich hierarchisch relevant ist, also die niedrigsten Bediensteten und unangenehmsten Tätigkeiten in den ärmlichsten Gebäuden am weitesten vom Wohngebäude entfernt beheimatet waren.

Aus ursprünglich alleinstehenden, hölzernen, multifunktionalen, hallenartigen Bauten entwickelten sich im 2. Jh. n. Chr. Haupthäuser, zuerst Fachwerk- und dann reine Steinhäuser, mit großen, geschlossenen Innenhöfen und meist zu den nahen Überlandstraßen hin ausgerichteten Fronthallen (Typ der sog. Portikus-Peristyl-Villa) sowie turmartigen sog. Eckrisaliten (Abb. 18). Diese komplexen Bauten verloren immer mehr von ihren landwirtschaftlichen Funktionen zugunsten eines repräsentativen Wohncharakters, bis daraus schlossartige Anlagen mit reicher Dekoration (Mosaiken, Wandmalereien, Stuckfriesen) entstanden. Zuletzt, im Laufe des 4. Jhs. n. Chr., wurden die ursprünglich als Dreschplätze und Arbeitsräume angelegten Zentralhöfe anscheinend in vielen Fällen ganz aufgegeben und dafür Empfangssäle mit Apsidenarchitekturen (*aula*) aus der höfischen Tradition übernommen. Diese Umwandlung hängt einerseits mit der in der Spätantike sehr verbreiteten Stadtflucht zusammen. Die ehemaligen Führungsschichten (*honestiores*), die den Stadtrat (*ordo decurionum*) stellten und für das Steueraufkommen der Siedlung und ihres ganzen Umlandes verantwortlich gemacht wurden, zogen aufs Land und pflegten dort einen der „Sommerfrische" des 19. Jhs. bzw. dem barocken Landadel – je nach Vermögen – nicht unähnlichen Lebensstil. Gründe dafür waren zunächst eine allgemeine Politikverdrossenheit und Furcht vor staatlichen Repressalien, die immer prekärer werdende Versorgung der Städte mit Lebensmitteln und die Gefahr von der immer ärmer werdenden Plebs (*humiliores*) belästigt bzw. von ihr oder den Behörden zu Wohltaten (*munificentia*) erpresst zu werden. Bereits Konstantin der Große erließ im ersten Drittel des 4. Jhs. n. Chr. gegen diese Stadtflucht Gesetze mit schweren Strafen, anscheinend jedoch mit mäßigem Erfolg. Es mag gut sein – hier sind noch allzu viele Forschungsfragen ungeklärt –, dass etliche mittellose Stadtbewohner und vor allem die Bewohner der offenen Dorfsiedlungen nach und nach ebenfalls auf diese zunehmend auch mit Befestigungen versehenen Landgüter (der Historiker Ammianus Marcellinus spricht 374/375 n. Chr. von einer kaiserlichen *villa murocincta* im Hinterland von Carnuntum) zogen und sich als halbfreie Arbeiter hier verdingten, um zu überleben. Gerade die in staatlichen Besitz übergegangen Villen – sei es, weil die Vorbesitzer gestorben waren und dem Kaiser ihre Vermögen vererbt hatten, sei es, weil die Besitzungen nach Prozessen eingezogen wurden – dienten als Nachschubbasen für die Armee und bildeten so neue urbane Zentren, die im französischen sogar das *ville* für Städte gebräuchlich werden ließen.

Sichtbare bzw. modern erforschte und gut interpretierbare Befunde sind leider relativ selten. Eine spektakuläre Anlage mit 30 Räumen in der jüngsten Phase des Haupthauses nur für das Erdgeschoss und einer Grundfläche von etwa 1.000 m², davon ein großer Teil mit Fußbodenheizungen und ca. 450 m² Mosaikfläche (die Mosaiken werden im dafür extra erweiterten Landesmuseum in Eisenstadt gezeigt), wurde im burgenländischen Bruckneudorf in mehreren Etappen zwischen 1931 bis 2003 erforscht und vor kurzem als Freilichtmuseum (direkt an der Ostautobahn, Abfahrt Parndorf bzw. Radwanderweg Marc-Aurel) konserviert (Abb. 18).

Neben dem Wohnpalast und einem großen Getreidespeicher dominierte das Gesamterscheinungsbild in der Antike noch eine weitläufige *fabrica*, in der bei der sporadisch durchgeführten Ausgrabung 1949 Schmiedeschlacken gefunden wurden.

In Biedermannsdorf südlich von Wien wurde eine weitere weitläufige, von den Ausgräbern auch als Straßenstation interpretierte Villenanlage bei Notgrabungen in jüngster Zeit einigermaßen flächig erforscht. Deutlich weniger dichte Befunde einer ländlichen Streusiedlung kamen bei langjährigen Ausgrabungen bis 2008 in Unterlaa zutage (Abb. 165). Im westlichen Niederösterreich ist nur ein Bauernhof bei Freundorf im Pielachtal (Abb. 20) modern bei vorauseilenden Ausgrabungen wegen der neuen Westbahntrasse teilweise freigelegt worden. In Oberösterreich sind bäuerliche Anwesen in jüngerer Zeit vor allem bei Altheim im Bezirk Braunau großflächig bei Forschungsgrabungen erforscht und umfangreich publiziert worden. Wohl das Badegebäude einer Villa mit sieben beheizten Räumen wurde bereits 1950/51 bei Bad Wimsbach-Neydharting im Ortsteil Bachloh ausgegraben und konserviert (Wanderweg).

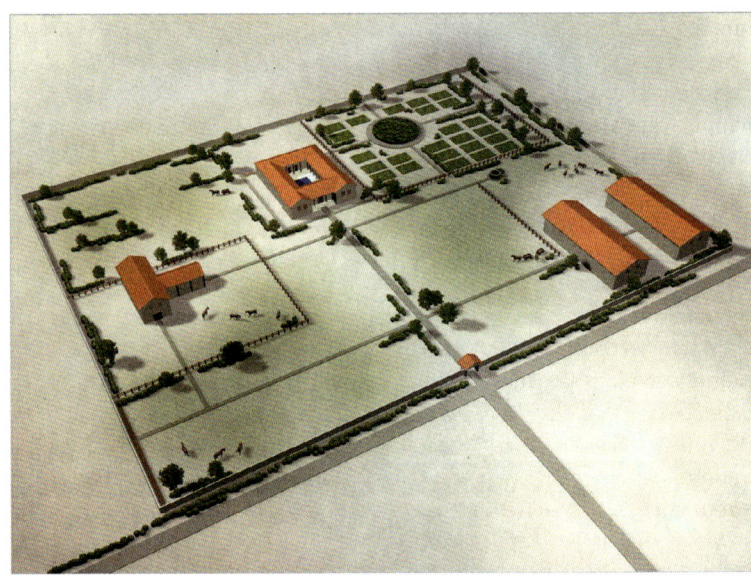

Abb. 20: Freundorf, NÖ. Modell eines bäuerlichen Anwesens im 2./3. Jh. n. Chr.

## Die Durchdringung des oberen Donauraumes mit autonomen Städten im 2. Jh. n. Chr.

Eine naturräumlich wie geostrategisch völlig andersartige Situation als in Noricum bot sich im östlich anschließenden Pannonien. Der Raum ab den Abhängen des Wienerwaldes und östlich der Günzer Berge war zwar in unmittelbar vorrömischer Zeit unter norischem Einfluss geraten, wurde aber bei der Einrichtung der Provinzen – wohl unter Kaiser Claudius – dem Militärstatthalter von Pannonien mit mindestens vier Legionen unterstellt. Hier war die strategisch wie wirtschaftlich von enormer Bedeutung ausgezeichnete Bernsteinroute, von Aquileia bzw. dem Balkan herauf über das unter Augustus als Grenzstadt Italiens zu Pannonien gegründete Emona/Laibach/Ljubljana und den Legionsstandort Poetovio/Pettau/Ptuj nach Carnuntum, der Statthalterresidenz mit dem Armeekommando, um jeden Preis zu schützen. Bereits eher unter Augustus (27 v. Chr. – 14 n Chr.) als unter seinem Nachfolger Tiberius (14–37 n. Chr.) wurde der Händlerstützpunkt Iulia Scarbantia/Ödenburg/Sopron angelegt, der unter den flavischen Kaisern (69–96 n. Chr.) *municipium* wurde. Auf ziemlich genau halbem Weg zwischen den Legionsstandorten Carnuntum und Poetovio wurde bereits unter Kaiser Claudius (41–54 n. Chr.) im Zuge der Provinzgründung die *colonia Claudia Savaria* (Steinamanger/Szombathely) als vorläufig einzige Statutarstadt Pannoniens angelegt. Eine *colonia* galt im Unterschied zu den Munizipien, die neben einer wachsenden Zahl von Veteranen der Hilfstruppen hauptsächlich von reinen Zivilisten (viele davon Nachfahren ehemaliger Freigelassener im Händlerberuf, allenfalls auch Angehörige einheimisch-lokaler Oberschichten) bewohnt waren, die an das volle Bürgerrecht (*civitas Romana*) möglicherweise über Vorstufen (*ius Latii*) und die städtische Ämterlaufbahn (*cursus honorum*) erst heranzuführen waren, als „Tochter Roms" und einzig würdiger Heimatort eines in Ehren entlassenen Legionärs. Eine *colonia* besaß nämlich, auch wenn sie in einer Provinz lag, dieselben Rechte wie Städte in Italien und war damit (zumindest in der frühen und mittleren Kaiserzeit) von vielen Steuern und Abgaben sowie von den jederzeit vom Kaiser und seinem Statthalter von den Provinzialen einzufordernden Liturgien, wie dem Straßenbau, der Stellung von Reit- und Zugtieren und Wagen sowie der Lieferung von Nachschub für die Armee, befreit. Solchen Extrawünschen im Bedarfsfall konnte sich ein *municipium*, dessen offizieller Gründer und Schutzherr (*patronus*) seit Augustus der Kaiser persönlich war, der nach den erhaltenen Stadtrechtsformularen bei (internen) Schwierigkeiten formal zum Bürgermeister ohne Kollegen auf fünf Jahre ernannt und dann sofort von einem Vertreter (*praefectus iure dicundi quinquennalis*) substituiert werden konnte, auf keinen Fall entziehen. Aus genau diesem Grund, weil die ersten Entlassungen von Legionären in der um 190 n. Chr. nach Lauriacum verlegten *legio II Italica* anstanden, wurde unter Kaiser Caracalla (offiziell: M. Aurelius Antoninus, Alleinregierung 211–217 n. Chr.) auch das *municipium Aelium Ovilavis* als *colonia Aurelia Antoniniana Ovilavensium* formal neu gegründet. Schon Trajan hatte um 106 n. Chr., als er die Provinz Pannonien teilte und die Legion von Poetovio abzog und an der Stelle des Lagers eine *colonia Ulpia* gründete, diese wohl zum Heimatort der vor der Verlegung entlassenen Veteranen bestimmt.

Unter Hadrian wurde die Bernsteinroute mit weiteren Munizipien (Mursa im Süden zwischen Poetovio und Savaria und zumindest Carnuntum ganz im Norden) aufgewertet. Während die meisten ForscherInnen in Analogie zu Lauriacum/Enns annehmen, dass auch Vindobona/Wien erst unter Caracalla *municipium* wurde, spricht einiges dafür, die Stadterhebung bereits unter Hadrian anzunehmen, der das Städtenetz im Limesbereich, vor allem bei den Legionsstandorten und entlang der Hauptstraßen, stark verdichtete, während Caracalla eigentlich nur bestehende Munizipien zugunsten der Soldaten bzw. Veteranen in Kolonien umwandelte. Nur eine einzige, 1544 beim Bau der Schottenbastei gefundene und vom Wiener Humanisten W. Lazius sehr ungenau überlieferte, seither aber verscholle-

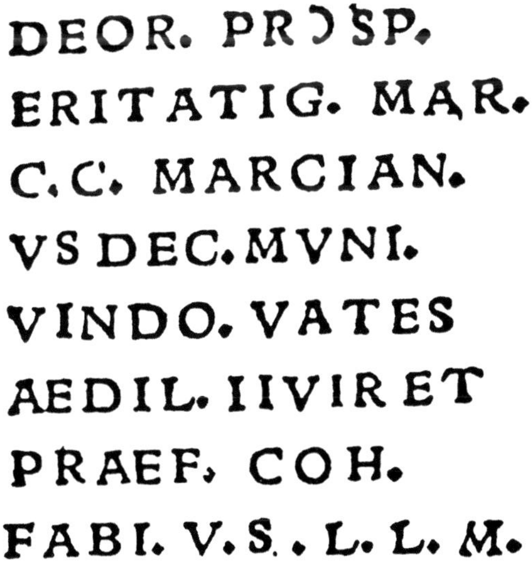

```
DEOR. PROSP.
ERITATIG. MAR.
C. C. MARCIAN.
VS DEC. MVNI.
VINDO. VATES
AEDIL. IIVIR ET
PRAEF. COH.
FABI. V. S. L. L. M.
```

Abb. 21: Die stark fehlerhafte Umzeichnung der 1544 gefundenen, nur vom Humanisten Wolfgang Lazius überlieferten Weihinschrift des C. Marius Marcianus, der als Gemeinderat, Seher, Polizeichef, Bürgermeister und Vorsteher der Handwerkergilde (= Feuerwehr) des *municipium Vindobonense* tätig war.

ne Inschrift, nennt Vindobona überhaupt als *municipium* (Abb. 21). Weiter im Westen, in Noricum, wurde Aelium Cetium als vorgängerlose Planstadt an der Traisen gegründet, wohl aber erst unter dem nächsten Kaiser, Antoninus Pius, ausgebaut. An der Traun wurde die schon ein oder zwei Generationen bestehende Furtsiedlung Ovilava zum *municipium Aelium* erhoben, ebenso wie in der Nachbarprovinz Raetia der alte Hauptort der Vindeliker am Lech, dem heutigen Augsburg, der nun *municipium Aelium Augusta Vindelicorum* hieß.

Erst unter Septimius Severus (193–211 n. Chr.) bzw. seinem Sohn und Nachfolger Caracalla (211–217 n. Chr.), also an der Wende vom 2. zum 3. Jh. n. Chr., wurde die städtische Landkarte an der Donau erneut verändert, wohl aber nicht durch echte Neugründungen, sondern bloß durch formale Umbenennungen und Erhebungen von Munizipien zu Kolonien. Davon waren im heute österreichischen Raum nur Ovilava (*colonia Aurelia Antoniniana*) und Carnuntum (*colonia Septimia Aurelia Antoniniana*) betroffen. Beide erhielten wohl als unmittelbare Folge dieser Aufwertung spätestens im beginnenden 3. Jh. n. Chr. Stadtmauern, während die umgebenden Munizipien anscheinend alle unbefestigt blieben. Erst in der Spätantike, frühestens im frühen 4. Jh. n. Chr., erhielten auch Scarbantia/Sopron und einige im Süden liegende Städte wie Teurnia (5. Jh. n. Chr.?) und Bassianae schützende Mauern.

Eine heftige Diskussion wird seit Jahrzehnten um das Stadtrecht von Lauriacum geführt. Die besonders große und mit Binnenstraßen reich gegliederte, seit 1950 großflächig erforschte Zivilsiedlung (*canabae legionis*) vor allem im Westen des im ausgehenden 2. Jh. n. Chr. angelegten Legionslagers mit dem Legatenpalast unter der heutigen Laurentiusbasilika wurde von WissenschafterInnen mehrfach als neue Hauptstadt der Provinz Noricum angesprochen, da der Legionskommandant nunmehr auch als Statthalter (*legatus Augusti pro praetore provinciae Norici*) amtierte. Die Auffindung von mehreren kleinen, zum Wiedereinschmelzen vorbereiteten Bronzestücken verschiedener Dicke und Materialzusammensetzung, die zu mindestens fünf und höchstens sieben verschiedenen Inschriftentafeln gehört haben dürften, aber alle Textteile aus römischen Stadtrechten enthalten, hatte diese Ansicht bereits präjudiziert. Insbesondere das erste, bereits 1906 publizierte Fragment schien durch hierauf erkannten Siegerbeinamen des Caracalla auch die Datierung anzugeben. Da aber in den bisher vorhandenen Texten kein städtischer Name erhalten geblieben ist und eben gerade die Vielzahl an Exemplaren zur Vorsicht mahnt, regten sich bereits 1971, und seither vermehrt, Gegenstimmen, die auch andere Deutungen, etwa ein Archiv der Stadtrechtsurkunden der Provinz am Statthaltersitz, in die Diskussion einbrachten. Faktum ist, dass die Lage einer autonomen Stadt direkt beim Legionslager römischen Gepflogenheiten eklatant widerspräche und außerdem bis heute keine einzige Inschrift Lauriacum mit städtischen Ämtern oder priesterlichen Funktionen in Verbindung bringt. Damit stünde der Befund für Lauriacum in einem auffälligen Gegensatz zu denen seiner Nachbarn Ovilava und Cetium, die gerade in der Severerzeit inschriftlich sogar verwandtschaftliche Verbindungen der führenden Familien beider Städte nachvollziehen lassen. Eine definitive Beweisführung, dass Lauriacum nicht Stadt war, wird sich allerdings nie führen lassen, während die Befürworter immer noch auf künftige Funde hoffen können. Die nach Meinung einiger wahrscheinlich irrige Annahme, Lauriacum wäre mit einem Stadtrecht ausgestattet worden, lieferte dann als Folge auch noch die Argumentationsbasis für ein Caracalla-zeitliches *municipium Vindobonense*.

Die Städte in den römischen Provinzen dürften nach einer Vorstufe unter Caesar bereits seit Augustus einem sehr einheitlichen Stadtrecht unterworfen gewesen sein, das auch die flavischen Kaiser (69–96 n. Chr.) Vespasian und seine Söhne Titus und Domitian nur geringfügig anpassten. Ein starres Korsett von Paragraphen regelte die Pflichten des nominell häufig aus 100, meist aber deutlich weniger Mitgliedern bestehenden *ordo decurionum* (Gemeinderat), aus dessen Reihen die jährlich einzusetzenden Beamten gewählt wurden. Die amtsfähigen (vermögenderen) Bürger bildeten die Gruppe der *honestiores* (*honos* = Ehrenamt), die sich von den Kleinbürgern ohne politisches Gewicht (*humiliores*) auch gesellschaftlich deutlich absetzten und im Laufe der Zeit durch gezielte Heirat und Verschwägerung ein verwandtschaftliches Netzwerk von relativ wenigen führenden Familien mit ausgedehntem Grundbesitz quer durch die ganze Provinz bildeten. An der Spitze der Stadt standen in Noricum und Pannonien meist *duumviri* (Sg.: *duovir*) *iure dicundo*, also kollegial und mit gleichem Recht agierende – vielleicht auch mit gegenseitigem Vetorecht ausgestattete – Bürgermeister, die neben anderen Agenden auch die niedere Rechtsprechung ausübten, wie ihr Titel angibt. Konnten keine zwei solchen Amtsträger gefunden werden, weil sich niemand wegen der steigenden Kosten solcher Ehrenämter zur Verfügung stellen wollte oder konnte oder aus anderen Gründen, z. B. politischer Entzweiung im Stadtsenat, so bestimmte der Kaiser einen *praefectus iure dicundo* ohne Amtskollegen, der auch als *quinquennalis* eine fünfjährige, konsolidierende Amtszeit ausüben konnte. Meist waren diese Sonderbeauftragten zuvor bereits im Duumvirat gewesen. Auf der zweiten Stufe standen die beiden *aediles*, die ähnlich wie in Rom vor allem Agenden als Baubehörde und Marktaufseher besaßen. Wahrscheinlich waren sie auch die Hauptverantwortlichen für die Erhaltung der öffentlichen Straßen (*viae publicae*) im Territorium ihrer Stadt, die nicht, wie häufig zu lesen ist, regulär von der Armee gebaut und erhalten wurden, sondern von den Städten gepflegt werden mussten. Die gewesenen *aediles* und *duumviri* in den Munizipien erhielten, sofern sie dieses nicht schon besaßen, am Ende ihrer Amtszeit das volle römische Bürgerrecht wie die Veteranen der Auxiliartruppen, womit sich innerhalb von wenigen Jahrzehnten in den Städten eine nicht nur sozial, sondern auch rechtlich voll romanisierte Schicht ausbildete. Als Gehilfen der Duumvirn und nicht als Beamte in eigener Verantwortlichkeit sind die *quaestores* zu sehen, die sowohl die Gemeindefinanzen beaufsichtigten, als auch beim Eintreiben des Steueraufkommens der Städte und ihrer Bürger gegenüber dem Staat herangezogen wurden. Außerdem gehörten zum Stab der Beamten Schreiber (*scribae*) und Liktoren (Sicherheitskräfte), die wohl häufig aus der Privatschatulle bezahlt wurden bzw. zum Haushalt der jeweiligen Amtsträger gehörten. Während städtische Sklaven oder bezahlte Angestellte in den Großstädten des griechischen Ostens offenbar den Regelfall darstellten, begegnen sie in unseren Breiten höchst selten. So sind etwa für Oberpannonien nur vier städtische Schreiber – aus Mursella, Siscia, dem *municipium Iasorum* und wahrscheinlich M(ogetiana) – aus ihren Grabinschriften bekannt. Die angesehenen städtischen Priesterämter, die möglicherweise lebenslang ausgeübt wurden, umfassten die Ausführung der offiziellen Kulte und die Garantie der Schuldigkeit gegenüber den Staatsgöttern – namentlich werden in den Stadtrechten Iuppiter, die Liste der bis dahin vergöttlichten Kaiser und der Genius des regierenden Kaisers sowie die Penaten (angeblich von Aeneas aus Troia mitgenommene, geheim verwahrte Amulettgegenstände uns unbekannten Aussehens) genannt. Meist handelte es sich um gewesene Bürgermeister, die als *pontifex* (allgemeines Priesteramt; belegt in Ovilava), *flamen* (spezifischer Iuppiter- oder Kaiserpriester; belegt in Cetium), *vates* (Seher; belegt in Vindobona), *augures* (Vogelbeschauer; belegt in Carnuntum) bekannt sind. Spezifisch dem Kaiserkult dienten die *se(x)viri Augustales* (belegt in Carnuntum; eventuell auch in Ovilava), ein Kollegium von Freigelassenen, denen sonst keine öffentlichen Ämter übertragen werden durften. Die städtische *plebs* war in Handwerkergilden organisiert, je nach Größe der Siedlung gab es zumindest ein *collegium fabrum* (Schmiede bzw. allgemein „Feuerhandwerker", etwa in Cetium und Vindobona) oder *collegium centonariorum* (Textilarbeiter; Flavia Solva), die einem Präfekten, meist einem gewesenen Bürgermeister, unterstanden und zu öffentlichen Sicherheitsaufgaben im Katastrophenfall, insbesondere als Feuerwehr, herangezogen wurden. Außerdem gab es für die unteren Schichten soziale Einrichtungen wie Begräbnisvereine (für Noricum nur in Aguntum in Osttirol nachgewiesen, für Cetium wahrscheinlich). Private Kultvereine für bestimmte Gottheiten hingegen konnten auch Personen höchst unterschiedlicher Herkunft und Stellung vom Amtsträger bis zum Sklaven aufnehmen.

An Einwohnerzahl und wirtschaftlicher Bedeutung wurden die autonomen Städte zumeist von den als *canabae legionis* bezeichneten zivilen Siedlungen bei den Legionslagern übertroffen, die aber keine gesonderte Rechtsstellung besaßen, sondern auf staatlichem Boden innerhalb der Lagerschutzzonen von einer *leuga* (= eineinhalb römische Meilen = ca. 2,2 km) wohl auf der Rechtsbasis des *precarium* (Landleihe) angelegt wurden. In Carnuntum waren die *canabae* wahrscheinlich mit bis zu 10.000 Einwohnern etwa dreimal so groß wie das jüngere und vom Lager aus gesehen ungünstiger liegende *municipium*.

Im Falle einer militärischen Notsituation konnte damit der Lagerkommandant die Häuser einfach abreißen lassen. Meist waren diese *canabae* gleichzeitig mit den Lagern entstanden und dienten als gut geschützte Marktorte, in denen die Legionäre ihren Sold in Heiligtümern, Wirtshäusern und Bordellen, bei Kaufleuten und Handwerkern aller Art sowie Ärzten und Rechtsbeiständen los werden konnten. Die dort ansässigen römischen Bürger schlossen sich meist zu einem Verein zusammen, dessen Pseudomagistrate ihre Interessen beim Statthalter bzw. den Truppenoffizieren vertraten. In Carnuntum waren dies die beiden *magistri montis* (= Meister des [Pfaffen]-Berges, auf dem das große Heiligtum der römischen Bürger lag) für die *cives Romani consistentes intra leugam* (= die römischen Bürger, die innerhalb der Leuga ihren Wohnsitz haben), die nach der *constitutio Antoniniana* des Jahres 213 n. Chr., mit der (fast) alle freien Einwohner des Imperium Romanum das römische Bürgerrecht erhielten, mit zwei Kollegen aus dem jüngeren Munizipium ergänzt wurden. Diese übten anscheinend auch Spezialaufgaben für den Staat aus, wie in den *canabae* von Lauriacum die *aediles collegii iuventutis*. In beiden Orten kümmerten sich diese Funktionäre um die (paramilitärische) Erziehung der Jugendlichen (*iuventus*) und die Sicherstellung der lokalen Rekrutierung für die Legionen. Die enge Verbindung der Bewohner mit der Armee wurde auch durch die vielen Konkubinen von Soldaten, die natürlich das Lager nicht betreten durften, gestärkt. Ab Septimius Severus, der auch aktiven Soldaten die rechtsgültige Heirat erlaubte, begann dann einerseits zuerst die Übersiedlung von Legionären aus dem Lager in die Vorstadt, bei zunehmend unsicherer werdenden Zeiten aber die Rücksiedlung der Soldatenfamilien in das Lager, was im Laufe der Spätantike – verstärkt durch die Heranziehung von aus Familienverbänden bestehenden reichsfremden Föderatentruppen – zur völligen Auflösung der militärischen Baustrukturen in den Lagern und dem Verschwinden der *canabae* bzw. der heute meist als *vicus* bezeichneten ähnlichen Zivilsiedlungen bei kleineren Garnisonen der Auxiliareinheiten führte.

## Die Topographie der Städte und stadtähnlichen Siedlungen

Der Forschungsstand zu den autonomen Städten und den meisten anderen zivilen Siedlungen, die durch die Weiterbesiedlung bzw. Überbauung und gezielte Weiterverwendung der Baumaterialien in Mittelalter und Neuzeit mit Ausnahme von Carnuntum – und im Gegensatz zu einigen Militärlagern – völlig von der Oberfläche und damit aus dem Bewusstsein verschwanden, hat sich seit 1986, dem Erscheinungsjahr des ersten Limesführers im Verlag der Österreichischen Akademie der Wissenschaften, dramatisch verbessert. Bereits die Neubearbeitung 1997 konnte gerade bezüglich der Stadtforschung große Fortschritte erkennen lassen, da in Wels seit Mitte der 1980er-Jahre eine hauptberufliche Stadtarchäologin tätig ist, während in St. Pölten von 1988 bis 2010 ein Schwerpunktforschungsprojekt des Österreichischen Archäologischen Institutes lief und seither ebenfalls ein Stadtarchäologe installiert ist. In Wien wurden durch die negativen Erfahrungen beim Bau der U-Bahn-Linie 1 zuerst baubegleitende Archäologenteams beim weiteren U-Bahn-Bau in der Innenstadt eingesetzt, woraus ab 1986 eine rasch sich entwickelnde stadtarchäologische Dienststelle entstand, die sehr systematisch und mit zahlreichen MitarbeiterInnen Wiens Vergangenheit erforscht. In Carnuntum wurde fast zeitgleich mit dem beginnenden Ausbau des Archäologischen Parks ein starker Impuls gesetzt. Während in diesen vier Orten also seit etwa 25 bis 30 Jahren intensiv geforscht und publiziert wird, hat sich die seit 1950 stetig ausgedehnte Grabungstätigkeit in Lauriacum/Enns um 1980 weitgehend erschöpft, wohl auch deswegen, weil bis vor kurzem kein hauptamtlich tätiger Archäologe hier seine Basis besaß.

Während man für Cetium/St. Pölten bezüglich der Lage und Ausdehnung, Dauer und Struktur der Siedlung bis 1988 nur sehr ungefähre Vorstellungen hatte, kann heute ein ziemlich präziser Stadtplan mit einem streng rechtwinkeligen, fast exakt nach den Haupthimmelsrichtungen orientierten Straßenraster präsentiert werden (Abb. 129). Da es sich hier um die einzige planmäßige Neugründung der Limeszone an der oberen Donau handelt, kann Cetium als Modellfall dienen, wie derartige Städte aussehen sollten. Nachgewiesen sind sieben *decumani* (Ost-West-Straßen) und fünf *cardines* (Nord-Süd-Straßen), eine weitere Baublockreihe könnte allenfalls nach Süden zu bestanden haben. Während die *decumani* identische Abstände zueinander aufweisen, verlaufen die *cardines* in etwas unregelmäßigen Abständen, vor allem die östlichste Baublockreihe (55 × 70 m) besitzt nur etwa die halbe Weite der übrigen (meist ca. 100 × 70 m). Zur Traisen hin gab es zusätzlich eine schräg zu den Straßen angelegte, an einer natürlichen Geländekante orientierte Verbauung mit Holzhäusern. Die gesamte, dem Quadrat angenäherte Stadtfläche beträgt grob etwa 25 ha und entsprach damit ziemlich genau der Größe eines Legionslagers. Sie bot bei 10 bis 15 Wohnhäusern á angenommenen 10 BewohnerInnen pro *insula* (= Baublock) wohl ungefähr 3.000 Einwohnern Platz. Die vor allem auf dem Rathausplatz, Domplatz und im Klostergarten großflächig ausgegrabenen Wohnhäuser standen meist frei auf eingezäunten oder mit Mauern eingefassten Grundstücken und besaßen höchst unterschiedliche Grundrisse und Flächenangebote, von einfachen Bauten mit drei hintereinanderliegenden Räumen bis zu kleinen Peristylhäusern mit von schmalen Portiken vierseitig bzw. L- oder U-förmig umgebenen Höfen (Abb. 22). Die Wohnflächen, Arbeits- und Lagerräume im Erdgeschoss beliefen sich auf bis zu 300 m², in vielen Fällen ist aber zumindest mit einstöckigen Gebäuden zu rechnen, in denen die Schlafzimmer im Oberstock lagen. Soweit bisher erkennbar wurden die meisten

Abb. 22: Cetium/St. Pölten, Ausgrabungen im ehem. Klostergarten; digitale Rekonstruktion eines wahrscheinlich einstöckigen Wohnhauses mit angeschlossenem Peristylhof und Garten sowie eines benachbarten Heiligtums mit beheiztem Versammlungsgebäude und kleinem Tempel

Wohnbauten in einer Mischtechnik als ausgefachtes Holzrahmenwerk auf gemauerten Sockeln von 0,30 bis 0,45 m Breite und 0,50 bis 1,10 m Höhe errichtet. Dies erscheint auch insofern als naheliegend, als Stein mühsam und in Karren aus dem Dunkelsteinerwald oder auf der Traisen aus den Voralpen in die St. Pöltner Schotterterrasse herangeschafft werden musste, während Bauholz auf dem Fluss in großen Mengen herabgeflößt werden konnte. Meist waren straßenseitige Arbeitshöfe mit kleinen Schmelzöfen und anderen handwerklichen Einrichtungen vorhanden, an der Rückseite der Häuser lagen kleine Gärten, oft mit Sommerküchen. Die Bewohner waren nach den bisherigen Erkenntnissen meist handwerklich tätig, nachgewiesen sind besonders Töpferöfen sowie Essen für Eisen- oder Buntmetallverarbeitung. Bei manchen Häusern weisen geschotterte Einfahrten mit breiten offenen Lauben auf intensiven Warentransport hin, Fernhandel wird außerdem durch Bleietiketten mit Hinweisen auf Textilerzeugung nahegelegt. Die Wasserversorgung erfolgte über Brunnen und die in Zisternen gesammelten Dachwässer, eine Wasserleitung ist ebenso wenig nachweisbar wie eine systematische Kanalisation. Die Ableitung des Wassers erfolgte über offene Straßengräben, nur am östlichsten *cardo* führte an der Westseite ein gedeckter Kanal nach Norden.

Deutlich weniger ist von der Binnenstruktur von Ovilava/Wels bekannt. Die Stadtmauer umfasste anscheinend ein etwa quadratisches Gebiet von knapp 1 km², die Siedlung besaß also die vierfache Fläche von Aelium Cetium/St. Pölten. Bei der Anlage der *colonia Antoniniana* dürfte eine entsprechende Vergrößerung der Fläche erfolgt sein, vielleicht erhielten die hier ansässig gemachten Legionäre auch einfach Grundstücke außerhalb des bisherigen Siedlungsareals zugewiesen. Für diese Stadterweiterung spricht auch, dass das sog. „Gräberfeld Mitte" unter dem heutigen Marktgelände sich innerhalb der Stadtmauern befindet. Lange wurde eine katastrophale Überschwemmung für diese topographischen Veränderungen – der Aufgabe der Bestattungsareale und der Stadterweiterung – verantwortlich gemacht, mittlerweile ist diese These aber mit guten Gründen in Frage gestellt worden. Vielleicht wurde, ähnlich wie in Cetium, das in den Markomannenkriegen um 170 n. Chr. flächig abgebrannt (worden?) sein dürfte und danach komplett neu wiederaufgebaut werden musste, auch in Ovilava nach einer lokalen Katastrophe in severischer Zeit eine komplett neue Stadtanlage ohne besondere Rücksicht auf die Vorgängersiedlung geschaffen. In Ovilava wird wie in Cetium nach dem Forum noch gesucht, verschiedene bisherige Lokalisierungsversuche sind eher theoretischer Natur. Anders als in St. Pölten, wo sich der Großteil der antiken Straßenzüge noch im heutigen Stadtbild abzeichnet, dürfte der Straßenraster von Ovilava (Abb. 77) nur geringe bis in die Neuzeit bleibende Spuren hinterlassen haben, auch von der kaiserzeitlichen Innenbebauung ist wenig bekannt, erst die Spätantike wird besser fassbar. Ovilava erstreckte sich nach Süden wohl bis zum Mühlbach, der die Traun – ähnlich wie der Mühlbach entlang des Traisenbettes in Cetium – am linken Rande ihres ursprünglichen Flussbettes begleitet. Gerade in diesem flussnahen Bereich bildete sich mit der Burg Oueles die Keimzelle der mittelalterlichen Nachfolgesiedlung heraus. Dies unterstreicht die enorme Bedeutung der mittelgroßen Flüsse als Transportwege für Bauholz und Waren aller Art – im Süden von Noricum und Pannonien nahmen Drau, Mur und Save sowie die Salzach neben kleineren Flüssen wie der Glan in Kärnten und der Savinja diese Rolle ein.

Ein ganz anderes Bild bieten die städtischen Siedlungen direkt am Limes, sowohl Lauriacum als auch in Pannonien. Die Zivilsiedlung Vindobona/Wien (Abb. 150) entwickelte sich ähnlich wie Ovilava aus einem bestehenden *vicus*, der in diesem Fall möglicherweise aber schon seit der Spätlatènezeit als Siedlungsstelle diente. Hier war es allerdings nicht ein Fluss, sondern die Limesstraße, der heutige Rennweg, der die Lager Vindobona und Carnuntum miteinander verband und auf einen alten Handelsweg, der die Donau an ihrem Südufer begleitete, zurückging. Die wenigen bisher ausgegrabenen Häuser waren sog. Streifenhäuser, langgezogene Bauten auf schmalen, langrechteckigen Grundstücken, die in der ganzen stark militarisierten Zone im Nordwesten des Imperium Romanum vorkommen und möglicherweise mit der Armee und den diese begleitenden Händlern aus den germanischen Provinzen in die Grenzzonen an der mittleren Donau übertragen worden waren. Wahrscheinlich gab es in der Siedlung, die – ähnlich wie oder sogar noch kleiner als Cetium – nur um die 20–25 ha umfasst haben dürfte, nur wenige Parallelstraßen: Die Stadt vermittelte insgesamt den Eindruck eines langgezogenen Straßendorfes. Vom öffentlichen Raum ist so gut wie nichts bekannt. Noch schlimmer steht es um unser Wissen um die *canabae legionis* in Vindobona (Abb. 157), von denen im Wesentlichen nur ein Teil des das Legionslager umgehenden Straßenzuges (Herrengasse) mit sehr partiell ausgegrabenen Hausresten am Michaelerplatz (Abb. 158) erforscht sind. Diese rudimentären Kenntnisse sind aber typisch sowohl für die autonomen Städte als auch für die *canabae*-Siedlungen direkt bei den Legionslagern. Sie weisen in unserem Raum als Hauptachse und Ursprungsort stets die sog. Limesstraße auf, zu der in sternförmiger Weise weitere Straßen gebildet werden, die sich mit zunehmender Distanz von den Militärlagern ebenfalls voneinander entfernen. Durch Verbindungsstraßen, die mehr oder weniger regelmäßig und rechtwinklig von der Hautstraße abzweigen, werden ungefähr trapezoide und, gelegentlich, einigermaßen rechtwinkelige Baublöcke geschaffen. Dies lässt sich sehr gut sowohl in den *canabae* als auch in der sog. Zivilstadt (*municipium* resp. *colonia*) in Carnuntum (Abb. 178) als auch in Lauriacum (Abb. 95) nachvollziehen. Ein wesentlicher Grund für dieses unregelmäßige bis ausschnitthaft sternförmige Straßensystem war wohl der Wunsch, möglichst direkt, ohne Umwege und rechte Winkel, die Limesstraße als Zubringer für Warentransporte und eigentliche Geschäftsstraße zu erreichen – und umgekehrt, da antike Fuhrwerke keine gelenkten (Vorder-)Achsen kannten und somit jede Biegung eine ernsthafte Verzögerung und auch Gefahr darstellte.

Im von der Limesstraße aus gesehen abgelegeneren Nordteil des *municipium* Carnuntum dürfte das Straßennetz deutlich regelmäßiger als im Süden und einem Raster angenähert verlaufen sein. In Lauriacum bildete sich entlang eines nördlich der

Limesstraße angelegten Straßenzuges – südwestlich des heutigen Lorcher Friedhofes – ebenfalls ein relativ regelmäßiger Bereich mit für sich freistehenden, aber rundum von Mauern eingefassten Häusern entlang paralleler Straßenzüge heraus, die mitsamt ihren Hofflächen Grundstücke von durchschnittlich 400 m², in Einzelfällen aber bis über 800 m² besaßen. Dieses ‚Villenviertel' verdankt die Regelmäßigkeit seiner Anlage wahrscheinlich der Tatsache, dass der heutige Friedhofsbereich damals das eingefasste Nutzareal des unter der Laurentiuskirche liegenden Statthalterpalastes war und somit hier ein, verkehrstechnisch gesehen, toter Winkel vorlag, der sich vorwiegend mit Wohnbebauung und Handwerk ohne große Transportbedürfnisse füllte. Trotz der großen Grabungsflächen und zahlreich aufgedeckten Hausbauten in Lauriacum (Abb. 98) ist allerdings mit Bedauern zu vermerken, dass die wichtige Detailanalyse dieser Befunde einerseits durch die Methodik der frühen Ausgrabungen vor 1960 und andererseits – bei den jüngeren Grabungen – wegen des Fehlens von publizierten Plänen und detaillierten Grabungsberichten noch nicht vorgenommen werden kann.

In Carnuntum haben die Nachgrabungen der letzten Jahre im seit den 1960er-Jahren bestehenden Freilichtpark im Bereich der ‚Zivilstadt' (Abb. 184) wissenschaftlich enorme Gewinne gegenüber den älteren Ausgrabungen und Publikationen ergeben. Hier scheint ein auch andernorts in der Antike (und bis heute) bekannter Typ, das sog. Korridorhaus, besonders beliebt gewesen zu sein, wo hinter einer querliegenden (vorne offenen?) Halle zwei Raumreihen durch einen Mittelgang getrennt werden. Ob es sich dabei tatsächlich um Privathäuser handelt oder Beherbergungsbetriebe oder anders genutzte Strukturen, muss allerdings von Fall zu Fall aufs Neue untersucht werden. Die Grundstücke, aber auch die darauf errichteten Häuser scheinen in Carnuntum generell deutlich größer als in den anderen Städten gewesen zu sein. Dafür wurden hier, ähnlich wie in vielen Städten des Südens, etwa in Virunum und Flavia Solva, von Mauern allseits umschlossene Baublöcke bevorzugt, die Toreingänge besaßen und außen von durchlaufenden Portiken als gedeckten Fußwegen begleitet waren. Die Straßen waren in Carnuntum als einziger Stadt der heute österreichischen Limeszone nicht nur geschottert, sondern von Schieferplatten gedeckt und mit begehbaren bzw. beschliefbaren unterirdischen Kanälen ausgestattet. Dazu gehören auch die im engeren oberen Donauraum bisher nur hier nachgewiesenen Fernwasserleitungen, die aus mehreren Richtungen die Stadt mit Frischwasser versorgten.

Von den strukturell für das öffentliche Leben notwendigen Kernanlagen ist in den meisten autonomen Städten noch kaum etwas bekannt. In Carnuntum wurde ein südlich außerhalb der Stadt gelegenes und heute als Teil des Archäologischen Parks zugängliches Amphitheater ausgegraben, übrigens als einziger Theaterbau einer Stadt in der österreichischen Limeszone. Ebenso sonst nur im Süden der Provinz Noricum – in Aguntum – aus jüngsten Ausgrabungen nachweisbar, ist ein *macellum*, ein Fleisch-, eigentlich Rindfleischmarkt, der sich in Carnuntum am *decumanus maximus* genau zwischen dem Forum und den großen Thermen befand. Die Anlage bestand aus einem zur Straße über eine Halle geöffneten Hof, der an den anderen drei Seiten U-förmig von Portiken und dahinter liegenden Tabernen umgeben wird. Im Zentrum des langrechteckigen Hofes befinden sich die Sockel von drei kreisrunden bzw. polygonalen Monumenten, die einst als statuengeschmückte Springbrunnen auch dem ästhetischen Moment gedient haben dürften, wobei das Frischwasser aber vor allem für die Kühlung und Konservierung des Fleisches sowie die Reinigung des Platzes von Schlachtabfällen wie Blut und Gedärmen sorgte. Während die Kleintierhaltung und -schlachtung – Geflügel, Schweine und Schafe oder Ziegen – in antiken Siedlungen meist als Privatsache ablief, war das Schlachten von Rindern wegen der damit verbundenen Implikationen neben dem Opferbetrieb in Heiligtümern wahrscheinlich nur auf eigens dafür eingerichteten Plätzen möglich und erlaubt. Das Lagern der Tierteile erfolgte nach besser erhaltenen Befunden in Kleinasien und Nordafrika in von Frischwasser überflossenen Steinkammern. Daher ist die Anlage des *macellum* in Carnuntum direkt neben der großen Therme kaum Zufall; beide wurden wahrscheinlich von derselben Wasserleitung gespeist. Solche Wasserleitungen wurden immer multifunktional und sehr rational bewirtschaftet, in den Städten gab es dafür eigene Aufsichtsbeamte und strenge Schutz- und Nutzungsbestimmungen. Wahrscheinlich gab es genaue Einteilungen, wann (mehr) Wasser für bestimmte Zwecke zur Verfügung stand, also Schlachttage, Tage, an denen die öffentlichen Bäder nach Reinigungen der Becken wieder befüllt wurden etc. Das überschüssige Wasser konnte in öffentliche Brunnen eingespeist oder gegen Gebühr an vornehme Haushalte weitergeleitet werden. Das aus den Bädern ausfließende Brauchwasser diente allenfalls noch zur Spülung öffentlicher Toiletten.

Thermen gehörten in verschiedenen Größen zu jedem römischen Stadtbild. In Cetium/St. Pölten wurden 2011/12 spätantike Thermen mit kreisförmigem Aufbau auf dem Domplatz ausgegraben (Abb. 135), wie sie mit verwandten Grundrissen auch an anderen Orten als sog. Privatbäder vorliegen. In Savaria/Szombathely dürften ähnliche Thermen zum Palast des praeses, des Zivilstatthalters von *Pannonia prima*, gehört haben. Damit liegt erstmals in Noricum ein Bad des sog. Ringtyps vor, in dem die Badenden den gesamten Vorgang, beginnend mit dem Eintritt/Umkleide im *apodyterium* über das *caldarium* (Warmbad), *tepidarium* (mäßig geheizter Raum ohne Badeeinrichtung) und *frigidarium* (Raum mit großem Schwimmbecken mit eher kaltem Wasser), so erledigen konnten, dass sie am Ende wieder in der Garderobe landeten. Alle anderen bekannten Bäder am Limes gehören dem Block- oder Reihentypus an, wo die Räume in einer oder mehreren Reihen nebeneinander angeordnet sind. Ein kleines Bad dieses Typs wurde in Lauriacum im Wohnbereich südlich des Legionslagers an der Limesstraße ausgegraben. Mehrere Beispiele, davon zwei größere, gibt es in Carnuntum: in den *canabae* liegt ein solches Bad im Heiligtum der syrischen Götter, die in Österreich größte Thermenanlage liegt im Wohnviertel des ‚Freilichtmuseums', wie bereits oben erwähnt, im *municipium* direkt beim *macellum* bzw. *forum*. Seine für unsere Breiten ungewöhnliche Größe mit mehreren Baderäumen gleichen Typs, parallel für Männer und Frauen, und großen Außenanlagen, die als Parks bzw. Wiesen für das Ballspiel und andere Vergnügungen nach dem eigentlichen Badevorgang dienten, ließ die Ausgräber ursprünglich an eine palastähnliche Wohnanlage denken, weswegen lange der Name „Palastruine" dafür verwendet wurde. Nichtsdestoweniger ist es auch von dieser ausgedehnten Anlage bis zu den wirklich großen, axialsymmetrisch angelegten Badeanlagen in Rom oder anderen mediterranen Großstädten ein weiter Weg – Ephesos besaß beispielsweise im mittleren 2. Jh. n. Chr. mindestens fünf Bäder dieses Großtyps – und zeigt die Relativität von Luxus und Größe an der Militärgrenze im Vergleich zum Mittelmeerraum.

Den Mittelpunkt jeder Stadt bildete das *forum*. Hier wurde Gericht gesprochen, wurden Nachrichten veröffentlicht und kaiserliche Erlässe verkündet bzw. in Inschriften öffentlich angeschlagen. Die Magistrate wurden wahrscheinlich hier gewählt, eine offizielle Kultstätte musste hier ebenfalls eingerichtet werden. In größeren Städten waren diese politisch orientierten Plätze meist von extra angelegten Händlerforen getrennt, im österreichischen

Raum sind aber bisher noch nirgends zwei *fora* in einer Stadt nachgewiesen. Es wurden also neben den öffentlichen Angelegenheiten anscheinend auch viele Handelsgeschäfte hier getätigt, wobei die Palette von Lebensmitteln, Einrichtungsgegenständen, Buchrollen und Werkzeugen und Geräten bis zu Sklaven reichte. Auch Geldverleiher könnten hier gearbeitet haben. Diese Foren sind allerdings wegen der späteren Überbauung der meisten Orte bisher nur in wenigen Fällen bekannt geworden.

Bisher wurde angenommen, das *forum* von Aelium Cetium/St. Pölten wäre im Bereich des Hauptachsenkreuzes beim heutigen Herrenplatz, der auch im Mittelalter und der Neuzeit immer als Marktplatz diente, gelegen, jüngste Untersuchungen zeigen hier aber eher Indizien für verbautes Gebiet als für einen offenen Platz. Südlich des Herrenplatzes konnte eine vermutliche *area sacra*, ein mit Hallen abgegrenzter Bereich, bei kleinräumigen Ausgrabungen erforscht werden, in dem sich vielleicht das Haupttheiligtum der Stadt befand. Für Ovilava/Wels und Vindobona/Wien liegen zu den Forumsanlagen noch keine archäologischen Daten vor. Lediglich in Carnuntum ist dieser zentrale Platz römischer Städte durch geophysikalische Messungen zumindest theoretisch bekannt (Abb. 182). Das *forum* liegt hier unmittelbar südlich anschließend an den bekannten „Bäderbezirk" und erweist sich als allseitig von geschlossener Bebauung umgebene Platzanlage von 9.200 m² Gesamtfläche und Außenmaßen von 142 × 65 m. Den Norden beherrscht – ähnlich wie am nur wenige Jahre älteren Trajansforum in Rom – eine 32 m breite Gerichtsbasilika, die sich über die gesamte Schmalseite des Forums erstreckt. Die gegenüberliegende Südseite wird von drei Amtsräumen eingenommen, von denen einer offensichtlich beheizt war und sich damit als Archivraum (*tabularium*) zu erkennen gibt – denn die wertvollen Papyri durften nicht zu feucht werden oder gar Frostschäden abbekommen. Der mittlere Raum könnte am ehesten als „Kaisersaal" oder *Capitolium* gedient haben, d. h. als Kultraum, in dem zu bestimmten Anlässen von den Magistraten den obersten Staatsgöttern zum Wohle des Kaisers geopfert wurde. Der dritte Raum könnte dann eventuell ein Amtslokal der leitenden Magistrate gewesen sein oder er diente als Eichamt, in dem staatlich normierte Referenzmaße aufbewahrt wurden, um bei Streitigkeiten zwischen Händlern und Kunden objektive Kriterien anwenden zu können. An den Längsseiten erstreckten sich anscheinend schmale, zum Platzinneren hin offene Hallen, die gesamte Außenseite der Anlage wurde von kleinen Räumen, wohl Geschäften und Speiselokalen (*tabernae*) bzw. Fast-Food-Läden (*thermopolia*), eingenommen. Zugänge zum eigentlichen Platz könnten nach dem aus der Geophysik gewonnenen Grundriss in zwei einander gegenüberliegenden schmalen Strukturen etwas nördlich der Mitte der Längsseiten vorliegen. Das *forum* von Carnuntum unterscheidet sich damit typologisch deutlich von den bekannten älteren, aus claudischer oder flavischer Zeit stammenden Forumsanlagen in anderen norischen und pannonischen Städten, die durch große, freistehende Tempelanlagen an einer Schmalseite bestimmt werden, wie dies etwa das für Provinzen bis mindestens in hadrianische Zeit gerne zum Vorbild genommene Forum Augustum mit dem Mars-Ultor-Tempel in Rom vorgibt. Dem Carnuntiner Befund sehr ähnliche Foren finden sich vor allem in den von Trajan gegründeten Städten, etwa in Ulpia Traiana/Xanten am Niederrhein, Lopodunum/Ladenburg am Neckar oder Sarmizegetusa in Dakien.

In Lauriacum und in den *canabae* von Carnuntum sind jeweils westlich vom Südteil (*retentura*) des Legionslagers – unter Einhaltung einer unbebauten Sicherheitszone von etwa 100 m, also einer Pfeilschussweite – bei Altgrabungen unregelmäßig viereckige, von Hallen umgebene Platzanlagen festgestellt worden, die in der wissenschaftlichen

Literatur gerne als Händlerforum (*forum venale*) angesprochen werden. In Carnuntum betragen die Außenmaße etwa 250 × 175 m, in Lauriacum hingegen lediglich etwa 64 × 57 m, wobei hier an der Südseite eine Raumreihe nachgewiesen ist und im Westen eine basilikale Struktur über die gesamte Länge ziehen dürfte. Interessant erscheint, dass in beiden Fällen nördlich an diese Platzanlagen jeweils das Areal des Statthalterpalastes anschließt, womit die Frage offen bleibt, ob hier tatsächlich den Bedürfnissen der Bewohner der *canabae* nach einem Marktplatz nachgekommen werden sollte oder den Bedürfnissen des Staates nach einem repräsentativen Platz für öffentliche Versammlungen, Verlautbarungen etc.

Große freistehende öffentliche Tempel fehlen nicht nur in den Forumsanlagen der Limeszone, sondern sind überhaupt in den autonomen Städten unseres Betrachtungsraumes noch nicht wirklich dokumentiert worden: lediglich ein solcher Bau mäßiger Größe wird in Carnuntum außerhalb des Forums, nahe dessen Nordwest-Ecke, in alten Plänen vermutet. Typisch für die Provinzstädte an der oberen Donau scheinen hingegen die sowohl in Aelium Cetium/St. Pölten als auch in Carnuntum mehrfach nachgewiesenen kleinen, privaten Heiligtümer zu sein, die mit einem Wohnhaus in direkter baulicher Verbindung stehen können und wahrscheinlich eher kleinen Anrainergruppen als Versammlungs- und Krafträume dienten. Dafür können die mit dem Militär engst verbundenen *canabae* gleich mit mehreren großen, baulich hervorragend ausgestalteten Heiligtümern an der Peripherie aufwarten. Anscheinend betreiben die Legionen gemeinsam mit den lokalen römischen Bürgervereinen ein Heiligtum auf dem Pfaffenberg in Carnuntum und ein ähnliches auf dem Ennser Georgenberg. Diese dienten auch als Demonstration der Überlegenheit der Ordnungsmacht Rom über die chaotischen germanischen Barbaren jenseits der Donau. Diese Tempelbezirke, die trotzige Architektur der Legionslager und die zur Donau gerichteten Prachtfassaden der Legatenpaläste sollten die Germanen zutiefst beeindrucken und ihnen ihre hoffnungslose Unterlegenheit in zivilisatorischer und waffentechnischer Hinsicht genauso zeigen wie die Tatsache, dass die Götter auf Seiten Roms standen – und kämpften.

Insgesamt ergibt sich zu den städtischen Siedlungen ein relativ deutliches Gesamtbild, das Carnuntum als besonders wohlhabende Gemeinde der Limeszone hervorhebt, vergleichbar in den Donauprovinzen, sowohl in der baulichen Erscheinung wie auch der Ausstattung der Haushalte mit Luxusgütern, nur den anderen reichen Handelsstädten an der Bernsteinstraße, vor allem Scarbantia/Sopron und Savaria/Szombathely in Westungarn. Die Lage an der großen Nord-Süd-Handelstransversale von der Adria an die Ostsee scheint also tatsächlich eine viel größere Rolle gespielt zu haben, als die bloße Nähe gutbezahlter und konsumfreudiger Legionäre.

Peter Scherrer

**Literatur (siehe auch die einzelnen Limesorte):**
Blesl – Hölbling 2005; Šašel Kos – Scherrer 2002; Šašel Kos – Scherrer 2003; Šašel Kos – Scherrer 2004; Scherrer 2008; Traxler 2004; Zabehlicky 2008.

## Götter, Kulte und Heiligtümer am österreichischen Limesabschnitt

■ Fragestellungen und Methoden

Religion und alle damit verbundenen Aspekte spielten in der Antike auf vielen Ebenen eine wichtige Rolle. In den Rhein- und Donauprovinzen waren die religiösen Vorstellungen und Handlungen durch das Zusammentreffen von römisch-italischen mit indigenen, keltischen oder germanischen Vorstellungen gekennzeichnet. Dazu kam besonders in den Grenzprovinzen wie Noricum und Pannonien, die durch die starke Präsenz von Militär und eine regelmäßige Fluktuation der Truppen gekennzeichnet waren, sehr bald der Einfluss von Religionen aus anderen Gebieten des Reiches. Für unsere Kenntnisse von Göttern und Kulten am norischen und pannonischen Limes können wir uns kaum auf schriftliche Zeugnisse stützen, denn die antiken Nachrichten über religiöse Phänomene beziehen sich in der Regel auf Rom und Italien. Selbst Themen wie die Religion der Kelten oder Germanen wurden nur in sehr allgemeiner Weise etwa von Caesar oder von Tacitus abgehandelt.

Unsere wichtigste Informationsquelle stellt daher die Archäologie dar. Neben den als architektonische Anlagen fassbaren Heiligtümern geben Weihaltäre sowie Skulpturen und Reliefs von Göttern und Göttinnen wichtige Hinweise. Die Skulpturen können unterschiedliche Größe aufweisen und aus unterschiedlichem Material hergestellt sein. Bei ihnen handelt es sich zu einem geringeren Teil um Kultstatuen, die in einem Tempel aufgestellt waren, sondern in der Mehrzahl um Weihegeschenke. In einigen Fällen kann es sich auch um die Skulpturenausstattungen von Großbauten, etwa von Thermen, gehandelt haben. Für eine Reihe von kleineren Bronzestatuen ist hingegen eine Aufstellung in Hausheiligtümern, sog. Lararien, wahrscheinlich. Da die wenigsten Bronzestatuen jedoch *in situ*, also an ihrem ursprünglichen Aufstellungsort, gefunden wurden, lässt sich ihre Verwendung oft nur vermuten. Nicht wenige Götterdarstellungen kennen wir auch von aufwändigen Grabdenkmälern, auf denen in Noricum häufig mythologische Szenen dargestellt wurden (vgl. dazu den Beitrag zu den Nekropolen im Limesgebiet).

Eine moderne, zusammenfassende Darstellung zur Religion am Donaulimes sowie allgemein im Ostalpenraum muss bis heute als Desiderat angesehen werden. Festzuhalten bleibt, dass die wissenschaftliche Beschäftigung mit den Zeugnissen der Religion im Laufe der Jahrzehnte klare Veränderungen erlebt hat, denn gerade die Interpretation von religiösen Phänomenen ist in der Regel stark von persönlichen und/oder zeitgeistigen Strömungen beeinflusst. Besonders gut lässt sich dies in der österreichischen provinzialrömischen Forschung der Nachkriegszeit beobachten, als man lange Zeit bemüht war, in der provinzialrömischen Religion Kultkontinuität von der Latènezeit über die Römer bis ins Mittelalter und in die Neuzeit nachzuweisen, um so die Dominanz „einheimischer", also keltischer, Traditionen gegenüber der „fremden" römischen Kultur hervorzuheben. So wurden unter einer Reihe von mittelalterlichen Kirchen römische Vorgängerbauten vermutet, bis die Überprüfung dieser Annahmen in den 1980er-Jahren zeigte, dass am norischen Limes – anders als in manchen inneralpinen Bereichen – kaum von einem Fortbestehen der Kultbauten ausgegangen werden kann. Auch heute noch ist die Quellenlage zu den einzelnen Abschnitten des Limes sehr unterschiedlich. Während vom norischen Limes kaum Heiligtümer bekannt sind, kennen wir in Pannonien vor allem die Situation in Carnuntum sehr gut: Hier sind aus allen drei Teilbereichen – dem militärischen Bereich mit dem Legionslager und dem Auxiliarkastell, den *canabae* und der zivilen Stadt – eine überwältigende Fülle von Funden und Befunden vorgelegt worden. Dieser ungleiche Kenntnisstand spiegelt zum Teil die antike Bedeutung der Orte wider, ist häufig aber auch Forschungsschwerpunkten oder einfach dem Zufall geschuldet.

Einheimische Gottheiten

Die Eroberung des Ostalpenraums durch die Römer in augusteischer Zeit stellte nicht nur einen entscheidenden machtpolitischen Einschnitt dar, sondern führte auch zu einer Reihe von kulturellen Veränderungen, welche die Forschung häufig unter dem viel diskutierten und in den letzten Jahrzehnten zunehmend kritisch betrachteten Begriff „Romanisierung" zusammenfasst. Die – anzunehmenden – Veränderungen in den religiösen Vorstellungen lassen sich im Limesbereich nur schwer fassen, da hier kaum Zeugnisse der Religion der Spätlatènezeit erhalten sind. Insgesamt unterscheiden sich Noricum und Pannonien damit deutlich von anderen Provinzen des römischen Reichs, wie etwa Gallien, wo die Entstehung von charakteristischen Formen von Heiligtümern aus latènezeitlichen Vorgängern gut verfolgt werden können. Nur im Inneren der Provinz Noricum sind vereinzelt frühe Heiligtümer, etwa jenes auf dem Frauenberg bei Leibnitz in der Steiermark, bekannt. Die Existenz keltischer Gottheiten können wir auch in der Ikonographie von Steindenkmälern oder durch Inschriften erschließen, in denen diese Götter durch die *interpretatio Romana* mit römischen Gottheiten gleichgesetzt wurden. Dabei ist freilich zu beachten, dass schon das Setzen von Weihesteinen und Inschriften aus Stein nicht typisch für die latènezeitliche Tradition ist und eine Übernahme römischer Sitten darstellt.

Abb. 23: Weihaltar für Iuppiter mit Darstellung des keltischen Gottes Taranis (Ansfelden)

Außerdem muss auch bei den keltischen Gottheiten zwischen jenen unterschieden werden, die von regional begrenzter Verbreitung und damit im engeren Sinn als lokal anzusprechen sind, und jenen, die zwar keltischen Ursprungs sind, jedoch im Laufe der Jahrhunderte über Gallien hinaus eine überregionale Verbreitung erfahren haben, wie etwa Apollo Grannus oder Mars Marmogius. Zu den wenigen Zeugnissen, die wir aus dem Limesgebiet kennen, gehört ein dem Iuppiter Optimus Maximus geweihter Altar aus Gerling bei Ansfelden im Trauntal (Oberösterreich), auf dessen einer Nebenseite sich die Darstellung einer männlichen Figur mit Zepter und vierspeichigem Rad findet. Die Darstellung derartiger Räder kann als charakteristisch für den auch aus Gallien bekannten keltischen Gott Taranis angesehen werden (Abb. 23).

Heiligtümer im zivilen Bereich – Städte und *vici*

An der Spitze des römischen Pantheons stand Iuppiter, der uns meist als Iuppiter Optimus Maximus entgegentritt. Als dieser war er – gemeinsam mit den beiden Göttinnen Iuno und Minerva – Teil der sog. kapitolinischen Trias, die nach dem Vorbild Roms in den Kapitolstempeln der Provinzstädte verehrt wurde. Während die ersten dieser Städte im Inneren der Provinz schon unter Kaiser Claudius um die Mitte des 1. Jhs. n. Chr. Stadtrecht als *municipia* erhielten, dauerte es in den Grenzgebieten an der Donau länger, bis in der ersten Hälfte des 2. Jhs. n. Chr. mit Ovilavis/Wels, Aelium Cetium/St. Pölten sowie Vindobona/Wien und Carnuntum die ersten zivilen Ansiedlungen diesen Status erlangten. Aufgrund der starken späteren Überbauung der drei erstgenannten Siedlungen konnte nur in Carnuntum das *forum* durch geophysikalische Prospektionen erschlossen werden. Es handelt sich um einen großen Gebäudekomplex im „Tiergarten" südlich der sog. Palastruine, in dem neben den üblichen Verwaltungsgebäuden an der Südseite drei Bauten dokumentiert wurden, von denen der mittlere als Kapitol angesprochen werden kann.

Iuppiter Optimus Maximus spielte in den Provinzen an der mittleren Donau, wie in den meisten westlichen Provinzen, eine besonders wichtige Rolle. Daneben nimmt in Noricum vor allem Hercules, dem gerade in den noch „barbarischen" Randprovinzen die wichtige Rolle eines Kulturbringers zugeschrieben wurde, eine besondere Rolle ein. In Aelium Cetium/St. Pölten wurde ein dem Neptun, dem Gott der Gewässer, geweihter Altar gefunden, der anlässlich einer Flussregulierung errichtet wurde. Eine ähnliche Weihung kennen wir aus Vindobona, wo ein sehr großer, dem Iuppiter Optimus Maximus und dem Neptun sowie weiteren Wassergottheiten geweihter Altar im Bett des Wienflusses gefunden wurde, den eine Inschrift in das Jahr 268 n. Chr. datiert. Möglicherweise kann er mit einer der für diese Zeit geologisch und archäologisch nachgewiesenen Überschwemmungen, die zu großen Zerstörungen im Bereich des Legionslagers und der *canabae* führten, in Verbindung gebracht werden.

In Pannonien erfreuten sich vor allem zwei Götter, die mit der Vegetation und der Natur zu tun haben, besonderer Beliebtheit: Silvanus, der Gott des ländlichen Raumes, und Liber Pater, das altrömische Pendant zum Dionysos der Griechen. Für beide Götter konnten in Carnuntum Heiligtümer erforscht werden, so für Silvanus ein bereits 1892 von Josef Dell in der Nähe der westlichen Stadtmauer im Bereich des „Tiergartens" ausgegrabenes Heiligtum, in dem der Gott gemeinsam mit den Quadriviae und anderen Gottheiten verehrt wurde. Altäre für Silvanus und die Quadrubae (= Quadriviae) wurden auch in Vindobona im Bereich des 1. Bezirks gefunden.

In den östlichen *canabae* von Carnuntum wurde außerdem in unmittelbarer Nähe des Heiligtums für Iuppiter Heliopolitanus und vielleicht im Zusammenhang mit diesem ein kleiner Kultbezirk für Liber und Libera ausgegraben. Die Identifikation der Kultinhaber beruht auf dem Fund eines sechseckigen Altars, dessen Inschrift Liber und Libera nennt – ursprünglich altitalische Gottheiten des pflanzlichen und tierischen Wachstums und damit der Fruchtbarkeit ganz allgemein. Ihr Kult wies häufig auch Züge einer Mysterienreligion auf. Im Zentrum des an der Süd- und Ostseite von Hallen umgebenen Kultbezirks in Carnuntum stand ein kleiner tetrastyler Tempel, der vermutlich im 2. Jh. n. Chr. aus lufgetrockneten Lehmziegeln über einem Mauersockel aus Bruchsteinen errichtet wurde. Dem Liber/Bacchus könnte auch ein kleines Heiligtum im Legionslager geweiht gewesen sein.

Ebenfalls aus Carnuntum kennen wir im Bereich des Amphitheaters I im Osten des Legionslagers einen auch baulich in das Amphitheater integrierten Kultbezirk der Nemesis, der Schicksalsgöttin, die hier auch als Hüterin der Regeln bei den Gladiatorenkämpfen gesehen wurde. Aus dem kleinen Heiligtum, das vermutlich am Ende des 1. Jhs. n. Chr. errichtet wurde, sind eine Reihe von Statuen bekannt, von denen die Kultstatue ikonographische Elemente der Diana und Fortuna aufnahm. Die Weihungen erfolgten nicht durch die Gladiatoren, sondern zumeist durch Angehörige des Militärs sowie durch städtische Funktionäre.

Eine wichtige gesellschaftliche Rolle spielten auch Vereine, sog. *collegia*, die uns vor allem durch Weihungen für den Kaiser überliefert sind. Aus Carnuntum kennen wir einen Jugendbund, der im Iuppiterheiligtum am Pfaffenberg für Iuppiter Dolichenus eine 100 Fuß lange Mauer errichtete, wie uns eine Inschrift überliefert.

Sind schon aus den größeren Städten insgesamt nur wenige Heiligtümer bekannt, so ist unser Kenntnisstand für die kleineren Siedlungen, wie etwa die Kastellvici, oder für den im Limesbereich erst schlecht erforschten ländlichen Raum noch viel geringer. Mehrere der ursprünglich angenommenen Tempelbauten, wie der für Linz vermutete Eponatempel oder der Tempel unter der späteren Laurentiuskirche in Lauriacum/Enns, werden heute anders gedeutet. Als zumindest wahrscheinlich kann hingegen die Existenz eines Mithräums im Linz angenommen werden, während die genaue Natur eines Kultplatzes auf dem Georgenberg bei Lauriacum/Enns unklar bleibt.

An verschiedenen Orten sind auch Zeugnisse für die Verehrung der Nymphen überliefert, die für die Quellen, besonders aber die heilenden Thermalquellen zuständig waren. Hervorzuheben sind die Beispiele für die Nymphen sowie die Göttin Salus (Gesundheit) im bereits damals bedeutenden Kurort Aquae (Baden bei Wien), wobei eine der Weihungen durch die nur bis zum Anfang des 2. Jhs. n. Chr. in Carnuntum stationierte *legio XV Apollinaris* erfolgte, womit eine Datierung des Kultes wohl noch in das 1. Jh. n. Chr. gegeben ist.

## Die Religion des Militärs

Mit der Konsolidierung der Grenze entlang der Donau und der Errichtung der ersten Lager ab flavischer Zeit kamen in großer Zahl Soldaten ins Land, die häufig aus Italien selbst stammten, aber auch aus vielen anderen Teilen des Imperium Romanum kamen und von dort auch ihre Glaubensvorstellungen mitbrachten. Für den Zusammenhalt der Soldaten im militärischen Alltag spielte die Verehrung bestimmter Gottheiten eine wichtige Rolle. Verwaltungstechnisches Zentrum jedes Lagers waren die am Kreuzungspunkt der beiden axial aufeinander stehenden Hauptstraßen errichteten *principia*, das Stabsgebäude, in dem neben den Verwaltungseinheiten auch das zentrale Lagerheiligtum untergebracht war. Die große Hofanlage war an allen Seiten von Hallen und Kammerreihen umgeben. Der Mittelraum an der dem Eingang gegenüberliegenden Seite war architektonisch hervorgehoben und beherbergte das Fahnenheiligtum, in welchem die Feldzeichen der Truppe aufbewahrt wurden. Aus Carnuntum kennen wir ein Giebelrelief, auf dem Mars und die Siegesgöttin Victoria gemeinsam mit dem Wappentier der im 2. und 3. Jh. n. Chr. hier stationierten *legio XIIII Martia victrix*, einem Capricorn, dargestellt sind. Dieses Fahnenheiligtum war in der Regel auch der Platz, an dem die Truppenkassa aufbewahrt wurde. Aus unserem Arbeitsgebiet kennen wir die Fahnenheiligtümer der Legionslager von Lauriacum und Carnuntum, die beide jedoch schon sehr früh ergraben wurden, sodass ihre Rekonstruktion nicht immer ganz klar ist. Im Fahnenheiligtum wurde auch der Lagergenius, die Schutzgottheit der Truppe, häufig gemeinsam mit Iuppiter verehrt. Entsprechende Weihungen für den *genius castrorum* oder den *genius centuriae* kennen wir aus den dem Fahnenheiligtum benachbarten Räumen des Legionslagers Carnuntum, aber auch aus dem Bereich der Kasernen. Es handelt sich sowohl um Weihaltäre als auch um bildliche Darstellungen, wobei der Genius als männliche Figur mit einer Mauerkrone auf dem Kopf dargestellt wurde, der an einem Altar opfert (Abb. 24). Ähnliche Beispiele fanden sich auch in den Legionslagern von Vindobona und von Lauriacum.

Auch im *valetudinarium*, dem Lazarett, fand sich regelmäßig ein kleines Heiligtum, in welchem vor

Abb. 24: Genius Legionis (Wien, Am Hof)

allem der Heilgott Aeskulap verehrt wurde. Im Legionslager von Carnuntum lag dieses architektonisch durch eine Freitreppe hervorgehobene *sacellum* an der Südwest-Seite des Hofes, wo auch das Fragment einer Aeskulap-Statue, ein Schlangenstab aus Marmor, zum Vorschein kam. Neben diesen Heiligtümern lassen sich Zeugnisse der privaten Frömmigkeit der Soldaten in vielen anderen Bereichen fassen. Besonders hinzuweisen sind auf die vielen Darstellungen von Göttern oder mythologischen Szenen auf Waffen, etwa auf Schwertern oder Schildbuckeln, aber auch auf Panzerplatten oder Teilen des Pferdegeschirrs.

## Der Kaiserkult

Eine wichtige Rolle im religiösen Leben der Provinzen spielte der Kaiserkult, der mit Beginn der Kaiserzeit ausgehend von der göttlichen Verehrung der hellenistischen Herrscher des Ostens nach Rom vorgedrungen war. Augustus hatte die göttliche Verehrung seiner Person in Rom selbst noch abgelehnt, ließ sich jedoch in den Provinzen gemeinsam mit der Dea Roma verehren. Weihungen *pro salute imperatoris* (für das Wohl des Herrschers) wurden in der Regel an Iuppiter Optimus Maximus gerichtet, aber auch an Iuno und Minerva und andere Gottheiten. Damit wurde der Kaiserkult als politisches Mittel eingesetzt, durch das einerseits öffentlich die Loyalität zum Kaiserhaus bekundet wurde, andererseits auch die persönlichen Bindungen sowohl von Einzelpersonen als auch von Kollegialorganen, Städten oder unterworfenen Stämmen an das Kaiserhaus gestärkt wurden. Dies galt ganz besonders auch für die Soldaten, deren oberster Befehlshaber der Kaiser war und auf den jährlich der Treueeid der Soldaten erneuert wurde.

Der Kaiserkult spielte jedoch nicht nur für die Soldaten, sondern auch für viele andere soziale Gruppen in den Provinzen eine wichtige Rolle, wie etwa für die Eliten der einheimischen Stämme, die bei den Provinziallandtagen (*concilia provinciarum*) zusammen kamen. Diese fanden in Noricum vermutlich in Virunum (im Zollfeld/Kärnten) und in Pannonien in Savaria (Szombathely/Ungarn) statt, doch hat sich auch in Carnuntum auf dem Pfaffenberg am östlichen Rand der *canabae* ein großer Tempelbezirk erhalten, der vermutlich mit dem Kaiserkult in Verbindung zu bringen ist. Leider ist dieses große Heiligtum heute durch einen Steinbruch vollkommen vernichtet, doch konnte ein Großteil der Fläche in den 1970er- und 1980er-Jahren durch Rettungsgrabungen untersucht werden. Die Entstehung des Tempelbezirks reicht nach den inschriftlichen Zeugnissen in die zweite Hälfte des 1. Jhs. n. Chr. und damit in die Anfangszeit Carnuntums zurück, wie ein Altar für die Siegesgöttin Victoria wahrscheinlich macht. Im 2. Jh. n. Chr. entstanden zunächst die beiden kleineren Antentempel I und II. In die Regierungszeit Hadrians kann auch die oben erwähnte Errichtung einer Toranlage mit einer 100 Fuß langen und sieben Fuß hohen Mauer durch die *iuventus colens Iovem Dolichenum* gesetzt werden. In severischer Zeit wurde südöstlich dieser beiden Kultbauten ein weiteres dreischiffiges Gebäude (Tempel II) errichtet, der anfangs als kapitolinischer Tempel bezeichnet wurde, vielleicht aber besser als dreischiffige Bankettchalle angesprochen werden sollte. Gleichzeitig wurde ein Kulttheater mit unregelmäßigem, annähernd kreisförmigem Durchmesser errichtet, das über Eingänge im Nordwesten und im Osten sowie über eine Zuschauertribüne mit Steinfundamenten verfügte.

Charakteristisch für das Heiligtum ist die reiche Zahl von Fundamenten, die zu Altären und Statuenbasen ergänzt werden können. Die größte von ihnen, die sog. Kultbasis E, zeigt Ähnlichkeiten mit der *ara Augusti* von Lugudunum (Lyon) und ist daher möglicherweise als Altar für den Kaiserkult zu interpretieren. Auf einer Reihe von Inschriften für Iuppiter Optimus Maximus wird als Tag der Weihung *III Idus Iunias*, also der 11. Juni, angegeben. Dasselbe Datum begegnet uns auch auf Weihaltären für Iuppiter Optimus Maximus Teutanus in Aquincum. Dies hat zur Vermutung geführt, dass es sich beim 11. Juni um den Gründungstag des Iuppiterkultes sowie des ersten pannonischen Kapitols gehandelt habe. Es ist aber darauf hinzuweisen, dass alle Carnuntiner Inschriften mit der Datumsangabe 11. Juni erst aus der Zeit der Tetrarchie vom Ende des 3. Jhs. n. Chr. stammen und somit zwischen den vorgeschlagenen Ereignissen und der Setzung der Inschriften deutlich mehr als hundert Jahre liegen würden. Auf mehreren Inschriften wird der Weihung an Iuppiter Optimus Maximus ein K hinzugefügt, das mit großer Wahrscheinlichkeit als lokale Epiklese, als Karnuntinus, aufgelöst werden kann. Diese Weihungen gehören bereits der tetrarchischen Zeit an, in der das Heiligtum auf dem Pfaffenberg eine letzte Blütezeit erlebte, bevor es am Anfang des 4. Jhs. n. Chr. wohl im Zusammenhang mit dem verstärkten Aufkommen des Christentums ein Ende fand.

## Die sog. orientalischen Religionen

Im Laufe des 2. Jhs. n. Chr. gewannen eine Reihe von Religionen an Bedeutungen, die ihren Gläubigen das Angebot einer persönlichen Erlösung, der Rettung vor dem endgültigen Tod und des ewigen Lebens in einem besseren Jenseits machten. Diese Strömungen machten auch vor den obersten Repräsentanten des Staates nicht halt, die sich, wie etwa Commodus, selbst in einige dieser neuen Mysterienkulte einweihen ließen und damit ihre Verbreitung weiter förderten. Besondere Verbreitung fanden diese neuen Kulte, wie etwa jener des Mithras, unter den Soldaten, sodass sich ihre Zeugnisse oft entlang des Limes konzentrieren. So sind etwa in Carnuntum durch Grabungen zwei Mithräen gesichert sowie ein Heiligtum für den aus Kleinasien stammenden Iuppiter Dolichenus und ein Heiligtum für den sonst nur aus Baalbek im Libanon bekannten Iuppiter Heliopolitanus. Inschriften und Skulpturen machen außerdem die Existenz eines Heiligtums für ägyptische Götter wahrscheinlich. Aber auch an anderen Limesorten, etwa in Lentia/Linz und Lauriacum/Enns, ist die Verehrung des Mithras durch Weihreliefs belegt.

### Mithras

Die wichtigste und am weitesten verbreitete dieser Religionen war zweifellos jene des Mithras, die im Laufe des 1. Jhs. n. Chr. vermutlich in Rom selbst aus einer Vermischung von altpersischen Wurzeln, der Seelenwanderungslehre Platons sowie verschiedenen astralsymbolischen Elementen entstand. Hauptgottheit ist der persische Mithra, der Gott des Vertrages und der Vermittlung zwischen den Menschen, aber auch zwischen den Menschen und Gott. Er wurde in der römischen Mithrasreligion zum obersten Gott, der durch die Stiertötung die Welt und das Weltall geschaffen hat. Diese sog. Tauroktonie stellte das zentrale Thema des Kultbildes dar, wurde aber auch auf zahlreichen kleinformatigen Weihreliefs abgebildet (Abb. 25). Daneben finden sich häufig Darstellungen von anderen Ereignissen im Leben des Mithras, wie etwa das Wasserwunder oder die sog. Felsgeburt, die in Carnuntum von mehreren Skulpturen wiedergegeben wird und hier offenbar von besonderer Bedeutung war. Möglicherweise reflektieren diese Bilder nicht nur Szenen aus dem Leben des Mithras, sondern nehmen auch auf konkrete Handlungen im Kult Bezug.

Abb. 25: Votivrelief für Mithras (Lauriacum)

Carnuntum spielte für die Verehrung des Mithras am Rhein- und Donaulimes eine wichtige Rolle, denn eines der frühesten Zeugnisse dieses Kultes überhaupt stammt von hier. Es handelt sich um einen von einem Centurio der *legio XV Apollinaris* geweihten Altar, der spätestens an der Wende des 1. zum 2. Jh. n. Chr. gesetzt worden sein muss, da die 15. Legion zu diesem Zeitpunkt vom Donaulimes abgezogen wurde. Möglicherweise wurde auch das am Südabhang des Kirchenbergs von Bad Deutsch-Altenburg zu lokalisierende Mithräum I („Am Stein") bereits in dieser Zeit errichtet (Abb. 178). Dieses teilweise in eine Felsgrotte eingebaute Heiligtum reflektiert die häufige Bezeichnung der Mithras-Kultstätten als *antrum* (Höhle), stellt aber architektonisch doch einen Sonderfall dar, während das im Ostbereich der Zivilstadt gelegene Mithraeum III als kanonisches Beispiel für die Architektur von Mithras-Heiligtümern angesehen werden kann (Abb. 26). Der rechteckige, leicht in den Boden eingetiefte Kultraum war in ein tiefes Mittelschiff und seitliche Bänke dreigeteilt. An der Frontseite befand sich das Kultbild mit der Tauroktonie, vor und neben diesem konnten weitere Altäre, Bildwerke und Kultgefäße aufgestellt sein. In diesem Raum fanden wahrscheinlich die Einweihungszeremonien, sicherlich aber Kultmähler zu Ehren des Mithras statt. Weitere Mithräen wurden in Carnuntum vermutet, konnten jedoch nicht mit letzter Sicherheit nachgewiesen werden, so etwa die Verehrung des Mithras gemeinsam mit Iuppiter Dolichenus im Heiligtum auf der Pfaffenbrunnwiese in den westlichen *canabae* im heutigen Ortsbereich von Petronell.

Die Beliebtheit des Mithraskultes in Carnuntum strahlte auch in seine weitere Umgebung aus. So kennen wir Hinweise auf Mithras-Heiligtümer aus Stix-Neusiedel sowie aus Eisenstadt (Gölbesäcker), aber auch im Mithräum von Fertörákos bei Scarbantia/Sopron weisen Weihinschriften eines *decurio* sowie eines Militärs der 14. Legion auf enge Beziehungen zu Carnuntum hin.

Der Bedeutung des Mithraskultes blieb lange Zeit erhalten, wie auch die Aufstellung eines Altares für Mithras anlässlich der in Carnuntum abgehaltenen Kaiserkonferenz im Jahr 308 n. Chr. im Mithräum III deutlich macht. Mit der Anerkennung des Christentums unter Konstantin im Jahr 313 n. Chr. verlor er aber bald seine große Bedeutung.

*Iuppiter Dolichenus*

Ebenfalls großer Beliebtheit bei den Soldaten erfreute sich der aus Kleinasien, aus Doliche in der Commagene (heute Dülük in der Südosttürkei) stammende Iuppiter Dolichenus, der als Himmelsgott mit Doppelaxt und Blitz in den Händen und auf einem Stier stehend dargestellt wurde. Die besten Beispiele für seine Ikonographie stammen einmal mehr aus Carnuntum. Trotz der weiten Verbreitung des Kultes sind die Einzelheiten seiner Mythologie noch schwerer zu fassen als bei Mithras. Während die Religion des Mithras nur Männern vorbehalten war, waren im Dolichenuskult auch Frauen zugelassen und Iuno Dolichena fungierte als weibliches Gegenstück zu Iuppiter. Auch für Iuppiter Dolichenus haben wir mit der schon mehrfach erwähnten, in hadrianische Zeit datierten Inschrift für Iuppiter Dolichenus vom Pfaffenberg in Carnuntum ein frühes Beispiel für seine Verehrung.

Architektonisch sind die Heiligtümer des Dolichenus-Kults weniger kanonisch als jene des Mithras und daher vor allem durch die Funde zu identifizieren. Das auf der Pfaffenbrunnwiese in den westlichen *canabae* von Carnuntum gefundene große Dolichenum erlaubt das Erkennen von einigen charakteristischen Eigenschaften, auch wenn seine Freilegung schon im 19. Jh. erfolgte. So findet sich – wie etwa auch bei dem Dolichenum auf dem Aventin in Rom – ein möglicherweise als Hauptraum anzusprechender quadratische Raum, der von einem dreigeteilten Bankettraum mit Liegebänken begleitet wird. Offenbar spielte die Versammlung der Mitglieder und das Abhalten gemeinsamer Mahlzeiten eine wichtige Rolle bei den Kulthandlungen. Der wohl bedeutendste Fundkomplex zum Dolichenuskult stammt jedoch nicht aus Carnuntum, sondern aus dem etwa zehn Kilometer von der eigentlichen Donaugrenze entfernten Mauer an der Url bei Amstetten (NÖ). Hier war im Jahre 1937 das Inventar eines Dolichenus-Heiligtums gefunden

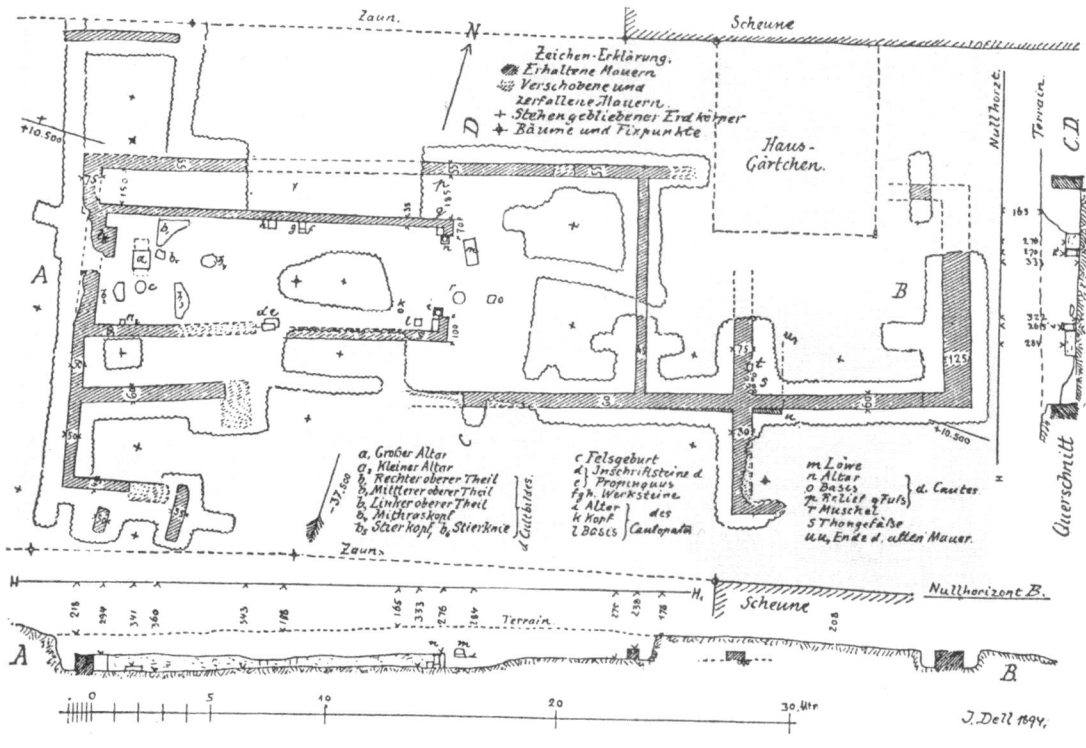

Abb. 26: Mithräum III in Carnuntum

Abb. 27: Das Heiligtum des Iuppiter Heliopolitanus in Carnuntum

worden, das vermutlich in der ersten Hälfte des 3. Jhs. n. Chr. verborgen worden war, wobei der direkte Zusammenhang mit den vor allem für die Provinz Raetien in dieser Zeit nachweisbaren Alamanneneinfällen unklar bleibt. Der Fund bestand aus einem reichen Service von Bronzegeschirr und Werkzeugen, sein wichtigster Bestandteil war jedoch das Kultinventar eines Heiligtums, dessen genaue Lage nicht mehr eruiert werden kann. Diesem Kultinventar zuzurechnen sind Bronzestatuetten des Iuppiter Dolichenus und der Iuno Regina sowie der Göttin Victoria, weiters charakteristische dreieckige Relieftafeln, auf denen ebenfalls Iuppiter Dolichenus auf dem Stier und Iuno Dolichena auf der Hirschkuh dargestellt sind. Silberne, häufig blattförmige Votivgaben mit der typischen Rippung der Wandung tragen eingravierte bzw. eingepunktete Weihungen. Manche weisen Befestigungslöcher für die Applikation auf Tafeln auf, andere haben unten spitz zulaufende Enden, die eine Fixierung in Holzbrettern oder ähnlichem nahelegen. Das Repertoire wird vervollständigt durch eine bronzene Votivhand, wie sie für den Kult des Dolichenus, aber auch des Sabazios, charakteristisch ist, sowie durch sieben Glöckchen, die wohl ebenfalls im Kult eine Rolle gespielt haben.

*Iuppiter Heliopolitanus*

In den östlichen *canabae* von Carnuntum lag ein Heiligtum, das dem Iuppiter Heliopolitanus, einem Wetter- und Fruchtbarkeitsgott geweiht war. Das Haupttheiligtum dieses dem syrischen Baal/Hadad vergleichbaren Gottes befand sich in Baalbek im heutigen Libanon, während Carnuntum, wo das bis jetzt einzige weitere Heiligtum nachgewiesen ist, das Zentrum seiner Verehrung in den nordwestlichen Provinzen gebildet haben dürfte. Die Anfänge des in den Jahren 1978–1991 ergrabenen Heiligtums lassen sich zumindest bis an den Anfang des 2. Jhs. n. Chr. zurückverfolgen. Um einen zentralen, von Portiken umgebenen Hof waren verschiedene Kulträume gruppiert: an der Ostseite fand sich ein prostyler Tempel sowie weitere Kultbauten, während an der Südseite mehrer Bankettäume lagen, die die Bedeutung von Kultmählern unterstreichen, in welchen mit Schlangen verzierte Kratere verwendet wurden. Am Ende des 2./Anfang des 3. Jhs. n. Chr. erfuhr das Heiligtum eine grundlegende Neuorganisation, die auch zur Errichtung einer kleinen, in das Heiligtum integrierten Therme führte. Im Jahre 2012 war es möglich, die bei den älteren Grabungen nicht erforschte Westseite der Kultanlage durch Georadar zu untersuchen. Dabei zeigte sich, dass hier nicht nur mit einem großen, mindestens 12,5 × 10 m großen Kultbau zu rechnen ist, der mit großer Wahrscheinlichkeit den Haupttempel der Anlage darstellte, sondern auch mit einem weiteren großen Hof, der ebenfalls von Portiken umgeben war (Abb. 27). Diese Ergebnisse beweisen die Komplexität der singulären Anlage, die bis ins 3. Jh. n. Chr., vielleicht in baulicher Form sogar bis um die Mitte des 4. Jhs. n. Chr., weiterbestand.

## Liebeszauber und Aberglaube

Ganz persönliche Bereiche des Glaubens beziehungsweise des Aberglaubens werden durch Praktiken berührt, die zu allen Zeiten als Reaktion auf private Schwierigkeiten und Nöte zu sehen sind, in denen die Menschen Zuflucht zu magischen Formeln und Praktiken nahmen. Das soziale Spektrum reicht dabei von einfachen Menschen bis zu Statthaltern und Kaisern. Durch magische Rituale wurde versucht, mit Kräften der Unterwelt in Kontakt zu kommen und diese dienstbar zu machen, wobei man sich manchmal auch eines oder mehrerer Objekte bediente, um dem Ritual Dauer zu verleihen. Bei diesen Objekten konnte es sich um eine schriftliche Fassung des Zaubers handeln (sog. Fluchtafeln) oder um figürliche Darstellungen.

Abb. 28: Zauberpuppe aus dem Heiligtum des Iuppiter Heliopolitanus in Carnuntum

Ein schönes Beispiel für einen schriftlichen Fluch fand sich im Kastellvicus von Favianis (Mautern), wo eine Frau namens Silvia einen Fluch über ihren ungetreuen Ehemann Aurelius Sinnianus ausspracht, indem sie die Manen, die Totengötter, anrufen und das Bleitäfelchen in einem Topf an einem für derartigen Zauber besonders wirksamen Ort, nämlich bei einem Grabmal auf dem östlichen Friedhof von Favianis, hinterlegt hatte. Ein ähnliches Beispiel kennen wir durch eine in severische Zeit datierte Fluchtafel, die im Amphitheater der Zivilstadt von Carnuntum deponiert wurde. Hier wurden verschiedene Unterweltsgötter in lateinischer und griechischer Sprache aufgefordert, einen gewissen Eudemus wegen eines Diebstahls in ihr Reich zu befördern. Magische Wirkung wurden auch kleinen Goldamuletten zugeschrieben. So fand sich in einem Sarkophag des 3. Jhs. n. Chr. in Carnuntum ein kleines Goldplättchen, das die geheimnisvollen Worte ABLANATANALBA trägt, was vorwärts oder rückwärts gelesen gleich lautet und aus dem jüdisch-ägyptischen Bereich stammt. Ein auf der *via sagularis* des Legionslagers von Vindobona verlorenes Goldamulett zeigt die Darstellung des „Bösen Blicks", umgeben von Symbolen, wie wir sie aus den Mysterienreligionen kennen, so einem Phallus, einen Skorpion, einen Dreizack, eine Schlange und andere. Aus dem Heiligtum des Iuppiter Heliopolitanus in Carnuntum stammt eine Zauberpuppe, ein roh geformtes Köpfchen, das zu einer ungelenk geformten menschlichen Figur gehörte (Abb. 28), wie Parallelen aus Mogontiacum/Mainz oder den raetischen Lagervici Straubing und Eining zeigen. Die Schädelkalotte, aber auch Teile des Gesichts waren mit vielen Einstichen versehen, durch welche Macht über die „verzauberte" Person gewonnen werden sollte. Das Verbergen der Zauberpuppe in einer Grube, die als rituelle Deponierung anlässlich der Reorganisation des heliopolitanischen Heiligtums zu interpretieren ist, stellt ähnlich wie der oben beschriebene Kontext des Gräberfelds einen geeigneten und höchst wirksamen Rahmen für die Niederlegung derartiger Objekte dar.

Verena Gassner

**Literatur:**
Allgemeine einführende Werke:
Eckhart 1981a; Fischer 2002, insb. 123–125; Fleischer 1967; Gassner u. a. 2002, insb. 146–149. 219–230. 257–267; Krüger 1967; Krüger 1970; Kremer 2012; Schörner 2005.
Kulte in Noricum:
Harl 1985; Scherrer 1992.
Kult und Heiligtümer in Pannonien:
Boulasikis 2008; Boulasikis 2010; Doneus u. a. 2013; Fitz 1998; Humer 2006; Humer – Kremer 2011; Kandler 1999; Kandler 2001; Piso 1991; Weber-Hiden 2008.
Das Heiligtum auf dem Pfaffenberg:
Gassner 2005; Jobst 2006a; Kandler 2004b; Kremer 2004; Piso 2003.
Sog. orientalische Kulte:
Gassner 2003; Gassner u. a. 2009–2011; Gassner u. a. 2010; Gassner 2014; Jobst 1992; Kandler 1992; Noll 1980; Schön 1988.
Liebeszauber und Aberglaube:
Gassner 2008.

# Frühes Christentum am österreichischen Limesabschnitt

Die Quellenlage zum frühen Christentum am österreichischen Donaulimes (Abb. 29) während der ersten drei Jahrhunderte ist sehr spärlich, weshalb der Verlauf seiner Christianisierung lediglich in seinen Grundzügen nachgezeichnet werden kann.

Ohne Zweifel auszuschließen sind die mittelalterlichen und frühneuzeitlichen Versuche, nach denen die Christianisierung bereits in apostolischer Zeit durch die Apostel Petrus, Markus oder Lukas bzw. deren Schüler erfolgt sein soll. Vielmehr ist mit einem schrittweisen Christianisierungsprozess zu rechnen, wobei vor allem Kaufleute, Handwerker, Beamte und Zuwanderer eine wesentliche Rolle gespielt haben dürften. Sie brachten den neuen Glauben über die Handelsrouten aus dem Mittelmeerraum an die Donau, allerdings nicht als Missionare. Vielmehr sorgten sie mehr oder weniger ‚beiläufig' mit ihren persönlichen Glaubenszeugnissen für die schrittweise Durchdringung der antiken Welt mit den christlichen Glaubensinhalten. Eine zentrale Rolle im Kultur- und Religionstransfer spielte darüber hinaus das Militär, wobei vor allem Truppenbewegungen und -verlegungen zu verstärkten Kontakten mit dem mediterranen Raum geführt haben. Besonders nachhaltig scheint hierbei der Einfluss aus dem Osten des Imperiums gewesen zu sein, in dem das Christentum bereits im 2. Jh. n. Chr. nachhaltig Fuß gefasst hatte und kirchlich organisiert gewesen war. Belege für Christen in römischen Heeresverbänden finden sich bereits im Neuen Testament, in dem etwa ein *centurio* namens Cornelius belegt ist, den Petrus im Namen Jesu taufen ließ (vgl. Apg. 10, 1 und 48). Teile der Kohorte (*cohors II Italica civium Romanorum*) des Cornelius waren im Übrigen in den Jahren 69/70 n. Chr. zum Schutz des pannonischen Limes in Carnuntum stationiert. Allerdings lässt sich daraus keineswegs auch die Anwesenheit des biblischen Cornelius an der Donau erschließen.

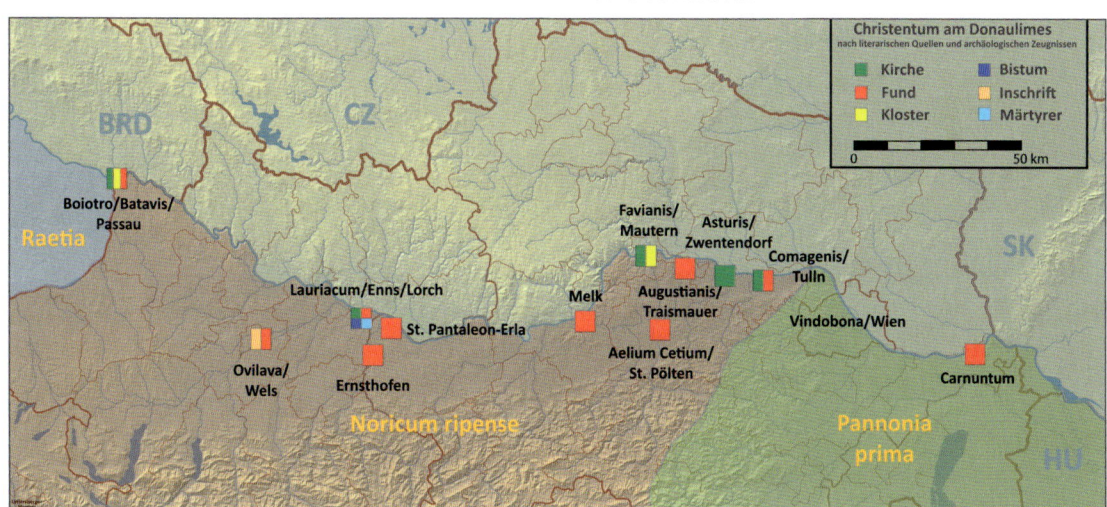

Abb. 29: Verteilungskarte der Fundorte christlicher Denkmäler am österreichischen Limes

Der erste historisch glaubwürdige Hinweis auf die Anwesenheit von Christen im norisch-pannonischen Grenzraum datiert in die zweite Hälfte des 2. Jhs. n. Chr. Im Konkreten handelt es sich um das sog. Regenwunder, das sich während der Feldzüge Mark Aurels gegen die Markomannen und Quaden im Carnuntiner Großraum (Gegend des heutigen Weinviertels?) ereignet hat (in den Jahren zwischen 172 und 174? n. Chr.). Der Überlieferung nach wurde ein römischer Truppenverband von seinen Feinden eingeschlossen und vom Nachschub abgeschnitten, wobei eine sommerliche Hitzewelle mit verbundenem Wassermangel die Soldaten zusätzlich schwächte. Die bevorstehende Niederlage der Römer wurde aber in letzter Minute durch einen völlig unerwartet einsetzenden Wolkenbruch abgewendet, durch den die römischen Soldaten wieder gestärkt worden waren. Diese wunderbare Wende wurde in der heidnischen Geschichtsschreibung (vgl. etwa Cassius Dio) durchwegs paganen Göttern (z. B. Hermes Aerios, Iuppiter) nach Gebeten des Kaisers Aurel bzw. des ägyptischen Magier Arnuphis zugeschrieben. Dagegen verband die zeitgenössische christliche Überlieferung diese Rettung mit einem göttlichen Eingreifen aufgrund der Gebete christlicher Soldaten innerhalb des römischen Heeresverbandes. So berichtet Bischof Eusebios von Caesarea (gest. 339/340 n. Chr.) in seiner Kirchengeschichte (H.E. V 5, 1–7) unter Berufung auf Apollinaris, Bischof von Hierapolis (gest. um 180 n. Chr.): *„Da knieten sich die Soldaten ... auf den Boden ... und flehten zu Gott. Dieser Anblick schon erschien den Feinden wunderbar. Aber es sollte sogleich, wie die Erzählung weiß, noch etwas viel Wunderbareres folgen: ein Unwetter, das die Feinde in Flucht und Verderben trieb, und ein Regen, der über die Truppe mit den Betern sich ergoß und der gesamten Mannschaft, nahe daran, an Durst zu sterben, Erquickung brachte. Diese Geschichte wird sowohl von nichtchristlichen Schriftstellern ... berichtet, als auch von unseren eigenen Geschichtsschreibern mitgeteilt. Aber die heidnischen Schriftsteller erwähnen zwar das Wunder, geben indes, weil dem Glauben fremd, nicht zu, daß es auf unsere Bitten hin erfolgt ist. Die Unsrigen jedoch überliefern als Freunde der Wahrheit in einfacher und ehrlicher Weise die Tatsache. Zu den letzteren dürfte auch Apollinarius gehören ... Ein glaubwürdiger Zeuge dürfte weiter Tertullian sein ... Er schreibt, noch zu seiner Zeit seien Briefe des erleuchtetsten Kaisers Markus vorhanden gewesen, worin dieser bezeugt, daß sein Heer, als es in Germanien daran war, infolge Wassermangels zusammenzubrechen, durch das Gebet der Christen gerettet worden sei...".*

Die Historizität dieses dramatischen Ereignisses wird nicht nur durch die literarischen Quellen, sondern auch durch ihre bildliche Darstellung an der Mark Aurel-Säule auf der Piazza Colonna in Rom untermauert. Auf dieser findet sich nämlich in Szene XVI eine überdimensional große männliche Figur (Personifikation einer Gottheit?), aus deren ausgebreiteten Armen und Händen, aus den langen Haaren und dem Bart sowie aus den Flügeln im Hintergrund sich strömender Regen auf die vor bzw. unter ihr stehenden römischen Soldaten ergießt (Abb. 30).

Zusammenfassend ist somit festzuhalten, dass in der zweiten Hälfte des 2. Jhs. n. Chr. mit der Anwesenheit von christlichen Soldaten im österreichischen Limesbereich gerechnet werden darf. Allerdings sind hierfür nur literarische und keine archäologischen Quellen ins Treffen zu führen, die sich zudem allein auf das Heer, nicht aber auf die zivile Bevölkerung beziehen und somit keinerlei Rückschlüsse auf christliche Gemeinden am römischen Limes erlauben. Die ersten gesicherten Belege für Christen unter der Zivilbevölkerung finden sich erst zu Beginn des 4. Jhs. n. Chr. und zwar im Zusammenhang mit dem Martyrium des heiligen Florian. Wie in seiner *passio* berichtet wird, hatte

Abb. 30: Szene des Regenwunders von der Mark Aurel-Säule in Rom

sich der ehemalige Kanzleichef des zivilen Statthalters der Provinz *Noricum* (*ex princeps officii praesidis*) von Cetium/St. Pölten nach Lauriacum/Enns begeben, um dort vierzig im Zuge der diokletianischen Verfolgungen gefangen genommenen und gefolterten Christen Beistand zu leisten. Allerdings ohne Erfolg, denn auch Florian sollte wegen seines christlichen Glaubens zum Tode verurteilt und am 4. Mai 304 n. Chr. mit einem Stein um den Hals von einer Brücke in die Enns geworfen werden, wobei ihm ‚die Augen brachen' (d. h., dass er den Tod erlitt). In der späteren Überlieferung wurde dieses Augenbrechen aber irrtümlich auf jenen Mann bezogen, der Florian von der Brücke gestoßen hatte. Daher zeigt etwa ein Gemälde mit dem Martyrium aus dem Jahr 1518 (Abb. 31) als Detail auch das Herausfallen seiner Augäpfel aus dem Kopf. Aus kirchenhistorischer Hinsicht von Bedeutung ist nicht nur die Tatsache, dass Florian der erste und einzige bekannte Märtyrer im österreichischen Limesgebiet ist, sondern vor allem der Umstand, dass sich in seiner Leidensgeschichte auch eindeutige Hinweise auf christliche Gemeinschaften bereits zu Beginn des 4. Jhs. n. Chr. in der Provinz *Noricum* finden. Allerdings sind der *passio* keine näheren Informationen zur Organisation dieser frühen Gemeinden zu entnehmen und fehlen bis dato gesicherte archäologische Hinweise aus dieser Zeit.

Dichter fließen die Quellen hingegen zum frühen Christentum der folgenden beiden Jahrhunderte am österreichischen Donauabschnitt. So finden sich in der von Eugippius (gest. nach 533 n. Chr.) verfassten Lebensbeschreibung des heiligen Severin (gest. 482 n. Chr. in Favianis/Mautern) zahlreiche Informationen zur kirchlichen Organisation und Hierarchie in der spätantiken Provinz *Noricum ripense* (Gebiet zwischen Donau, Alpenhauptkamm, Wienerwald und Inn). Erwähnt werden etwa ein Bischof (*pontifex*), mehrere Priester (*presbyter*/*sacerdos*), Diakone (*diaconus*) und

Subdiakone (*subdiaconus*), Kirchensänger (*cantor ecclesiae*), Türhüter (*aedituus, ianitor* bzw. *ostiarius*) sowie Mönche (*monachus*). Darüber hinaus sind in der Vita zahlreiche christliche Gemeinden sowie Kirchen- und Klosterbauten belegt. Herausgegriffen seien etwa Ioviacum/Schlögen, Lauriacum/Enns, Favianis/Mautern, Asturis/Zwentendorf, Commagenis/Tulln sowie die beiden Orte Iuvavum/Salzburg und Cucullis/Kuchl im Hinterland der Provinz. Allerdings können diesen literarischen Belegen von archäologischer Seite mit Lauriacum sowie Favianis nur zwei Fundplätze entgegengehalten werden. Und selbst hierbei sind die direkten Bezüge zu Severin nicht gesichert, ja, ist die christliche Interpretation der Denkmäler im Falle von Favianis/Mautern überhaupt mehr als fraglich. Eine Deutung der beiden ca. 500 m östlich des Kastells freigelegten Bauten als 36 × 21 großes Klostergebäude samt 21 m langer Kirche mit Priesterbank und Altar kann nämlich nach heutigem Kenntnisstand mit dem Grabungsbefund nicht bestätigt werden.

Dagegen scheinen die Befunde und Funde von Lauriacum/Enns, dem einzigen belegten Bischofssitz in Ufernorikum, die literarischen Informationen zumindest partiell zu untermauern (vgl. den Beitrag zu Enns – Lauriacum).

Ähnlich spärlich präsentieren sich auch die archäologischen und literarischen Quellen zum frühen Christentum in der östlich an Ufernorikum anschließenden Provinz *Pannonia*. Für ihre christliche Frühzeit sind vor allem zahlreiche Märtyrer als Opfer der Verfolgungen des beginnenden 4. Jhs. n. Chr. belegt. Für Nordwestpannonien relevant ist vor allem der heilige Quirinus, der in Savaria/Szombathely das Martyrium erlitten hat und wie der heilige Florian mit einem Stein beschwert in den Fluss geworfen worden ist. Darüber hinaus sind in einer Ritzinschrift auf einem Ziegel aus Brigetio/Szöny Märtyrer überliefert, allerdings ohne Nennung ih-

Abb. 31: Martyrium des heiligen Florian, 1518, Gemäldegalerie des Stiftes Seitenstetten

rer Namen („*Am heutigen Tage sind selige Brüder verfolgt worden, Sterbende, deren Seele nicht besiegt ist und sich im Herren weiter freuen wird*"). Wie in Ufernorikum scheint es auch in der nordwestlichen Teilprovinz *Pannonia prima* nur einen einzigen spätantiken Bischofssitz gegeben zu haben. Dieser ist für das 6. Jh. n. Chr. in Scarabantia/

Sopron belegt, wobei das Bistum auch große Teile des heutigen Burgenlandes und des niederösterreichischen Donauraumes (inkl. Carnuntum) sowie Vindobona/Wien umfasst haben muss.

Der erhaltene Denkmälerbestand zum frühen Christentum im österreichischen Teil der *Pannonia prima* ist sehr bescheiden; die Befunde sind vielfach nicht gesichert. Ein Blick auf Carnuntum verdeutlicht diese Situation: Beispielhaft angeführt sei das Amphitheater II in der Zivilstadt, in dem die Reste mehrerer Bruchsteinmauern sowie ein etwa 3 × 2 m großer Raum mit einem eingestellten sechseckigen Becken (Abb. 32, 33) als Taufanlage gedeutet werden. Zweifellos erlauben die Dimension sowie die Anlageart des Raumes und des Beckens (mit zentralem Abflussloch in seinem Boden) eine solche Interpretation, doch fehlen für die rekon-struierte dreischiffige Kirche (Länge etwa 22 m, Breite ca. 8 m) überzeugende archäologische Befunde. So muss zumindest nach heutigem Kenntnisstand die postulierte Funktion der Einbauten des späten 4. Jhs. n. Chr. (noch) offen bleiben und ist die Rekonstruktion eines christlichen Sakralbaus in der ehemaligen südlichen Eingangshalle des Amphitheaters derzeit eine Hypothese, die es in Zukunft zu verifizieren gilt.

Ähnliche Unsicherheiten betreffen auch einen archäologisch bislang nicht erforschten, 28,50 × 19 m großen Bau südwestlich des Amphitheaters. Eine Interpretation des Nordwest–Südost orientierten Gebäudes mit zwei seitlich vorspringenden Apsiden als Kirchenbau in direktem Umfeld eines spätantiken Gräberfeldes ist durchaus denkbar (Friedhofskirche?). Allerdings ist auch eine Deutung als Grabbau möglich, finden sich mit Apsiden versehene Grabhäuser in unterschiedlichsten Ausformungen doch mehrfach im pannonischen Raum (etwa in Sopianae/Pécs, Alsóhetény, Ságvár). So müssen weitere Untersuchungen (im Rahmen archäologischer Grabungen) abgewartet werden, ehe die genannten Interpretationsmöglichkeiten verifiziert bzw. falsifiziert werden können.

Ebenso ungesichert ist zudem ein weiteres Kirchengebäude, das – wie im Falle von Lauriacum – im *valetudinarium* (Lazarett) des Legionslagers von Carnuntum eingerichtet worden sein soll.

Auch bleibt der von W. Jobst ventilierte Ansatz, das berühmte Heidentor von Carnuntum könnte möglicherweise ein großes Bronzekreuz und nicht eine Kaiserstatue auf einem säulenförmigen Sockel bekrönt haben und somit ein christliches Monument (vgl. auch M. und A. Liebmann) gewesen sein, bislang eine Theorie, die es noch zu überprüfen gilt.

Wie im gesamten Bereich des österreichischen Donaulimes ist auch in Carnuntum kein Beispiel für die christliche Adaption eines paganen Heiligtums und damit keine an einen Ort gebundene, religi-

Abb. 32: Sog. Baptisterium im Südeingang des Amphitheaters II in Carnuntum

Abb. 33: Carnuntum. Amphitheater II, Taufbecken (?)

onsübergreifende Kultkontinuität belegt. Exemplarisch angeführt sei etwa der Tempelbezirk auf dem Pfaffenberg, der dem Iuppiter Optimus Maximus geweiht war, aber auch dem Kaiserkult diente. Die späteste sicher datierbare Weihinschrift aus diesem Bezirk wurde laut Konsulangabe im Jahre 313 n. Chr. gesetzt, weshalb ein Zusammenhang mit der in diesem Jahr erlassenen Mailänder Vereinbarung (das Christentum wird zu einer *religio licita*) der Kaiser Konstantin (306–337 n. Chr.) und Licinius (308–324 n. Chr.) nahe liegen würde. Doch ist ein solcher wohl auszuschließen, da die Vereinbarung eine reichsweite allgemeine Religionsfreiheit vorsah und nicht ein Verbot der heidnischen Kulte beinhaltete („... *sowohl den Christen als auch allen übrigen Menschen die freie Möglichkeit gewähren, der Religion zu folgen, die ein jeder will*"). Das Ende des römischen Pantheons und der paganen Heiligtümer sollte vielmehr erst im Laufe des 4. Jhs. n. Chr. durch den Siegeszug des staatlicherseits durch Erlässe und Gebote zunehmend geförderten Christentums erfolgen. So wurden auch in Carnuntum die Kulthandlungen wohl erst ab der Mitte des 4. Jhs. n. Chr. eingestellt und die Sakralbezirke sowie Tempel schrittweise aufgegeben. Ihr ruinöser und desolater Zustand ist also nicht mit ‚Tempelstürmen' von Christen zu erklären, die durch mutwillige Zerstörungen die heidnische Orte zu entsühnen versuchten. Vielmehr sind die auffallend spärlichen Überreste der einstigen Monumentalbauten der jahrzehnte-, ja jahrhundertelangen Nutzung als Steinbrüche geschuldet. Im Vordergrund stand also der Bedarf an kostengünstigem und leicht zu gewinnendem Baumaterial.

Ein Blick auf die übrigen Fundstellen im österreichischen Teil der *Pannonia prima* bestätigt das für Carnuntum gezeichnete Bild. So ist etwa die Interpretation eines langrechteckigen Saales in einer römischen Villenanlage im heutigen Donnerskirchen als christlicher Kultraum allenfalls denkbar, keinesfalls aber gesichert, da die Bruchstücke einer marmornen Tischplatte nicht zwingend einem Altartisch zuzuordnen sind. Ebenso erlauben das fragmentarisch erhaltene Säulchen samt Kapitell aus dem nahegelegenen Au oder das Fragment einer Schrankenplatte aus Parndorf keinen Rückschluss auf eine christliche Basilika. Ähnliche Unsicherheiten bestehen zudem für die spätantiken Befunde unter der barocken Peterskirche in Vindobona/Wien sowie für die Deutung eines Leergrabes unter der heutigen Pfarrkirche St. Jakob in Heiligenstadt als Begräbnisstätte des heiligen Severin (gest. 482 n. Chr.). Dieser wurde nämlich zunächst in seinem Kloster in Favianis/Mautern in Ufernoricum bestattet, ehe sein Leichnam 488 n. Chr. im Zuge des Abzuges der romanischen Bevölkerung aus der Provinz *Noricum ripense* nach Lucullanum bei Neapel transferiert worden ist (heute ruhen die Gebeine des Heiligen in der Pfarrkirche von Frattamaggiore).

Wie lässt sich die geringe Anzahl an gesicherten Kirchen am österreichischen Donaulimes aber erklären? Liegt diese im heutigen Forschungs- und Kenntnisstand begründet oder ist sie etwa ein Hinweis auf zahlenmäßig eher kleine christliche Gemeinden, die auf eigene Versammlungsräume

Abb. 34: Kästchenbeschlag aus Traismauer

verzichten konnten/mussten? Als mögliche Erklärung sei auf die sog. *domus ecclesiae* (Häuser der Kirchengemeinde, vgl. Dura Europos/Syrien) verwiesen. Bei diesen handelte es sich in bautypologischer Hinsicht nicht um Kirchen, sondern vielmehr um (Wohn-)Gebäude, deren Inneres für den liturgischen Gebrauch jeweils adaptiert worden ist. Dagegen blieb ihr äußeres Erscheinungsbild in der Regel unberührt, weshalb der Nachweis solcher Versammlungsräume besonders schwierig und eine christliche Interpretation solcher Gebäude zur Gänze abhängig von aussagekräftigen Funden wie Inschriften oder liturgischen Geräten ist.

Zusammenfassend ist festzuhalten, dass entlang des römischen Donaulimes in Österreich lediglich die beiden Kirchen in Lauriacum/Enns als archäologisch gesicherte christliche Denkmäler monumentaler Art angeführt werden können. Damit liegt aber ein deutliches Ungleichgewicht zwischen dem archäologischen Befund und der schriftlichen Überlieferung vor, die zumindest für das 5. Jh. n. Chr. eine Vielzahl von Kirchen und Klosterbauten (vgl. die Vita S. Severini) belegt. Allerdings wird die archäologische Evidenz durch die zahlreichen Kleinfunde mit eindeutig christlichen Symbolen (vor allem Gegenstände des täglichen Bedarfs, Schmuck und Trachtbestandteile) bereichert. Angeführt seien etwa Ringe und Lampen mit Christogrammen (etwa aus Carnuntum, Commagenis/Tulln, Ernsthofen, Lauriacum/Enns, dem Raum um Pöchlarn, etc.), Kästchenbeschläge mit alt- und neutestamentlichen Szenen (etwa aus Traismauer, Abb. 34), Anhänger und Riemenbeschläge (aus Lauriacum/Enns, Linz), Silberlöffel, Trachtbestandteile oder Ziegel (etwa aus Carnuntum und evtl. Wallsee).

Auch diese Funde können ohne Zweifel als ein Beleg für die christliche Bevölkerung am Donaulimes interpretiert werden, die mit den gewählten Symbolen und Motiven auf den Gegenständen des täglichen Bedarfs öffentlich ihren Glauben bekundete.

Andreas Pülz

**Literatur:**
Barton 1992; Gáspár 2002; Gassner u. a. 2002; Glaser 1997; Harreither 1999; Jobst 2006b; Kovács 2008b; Leeb u. a. 2003; Liebmann – Liebmann 2014; Nüsslein 1986; Pillinger 1997; Pohl – Diesenberger 2001; Pülz 2014; Straub 1982; Thomas 1982; Ubl 1982a; Ubl 1994b.

# Nekropolen im Limesgebiet

Im Limesgebiet, wie in anderen Teilen des Römischen Reiches, liefern die Nekropolen umfangreiche und detaillierte Informationen zur Zusammensetzung, zeitlichen Einordnung und Dichte der antiken Bevölkerung. Sie können zuverlässige Auskunft über die Ausdehnung der Siedlungen geben, da der römischen Gesetzeslage entsprechend seit dem 5. Jh. v. Chr. in der Regel nur außerhalb der Wohngebiete bestattet wurde (Zwölftafelgesetz). Anhand von Form, Anordnung und Beschaffenheit der Grablegen, oberirdisch sichtbaren Grabmälern, Grabinschriften, Beigaben und den aus dem Grabungsbefund ablesbaren Bestattungssitten lassen sich vielfältige Rückschlüsse auf die Identität und die kulturelle Prägung der Verstorbenen und ihrer Mitmenschen ziehen.

Der Forschungsstand muss für die Nekropolen des österreichischen Limesgebietes als dürftig bezeichnet werden. Publikationen großflächiger Untersuchungen mit umfassender Auswertung fehlen zur Gänze. Zu einigen Gräberfeldern liegen ältere Befunde vor, so etwa zu Lentia/Linz (Urnengräberfeld, spätantikes Gräberfeld), Favianis/Mautern (Gräberfelder Ost und Süd) und Lauriacum/Enns (u. a. spätantike Gräberfelder „Ziegelfeld" und „Espelmayrfeld"). In neueren Publikationen werden Ausschnitte einzelner Nekropolen vorgelegt, z. B. für Aelium Cetium/St. Pölten, Ovilava(/-is)/Wels, Asturis/Zwentendorf oder Comagenis/Tulln. Charakteristika und Entwicklungstendenzen im Untersuchungsgebiet müssen jedoch anhand einer Fülle von Einzelbefunden überprüft werden. Nur in Ausnahmefällen wurde bereits der Versuch einer zusammenfassenden und auswertenden Darstellung unternommen, beispielsweise für Carnuntum oder für die *canabae* von Vindobona/Wien.

Umfangreichere anthropologische und archäozoologische Untersuchungen liegen in erster Linie für Lauriacum/Enns (Steinpass), Lentia/Linz (Römerberg) und Carnuntum (Zivilstadt Süd) vor.

## Topographie

Eine relativ gute Kenntnis der antiken Begräbnisplätze besitzen wir für die Legionsstandorte Carnuntum und Lauriacum/Enns und bis zu einem gewissen Grad auch für Vindobona/Wien. Teile der sepulkralen Befunde konnten hier zusammenhängend erfasst, in GIS-Systemen verortet und ausgewertet werden, so dass ein Überblick über die chronologische Entwicklung der Gräberfelder und Rückschlüsse auf die antike Topographie und Siedlungsentwicklung teilweise möglich sind.

In Vindobona/Wien und Lauriacum/Enns erstrecken sich die frühesten Bestattungsareale jeweils entlang der Limesstraße. In Carnuntum und Vindobona/Wien stehen sie in direktem Zusammenhang mit der Entstehung der Legionslager in frühclau-discher bzw. spätflavischer Zeit. In Lauriacum/Enns schließen sie an die frühe Siedlung des 1. Jhs. n. Chr. an, die sich südöstlich des späteren Legionslagers entlang der Limesstraße entwickelt hatte (Abb. 35).

In Carnuntum sind die ältesten bekannten Gräber entlang der sog. Gräberstraße aufgereiht, welche – einer alten Straßentrasse folgend – von der Westseite des Legionslagers durch die westlichen *canabae* und südlich am Auxiliarkastell vorbei Richtung Scarbantia/Sopron und Savaria/Szombathely führt. Die exakten Fundstellen der erfassten und den einzelnen Stationierungsphasen zugeordneten Grabstelen der *legio XV Apollinaris*, die ab der Mitte des 1. Jhs. bis um 114 n. Chr. mit einer Unterbrechung von 63 bis 71 n. Chr. in Carnuntum stationiert war, können in 63 Fällen lokalisiert werden.

# Nekropolen im Limesgebiet

Abb. 35: Grabstele der Barbier aus Lauriacum/Enns, 1. Jh. n. Chr. (Museum Lauriacum)

Deren Verortung zeigt, dass die sog. Gräberstraße von Beginn an auf einer Strecke von mindestens etwa 1 km von den Angehörigen dieser Truppe genutzt wurde. Es erfolgte also hier keine kontinuierliche Ausdehnung oder Verlagerung des Bestattungsareals stadtauswärts, sondern eher die laufende Verdichtung einer definierten Strecke. Dennoch sind an einigen Abschnitten Häufungen in bestimmten Epochen zu verzeichnen. So konzentrieren sich die Grabsteine von Angehörigen der zwischen 63 und 68 n. Chr. in Carnuntum stationierten *legio X gemina* zu beiden Seiten der Carnuntiner Gräberstraße auf einem kurzen Abschnitt in rund 1 km Entfernung zum Legionslager. Erst mit dem dauerhaften Wechsel der Truppen dürften auch Änderungen in der Auswahl der Bestattungsplätze vollzogen worden sein.

Generell ist von Beginn an mit der Anlage oberirdisch markierter Gräber entlang der Hauptausfallstraßen der Lagervorstädte und Kastellvici wie auch der zivilen Siedlungen zu rechnen. Dabei dürften durch das Wachstum der Wohngebiete immer wieder Umwidmungen notwendig geworden sein. In Vindobona/Wien wurde etwa ein Gräberareal an der Limesstraße aus der Entstehungszeit des Legionslagers bereits wenige Jahrzehnte später für Wohnzwecke genutzt, da sich das Siedlungsgebiet der Lagervorstadt nach Südwesten hin ausgedehnt hatte. Auch in Ovilava/Wels wird die Ausdehnung des Wohngebietes im Laufe des 2. Jhs. n. Chr. anhand der Überlagerung früher Gräber durch Siedlungsschichten deutlich.

Eine strenge Trennung zwischen militärischen und „zivilen" Bevölkerungsgruppen kann bei den Bestattungsplätzen der zentralen Orte im Limesgebiet nicht beobachtet werden. Zwar sind in einzelnen Grabarealen Schwerpunkte bestimmter Bevölkerungsgruppen evident, doch scheint immer eine gewisse Durchmischung vorhanden zu sein. Unklar bleibt allerdings, inwieweit zwischen benachbarten Bestattungsgruppen dennoch enge Beziehungen bestanden, die heute nicht mehr nachvollziehbar sind und sich unserer Kenntnis entziehen. Ein vorwiegend militärischer Schwerpunkt wird beispielsweise für das spätantike Gräberfeld ‚Römerberg' angenommen, das sich um die Mitte des 4. Jhs. n. Chr. nahe des Kastells Lentia/Linz auf einem Siedlungsareal des 1.–3. Jhs. n. Chr. entwickelt hatte, oder aufgrund des geringen Frauenanteils für das vor allem im 3. und 4. Jh. n. Chr. genutzte Gräberfeld ‚Steinpass' südöstlich des Legionslagers Lauriacum/Enns.

Eine gemischte Nutzung zu Wohn- und Bestattungszwecken dürfte es – wenn überhaupt – nur in Ausnahmefällen gegeben haben. Spätantike Sepulkralbefunde innerhalb von Wohngebieten sind in zahlreichen Fällen durch geänderte Nutzungsbestimmungen im Zuge der Schrumpfung oder Verlagerung von Siedlungsteilen in der Spätzeit erklärbar. Eine solche Umnutzung im rückläufigen Sinn kann für das ausgehende 3. und 4. Jh. n. Chr. in den *canabae* von Carnuntum nachgewiesen werden und ist auch an anderen Fundorten des Limesgebietes, wie etwa Lauriacum/Enns, Lentia/Linz, Favianis/Mautern, Augustiana/Traismauer, Comagenis/Tulln,

Cannabiaca(?)/Zeiselmauer, Klosterneuburg oder Ala Nova/Schwechat belegt. Häufig rückten die Gräberfelder in der Spätzeit wieder näher an die Lager heran, in die sich bereits die zivile Restbevölkerung zu Wohnzwecken zurückgezogen hatte. Auch in zivilen Siedlungen kann das Schrumpfen des Siedlungsgebietes in der Spätzeit anhand von Gräbern beobachtet werden, so beispielsweise in Cetium/St. Pölten.

## Struktur

Struktur und Anordnung der Gräber und Grabbereiche folgen unterschiedlichen Mustern. Repräsentative Bestattungen nach italischem Vorbild waren in größeren Siedlungen zu beiden Seiten der Hauptausfallstraßen angelegt. Die Schauseiten der Grabdenkmäler und Grabbauten aus Stein mit ihrem Relief- und Skulpturendekor und den Grabinschriften waren zur Straße hin gerichtet und sollten die Aufmerksamkeit der vorbeiziehenden Passanten wecken. An der ältesten Gräberstraße von Carnuntum waren auf einer Strecke von mindestens 2,4 km Gräber in teils mehreren Reihen hinter-einander angelegt. Grabbauten, Grabumfassungen und lose gruppierte Brand- sowie Körpergräber wechseln in bunt durchmischter Anordnung ab und lassen beim derzeitigen Forschungsstand kaum einheitliche Planungs- oder Ordnungsprinzipien erkennen. Eine straßenorientierte Lage muss auch für die Mehrzahl der aufwändigen Quaderbauten anderer zentraler Fundorte, wie etwa Lauriacum/Enns oder Ovilava/Wels, vorausgesetzt werden, deren Einzelteile in erster Linie aus sekundären Fundkontexten stammen. Selbst aus den Kastellvici liegen Gräberstraßenbefunde vor, die – wenn auch in weniger gedrängter Anordnung – teils groß dimensionierte Grabanlagen anzeigen, so beispielsweise in Asturis/Zwentendorf (Gräberstraße und Gräberfeld Süd), Comagenis/Tulln oder Aequinoctium/Fischamend.

Aber auch aus Gräberfeldern ohne oberirdisch sichtbare Grabbauten und -markierungen sind Gräber mit reicher Beigabenausstattung anzutreffen. Nicht immer kann erkannt werden, ob das Fehlen eines repräsentativen Grabmals auf die jeweiligen Bestattungssitten oder auf den ungenügenden Erhaltungs- bzw. Forschungsstand zurückzuführen ist. Jedenfalls muss mit ephemeren Grabmarkierungen gerechnet werden, die aus organischem Material, aufgeschütteter Erde oder Bepflanzungen bestanden. In manchen Gräberfeldern kann aus der Unversehrtheit von Gräbern bei Überlagerung konsekutiver Bestattungsphasen auf das ursprüngliche Vorhandensein solcher Markierungen geschlossen werden.

Mehrfach wurden Gräberensembles unterschiedlicher Größe und Dichte beobachtet, die durch Gräbchen oder kreisförmige Einfriedungen abgegrenzt bzw. eingefasst waren, so z. B. in Mauer an der Url (Gräberfeld Süd), in Mautern oder Pottenbrunn. Häufig ist die Struktur eines Gräberfeldes schwer erkennbar, wenn nur kleine und nicht zusammenhängende Flächen ergraben sind und die Gesamtausdehung unbekannt ist. Dies ist beispielsweise bei der sog. Südnekropole der Zivilstadt Carnuntum der Fall, von der an mehreren Stellen Aufschlüsse ganz unterschiedlichen Charakters vorliegen. Bedingt durch die Lage des antiken Siedlungsgebietes von Carnuntum am südlichen Ufer der Donau beschränkte sich der Raum für Bestattungen im Umfeld der Zivilstadt auf deren südliche und westliche Peripherie. Zu verschiedenen Zeitpunkten angelegte und unterschiedlich strukturierte Bestattungsplätze dürften hier im Laufe der Zeit „zusammengewachsen" sein. Auch flächenhaft ausgedehnte Nekropolen waren jedoch wahrscheinlich zumindest teilweise an Straßenzügen orientiert.

Brandgräber ohne lineare Anordnung können um einen zentralen Verbrennungsplatz angeordnet gewesen sein, doch sind entsprechende Befunde im Vergleich zur Vielzahl aufgefundener Brandgräber im Limesgebiet bislang selten. In Ovilava/Wels (Gräberfeld West) wurde eine von einer nahezu kreisrunden, 5,30 × 5,50 m großen und durch Brandeinwirkung verfärbten Steineinfassung umgebene *ustrina* mitsamt einem in etwa 10 m Entfernung davon gelegenen Brunnen aufgedeckt. Auch im Brandgräberfeld von Lentia/Linz und in Lauriacum/Enns (Bahnhof) war möglicherweise ein vergleichbarer Befund vorhanden, doch liegen hier ungenügende Angaben vor. In Carnuntum wurde bereits Ende des 19. Jhs. ein Bauwerk mit *praefurnium* an der Gräberstraße als *ustrina* gedeutet.

Abb. 36: Brandgrab 14 (*bustum*?) aus einem Grabbezirk nordöstlich der Zivilstadt von Vindobona/Wien, 2. Jh. n. Chr.

Spätantike Gräberfelder lassen in manchen Fällen eine Tendenz zur Reihenbildung und zur Orientierung der Körpergräber erkennen. In Favianis/Mautern, Lauriacum/Enns, Mauer an der Url, Arelape/Pöchlarn, Cannabiaca(?)/Zeiselmauer und Klosterneuburg wurde jedoch in verschiedenen Nekropolen desselben Fundortes sowohl Reihenbildung als auch Gruppenbildung beobachtet, und auch die Orientierung der Gräber in Ost-West-Richtung kann keineswegs als einheitlich bezeichnet werden. Allerdings bietet die chronologische Einordnung dieser Gräber wegen ihrer häufigen Beigabenlosigkeit meist Schwierigkeiten. Keinesfalls können Ost-West-Orientierung und das Fehlen von Grabbeigaben zwingend religionsgeschichtlich interpretiert werden.

## Grabformen

Die Gräber im österreichischen Limesgebiet weisen die gesamte Bandbreite der gängigen kaiserzeitlichen Grabformen auf. Für die Bestattung in *bustum*-Gräbern wurde der Scheiterhaufen unmittelbar oberhalb des Grabes errichtet. Die Wände der Grabgrube sind durch die Hitzeeinwirkung verfärbt oder verziegelt, in der Grube befinden sich Leichenbrand und Scheiterhaufenreste sowie primäre und/oder sekundäre Grabbeigaben (Abb. 36). Busta kommen in den Gräberfeldern der meisten militärischen und zivilen Zentren vor, so in Carnuntum, Klosterneuburg, Lauriacum/Enns (Kristein) oder Comagenis/Tulln (Gräberfeld West). In Carnuntum (Zivilstadt Süd) wurden *bustum*-Bestattungen mit sorgfältig ausgeputzter Grabgrube und anschließender Urnenbestattung beobachtet.

Die häufigste Art der Brandbestattung ist das Brandgrubengrab, das Leichenbrand und Brandschutt sowie Grabbeigaben enthält. Für die Beisetzung in Brandschüttungsgräbern wurde der Leichenbrand ausgelesen und zusammen mit Scheiterhaufenresten und Beigaben verfüllt. Behälter aus vergänglichen Materialien wie Holz, Leder oder Textil konnten zum Schutz der nach der Verbrennung eingesammelten menschlichen

Reste dienen. Ausgelesenen und gereinigten Leichenbrand enthalten die Beisetzungen in Gefäßen unterschiedlicher Form aus Ton, Glas oder Stein. Gläserne oder tönerne Urnen waren in manchen Fällen in Steinsetzungen eingebettet oder durch Gräbchen eingefasst. Beigaben deponierte man sowohl in den Urnen und Ossuarien als auch außerhalb. In Noricum und Pannonien kommen häufig dachförmige Abdeckungen aus gegeneinander gelehnten *tegulae* und darüber gelegten *imbrices* vor. Ziegelkisten und Abdeckungen durch Bruchsteinlagen sind beispielsweise aus Carnuntum bekannt.

Abb. 37: Aus Spolien zusammengefügtes spätantikes Steinkistengrab aus dem Gräberfeld südlich der Zivilstadt von Carnuntum

Brandgräber sind die vorherrschende Bestattungsart in den ersten beiden nachchristlichen Jahrhunderten. Eine Ausnahme bildet die Beisetzung von Säuglingen und Kleinkindern bis zum Durchbruch der ersten Zähne, also etwa bis zum sechsten Lebensmonat. Auch in Sonderfällen wurde während der gesamten römischen Kaiserzeit die Körperbestattung praktiziert. Sonderbestattungen in auffälligen Körperhaltungen, beispielsweise in Hocker-, Bauch- oder verdrehter Seitenlage, wurden unter anderem in Favianis/Mautern (Gräberfeld Ost), Ovilava/Wels (Gräberfeld Ost), Lauriacum/Enns (Steinpaß), Augustiana/Traismauer oder Comagenis/Tulln angetroffen. Der gesellschaftliche Hintergrund dieses Phänomens bleibt unklar, doch lässt in den meisten Fällen die Lage der Gräber außerhalb der dicht belegten Bestattungszonen und die Beigabenlosigkeit auf gesellschaftliche Randgruppen schließen. In Carnuntum wurde beispielsweise das Skelett einer Hunnin in Bauchlage im Gräberfeld südlich der Zivilstadt vorgefunden.

Erst mit dem 3. Jh. n. Chr. setzt der Wandel von der Brand- zur Körperbestattung verstärkt ein, wobei ab dem mittleren 2. Jh. und bis ins 4. Jh. n. Chr. beide Bestattungsarten nebeneinander vorkommen.

Die häufigste Form der Körperbestattung ist die Beisetzung des in ein Tuch gehüllten Leichnams in gestreckter Rückenlage in einer einfachen Grube (Abb. 99). Gelegentlich können Holzbretter oder -särge nachgewiesen werden. Aufwändigere Beisetzungen erfolgten in Sarkophagen aus Stein, die entweder in die Erde eingelassen wurden oder innerhalb einer Grabkammer oder eines Grabbaues aufgestellt waren. Bleisarkophage oder mit Bleiblech ausgelegte Holzsarkophage wurden unter anderem in Lauriacum/Enns und Carnuntum gefunden. Während man Gefäßbeigaben in Körpergräbern neben dem Leichnam aufstellte, befanden sich Münzen und Schmuck meist auf dem Körper des Toten. Auch bei Körpergräbern kommen Ziegeldächer oder Bruchsteine als Abdeckungen vor.

In spätantiken Gräberfeldern sind häufig Beisetzungen in Ziegel- oder Steinplattengräbern anzutreffen. Im 4. und 5. Jh. n. Chr. sind aus Spolien zusammengefügte Steinkisten üblich, für die meist zurechtgehauene Teile älterer Grabbauten oder -stelen wiederverwendet wurden (Abb. 37). Gelegentlich konnten in solchen Steinplattengräbern Mehrfachbestattungen und manchmal mehrere Nachbestattungen festgestellt werden.

## Grabriten

Die Beisetzung eines Toten war in der Antike mit zahlreichen rituellen Handlungen verbunden, deren korrekte Durchführung erforderlich war, um den Übergang der Verstorbenen in das Reich der *dii manes*, der Totengötter, zu gewährleisten. Nur ein Teil dieser Vorgänge kann anhand der Gräberbefunde archäologisch nachvollzogen werden. Am offenen Grab erfolgte den schriftlichen Quellen zufolge das Opfer eines Schweines und anschließend ein Totenmahl der Angehörigen (Abb. 38). Danach wurde die Grabgrube verfüllt und eventuell mit zusätzlichen Beigaben versehen. Erst wenn die menschlichen Überreste mit Erde bedeckt waren, galt die Bestattung als vollzogen und der Verstorbene war nun selber ein Teil der Manen, denen der Totenkult galt. Für die Hinterbliebenen war das Ende der offiziellen Trauerzeit nach neun Tagen erreicht und wurde mit einem weiteren Opfer, dem *sacrum novemdialis*, und einem anschließenden Totenmahl begangen. An jährlichen Gedenktagen versammelte man sich erneut am Grab, um den Totengöttern zu weihen. Die Benutzung der Gräber war ausschließlich den rechtmäßigen Besitzern gestattet und die Grabschändung stand unter strenger Strafe, solange Besitzer oder Hinterbliebene ihre Rechte wahrnehmen konnten.

Im Gegensatz zum christlichen Glauben kannte die römische Religion keine explizite Hoffnung auf eine Überwindung des Todes und ein individuelles Weiterleben im Jenseits. Vielmehr waren die Vorkehrungen zu Lebzeiten für die Zeit nach dem Ableben auf das nachhaltige Andenken bei den Hinterbliebenen ausgerichtet. Anders als bei den vorrömischen Gräbern wird daher die Ausstattung mit Gegenständen des Alltags wie Lebensmitteln, Lampen, Geschirr, Gläsern, Schmuck, Kästchen, Spiegeln, Schlüsseln, Werkzeug oder Waffen nicht als Ausrüstung für die Zeit nach dem Tode, sondern vielmehr symbolisch als Ausdruck der Wertschätzung interpretiert. Die Beigaben erhielten ihre Bedeutung somit durch die ritualisierten Handlungen während des Begräbnisses. Dies gilt sowohl für die auf dem Scheiterhaufen mitverbrannten, als auch für die bei der Beisetzung deponierten Gegenstände. Getrennt davon müssen die Relikte der rituellen Handlungen selbst betrachtet werden, wie etwa Spuren des Totenmahls der Hinterbliebenen oder zur Libation verwendete Gefäße, deren Nachweis allerdings nur selten gelingt.

Die Auswahl der Grabbeigaben oblag den Hinterbliebenen oder war testamentarisch vom Verstor-

Abb. 38: Relief eines Grabbaues aus Lauriacum/Enns mit Darstellung eines Dienerpaares bei der Vorbereitung des Totenmahls, 3. Jh. n. Chr. (Museum Lauriacum)

benen selbst festgelegt worden, folgte also den individuellen Vorlieben und Möglichkeiten. Dennoch können bei den Beigabensitten häufig einheitliche Tendenzen ausgemacht werden, die durch soziokulturelle Faktoren bestimmt wurden und als typisch für bestimmte Provinzen, Regionen oder Gesellschaftsgruppen gelten. Für das norisch-pannonische Limesgebiet ist eine zusammenfassende Aussage angesichts des derzeitigen Forschungsstandes im vorliegenden Rahmen jedoch kaum möglich. Zwar liegen aus neueren Grabungen zahlreiche Befunde und Beobachtungen sowie zusammenfassende Beschreibungen der Bestattungssitten vor, doch war durch die ethnische Durchmischung der Bevölkerung im militärischen Einzugsgebiet eine große Vielfalt kultureller Einflüsse vorhanden, so dass vereinfachende Aussagen den tatsächlichen Gegebenheiten nicht gerecht werden können. Auch chronologische Faktoren spielen in dieser Hinsicht eine wesentliche Rolle. Ab dem späten 2. Jh. n. Chr. ist in den Gräberfeldern ein allgemeiner Rückgang der Beigaben spürbar. Vereinzelt treten in Gräbern des 4. Jhs. n. Chr. Beigaben mit christlichen Symbolen auf, so etwa in Lauriacum/Enns (Espelmayrfeld), doch fallen diese Gräber weder durch ihre Orientierung noch durch die Art der Bestattung auf.

## Grabdenkmäler

Einen Eindruck von der Gestaltung und Wirkung römerzeitlicher Gräberstraßen erhalten wir vor allem über den Bestand an Steindenkmälern. Diese stammen in der weitaus überwiegenden Mehrzahl der Fälle aus sekundären Fundkontexten und können weder mit dem Aufstellungsort noch mit der oder den zugehörigen Bestattung(en) in Verbindung gebracht werden.

Dennoch sind mit dem Wortlaut der Grabinschriften, dem Darstellungsinhalt der Reliefs und Skulpturen sowie den verwendeten Grabmaltypen vielfältige Informationen verbunden, die differenzierte Auswertungen zulassen.

Die Grabinschriften nennen in der Regel den Namen, oft auch die Filiation, das Sterbealter, die Herkunft, die *tribus* und den Familienstand des Verstorbenen. In vielen Fällen sind Angaben zur gesellschaftlichen Stellung oder zur Ämterlaufbahn der Bestatteten und auch zum Errichter des antiken Grabmals vorhanden. Ab dem späteren 1. Jh. n. Chr. werden in den sepulkralen Inschriften meist die *D(ii) M(anes)* angerufen, denen das Grab geweiht ist. Grabinschriften sind das zentrale Element des Grabmals und können als einziger Schmuck oder mit nur geringem Beiwerk an der Vorderseite der Stelen oder Grabbauten angebracht sein. Sie sind in direkter Weise an den Betrachter gerichtet und zeigen zugleich die Besitzverhältnisse an. Allein aus Carnuntum sind an die 480 erhaltene Grabinschriften bekannt. Die meisten davon sind auf dem einfachsten und frühesten Grabmaltypus des Limesgebietes – der Grabstele – angebracht.

Erst bei aufwändigeren Grabmalformen tritt die Bedeutung der Inschrift ab dem fortgeschrittenen

Abb. 39: Porträtrelief aus Marmor eines Grabbaues aus Lauriacum/Enns (Ziegelfeld), gefunden in sekundärer Verwendung in einem Steinkistengrab, Ende 2. – Anfang 3. Jh. n. Chr. (Museum Lauriacum)

2. Jh. n. Chr. zugunsten der bildlichen Darstellungen in den Hintergrund. So bieten etwa bei Porträtstelen und Aediculagräbern die oft lebensgroßen Bildnisse der Verstorbenen vielfältige Möglichkeiten zur Selbstdarstellung, indem Kleidung, Schmuck, begleitende Diener- und Dienerinnenfiguren oder andere Statussymbole betont werden (Abb. 38, 39). Auch sie wenden sich an den vorbeiziehenden Betrachter und dürften durch ihre farbliche Gestaltung ihre Wirkung in den Gräberstraßen nicht verfehlt haben.

Grabstelen und Grabbauten aus Stein bilden das oberste Segment römerzeitlicher Grabformen und sind als Ausdrucksmittel der wohlhabenden und an die römischen Bestattungssitten angepassten Bevölkerungsschicht zu werten. Bodenständige Traditionen äußern sich daher auf steinernen Grabmälern nur in Ausnahmefällen und unter besonderen Bedingungen, wie beispielsweise im Hinterland von Carnuntum. Sowohl die einzelnen Architekturformen als auch die verwendeten Grabbautypen gehen zwar allesamt auf mediterrane Vorbilder zurück, doch können die unterschiedlichen Entwicklungen in den lokalen Werkstätten der Provinzen mitunter zu regionaltypischen Ausformungen führen. Dieser individuelle Gestaltungsreichtum auf der Basis von kanonischen Versatzstücken macht die Grabbautypologie zu einem spannenden Untersuchungsgebiet der Kunst- und Kulturgeschichte.

Die Grabbauten des Limesgebietes zeichnen sich einerseits durch eine Vielfalt an Formen und Typen, andererseits durch eine oft geringere handwerkliche Qualität im Vergleich zu den Monumenten des Binnenlandes aus. Ausnahmen bilden die Produkte einer severischen Bildhauerwerkstätte in Lauriacum/Enns, deren Porträtreliefs aus Marmor zu den Spitzenerzeugnissen der Provinz Noricum gehören (Abb. 39). Sie waren wahrscheinlich in Grabaediculae oder gemauerte Grabbauten eingelassen, deren Teile ebenfalls in Lauriacum/Enns in

Abb. 40: Rekonstruiertes Rundgrab mit Grabstele des Sklaven Florus aus Carnuntum mit lateinisch-griechischer Grabinschrift, 2. Hälfte 1. Jh. n. Chr.

sekundärer Verwendung gefunden wurden. Doch ist die Beurteilung monumentaler Grabbauten im Limesgebiet in besonderer Weise von den zufälligen Erhaltungsbedingungen abhängig. Dass auch abseits der großen Zentren in den Gräberstraßen mit teils sehr qualitätvollen Quaderbauten aus Marmor gerechnet werden muss, zeigen die erst kürzlich im spätantiken *burgus* von Adiuvense(?)/Locus Felix(?)/Wallsee entdeckten Grabbauteile, denen durch die sekundäre Verwendung der Weg in die Kalköfen erspart geblieben war.

Altarförmige Grabmonumente sind in erster Linie aus dem Bereich des norischen Limesabschnittes bekannt, so beispielsweise aus Ovilava/Wels oder Lauriacum/Enns. An Aufsatzformen sind die für die norisch-pannonischen Provinzen typischen Rundmedaillons mit Porträtdarstellungen und pyramidenförmigen Bekrönungen bezeugt (Abb. 78).

Besonders häufig werden an den Gräberstraßen gemauerte oder aus Quadern gefügte Grabumfassungen unterschiedlicher Größe angetroffen. In ihrem Inneren befand sich entweder das Fundament eines zentralen Monumentes oder ein Ensemble von Brand- oder Körpergräbern ohne (erhaltene?) Markierung. In die Frontseite der Umfassungsmauern waren in vielen Fällen Grabstelen integriert; in Carnuntum werden in diesem Zusammenhang mehrfach auch rundplastische Skulpturen, z. B. Grablöwen, erwähnt.

Eine auffallende und offenbar für Carnuntum charakteristische – eventuell auch in Cetium/St. Pölten und Asturis/Zwentendorf (Gräberfeld Süd) nachgewiesene – Grabbauform des 1. und 2. Jhs. n. Chr. sind die Rundbauten mit gemauertem Zylinder und Erdaufschüttung, die exemplarisch durch das rekonstruierte Grab des Florus veranschaulicht werden (Abb. 40). Auch hier waren in manchen Fällen Grabstelen in die steinerne Umfassung integriert.

Für die Abdeckung eines spätantiken Kanals, der durch das Gräberareal südlich der Zivilstadt Carnuntum verlief, waren zahlreiche Bauteile wiederverwendet worden, die zu auffallend großen Grabbauten gehört haben müssen. Auch auf den Luftbildern der Gräberstraße von Carnuntum sind Grabanlagen von bis zu 20 m Seitenlänge erkennbar, deren oberirdisches Erscheinungsbild noch unbekannt ist (Abb. 41). Dies zeigt, dass das Typenspektrum der aufwändigen Grabbauten auch im Limesgebiet wesentlich größer gewesen sein muss, als das anhand der erhaltenen Denkmäler bislang angenommen wurde.

Gabrielle Kremer

Abb. 41: Luftbild eines Ausschnittes der Gräberstraße von Carnuntum

**Literatur:**
Bechert 1980; Beszédes – Mosser 2002; Betz – Kenner 1937; Bormann 1895; Dell 1893; Doneus u. a. 2013; Ertel 1997a; Ertel 1997b; Ertel u. a. 1999; Fasold u. a. 1998; Groh – Sedlmayer 2010; Groller 1900; Heinzelmann u. a. 2001; Hemmers – Traxler 2012; Hölbing 2011; Humer u. a. 2011; Jäger-Wersonig 1999; Kandler 1997; Karnitsch 1953; Klestil 2013; Krekovič 1992; Kremer 2001; Kronberger 2005; Kronberger – Scherrer 1994; Mosser 2003; Ployer 2013a; Pollak 1988; Pollak 1993; Riess 1974; Ruprechtsberger 1983; Ruprechtsberger 1999; Schmidt 2000; Schweder – Winkler 2004; Traxler 2009; Witteyer 2011; Wlach 1990; Zabehlicky 1985.

## Rom und der Norden

Die ältesten Nachrichten über Menschen und Landschaften aus dem Ostalpenraum und Mitteleuropa nördlich der Donau erreichten die italische Halbinsel spätestens mit den Anfängen des Handels mit baltischem Bernstein in der Bronzezeit. Wir wissen selbstverständlich nicht, wie es genau um die Qualität der Kenntnisse dieser von Mittelitalien zu dieser Zeit noch unendlich weit entfernten Gebiete bestellt war, aber dieses Wissen und die Kontakte müssen doch ausgereicht haben, um die Versorgung zahlreicher etruskischer und italischer Werkstätten mit diesem begehrten Rohstoff seit dem 8. Jh. v. Chr. sicherzustellen. Aus dem östlichen Alpenraum kennen wir etwa seit dieser Zeit einen zwar nicht immer ortskonstanten, aber kontinuierlichen Zufluss mediterraner Erzeugnisse, die zumeist als Beigabe in reich ausgestatteten Gräbern der Eliten aufgefunden wurden. Nicht immer können wir die Grundlage der Kontakte so sicher bestimmen wie im Falle des eine ganze Epoche benennenden Gräberfeldes von Hallstatt. Hier war der Abbau von Salz Grundlage intensiver Handelsbeziehungen und damit des Reichtums. Neben Grabfunden bezeugen auch eine stattliche Anzahl an Siedlungsfunden diese periodisch einsetzenden und dann wieder abbrechenden Kontakte zwischen dem Alpenraum und dem italischen Mittelmeerraum. Opfergaben mediterraner Provenienz an Bergübergängen belegen die Bedeutung des Fernhandels zwischen Mitteleuropa (vor allem dem Alpenraum) und den unterschiedlichen Gesellschaften des vorrömischen Italien. Mit diesem Handel gingen politische Beziehungen und ein – inhaltlich uns unbekannter – Informationsaustausch einher.

Die jahrelangen verlustreichen Kämpfe gegen die Kimbern und Teutonen Ende des 2. Jhs. v. Chr. bildeten den Auftakt einer von zahlreichen Konfrontationen, aber auch dauerhafter Kooperation geprägten Periode von über einem halben Jahrtausend, die von beiden – den germanischen Stämmen wie auch dem römischen Reich – gleichermaßen bestimmt wurde. In den folgenden Jahrhunderten sollten sich die Kenntnisse voneinander und übereinander durch vielfältige Kontakte vertiefen. Fallweise und nach Bedarf instrumentalisierten sie den jeweils Anderen als Gegner oder Verbündeten. Während in der Frühzeit Konflikte überwogen, dominierten in der Spätzeit Kommunikation und Kooperation. Im 5. Jh. n. Chr. schließlich erfolgte die Gründung germanischer Königreiche auf ehemaligem Reichsboden – die der West- und Ostgoten in Spanien und Italien, der Vandalen in Nordafrika und der Franken in Nordostgallien –, deren politische und soziale Organisation tief in römischen Traditionen verwurzelt waren.

Eine konstruktive Außenpolitik, mit der die Republik oder das Imperium seine auswärtigen Beziehungen zu den vielfältigen und sozial stark unterschiedlich organisierten Gesellschaften, die in dem aus einer römischer Perspektive betrachteten europäischen Barbaricum lebten, planvoll und nachhaltig gestaltete, hat es zu keiner Zeit gegeben. Rom reagierte auf Impulse und Angebote von außen, wobei konkrete ökonomische Interessen an Landschaften oder Völkern, die sich dann zu einem im Einzelfall kaum näher definierbaren römischen „Interessensgebiet" entwickeln konnten, nicht ausgeschlossen sind. Bilaterale Vereinbarungen mit den politischen Anführern verstärkten die Beziehungen, wobei Rom nur ausnahmsweise einer militärischen Beistandspflicht nachkam.

Im Folgenden liegt der Nachdruck auf der Darstellung der Möglichkeiten, die der mediterranen Vormacht Rom (zunächst der Republik und dann, nach deren Untergang in den Wirren eines mehrere Generationen währenden Bürgerkrieges, dem römischen Kaiserreich) zur Verfügung standen, um Kenntnisse über die nördlich ihres eigentlichen Herrschaftsgebietes lebenden Völker zu erlangen. Darüber hinaus wird auf die römische Herrschaftssicherung im mittleren Donauraum eingegangen, wobei die chronologische Grenze nach dem Ende der Markomannenkriege liegt.

## Rom und der Ostalpenraum zur Zeit der späten Republik

Die sicherlich nicht zu unterschätzenden Kenntnisse, die die Etrusker im Laufe ihrer vielfältigen Kontakte mit dem Alpenraum und durch den Bernsteinhandel auch mit den Anrainern der Bernsteinstraße bis in das südliche Ostseeküstengebiet gesammelt hatten, konnten die Römer übernehmen. Sicherlich war manches recht zuverlässig, vieles aber verzerrt, übertrieben oder schlicht falsch. Dennoch war es die Grundlage, auf der die nach Norden expandierende römische Republik aufbauen musste. Der römische Historiker Livius berichtet für das Jahr 186 v. Chr. von einer anscheinend friedlich verlaufenen Einwanderung von angeblich 12.000 Alpenkelten nach Oberitalien in das damals brachliegende Grenzgebiet zwischen den Venetern und verschiedenen istrischen Stämmen. Als Ursache der Landflucht nennt Livius Überbevölkerung und Erschöpfung der Böden. Zu dieser Zeit betrachtete Rom die Alpen als Nordgrenze der Republik und verweigerte die Zuwanderung. Drei Jahre

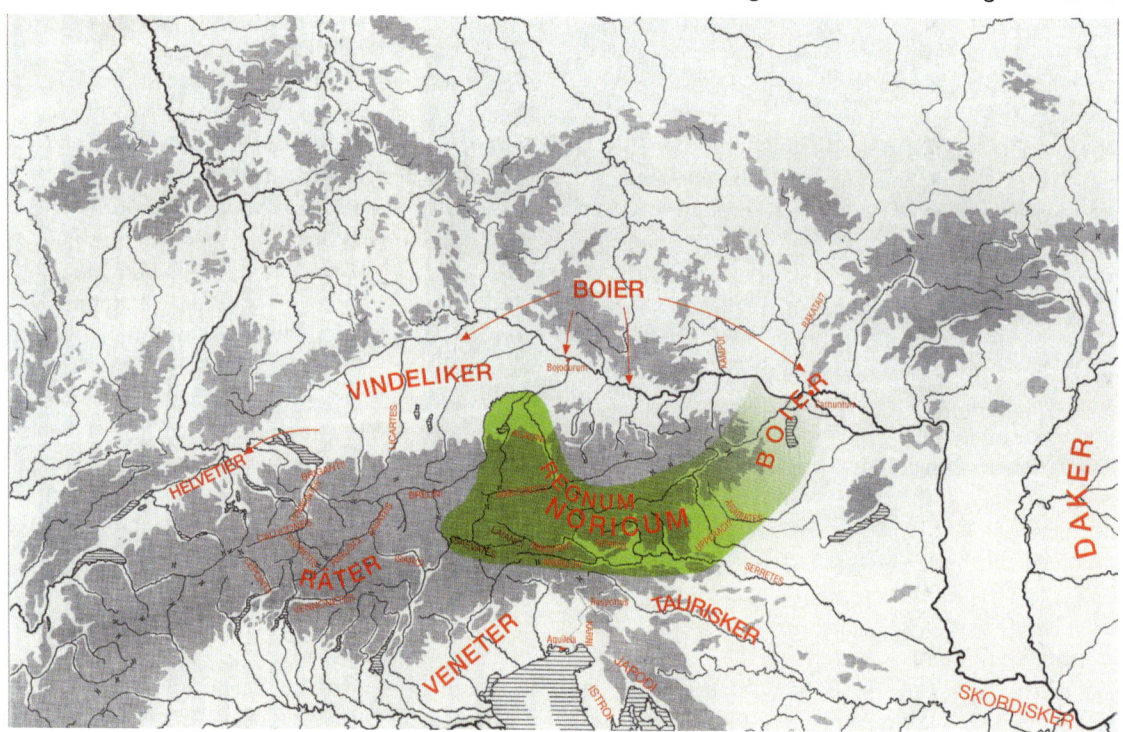

Abb. 42: Regnum Noricum und benachbarte Stämme im Ostalpen-Donau-Raum

später begleitete eine römische Gesandtschaft die abgeschobenen Alpenkelten auf ihrer Rückkehr in die Heimatländer und erklärte dort nochmals die römische Haltung. Bei dieser Aktion erhielten die römischen Vertreter aus erster Hand Informationen über die interne Organisation und Struktur alpenkeltischer Völker, den direkten Nachbarn der Republik. Die Menge zuverlässiger und dann auch verwertbarer Informationen über den Ostalpenraum wuchs in den kommenden Jahrzehnten beständig, sodass wir davon ausgehen können, dass Rom spätestens gegen die Mitte des zweiten vorchristlichen Jahrhunderts bestens über die inneren Verhältnisse – politisch, sozial, militärisch, ökonomisch – der in den Ostalpen lebenden Völker informiert war. Ob der griechische Historiker Polybios tatsächlich um 150 v. Chr. in das Siedlungsgebiet der Taurisker gereist ist oder nicht, ist eigentlich unerheblich. Die bei Strabon überlieferten Passagen demonstrieren das inzwischen deutlich zugenommene Interesse Roms an seinen nördlichen Nachbarn. Intensive Kontakte bestanden vor allem mit dem später große Bedeutung erlangenden *Regnum Noricum* (Abb. 42). Im Rahmen dieser jetzt offenbar verstärkten politischen und wirtschaftlichen Beziehungen – der Alpenraum verfügte über eine Anzahl für Rom wichtiger und attraktiver Resourcen wie Eisen, Bunt- und Edelmetalle, Salz, Holz und nicht zuletzt Menschen – wird man auch einiges über die Situation im mittleren Donauraum und weiter nördlich erfahren haben. Der Ostalpenraum zählte jetzt zu den Interessensgebieten Roms und alle diesen Raum positiv oder negativ tangierenden Entwicklungen wurden sorgfältig registriert. Parallel steigt das militärische Interesse Roms. Archäologisch gesehen stehen wir allerdings vor dem Problem, dass für das gesamte 2. Jh. v. Chr. die römischen Gegenleistungen für diesen aufgrund der historischen Quellen erwarteten Warenaustausch im östlichen Alpenraum fehlen. Angesichts der wohl öfters prekären Ernährungslage der Alpenbewohner, die aufgrund ihrer Sozial- und Wirtschaftsstruktur wohl des Öfteren mit Missernten konfrontiert waren, dürfte ihr Interesse vor allem archäologisch kaum nachweisbaren Nahrungsmitteln gegolten haben.

Den insgesamt mangelhaften Informationsstand über die Verhältnisse bei den nördlich der Donau lebenden Stammesgesellschaften verdeutlichen die Fehleinschätzungen und die daraus resultierenden, katastrophalen militärischen Niederlagen Roms gegen die aus Jütland abgewanderten Stämme der Kimbern und Teutonen. Eine kurzzeitige Klimaverschlechterung mit zahlreichen Sturmfluten zwang die beiden germanischen Stämme zwischen 120 und 115 v. Chr. zum Verlassen ihrer angestammten Siedlungsgebiete. Was folgte, war eine lange Irrwanderung und ihre vollständige Vernichtung durch römische Truppen. Bezeichnenderweise fehlte in dieser Zeit südlich der Alpen die Nachfrage nach Bernstein, was sicherlich den Informationsfluss über Entwicklungen im mitteleuropäischen Raum stark reduzierte. Zunächst wanderten die Stämme nach Süden in den böhmischen Raum, wo sie von den dort lebenden Boiern nach verschiedenen Gefechten nach Süden abgedrängt wurden. Von dort wandten sich die Kimbern donauabwärts und erreichten die Siedlungsgebiete der Skordisker im Bereich der unteren Save und Belgrad. Nach einer Niederlage gegen ein römisches Heer unter dem Befehl des Konsuls Cn. Papirius Carbo schwenkten sie um und attackierten das mit Rom durch ein *hospitium publicum* verbündete *Regnum Noricum*. Carbo folgte ihnen und stellte sie bei dem bisher nicht lokalisierten Noreia zur Schlacht, die für Rom nur durch ein plötzlich einsetzendes Unwetter trotz schwerer Verluste glimpflich verlief. Die beinahe erfolgreichen Germanen setzten sich dann zu den in Südwestdeutschland lebenden Helvetiern ab. Nach weiteren Irrfahrten durch das nördliche Alpenvorland überqueren die Kimbern die Alpen und drangen in das römische Oberitalien vor, wo Marius und seine Legionen sie 101 v. Chr. bei Vercellae (Vercelli, Piemont, Italien) völlig vernichteten. Das gleiche Schicksal hatte die Teutonen bereits ein Jahr zuvor bei Aquae Sextiae (Aix-en-Provence, Frankreich) getroffen.

## Rom und das *Regnum Noricum*

Durch das politische Bündnis mit dem *Regnum Noricum* und die in dessen Folge aufblühenden wirtschaftlichen Beziehungen wie auch durch die Kriege gegen die Kimbern und Teutonen wurde Rom immer stärker in die dynamischen Entwicklungen involviert, die den Ostalpenraum und dessen nördliches Vorland während des letzten vorchristlichen Jahrhunderts völlig verändern sollten. Um 70 v. Chr. taucht unvermittelt Ariovist, ein suebischer Truppenanführer, am Hofe des norischen Königs auf, wohl um als Söldner in einem weiter unbekannten Konflikt für seinen Auftraggeber tätig zu werden. Obwohl wir nichts Genaues über seine Herkunft wissen, dürfen wir davon ausgehen, dass er seine Jugend irgendwo im süddeutschen Raum nördlich der Donau verbracht hat und dort seine ersten Erfahrungen als militärischer Anführer sammelte. Allem Anschein nach erledigte er seine Aufgabe zur vollsten Zufriedenheit und erhielt die Tochter des Königs zur Frau. Spätestens seit dieser Episode war der Suebe in Rom aktenkundig und man versuchte wiederholt, ihn in das römische Bündnissystem zu integrieren. Den Höhepunkt bildete die Verleihung des Ehrentitels *rex et amicus populus Romanorum* durch den Senat, möglicherweise auf Betreiben Caesars. Von Noricum verschlug es den Sueben und seine Kriegerscharen nach Gallien, wo er im Dienste der Sequaner erfolgreich gegen die mit Rom verbündeten Haeduer kämpfte und sie schließlich 61 v. Chr. nach einer Schlacht bei Magetobriga tributpflichtig machte. Zuletzt forderte Ariovist von seinen Auftraggebern über die ursprünglich vereinbarten Geldzahlungen hinaus umfangreiche Landzuweisungen für die Ansiedlung seiner Krieger. Damit griff er massiv in das innergallische Gleichgewicht ein und stellte offen römische Interessen in Frage. Mittlerweile, wir schreiben das Jahr 58 v. Chr., war Caesar mit seinen Legionen in Gallien eingetroffen und wurde mit einer für Rom brisanten Lage konfrontiert: Neben den Forderungen des Ariovist wünschten die Helvetier freien Durchgang durch die römische Provinz Narbonensis zu den von ihnen angestrebten neuen Wohnsitzen in Südwestgallien. Aus ihrer schon lange vergessenen Unterstützung der Teutonen konstruierte Caesar die Legitimierung seines mili-

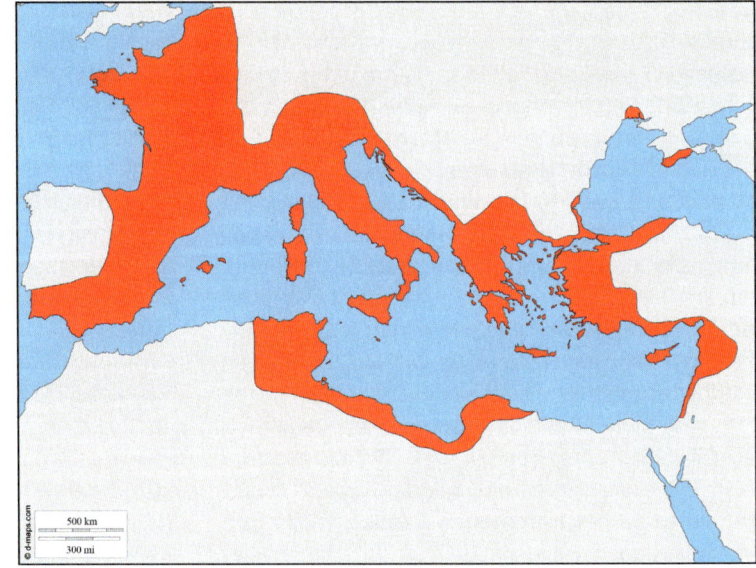

Abb. 43: Die Römische Republik 44 v. Chr.

tärischen Auftretens gegen die Helvetier und deren anschließende Umsiedlung. Nun wandte er sich gegen Ariovist und drängte ihn und seine Sueben nach einer Schlacht aus Gallien. In dieser Zeit entstand wohl das Bild, die Sueben seien die gefährlichsten Gegner Roms. Und dieses Bild sollte die augusteische Germanienpolitik nachhaltig beeinflussen. Caesars Beziehungen zum *Regnum Noricum* beruhten vor allem auf dem Erwerb von norischem Eisen zur Ausstattung seiner Truppen. In dieser Zeit nahm Roms Wissen über den östlichen Alpenraum, aber vor allem auch über die weiter nördlich gelegenen Landschaften Mitteleuropas kontinuierlich zu. Infolge der militärischen Operationen Caesars in Nordostgallien und dem Rheinland erhielt das römische Militär, aber wohl auch die den Truppen folgenden und vorauseilenden Händler, zuverlässige Kenntnisse über bisher unbekannte Völker und Landschaften. Dieses Wissen wurde durch Gespräche mit germanischen Gegnern und Verbündeten Caesars ergänzt (Abb. 43).

Seit Caesars Kriegen in Gallien hat der Bedarf der späten Republik an Rohstoffen aus Noricum, vor allem Eisen, aber auch Holz, stark zugenommen. Mit der Gründung eines Emporiums auf dem Magdalensberg in Kärnten um oder kurz nach der Mitte des 1. Jhs. v. Chr. verstärkte Rom seine Position im östlichen Alpenraum wesentlich. In diese zunächst als Handelsplatz eingerichtete stadtähnliche Siedlung, deren Namen wir zwar nicht kennen, die aber durch archäologische Untersuchungen gut bekannt ist, wanderten zahlreiche wohlhabende Händlerfamilien aus Oberitalien ein und ließen sich hier nieder. Ihre Anwesenheit führte zu einer verstärkten Romanisierung der einheimischen keltischen Bevölkerung, was wiederum die Beziehungen zu Rom intensivierte. Und später trugen sie in hohem Masse zu der offensichtlich weitgehend friedlich verlaufenden Eingliederung des norischen Königreiches in das römische Imperium bei.

Abb. 44: Der Magdalensberg

Den mittleren Donauraum direkt betraf die Eskalation des Konfliktes zwischen den Boiern, deren Siedlungsräume zunächst vor allem oberhalb der Donau in Böhmen und Mähren lagen, und den Dakern. Seit der Mitte des 1. Jhs. v. Chr. expandierten die Boier über das Donauknie nach Osten bis an die Theiß, wo sie auf die Daker stießen. Im Gegenzug vernichteten die Daker unter ihrem Anführer Burebista um 40 v. Chr., beigestanden von den Skordiskern, die keltischen Boier und Taurisker. Anscheinend waren die Auswirkungen der dakischen Angriffe so gravierend, dass die Boier im archäologischen Befund nach 40 v. Chr. kaum noch greifbar sind und die antiken Historiker von einer *deserta Boiorum* sprechen. Eine aktive Rolle wird Rom in diesem Konflikt sicherlich nicht gespielt haben, allerdings wird man die Entwicklungen, über die man vermutlich vor allem von norischen Informanten unterrichtet wurde, aufmerksam verfolgt haben. Dies darf man aus einem nicht realisierten Vorhaben Caesars schließen, der im Zuge seines geplanten Partherfeldzuges beabsichtigte, gegen Burebista und seine Daker vorzugehen. Rom sah wohl seine Interessen im *Regnum Noricum* gefährdet. Als Octavian dann 35 v. Chr. seinen pannonischen Krieg begann, war das Dakerreich offenbar bereits zerfallen und Burebista Geschichte. In dem Zusammenhang sollte man nicht übersehen, dass die *deserta Boiorum* nicht völlig siedlungsleer waren, sicherlich gab es eine archäologisch nur schwer nachweisbare keltische Restbevölkerung und in den Jahrzehnten vor der Zeitenwende setzte eine spürbare elbgermanische Zuwanderung aus Mitteldeutschland ein. Es ist durchaus denkbar, dass man in Rom diese elbgermanischen Zuwanderer für Sueben hielt.

Roms zunehmendes Interesse am östlichen Alpenraum illustrieren nicht nur die Funde vom Magdalensberg in Kärnten (Abb. 44), sondern auch eine derzeit noch unzureichend fassbare Anlage auf dem Burgberg in Bratislava eindringlich. Hier standen römische Steinbauten mit mosaikverzierten Fußböden, die in die Zeit um oder kurz nach der Mitte des ersten vorchristlichen Jahrhunderts datieren. Ob es sich hier um ein vorgeschobenes Emporium Roms handelte und wie es funktionierte, ist derzeit völlig offen.

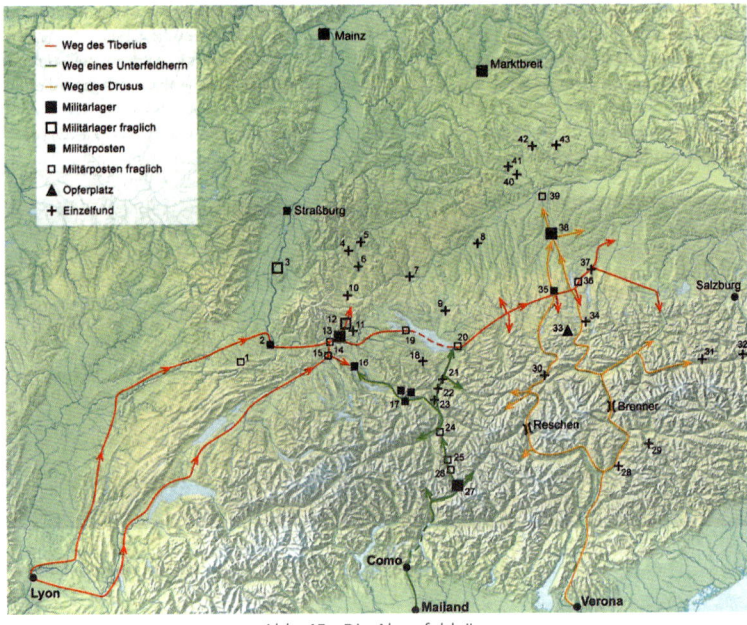

Abb. 45: Die Alpenfeldzüge

Roms Alpenfeldzüge, die Annektierung des *Regnum Noricum* und Fragen der römischen Herrschaftssicherung im mittleren Donauraum

Im Zuge der Alpenfeldzüge des Augustus (Abb. 45) wurde das *Regnum Noricum* – den antiken schriftlichen Quellen zufolge „friedlich", was auch immer das angesichts kampfbereiter Legionen bedeuten mag – in das Imperium integriert. Damit erreichte das römische Staatsgebiet die Donau. Gleichzeitig rückten römische Kampfverbände erfolgreich vom Rhein aus nach Osten und erreichten bis zum tödlichen Unfall des Oberkommandierenden Drusus Weser und Main. Völlig ungeklärt ist zu diesem Zeitpunkt die Frage der Herrschaftssicherung. Nach über 100 Jahren archäologischer Forschung konnte bisher kein augusteisches Militärlager in Noricum und dem westlichen Pannonien ausgemacht werden. Der augusteische Fundanfall in Carnuntum ist mehr als spärlich und reicht bei Weitem nicht aus, um ihn mit einem Militärstützpunkt zu verbinden. Mit der Verlegung der *legio XV Apollinaris* nach Carnuntum erscheinen hier um 40 n. Chr. erstmals dauerhaft stationierte Truppen. Aber erst mit dem deutlich nach der Mitte des 1. Jhs. n. Chr. einsetzenden Ausbau des Limes fassen wir dauerhaft besetzte Militärstationen entlang dem südlichen Donauufer. Das Problem ist daher, wie Rom das an Bodenschätzen reiche Noricum, aber auch die nur dünn besiedelten Landschaften des Tullner und Wiener Beckens bis zur Einrichtung der ersten Garnisonen an der Donau vor Übergriffen aus dem Norden schützte. Es ist gut vorstellbar, dass diese Aufgabe nacheinander an zwei abhängige germanische Königreiche delegiert wurde. Zuerst und für uns hier vordringlich, erfüllte von etwa 8 v. Chr. bis 18 n. Chr. der charismatische Markomanne Marbod, dessen Herrschaftsgebiet vor allem Böhmen und Mähren umfasste, diese Aufgabe. Von einer kurzen Trübung der Beziehungen im Jahre 6 n. Chr. abgesehen, funktionierte er wohl mehrheitlich zur Zufriedenheit Roms. Wenn er tatsächlich im Dienste Roms stand, was in der Forschung durchaus kontrovers diskutiert wird, dann könnte seine Aufgabe z. T. darin bestanden haben, den weiteren Zuzug (elb)germanischer Gruppen nach Böhmen zu kontrollieren und Übergriffe auf Reichsgebiet zu unterbinden. Von 19 bis 50/51 n. Chr. übernahm der von Rom als König über die Quaden eingesetzte Vannius, dessen Basis vor allem weite Teile der heutigen Slowakei ausmachte, diese Aufgabe. Beide Machthaber stürzten nach internen Konflikten, erhielten Asyl und wurden mit ihren Anhängern auf Reichsboden angesiedelt. Ob und wie weit sich ihre Machtbereiche auch auf Landschaften südlich der Donau erstreckten, ist völlig offen. Sicherheit über die Lage der Grenzen Roms nördlich der Alpen besteht erst mit dem nach der Mitte des 1. Jhs. n. Chr. einsetzenden Ausbau einer Kette von Militärlagern an der Donau.

Der archäologische Niederschlag dieser Periode besteht vor allem aus zahlreichen Buntmetallgefäßen und Fibeln, die teilweise zur norisch-pannonischen Frauentracht gehören. Bei den Metallgefäßen handelt es sich mehrheitlich um Kasserollen, Kelle-Sieb-Garnituren und Becken – also Formen, die eng mit

Abb. 46: Burg Devín

der Trinksitte verbunden sind. Einige Kochtöpfe aus Bronze runden das Bild ab. Römische Keramik und Fundmünzen sind eher selten. Qualitativ gesehen handelt es sich in keinem Fall um das immer wieder beschworene Luxusgeschirr, sondern eher um Alltagsgeschirr. Wenn wir das Spektrum an Buntmetallgefäßen aus frühromischen Militärstationen mit dem heute vorliegenden Formenschatz aus Böhmen, Mähren und der Slowakei vergleichen, zeigen sich Übereinstimmungen. Die dort aufgefundenen Metallgefäße sollte man deshalb eher als Teile der persönlichen Ausrüstung ansprechen, deren Besitzer einen militärischen Hintergrund gehabt haben dürften. Es spricht nichts dagegen, dass die Donau in dieser Zeit frei und unbehindert in beiden Richtungen überquert werden konnte. Angesichts der Abwesenheit von Militärlagern fehlt es auch an entsprechenden Kontrolleuren. Wenn man den zeitgleichen römischen Fundstoff beiderseits der Niederelbe mit demjenigen in Böhmen, Mähren und der Slowakei vergleicht, zeigen sich deutliche Parallelen im Formenschatz der italischen Buntmetallgefäße. Während an der Niederelbe noch ein kräftiger Bestand an gallisch/keltischen halbrunden Blechkesseln mit eisernen Rand vorkommt, fehlen hier die für den nördlichen Mitteldonauraum nicht ungewöhnlichen norisch-pannonischen Trachtbestandteile weitgehend. In diese Richtung mögen allerdings einige Beispiele von *opus interasile*-verzierten bronzenen Schwertscheiden deuten.

## Das frühkaiserzeitliche Devín

Überaus interessant und zugleich kaum verstanden sind die nördlich der Donau an der Mündung der March entdeckten Funde und Befunde auf der Burg Devín bei Bratislava (Abb. 46). Der römische Fundstoff repräsentiert hier drei deutlich voneinander abgesetzte Perioden: einen spätaugusteisch-frühtiberischen Komplex und einen Steinbau mit Apsis, der wohl in die Zeit nach den Markomannenkriegen datiert; zahlreiche Funde des 4. Jhs. n. Chr. belegen ferner eine Nutzung dieses Gebäudes in der späten Kaiserzeit. Während mehrerer Grabungskampagnen wurden neben Dutzenden von augusteischen Sigillaten, römischer Feinkeramik, Amphoren und Zweihenkelkrügen sowie Öllampen auch zahlreiche Fragmente der militärischen Ausrüstung römischer Soldaten entdeckt. Der Gesamtbestand datiert in die spätaugusteische und tiberische Zeit, also etwa in die beiden ersten Jahrzehnte des 1. Jhs. n. Chr. Während das Keramikspektrum und vor allem die Militaria, darunter Gürtelschnallen, Waffen, ein eiserner Zelthering und die Nägel der Soldatenstiefel (*caligae*), eine deutliche Affinität zum römischen Militär aufzeigen (Abb. 47), fehlt diese in den wenigen vorgelegten Baubefunden. Weder das nachgewiesene, steingesetzte Fundament eines mutmaßlichen hölzernen (Wach-)Turmes noch die anderen Siedlungsreste sind zwingend als römische Militärarchitektur zu betrachten. Die Chancen, durch weitere Grabungen Klarheit in der äußerst komplexen Befundlage zu erzielen, werden zudem durch die intensive kaiserzeitliche und mittelalterliche Überbauung der Burganlage stark beeinträchtigt.

Beim derzeitigen Forschungsstand stehen die frührömischen Funde am Ende eines sich schon auflösenden spätlatène-zeitlichen Oppidums. Ob die Römer aber auch die Ursache für den Siedlungsabbruch waren, ist ungeklärt. Deutlich ist ein militärischer Hintergrund, ob Devín damit aber eine militärisch genutzte „Station" war, ist völlig offen. Ungeklärt ist auch die Dauer der Anwesenheit römischer Soldaten, denkbar ist alles zwischen einigen Monaten und einigen Jahren. Ob die angetroffenen frührömischen Funde und Architekturreste tatsächlich in einem ursächlichen

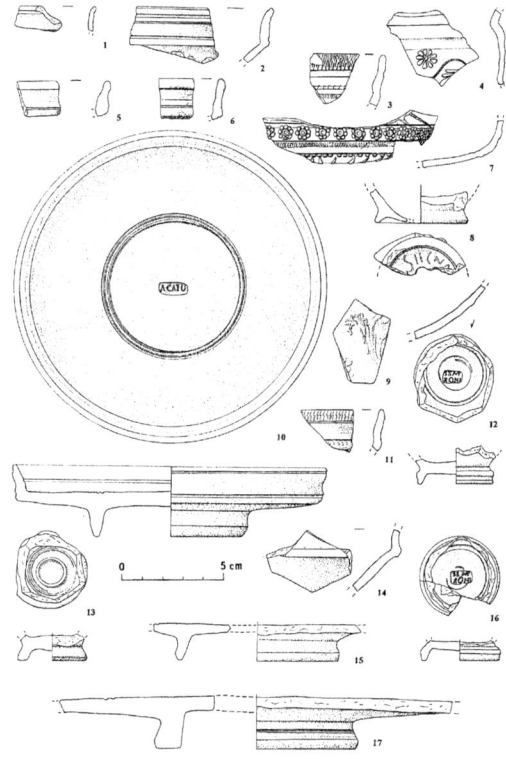

Abb. 47: Bratislava-Devín: Sigillatafunde aus den augusteischen Schichten

Zusammenhang mit dem historisch überlieferten Tiberiusfeldzug gegen Marbod im Jahre 6 n. Chr. stehen, ist nicht eindeutig nachzuweisen. Die Datierung der römischen Keramik und der Militaria deckt zwar das Jahr 6 n. Chr. ab, aber sie ist viel breiter und kann daher auch Ereignisse reflektieren, die nicht in den schriftlichen Quellen erwähnt werden. Darüber hinaus wurden in letzter Zeit mit guten Argumenten Zweifel an der Richtigkeit der historischen Beschreibung der Feldzüge angemeldet. Es könnte sich nämlich auch um eine gezielte Übertreibung handeln, um Tiberius in ein besseres Licht zu stellen. Die Vermutung, das römische Militär habe aus strategischen Überlegungen eine Zwangsabsiedlung der keltischen Restbesiedlung in Devín veranlasst, erscheint auf den ersten Blick verlockend, ist aber bei näherer Betrachtung nicht unproblematisch. Im Raum Carnuntum, aus dem gerade einmal eine Handvoll augusteischer Sigillaten vorliegt, gibt es bisher keine Hinweise auf eine dauerhafte Stationierung von römischen Truppen, die den nachhaltigen Erfolg der Räumung Devíns hätten garantieren können. Auch sonst fehlen bisher für diese Zeit zwischen Wienerwald und dem

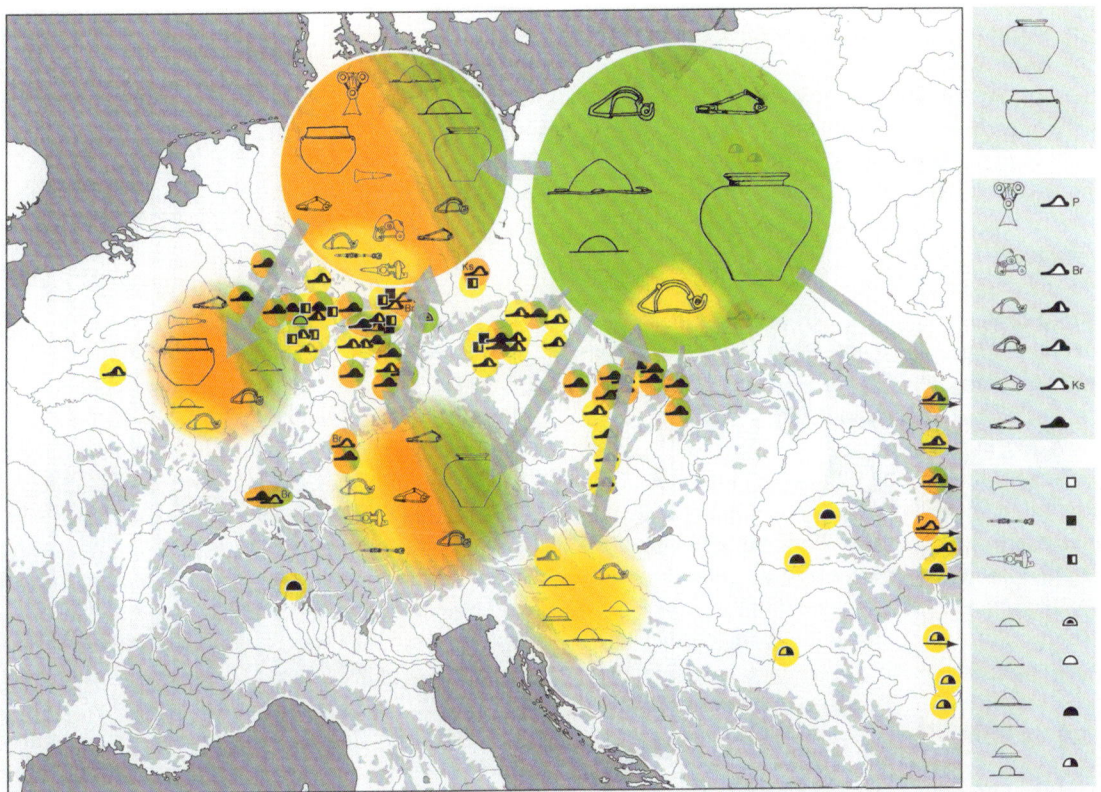

Abb. 48: Beziehungsgefüge zwischen Przeworsk- (grün), Jastorf- (rot) und Lateènezivilisation (gelb) in der 1. Hälfte des 1. Jhs. v. Chr. am Beispiel ausgewählter Fibel- und Gürteltypen sowie Schildbuckeln.

Leithagebirge alle Anzeichen für längerfristig oder gar dauerhaft besetzte Militärstationen. Trotz aller Unsicherheiten um die Funde und Befunde von Devín könnte dieser Ort zumindest für einige Jahre eine Schlüsselrolle im mittleren Donauraum eingenommen haben.

Im Sinne der hier interessierenden Frage nach den Kenntnissen Roms über das Vorland seines militärisch kontrollierten Territoriums bietet Devín einige Perspektiven. Hier schneidet die Bernsteinstraße die Donau. Auch wenn sich der Nachweis der Anwesenheit von Händlern und Handwerkern im Einzelnen schwieriger gestaltet als erwartet, darf man davon ausgehen, dass hier unterschiedliche Güter hergestellt und verhandelt, aber auch Informationen ausgetauscht wurden. Ob sich hier auch römische Händler aufgehalten haben, ist unsicher. Wenn ja, dann stellt sich die Frage nach deren Handelsgut. Die immer wieder bemühten Buntmetallgefäße oder andere römische oder norisch-pannonische Erzeugnisse wie Fibeln und andere Trachtbestandteile, die in nicht unbeträchtlicher Anzahl als Beigaben in Bestattungen gefunden wurden, dürften eher zur persönlichen Ausstattung der Verstorbenen gehört haben, als das Handelsgut von Händlern darstellen, die in Devín tätig waren. Als Informationsquelle über die politischen und sozialen Verhältnisse zwischen Donau und der Ostsee boten sich vielmehr die keltischen Bewohner Devíns an, die sicherlich seit Langem Kontakte mit den Menschen unterhielten, die sich auf der Bernsteinstraße von Norden nach Süden bewegten.

In diesem Zusammenhang muss auf eine weitere, nicht zu unterschätzende Informationsquelle zu den politischen und sozialen Verhältnissen und Ereignissen in Mitteleuropa hingewiesen werden. Bereits im 2. Jh. v. Chr. setzen archäologisch gut nachweisbare Bewegungen von Einzelpersonen und Gruppen aus den Siedlungsgebieten der polnischen Przeworsk-Kultur und verschiedener elbgermanischer Gruppen in Mitteldeutschland nach Westen, Südwesten und Süden ein, die um und nach der Mitte des 1. Jhs. v. Chr. ihren Höhepunkt erreichen (Abb. 48). Aus dem vorrömischen Gallien, aber auch aus dem deutschen Rheinland, Südwestdeutschland und Bayern kennen wir zahlreiche Fibeln und vor allem militärische Ausrüstungsteile wie Schwerter, Schilde und Lanzen ostgermanischer oder elbgermanischer Provenienz. Vereinzelt erreichten sie auch den Balkan und damit römisches Interessensgebiet. Sie reflektieren sowohl Siedler wie auch mobile Kriegergruppen, die sich weit außerhalb ihrer ursprünglichen Siedlungsgebiete bewegten. Für Westfalen und das östliche Rheinland ist ein kräftiges Vorkommen elbgermanischer Keramik belegt. Mittlerweile kennen wir auch einige Fundstellen elbgermanischer und ostgermanischer Keramik westlich des Niederrheins. Diese Bevölkerungsgruppen standen den augusteischen Truppen als Informationsquelle zu innergermanischen Verhältnissen zur Verfügung.

Ein Paradigmenwechsel in der römischen Germanenpolitik

Ob und wie sich das Verhältnis Roms zu den Königreichen der Markomannen und Quaden mit und nach der Einrichtung der Militärgrenze änderte, ist völlig offen. Zu einer grundsätzlichen Veränderung in der römischen Germanenpolitik kommt es während des Bürgerkrieges, der durch die Ermordung Neros im Jahre 68 n. Chr. ausgelöst wurde und bei dem verschiedene Machthaber um die Nachfolge konkurrierten. Als Vespasian im sog. Vierkaiserjahr 69 n. Chr. aus Syrien kommend entlang der Donau nach Westen vorrückte, um den gerade inthronisierten Vitellius anzugreifen, wurde einer seiner Legaten zu den Sueben geschickt, deren Siedlungsplätze zu dieser Zeit an der Unterelbe und in Mecklenburg verortet werden, um dort germanische Hilfstruppen anzuwerben. Dieser

Schritt bedeutet eine Zäsur in der römischen Germanenpolitik, galten doch die „Sueben" spätestens seit Caesars Konflikt mit Ariovist als gefährlichster germanischer Gegner Roms. Es war wohl eine militärische Notwendigkeit, die Vespasian zwang, dort Unterstützung zu suchen. An dieser Stelle könnte auch gefragt werden, warum Vespasian sich nicht an die Markomannen oder Quaden gewandt hat. Beide Stämme waren seit der augusteischen Zeit von Rom abhängig und die gegenseitigen Beziehungen waren, von einigen Störungen abgesehen, ungetrübt. Die Ursache für die offensichtliche Vermeidung einer Kontaktaufnahme Vespasians mit den beiden befreundeten Völkern könnte in ihrer langjährigen Loyalität zu den julisch-claudischen Kaisern und später zu Nero begründet liegen. Auf alle Fälle bedeutete ein Angriff seiner 2000 suebischen Reiter unter ihren Anführern Sido und Vangio, bzw. seinem Nachfolger Italicus (*sic!*) die Entscheidung in der Schlacht von Cremona und die Niederlage des Vitellius (Abb. 49). Damit wurde Vespasian unangefochten Kaiser des Imperiums.

Diese militärische Allianz steht am Beginn eines spürbaren Zuflusses an römischen Erzeugnissen, vor allem Buntmetallgefäßen, aber auch vereinzelt Keramik und Glasgefäßen, in das germanische Barbaricum. Aufgefunden werden diese Gefäße meist in auch hinsichtlich der einheimischen Beigaben überdurchschnittlich reich ausgestatteten Gräbern der elb- und ostgermanischen Eliten. Dieser Zufluss scheint schon vor der Mitte des 2. Jhs. n. Chr. weitgehend zu erliegen. Die Ursachen des Abbruchs dieser Kontakte, die für Rom und die germanischen Partner gleichermaßen attraktiv waren, liegen im Dunkeln. Ob wir hier schon die ersten Anzeichen tiefgreifender politischer und sozialer Veränderungen fassen, die durch die Abwanderung der Goten aus ihren im heutigen Polen gelegenen Siedlungsgebieten um und nach der Mitte des 2. Jhs. n. Chr. ausgelöst wurden, ist schwer abzuschätzen. Durch die Siedlungsverlagerung der Goten und ihre Expansion nach Süden und Südosten wurde eine weiter unbekannte Stammesgruppe so in ihrer Existenz getroffen, dass sie sich gezwungen

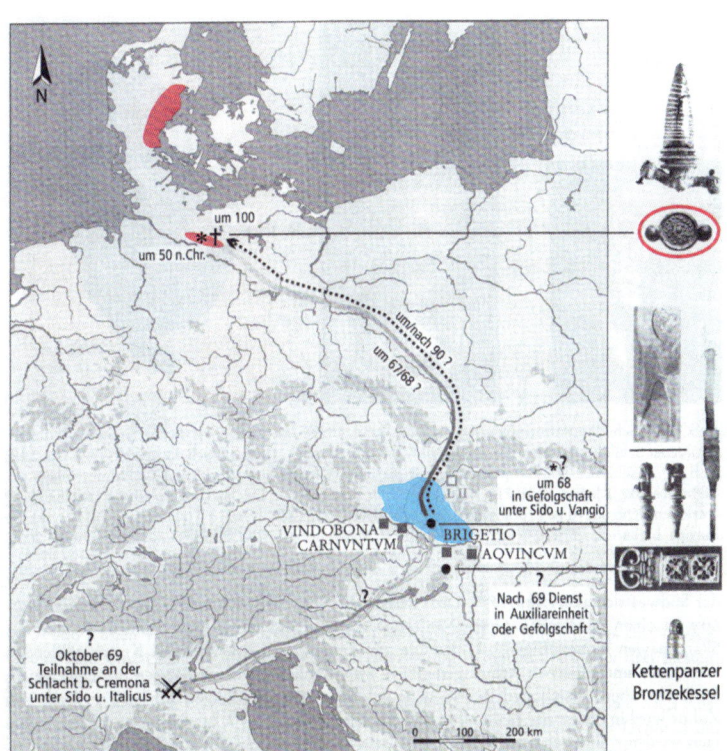

Abb. 49: Hagenow Grab 9/1995. Überlegungen zum Werdegang eines germanischen Kriegers

sah, sich mit einer offiziellen Bitte um Zuweisung von neuen Siedlungsgebieten innerhalb des Imperiums an den Kaiser in Rom zu wenden. Antoninus Pius lehnte ab.

Ein zweites Ereignis, das ebenfalls in die Regierungszeit des Antoninus Pius fällt, wirft vielleicht ein Schlaglicht auf die Germanenpolitik Roms um die Mitte des 2. Jhs. n. Chr. Zwischen 140 und 144 n. Chr. datiert die Emission eines Sesterzen mit einer Legende auf seiner Rückseite *rex Quadis datus* (Abb. 54). Ob diese Münze, die eine römische Königseinsetzung bei den Quaden belegt, auch bedeutet, dass die Quaden seit der Abdankung des Vannius in einem dauerhaften Abhängigkeitsverhältnis zu Rom standen, oder ob sich das gegenseitige Verhältnis zwischenzeitlich geändert hat, ist offen. Es gibt im archäologischen Befund aber keine Hinweise auf wie auch immer geartete Romanisierungsprozesse innerhalb des quadischen oder auch markomannischen Siedlungsgebietes. Wenn es eine Annäherung gab, blieb diese auf die germanischen Eliten beschränkt. Sicher erwartete Rom von dem eingesetzten König als Gegenleistung ein Rom-freundliches Verhalten. Insgesamt betrachtet, scheint sich die römische Germanenpolitik zu dieser Zeit auf die im direkten Vorland des norischen und westlichen Teils des pannonischen Limes siedelnden Stämme, also vor allem die Markomannen und Quaden, beschränkt zu haben. Man verließ sich wohl auf die bisher kooperativen Stämme und erwartete ein weiteres friedliches Nebeneinander. Eine stärkere Bindung dieser Nachbarn an Rom war ebenso wenig be-

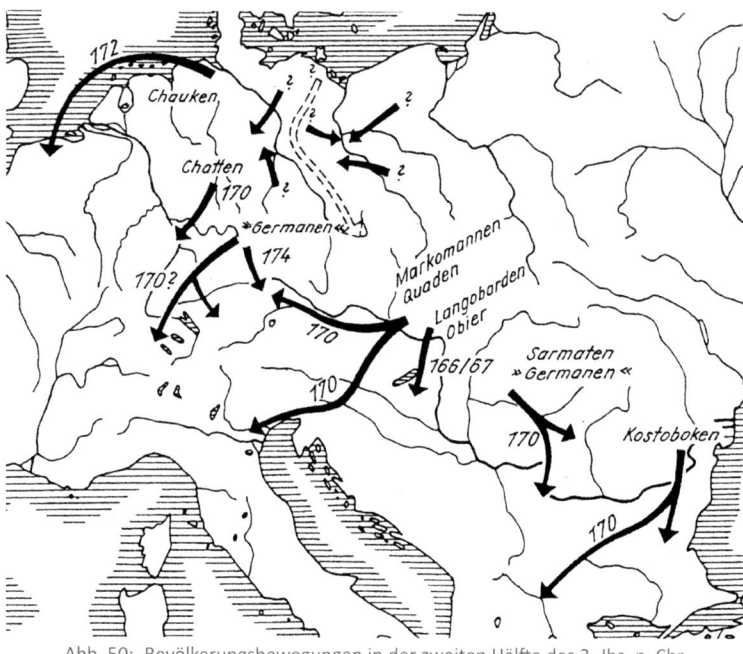

Abb. 50: Bevölkerungsbewegungen in der zweiten Hälfte des 2. Jhs. n. Chr.

absichtigt wie eine Romanisierung breiter germanischer Bevölkerungsgruppen. Ein darüber hinaus reichendes Interesse Roms ist weder aus dem archäologischen Fundstoff noch den schriftlichen Quellen zu erkennen.

## Die Markomannenkriege

166 n. Chr. durchbrachen, für Rom und die an der mittleren Donau stationierten Grenztruppen überraschend, mehrere Tausend germanische Krieger, vor allem Langobarden und Obier, die römischen Verteidigungslinien und stießen tief in die Grenzprovinzen Noricum und Pannonien vor. Dieser Angriff bedeutete den Auftakt eines langjährigen und extrem verlustreichen Krieges, der erst nach dem Tod des Mark Aurel im Jahre 180 n. Chr. durch seinen Sohn und Nachfolger Commodus mittels hastig ausgehandelter Friedensschlüsse beendet wurde (Abb. 50).

Schon bald nach dem ersten germanischen Vorstoß entwickelten sich die über viele Jahrzehnte friedlich mit Rom verbundenen Markomannen und Quaden zu den gefährlichsten Kontrahenten – ihre Heere belagerten 170 n. Chr. vergeblich Aquileia und zerstörten dann das benachbarte Opitergium –, gleichzeitig drangen die Kostoboken von der unteren Donau über Thrakien, Makedonien bis auf den Peloponnes vor. Im Laufe des Krieges wurde praktisch der gesamte Donauraum zwischen Regensburg und dem Schwarzen Meer erfasst. Nach mehrjährigen Abwehrkämpfen verlagerten sich die Kriegsereignisse, immer wieder von germanischen Gegenstößen in die Donauprovinzen unterbrochen, nach 172 n. Chr. auf die germanischen Siedlungsgebiete nördlich der Donau. Insbesondere durch die Erfolge der Luftbildarchäologie kennen wir aus Mähren, Niederösterreich und vor allem der Slowakei zahlreiche Marschlager, welche die Operationen der römischen Heere reflektieren. Im slowakischen Trenčín überwinterte eine römische *ala* und hinterließ eine in den Fels eingemeißelte Inschrift (Abb. 51). Die Auswirkungen der Kriege führten beiderseits des Limes zu tiefgreifenden gesellschaftlichen und politischen Veränderungen. Für die weitere Entwicklung des Imperiums mitbestimmend waren die außerordentlichen Verluste des Militärs, die bis zu einem Drittel der Sollstärke betragen haben können. Die Zivilbevölkerung in Italien, aber auch in Provinzen wie Noricum, wurde zusätzlich durch eine grassierende Seuche getroffen, der beispielsweise in Virunum fünf Mitglieder einer Mithras verehrenden Gemeinde zum Opfer fielen.

Eine wichtige Quelle zur Untersuchung der Beziehungen zwischen dem Imperium und den germanischen Gesellschaften im mitteleuropäischen Barbaricum ist die Anwesenheit oder Abwesenheit römischer Gebrauchsartikel wie Keramik, Buntmetallgefäße, Trachtbestandteile wie Fibeln und Schmuck, aber auch Münzen jenseits der Reichsgrenzen. Es mag überraschen, aber gerade mit dem Ausbruch der Markomannenkriege setzte ein auch außerhalb der Landschaften des nördlichen Mitteldonauraumes deutlich spürbarer Zustrom an römischen Gegenständen ein. Es passt in das Bild des schlechten Informationsstandes Roms über die sich wandelnde germanische Stammeslandschaft, dass chronologisch gut bestimmbare römische Funde aus der Regierungszeit des Antoninus Pius (138–161 n. Chr.) in den Landschaften zwischen Rhein, Donau und Oder nur sporadisch erscheinen. Dies ändert sich schlagartig mit dem Ausbruch der Markomannenkriege, wenn es in manchen Regionen quasi explosionsartig zu einem kräftigen Zustrom römischer Funde kommt. Dabei ist auffällig, dass dieser Zustrom beispielsweise in Nordwestdeutschland und den Niederlanden gut nachweisbar ist, im östlich anschließenden elbgermanischen Milieu fehlt er aber fast vollständig. Erst in dem zuvor weitgehend fundfreien Polen, vor allem im Bereich der ostgermanischen Przeworsk- und Wielbark-Kultur, treffen wir wieder auf marko-

Abb. 51: Römische Inschrift in Trenčín. CIL III 13439 = ILS 9122. *Victoriae Augustorum exercitus, qui Laugaricione sedit, mil(ites) l(egiones) II DCCCLV. M(arcus) Val(erius) (Maximi)anus leg(atus) leg)ionis II Ad(iutricis) cur(avit) f(aciendum).*

mannenkriegszeitliche Sigillaten und Fundmünzen. Man kann sich gut vorstellen, dass dieser Warenstrom im Kielsog von diplomatischen Kontakten oder bilateralen Übereinkünften einsetzte, wobei es Rom vor allem an einer militärischen Unterstützung in Form von Söldnern oder zumindest an einem Verzicht auf Übergriffe auf Reichsgebiet gelegen war.

Der Fundniederschlag im markomannisch-quadischen Raum setzt aller Wahrscheinlichkeit bereits etwas vor Ausbruch der Markomannenkriege ein. Die Gründe hierfür sind weitgehend ungeklärt. Denkbar ist, dass Rom und die Grenzprovinzen die im Vorland lebenden Germanen durch einen sich verstärkenden Güter- und Personenverkehr stärker an die Provinzen zu binden versuchten. Es sind wohl weniger die archäologisch nachweisbaren Funde wie Keramik, für die sich die Germanen interessiert haben dürften, als Getreide und andere Nahrungsmittel, Kleidung und sicherlich auch technologische Innovationen. Dieser Prozess wurde durch den Kriegsausbruch abgebrochen.

Sehr schwer zu beurteilen ist der kriegszeitliche Fundniederschlag, beispielsweise der gut datierbaren Terra Sigillata, der im Bereich des Operationsgebietes römischer Truppen aufgefunden wird. Es ist kaum vorstellbar, dass römische Truppen germanische Siedlungen niederbrannten, die kriegsfähige Bevölkerung hinrichteten, Frauen und Mädchen vergewaltigten und in die Sklaverei abführten und am nächsten Tag erschien ein Händler und verkaufte eine glänzend rote Bilderschüssel mit der Darstellung von springenden Tieren (Abb. 52). Inwiefern die mehr oder weniger lange Anwesenheit

Abb. 52: Gefangennahme von Frauen, Mark Aurel-Säule, Szene 104/104

römischer Soldaten in befestigten Militärlagern nördlich der Donau – wie beispielsweise dem von Iža bei Komarno (Slowakei), einem Brückenkopf des Legionslagers von Brigetio (Ungarn) nördlich der Donau, das zwischen 170 und 175 n. Chr., also während des Krieges, gebaut wurde – zu einem Warenaustausch mit der ansässigen autochthonen Bevölkerung führte, ist ungewiss. In Analogie zu der Situation der augusteischen Okkupationstruppen in Westfalen muss man skeptisch sein. Andererseits war vielleicht nicht jeder Markomanne oder Quade zu jedem Zeitpunkt Gegner römischer Truppen. Sicherlich hat es auch Formen der Kooperation oder Kollaboration gegeben. In diesem Zusammenhang passt vielleicht eine in antiken Schriftquellen nur kurz erwähnte *provincia Marcomannia et Sarmatica*. Wurde unter Marcus Aurelius während der Markomannenkriege eine solche Provinz tatsächlich eingerichtet oder vielleicht nur als Kriegsziel geplant? Wir wissen es nicht.

Mit dem Abschluss der Markomannenkriege brach der Warenstrom aus den Grenzprovinzen in die

Siedlungsgebiete der Markomannen und Quaden nicht ab. Die teilweise harschen Friedensbedingungen, die Rom diktierte, waren anscheinend nicht dergestalt, dass sie diesen Austausch verhinderten. Was in welche Richtung geflossen ist, ist schwer zu sagen – überliefert sind als Bodenfunde vor allem Tafel- und Gebrauchskeramik. Im oben angesprochenen Nordwestdeutschland und den Niederlanden brach der Zufluss römischer Denare schlagartig um 193/194 n. Chr. ab, ein Eindruck, der von der gut datierten reliefverzierten Terra Sigillata bestätigt wird. Es mag noch die eine oder andere Sigillata Nordwestdeutschland erreicht haben, es waren aber deutlich weniger als zuvor. Erst um die Mitte des 3. Jhs. n. Chr. setzte hier ein erneuter Zufluss an römischen Erzeugnissen ein.

Die weitere Entwicklung der Beziehungen zwischen dem römischen Mitteldonauraum und den germanischen Siedlern im Vorland der Reichsgrenze ist beim heutigen Forschungsstand nur eingeschränkt zu beurteilen. Die Garnison von Iža bestand bis in die valentinische Periode, sie ging wohl in den Wirren nach der katastrophalen Niederlage Roms gegen die terwingischen Goten bei Adrianopel 378 n. Chr. unter. Aber nicht nur hier gibt es Indizien für die Anwesenheit von Römern nördlich der mittleren Donau, die sich auf eine im Laufe der Zeit verändernde germanische Stammeswelt mit neuen Ansprüchen und Forderungen einstellen mussten. Die politischen und militärischen Anforderungen der Jahrzehnte nach dem Ende der Markomannenkriege führten zu neuen Formen des Neben- und Miteinanders beider Bevölkerungsgruppen im mittleren Donauraum, Römern und Germanen. In der späten Kaiserzeit schließlich wurde dieser Dualismus zunehmend diffus.

Michael Erdrich

**Literatur:**
Birley 1993; Bockius – Łuczkiewicz 2004; Böhme 1975; Erdrich 2001; Erdrich 2016a; Erdrich 2016b; Fischer 2006, insb. 453–464; Friesinger u. a. 1994; Friesinger – Krinzinger 1997; Gabler 2009; Gassner u. a. 2002; Gugl – Kastler 2007; Halama 2011; Harl 2011; Harmadyová 2009; Hrnčiarik 2013; Humer 2006; Karasová 1998; Kehne 2009b; Klanicová 2010; Kuzmová 1997; Kuzmová 2008; Laser 1998; Lind 1981; Pieta – Plachá 1999; Ployer 2013a; Pohl 2004; Quast – Erdrich 2013; Rajtar 1994; Salač 2009; Salač – Bemmann 2009; Stuppner 1995; Stuppner 1997; Tyszler 1999; Urban 2000; Voss 2005; Wolters 1990; Visy 2003.

# Römer und Germanen am norisch-pannonischen Limes

Das von Carnuntum bis Boiodurum/Passau reichende Limesvorland nahm in der römischen Kaiserzeit und Völkerwanderungszeit als Kontaktzone zwischen dem Römischen Reich und der *Germania magna* und als Siedlungsterritorium germanischer Klientelrandstaaten eine bedeutende Rolle ein (Abb. 53). Das Gebiet querten römische Handelsrouten, Vormarschtrassen des römischen Heeres ins Barbaricum und Einfallslinien barbarischer Bevölkerungsgruppen in die römischen Provinzen. Gleichzeitig war die Region Träger von ständig wechselnden Siedlungs- und Herrschaftszentren sowie Königshöfen germanischer Klientelrandstaaten. Spätestens zur Zeit der Markomannenkriege (166–180 n. Chr.) ist der Plan von der Errichtung einer neuen Provinz *Marcomannia* überliefert. Das Gebiet ist vermutlich auch Herkunftsort römischer Hilfstruppen wie den *equites Marcomanni*, die im 3. Jh. n. Chr. in Oberägypten stationiert waren, oder der Palastwache, die in der spätrömischen Kaiserresidenz von Ravenna ihren Dienst versah. Im 4. und 5. Jh. n. Chr. könnte die Föderatentruppe um den *tribunus gentis Marcomannorum* zur Sicherung der römischen Reichsgrenze am Limes oder im Vorfeld stationiert gewesen sein. Die römische Grenz- und Außenpolitik verfolgte daher aufmerksam und oft selbst nicht unbeteiligt, welche Völker und Zentren sowie politische Strukturen sich jenseits der Grenze formierten. So schreibt auch Tacitus am Ende des 1. Jhs. n. Chr. in seiner *Germania* (42,2): „Ihre tatsächliche Macht verdanken die [germanischen] Könige römischem Einfluss; sie werden von uns selten militärisch, öfter nur mit Geld unterstützt, aber das erweist sich als nicht weniger wirksam."

Das historische Hauptgeschehen konzentrierte sich in der angesprochenen Grenzzone auf das Gebiet zwischen dem Ostrand des Waldviertels im Westen, dem Brünner Becken im Norden und den Kleinen Karpaten im Osten. Von der ausgehenden Latène- bis zur Völkerwanderungszeit war dieser Teil dicht besiedeltes Gebiet keltischer und germanischer Bevölkerungsgruppen. Mühl- und Waldviertel hingegen waren, bis auf die Südausläufer der kaiserzeitlichen Besiedlung entlang der Moldau und die überregionalen Verbindungslinien wie dem

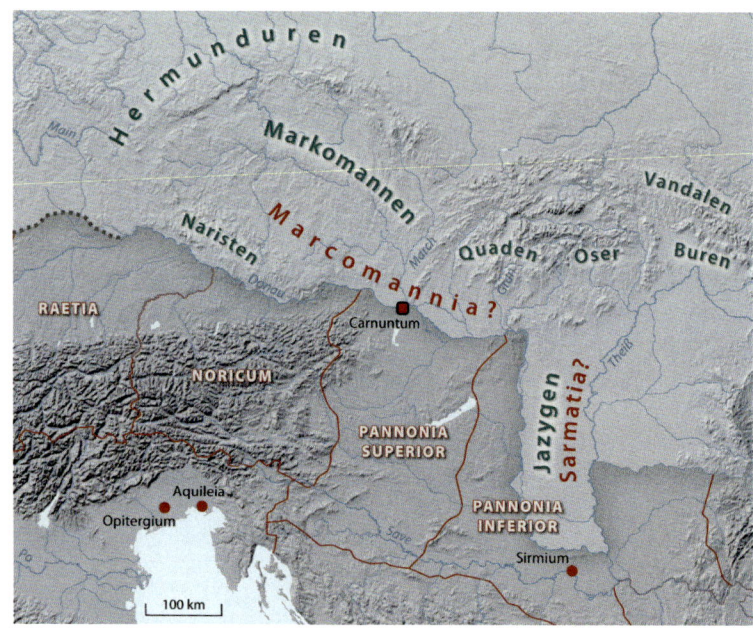

Abb. 53: Karte der römischen Provinzen an der mittleren Donau im 2. Jh. n. Chr.

Goldenen Steig von Passau oder Linz ins böhmische Becken, in der Antike bewaldetes, siedlungsleeres Gebiet.

„Klientelrandstaaten und Randvölker"

Seit dem 19. Jh. verwendet die Altertumsforschung den Begriff „Klientelrandstaaten" für jene Völker, die an der nördlichen Peripherie des römischen Reiches siedeln. Als Inhalte des Klientelsystems betrachtet man Königsernennungen, -bestätigungen oder -einsetzungen (Abb. 54), Subordination von Außenpolitik, Subsidien sowie Grenzschutzverpflichtungen und Rechte auf Provinzialisierung von Klientel. Auch wenn die neuere Forschung dem Terminus kritisch gegenübersteht, findet er im nördlichen Vorfeld des Römischen Reiches bei den Quaden und Markomannen durchaus seine Berechtigung, denn – so Althistoriker P. Kehne – „dort wo der Kaiser Randvölker zwang, Befehle Roms zu befolgen, war *Imperium Romanum*".

Abb. 54: Römischer Sesterz des Antoninus Pius, römischer Kaiser, geprägt 140-144 n. Chr. Inschrift auf der Rückseite: REX QVADIS DATVS – König den Quaden gegeben.

Schon im ersten vorchristlichen Jahrhundert sind die ersten Spuren frühester germanischer Bevölkerungsteile aus dem Norden und Nordwesten an der March durch Keramikscherben in spätlatènezeitlichen Siedlungen und Grabfunden greifbar. In der römischen Kaiserzeit bezeichnet Tacitus (*Germania* 42,1) die Markomannen und Quaden zusammen mit den Hermunduren und Naristen als die Völker, die die Stirnseite Germaniens an der Donau bilden. Dabei werden die Siedlungsgebiete der Markomannen in Böhmen, Südmähren und im niederösterreichischen Weinviertel, die der Quaden in der Südwestslowakei angenommen. Im 5. Jh. n. Chr. sind beide Völker unter der Bezeichnung Sueben geläufig. In Krisenzeiten, wie z. B. den Markomannenkriegen, infiltrierten auch andere Populationen aus der nordwestlichen und -östlichen *Germania magna* das Gebiet, wie z. B. die Langobarden und Obier. Ab der Mitte des 5. Jhs. n. Chr. werden neben den Sueben die Rugier im westlichen Weinviertel und die Eruler an der March lokalisiert. Als jüngste *gens* besiedelten die Langobarden von der unteren Elbe um 488 n. Chr. das Rugi-Land und bewohnten in weiterer Folge die römischen Mauerruinen an der Donau in Tulln oder Wien bzw. nutzten das noch existierende antike Straßennetz.

## Marbod und der mittlere Donauraum

Marbod, vom Stamm der Markomannen, war nach Germanien zurückgekehrt und hatte die Herrschaft über die 10 v. Chr. von Drusus vernichtend geschlagenen und 8 v. Chr. von Tiberius zur allgemeinen Dedition gezwungenen Markomannen übernommen. Zwischen 8/7 und 1 v. Chr. führte er diese und weitere Suebengruppen als Gefolgschaftsführer aus dem Main-Fränkischen Raum in das von der *Hercynia silva* umschlossene *Boihaemum* (Böhmen). Im siedlungsarmen Böhmen und nördlichen Mähren brachte Marbod die keltische Restbevölkerung und weitere eingewanderte und ansässige

Germanen des Großromstedter-Horizontes unter seine Kontrolle. Zu seinem Machtbereich dürften auch Hermunduren, Langobarden, Lugier, Semnonen, Sibiner und andere Stämme gehört haben. Im Jahre 18 n. Chr. wurde Marbod jedoch durch Catualda, einen einst von Marbod vertriebenen Stammesadligen, gestürzt. Er flüchtete ins römische Reich und bekam in Ravenna Asyl. Catualda erfuhr wahrscheinlich ein Jahr später ein ähnliches Schicksal. Drusus Caesar siedelte die Gefolgschaften beider nördlich der Donau zwischen den Flüssen March (*Marus*) und *Cusus* (Waag?) an und setzte Vannius vom Stamme der Quaden als König ein.

Die ungewöhnliche wirtschaftliche und kulturelle Bedeutung Böhmens zur Zeit Marbods spiegelt sich in den zahlreichen Siedlungen und reich ausgestatteten Gräberfeldern wie Dobřichov-Pičhora wider. Ausläufer der marbodzeitlichen Besiedlung reichen im Süden entlang der Moldau bis zur heutigen tschechisch-österreichischen Staatsgrenze. Im Jahre 6 n. Chr. sollte das straff geführte Reich Marbods zerschlagen werden. Aufgrund eines Aufstandes in Pannonien wurden die Invasionspläne abgebrochen. Die antiken römischen Schriftsteller Velleius Paterculus (2,109,5 und 2,110,1–2) sowie Plinius der Ältere (nat. hist. 4,80) berichten darüber. Sie nennen Carnuntum bzw. das Winterlager bei Carnuntum als Ausgangsbasis für den Zug des Tiberius gegen Marbod.

Die jüngsten Forschungsergebnisse auf dem Burgberg von Bratislava-Devín hoch über der March haben die Diskussion um die Nachweise der augusteischen militärischen Aktivitäten an der mittleren Donau wieder angeregt und belebt. Die keltische Siedlung wurde durch eine frührömische Besiedlung abgelöst, die rahmenhaft in das letzte Jahrzehnt v. Chr. und in die ersten Jahrzehnte n. Chr. gesetzt und als direkte Anwesenheit der Römer in der Zeit um Christi Geburt gesehen wird. Ausgehend von der Annahme eines Stützpunktes auf dem Burgfelsen von Devín und durch weitere augusteische Funde im Marchtal sowie auf dem keltischen Oppidum Hradisko in Mähren, wie Aucissafibeln, italische Terra Sigillata, Millefioriglässer und Riemenzungen, hat T. Kolník eine Vormarschtrasse des römischen Heeres entlang der unteren March und unteren Thaya vermutet. Aufgrund der römischen Funde dürfte die Siedlung auf Devín in dieser Zeit zumindest ein bedeutendes Wirtschafts- und Handelszentrum an der uralten Handelsstraße, der sog. Bernsteinstraße, gewesen sein.

## Das *regnum Vannianum* und die frühesten germanischen Funde im Carnuntiner Vorland

Der Quade Vannius wurde 19 n. Chr. von Drusus Caesar als König über die zwischen Marus und Cusus (March und Waag?) angesiedelten Gefolgschaften Marbods und Katwalds eingesetzt. Die Quaden, die ursprünglich als Sueben bezeichnet wurden, hatten gleichzeitig mit den Markomannen unter ihrem König Tudrus das ehemalige Siedlungsgebiet verlassen und sich nach allgemeiner Auffassung östlich der böhmischen Markomannen niedergelassen. Sie werden nun in den literarischen Quellen erstmals als Quaden bezeichnet. T. Kolník vermutet ihre neuen Siedlungsgebiete „*nahe zur mittleren Donau hin, zunächst Südmähren und den östlichen Teil Niederösterreichs, bald danach auch die Südwestslowakei*". Die Herrschaft des Vannius dauerte drei Jahrzehnte. Das Kerngebiet wird in der Südwestslowakei vermutet. Durch Beutezüge und Zolleinnahmen sammelte er sich Reichtümer an. 51 n. Chr. wurde das Königreich des Vannius von rivalisierenden germanischen Gruppen zerschlagen. Vannius floh nach Pannonien, wo ihm der römische Kaiser Claudius Zuflucht gewährte. Heute geht man davon aus, dass Vannius und seine Gefolgschaft westlich des Neusiedlersees bis zur Leitha angesiedelt wurden. Innerhalb provinzialrömischer Friedhöfe, wie Mannersdorf an der Leitha, Katzelsdorf

## Römer und Germanen am norisch-pannonischen Limes

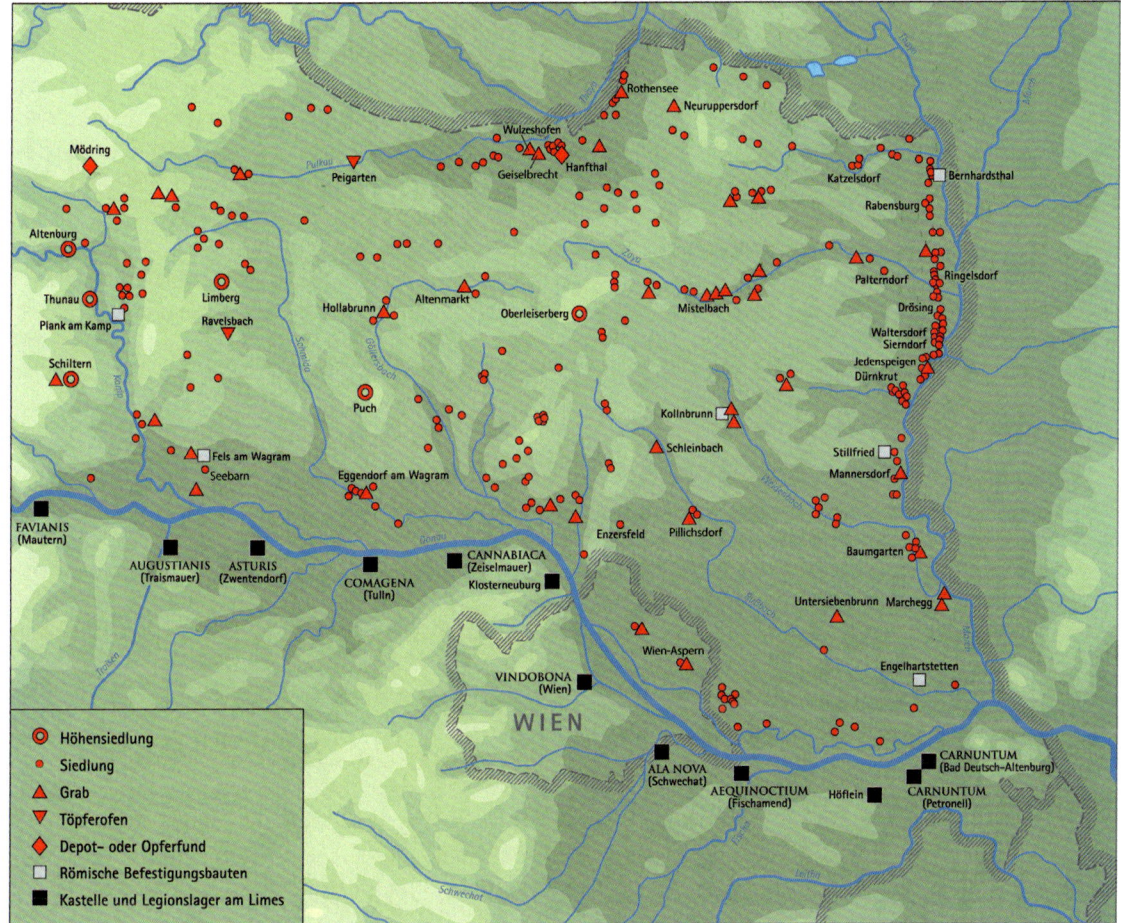

Abb. 55: Germanische Besiedlung des 2. und 3. Jhs. n. Chr. im nördlichen Niederösterreich

bei Wiener Neustadt und Weiden am See, wurden Brandbestattungen mit Funden germanischer Provenienz aufgedeckt. Weiters scheinen germanische Namen auf römischen Grabsteinen auf die Umsiedlung hinzuweisen. Zu den jüngsten Entdeckungen zählt eine Siedlung mit Grubenhäusern in der Nähe von Bruckneudorf, deren Gründung in diese Zeit fallen dürfte.

Die frühesten germanischen Funde nördlich von Carnuntum rechts der March sind hauptsächlich Grab- oder Einzelfunde. Es handelt sich um einen möglichen Grabfund aus Ringelsdorf, zwei germanische Brandgräber aus Mannersdorf an der March und ein weibliches Körpergrab aus Baumgarten an der March. Die Gräber sind sehr eng mit dem Fundbestand der ältesten Grabfunde auf den slowakischen Gräberfeldern Kostolná pri Dunaji, Abrahám und Sládkovičovo und mit dem marbodzeitlichen Fundstoff im böhmischen Raum verbunden. Sie dürften zu verschiedenen, frühen germanischen

Zentren gehören, die im Vorfeld von Carnuntum lokalisiert werden können und die mit dem des Vannius östlich der Kleinen Karpaten gleichzeitig sind. Die Grabfunde spiegeln eine soziale Oberschicht wider, die weitreichende Verbindungen aufweist. Besonders die Trachtbestandteile und die aus Capua stammenden Metallgefäße belegen intensive Beziehungen zum Ostalpenraum und zum römischen Reich.

Noch während der Vannius-Zeit scheint eine intensive germanische Besiedlung im gesamten Weinviertel einzusetzen. Nachweise erbrachten die archäologisch untersuchten kaiserzeitlichen Siedlungen in Michelsstetten, Pellendorf, Zaingrub und Seebarn bei Grafenwörth. Dabei waren wohl auch Bevölkerungselemente der im Raum Klein- und Großpolens verbreiteten, kaiserzeitlichen Przeworsk-Kultur beteiligt, wie Funde aus der Siedlung in Michelsstetten und Grabfunde von Pillichsdorf und Mistelbach belegen.

## Das norisch-pannonische Limesvorland bis zu den Markomannenkriegen

Ab der Mitte des 1. Jhs. n. Chr. wurde das Gebiet zwischen Kamp, Thaya, March und Donau zunehmend durch neue germanische Siedler bevölkert. Im 2. Jh. n. Chr. existierte eine dichte, germanische Siedlungsstruktur im nördlichen Niederösterreich (Abb. 55). Die Siedlungen bestehen neben geschlossenen Dorf- und Weilersiedlungen vor allem aus Einzelgehöften. Sie liegen auf sanften Erhebungen oder Mittelterrassen entlang von Flusslandschaften und in Randgebieten von Beckenlandschaften. Die Größe der Siedlungen wird auf 1,5–3 ha geschätzt. Neben ebenerdigen Pfostenbauten bilden die sechspfostigen Grubenhäuser das kennzeichnende Bauelement. Die Innenfläche der Grubenhäuser beträgt etwa 14–15 m². Mehrere Grubenhäuser gruppieren sich meistens um einen größeren, als Wohngebäude genutzten Pfostenbau. Hinzu kommen Produktionseinrichtungen wie Reduktionsöfen, die in Michelsstetten, Zaingrub und Seebarn einzeln oder in Gruppen aufgestellt waren. Mit der Siedlungsverdichtung setzt auch ein intensiver Kontakt mit dem römischen Reich ein (Abb. 56). Im Freilichtmuseum Elsarn im Strassertal ist das Aussehen eines kaiserzeitlichen Gehöftes rekonstruiert.

## Die Zeit der Markomannenkriege

Veränderungen in der germanischen Gesellschaft und Völkerbewegungen im nördlichen Germanien führten wahrscheinlich an der mittleren Donau in der zweiten Hälfte des 2. Jhs. n. Chr. zu den schweren Auseinandersetzungen zwischen Römern und Germanen, die von 166 bis 180 n. Chr. dauerten und als „Markomannenkriege" bekannt sind. Auslöser waren die 166 und 167 n. Chr. in der Provinz Pannonien einfallenden 6000 Obier und Langobarden. Im Jahre 170 n. Chr. erfolgte der Hauptansturm und es gelang den Markomannen und Verbündeten bis nach Opitergium in Oberitalien vorzudringen. Unter erheblichen Anstrengungen konnte Kaiser Marc Aurel das Kriegsgeschehen über die Donau,

Abb. 56: Hanfthal. Römische Kasserolle aus Siedlungsdepotgrube

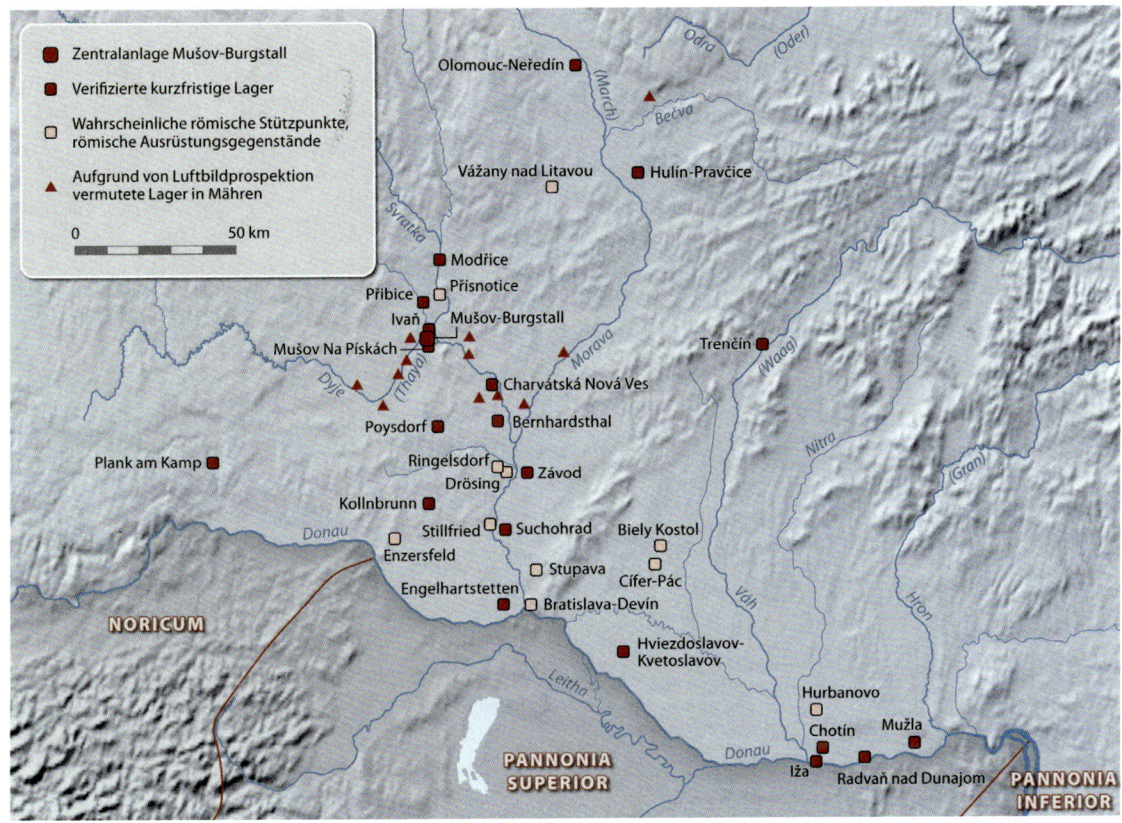

Abb. 57: Römische Anlagen aus der Zeit der Markomannenkriege

außerhalb des Reichsgebietes, verlegen. In zwei Gegenoffensiven (die *expeditio Germanica prima* von 172–175 n. Chr. und die *expeditio Germanica secunda* von 177–180 n. Chr.) versuchte Mark Aurel Ruhe und Ordnung zu schaffen. Der Friedensschluss wurde 180 n. Chr. unter dem römischen Kaiser Commodus geschlossen, der den Klientelstatus wiederherstellte.

Intensive archäologische Forschungen in den letzten Jahrzehnten brachten zahlreiche Befunde wie römische Feldlager und Stützpunkte sowie Kleinfunde zum Vorschein, die das historische Ereignis widerspiegeln (Abb. 57).

In der Umgebung von Brückenköpfen oder römischen Stützpunkten sowie an den Hauptverbindungsstraßen wurden im nördlichen Niederösterreich, in Mähren und der Slowakei durch Aufnahmen aus der Luft zahlreiche Marsch- oder Feldlager entdeckt. Man betrachtet sie als Teil eines militärischen Kontrollsystems. Im nördlichen Niederösterreich sind fünf gesicherte Marsch- oder Feldlager entlang der Hauptverbindungsstraßen nach Norden nachgewiesen. Im Vorfeld von Carnuntum befinden sich Lager in Engelhartstetten, Kollnbrunn und Bernhardsthal. Weiter westlich sind ein Lager am Rittsteig in Fels am Wagram und ein zweites an der Verbindungslinie durch das Kamptal in Plank am Kamp entdeckt worden. Bei allen Anlagen handelt es sich in der Regel um rechteckige bis trapezförmige Spitzgrabenanlagen, die flächenmäßig eine Ausdehnung von 1 bis zu 37 ha erreichen. Die Spitzgräben sind bis zu 1,80 m tief und bis zu 3,0 m breit. Über die Inneneinrichtungen ist nichts Näheres bekannt. Nur in Einzelfällen sind wir über die Lage und Konstruktion der Toranlagen informiert. Konkrete archäologische Hinweise für die Datierung liegen aus den Ausgrabungen in der germanischen Siedlung in Bernhardsthal vor (Abb. 58). Das Marschlager liegt stratigraphisch zwischen der Siedlungsschicht des 2. Jhs. n. Chr. und einem Wall, der Ende des 2. und Anfang des 3. Jhs. n. Chr. errichtet wurde.

In die Zeit der Markomannenkriege gehören vermutlich auch die Brückenköpfe oder Gegenbefestigungen an den Donauübergängen. Eine Gegenbefestigung zu Vindobona wird aufgrund von Ziegelfunden in Wien-Leopoldau, zu Carnuntum im Mauerngeviert (?) auf der gegenüberliegenden linken Donauseite an der Mündung des Rosskopfarmes in die Donau vermutet. Die Lage der beiden Fundorte wird meist mit dem Lager in Iža-Leányvár bei Komarno verglichen, wo die slowakischen Archäologen seit Jahren die Strukturen einer römischen Gegenbefestigung zu Brigetio freilegen (Abb. 59). Diese umfasste ein Holz-Erde-Lager aus der Zeit der Markomannenkriege und ein darauf folgendes Steinkastell, das unter Commodus errichtet wurde und bis zum Beginn der Völkerwanderungszeit bestand.

Römische Stützpunkte werden beiderseits der March auf Bratislava-Devín, in Stupava, Stillfried, Drösing und Ringelsdorf sowie Enzersfeld vermutet. Einer der bedeutendsten und bestuntersuchten römischen Befestigungsanlagen befindet sich auf dem Burgstall bei Mušov in Südmähren, etwa 80 km von Wien entfernt (Abb. 60). Die Anlage wird von einer zweiphasigen Wehranlage mit je einer Toranlage im Südosten und Südwesten umgeben und nimmt eine Fläche von mindestens 25 ha ein. Die Wehranlage besteht aus V-förmigen Spitzgräben und einer Holz-Erde-Mauer sowie einer Mauer aus luftgetrockneten Lehmziegeln und einer Bohlenwand, welche die hintere Linie der Holz-Erde-Mauer sicherte. Baustrukturen im Innenbereich des Stützpunktes sind ausschnittsweise bei Altgrabungen und neueren Untersuchungen freigelegt worden. Aus den Altgrabungen A. Gnirs sind von der Kuppe des Burgstalles zwei gemauerte Gebäu-

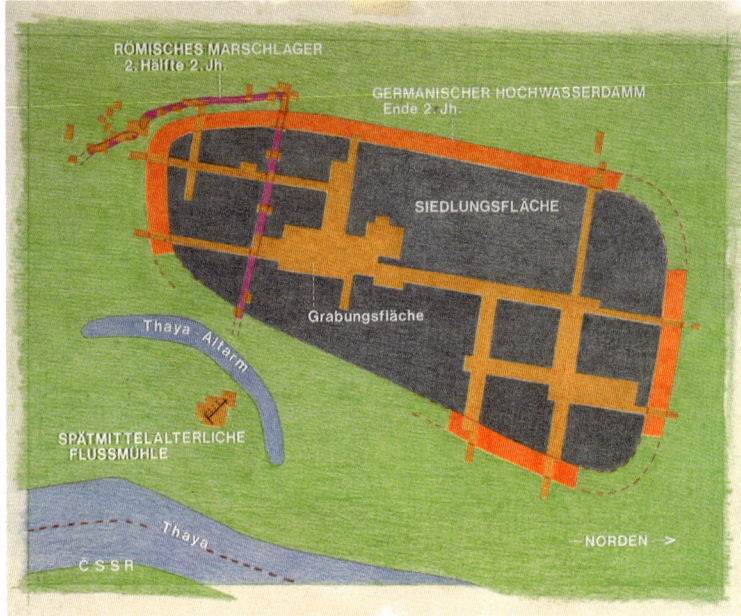

Abb. 58: Bernhardsthal. Marschlager und germanische Siedlung

de im Fachwerkbau bekannt: ein langrechteckiger Wohnbau mit vier Räumen und eine 14 m lange Badeanlage. Beide Bauten waren mit Hypokaustanlagen und Wasserleitungen ausgestattet. Als Baumaterialien wurden Ziegel mit Stempel der 10. Legion verwendet. Etwa 130 m südlich der beiden Bauten wurden auf einer terrassenartigen Fläche des nach Südosten abfallenden Hanges metallverarbeitende Werkstätten freigelegt, so u. a. mehrere ca. 2,50 m breite und bis zu 6 m lange Baracken mit einer Pfostenkonstruktion in den Ecken und an den Längsseiten sowie dazugehörige Öfen, bei denen es sich um Schmiedeöfen handeln könnte. Ein hölzerner Bau mit einer Apsis und die Fortsetzung der Wehranlage aus Wall und Graben, vier Türme sowie eine Toranlage kamen im Südosten des Burgstalles in der Flur Neurissen zum Vorschein. Der Nordost-Südwest orientierte Bau misst im Grundriss 44 × 30 m und besteht aus zwei längs gelegenen Räumen und einer Querhalle mit Apsis als Empfangsraum, einem Peristylhof an der West- und einer Portikus an der Südseite. Er wird als Wohnbau eines Lagerpräfekten betrachtet. Die jüngste archäologische Entdeckung ist der hölzerne Bau eines *valetudinarium*s, eines Krankenhauses, mit einer Länge von 71 m südwestlich der Flur Neurissen. Die Ausgräber J. Tejral und B. Komoroczy sehen in der gesamten Anlage auf dem Burgstall die „organisatorische Keimzelle einer Besatzungsinfrastruktur". Die römische Heeresleitung koordinierte von hier aus die im Markomannengebiet operierenden Militäreinheiten. Man vermutet, dass am Burgstall der künftige Verwaltungsmittelpunkt der neuen *provincia Marcomannia* geplant war.

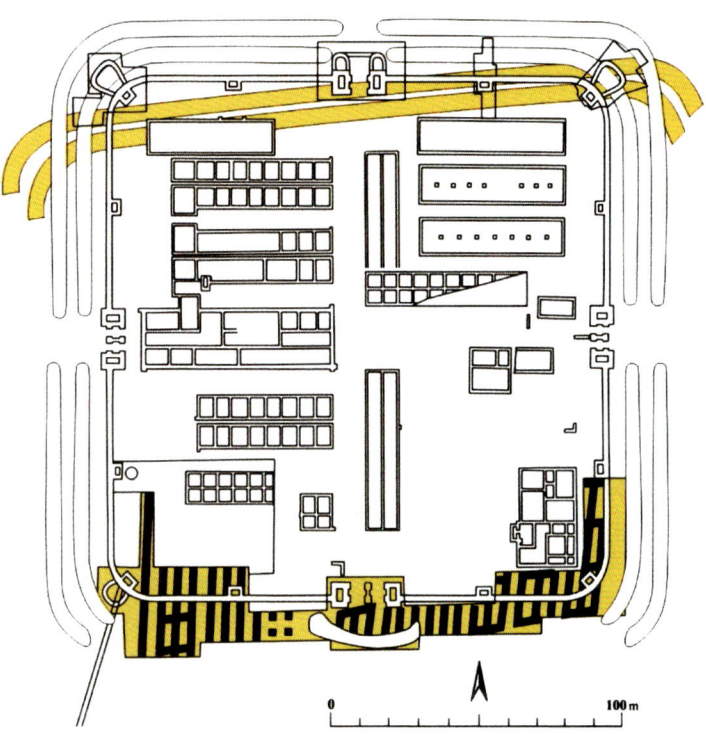

Abb. 59: Iža-Leányvár. Gesamtplan des jüngeren Kastells mit den freigelegten Teilen des älteren Holz-Erde-Lagers

### Fürstensitze und Herrschaftszentren

Neben Fundlandschaften mit zeitweise direktem, römisch militärischem Eingriff repräsentieren sich nördlich der mittleren Donau einheimische Siedlungen und Grablegen, deren Erscheinungsbild stark durch römischen Einfluss geprägt ist und die schon von einer teilweisen Romanisierung der germanischen Gesellschaft zeugen. Es sind dies vor allem reich ausgestattete Grablegen und zentrale

Siedlungsanlagen mit römischer Architektur, die mit der germanischen Elitebevölkerung verknüpft bzw. als Sitze germanischer Klientelkönige betrachtet werden können.

So ein Siedlungszentrum wird von K. Elschek in Zohor an der unteren March, Slowakei, untersucht. Die Siedlung umfasst Grubenhäuser in Sechspostenkonstruktion, Brunnen, über 30 Rennöfen, einen Depotfund und ein 3 ha großes Brandgräberfeld des 1. und 2. Jhs. n. Chr. Sie entstand bald nach Christi Geburt und entwickelte sich im Laufe des 1. Jhs. n. Chr. zu einem Zoll-, Kontroll- und Handelsmittelpunkt. Anfang des 2. Jhs. n. Chr. wandelte sie sich zu einer Zentralsiedlung mit Produktionszentren. Die Bewohner sind teilweise elitäre Bevölkerungsgruppen, wie ein 2010 entdecktes, reich ausgestattetes Grab vom Typ Lübsow aus der Mitte des 2. Jhs. n. Chr. zeigt. Wie viele andere reiche Grablegen der älteren römischen Kaiserzeit ist das Grab durch reichen römischen Import, sonstige reiche Beigaben, Waffenlosigkeit, Körperbestattung, aufwändigen Grabbau und die Lage abseits des großen Gräberfeldes charakterisiert.

Abb. 60: Mušov, Burgstall, Mähren. 1, 2 Wohngebäude und Badeanlage; 3 Werkstätten; 4 *valetudinarium*; 5 Holz-Erde-Befestigung; 6, 8 Toranlagen; 7 Wohngebäude mit Apsis

Ein ähnliches Siedlungszentrum ist wohl auch hinter dem germanischen Königsgrab von Mušov zu vermuten. Das Grab wurde 1988 in einer Schottergrube etwa 1,5 km südwestlich der römischen Befestigung am Burgstall bei Mušov entdeckt. In der geräumigen Grabkammer aus Holz befanden sich acht Bronze- und mehrere Silbergefäße, eine Bronzelampe, zwei Silberlöffel, zahlreiche Glasgefäße, römische Gebrauchskeramik, eine zweischnauzige Bronzelampe, ein Klapptisch, Herdgeräte, Waffen, Prunksporn und die Bestandteile von sechs Gürteln, darunter drei Prachtgürtel (Abb. 61). Die außergewöhnliche Ausstattung demonstriert die herausragende gesellschaftliche Position der Träger. Die hier bestatteten Personen, zwei Männer und eine Frau, hatten sehr intensive Beziehungen zu den Römern, worauf u. a. der reparierte Klapptisch, das gläserne Geschirr, die reichen Sätze provinzialrömischer Keramik und wohl auch der Bronzekessel mit den Büsten von suebischen Kriegern als Attaschen hinweisen.

Nicht nur reiche Grablegen, sondern auch Siedlungen mit römischer Villenarchitektur, die in der Slowakei in Stupava, Bratislava-Dubravka, Milanovce und Cífer-Pác, im nördlichen Niederösterreich in Niederleis und auf dem Oberleiserberg freigelegt wurden, sind nach T. Kolník als Residenzen der Elite oder prorömisch orientierter germanischer Klientelkönige zu betrachten. Obwohl kein Bau im Grundriss dem anderen gleicht, wird meist die Ähnlichkeit mit römischen Villenbauten in Pannonien und Noricum hervorgehoben. Im zweiten Drittel des 2. Jhs. n. Chr. wurde in Stupava nördlich von Bratislava ein römischer Bau errichtet, der sich im 3. Jh. n. Chr. zu einer Peristylvilla mit Badeanlage und außerhalb der Umfassungsmauer liegenden Getreidespeicher entwickelte und an der Wende vom 3. zum 4. Jh. n. Chr. aufgegeben wurde. Ebenso ins 3. Jh. n. Chr. datiert der römische Villenbau in Form einer Badeanlage in Bruchsteinmauerwerk mit Kalkmörtelbindung und ein Hallenpfostenbau von Bratislava-Dúbravka. Die Fundamentreste eines villenartigen Baues aus der zweiten Hälfte des 4. Jhs. n. Chr. kamen in Milanovce zum Vorschein. Römische steinfundamentierte Gebäude des 4. Jhs. n. Chr. stammen aus der 40 km nördlich des Limes liegenden Siedlung und „Elitenresidenz" in Cífer-Pác (Bez. Trnava, Slowakei) (Abb. 62). Die zentrale, 60 × 70 m große, annähernd quadratische Anlage wurde von einer Holzpalisade eingegrenzt. Innerhalb des eingefriedeten Bezirkes befand sich das Hauptgebäude mit Steinfundamenten, das drei Bauphasen aufweist. Ein weiterer Steinbau befand sich außerhalb des eingefriedeten Areals. Innerhalb des Gehöfts standen entlang der Palisade um einen freien Platz noch weitere 16 hölzerne Block- und Pfostenbauten. Davon sind

Abb. 61: Mušov, Königsgrab: Auswahl des in der Grabkammer aufgestellten Bronzegeschirrs. In der Mitte der bronzene Kessel mit den Suebenbüsten als Attaschen

einige mit Portiken ausgestattet. In unmittelbarer Nachbarschaft des umzäunten Areals befand sich nördlich und östlich ein Wirtschaftsbezirk, in dem Grubenhäuser, Brunnen und drei Töpferöfen freigelegt wurden.

Schon seit längerem sind die Ständerbauten mit Fachwerk auf Steinfundamenten in der jünger- bis spätkaiserzeitlichen Siedlung beim alten Friedhof in Niederleis bekannt. 1975 wurde dort der Heizkanal zu einem Holzbau des 5. Jhs. n. Chr. freigelegt.

Mit Cífer-Pác vergleichbar ist das spätantike Siedlungszentrum auf dem Oberleiserberg bei Ernstbrunn. Durch langjährige Grabungen wurden auf der Anhöhe die Grundrisse eines völkerwanderungszeitlichen Herrenhofes mit römischen Bauten und einer Siedlung freigelegt, deren archäologische Überreste und Untersuchungsergebnisse vor Ort besichtigt werden können.

Gegen Ende des 4. Jhs. n. Chr. verlagerten elitäre Bevölkerungsgruppen ihre Siedlungsplätze auf natürlich geschützte Anhöhen oder Spornanlagen. Höhensiedlungen sind im nördlichen Niederösterreich, in der Südwestslowakei, in Mähren und Böhmen eine charakteristische Erscheinung der ersten Hälfte des 5. Jhs. n. Chr. Als Funktionen werden Sitze von mit Rom föderierten Personen, Herrschaftszentren, zentrale Fürstensitze und Stützpunkte bzw. Zufluchtsorte der einheimischen Bevölkerung genannt.

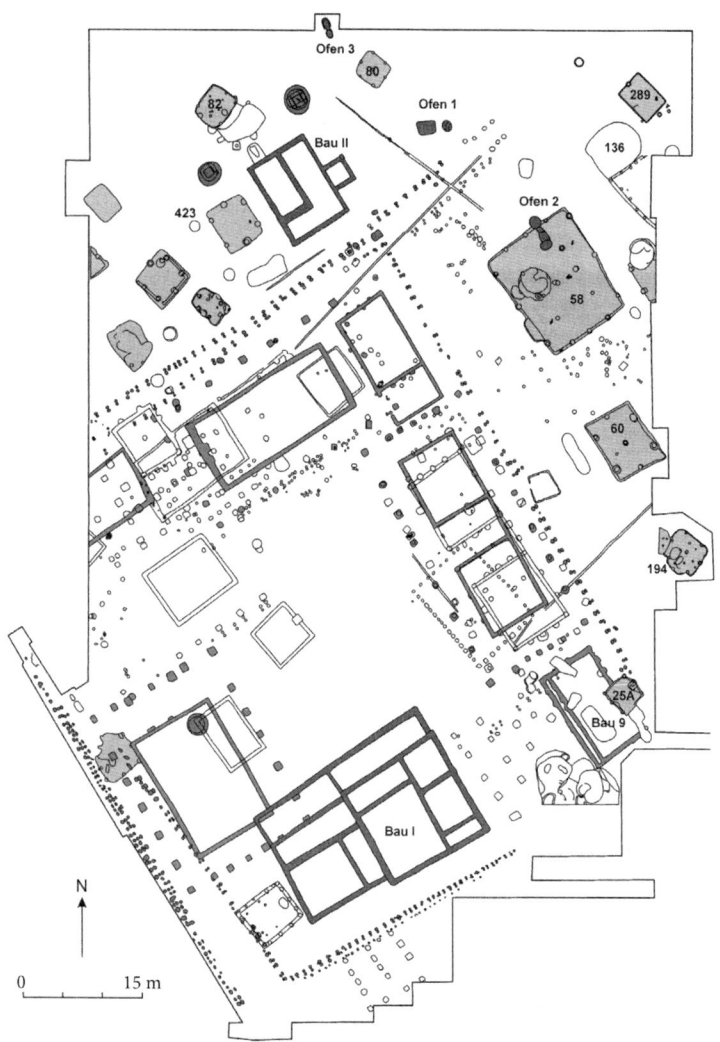

Abb. 62: Cífer Pác. Siedlungsplan mit römischen Baugrundrissen

Der Oberleiserberg bei Ernstbrunn (Abb. 63) liegt im Zentrum des ehemaligen kaiser- und völkerwanderungszeitlichen Siedlungsraumes Niederösterreichs und dürfte wohl den Rückzugs- und

Repräsentationsort einer germanischen Bevölkerungselite in der zweiten Hälfte des 4. Jhs. n. Chr. darstellen. Die freigelegten, römischen Gebäude und Siedlungsstrukturen sind Teile eines bedeutenden spätsuebischen Herrschaftszentrums des 4. und 5. Jhs. n. Chr., bestehend aus einem Herrenhof am nordwestlichen Plateaurand und einer Siedlung mit Pfostenbauten und Backöfen sowie repräsentativen Ständerbauten östlich davon. Das Zentrum bildet der in der zweiten Hälfte des 4. Jhs. n. Chr. errichtete Herrenhof. Er besteht zunächst aus einem Hauptgebäude (Steinbau I) und einer Hofmauer (Abb. 64). Bei der architektonischen Gestaltung des Baues stehen die repräsentativen Elemente der spätantiken Palast- und feudalen Villenarchitektur im Vordergrund. Sie bestimmen vor allem in der zweiten und vierten Phase im 5. Jh. n. Chr. den repräsentativen Charakter des Hauptgebäudes bzw. in weiterer Folge des Herrenhofes. Bis zur Mitte des 5. Jhs. n. Chr. kommen weitere Gebäude und Einrichtungen sowie Umbauten hinzu. Insgesamt wurden am Herrenhof vier Um- und Ausbauphasen festgestellt. Das 30,80 m lange und 15,60 m breite Hauptgebäude (Steinbau I) besteht aus einem Zentralbau und einem Vorbau mit Korridoren, vorspringender Toranlage und Risaliten. Der repräsentative Teil liegt somit im Südteil des Gebäudes. Auf die vorspringende Toranlage folgen der Vorraum und der dahinter liegende große, mit einer Y-förmigen Kanalheizung ausgestattete Hauptraum. Dieser ist der größte der drei Räume des Zentralbaues und mit ca. 105 m² etwas größer als die Aula der kaiserlichen Sommerresidenz von Konz. Das Hauptgebäu-

Abb. 63: Oberleiserberg bei Ernstbrunn. Luftaufnahme von Westen

de umfasst somit die Funktionen: Wohnstätte, Verwaltung, Organisation und Repräsentation. Um die Mitte des 5. Jhs. n. Chr. wird der gesamte Herrenhof architektonisch umgestaltet (Abb. 65). Die Hofmauer wird geschleift. Mittelpunkt ist nun ein dem Hauptgebäude vorgelagerter, ca. 35 × 33 m großer Platz, den ein monumentaler Torbau mit seitlich anschließenden hallenartigen Ständerbauten an der Ostseite und rechteckigen Ständerbauten an der Nord- und Südseite säumen. Der Torbau und die Ständerbauten sind in Holz ausgeführt, weisen z. T. umlaufende, offene Säulenhallen (Portiken) auf, sind zweigeschossig und stimmen axial mit dem Steinbau I überein. Außen- und Innenwände der Ständerbauten sind in Fundamentgräben abgesenkt und in Schwellriegelbauweise ausgeführt. Die Vorbilder für das Eingangsgebäude des Herrenhofes liegen in der spätantiken römischen Repräsentations- und Palastarchitektur. Als ansprechendstes Beispiel gilt das Mosaik mit der Palastdarstellung an der Südwand der Kirche S. Apollinare Nuovo in Ravenna. Die Elemente – Torbau, zentraler Hof und

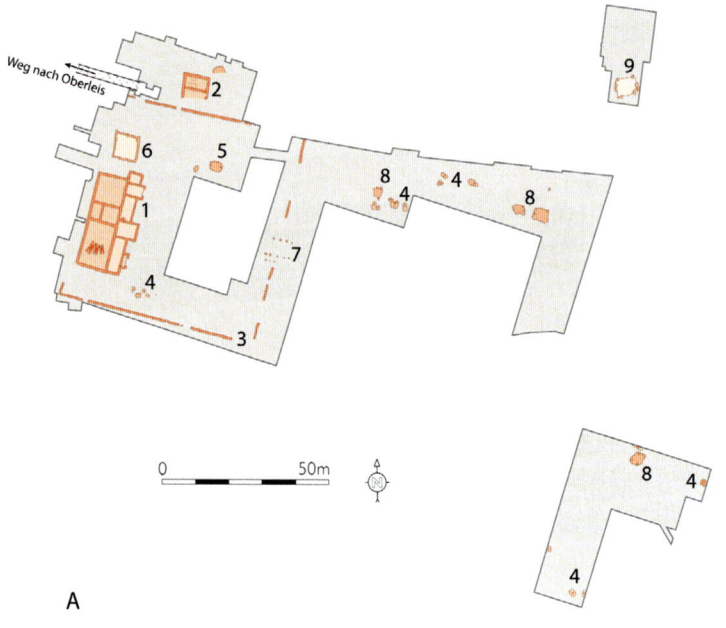

Abb. 64: Oberleiserberg bei Ernstbrunn. Der Herrenhof und die Siedlung östlich davon in der ersten Hälfte des 5. Jhs. n. Chr.: Nr. 1 Hauptgebäude mit Heizkanälen (Steinbau I), 2 Nebengebäude (Steinbau II), 3 Hofmauer, 4 Backöfen, 5 Grubenhaus, 6 Ständerbau, 7 Torbau?, 8 Pfostenbauten, 9 Feinschmiede.

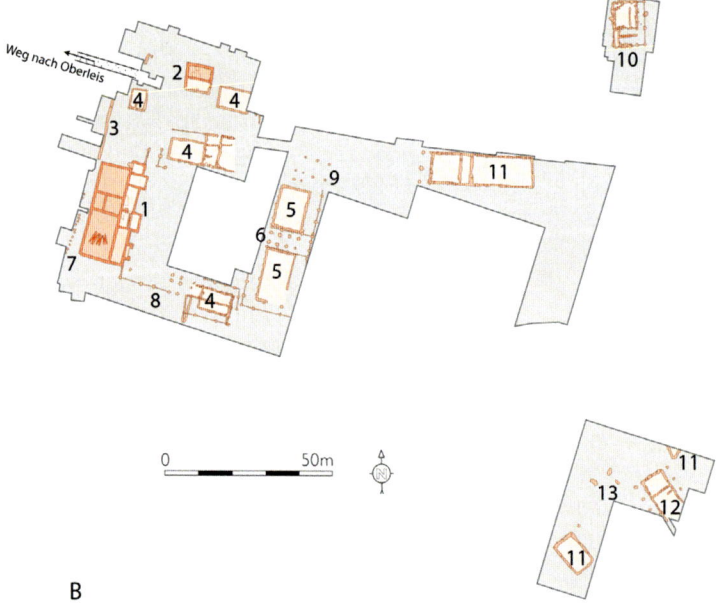

Abb. 65: Oberleiserberg bei Ernstbrunn. Der Herrenhof und die Siedlung östlich davon ab der Mitte des 5. Jhs. n. Chr.: Nr. 1 Hauptgebäude mit Heizkanälen (Steinbau I), 2 Nebengebäude (Steinbau II), 3 Trockenmauer, 4 Ständerbauten, 5-6 Eingangsgebäude mit Torbau und hallenartigen Ständerbauten, 7 Palisade, 8 Pfostenwand, 9 Pfostenwand mit Eckturm?, 10 Ständerbau mit Kanalheizung, 11 Ständerbauten, 12 Ständerbau mit seitlichen Portiken, 13 Gruben.

Empfangssaal mit Vorraum – reihen den Herrenhof auf dem Oberleiserberg um die Mitte des 5. Jhs. n. Chr. in das Schema spätantiker palatialer Anlagen ein. Östlich des Herrenhofes erstreckte sich im heute z. T. bewaldeten Gebiet des Oberleiserberges eine Siedlung des 5. Jhs. n. Chr. mit Handwerksbauten, Backöfen und repräsentativen Ständerbauten. In die erste Hälfte des 5. Jhs. n. Chr. gehören Backöfen, Grubenhäuser mit Pfostenstellungen an den Schmalseiten und, im bewaldeten Teil, der eingetiefte Pfostenbau einer Feinschmiede (Abb. 64). Die Backöfen sind ebenerdige oder in den gewachsenen Boden eingetiefte Öfen mit einer Beschickungsgrube. Die Grubenhäuser sind unterschiedlich groß und je nach Hanglage in den gewachsenen Boden ganz oder hangseitig eingetieft. Die Länge variiert zwischen 2,80 und 4,70 m, die Breite zwischen 2,70 und 3,50 m. Um die Mitte des 5. Jhs. n. Chr. fallen Pfostenbauten, Grubenhäuser und Backöfen einem Brand zum Opfer. Nach umfangreichen Planierungen und Terrassierungen werden repräsentative hölzerne Ständerbauten mit abgesenkten Wandgräben und Schwellriegelbauweise als Wohn- und Speicherbauten errichtet, wie z. B. ein dreiräumiges, 12,40 m langes und 9,0 m breites hölzernes Wohngebäude mit einer T-förmigen Fußbodenheizung und einem Vorraum im bewaldeten Bereich des Oberleiserberges (Abb. 65).

Die Siedlung und der Herrenhof enden in der zweiten Hälfte des 5. Jhs. n. Chr.

## Die Spätantike

Die besonderen Beziehungen Roms zu elitären Bevölkerungsgruppen der Markomannen und Quaden spiegeln sich auch in den historischen Quellen der jüngeren und späten römischen Kaiserzeit wider. So versuchte der römische Kaiser Septimius Severus die Markomannen und Quaden bei der Bewerbung um den Kaiserthron als Unterstützung zu gewinnen. Im Jahre 259 n. Chr. wurde der Markomannenkönig Attalus und seine Gefolgschaft in Oberpannonien angesiedelt. Der römische Kaiser Gallienus nahm damals sogar die Markomannenprinzessin Pipa(ra), Tochter des Attalus, zur Nebenfrau. Ägyptische Papyri aus der zweiten Hälfte des 3. Jhs. n. Chr. erwähnen die Stationierung von *equites Marcomanni* in Ägypten.

Nach der Mitte des 4. Jhs. n. Chr. sind Bautätigkeiten des römischen Kaisers Valentinian I. (364–375 n. Chr.) im Land der Quaden überliefert. Ammianus Marcellinus (29,6,2) schreibt: ... *trans flumen Histrum in ipsis Quadorum terris quasi Romano iuri iam vindicatis aedificari praesidiaria castra mandavit* – „So ließ er [der römische Kaiser Valentinian] jenseits der Donau, mitten im Land der Quaden, als wäre es schon römisches Eigentum, eine Schutzfeste errichten."

Die *Vita Sancta Ambrosii Mediolanensis Episcopi* von Paulus Mediolanensis erwähnt einen Briefwechsel zwischen der Markomannenkönigin Fritigil und dem Bischof Ambrosius von Mailand (gest. 397 n. Chr.). Dieser gab ihr den Rat, der Mann möge die römische Oberhoheit anerkennen und sich in den Dienst Roms stellen. Diese Textstelle bringt man meist auch mit dem *tribunus gentis Marcomannorum* in der *Notitia dignitatum* (occ. XXXIV 24) in Verbindung, der unter den Militärpräfekten des 4. und 5. Jhs. n. Chr. der Provinz *Pannonia prima* ohne Ortsangabe genannt ist. Der Satz „ihr Mann solle sich den Römern anvertrauen" wird von den Historikern als Hinweis für den Übertritt von markomannischen Gruppen ins Römische Reich gewertet. Diese würden irgendwo südlich der Donau zwischen Ufernorikum und Oberpannonien oder in der *Pannonia prima* im Viertel unter dem Wienerwald, Burgenland und Westungarn angesiedelt und als Gruppe des *tribunus gentis Marcomannorum* in Erscheinung treten. Die neuen Föderaten würden z. B. zur Grenzverstärkung im Grenzabschnitt Vindobona – Carnuntum herangezogen.

In dasselbe Umfeld stellt man auch die vor 467 n. Chr. in der Severins-Vita überlieferte germanische Föderatentruppe unter römischem Kommando in Comagenis/Tulln.

Im ausgehenden 4. Jh. n. Chr. sind im Jahr 396 Rekrutierungen des Stilicho überliefert. Mit diesen Verstärkungen zog Stilicho 397 n. Chr. ostwärts, um den Westgotenkönig Alarich in Griechenland einzukreisen. Bei den rekrutierten Markomannen handelte es sich um die nach dem römischen Kaiser Honorius benannten *Honoriani Marcomanni seniores* und *Honoriani Marcomanni iuniores* bei den Gardetruppen (*auxilia palatina*) in Italien.

Die besonderen Beziehungen und der hohe Romanisierungsgrad der Markomannen war wohl auch Voraussetzung für die Missionierung durch das Metropolitanzentrum in Mediolanum/Mailand. Die Markomannenkönigin Fritigil wurde in der zweiten Hälfte des 4. Jhs. n. Chr. durch eine Person aus Italien aus dem Umfeld des Bischofs Ambrosius aufgesucht und zum katholischen Christentum bekehrt. Leider geht aus der Quelle nicht hervor, wo sich genau das Siedlungsgebiet bzw. der Königshof der Markomannenkönigin über der Donau befindet. Es dürfte sich jedoch um einen Ort jenseits der Donau handeln, der auch sonst intensive Kontakte zum Römischen Reich hatte. Da man als antikes Siedlungsgebiet der Markomannen das nördliche Niederösterreich, Mähren und Böhmen annimmt, dürfte das der Fritigil wohl gegenüber von *Noricum ripense* und *Pannonia prima* zu vermuten sein.

Tiefgreifende gesellschaftliche und besiedlungsgeschichtliche Veränderungen zeigen sich in der Spätantike auch in den archäologischen Quellen:
- Am Ende des 3. Jhs. n. Chr. wurde unter dem Einfluss der römischen Keramiktechnologie die Drehscheibe in der Keramikproduktion eingeführt.
- Im Bereich der Gegenbefestigungen bzw. des Nahbereichs spätantiker Städte entstanden am Nordufer der Donau neue spätsuebische Siedlungszentren, wie z. B. Wien-Leopoldau und Wien-Aspern.
- Barbaren wurden mit ihrem König als Föderaten im römischen Reich und Hoheitsgebieten angesiedelt, die im Gegenzug für die Sicherheit des Gebietes zu sorgen hatten und Soldaten für das spätrömische Heer stellen mussten.
- Natürlich geschützte Anhöhen wurden durch elitäre Bevölkerungsgruppen ab dem ausgehenden 4. Jh. n. Chr. als Siedlungsplätze benutzt.
- Grab- und Siedlungsfunde spiegeln intensive Migrationsbewegungen im ausgehenden 4. und 5. Jh. n. Chr. wider.

Mit Beginn der Völkerwanderungszeit, im ausgehenden 4. Jh. n. Chr., finden sich in den jüngsten Schichten der römischen Militäranlagen, Kastelle und Wachtürme, und in den Siedlungen und Gräberfeldern nördlich und südlich der Donau verstärkt fremdartige Fundtypen wie Gürtelschnallen, silberne und bronzene Blechfibeln, Kämme und Waffentypen als Folge von Völkerverschiebungen aus Südost- und Osteuropa nach Westen, die durch die hunnische Invasion im Schwarzmeergebiet und den damit zusammenhängenden Zerfall des gotischen Reiches von Hermanarich um 375 n. Chr. ausgelöst wurden. Nach der Schlacht bei Hadrianopel (378 n. Chr.) schloss der römische Kaiser Gratian Verträge mit den Ostgoten, Alanen, Hunnen und Visigoten, die ein Niederlassen der Barbaren als Föderaten im römischen Reich mit sich brachte. Neben den Funden östlicher Provenienz zeigen sich in den Kastellen und Wachtürmen sowie in den ländlichen Siedlungen südlich der Donau auch Funde, die auf Besiedlungsschübe von spätsuebischen oder romanisierten Bevölkerungsgruppen aus dem Gebiet nördlich der mittleren Donau hinweisen.

Im frühen 5. Jh. n. Chr. erschienen erneut kleine

barbarische Bevölkerungsgruppen verschiedener Herkunft im mittleren Donauraum, die nach dem bekannten Grabfund von Untersiebenbrunn als „Gruppe Untersiebenbrunn" angesprochen werden. 1910 wurden beim Schotterabbau ein reich ausgestattetes Frauen- und ein Kindergrab entdeckt, bei denen es sich um die Mitglieder einer vornehmen barbarischen Adelsfamilie handeln dürfte (Abb. 66). Die Beigaben und Trachtelemente repräsentieren eine barbarisch-spätantike Mischkultur der ersten Hälfte des 5. Jhs. n. Chr. In beiden Gräbern finden sich germanische, römische und reiternomadische Kulturelemente. So haben die Kämme und die Fibeltracht der Frau ihre Wurzeln in der germanischen Kultur, das beigegebene Glasservice aus Becher und Krug sowie der *stilus* und das Toilettebesteck aus Ohrlöffelchen und Zahnstocher ist römischer Provenienz. Auf östliche Ursprünge verweisen die goldenen Gewandflitter. Man betont vor allem den sehr engen Bezug des Fundmaterials zum Schwarzmeer-Raum, einem kulturellen Knotenpunkt der frühen Völkerwanderungszeit. In enger Beziehung zu der Fundgruppe „Untersiebenbrunn" stehen die oben erwähnten spätantiken Höhensiedlungen im mittleren Donauraum, deren Funde einen elitären Lebensstil aufzeigen und wo neben einheimischen auch mit fremden Personengruppen als Bewohner zu rechnen ist.

Schon zur Zeit des Attilareiches begannen sich an der mittleren Donau neue Stammeskönigtümer

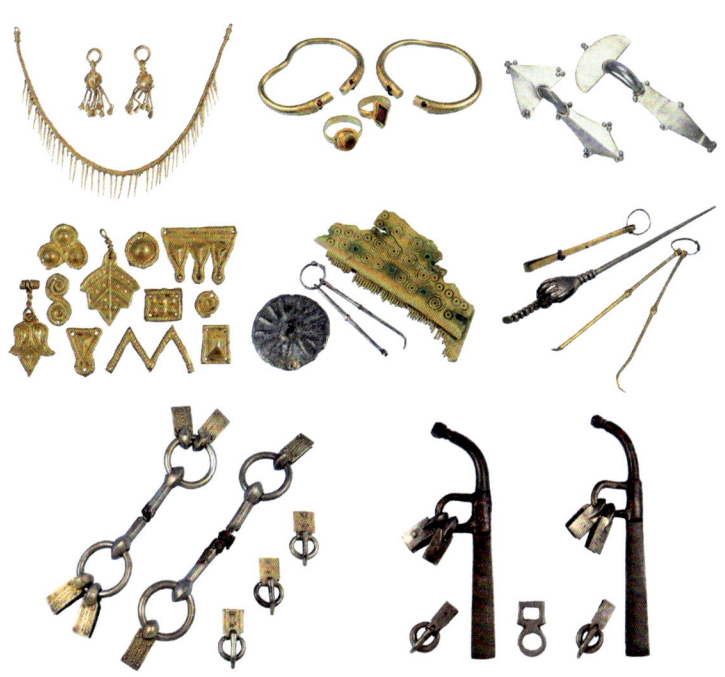

Abb. 66: Untersiebenbrunn. Grabfunde mit ausgewählten Trachtbestandteilen und Beigaben

zu bilden, die nach dem Zerfall des hunnischen Machtzentrums ihren Höhepunkt erreichten und deren Entwicklung im ausgehenden 5. Jh. n. Chr. durch neue Völkerbewegungen endete. Dazu zählen die ostgermanischen Rugier, die nach dem Sieg über die Hunnen am Fluss Nedao 453 n. Chr. im westlichen Weinviertel als Föderaten angesiedelt wurden und mit der Schlussphase des ostnorischen Limes eng verbunden sind. Eine schriftliche Quelle des frühen 6. Jhs. n. Chr., die *Vita Sancta Severini*, schildert die Lebensumstände in dieser Zeit und berichtet über das Zusammenleben und die regen Kontakte zwischen der romanischen Bevölkerung und den arianisch gläubigen Rugiern. 487 und 488 n. Chr. wurden die Rugier von Odoaker vernichtend geschlagen. Es ist dies das letzte Mal, dass reguläre römische Truppen bis zur Reichsgrenze und weiter über die Donau vordrangen. Noch im selben Jahr verließ die romanische Bevölkerung Ufernorikum und neu heranrückende germanische *gentes* besetzten das ehemalige Provinzgebiet.

Alois Stuppner

**Literatur:**
Bemmann u. a. 1911; Bouzek u. a. 2000; Elschek 2013; Friesinger u. a. 1994; Friesinger – Adler 1979; Friesinger – Stuppner 2014; Friesinger – Szameit 1984; Friesinger – Vacha 1987; Hardt – Heinrich-Tamaska 2013; Kehne 2009a; Komoróczy 2009; Lotter 2003; Nothagel 2013; Peška – Tejral 2002; Pieta 2010; Pollak 1980; Pollak 2009; Salač – Bemmann 2009; Stuppner 2008a; Stuppner 2008b; Stuppner 2009; Tejral 1992; Tejral 2011; Turčan 2012; Varsik – Kolník 2013; Wolfram 1995.

# Katalog der Orte

## Legende der Pläne im Katalog

(außer Abb. 67, 69, 72 und 187)

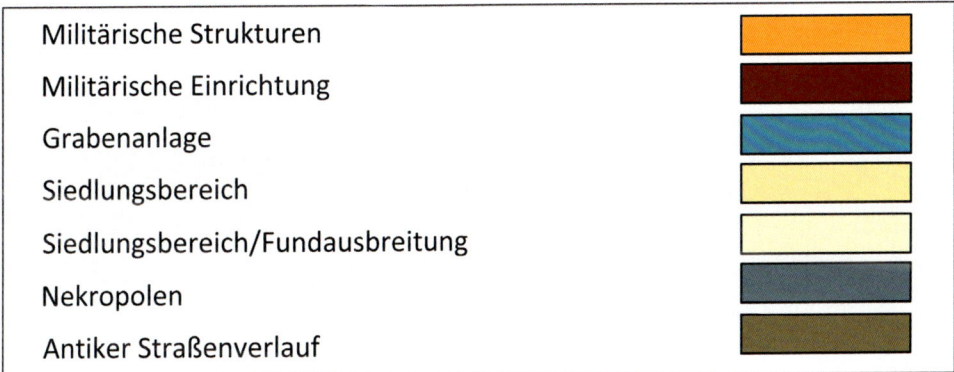

Die Katalogbeiträge schließen jeweils mit praktischen Hinweisen zu den Besichtigungsmöglichkeiten vor Ort. Sofern vorhanden, sind die Websites der örtlichen Museen genannt, weshalb auf die Angabe weiterer Informationen (etwa zu Öffnungszeiten und Eintrittspreisen) verzichtet wurde.

# Passau – Boiotro

## Spätantikes Kastell

Die westlichste Station am ‚nassen' norischen Donaulimes findet sich in der Passauer Innstadt östlich der Mündung des Beiderbaches (Abb. 67). Dessen Name geht auf den spätantiken Namen „Boiotro" zurück, der in der Lebensbeschreibung des heiligen Severin überliefert ist. Davon leitet sich auch der heutige Name des Stadtteils ab: „Beiderwies". Das spätantike Kastell Boiotro liegt ca. einen Kilometer westlich des mittelkaiserzeitlichen Numeruskastells Boiodurum (Abb. 69). Verkehrsgeographisch war das im Grundriss unregelmäßig trapezoide Lager an eine Straße angebunden; diese verlief vermutlich östlich des Inn von Schärding nach Passau und dann weiter die Donau entlang in Richtung Linz. Zudem ist Fährverkehr zum raetischen Teil des römischen Passau (Batavis) auf der Halbinsel anzunehmen, da die mit den Türmen etwa 80 m lange Front mit dem Haupttor zum Inn orientiert war: Taucharchäolo-

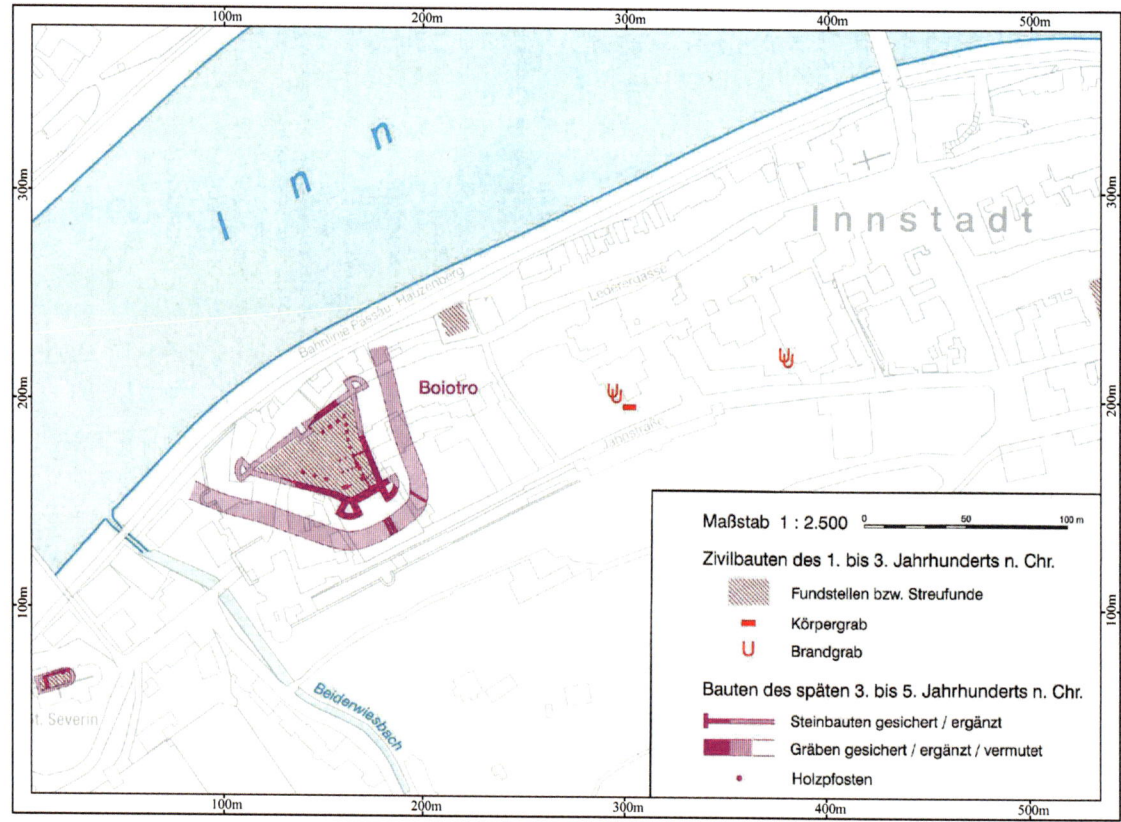

Abb. 67: Passau – Boiotro

gische Untersuchungen erbrachten bisher keine Befunde, die auf eine etwaige Brücke hinweisen. Hinter dem Lager, dessen Rückseite nur 32 m breit ist, steigt der Mariahilfberg steil an.

## Forschungsgeschichte

Im November 1974 begannen Baggerarbeiten zum Bau eines Kindergartens. Man stieß gleich zu Beginn auf Mauerreste, das Bayerische Landesamt für Denkmalpflege wurde herangezogen und es setzten noch im Winter Ausgrabungen ein, die bis 1978 andauerten. Dieser Glücksfall und der Einsatz von R. Christlein und H. Bleibrunner führten dazu, dass das Grundstück in öffentliche Hand überführt und die Befunde dauerhaft erhalten werden konnten. In den 1990er-Jahren konnten die Befunde durch baubegleitende Untersuchungen im Umfeld ergänzt werden. Erst 2012 wurde diese Grabung durch M. Altjohann publiziert, der sie im Rahmen einer Dissertation ausgewertet hat.

## Mittelkaiserzeitliche Zollstation (?)

Der Inn bildete die Grenze zwischen den beiden Provinzen Noricum und Raetien; gleichzeitig war er Zollgrenze. Eine mittelkaiserzeitliche Station des illyrischen Zolls (*statio Boiodurensis* des *publicum portorii Illyrici*) wird im Bereich des spätantiken Kastells vermutet. Eine *tabula ansata*, eine Votivtafel, mit der Weihung des Buchhalters Florianus dieser Station an Iuppiter und ihren Genius wurde bei den Ausgrabungen entdeckt. Darüber hinaus nennt ein Grabstein, der heute im Original in der Friedhofskirche St. Severin westlich der Beiderbachmündung als Weihwasserbecken steht, den Wächter des illyrischen Zolls Faustinianus, seinen Stellvertreter und Buchhalter Felix sowie seinen Sohn Ingenuus.

## Spätantikes Kastell

Das spätantike Kastell entstand nach der Münzreihe in den letzten Jahrzehnten des 3. Jhs. n. Chr. Damit löste es das zu diesem Zeitpunkt zerstörte mittelkaiserzeitliche Kastell Boiodurum ab (vgl. den Beitrag zu Boiodurum). Die Innenfläche des Lagers umfasste etwa 0,18 ha und konnte eine heute unbekannte Truppe von 200 bis 300 Mann beherbergen; es besaß an seinen Ecken vier fächerförmige Türme (Abb. 68). Mittig an der breiten, zum Inn gelegenen Nordfront deuten die Befunde auf einen einfachen, rechteckigen Torturm hin. Die Wehrmauern waren zwischen 2,50 m bis 2,80 m breit, nur die Südseite hebt sich mit einer Stärke von 3,80 m davon ab. Die Turmfundamente sind in einem Zug mit den Wehrmauern entstanden. Beide ruhen auf regelmäßigen hölzernen Pfahlrosten, was der Lage am Fluss geschuldet sein dürfte. An der Südseite konnte ein 8,30 m breiter und 1,80 m tiefer Wehrgraben nachgewiesen werden, der etwa 13,60 m vor der Außenfront verlief. Vermutlich setzte sich dieser Wehrgraben auch an den beiden anderen Landseiten zum Inn hin fort. In einem Abstand von durchschnittlich 5 m verliefen parallel zur Mauer Pfeiler, welche 4,20 m in den Boden eingetieft waren. Der Zwischenraum zwischen den Pfeilern betrug etwa 2 m. Sie stützten die hölzernen Mannschaftsunterkünfte, die an die Umwehrung angelehnt waren. In einem Pfeiler der Südwest-Ecke befindet sich ein 8 m tiefer, kastellzeitlicher Brunnen, der noch heute Wasser führt. Nach Ausweis der Münzreihe endete die militärische Nutzung der Anlage gegen Ende der Regierung des Kaisers Valentinian um 378 n. Chr.

## Spätantike Nutzungsphase

In der Südost-Ecke ließ sich durch den Nachweis eines zwischen den Innenpfeilern später eingezogenen Gussfundamentes eine Bauphase des 5. Jhs. n. Chr. nachweisen: Durch diese Fundamente entstand ein Raum von ca. 90 m² Fläche. Es könnte sich um einen zivil genutzten Getreidespeicher, ein sog. *horreum*, gehandelt haben. Die Kleinfunde belegen eine weitere Nutzung des Areals bis in das späte

Abb. 68: Passau. Römermuseum Kastell Boiotro

5. Jh. n. Chr. hinein. Danach bleibt der Platz bis ins 8./9. Jh. n. Chr. hinein unbesiedelt.

### Friedhofskirche St. Severin

In Nachbarschaft zum Militärlager, im Westen des Beiderbaches, liegt die Friedhofskirche St. Severin. Dort fanden 1976 Ausgrabungen durch W. Sage statt. Sie erbrachten einen Vorgängerbau, den der Ausgräber mit der Johannes-Basilika aus der Lebensbeschreibung des heiligen Severin verband. Bautypologische Vergleiche bringen diese Interpretation jedoch ins Wanken: Auch eine frühmittelalterliche Zeitstellung scheint möglich.

Günther Moosbauer

**Besichtigung**
Im Freigelände sind Wehranlagen und Innenbebauung des Kastells soweit wie möglich konserviert. Das 2013 neu gestaltete Römermuseum Kastell Boiotro widmet sich insbesondere der Vergangenheit des römischen Passau (Abb. 68). Website: http://www.stadtarchaeologie.de/museum/

**Literatur:**
Altjohann 2012; Bender u. a. 1991; Friesinger – Krinzinger 1997, 145–150; Niemeier u. a. 1999, insb. 55–58; Nüßlein 1985; Ristow 2010.

## Passau – Boiodurum

### Kastell – *vicus*

▪ Die mittelkaiserzeitliche Kastellkette an der Grenze Noricums zum Barbaricum beginnt im Westen mit dem Kastell Boiodurum in der Passauer Innstadt. Vermutlich wurde zu Beginn der römischen Besiedlungsgeschichte der Name „Boiodurum", der von einer keltischen Siedlung im Bereich der Passauer Altstadt herrührt, für das ganze Stadtgebiet benutzt. Ab wann er alleine für die Passauer Innstadt Gültigkeit hatte, ist nicht mit Sicherheit zu sagen. Womöglich hängt die Loslösung des Namens von der Passauer Altstadt, die bereits in der Provinz Raetien liegt, mit dem dortigen Einzug der 9. Bataverkohorte im Kontext der Markomannenkriege zusammen: Die Altstadt dürfte zu diesem Zeitpunkt mit dem Namen „ad Batavos" versehen worden sein, wovon sich wiederum der heutige Name der Stadt ableitet. Historisch ist der Name in verschiedenen Texten überliefert, dazu gehören Claudios Ptolemaios (2,12,5), das *Itinerarium Antonini* (249,5) und die *Tabula Peutingeriana* (segm. III 4 o). In allen Fällen ist die Lokalisierung des Namens nur auf Passau insgesamt zu beziehen. Mehr

# Passau – Boiodurum

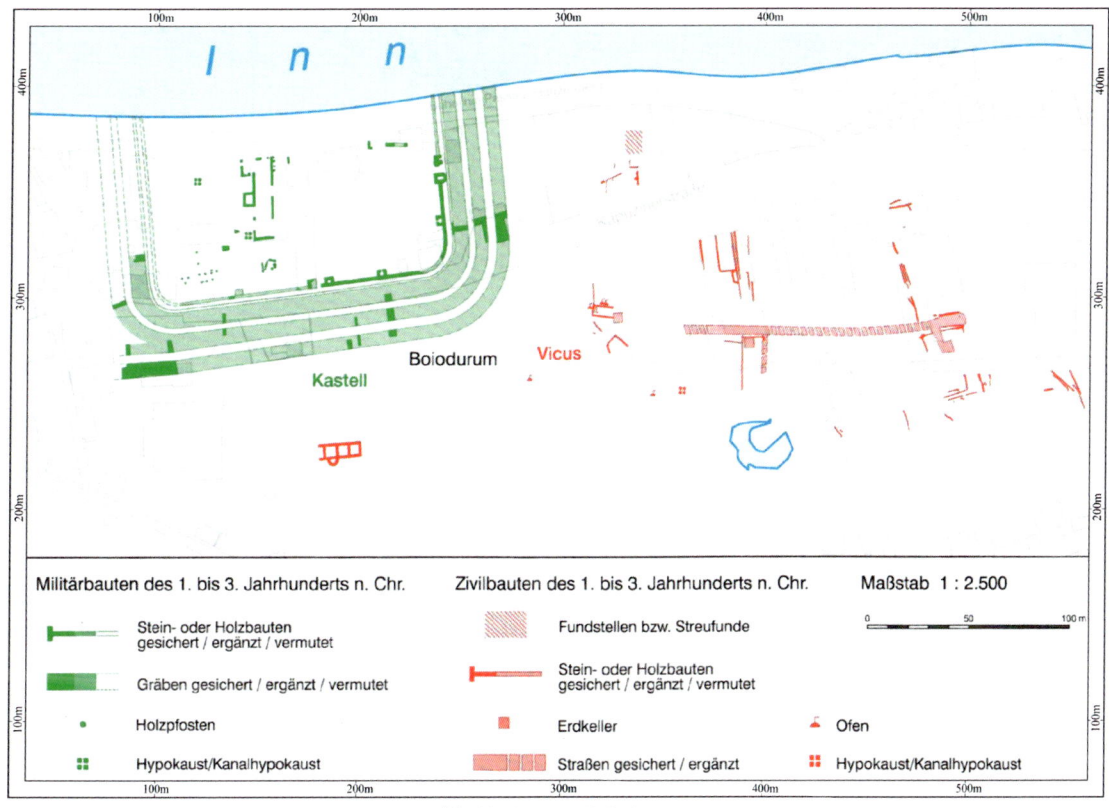

Abb. 69: Passau – Boiodurum

Sicherheit bringen die epigraphischen Zeugnisse, welche Boiodurum nennen. Sie stammen aus der norischen Passauer Innstadt oder beziehen sich auf diese: Zwei Hinweise auf eine Zollstation *statio Boiodurensis* unter dem spätantiken Kastell Boiotro liegen vor (vgl. den Beitrag zu Passau – Boiotro), ein verschollener Meilenstein der Donauuferstraße aus Engelhartszell nennt Boiodurum (CIL III 5755, vgl. den Beitrag zu Engelhartszell) und die Station wird auch auf einer Mithrasweihung im norischen Atrans / Trojane erwähnt (CIL III 5121).

Das Militärlager Boiodurum liegt am Zusammenfluss von Inn und Donau gegenüber der Mündung der Ilz auf einer höher gelegenen Schwemmterrasse in der Rosenau (Passau-Innstadt) im Bereich der ehemaligen Kirche St. Egidius (Abb. 69). Es hatte eine Fläche von etwa 1,3–1,4 ha und beherbergte eine Truppe in Größe eines Numerus. Aufgrund der Ziegelstempel darf man einen Numerus *Boiodurensis* als Besatzungstruppe annehmen. Aber auch ein Detachement der *cohors V Breucorum equitata civium Romanorum* ist denkbar, da ein Ziegelstempel dieser Einheit im Lagerdorf verbaut war.

## Forschungsgeschichte

Seit 1840 sind römische Funde – darunter Fragmente eines Mosaiks und ein Straßenpflaster – von diesem Platz bekannt, an dem im 19. Jh. aus die-

Abb. 70: Passau. Virtuelle Idealrekonstruktion des Kastells Boiodurum, Blick von Osten

sem Grund eine römische Militäranlage vermutet wurde. Noch um 1900 wurde der Platz im Volksmund als ‚Biburg' bezeichnet. Erste Ausgrabungen führte der Passauer Gymnasialprofessor F. J. Engel zwischen 1904 und 1911 durch und legte Teile der Umwehrung frei. H. Schönberger legte in einer zweimonatigen Forschungskampagne weitere neun Suchschnitte an. Seit dieser Zeit hat sich die Kenntnis durch Notgrabungen, die ab den 1980er-Jahren stattfinden mussten, weiter verdichtet. Ein knapp 3000 m² großes Gelände konnte 1993 angekauft und zum archäologischen Reservat erklärt werden. Dadurch bleibt rund ein Viertel des Lagers der Nachwelt erhalten.

## Kastell

Unter Kaiser Domitian, d. h. um ca. 90 n. Chr., entstand ein erstes Holz-Erde-Lager, das im 2. Jh. n. Chr. in Stein ausgebaut wurde. Seine Längsseite liegt parallel zum Fluss, der die Nordmauer der Umwehrung weggespült hat. Die Breite der Mauer betrug an der Ostfront 1,20–1,25 m, an der Südfront war ihre Fundamentierung 1,70 m breit. Über die Westmauer ist noch nichts bekannt. Analog wissen wir nur um das Ost- und das Südtor. Das Osttor besaß an den Flanken repräsentative, nach außen vorspringende Hufeisentürme und lag an einer der schmalen Schauseiten des Lagers, auf die der auf der Donauuferstraße Reisende schon weithin blicken konnte (Abb. 70). Das zum Lagerdorf orientierte Südtor war mit zwei innenliegenden, viereckigen Türmen versehen (Abb. 71). Zwischen Tor und Lagerecke lag jeweils ein rechteckiger Zwischenturm, von denen zwei in der Südosthälfte und einer im Südwesten nachgewiesen sind. Zusätzlich war die Anlage mit drei Spitzgräben gesichert, die vielleicht im Norden die Flanke zum Fluss hin offen ließen. Baureste aus den älteren Aufschlüssen lassen sich nicht sicher einer Innenbebauung zuordnen. Lediglich in der Südwesthälfte lassen Pfostensetzungen auf eine Mannschaftsbaracke schließen. Die Zerstörung des Lagers erfolgte in der zweiten Hälfte des 3. Jhs. n. Chr. im Kontext der Germaneneinfälle und Bürgerkriege, die damals die blühende mittelkaiserzeitliche Kulturlandschaft massiv veränderten.

## *Vicus*

Aufschlüsse zur zugehörigen Zivilsiedlung bescherten uns vor allem Notgrabungen im Zuge von Baumaßnahmen. Die antike Bebauung orientierte sich an einer Ost-West verlaufenden Straße und erstreckt sich vom Militärlager bis zum Fuß des südlich gelegenen Hammerberges. Etwa 200 m östlich des Lagers dünnt die Vicusbebauung merklich aus, so dass man den Hauptbereich des Lagerdorfs westlich davon vermuten darf. Einen knappen Kilometer westlich, nahe des spätantiken Kastells Boiotro in der Jahnstraße, deuten einzelne mittelkaiserzeitliche Gräber auf ein zugehöriges Gräberfeld hin, welches das Lagerdorf begrenzte. Im Osten um das heutige Jesuitenschlößl herum konnten hölzerne Streifenhäuser nachgewiesen werden. Auch lag dort ein Gebäude, das ein steinernes Hypokaustum (Fußbodenheizung) besaß. Zahlreiche Glasreste aus diesem Haus weisen auf eine Glaswerkstätte hin. Als weiteren Hinweis auf ein Werkstattviertel im Lagerdorf lassen sich Töpferöfen werten, die unweit davon dokumentiert worden sind. Aus einer Materialentnahmegrube dieser Töpferei konnte ein Reibschalenbruchstück geborgen werden, auf welchem eine Ritzinschrift die Bezeichnung des Gefäßes (*mortarium*) und dessen Preis, einen halben Denar, nennt. Südlich vor dem Kastell lag ein Apsidengebäude, das als kleine Therme vom Reihentyp interpretiert werden kann. Das Lagerdorf fand mit dem Militärlager sein Ende. Die Besiedlung verlagerte sich dann nach Osten in Richtung des spätantiken Kastells Boiotro und mit ihr auch der Name (Boiodurum-Boiotro-Beiderwies).

Abb. 71: Passau. Virtuelle Idealrekonstruktion des Kastells Boiodurum, Blick von Südosten

Günther Moosbauer

**Besichtigung**
Die römische Stadtgeschichte Passaus ist im Museum Kastell Boiotro in der Passauer Innstadt bestens dokumentiert.
Website:
http://www.stadtarchaeologie.de/museum/
Vom Kastell Boiodurum ist heute nichts mehr im Gelände sichtbar. Fährt man nach der Innbrücke durch die Passauer Innstadt in Richtung Linz, gelangt man über die Kapuzinerstraße zum Kastellgelände. Es liegt knapp einen Kilometer flussabwärts gegenüber dem ersten Supermarkt, auf der linken Straßenseite. Dort befindet sich ein ungeteerter Parkplatz: dies ist das archäologische Reservat. Rechts des Parkplatzes kann man unter einem roten Walmdach die ehemalige Kirche St. Egidi erkennen; unweit von ihr lag das alte Osttor. Die ergrabenen Bereiche des Lagerdorfes befinden sich vor allem rechts der Kapuzinerstraße im Bereich des Hotels am Jesuitenschlößl und der benachbarten Reha- und Seniorenanlage ‚Jesuitenschlößl'. Hinter dem historischen Gebäude ‚Jesuitenschlößl' sind noch die Reste des steinernen Hypokaustums zu sehen, in dessen Gebäude die Glaswerkstätte vermutet wird.

**Literatur:**
Aign 1973; Bender u. a. 1991; Bloier 2013; Faber 1991; Friesinger – Krinzinger 1997, 150–154; Genser 1986, 11–37; Niemeier u. a. 1999, insb. 55–58; Niemeier 2003; Niemeier – Wandling 1992; Schönberger 1956.

# Passau-Haibach

## Wachturm

Donauabwärts der Militäranlagen in der Passauer Innstadt (in Richtung Linz) liegt in der Kläranlage an der Wiener Straße ein Wachturm, dessen Fundamente erhalten sind. Er befindet sich unmittelbar am Donauhochufer zwischen Haibach- und Kräuterbachmündung.

### Forschungsgeschichte

Im Hochmittelalter wurde in den Wachturm ein Ziegel- und Kalkofen eingebaut. Aus diesem Grund verliefen erste archäologische Untersuchungen in den Jahren 1906/07 für den damaligen Ausgräber F. J. Engel enttäuschend: er interpretierte den Befund als Ziegel- oder Kalkbrennerei. Erst in den Jahren 1978/79 konnte H. Bender in zwei Kampagnen die Verhältnisse klären. Er erbrachte den Nachweis für das Vorhandensein eines römischen Wachturms. Weitere Grabungen wurden während des Baus der Kläranlage in den Jahren 1983 bis 1984 durchgeführt, die allerdings unpubliziert sind.

### Wachturm

Das auf einen hölzernen Pfahlrost gebettete Mauerviereck des Wachturms maß etwa 12,20 × 12,20 m (Abb. 72). Die Nordmauer ist beim Bau einer mittelalterlichen Ziegelei komplett abgebrochen worden, die anderen Seiten sind gut erhalten. Die Mauerstärke beträgt 1,20 m bis 1,30 m. Der Turm war in Abstand von ca. 8 m von einem Graben umgeben,

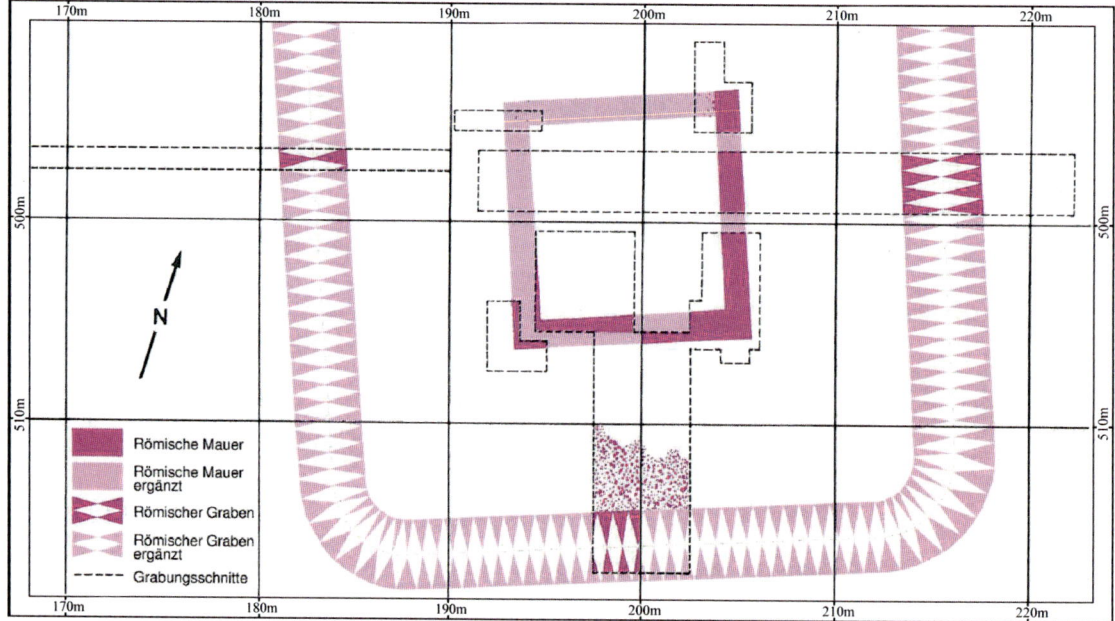

Abb. 72: Passau – Haibach

Abb. 73: Passau-Haibach. Rekonstruktion des Wachturmes

dessen Breite (von 1,50 m bis 4 m) stark von der Topographie abhängig ist. H. Bender rekonstruiert die Höhe bis zum Dachansatz mit 8,40 m, die absolute Höhe mit etwa 12 m. Der Turm dürfte also etwa genauso hoch wie breit gewesen sein (Abb. 73).

Der heute restaurierte und in Teilen rekonstruierte Turm wurde in der zweiten Hälfte des 4. Jhs. n. Chr. errichtet. Diese zeitliche Einordnung belegen wenige mittelkaiserzeitliche Funde, aber auch der Nachweis solch früher Bauperioden bei weiteren norischen Wachtürmen (z. B. Linz-Hirschleitengraben). Die Kleinfunde sichern eine Nutzung bis ins 5. Jh. n. Chr. hinein. Erst im Hochmittelalter lässt sich dann wieder Siedlungstätigkeit mit der Anlage von Ziegel- und Kalköfen nachweisen: Sie sind im Mauergeviert ebenfalls konserviert.

Günther Moosbauer

**Besichtigung**
Der Turm wurde restauriert und in Teilen rekonstruiert. Fährt man von Passau auf der rechten Donauseite von der Innstadt über Kapuziner- und Wienerstraße in Richtung Linz, so liegt etwa 800m vor der bayerisch-österreichischen Grenze bei Achleiten (große Tankstelle) links der Straße die Kläranlage, auf deren Gelände sich der Wachturm befindet. Eine Besichtigung des konservierten Befundes ist aus betriebstechnischen Gründen nur nach telefonischer Voranmeldung unter den Nummern 0049 851 33010 oder 0049 851 33019 möglich. Den Schutzbau über den freigelegen Fundamenten erreicht man, wenn man das Hauptgebäude der Anlage nach links umrundet.

Literatur:
Bender 1982; Bender 1983; Bender u. a. 1991; Burns 1982; Friesinger – Krinzinger 1997, 154–157.

# St. Marienkirchen bei Schärding

### Militärziegelei – Militäranlage (?) – *villa rustica* (?)

Die Gemeinde St. Marienkirchen bei Schärding liegt etwa 20 km südlich der Donau auf der Höhe von Passau am rechten Innufer.

## Militäranlage (?)
1877 beschrieb der Pfarrer J. Lamprecht eine trapezförmige, dreiseitige Befestigung auf der Hochterrasse westlich von Holzleithen. An dieser Stelle waren auch mehrere Ziegelfragmente gefunden worden. Dies führte zur Vermutung eines Kleinkastells, auch wenn die dargestellte Größe von 1,4 ha Fläche in Lamprechts Skizzen dafür zu groß erscheint. Heute sind keine Hinweise auf eine solche Militäranlage im Gelände zu sehen. Da archäologische Untersu-

## Passau-Haibach

chungen fehlen, bleibt die Existenz eines Militärlagers an dieser Stelle unbewiesen.

### Militärziegelei

Im Jänner 1961 wurden bei Flussregulierungsarbeiten am rechten Ufer des Lindenedterbaches zwei römische Ziegelöfen angeschnitten. Die Öfen lagen in einem Abstand von 3 m voneinander entfernt. Während der eine Ofen beinahe vollständig vom Bagger zerstört worden war, konnte L. Eckhart bei der zweiten Ofenanlage einen rechtwinkligen Grundriss mit einer Breite von etwa 5 m dokumentieren. Der Heizraum bestand aus mindestens fünf parallel verlaufenden Mauern mit einem 0,90 m breiten, zweigeteilten, zentralen Heizkanal. Von der Brennkammer war nur noch der 4 cm starke Boden mit Zuglöchern von 12 cm Durchmesser sichtbar. Der hintere Abschluss konnte nicht untersucht werden. Die den Öfen vorgelagerte Niederterrasse zeichnet sich durch zahlreiche Ziegelfunde aus und wird als Stapelplatz der fertigen Ziegel interpretiert.

Die aufgefundenen Ziegel umfassten *laterEs* (Mauerziegel), *tegulae* und *imbrices* (Dachziegel) und *tubuli* (Hohlziegel). 13 Ziegelfragmente waren mit Stempeln versehen: ein Tegulafragment nennt ALAE, die übrigen tragen den Stempel NVMER(us). Bei der Ziegelei handelte es sich demnach um eine Militärziegelei. Ziegel mit demselben Numerus-Stempel sind weit verbreitet und bislang unter anderem aus Innstadt/Passau, Linz, Wels und Windischgarsten bekannt. Ungewöhnlich ist ein nur zur Hälfte erhaltener Rundstempel, der folgende dreizeilige Inschrift trägt (Abb. 74):

   ...] us miles co(hortis) V (?) Sa ...
   ... ] magister
   . ] ABAOCO (?)

In der zweiten Zeile ist ein Werkmeister (*magister*) genannt, dessen Name leider nicht erhalten ist. In der letzten Zeile könnte der antike Name von St. Marienkirchen verborgen sein. In der Forschung

Abb. 74: St. Marienkirchen. Ziegelstempel

sind sowohl die Lesungen ABOACO als auch LOCO FELICIS diskutiert worden.

### *Villa rustica* (?)

Auf der Flur Leithenfeld stieß man beim Durchstich der modernen Straße auf Reste einer vermutlichen *villa rustica*, die beim Bau der Straße offensichtlich zerstört wurde. Weitere Untersuchungen sind noch ausständig.

Kira Lappé

> **Besichtigung**
> Die Ziegelöfen wurden bei den Bauarbeiten zerstört. Es sind keine sichtbaren Denkmäler erhalten.

**Literatur:**
Eckhart 1962; Eckhart 1965; Egger 1969; Kandler – Vetters 1986, 69–71; Noll 1958, 69; Pollak – Rager 2000, 364–366; Rager 2002; Risy 1994, 130 f. Nr. 35; 132 Nr. 36; Taf. 49 f.; Winkler 1975, 137.

# Engelhartszell an der Donau

## Meilenstein

13 km flussaufwärts von Schlögen liegt die Marktgemeinde Engelhartszell an der Donau. Auf Gemeindegebiet, im Ortsteil Oberranna, befinden sich die Überreste eines Kleinkastells (vgl. den Beitrag zu Oberranna). Nahe dem Jochenstein, einem Felsen in der Mitte der Donau an der österreichisch-deutschen Grenze, war ein heute verschollener römischer Meilenstein aufgestellt.

### Meilenstein

Im Jahre 1590 kam es auf Grund von Grenzstreitigkeiten zwischen dem Bistum Passau und dem Erzherzogtum Österreich zur Einberufung einer Kommission, die den genauen Grenzverlauf bestimmen sollte. Als eine der Grenzmarken kam dem römischen Meilenstein von Engelhartszell besondere Bedeutung zu. Der Stein befand sich zu dieser Zeit unterhalb des Jochensteins am rechten Ufer der Donau. Um 1530 war vom Stein „gegen die Mitten zur auf der ainen Seiten hinder denen Buechstaben [. . .] ain Stuckh davon gefahlen und bey der Thainau (Donau)" gefunden und von dort ins Haus des damaligen Marktrichters gebracht worden. Der größere Teil des Steines scheint an Ort und Stelle verblieben zu sein, zwar „ain zeitlang Hin und wider Verruckht, aber unvermailligt gelassen worden, wo derselb aigentlich gestandten". In den späteren Grenzbeschreibungen des 18. und 19. Jhs. wird er nicht mehr erwähnt – es ist fraglich, ob er zu dieser Zeit noch existierte.

Der Meilenstein von Engelhartszell ist heute verschollen, von der Inschrift existieren aber sechs handschriftliche Kopien, meist aus der Zeit um 1600, mit geringfügigen Unterschieden. In zwei Quellen sind auch die Maße des Meilensteines angegeben: ungefähr 1,80–1,90 m hoch, mit einem Durchmesser von etwa 0,50 m.

Auch wenn die Abschriften untereinander geringfügig abweichen, so lässt sich mit großer Wahrscheinlichkeit die Inschrift folgendermaßen rekonstruieren (nach G. Winkler 2002):

*Imp(erator) Caesar M(arcus) Aurelius Antoninus*
*Pius Felix Aug(ustus)*
*Part(hicus) maximus Brit(annicus) maximus*
*tr(ibunicia) p(otestate)*
*[XV imp(erator) III co(n)s(ul) III proco(n)s(ul)*
*p(ater) p(atriae)]*
*viam iuxta amnem Danuvium fieri iussit*
*a Boiiodur(o) in …….*
*m(ilia) p(assuum)*
*XV*

Der Meilenstein nennt den Kaiser Caracalla (211–217 n. Chr.), unter seinem offiziellen Namen M. Aurelius Antoninus und mit sämtlichen Ehren- und Siegerbeinamen. Caracalla befahl, eine Straße entlang des Donauufers zu errichten (*viam iuxta amnem Danuvium fieri iussit*), mit dem Ausgangspunkt in Boiodurum/Passau. Nachfolgend müsste ein Ortsname als Endpunkt der Straße folgen, jedoch waren die Buchstaben an dieser Stelle kaum lesbar. Die Abschriften differieren hier sehr stark und die überlieferten Ortsnamen – SALOATO? / LOAIO? – sind nicht bekannt. Abschließend nennt der Stein die zurückgelegte Entfernung von Boiodurum, 15 Meilen, was genau der Entfernung zum genannten Aufstellungsort beim Jochenstein entspricht (etwa 22,5 km).

Auf Grund der genannten Siegerbeinamen kann der Meilenstein auf den Zeitraum zwischen Ende 211 und Oktober 213 n. Chr. datiert werden. Damit steht die Errichtung bzw. der Ausbau der Straße vermutlich mit den Vorbereitungen zum geplanten Feldzug gegen die Alamannen in Zusammenhang, den Caracalla im Sommer 213 n. Chr. durchführte.

Kira Lappé

**Besichtigung**
1994 wurde anlässlich der oberösterreichischen Landesausstellung „Die Donau" eine Rekonstruktion des verschollenen Meilensteines nahe dem ursprünglichen Aufstellungsort am Donauuferradweg am Isaplatz aufgestellt.

**Literatur:**
CIL III 5755 = 11846 = IBR 484; Deringer 1953, 290 f. Nr. 30; Franz – Neumann 1965, 120; Genser 1986, 745; Jandaurek 1959; Kandler – Vetters 1986, 71; Noll 1958, 33 f.; Schwanzar 1986, 56; Winkler 1971b; Winkler 1975, 69 f.; Winkler 2002; Winkler 2003b.

## Oberranna – Stanacum (?)

### Kleinkastell

In der Ortschaft Oberranna, ca. 11 km flussaufwärts von Schlögen, liegen auf einer am rechten Donauufer gelegenen Terrasse im Bereich zwischen dem ehemaligen Haus Oberranna Nr. 5 und der Bundesstraße B 130 die baulichen Überreste eines Kleinkastells (Abb. 75). Dieses kontrollierte die Einmündung der von Norden in die Donau mündenden Ranna und lag direkt an der Limesstraße (*via iuxta Danuvium*), die an dieser Stelle mit dem Verlauf der modernen Bundesstraße übereinstimmt.
Der antike Name der Anlage ist nicht völlig gesichert, doch wird sie aufgrund der Meilenangaben im römischen Straßenverzeichnis *Itinerarium Antonini* (249,1) mit „Stanacum" gleichgesetzt.

### Forschungsgeschichte

Erste Untersuchungen wurden 1840 durch den Grabungsverein Schlögen durchgeführt. Damals wurde die Südwestfront mit den zwei runden Ecktürmen freigelegt. 1960 wurden anlässlich einer Straßenerweiterung Teile des aufgehenden Mauerwerks abgebaggert. L. Eckhart vom Oberösterreichischen Landesmuseum (OÖLM) gelang es, die verbliebenen und bis zu 1,60 m hoch aufragenden Reste zu sichern und zu konservieren und führte stellenweise Nachuntersuchungen durch. Beim Abbruch der südlich des antiken Mauerwerks gelegenen Tankstelle im Jahr 2005 ergaben archäologische Untersuchungen eine Planierschicht mit römerzeitlichem Fundmaterial. 2009 wurde das Haus Oberranna Nr. 5 abgetragen, der Keller blieb jedoch erhalten. In diesem ist ein kreisrunder Raum vorhanden, der möglicherweise in dem nördlichen Eckturm des Kleinkastells aufgegangen ist.

### Kleinkastell

Das Kleinkastell weist einen rechteckigen Grundriss (ca. 12,50 × 17 m) mit über Eck angesetzten Rundtürmen auf und ist mit den Schmalseiten Nordost-Südwest orientiert. In der Mitte der 1,50 m starken Südwestfront ist eine Nische ausgespart, die möglicherweise ein Götter- oder Kaiserbildnis aufnahm. Die Nische reicht bis auf den Mörtelboden des Innenraums. 0,85 m tiefer konnte ein weiterer

## Oberranna – Stanacum (?)

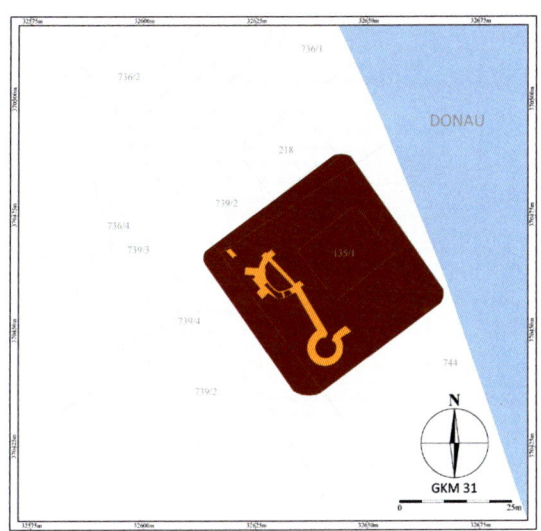

Abb. 75: Oberranna – Stanacum

Bodenhorizont festgestellt werden, was auf eine Bodenheizung schließen lässt. Der südliche Rundturm weist einen 4,80 m großen Durchmesser und eine Mauerstärke von 1,60 m auf. Der wesentlich größere Westturm, dessen Mauerstärke zwischen 1,35 und 2,50 m variierte, wurde von einer 7,80 m langen Mauer mit einer etwa 1 m breiten Türe in zwei Räume geteilt. Da im südwestlichen der beiden Räume ein Hypokaustum und Hohlziegelwände eingebaut waren, wird dieser Teil des Turms als Badeanlage interpretiert, die von einem außen anliegenden *praefurnium* über einen geziegelten Kanal mit Warmluft beschickt wurde. Diese leider nur dürftigen Befunde lassen Th. Fischer zu einer ganz anderen Interpretation des Bauwerks gelangen: Seiner Meinung nach mag es sich gar nicht um ein Kastell, sondern um eine Badeanlage gehandelt haben, die möglicherweise als Kastellbad einer noch nicht entdeckten Wehranlage diente. Im Westturm wäre das Heißbad (*caldarium*), im Südturm das Schwitzbad (*sudatorium*) untergebracht. Vielmehr hat es aber den Anschein, dass es sich in Oberranna sehr wohl um ein spätantikes Kleinkastell handelt, in dessen westlichen Wehrturm erst sekundär ein Bad eingebaut wurde. Leider brachten die im Jahr 2013 rund um das Bauwerk durchgeführten geophysikalische Untersuchungen und Testgrabungen keine neuen Erkenntnisse.

Während die Errichtung des Kleinkastells in die Spätantike zu setzen ist, sind Hinweise eines Vorgängerbaus in die zweite Hälfte des 2. Jhs. n. Chr. einzuordnen.

René Ployer

**Besichtigung**
Die heute noch erhaltenen Überreste gehören der Südwestfront des spätantiken Kleinkastells an.

**Literatur:**
Eckhart 1956–1960b; Eckhart 1960a, 26–28; Fischer 2002, 32 f.; Friesinger – Krinzinger 1997, 157–160; Genser 1986, 38–43; Kandler – Vetters 1986, 72–74; Karbinski 2005; Noll 1958, 33 f. 75; Ployer 2013a, 16 f.; Schwanzar 2003, 106 f. Abb. 9; Ubl 1980, 589; Winkler 1975, 70 f.

## Schlögen – Ioviacum (?)

### Kleinkastell – *vicus*

An den Ausläufern des östlichen Sauwaldes mäandriert die Donau durch das böhmische Massiv. Durch die Schlögener Schlinge, an deren Westausgang das Kastell liegt, windet sich die Donau fast S-förmig. Genau an dieser Stelle verlässt die Straße (B 130) von Passau nach Linz die Donau, um den Weg entlang der Schlinge über einen Höhenrücken ins Aschachtal und in Richtung Eferdinger Becken abzukürzen. Damit liegt die römische Militäranlage an einem Platz, der genauso die Donau wie auch eine wichtige Passsituation kontrolliert (Abb. 76).

Die Gleichsetzung Schlögens mit dem antiken Flottenstützpunkt „Ioviacum" ist problematisch, da auch der Ort Aschach in Frage kommen könnte (vgl. den Beitrag zu Aschach). In Hinblick auf die Fundbestände aus Aschach gibt es gute Gründe für eine Identifikation jenes Ortes mit Ioviacum. So bleibt die Frage nach dem antiken Namen des Platzes offen; truppengeschichtliche Hinweise, die sich aus dem Ortsnamen Ioviacum ergeben würden, sind nicht nutzbar. Eine flussgestützte

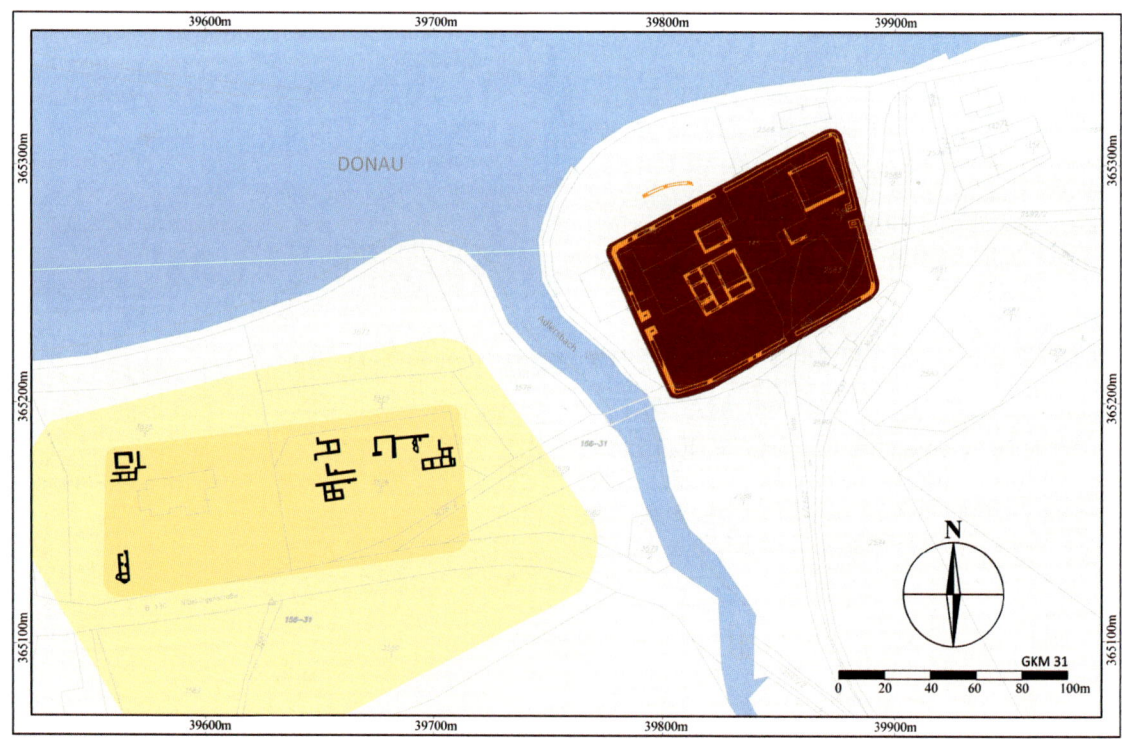

Abb. 76: Schlögen – Ioviacum

Einheit, die auch Aufgaben zu Land auszuführen hatte, ist jedoch für Schlögen anzunehmen.

## Forschungsgeschichte

Die Geschichte der Ausgrabungen ist lang und geht bis ins Jahr 1833 zurück. In den Jahren 1957 bis 1959 untersuchte Lothar Eckhart in Form von Suchschnitten den Ort. Christine Schwanzar legte 1984 Planquadrate im Lagerdorf für ihre Ausgrabungen an. Das Fundmaterial wurde an der Universität Passau ausgewertet und ediert. Die zwischen 1972 und 1988/89 unternommenen Erweiterungen des Hotelkomplexes erfolgten ohne Beteiligung der Archäologie. Das ist umso bedauerlicher, da aufgrund der Grabungsmethoden vor mehr als einem halben Jahrhundert die Kleinfunde der älteren Grabungen keinen zeitlich eingrenzbaren Schichten zugeordnet werden können.

## Kleinkastell

Das etwa 0,65 ha große Lager passte sich in die Topographie ein. Seine Längsachse verlief parallel zur Donau und die Südost-Ecke war etwas zurückverlegt. Die *principia* lagen im Westen, südlich davon konnte Eckhart vermutlich Spuren des *praetoriums* dokumentieren. Im übrigen Areal befanden sich Holzbauten, wie Trockenmäuerchen und Pfostenlöcher belegen. Da bei den Grabungen nur Suchschnitte gemacht worden sind, lassen sich keine konkreten Grundrisse rekonstruieren. Die Anlage war von einer 1,65 m starken Wehrmauer umgeben. Im Westen konnte ein von Türmen flankiertes Tor mit einer lichten Öffnung von 3,30 m nachgewiesen werden. Im Süden und Osten hat Eckhart Tore rekonstruiert, im Norden vermutet er einen Durchlass zur Donau. Pfostenlöcher entlang der Mauer weisen zumindest in der ersten Phase auf einen hölzernen Wehrgang hin. Vor der Nordfront der Anlage liegt eine leicht gebogene Struktur, die in der Vergangenheit als Kaimauer angesprochen wurde; diese Funktion darf aufgrund der Ferne zur Donau angezweifelt werden. Vielmehr dürfte man einen Hafen vor dem durch eine Insel geschützten Bereich nahe dem Lagerdorf vermuten.

## *Vicus*

Das Lagerdorf liegt rund 7 m über dem Kastell und westlich davon auf der anderen Seite des Andlersbachs auf dem sog. Hochgupf. Es erstreckte sich etwa 200 m in Ost-West-Richtung und war ca. 70–80 m breit. Es sind nur wenige Hausgrundrisse bekannt, darunter ein Bad vom Reihentypus.

Das Lagerdorf entstand als Straßensiedlung bereits vor dem Kastell um die Mitte des 2. Jhs. n. Chr., vielleicht im Zusammenhang mit dem Bau der Donauuferstraße. Das Kastell wurde etwa zwei Jahrzehnte später im Kontext der Markomannenkriege errichtet. Für dieses lässt sich ein Zerstörungshorizont um oder nach der Mitte des 3. Jhs. n. Chr. nachweisen. Die Kleinfunde belegen eine Nutzung bis weit ins 5. Jh. n. Chr., d. h. bis in die Zeit des heiligen Severin.

Günther Moosbauer

**Besichtigung**
Den besten Überblick über die Schlögener Schlinge mit dem Kastell gewinnt man von dem ca. 200 m über der Donau liegenden Steiner Felsen (Gem. Mannsdorf, Haibach ob der Donau). Vom Kastell selbst sind nur noch kümmerliche Reste vorhanden. Das Westtor liegt in einem Winkel des Hotels Schlögener Schlinge. Das Gelände lässt die ursprüngliche Situation aufgrund der starken Verbauung nur noch erahnen. Das Lagerdorf befindet sich auf der anderen Seite des Andlersbaches. Heute wird dieses Gelände als Campingplatz genutzt. Mit dem Bau des Donaukraftwerkes Aschach wurde die Donau an dieser Stelle aufgestaut, so dass sich auch der Bezug der Anlagen zum Fluss verän-

dert hat. Einige Stücke des Fundmaterials sind in einer Vitrine des Hotels „Donauschlinge" zu sehen.

**Literatur:**
Bender – Moosbauer 2003; Eckhart 1969; Friesinger – Krinzinger 1997, 160–164; Genser 1986, 44–76; Kandler – Vetters 1986, 74–78.

## Kobling-Rossgraben

### Wachturm

Der Wachturm lag etwa 4 km nördlich von Haibach, im Ortsteil Kobling-Rossgraben beim Haus Nr. 5. Er erhob sich auf einem ebenen Uferstreifen 15 Meter oberhalb der Donau, gegenüber dem Ort Obermühl bzw. gegenüber der Einmündung der Großen Mühl in die Donau, und diente zur Sicherung des Mühltals. Bereits um 1798 wurde vom Grundeigentümer des Hauses Kobling Nr. 5 Baumaterial zur Errichtung eines Backhauses entnommen. Nach den Grabungen im Kastell Schlögen untersuchte der Schlögener Grabungsverein im Jahre 1838 das Areal, wobei ein quadratisches Gebäude freigelegt wurde. Bei Bauarbeiten für das Donaukraftwerk Aschach wurden die Fundamente 1962 zur Gänze zerstört.

Bei dem Turm handelte es sich um einen zweiräumigen Bau mit quadratischem Grundriss von 8 m Seitenlänge und mit 1,26 m starken, etwa 1,60 m hoch erhaltenen Mauern. Der kleinere Raum (ca. 5,70 × 1,60 m) wies eine 0,95 m mächtige Kohle- und Ascheschicht mit Keramik- und Ziegelbruchstücken auf. Für den zweiten Raum (5,70 × 3,80 m) sind keine Funde überliefert.

Außerhalb des Gebäudes wurde eine Grube dokumentiert, die mit Asche, verbrannten Knochen, Sigillatafragmenten, einer Bronzefibel sowie einer Münze des Kaisers Konstantin I. (306–337 n. Chr.) verfüllt war. Ob es sich dabei um eine Abfallgrube oder eventuell ein Brandgrab gehandelt hat, ist nicht mehr festzustellen.

René Ployer

**Besichtigung**
Der Turm ist zur Gänze zerstört.

**Literatur:**
Eckhart 1961–1965; Eckhart 1969, 59 Anm. 136; Eckhart 1983, 37 f.; Genser 1986, 77–80; Kandler – Vetters 1986, 78–80; Noll 1958, 39 f.; Ployer 2013a, 20 f.; Trampler 1905, 14 f.

## Aschach an der Donau – Ioviacum (?)

### Militäranlage (?)

Die Marktgemeinde Aschach liegt am nördlichen Rande des Eferdinger Beckens, am Ausgang der stark gewundenen Donauschlucht, deren Anfang Schlögen markiert. Die antike Bezeichnung „Ioviacum" ist im *Itinerarium Antonini* (249,1) und in der *Notitia dignitatum* (occ. XXXIV 37) überliefert – letztere nennt Ioviacum als Stützpunkt einer Flottenabteilung, der *liburnarii* der *legio II Italica* unter dem *praefectus legionis secundae Italicae*. Auch in der *Vita S. Severini* (24,1), der Lebensbeschreibung des heiligen Severin, berichtet Eugippius von Ioviacum, das durch einen Einfall des germanischen Stammes der Heruler zerstört und dessen Bewohner in die Sklaverei verschleppt wurden. In der Forschung ist Ioviacum sowohl in Aschach, als auch im 13 km nordwestlich liegenden Schlögen lokalisiert worden (vgl. den Beitrag zu Schlögen). Seit den Grabungen in Schlögen in der Mitte des 20. Jhs. und der Feststellung, dass das Schlögener Kastell zu klein für die für Ioviacum überlieferten Truppen wäre, tendiert die Forschung dazu, Ioviacum in Aschach zu verorten.

## Militäranlage (?)

Das aus diesem Grund vorauszusetzende Kastell ist bislang noch nicht entdeckt worden. Generell ist die Fundarmut von Aschach für einen Militärstützpunkt auffallend. Bislang sind zwei römische Münzen gefunden und vermutlich eine römische Quadraflur nachgewiesen worden. Im Jahre 1959 wurden mehrere Granitblöcke einer Straße mit Geleisespuren und drei Wasserkanäle in der Abelstraße freigelegt, wobei diese Befunde nicht sicher als römisch anzusprechen sind. Planmäßige Grabungen sind bislang noch nicht erfolgt. Solange keine tatsächlichen Befunde eine römische Militärpräsenz in Aschach belegen, bleibt die Gleichsetzung mit dem antiken Ioviacum eine unbewiesene Hypothese.

Kira Lappé

**Besichtigung**
Es sind keine oberirdisch sichtbaren Denkmäler erhalten.

**Literatur:**
Eckhart 1960b; Eckhart 1966–1970b; Eckhart 1967; Eckhart 1969, 69 f.; Genser 1986, 745; Kandler – Vetters 1986, 80 f.; Noll 1958, 24; Reitinger 1960; Schwanzar 1986, 54; Stroh 1946–1950; Ubl 1974/1975, 156; Ubl 1982b, 80; Winkler 1971, 10 f. 14; Winkler 1975, 62 f.

# Eferding

## Kastell (?)

Aus dem Weichbild der mittelalterlichen Altstadt von Eferding sind seit dem 19. Jh. römische Funde bekannt, ebenso lange wird der Standort eines Lagers im Raum Eferding postuliert. Als antike Namen werden in der Literatur „Marinianio" (*Tabula Peutingeriana* segm. IV), „Ad Mauros" (*Notitia dignitatum* occ. XXXIV 31) und „Ioviacum" (*Notitia dignitatum* occ. XXXIV 37; *Itinerarium Antonini* 249,1) diskutiert.

## Kastell (?)

1924 glaubte E. Nowotny aus dem Stadtplan (in Analogie zu den niederösterreichischen Donaustädten) den Grundriss eines Lagers im Bereich zwischen Stadtplatz (Ostfront), Keplerstraße (Nordfront), Schaumburgerstraße (Westfront) und Schmiedstraße (Südfront) zu erkennen. Da Untersuchungen in den 1960er-Jahren in diesem Areal durch L. Eckhart vom Oberösterreichischen Landesmuseum (OÖLM) ohne überzeugendes Ergebnis blieben, wurde von ihm eine Beschränkung des römischen Lagers auf das nordöstliche Viertel dieses Bereichs vorgeschlagen: Stadtplatz (Ostfront), Keplerstraße (Nordfront), Schlossergasse (Westfront) und Wegparzelle 955/30 (Südfront). Ein angeblich spätantikes Gräberfeld im südlichen Bereich des Stadtplatzes unterstützte Eckharts Annahme einer weiter nördlich verlaufenden Südfront des Kastells. Dieses Reihengräberfeld muss jedoch entgegen der Literaturangaben als frühmittelalterlich gelten. Eine parzellengenaue Kartierung der Altfunde des 19. Jhs., besonders solcher, wo auch auf Baureste hingewiesen wird, deutet hingegen eine Konzentration von Baubefunden im Bereich nördlich der Keplerstraße im Areal um die Pfarrkirche und das Schloss an. Die Vermutung ist berechtigt, dass eine römische Siedlung sich auf diesen Bereich konzentriert, ohne dass aber damit bereits ein Lager nachgewiesen wäre, auch wenn Funde von Ziegeln mit Stempel der *legio II Italica* und einer Numeruseinheit diese Annahme verstärken. Immer wieder wurden Kulturschichten und Brandhorizonte angeschnitten, deren frühestes Fundmaterial ab der zweiten Hälfte des 1. Jhs. n. Chr. datiert. Zuletzt wurden Reste eines Gebäudes bei einer Grabung im Pfarrhof im Jahr 2001 freigelegt. Das Fundmaterial, darunter eine Iuppiterstatuette aus Bronze, weist den Bau in das 2. und 3. Jh. n. Chr. Eine Klärung über das Vorhandensein eines römischen Kastells ist nur anhand von weiteren Grabungen möglich, wobei der Schlosspark das wichtigste Fundhoffnungsgebiet darstellt.

### Gräber

Sowohl im Bereich des südlichen mittelalterlichen Stadtgrabens (Innerer Graben Nr. 3) als auch knapp außerhalb des westlichen Grabens (Oberer Graben Nr. 11) sind römische Bestattungen nachgewiesen. Zu letzteren gehört wohl auch das Areal des 1841 eingerichteten evangelischen Friedhofs, der sich als besonders fundreich erwiesen haben soll.

René Ployer

**Besichtigung**
Das Gebiet ist modern überbaut. Römerzeitliche Funde sind im Stadtmuseum sowie im Pfarrhof Eferding ausgestellt.
Website: http://www.ooemuseumsverbund.at/museum/52_fuerstlich_starhembergsches_familien-_und_stadtmuseum_eferding

Literatur:
Eckhart 1956–1960a; Eckhart 1960a, 28; Eckhart 1966–1970a; Eckhart 1974; Genser 1986, 81–93; Kandler – Vetters 1986, 81 f.; Kubitschek 1906a, Sp. 51–58; Lugs 1996, 159–178; Noll 1958, 31–33; Nowotny 1925, 89 f.; Ployer 2013a, 92; Sauer – Czubak 2001; Schwanzar 1986, 53 f.; Schwanzar 2003, 102–105; Ubl 1980, 589; Winkler 1975, 68 f.

## Wels – Ovilava

### Autonome Stadt

Ovilava entwickelte sich am Schnittpunkt zweier Verkehrswege. Hier kreuzten sich die in Ost-West-Richtung verlaufende Fernstraße, die vom Wiener Becken über Salzburg und Augsburg nach Südfrank-

# Wels – Ovilava

reich führte, und die unter Claudius 41–54 n. Chr. ausgebaute Nord-Süd-Verbindung von Aquileia über die Alpen, die unter Caracalla bis an die Donau weitergeführt wurde.

Der Name „Ovilava" oder „Ovilavis" wird im *Itinerarium Antonini* mehrmals genannt und scheint auf der *Tabula Peutingeriana* (segm. IV 2) als „Ouilia" an der Straße zwischen Tergolape (Schwanenstadt) und Blaboriaco (Enns) auf. Weiters belegen Inschriften auf Grabsteinen den Namen, zumeist jedoch erscheint der Name in abgekürzter Form. Lediglich auf einer Ehreninschrift aus Novae (Bulgarien) und auf Grabsteinen aus Wallsee, Gunskirchen und Rom ist der Name ausgeschrieben, jedoch nie im Nominativ (s. Ruprechtsberger 2006 mit Angaben zu allen ausgeschriebenen Namen).

## Forschungsgeschichte

Bereits vor der Einrichtung eines städtischen Mu-seums im Jahre 1904 wurden zahlreiche bedeu-tende Fundstücke der Römerzeit geborgen. Einen ersten zusammenfassenden

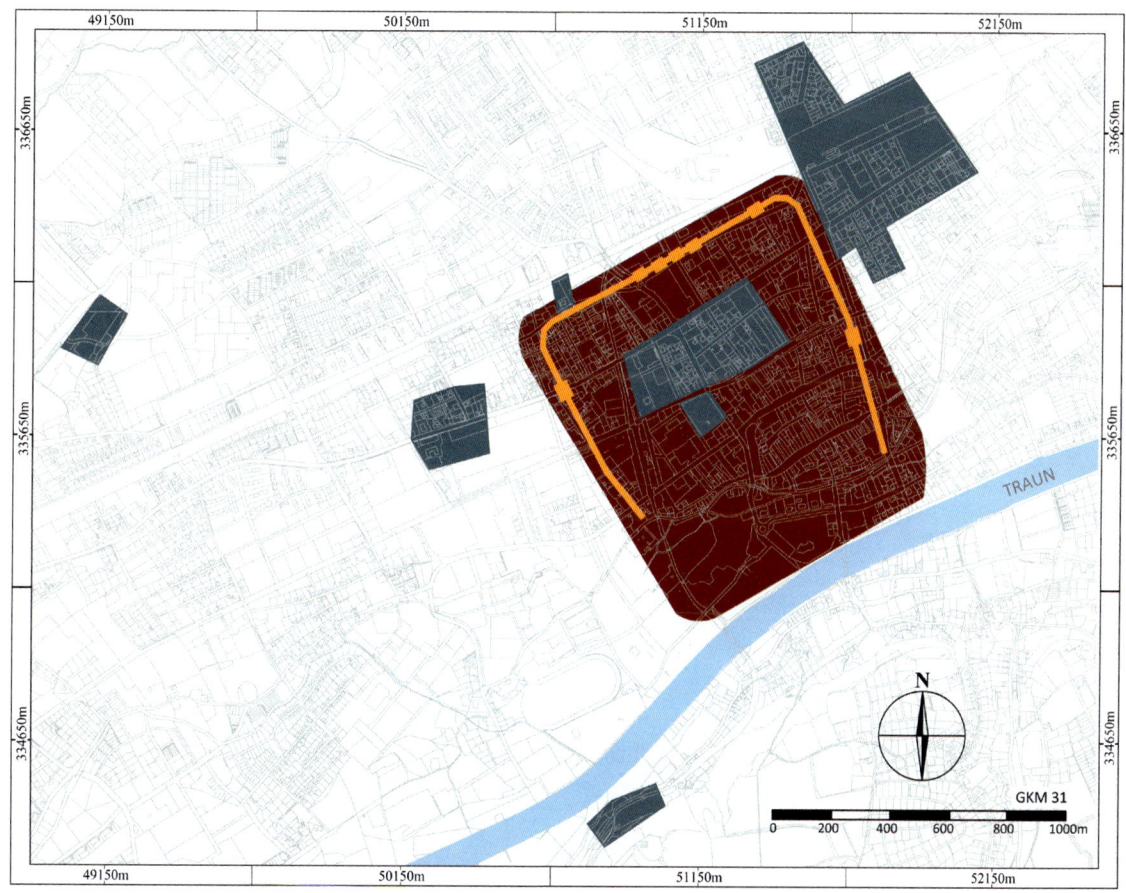

Abb. 77: Wels – Ovilava

J. Gaisberger um die Mitte des 19. Jhs. Im Zuge verschiedener baulicher Großvorhaben wurden archäologische Untersuchungen von der Zentralkommission dokumentiert. Der Welser Stadtrat F. Wiesinger fasste in den 1920er-Jahren in einem Bericht über die Topographie von Ovilava die Ergebnisse älterer und jüngerer Grabungen vor allem im Bereich der römischen Stadtmauer, der Gräberfelder und der Innenbebauung zusammen. Nach den Kriegswirren führte der 1954 zum Direktor des Museums bestellte G. Trathnigg die archäologischen Forschungen fort. Die im Zuge des Wiederaufbaus und der Modernisierung der Infrastruktur der Stadt durchgeführten Rettungsgrabungen im Bereich der antiken Siedlung und der Gräberfelder fasste er unter anderem in einem Beitrag zur Topographie von Wels zusammen. Zu Beginn der 1970er-Jahre wurde das bis dahin völlig unbekannte Gräberfeld unter dem heutigen Marktgelände angeschnitten und Gräber unter dem Gebäude der Wirtschaftskammer und des Verbundamtes der Post freigelegt. Diese Gräber lagen unter einer jüngeren Siedlungsschicht. Im Jahre 1976 wurde die vom damaligen Museumsdirektor W. Rieß betriebene Neuaufstellung der archäologischen Sammlung eröffnet. Die in den Jahren 1988–1990 von der Verfasserin durchgeführten Grabungen im ehemaligen Minoritenkloster erbrachten neue Erkenntnisse zur südlichen Stadtmauer und zur Besiedlung ab der zweiten Hälfte des 2. Jhs. bis zum 4. Jh. n. Chr. Jährliche Notgrabungen, bedingt durch Bauvorhaben, führten vielfältige Befunde und Funde zu Tage. Im Jahre 2002 übersiedelte die archäologische Sammlung in den Klostertrakt des Minoritengebäudes. In die Neuaufstellung wurde ein konservierter Teil der Ausgrabungen integriert.

## Stadt

Der Beginn der römischen Siedlung wird nicht zuletzt durch die Auswertung von etwa 2000 Mün-

Abb. 78: Wels. Grabmedaillon eines Ehepaares, eingemauert im Haus Stadtplatz 18

zen in der 2003 erschienenen Publikation von K. Vondrovec in die Zeit Vespasians (69–79 n. Chr.) gesetzt. Fundstücke wie oberitalische und südgallische Terra Sigillata, Münzen oder das Fragment eines Militärdiploms aus der Zeit Neros (54–68 n. Chr.) wurden im West- und Nordwestteil der Siedlung angetroffen. Die Größe und Bebauung der frührömischen Siedlung erstreckte sich über den Kern der späteren mittelalterlichen Stadt, wobei die erwähnten frühen Gräberbezirke eine Grenze bildeten (Abb. 77). Die rasch wachsende Siedlung erhielt in der Zeit Hadrians (117–138 n. Chr.) das Stadtrecht. Der zugehörige Verwaltungsbezirk reichte im Norden bis an die Reichsgrenze, die Donau, im Westen bis an den Inn und im Osten bis an die Enns. Im Süden grenzte er an das Stadtgebiet von Iuvavum/Salzburg und bis an den Alpenhauptkamm. Als *municipium Aelium Ovilava*, kurz *Aelia Ovilava* bezeichnet, scheint es auf Grabsteinen aus Gunskirchen bei Wels, aus Trivento in Mittelitalien und aus Rom auf. In die Mitte des 2. Jhs. n. Chr. datiert das Grabmedaillon eines Ehepaares, das in der Fassade des Hauses, Stadtplatz 18 eingemauert ist.

Das qualitativ hochwertige Relief stellt ein Ehepaar dar: Der Mann trägt eine Toga und hält eine Schriftrolle in der Hand, die Frau ist in norischer Tracht gekleidet (Abb. 78).

Rettungsgrabungen in der Stadt ergaben Reste von Gebäuden mit Fußbodenheizung, neben Mörtelestrichen auch Mosaikfußböden, Marmorverkleidungsplatten, bemaltem Wandverputz, Herdstellen etc. und eine Vielzahl an Kleinfunden, die von relativem Wohlstand und guten Handelsbeziehungen der Bewohner zeugen. Die archäologischen Befunde belegen eine oder mehreren Umbauphasen. Großflächige Zerstörungshorizonte, die etwa mit der Bedrohung durch die Markomannen und Quaden in der zweiten Hälfte des 2. Jhs. n. Chr. in Zusammenhang gebracht werden könnten, ließen sich nicht feststellen. Zum Schutz der Grenze wurde die zweite italische Legion an die norische Donaugrenze verlegt. Eine Grabinschrift aus Trivento (Italien) nennt einen Publius Florius Praenestinus, der Soldat der in Noricum, in Aelium Ovilava, stationierten Legion war. Wahrscheinlich war ein Teil der *legio II Italica* kurz nach der Verlegung nach Norden hier stationiert.

Der Verlauf einer römischen Ost-West-Straße im Norden von Ovilava entspricht in etwa der heutigen Bundesstraße 1. Die archäologischen Untersuchungen auf dem Grundstück der Schule der Franziskanerinnen nördlich dieser Straße ergaben im Südteil Reste von gut ausgestatteten Wohngebäuden der zweiten Hälfte des 2. bzw. des 3. Jhs. n. Chr. Weiter nördlich wurden Reste eines Gebäudes freigelegt, das auf Grund der Abfolge und Größe von Räumen mit und ohne Fußbodenheizungen, den Resten eines Wasserbeckens und eines nördlich anschließender Hof wahrscheinlich als Badeanlage interpretiert werden kann. Leider war das römische Fußbodenniveau nicht mehr erhalten und Hinweise auf die Zu- und Ableitung von Wasser bedingt durch rezente Leitungsküneten nicht zu erkennen.

Innerhalb der Stadt konnten mehrere Straßenzüge nachgewiesen werden. Bei Rettungsgrabungen wurden immer wieder Reste von Wohngebäuden freigelegt. Funde wie Gussmodel, Halbfabrikate, ein Fehlbrand, Schlacken und Werkzeuge lassen auf Handwerkerviertel im Norden der Stadt schließen. Die Lage einer Brücke über die Traun wird zwischen der Eisenbahnbrücke im Westen und der alten Straßenbrücke im Osten vermutet.

Abb. 79: Wels. Bronzestatuette der Venus aus Gunskirchen bei Wels

Nahe dem rechten Traunufer in Aschet wurde eine römerzeitliche Wasserleitung freigelegt, die zwei Bauphasen aufwies: eine Holzkonstruktion aus der Mitte des 2. Jhs. und einen Steinbau aus der ersten Hälfte des 3. Jhs. n. Chr. Öffentliche Gebäude wie Tempel, das Forum etc. konnten bislang noch nicht lokalisiert werden. Das religiöse Leben belegen Weihesteine für Apollo, Diana Nemesis, Iuppiter, Vulcanus, Iuppiter Dolichenus, die zumeist als Spolien in mittelalterlichen Gebäuden gefunden wurden. Statuetten aus Bronze, Ton oder Blei, die römische, einheimische und ägyptische Gottheiten darstellen, stammen aus Gräbern oder den Lararien der Wohnhäuser. Eine Statuette einer Venus aus Gunskirchen bei Wels gehörte vermutlich zu einer römischen *villa* (Abb. 79). Die Qualität der Bronzearbeit ist außergewöhnlich und zeugt von der Tradierung der klassischen griechischen Bildtypen.

Die unter dem Minoritenkloster und der Kirche freigelegten Reste eines Gebäudes mit Fußbodenheizung, Mosaikfußboden, Bleiwasserleitung etc. wiesen eine beträchtliche Anzahl an Ziegeln mit Stempel der II. italischen Legion auf. Ein Dachziegel trägt den Stempel eines Statthalters, der zugleich Kommandant der Legion war. Möglicherweise befand sich das Gebäude in Besitz des Statthalters. H. Petrovitsch und G. Winkler lösten die Buchstaben des Stempels mit Hilfe einer in griechischer Sprache verfassten Ehreninschrift aus der antiken Stadt Thyateira (Türkei) für Marcus Gnaeus Licinius Rufinus, einem *praeses provinciae Norici*, auf. Seit der Stationierung der *legio II Italica* hatte sich die Verwaltung der Provinz verändert. Der Statthalter war nunmehr zugleich Kommandant der Legion. Vielleicht wurden in diesem Zusammenhang auch Verwaltungseinheiten von der Hauptstadt Virunum in das näher gelegene Ovilava verlegt.

## Befestigungsanlage

Im späten 2. oder frühen 3. Jh. n. Chr. wurde die Stadt mit einer Befestigungsanlage geschützt. Die 90 ha große Siedlung wurde von einer Stadtmauer und bis zu vier vorgelagerten Spitzgräben umschlossen. Zu den bereits unter F. Wiesinger und G. Trathnigg freigelegten Türmen bzw. Toren im Norden und Westen der Stadt konnte an der Ostseite eine weitere Toranlage freigelegt werden. Knapp westlich davon verlief eine mit Bachsteinen gepflasterte Straße, die auch bei einer Grabung im Jahre 2012 auf einem weiter nördlich gelegenem Grundstück beobachtet wurde. Sowohl im Norden als auch im Westen konnten innerhalb der Stadtmauer bzw. der Straße ein weiterer großer Spitzgraben freigelegt werden, der möglicherweise auf eine ältere Verteidigungsanlage hinweist.

Ein Turmfundament im Norden (Schubertstraße 37) und die Fundamente einer Toranlage im Hof einer Bank an der Roseggerstraße im Westen sind noch erhalten. Archäologische Grabungen am Südrand der Stadt, im ehemaligen Minoritenkloster, ergaben ein 1,40 m breites Fundament unter der dortigen mittelalterlichen Stadtmauer, das in den Ausmaßen und im Aufbau jenem der römerzeitlichen Stadtmauer entspricht.

## Die Stadt als *colonia*

Die Stadt erhielt unter Caracalla (211–217 n. Chr.) den Titel einer *colonia*, *colonia Aurelia Antoniniana Ovilava*. Dieser Titel erscheint auf mehreren Inschriften, wie etwa auf dem Grabstein des Lucius Saplius Agrippa aus Köppach bei Schwanenstadt oder jenem des Publius Aelius Flavus aus Lambach und auf einem Inschriftenfragment aus dem Gräberfeld Ost. Am Ostrand dieses Gräberfeldes, das von einer Ostwest-Straße durchzogen wurde, stand ein Meilenstein des Maximinus Thrax (234 n. Chr.). Der Inschriftentext berichtet von Instandsetzungsarbeiten an Brücken, Straßen und Meilensteinen. Diese Arbeiten sind möglicherweise mit den vorangegangenen Einfällen der Alemannen zu sehen. Nahe einer nördlichen Ost-West-Straße wurde ein Hortfund geborgen. Er besteht aus Bronzegefäßen, Eisengeräten, Terra Sigillata-Geschirr und der Bronzestatuette eines sitzenden Genius. Während die Kessel, die Rippenschale, eine Pfanne und zwei Siebe zum Koch- bzw. Tischgeschirr zu zählen sind, befinden sich unter den Eisengeräten auch Löffelbohrer und ein Brennstempel. Über dem Verwahrfund wurde eine ca. 30 cm starke Brandschicht beobachtet. Ob der Hortfund mit den Alemanneneinfällen in Zusammenhang steht oder mit einem anderen Ereignis, kann derzeit nicht geklärt werden.

Unter Kaiser Diokletian (284–395 n. Chr.) wurde die Provinz Noricum geteilt und vermutlich wurde nun Ovilava Sitz des zivilen Statthalters, des *praeses*. Aus dieser Zeit stammt auch die späteste offizielle Inschrift von Ovilava. Der Steinblock wurde im Mittelalter in einen Strebepfeiler der Minoritenkirche verbaut. Nach einer Lesung von E. Weber stiftete der Gemeinderat der Colonia, der *ordo*, Kaiser Diokletian eine Ehreninschrift. Auf Grund der Titulatur des Kaisers datiert E. Weber die Inschrift in den Zeitraum 284/285 n. Chr. Spätantike Funde wurden im Südteil der Stadt gefunden. Bei Grabungen im ehemaligen Minoritenkloster wurden zahlreiche Münzen aus dem 4. Jh. n. Chr. geborgen, darunter als Schlussmünzen jene des Theodosius (388–393 n. Chr.). Außerdem fanden sich in der Verfüllschicht der Hypokausten der mittleren Kaiserzeit Scherben von Terra Sigillata Chiara, von grün glasierter Keramik und Keramik mit Einglättdekor sowie Zwiebelknopffibeln und eine bronzene Gürtelschließe mit festem, dreieckigem Beschlag. Auch etwas nördlich dieser Fundstelle kamen trotz der intensiven Bebauung des Stadtplatzes seit dem Mittelalter immer wieder spätantike Funde, darunter Fibeln, ein Lampenbruchstück aus Nordafrika und ein Solidus des Anthemius Procopius (467–472 n. Chr.) zu Tage.

## Gräberfelder

Ob die Gräber im Bereich des Marktgeländes und nördlich des Kaiser-Josef-Platzes zu einem zusammenhängenden „Gräberfeld Mitte" gehören, lässt sich auf Grund der dichten rezenten Bebauung derzeit nicht feststellen. Sie wurden im Zuge der Stadterweiterung im fortgeschrittenen 2. Jh. n. Chr. aufgegeben. Über den Gräbern auf dem Marktgelände lag zudem eine 1,50 m mächtige Schotterschicht, die einer Traunüberschwemmung zugeschrieben wird. Die großen Gräberfelder am Stadtrand von Ovilava im Westen und Osten entlang einer Straße wiesen jedoch bereits ebenso Gräber der Mitte des 2. Jhs. n. Chr. auf. Eine weitere Gräbergruppe am rechten Traunufer wurde in Aschet, Gde. Thalheim/Wels, freigelegt. Daraus wurde eine Bestattung in einem Bleisarg geborgen. Die Zeitstellung einer Gruppe von beigabenlosen Körpergräbern knapp außerhalb der Nordwest-Ecke der Stadt ist derzeit nicht zu klären. Die Bestattungen des 4. und 5. Jhs. n. Chr. dürften im Gräberfeld Ost bzw. in einer kleinen Gräbergruppe nordwestlich der antiken Stadt erfolgt sein. Zu den Fundstücken zählen eine vergoldete Zwiebelknopffibel, Bronzearmreife mit Schlangenkopfenden und Scherben von Gefäßen mit Einglättdekor.

Zu den spärlichen Zeugnissen des frühen Christentums zählen der Grabstein der Ursa aus dem Gräberfeld Ost, der in das beginnende 5. Jh. n. Chr. datiert wird. Für eine frühchristliche Kirche in Ovilava gibt es lediglich einen Hinweis, nämlich ein Pilasterkapitell aus Marmor, das zur Ausstattung eines Sakralbaus gehört haben könnte. In der Lebensbeschreibung des heiligen Severin wird Wels nicht erwähnt. Ob der von Odoaker 488 n. Chr. angeordnete Rückzug der romanischen Bevölkerung in die Gebiete südlich der Alpen lückenlos erfolgt ist, kann derzeit nicht verfiziert werden. Jedenfalls bestatteten eingewanderte Bajuwaren ihre Toten ab dem 6. Jh. n. Chr. im römischen Gräberfeld Ost und im 7. Jh. wurde innerhalb der antiken Ruinen der Stadt eine kleine Kirche mit einem zugehörigen Friedhof angelegt.

## *Villa rustica* / Straßenstation (?)

Etwa drei römische Meilen außerhalb der Stadt, nahe einer antiken Fernstraße, die in nordwestlicher Richtung an die Donau führte, wurde ein Teil einer *villa rustica* freigelegt. Ein Umfassungsgraben umschloss die Anlage. Innerhalb dessen konnte eine kleine Badanlage freigelegt werden und zahlreiche Gräbchen, die auf hölzerne Speicherbauten schließen lassen. Die Anlage wurde in der Spätantike möglicherweise in eine Straßenstation umgewandelt. Das Fundmaterial, vor allem Keramik und Münzen, umfasst einen Zeitraum vom 2. bis zum 4. Jh. n. Chr. Insgesamt wurden etwas mehr als 1200 Münzen geborgen, die zum Teil Brandspuren aufweisen. Eine erste Durchsicht der Münzen ergab, dass der überwiegende Teil der Spätantike zuzuweisen ist.

Renate Miglbauer

**Besichtigung**

Das Stadtmuseum Wels mit der archäologischen Sammlung im ehemaligen Minoritenkloster beherbergt Denkmäler und Kleinfunde von Wels und Umgebung. Den Schwerpunkt der Dauerausstellung bildet die Präsentation des Lebens in einer römischen Provinzstadt.
Website: www.ooemuseumsverbund.at/museum/274_stadtmuseum_wels_-_minoriten_archaeologische_sammlung
Außerdem sind noch erhaltene Reste des römischen Wels in der Stadt zu besichtigen, wie etwa Reste der römischen Stadtmauer, das Grabmedaillon, Kleinfunde etc. Ein informativer Folder mit Hinweisen zu den einzelnen Denkmälern ist im Tourismusbüro am Stadtplatz bzw. im Museum erhältlich.

Literatur:
Friesinger – Krinzinger 1997, 164–171; Kandler – Vetters 1986, 61–69; Miglbauer 2002; Miglbauer 2012; Trathnigg – Miglbauer 1986.
Neue Forschungsergebnisse werden sowohl in den Jahrbüchern des Musealvereins Wels als auch in den Mitteilungen aus dem Stadmuseum Wels publiziert.

# Wilhering

## Militärziegelei – *villa rustica*

Die Marktgemeinde Wilhering liegt etwa 5 km westlich von Linz an der Donau. Römische Funde und Befunde sind über die gesamte Gemeinde verbreitet angetroffen worden, darunter römische Münzfunde, Keramik- und Ziegelfragmente, Mauern und nicht zuletzt ein römischer Wachturm und Burgus bei Hirschleitengraben (vgl. den Beitrag zu Hirschleitengraben).

### Militärziegelei

Auf der Suche nach der Burg Alt-Wilhering legte Pater G. Rath 1934 einen Suchschnitt auf der Flur „Burchheim" nahe der Ortschaft Fall an. In diesem Gebiet wurde bereits im 19. Jh. ein gestempelter Ziegel der zweiten italischen Legion unter Ursicinus aufgefunden. Bei der Grabung stieß Rath auf zwei spätantike Ziegelöfen, die in diesem und dem folgenden Jahr vollständig freigelegt wurden (Abb. 80). Die Öfen waren in den Lehm eingetieft, das Mauerwerk bestand aus Bruchsteinen und Ziegeln in Mörtelbindung. Der größere Ofen maß 8,30–8,50 × 9,30–9,40 m und besaß, abgesehen von der Nordmauer, durchschnittlich 1,50 m starke Mauern. Der eigentliche Heizraum war durch eine Nord-Süd verlaufende Mauer in zwei Kammern geteilt, die von Ziegelgurtbögen überwölbt waren. Der zweite, etwa 4 m entfernt liegende Ofen wies dieselbe Bauweise auf und besaß eine Länge von 7 m und eine Breite von 4,50 m. Die Beschickung erfolgte, ebenso wie beim ersten Ofen, von Norden.

Die Funde umfassen drei Münzen aus der Zeit zwischen der zweiten Hälfte des 3. Jhs. und dem frühen 4. Jh. n. Chr., einen Bronzeschlüssel, Messerfragmente, eine Bronzefibel, mehrere Keramikfragmente und etliche Ziegel, darunter Mauer-, Dach- und Gewölbeziegel.

Mehrere Ziegel führen den Stempel: LEG II ITAL ALAR / TEMP URSIC VP DUC. In der ersten Zeile ist die zweite italische Legion, *leg(io) II Ital(ica)*, genannt, die in Lauriacum/Enns stationiert war (vgl. den Beitrag zu Lauriacum). Die Abkürzungen AL bzw. ALAR sind, laut R. Egger, mit *A(uxiliares) L(auriacenses)* bzw. *La(u)r(iacenses)* aufzulösen und bezeichnen demnach Hilfstruppen aus Lauriacum. Die zweite Zeile des Stempels, *temp(ore) Ursic(ini) v(iri) p(erfectissimi) duc(is)*, nennt Ursicinus, den *dux Pannoniae primae et Norici ripensis*, der unter Valentinian I. (364–375 n. Chr.) die Wiederaufbauarbeiten am Donaulimes leitete und dessen Name auch von Stempeln der Ziegelei in St. Pantaleon-Erla bekannt ist (vgl. den Beitrag zu St. Pantaleon-Erla). Die Ziegel wurden, ähnlich wie bei der Ziegelei von St. Pantaleon-Erla, bei der Errichtung zahlreicher Bauten im nahen Umkreis verwendet.

Von besonderem Interesse sind zwei Ziegel, die aus der Mittelmauer des Ziegelofens stammen und von vier verschiedenen Händen beschrieben wurden. Entziffert sind bislang nur vier Zeilen in römischer Kursive, die R. Egger als „ältesten Brief Oberösterreichs" bezeichnet hatte. Der Text lautet nach der Lesung von G. Thüry:

> [Do]mino fartori Victoriano salutem.
> mox litteras meas perceperis, ut statuem(us).
> demes litteras meas felicissime; excipas:
> cum Livia fuimus.

Übersetzt ergibt sich die Kritzelei eines in der Ziegelei Beschäftigten an einen Rivalen um eine gewisse Livia:

„Dem Herrn Geflügelmäster / Wurstfabrikanten Victorianus einen Gruß! Bald wirst du meinen Brief bekommen haben, wie ich das beschließen werde. Du wirst meinen Brief glücklichst entgegennehmen (und) sollst (dann daraus) erfahren: ich war mit Livia zusammen!"

(Übersetzung G. Thüry)

## Villa rustica

In der Katastralgemeinde Schönering bei Thalham ist bereits 1936 eine *villa rustica* aufgefunden und zu Teilen auch freigelegt worden. Dieses Areal war bereits zuvor durch die Auffindung von Mauerwerk, Ziegelfragmenten, Münzen und Keramik aufgefallen. Eine ausführliche Grabungsdokumentation fehlt.

Zwischen 1994 und 2001 untersuchte Chr. Schwanzar das zur *villa* gehörende Badegebäude (Abb. 81). Die Anlage bestand aus sieben kleineren Räumen, die sich um einen zentral gelegenen, 5,50 × 5,50 m großen Raum gruppierten. Dieser zentrale Raum besaß eine Hypokaustheizung, die über ein *praefurnium* im Süden beschickt wurde. In einem der nördlich anschließenden Räume ist eine Schlauchheizung nachgewiesen. Nach dem ersten Drittel des 4. Jhs. n. Chr. kam es zu Ausbesserungsarbeiten am Hypokaustum, das *praefurnium* wurde nun an der Ostseite errichtet.

Nach der aufgefundenen Keramik war die Badeanlage vom frühen 2. Jh. bis zum Ende des 4. Jhs. n. Chr. in Verwendung.

Kira Lappé

Abb. 80: Wilhering. Ziegelofen, während der Grabung 1934

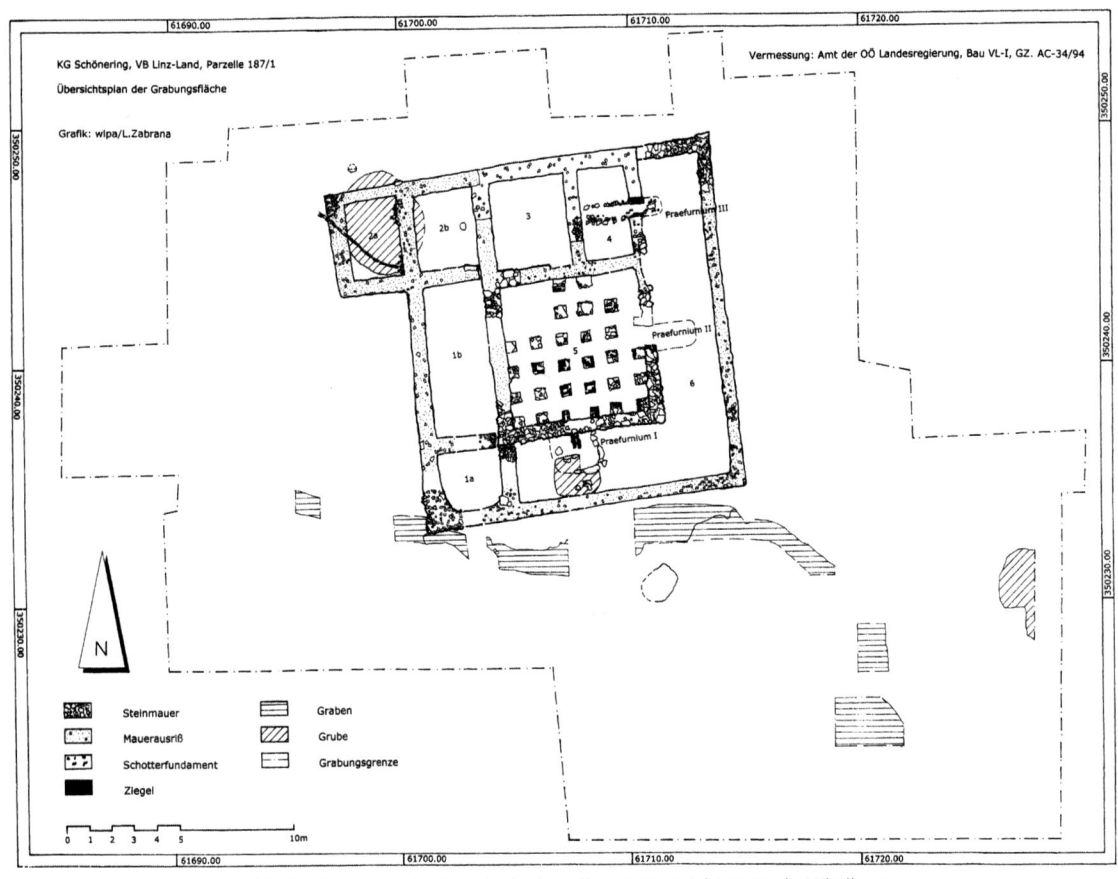

Abb. 81: Wilhering. Badegebäude der *villa rustica* in Schönering bei Thalham

**Besichtigung**
Alle freigelegten Befunde wurden nach Ende der Grabungen wieder zugeschüttet. Es sind keine oberirdisch sichtbaren Denkmäler erhalten.

**Literatur:**
Egger 1950, 160 f.; Engelmann 2000; Engelmann 2001; Fietz 1975, 61 f.; Kandler – Vetter 1986, 82–84; Noll 1958, 86 f.; Rath 1937, 475–480; Rath 1938a; Rath 1938b; Schwanzar 1986, 53; Schwanzar 1993, 10–12; Thüry 2004; Winkler 1971a, 120 f.

# Hirschleitengraben

## Wachturm – Burgus

Die baulichen Überreste des Wachturms und späteren Burgus, der in den antiken Quellen nicht genannt wird, liegen am Nordhang des Kürnberges, auf einem zur Donau steil abfallenden Felssporn (Abb. 82). Dieser wird lokal als Wäscheneck bezeichnet und erstreckt sich östlich oberhalb des Hirschleitengrabens etwa 40 m über dem Donaustrom. Noch heute ist an einigen Stellen im Gelände ein Altweg sichtbar, der entlang der Abhänge des Kürnbergwalds und südlich am Turm vorbei von Linz nach Wilhering zog.

### Forschungsgeschichte

Der Turm wurde erstmals 1936 vom Tierpräparator B. Stolz vom Oberösterreichischen Landesmuseum (OÖLM) entdeckt. Im gleichen Jahr begann der Heimatforscher E. Fietz mit einer Grabung, die 1938/39 vom Zisterzienserpater G. Rath fortgesetzt wurde. Neuerliche Untersuchungen fanden 1991 von Ch. Schwanzar (OÖLM) statt mit anschließender Konservierung der baulichen Überreste durch Schüler der HTL Linz-Goethestraße unter Aufsicht des Bundesdenkmalamtes.

### Wachturm

Bei dem Bau handelt es sich um einen zweiphasigen Wachturm bzw. Burgus zum Schutz des Donautals unterhalb des Stromübergangs nach Ottensheim und oberhalb des Kastells von Linz. Der im Grundriss etwa quadratische Turm, dessen Eingang im Süden lag, war an der West-, Ost- und Südseite durch einen hufeisenförmigen Graben vom Hinterland abgeriegelt. Der ursprüngliche, 6 × 6 m große Wachturm hatte eine Mauerstärke von 0,80 bis 0,90 m und eine Fundamentbreite von durchschnittlich 1,10 m. In der inneren Nordwest-Ecke

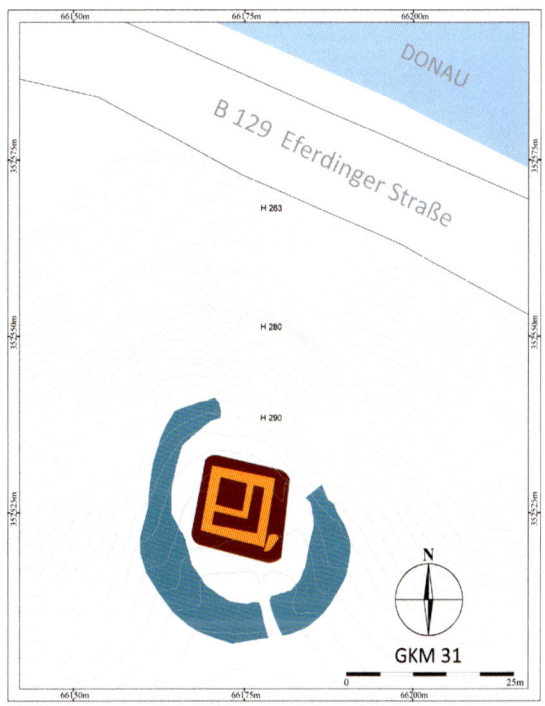

Abb. 82: Hirschleitengraben

waren noch Reste des Estrichbodens vorhanden. Zwar ist das Fundmaterial der ersten Grabungen verschollen, doch nimmt der Ausgräber eine Entstehung des Wachturms Ende des 2. oder Anfang des 3. Jhs. n. Chr. an, also in der Zeit kurz nach den Markomanneneinfällen, wo der Grenzschutz am Donaulimes ausgebaut wurde.

### Burgus

In der zweiten Hälfte des 4. Jhs. n. Chr. wurde der Turm nach Osten und Süden zu einem annähernd quadratischen Burgus erweitert (9,90 × 9,95 × 9,80 × 9,50 m) und der Estrich gegenüber dem älteren

Boden um 0,30 m angehoben (Abb. 83). Die Vergrößerung des Baus ist deutlich an einer an der Westmauer erkennbaren Baufuge zu erkennen. Die Fundamente waren etwa 1,30 m breit und das aufgehende Mauerwerk 0,80 m stark. Der obere Abschluss des Burgus war mit einem Ziegeldach gedeckt. Für diese zweite Phase gibt vor allem ein vermauerter Ziegel mit dem Stempel des *dux Ursicinus* einen Hinweis für die Errichtung des Burgus in der Regierungszeit des Kaisers Valentinian I. (364-375 n. Chr.).

René Ployer

**Besichtigung**
Das Mauergeviert ist konserviert und zugänglich.

**Literatur:**
Fietz 1934–1937; Fischer 2002, 34. 135; Friesinger – Krinzinger 1997, 171–173; Genser 1986, 94–98; Kandler – Vetters 1986, 84–86; Ployer 2013a, 22 f.; Schwanzar 1993, 9–37; Schwanzar 2003, 105 f. Abb. 6. 7; Steingruber 2003, 69–114.

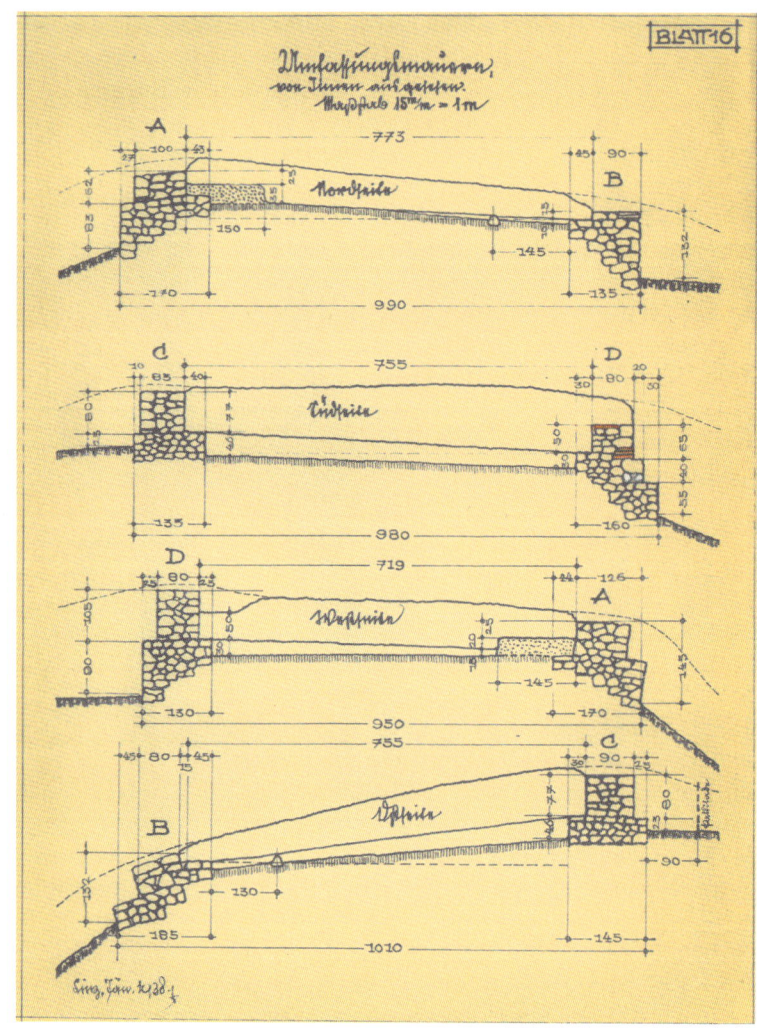

Abb. 83: Burgus Hirschleitengraben. Grabungsdokumentation von 1938

## Linz – Lentia

### Kastell – Siedlung

Das Linzer Becken und seine flache Niederterrasse sind naturräumlich durch die Flüsse Donau und Traun einerseits und durch Hügel andererseits bestimmt. Das weitgehend flache Gelände erhält durch die Erhebungen des Freinberges und dessen Vorhöhen mit Martinsfeld und Schlossberg innerhalb des Stadtgebietes ein Relief, in dem verschiedene Siedlungsagglomerationen ab urgeschichtlicher Zeit entstanden. Die Donau wird bis zur westlichen Stadtgrenze von Linz durch den Granit des Mühlviertels eingeengt, der südlich des Flusses auf den Frein- und Kürnberg übergreift. Ab da wird die Donau breiter und umschreibt eine markante Krümmung nach Süden. Übergänge und Furten waren bis zur Stromregulierung im 19. Jh. und später noch an mehreren Stellen vorhanden.

Auf der Anhöhe des Freinberges im Westen der Stadt befand sich in der späten Bronzezeit eine Siedlung. Deren als mächtiger Wall im Gelände noch äußerst deutlich sich abzeichnende Befestigung wurde im Laufe eines langfristig angesetzten Ausgrabungsprojektes archäologisch untersucht und phasenmäßig aufgeschlüsselt. Die letzte Befestigungsphase datiert in die späte Latènezeit. Damals, etwa in der zweiten Hälfte des 1. Jhs. v. Chr., verlagerte sich das Siedlungsgeschehen hangabwärts in Richtung Osten auf die Freinbergvorhöhen, das Martinsfeld (mit der gleichnamigen Kirche), die sog. Keplerwiese und den Linzer Schlossberg, wo die frühesten römerzeitlichen Befunde festgestellt wurden. Sie weisen in das 2./3. bis 5. Dezennium des 1. Jhs. n. Chr. Einem noch dem 1. Jh. n. Chr. angehörenden Zeithorizont sind Funde aus dem Bereich des Landestheaters und der benachbarten Promenade zuzuordnen (Abb. 84).

Eine von Nordwesten nach Südosten führende Achse spiegelt sich ungefähr im Verlauf der Herrenstraße wider. Sie nahm ihren Anfang in der römerzeitlichen Siedlung an der Donau, wo eine Schiffsanlegestelle zu vermuten ist. An ihr lagen zunächst das römische Kastell und außerhalb das Brandgräberfeld. Bis dorthin reichte die Ausdehnung des antiken Lentia, das im Osten nicht über die Linie Hauptplatz – Landstraße führte, wie die neueren Ausgrabungen bei der Pfarrkirche bestätigten.

Der Name „Lentia" wird von der Sprachwissenschaft auf das keltische Adjektiv *lentos, biegsam, gekrümmt (lat. *lentus*) zurückgeführt, das in der Substantivbildung als Lentia (aus *lnt* und Suffix *-ia*, „Krümmung", „Biegung") aufscheint. Der Name soll demnach auf den Verlauf der Donau zurückzuführen sein, die hier eine auffällige Krümmung nach Süden aufweist. In der spätantiken *Notitia dignitatum* wird Linz zweimal im Lokativ Lentiae angeführt (occ. XXXIV 32. 38).

### Forschungsgeschichte

Bereits 1824 berichtete B. Pillwein über Funde aus Linz, über dessen römerzeitliche Topographie er 1846 reflektierte. Zwischen 1835 und 1841 gelangten in der Altstadt und der Steingasse Funde ans Tageslicht, die der Augustiner Chorherr J. Gaisberger zeitlich näher zu bestimmen versuchte. Er gilt als „Vater" der oberösterreichischen Römerzeitforschung. In den Jahren 1926/27 wurde das römische Brandgräberfeld bei der „Kreuzschwesternschule" zwischen Stockhof- und Wurmstraße untersucht, 1937 bis 1940 folgten Ausgrabungen zwischen Promenade und Steingasse. In der Nachkriegszeit stand die Restaurierung der Martinskirche an, anlässlich derer auch kleinere Sondierungen vorgenommen wurden. Ab 1950 fanden im Zuge des Wieder-

Abb. 84: Linz – Lentia

# Linz – Lentia

Abb. 85: Linz, Keplerwiese. Balkengräbchen eines Holzbauwerks (links). Am rechten Bildrand über einem frührömischen Schacht ein spätantiker Heizkanal

aufbaus viele Notgrabungen, Sondierungen und Schürfungen in der Altstadt, am Tummelplatz, dem Bereich des Landestheaters und dessen Umgebung statt. Sie wurden unter der Bezeichnung „Altstadt-" bzw. „Kastellgrabungen" geführt. Zu letzteren zählte auch das Unternehmen im Hof der Druckerei Wimmer 1966–1967 an der Promenade. Außerhalb des Stadtgebietes konzentrierte man sich auf das Gelände der heutigen Voestalpine, woher nicht nur urgeschichtliche und frühmittelalterliche, sondern auch einzelne spätantike Grabfunde stammen. 1976 bis 1979 bildete wiederum die Martinskirche, dieses Mal samt ihrem unmittelbaren Umfeld, das Zentrum der Ausgrabungstätigkeit. Von 1979 bis 1983 konzentrierte man sich auf einzelne Sondierungen und Kontrollgrabungen an archäologisch neuralgischen Stellen im Innenstadtbereich. 1983 bis 1985 schlossen die planmäßigen Untersuchungen im spätantiken Gräberfeld zwischen Tiefer Graben und Flügelhofgasse am Römerberg an. Das Jahr 1989 signalisiert den Beginn eines Grabungsunternehmens, das mit dem Akademischen Gymnasium von Linz in der Spittelwiese und seiner Umgebung in engster Verbindung stand und mit Unterbrechungen bis 1998 währte. 1989 startete ein Ausgra-

bungsprojekt des Nordico-Stadtmuseums Linz und des Institutes für Ur- und Frühgeschichte (jetzt Historische Archäologie) der Universität Wien unter dem Titel „Ur- und frühgeschichtliche Siedlungen im Linzer Raum", im Zuge dessen bis zum gegenwärtigen Zeitpunkt Forschungsgrabungen auf der Keplerwiese am Schlossberg durchgeführt werden. Großflächige Notgrabungen des Denkmalamtes erfassten 2006–2008 die Grünzonen beim Linzer Landhaus und auf der Promenade. Umfangreiche und zeitintensive archäologische Kampagnen des Oberösterreichischen Landesmuseums, Abteilung Archäologie, erfassten in den Jahren 2006–2009 den gesamten Hof des Linzer Schlosses. Diesen war im Jahre 2000 außerhalb des Westflügels eine Flächensondierung des Denkmalamtes vorausgegangen.

## Kastell

Römerzeitliche Funde militärischen Charakters, wie sie innerhalb des von Promenade, Spittelwiese und Steingasse umschriebenen Terrains seit dem 19. Jh. gelegentlich zum Vorschein gekommen waren, und

Abb. 86: Linz, Keplerwiese. Ursprünglich aus Holzbalken und Brettern bestehender Schacht, aus dessen Verfüllung auch Tierknochen zum Vorschein kamen

Abb. 87: Linz, Keplerwiese. Regelmäßige, runde Ausnehmungen von Behältern für gewerbliche Nutzung

der Hinweis in der *Notitia dignitatum* provozierten geradezu die Suche nach dem der Schriftquelle ableitbaren römischen Kastell von Lentia. Trotz langjähriger Bemühungen und Sondierungen ab den 1950er-Jahren und der Vorlage der Grabungsergebnisse muss die topographische Fixierung des postulierten Holz- und Steinkastells als gescheitert betrachtet werden. Kontrolluntersuchungen ab 1965 an mehreren relevanten Stellen widerlegten die Meinung des Ausgräbers.

Eine neue Betrachtungsweise ermöglichten nach nochmaliger Überprüfung der bekanntgewordenen Gebäudereste und Militaria und deren Kartierung die archäologischen Untersuchungen im Bereich der Spittelwiese ab 1989. Diesen zufolge wurde das römerzeitliche Kastell zunächst einer Umorientierung unterzogen, um dann durch die älteren und neuen Befunde, wie den Resten eines Speicherbaus (*horreum*), von Thermen, eines Lazaretts (*valetudinarium*) und von Baracken zwischen Promenade im Norden, Waltherstraße im Westen, Spittelwiese im Süden und Landstraße im Osten, ungefähr eingegrenzt zu werden. Dabei sind Modifikationen bzw. Korrekturen des fragmentarisch erschlossenen Terrains in Zukunft nicht auszuschließen. Die Ausgrabungen auf der Promenade 2006–2007 ließen jedenfalls offen, ob die dort festgestellten Abfall- und die in regelmäßigen Abständen gesetzten Pfostengruben (für ein Vordach, einen Laubengang?) noch dem Kastellbereich oder dem Siedlungsbereich zugeschrieben werden sollten.

Die frühesten Fundbelege sind in das ausgehende 1. Jh. n. Chr. zu datieren. Ein massiver Brandschutthorizont, der ein zeitlich gut auswertbares Material enthielt, konnte dem zweiten Viertel des 2. Jhs. n. Chr. zugewiesen werden. Um die Mitte des 3. Jhs. endet der Fundniederschlag.

Abb. 88: Linz, Keplerwiese. Die beiden Erdkeller zeichnen sich unterhalb des napoleonzeitlichen Grabens deutlich ab (oberer Bildteil). Der östliche Erdkeller enthielt zahlreiche Objekte, hauptsächlich Keramik (Abb. 89)

Nach Auflassung des Kastells in dem genannten Areal verlagerte sich das Siedlungsgeschehen und mit ihm auch der Militärbereich auf den Schlossberg oberhalb der Altstadt. Längere Abschnitte eines breiten Umfassungsgrabens wurden außerhalb des Westflügels des Schlosses im Jahre 2000 freigelegt. Sein Verlauf ist zunächst Nord-Süd orientiert, dann schwenkt der Graben in annähernd rechtem Winkel nach Westen in Richtung Martinskirche um. Die Verfüllung enthielt ausreichend spätantike Funde. Ob der Graben das spätantike Kastell umgab oder zur Absicherung eines militärisch und zivil genutzten Siedlungsbereiches gedacht war, lässt sich vorläufig nicht mit Sicherheit entscheiden – zumal auch im westlichen Schlosshof ein weiterer, Nord-Süd verlaufender Graben 2006–2009 festgestellt wurde, der nach den aus ihm geborgenen Funden spätantik sein soll. Welchen Funktionsbereich er zu schützen hatte, bleibt vorläufig abzuwarten.

### Stationierte Einheiten

Inschriftliche Zeugnisse liegen in Form zahlreicher Stempelabdrucke auf Ziegeln vor. Sie geben die Buchstaben NVMER und NVMB in Ligatur wieder. Eine Numerus-Formation dürfte demnach im Kastell von Lentia im 2. Jh. n. Chr. stationiert gewesen sein. „Name, Herkunft oder Nationalität" müssen nach K. Genser aber offen bleiben – im Gegensatz zur Datierung dieser Ziegel, welche durch die Spittelwiesegrabung gesichert ist. Auf nur wenigen Ziegeln ist der Stempelabdruck AL .TP überliefert, der in *ala I Pannoniorum* aufgelöst worden ist. Die *ala I Pannoniorum victrix* ist auf einem Weihealtar aus der Linzer Altstadt inschriftlich bezeugt. Diese Reitereinheit war während des 2. Jhs. n. Chr. in Lentia stationiert. In der Spätantike war Lentia Sitz berittener Bogenschützen (*equites sagittarii*) und deren Kommandeurs (*praefectus legionis secundae Italicae partis inferioris*). Sie gehörten der 2. Italischen Legion (von Lauriacum) an.

Die Präsenz römischen Militärs außerhalb von Linz findet eine Fortsetzung im Burgus am Hirschleitenbach im Kürnberger Wald westlich der Stadtgrenze (vgl. den Beitrag zu Hirschleitengraben). Stromabwärts liegen aus dem Bereich der heutigen Voestalpine Indizien vor, aufgrund welcher die Anwesenheit der spätantiken Flußpolizei (von Lauriacum) vermutet werden könnte.

### Siedlung

Nach Auflassung des Oppidums auf dem Freinberg etablierte sich auf dem Martinsfeld eine handwerklich ausgerichtete Siedlung, in der auf römisches Kulturgut nicht verzichtet wurde. Die frühe Kaiserzeit, d. h. das erste Viertel des 1. Jhs. n. Chr., wird anhand eines Ofenbefundes mit verfüllten Ke-

Abb. 89: Linz. Keramik aus dem östlichen Erdkeller (Abb. 88)

Abb. 90: Linz. Amphore mit *titulus pictus*

ramikresten anschaulich illustriert. Handwerkliche Tätigkeiten sind beispielsweise durch Bronzeschlacken oder Fehlbrände von Keramikgefäßen und durch Mahlsteine nachgewiesen. Die anhand von Pfostengräbchen greifbaren, schmalen Streifenhäuser in Rahmenbauweise waren Ost-West ausgerichtet und im Laufe des 1. Jhs. n. Chr. mehreren Änderungen – der Ausgräber machte vier Bauphasen wahrscheinlich – unterzogen. Abfallgruben und ein Tiefspeicher ergänzen die Befunde des 1. Jhs. n. Chr. Im folgenden Jahrhundert ersetzte ein Steinbau die Holzhäuser. Drei annähernd quadratische Räume konnten erfasst werden. Die übrigen Teile des Steinbaus, der nach Meinung des Ausgräbers wirtschaftlichen Zwecken gedient hatte, liegen auf dem nördlich der Martinskirche benachbarten Privatgrundstück unerforscht unter der Erde.

Diesem Wohn- und Handwerkerviertel mit Abfallgruben und Backöfen entsprechen auch andere Siedlungsagglomerationen, wie sie zwischen Tiefer Graben/Flügelhofgasse und entlang der Lessinggasse festgestellt wurden. Steinbauweise löste im 2./3. Jh. n. Chr. die einheimische Holzrahmentechnik ab. Die Kenntnis der frührömischen Siedlungsphase von Lentia wird nun durch die Forschungsgrabungen auf der Keplerwiese wesentlich bereichert. Sie bestätigen das oben gezeichnete Bild einer handwerklich orientierten Siedlung spätlatènezeitlichen Ursprungs, die in der frühen Kaiserzeit weiterbestand. Die unter grabungstechnisch schwierigen Umständen freigelegten Siedlungsstrukturen mit Balkenrostgräbchen, Schwellen und Kellern sind Nord-Süd ausgerichtet und lassen sich zu Grundrissen von schmalen Streifenhäusern ergänzen (gleich jenen bei der Martinskirche) (Abb. 85, 86). Erwähnenswert sind außerdem regelmäßig angelegte runde Gruben, die im Zusammenhang mit einem Handwerksbetrieb (Färberei, Gerberei?) standen (Abb. 87). Ein außerordentlich interessanter Befund liegt seit 2008 vor: Ein Erdkeller, der samt seinem

Abb. 91: Linz. Phallosanhänger aus Bronze vom Zaumzeug eines Pferdes. Breite 5,7 cm.

# Linz – Lentia

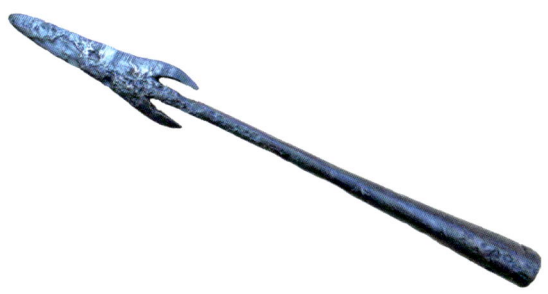

Abb. 92: Linz. Spitze eines spätantiken Wurfspeers. Länge 28,5 cm

reichhaltigen Inhalt durch eine Brandschuttschicht gleichsam versiegelt worden war (Abb. 88). Die Analyse der Objekte, überwiegend Keramikgefäße, machte auf weitreichende Handels- bzw. Geschäftsverbindungen aufmerksam, die in die Provinzen Baetica (Spanien) und Palästina/Syrien einerseits, andererseits auch in den Süden weisen und die Dezennien um Mitte des 1. Jhs. n. Chr. faktenmäßig belegen (Abb. 89). Eine kaum lesbare Aufschrift (*titulus pictus*) auf einer Karottenamphore fand zwei unterschiedliche Deutungsvorschläge: Inhaltsangabe oder Eigentümervermerk (Abb. 90). Als gesicherte Baubefunde der Linzer Altstadtgrabungen ab 1950 gelten ein römerzeitlicher Hauskeller des 1./2. Jhs. n. Chr. und ein Mithrasheiligtum spätantiker Zeitstellung.

Besonders auffällig im Fundbestand des frühen Lentia auf dem gesamten Schlossberg ist die militärische Komponente, die mit der Anwesenheit römischer Soldaten in der frühen Kaiserzeit erklärbar ist (Abb. 91). Inwiefern diese Annahme aufrecht erhalten werden kann, ist nicht zuletzt von den noch nicht abgeschlossenen Auswertungen der Grabungen im Schloss und auf der Keplerwiese abhängig. Militaria in deutlicher Ausprägung bestimmen ebenso den Charakter des spätantiken Lentia (Abb. 92), dessen Steinbauphase auf der Keplerwiese durch Schlauchheizungen von Ost-West ausgerichteten Häusern, welche die schmäleren Holzbauten aus der Kaiserzeit überlagerten, evident wurde (Abb. 85, 93). In Zusammenschau mit den spätantiken Gräben im Schlossbereich sollte noch überprüft werden, ob hier ein eigenes militärisches Terrain postuliert werden sollte oder ob eher mit einer damals üblichen Siedlungsweise zu rechnen ist, die Militär und Zivilbevölkerung in topographisch abgesicherter Lage zusammengeführt hatte (Abb. 94). Zum spätantiken Lentia auf dem Schlossberg gehörten ein Kleingräberfeld und das in zeitlicher Hinsicht bemerkenswerte Mithrasheiligtum am Tummelplatz.

## Gräberfelder

Mehrere Gräberfelder und Grabgruppen wurden außerhalb der Siedlungszonen bekannt. Das römerzeitliche Brandgräberfeld auf dem Areal der „Kreuzschwesternschule", das 1926/27 erforscht worden war, ermöglichte einen repräsentativen Einblick in römisches Kulturgut. Zwei in Aquileia erzeugte Glasflaschen mit Signatur sind die berühmtesten Beigaben im Gräberfeld des 1./2. Jhs. n. Chr. an der von den *canabae* nach Süden führenden Ausfallstraße.

Abb. 93: Linz, Keplerwiese. T-förmige Schlauchheizung eines spätantiken Wohnhauses

Der zum späten Lentia auf dem Schlossberg gehörende Bestattungsplatz befand sich zwischen Flügelhofgasse und Tiefer Graben. Seine Belegungsphase reicht vom 4. bis zum mittleren 5. Jh. n. Chr. Hervorzuheben sind die teils einmaligen Gürtelgarnituren von höherrangigen Angehörigen des spätrömischen Militärs. Nicht weniger aufschlussreich waren die vielen pathologischen Befunde, die durch die anthropologische Analyse diagnostiziert werden konnten. Ein aufwändig errichtetes Grab eines wenige Monate alt gewordenen Säuglings hat durch seine kostbaren Beigaben aus dem zweiten Drittel des 3. Jhs. n. Chr. mittlerweile überregionale Bedeutung und Aufmerksamkeit erlangt.

Den wohl spätesten Gräberhorizont bilden jene Bestattungen, die in den verlassenen Häusern bei den Heizkanälen auf der Keplerwiese im 5./6. Jh. n. Chr. vorgenommen wurden. Unter den fünf (von ursprünglich gewiss mehreren) Individuen waren ein Säugling, ein Kleinkind und ein Jugendlicher. Als Fundorte weiterer spätrömischer Gräber des 4./5. Jhs. n. Chr. sind ferner die Umgebung des Linzer Hauptbahnhofs und die Voestalpine anzuführen.

Erwin M. Ruprechtsberger

Abb. 94: Linz. Glasiertes Gesichtsgefäß

**Besichtigung**
In der Martinskirche am Römerberg befinden sich ein konservierter Ofen (1. Jh. n. Chr.) und römische Spolien im Mauerwerk innen und außen.
Römische Funde sind sowohl im Schlossmuseum zu besichtigen (Website: http://www.landesmuseum.at/de/standorte/schlossmuseum-linz.html) als auch im Museum LinzGenesis im Alten Rathaus (Website: http://www.lentos.at/genesis/html/de/index.aspx) und im Nordico Stadtmuseum Linz (Website: http://www.nordico.at/html/de/index.aspx).

**Literatur:**
Ehmig 2013; Friesinger – Krinzinger 1997, 174–179. 180–187; Galik 2013; Genser 1986, 99–125; Genser 2007; Gruber – Klimesch 2008; Harrauer – Ruprechtsberger 2009/2010; Kandler – Vetters 1986, 86–92; Klimesch 2009; Kuttner 2010; Kuttner 2012; Ployer 2013a, 24–27; Ployer 2013b; Preßlinger 2010; Ruprechtsberger – Urban 2010; Schidlofski 2010; Schidlofski 2013; Schindler – Ruprechtsberger 2012; Schmitzberger 2013; Schwanzar 2011; Traxler 2007b; Urban 1994; Wiltschke-Schrotta 2013.

## Enns – Lauriacum

### Legionslager – *vicus* – „Zivilstadt" – *canabae legionis*

Das römische Lauriacum erstreckte sich einst über die heutigen Katastralgemeinden Enns, Lorch und Kristein der modernen Stadt Enns. Diese liegt an der Mündung des aus den Alpen kommenden Flusses Enns in die Donau. Bei der Wahl des Standortes spielte diese Lage an wichtigen, strategisch günstigen Verkehrswegen (Donau, Enns, Limesstraße und „Norische Reichsstraße") sicherlich eine entscheidende Rolle. Seit der Antike kann hier rege Siedlungstätigkeit nachgewiesen werden. Der römische Siedlungsraum, der bis in das 20. Jh. noch großteils Ackerland war, setzte sich dem Muster militärischer Grenzniederlassungen folgend aus drei Komponenten zusammen: dem Lager, den zivilen Siedlungen und den Gräberfeldern (Abb. 95).

Der antike Ortsname „Lauriacum" ist keltischen Ursprungs und bedeutet „bei den Leuten des Laurios". Über die frühmittelalterlich belegten Formen Lorahha, Loriaca und Lahoria ist Lauriacum im Namen der Katastralgemeinde Lorch der Stadt Enns bis heute erhalten. Die aus dem Ortsnamen erschlossene latènezeitliche Siedlung ist bis jetzt archäologisch nicht nachgewiesen, sie wird auf dem heutigen Stadtberg vermutet.

Die verkehrsgünstige Lage am Schnittpunkt alter Handelswege sowie an Enns und Donau findet

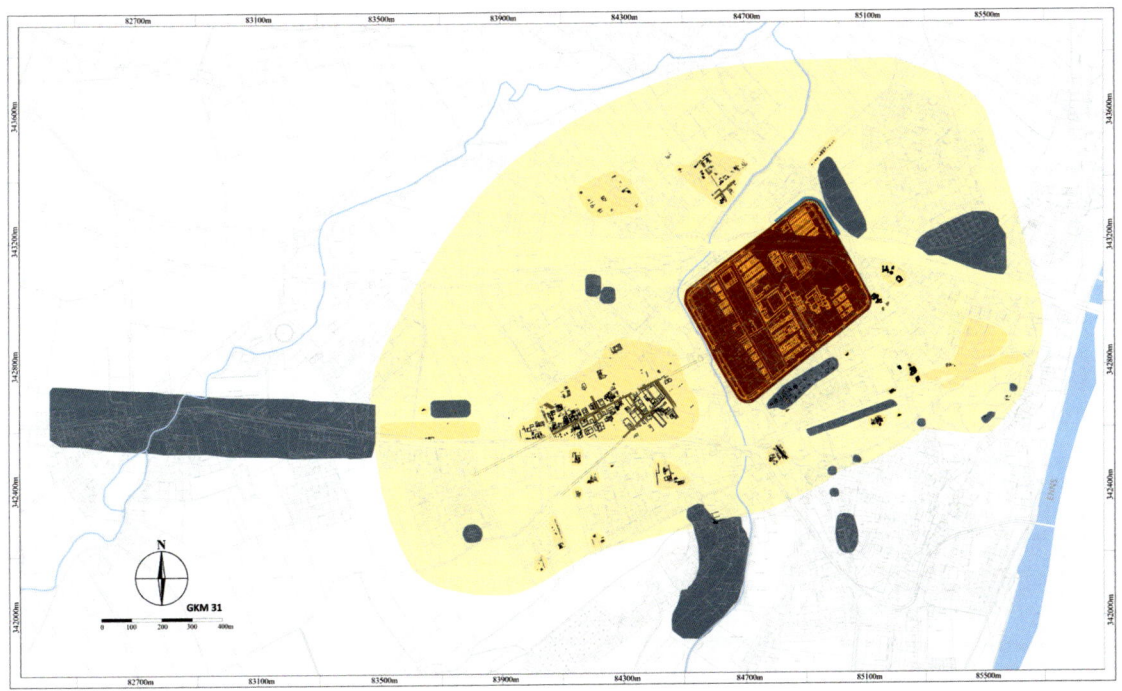

Abb. 95: Enns – Lauriacum

ihre Bestätigung in den antiken Quellen. In der *Tabula Peutingeriana* (segm. III 3 – IV 1) ist es zu *Blaboriciaco* verschrieben. Im *Itinerarium Antonini* ist Lauriacum mehrmals als Straßenstation an mehreren Routen eingetragen (231,11; 235,1; 241,3; 249,1; 256,4 und 258,2) sowie als Endpunkt einer Verbindung von Aquileia über die Alpen an die Donau (276,1 und 277,3). Zweimal ist der Aufenthalt eines Kaisers belegt: Constantius II. am 24. Juni 341 n. Chr. (er stellte hier einen Erlass aus – Cod. Theod. 8, 2, 1 und Cod. Iust. 10, 71 [69], 1) und Gratianus im Jahre 378 n. Chr. (Amm. Marc. 31, 10, 20). Als wichtiger Militärstützpunkt erscheint es in der *Notitia dignitatum* als Standort der *legio II Italica* (occ. XXXIV 39: *praefectus legionis secundae Italicae, Lauriaco*) und einer Schildfabrik (occ. IX 21: *Lauriacensis scutaria*) sowie als Hafen der Donauflottille (occ. XXXIV 43: *praefectus classis Lauriacensis*). Lauriacum ist als Ort des Martyriums des heiligen Florian in der entsprechenden Überlieferung (*passio* und *Martyrologium Hieronymianum*) zu finden. In der *Vita Severini* des Eugippius wird es in den Kapiteln 18, 27, 28, 30 und 31 erwähnt.

Abb. 96: Enns. Grabung „Meierhof" (Legionsbad)

Reinhardt Harreither – Brigitte Muschal

## Forschungsgeschichte

Die Erforschung des römischen Lauriacum blickt auf eine lange Tradition zurück (Abb. 96). Die ersten Grabungen im Legionslager, im Bereich des Lagerbads, führte J. Gaisberger bereits in der Mitte des 19. Jhs. durch. Bald danach wurden im Zuge des Baus der Kaiserin Elisabeth-Bahn (Westbahn), deren Trasse durch die Nordost-Ecke des Lagers führte, verschiedene Lagerbauten angeschnitten. Die Bedeutung des Fundplatzes wurde bald erkannt, womit er in das Interesse der österreichischen Limesforschung rückte. Den Grundstein zur wissenschaftlichen Freilegung der Lagerverbauung legte Anfang des 20. Jhs. Oberst M. von Groller. Zwischen 1904 und 1920 erfasste er im Auftrag der Österreichischen Akademie der Wissenschaften die Grundzüge der Anlage. Nach dem 1. Weltkrieg wurde J. Schicker vom Österreichischen Archäologischen Institut damit betraut, das Lager neu zu vermessen. Unter E. Swoboda erfolgten 1936 Untersuchungen im *valetudinarium*, dem Lagerspital, wo eine frühchristliche Kirche aufgedeckt wurde.

Waren es zu Beginn der systematischen Erforschung des antiken Lauriacum hauptsächlich Forschungsgrabungen, die zur Aufdeckung der antiken Bausubstanzen führten, so sind es seit 1971 jährlich anfallende Rettungsgrabungen des Bundesdenkmalamtes. Diese sind mit der Person H. Ubl verbunden, der diese über 30 Jahre lang leitete und dabei unter anderem Bereiche der *principia* (Stabsgebäude), der Befestigung und der Kasernenbauten untersuchte.

Was die Zivilstadt anbelangt, so wurde bereits im 18. Jh. nahe der Basilika St. Laurenz das einzige aus Lauriacum bekannte, aber nicht erhaltene Fußbodenmosaik entdeckt. Anfang des 20. Jhs. war der Fokus der wissenschaftlichen Erforschung auf das Legionslager gerichtet. In der Zwischenkriegszeit erwachte langsam das Interesse an den umliegenden zivilen Bereichen. A. Gaheis und J. Schicker führten Untersuchungen auf dem „Laurenzifeld" (Zivilstadt) und in der Stadlgasse durch. Nach dem 2. Weltkrieg kam es zwischen 1951 und 1959 zu einem Höhepunkt in der Zivilstadtforschung. Erstmals kam es im Zuge eines groß angelegten Projektes, der sog. „Freilandgrabung" des Oberösterreichischen Landesmuseums, in Kooperation mit dem Österreichischen Archäologischen Institut unter der Leitung von W. Jenny, H. Vetters und L. Eckhart, zu einer großflächigen, systematischen Grabung in der Zivilstadt (Bereich „Laurenzifeld"). In den 1960er-Jahren widmete sich L. Eckhart der Freilegung der Vorgängerbauten der Basilika St. Laurenz. Danach betreute das Bundesdenkmalamt unter der Leitung von H. Ubl in sämtlichen zivilen Siedlungsbereichen jährliche Notgrabungen.

Die ersten Erwähnungen von Entdeckungen römischer Gräber auf dem Eichberg stammen aus dem frühen 19. Jh. In der Zwischenkriegszeit führte J. Schicker Grabungen auf dem „Ziegelfeld" durch und machte diverse Fundbeobachtungen in Kristein. Ab der Mitte des 20. Jhs. setzte die systematische Freilegung der spätantiken Nekropolen unter der Leitung von Ä. Kloiber ein, mit den Schwerpunkten „Espelmayrfeld", „Ziegelfeld" und „Steinpaß". Aus diesen resultierte die Vorlage eines ersten Gräberfeldplanes.

Legionslager

Im Jahr 165/166 n. Chr. wurde zur Sicherung der nördlichen Grenze des römischen Reiches die *legio II Italica* gemeinsam mit ihrer Schwesterlegion, der *legio III Italica*, in Italien ausgehoben. Erstere wurde die langjährige Garnisonstruppe von Lauriacum, die bis zur Auflösung des römischen Grenzschutzes im frühen 5. Jh. n. Chr. hier stationiert blieb. Alle Versuche, eine Vorgängertruppe zu belegen und ein dazugehöriges Lager zu lokalisieren, scheiterten bislang. Die Bemühungen, anhand einer um 1750 in Enns gefundenen Grabstele, der sog. „Barbierstele", die Anwesenheit einer älteren militärischen Besatzung im 1. Jh. n. Chr. abzuleiten, blieben reine Theorie. Ebenso konnte die Existenz eines Lagers vor dem Legionslager des ausgehenden 2. Jhs. n. Chr. nicht nachgewiesen werden. In der älteren Forschung wurden zwar wiederholt bauliche Strukturen einem solchen Lager zugeordnet, doch erwiesen sich diese Interpretationen als nicht haltbar. Auf dem Areal des Legionslagers selbst fanden sich keine Anhaltspunkte für eine frühere militärische Anlage.

Bevor die *legio II Italica* nach Lauriacum entsandt wurde, errichtete sie in Ločica (Lotschitz in Slowenien) ein Lager, half danach beim Bau der Stadtmauer von Salona (Dalmatien) und begann, in Albing in Niederösterreich ein Lager zu bauen, das anscheinend nie fertig gestellt wurde (s. den Beitrag zu Albing). Die Ankunft der Legion in Lauriacum und zugleich der Beginn des Lagerbaus werden von der neueren Forschung um 185 n. Chr. angesetzt, die Fertigstellung wird für 205 n. Chr. angenommen. Mit der Stationierung der Legion an der Donau kam es zu einer Veränderung in der Provinzverwaltung. Der Legionskommandant aus dem Senatorenstand wurde nun automatisch Statthalter und Kommandant über alle norischen Truppen. Er trug den Titel *legatus Augusti pro praetore provinciae Norici*. Über das Schicksal der Legion während des 3. Jhs. n. Chr. ist wenig bekannt. Als Folge der diokletianischen Heeres- und Verwaltungsreform am Ende des 3. Jhs. n. Chr. wurden Teile der Legion abgezogen. Der Militärkommandant trug ab nun den Titel *dux* und entstammte dem Ritterstand. Lauriacum gehörte nun zur Provinz *Noricum ripense* (Ufernorikum). Die *Notitia dignitatum* nennt für die Spätantike neben der *legio II Italica* für den Bereich von Lauriacum noch eine *classis Lauriacensis*, eine Abteilung der Donauflotille. Die Lokalisierung einer entsprechenden Hafenanlage ist noch unbekannt. In demselben Text scheinen auch die *lanciarii Lauriacenses* auf. Durch die Heeresreform des Kaisers Konstantin I. (306–337 n. Chr) kam es zu einer Aufsplittung der *legio II Italica* und einer sukzessiven Abkommandierung von Teileinheiten. Die nur durch eine Inschrift bekannten *milites auxiliares Lauriacenses* könnten in einer solchen Teileinheit gedient haben. Unter Gratian (375–383 n. Chr.) waren in Lauriacum nur noch kleine Truppenkontingente der ursprünglichen Legion verblieben. Das Lager mit seinen mächtigen Wehrmauern wandelte sich mehr und mehr in einen Zufluchtspunkt für die schutzsuchende Bevölkerung und wurde schließlich zur zivilen Siedlung. Für das späte 5. Jh. n. Chr. finden sich keine Belege mehr für eine Besatzung in Lauriacum, doch werden *vigiles* und *exploratores* überliefert, in denen eine Art Wehrbauern oder Bürgermiliz vermutet wird.

Beim Eintreffen der Legion in Lauriacum gab es hier bereits eine römische Niederlassung. Die Legion wählte als Standort für ihr Lager eine damals noch unverbaute Schotterterrasse nordwestlich dieser Siedlung. Die Lagerfläche wurde im Westen und Norden vom Bleicherbach umflossen, im Osten grenzte sie an ein unbesiedeltes Vorfeld, das steil zur Ennsniederung hin abfiel und im Süden flach zum zivilen Siedlungsgebiet überging.

Das Material für den Lagerbau wurde direkt vor Ort gewonnen. Der Ennser Stadt-, Georgen- und Eichberg mit anstehendem Konglomerat sowie kleinere Granitvorkommen lieferten dafür das Rohmaterial. Der benötigte Kalk zur Herstellung des *opus caementitium*, einer Art Beton, wurde in einer Kalkfabrik nördlich des Lagers erzeugt. Der Industriebetrieb mit 14 Kalkbrennöfen und einem Fassungsvermögen zwischen 17 und 20 m³ Rohmaterial pro Ofen dürfte wohl nicht nur den Bedarf des Lagerbaus, sondern auch der gleichzeitig entstehenden „Zivilstadt" und *canabae legionis* gedeckt haben. Die Bauten des Lagers sind zum Teil archäologisch nachgewiesen. Vielfach konnte ihre Bestimmung identifiziert werden.

Die Form der militärischen Anlage, ein Nordost-Südwest ausgerichtetes Parallelogramm, ist den topographischen Verhältnissen angepasst und orientiert sich mehr am Fluss Enns als an der Donau. Der *decumanus maximus*, eine der Lagerhauptachsen, ist nach der Flucht des Terrassenabbruches ausgerichtet. Die Maße des Lagers betragen 539 x 398 m, womit der Grundriss eine Fläche von 21 ha einnimmt (Abb. 97).

Das Lager war durch einen Mauerring und Türme gesichert. Die Fundamentstärke der Lagermauer lag bei etwa 2,10 m. Viele der Granitquader des aufgehenden Schalenmauerwerks finden sich heute noch spoliert in der mittelalterlichen Stadtbefestigung. Für die gesamte Anlage wurden insgesamt 30 nach innen gerichtete Türme (26 Zwischentürme und 4 Ecktürme), von denen einige archäologisch nachgewiesen sind, errechnet. Die Türme waren den Seitenverhältnissen entsprechend mit sieben Türmen an jeder Längsseite und sechs Türmen an jeder Schmalseite aufgeteilt. Die acht Türme der vier Toranlagen sprangen leicht über die Flucht der Lagermauer nach außen vor. Von den Toren wurde die *porta principalis dextra* zur Gänze ergraben. Die Umwehrung war von einem doppelten Spitzgraben umgeben. Die beiden Gräben waren unterschiedlich breit und tief angelegt.

Von den Innenbauten und Straßen sind weite Teile archäologisch erfasst, wobei hier die *praetentura* (der vordere, dem Feind zugewandte Lagerteil) besser erforscht ist als die *retentura* (hinterer Lagerbereich). Die *via principalis*, die Straßenachse zwischen der *porta principalis sinistra* und der *porta principalis dextra*, wurde an ihrer Ostseite von Portiken gesäumt. Die etwas schmälere *via praetoria* bildete die Verbindung vom Lagerzentralbau zur *porta praetoria*.

Von den Lagerinnenbauten ist Folgendes bekannt: Das Zentrum des Lagers war dem herkömmlichen Schema folgend von den *principia*, dem Stabsgebäude, dominiert. Über einen offenen Hof, der eine Fläche von 42 × 48 m einnahm, gelangte man in eine *basilica* (Querhalle). Von dort führte eine sechsstufige Freitreppe in das Fahnenheiligtum (*aedes*) hinauf. Erst im 3. Jh. n. Chr. wurden die beiden die Treppe flankierenden Risaliträume angebaut. An das Fahnenheiligtum schloss zu beiden Seiten eine Flucht kleiner Kammern an. Der Gebäudekomplex ließ mehrere Umbauphasen erkennen, von denen die jüngste nach der Mitte des 4. Jhs. n. Chr. datiert. Östlich an die *principia* grenzte eine Torhalle, die über der *groma*, dem Kreuzungspunkt der Lagerachsen, errichtet war und die *via principalis* unterbrach. Ebenfalls in diesem Bereich, dem Straßenzug folgend, verlief der Hauptkanal des Abwassersystems.

Von den Mannschaftsbaracken, langgestreckten, Ost-West ausgerichteten Gebäudeblöcken, sind große Bereiche, vor allem nördlich und südlich der *principia* und in der Nordost-Ecke des Lagers, bekannt. Die Unterkünfte der *prima cohors* (1. Kohorte) mit ihren komplexeren Grundrissen waren südlich der *principia* angesiedelt. Für den Thermenkomplex im südlichen Teil der *praetentura* konnten mindestens drei Bauperioden nachgewiesen werden. Das *valetudinarium*, das Lazarett, von dem später Teile in eine frühchristliche Kirche integriert wurden, war im Nordosten situiert. Zwei Gebäude lassen sich als *fabricae* zur Metallverarbeitung belegen und könnten in Zusammenhang mit der in der *Notitia dignitatum* bezeugten *Lauriacensis scutaria*, einer auf die Herstellung

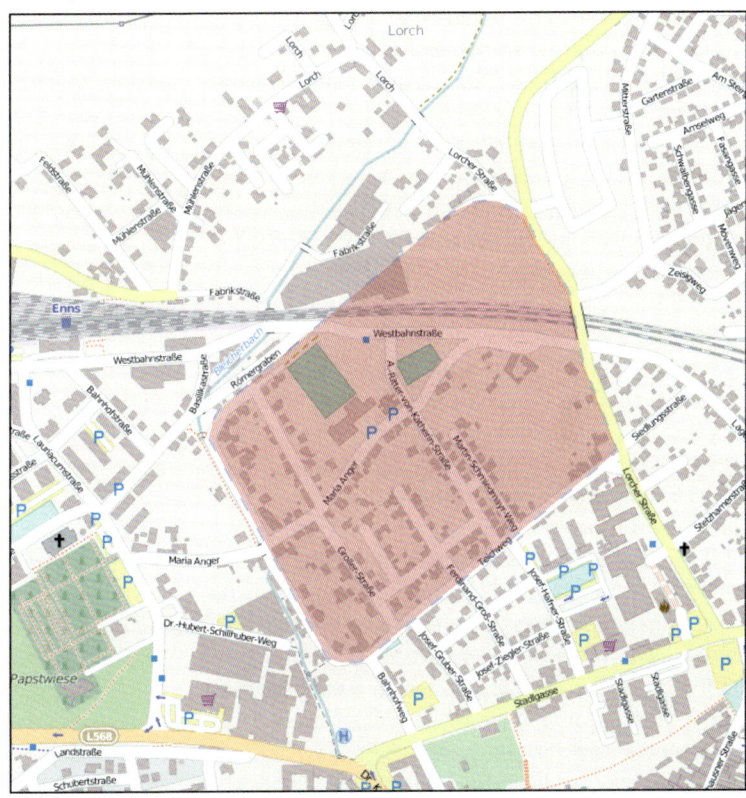

Abb. 97: Enns. Luftbild mit Areal des römischen Legionslagers

von Schilden spezialisierten Waffenfabrik, stehen. Andere Bauten werden als Tribunenhäuser und Unterkünfte von *immunes* (Spezialisten) interpretiert. Unklarheit herrscht noch über die Zenturionenquartiere, die Kopfbauten der Kasernen, und das *praetorium*, das Haus des Legionskommandanten. Für einige Bauten wurde eine Deutung als Stallungen vorgeschlagen.

Die Lagerbauten hatten bis in das Frühmittelalter Umgestaltungen und Adaptierungen erfahren. Teilweise wichen diese in der Spätzeit deutlich von dem Grundkonzept des ursprünglichen Lagers ab. Die im Lager festgestellten Zerstörungshorizonte könnten unter anderem die Folge von kriegerischen Ereignissen, wie dem Juthungeneinfall 270/271 n. Chr. und dem Hunneneinfall 451 n. Chr., sein. Für den von Odoaker befohlenen Abzug der romanisierten Bevölkerung aus Ufernorikum und der damit verbundenen Räumung des Lagers ist das Jahr 488 n. Chr. überliefert. Es dürfte jedoch eine kleine Restbevölkerung zurückgeblieben sein, deren Nachkommen einige Gebäude noch bis in karolingische Zeit bewohnt haben.

## Zivile Siedlungsräume

Die zivilen Siedlungsgebiete des antiken Lauriacum lassen sich grundsätzlich in drei Bereiche gliedern: den „frühen *vicus*", die „Zivilstadt" bzw. das „*municipium*" und die „*canabae legionis*". Die Bezeichnungen haben sich in der Forschung eingebürgert, obwohl jede für sich nicht eindeutig belegt bzw. definiert ist. Meist sind die Grenzen der Zonen verschwommen und heben sich nicht klar voneinander ab. Innerhalb der einzelnen Areale kann zwischen öffentlichem, gewerblich bzw. handwerklich genutztem und privatem Raum differenziert werden. Der Siedlungsgürtel umschmiegt das Lager großflächig, lässt jedoch Schwerpunkte westlich und nördlich der militärischen Anlage erkennen.

*„Früher vicus"*

Die frühesten römischen Siedlungsspuren fanden sich nahe dem Fluss Enns, am Fuße des Georgenberges, in der Mauthausnerstraße. Diese erste Ansiedlung aus der zweiten Hälfte des 1. Jhs. n. Chr., von der Forschung auch „früher *vicus*" genannt, erstreckte sich beiderseits der Limesstraße, welcher die moderne Mauthausnerstraße folgt, und könnte als Straßendorf bezeichnet werden. Ob es zu diesem Zeitpunkt bereits in Form eines Straßenpostens militärische Präsenz gab, ist nach momentanem Forschungsstand nicht zu beantworten. Ein frühes, mit der Siedlung in Zusammenhang stehendes Hilfstruppenlager konnte bislang archäologisch nicht belegt werden. Der zu dem Dorf gehörende Kultbezirk wird, bekräftigt durch Funde aus der frühen Kaiserzeit, auf dem Georgenberg angenommen. Sein Bestehen wird durch Inschriftenfunde auch noch für das 3. Jh. n. Chr. bezeugt. Das Gräberfeld dieser Periode wurde südlich der heutigen Stadlgasse, der westlichen Fortsetzung der römischen Limesstraße, ermittelt. Die oben erwähnte „Barbierstele" lässt auf die Anwesenheit von Mitgliedern einer aus Aquileia stammenden Familie in Lauriacum schließen und könnte als Hinweis einer hier lokalisierten Handelsniederlassung verstanden werden. Demnach könnte Lauriacum damals schon eine gewisse Rolle im Provinzhandel gespielt haben.

In der Mauthausnerstraße nahm also die Siedlungstätigkeit ihren Ausgangspunkt. Im Laufe des 2. Jhs. n. Chr. dehnte sich die Verbauung entlang der Limesstraße nach Westen aus, nahm dabei jedoch Rücksicht auf die älteren Gräber des 1. Jhs. n. Chr. Eine Terrassenkante bildete die Trennung zwischen dem neuen Wohnviertel und dem Bestattungsplatz. Das neue Viertel entstand in der zweiten Hälfte des 2. Jhs. n. Chr. und hatte bis in das 4. Jh. n. Chr. Bestand. Die aufwändige Ausstattung der Häuser zeugt vom Wohlstand ihrer Bewohner. Während der jahrhundertelangen Nutzung kam es zu verschiedenen Umbauten, bis die Gebäude schließlich am Ende des 4. Jhs. n. Chr. verlassen wurden. Im 5. Jh. n. Chr. dienten sie, mittlerweile zu Ruinen verkommen, einer kleinen Bevölkerungsgruppe oder vielleicht einer Familie als Friedhof.

Für frühe Bestattungen aus dem 1. Jh. n. Chr. nördlich der Limesstraße gibt es keine Indizien. Hier reichten die späteren Bauten bis direkt an die Straße. Dem Anschein nach orientierte sich die vorlegionslagerzeitliche Verbauung am Straßenverlauf, wodurch eine langgezogene Siedlung entstand, die bald über den Kreuzungsbereich der Limesstraße mit der Ennstalstraße hinausreichte. Offensichtlich war aber zu dieser Zeit auch schon der westliche Bereich der späteren Zivilstadt entlang der Limesstraße bewohnt.

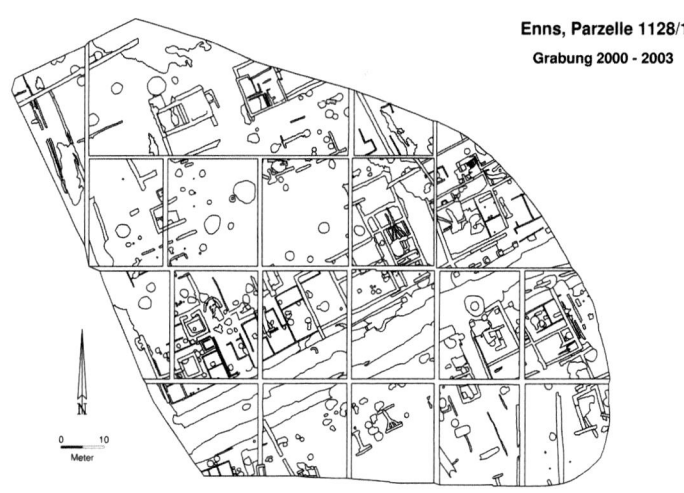

Abb. 98: Enns. Zivilstadtwestbereich, Detailansicht - Parz.1128/1

## „Zivilstadt" und canabae legionis

Die Ereignisse im römischen Reich wirkten sich auch auf Lauriacum aus. Am Ende der Markomannenkriege wurde die *legio II Italica* an die Donau verlegt, wo sie in Lauriacum ihr Lager errichtete. Gleichzeitig wurde westlich des Lagers mit der planmäßigen Anlage einer zivilen Siedlung begonnen, zu einer Zeit, als der „frühe *vicus*" bereits seit einem Jahrhundert bestand. Die neue Siedlung, in der Literatur „Zivilstadt" bezeichnet, reichte im Osten fast bis an das Lagerareal heran, im Süden wurde sie vom Eichberg, im Norden von einem Geländeabbruch begrenzt, nach Westen hin dünnte sie langsam bis zur Grenze der heutigen Katastralgemeinden Lorch und Kristein aus. Offensichtlich wurde sie gemeinsam mit dem Lager vermessen. Ihr Kernbereich nördlich der Limesstraße ist durch die große „Freilandgrabung" der 1950er-Jahre und flächige Nachuntersuchungen am Beginn des 21. Jhs. archäologisch relativ gut erschlossen (Abb. 98). Eine größere Lücke klafft allerdings im Nordosten südlich der Basilika St. Laurenz auf, auf dem archäologisch nicht zugänglichen, zurzeit als Friedhof genutzten Areal.

Durch zwei spitzwinkelig zueinander angelegte Schotterstraßen war die „Zivilstadt" mit dem Lager verbunden. Beide Straßen, von denen die nördliche von Portiken gesäumt war, führten von der *porta decumana* nach Westen in die Stadt. Aus der Anordnung der beiden Hauptstraßen ergab sich ein unregelmäßiger Parzellenplan mit unregelmäßigem Straßenraster, an dem sich die interne Verbauung zumeist orientierte, gelegentlich jedoch auch davon abwich. Damit lag dem Grundkonzept keine sonst in städtischen Zonen übliche Gliederung in *insulae* zugrunde. Nur westlich des rezenten Friedhofs ließ sich eine gewisse Regelmäßigkeit feststellen. Der Charakter und die eher lockere Anordnung der Gebäude erinnern an ländliche Wohnstrukturen. In der Mehrzahl waren es Hofhäuser, gelegentlich auch Korridorhäuser, in Fachwerktechnik mit höchstens einem Obergeschoß. Einen gewissen Komfort boten einzelne, beheizbare Räume und befestigte Fußböden. Den Wohnhäusern waren Wirtschaftsgebäude, Werkstätten, Magazine und Läden angeschlossen. Letztere waren oft direkt an der Limesstraße, der großen Durchzugsstraße, gelegen. Im Laufe ihrer Nutzung bis in das ausgehende 4. Jh., teilweise noch beginnende 5. Jh. n. Chr. erfuhren die Bauwerke mehrere Umgestaltungen und Erneuerungen.

Zum Schutz der Wohnbereiche vor etwaigen Feuersbrünsten waren Industriebetriebe wie Töpfereien am Stadtrand angesiedelt. Für die Wasserver- und Entsorgung sind Wasserleitungen, Brunnen und Kanalsysteme nachgewiesen.

Villenartige Wohnsitze mit luxuriöser Ausstattung, komplexen Heizsystemen, repräsentativen Exedren, Peristylhöfen und gelegentlich auch einer hauseigenen Therme fanden sich im Norden und Süden der Stadt, wo anscheinend die Wohnviertel der Oberschicht lagen. Eine besondere Rolle dürfte dem Gebäude unter der Basilika St. Laurenz zugekommen sein. Der Baukomplex, platziert an der nördlichen Terrassenkante, zeichnete sich durch seine markante Lage und seinen großflächigen Grundriss aus. Für die Interpretation des Baus gab es seit seiner Freilegung diverse Vorschläge, darunter auch die Deutung als *praetorium* des Legionskommandanten. Die jüngere Forschung sieht darin eine Villa mit Peristylhof.

Südlich der Basilika St. Laurenz unter dem Ennser Stadtfriedhof wird das Zentrum der „Zivilstadt" mit seinen öffentlichen Gebäuden, Forum und Kultstätten vermutet. Davon konnte bislang nur eine große städtische Therme archäologisch belegt werden. Das Areal ist aufgrund seiner gegenwärtigen Nutzung und damit verbundenen Unzugänglichkeit noch kaum erforscht. Einzelne Baukörper wurden hier zwar bei Sondierungen angeschnitten, doch ist ihre Interpretation fraglich.

Ob die „Zivilstadt" ursprünglich als *canabae legionis* von Lauriacum konzipiert war, kann aufgrund fehlender Quellen nicht beantwortet werden. Ebenso ist nicht eindeutig geklärt, ob sie unter Kaiser Caracalla in den Rang eines *municipium* und damit zur autonomen Stadt erhoben wurde, doch wird letzteres mehrheitlich von der Wissenschaft angenommen. Die Annahme basiert einerseits auf Bruchstücken einer Stadtrechtsurkunde, andererseits fehlen dafür jegliche literarischen und epigraphischen Hinweise.

Hand in Hand mit dem Entstehen der neuen „Zivilstadt" wurden auch die noch unverbauten Flächen zwischen dieser, dem „frühen *vicus*" und dem Lager besiedelt. An einigen Stellen wurden jetzt ältere Viertel überbaut. An der Kreuzung Stadlgasse – Dr. Renner Straße, am Fuße des Ennser Stadtberges, entstand an der Limesstraße ein weiteres Villenviertel. Allmählich wuchsen die beiden zivilen Siedlungsbereiche zusammen.

Gleichzeitig mit der Anlage der „Zivilstadt" und des Lagers wurde offensichtlich auch das Gebiet auf der niedriger gelegenen Schotterterrasse nördlich des Lagers für Siedlungszwecke erschlossen. Regelmäßige archäologische Untersuchungen durch das Bundesdenkmalamt setzten hier erst ab 1994 ein, ausgelöst durch eine Raubgrabung, bei der ein Silbergeschirrhortfund zum Vorschein kam. Für das Gebiet wurde von der Forschung die Bezeichnung *canabae legionis* (Lagerdorf) vorgeschlagen. Die Grundrisse der Häuser ähnelten den einfacheren Bauten der „Zivilstadt", wiesen jedoch oft ein reduziertes Raumkonzept auf. Sie waren in leichter Bauweise errichtet und einfach ausgestattet. Die Bewohner unterhielten oft kleine Hausbetriebe, wie Buntmetallwerkstätten und Töpfereien.

Im 3. Jh. n. Chr. wurde die Zivilsiedlung von einer Brandkatastrophe, die möglicherweise durch ein kriegerisches Ereignis verursacht wurde, heimgesucht, danach aber wieder rasch aufgebaut. Die allgemeine Entwicklung im römischen Reich spiegelt sich auch im Lauriacum des späten 4. Jhs. n. Chr. wider. Die Wohnviertel waren nur noch dünn besiedelt, weite Teile bereits aufgegeben, die Einwohnerzahl stark dezimiert. Durch den Abzug von Truppenteilen wurde Platz innerhalb der schützenden Mauern des Legionslagers frei, wohin sich die Bevölkerung jetzt flüchtete. Freie Lagerbereiche, wie Straßen und Forum, wurden genützt und mit einfachen Holzunterkünften verbaut. Im 5. Jh. n. Chr. war aus dem einstigen Lager eine Zivilstadt geworden.

## Gräberfelder

Die Gräberfelder von Lauriacum wurden dem römischen Gesetz entsprechend außerhalb der Siedlungszonen angelegt und begleiteten die ins Umland und in weiter entfernte Reichsteile führenden Straßen. Sie umkränzten die besiedelten Gebiete in östlicher, südlicher und westlicher Richtung. Es sind Bestattungsplätze unterschiedlicher Größe, Zeitstellung (vom 1. bis in das 5. Jh. n. Chr.) und Riten (Brand- und Körpergräber) bekannt. Teilweise ist ihre Ausdehnung noch nicht erforscht, vereinzelt handelt es sich nur um Gräbergruppen. Dazu kommt noch eine kleinere Anzahl von Einzelfunden. Analog zur Siedlungsentwicklung wanderten auch die Gräberfelder allmählich entlang der Limesstraße von der heutigen Stadlgasse nach Westen bis zum modernen Stadtteil Kristein. Als dann in den unsicheren Zeiten der Spätzeit weite Teile der einst bewohnten Gebiete entvölkert waren, näherten sie sich wieder dem ehemaligen Stadtzentrum. Als das Lagerareal zur Stadt geworden war, gruppierten sie sich direkt vor deren Mauern. Am Ende der Römerzeit und möglicherweise auch danach dienten die zu Ruinen verfallenen Wohnhäuser Einzelpersonen oder Familien als letzte Ruhestätte.

Der älteste römische Friedhof aus dem 1. Jh. n. Chr., das Gräberfeld Stadlgasse, lag südlich der Limesstraße und gehörte zum etwas östlicher gelegenen „frühen *vicus*". Es wurde hier, der damaligen Zeit gemäß, die Sitte der Brandbestattung gepflegt – sowohl die Beisetzung in Urnen als auch einfache Brandschüttungen. Es ist der Fundort eines Frauengrabes mit reicher Beigabenausstattung. Durch eine *aedicula* (kleiner Grabbau), einen Grabtypus, der den wohlhabenderen Einwohnern vorbehalten war, wird die besondere Stellung der Grabinhaberin hervorgehoben. Eine Belegungszeit bis in das 3. Jh. n. Chr. ist durch eine Reliefplatte bezeugt.

An der nach Pannonien führenden Reichsstraße, im heutigen Ennsdorf östlich des Ennsflusses, ist ein weiterer Brandgräberplatz unbekannter Ausdehnung belegt.

Am westlichen Ende der Stadt breitete sich die langgestreckte, die Limesstraße säumende Nekropole von Kristein aus. Sie wurde anscheinend schon vor der Errichtung des Legionslagers im 2. und während des 3. Jhs. n. Chr. genutzt, in einer Zeit, als sich allmählich ein Wandel in den Begräbnissitten vollzog. Dieser dürfte wohl auf eine Änderung der Glaubensvorstellungen zurückzuführen sein. Sowohl das langsam aufkeimende Christentum, als auch der sich zunehmend größerer Beliebtheit erfreuende Mithraskult, bei denen die Unversehrtheit des Körpers eine wichtige Rolle spielte, könnten als Ursache für die nun einsetzenden Körperbestattungen angesehen werden. Das Gräberfeld von Kristein fällt genau in diese Übergangszeit, beide Bestattungsbräuche wurden hier in mannigfaltigen Variationen nebeneinander praktiziert, wobei Brandbestattungen überwogen. Von den einfachen Brandschüttungen angefangen, über Bustumgräber, wo der Leichnam direkt in der Grabgrube verbrannt wurde, über Urnenbeisetzungen und repräsentative Sepulkralbauten der Reichen in prominenter Lage direkt an der Straße bis hin zu den Körperbestattungen war hier alles vertreten. Eine Sonderstellung nimmt eine nicht datierbare Gruppe von beigabenlosen Körpergräbern im östlichen Teil der Nekropole ein. Hier sprechen irreguläre Körperlagen für Grablegungen in Krisenzeiten. Von den prunkvollen, aus reich verzierten Reliefsteinen zusammengesetzten Aedikulen entlang der Straße hat sich kaum etwas *in situ* erhalten. Sie fielen bereits in der Spätantike dem Steinraub zum Opfer und waren willkommenes Baumaterial für die Steinkistengräber dieser Zeit. Spoliert in sekundärer Verbauung wurden sie in den spätantiken Gräberfeldern Lauriacums angetroffen.

Ebenfalls bereits im 2. Jh. n. Chr. wurde östlich des Legionslagers das Gräberfeld Steinpaß angelegt, das sich im Laufe der Zeit zu einer ausgedehnten Nekropole entwickelte. Dem Zeitrahmen seiner Laufzeit bis in das fortgeschrittene 4. Jh. n. Chr. entsprechend kamen hier beide Bestattungsbräuche, Brand- und Körperbestattungen, zum Tragen, mit einem Überhang der Körpergräber, die in der Endphase der Belegungszeit meist beigabenlos waren. Der Nutzungsschwerpunkt lag im 3. und 4. Jh. n. Chr. Das deutliche Überwiegen männlicher Bestattungen in den Körpergräbern führte in der älteren Forschung zu einer Interpretation als „Soldatenfriedhof" im Kontext mit dem benachbarten Militärlager.

Kleinere Gräbergruppen bzw. Einzelbestattungen, deren zeitlicher Horizont vom 1. Jh. n. Chr. bis in die Spätantike reicht, wurden im Umfeld bzw. in der Ennser Altstadt angetroffen. Dabei ließ sich eine Konzentration im Bereich des mittelalterlichen Stadtgrabens beobachten. Eine auf dem Georgenberg lokalisierte Gräbergruppe fällt durch ihre für römische Begräbnisplätze eher unübliche Berglage aus dem Rahmen. Mit ihren Brand- und Körpergräbern gehört sie in das 3. Jh. n. Chr.

Abb. 99: Enns. Spätantikes Steinkistengrab, Lorch Parz. 435/1

Von dem Gräberfeld Mitterweg (heute Johann-Hoflehner-Straße) südwestlich der „Zivilstadt" ist nur wenig bekannt. Bei Notbergungen in der zweiten Hälfte des 20. Jhs. kamen Brand- und Körpergräber aus dem 3. und 4. Jh. n. Chr. zum Vorschein.

Südlich des Ennser Bahnhofs wurde 1978 eine kleinere Gruppe Körperbestattungen mit vereinzelten Ziegelplattengräbern des 4. Jhs. n. Chr. erfasst. Unklarheit herrscht über einen Verbrennungsplatz aus diesem Gebiet, der in älteren Beschreibungen erwähnt wird.

Noch wenig erforscht ist ein Begräbnisplatz im Westen der „Zivilstadt". Erst Anfang des 21. Jhs. wurde im nördlichen Hinterland der bereits ausdünnenden zivilen Besiedlung, die sich hier nur noch an der Limesstraße konzentrierte, ein wei-

Abb. 100: Enns. Kerbschnittgürtelbeschläge, 2. Hälfte 4. Jh. n. Chr.

teres spätantikes Gräberfeld angeschnitten. Im Süden hielt es deutlich Abstand von der Siedlungszone, seine Ausdehnung nach Norden, Osten und Westen ist noch unbekannt. Erfasst wurde eine Gruppe Körperbestattungen in den für die Zeitstellung üblichen Gräbern. Meist waren es Erdgräber, gelegentlich konnten Holzsärge nachgewiesen werden. Ziegelplatten- und Steinkistengräber sowie gemauerte Grabschächte traten nur vereinzelt auf (Abb. 99). Der Mehrzahl der Toten waren Beigaben mitgegeben, die den Bestattungsplatz in das 4. Jh. n. Chr. datieren. Eine singuläre Erscheinung stellt ein Brandgrab dar. Der Leichenbrand war in einer kleinen Holzkiste gemeinsam mit einer Münze aus dem späten 3. Jh. n. Chr. verwahrt. Eine besondere Erwähnung verdient als Sonderform ein Doppelkammergrab, das als eine Art Massengrab viele Individuen beherbergte.

Die weitläufige spätantike Nekropole Eichberg-Espelmayrfeld zieht sich entlang der Eichbergstraße, in der ein antiker Straßenverlauf vermutet wird, von den südlichen Ausläufern der „Zivilstadt" in Richtung Süden. Von dem Fundplatz sind fast ausschließlich Körpergräber, die das typische Gräberrepertoire ihrer Zeit beobachten lassen, bekannt. Das Spektrum reicht von Erdgruben, mit Totenbrettern bzw. Holzsärgen oder ohne diese, über einfach eingefasste Gräber, Ziegelplattengräber unterschiedlichster Ausformung bis hin zu gemauerten Grabschächten. Die Bestattungen zeichnen sich durch ihren Beigabenreichtum (Abb. 100) aus, was als Hinweis auf eine wohlhabendere Bevölkerungsschicht gedeutet werden könnte. Erst durch jüngere Untersuchungen ließen sich auch Urnengräber, eine für die Spätantike ungewöhnliche Bestattungsform, feststellen. Der Friedhof stand vom frühen 4. bis wahrscheinlich in das 5. Jh. n. Chr. in Verwendung.

Ebenfalls zu den archäologischen Neuentdeckungen des 21. Jhs. gehört ein Körpergräberfeld an der Nordost-Ecke des Legionslagers, dessen Größe sich derzeit noch nicht abschätzen lässt. Neben den einfachen Erdgräbern fanden sich mehrere Ziegelplattengräber, die teilweise reichliche Bei-

Abb. 101: Enns. Gewicht einer Laufwaage in Form einer Merkurbüste, 2./3. Jh. n. Chr.

Abb. 102: Enns. Zierblech eines Prunkpanzers

gaben enthielten und dadurch der zweiten Hälfte des 4. Jhs. n. Chr., vermutlich sogar noch dem beginnenden 5. Jh. n. Chr. zugeordnet werden können – einer Zeit, in der die zivilen Wohngebiete aufgelassen wurden und die Friedhöfe nahe an das Lager heranrückten.

Der Südflanke des Legionslagers vorgelagert, dehnte sich nördlich und südlich der heutigen Hanusch-Straße, etwas abgerückt von der Limesstraße, das spätantike Körpergräberfeld „Ziegelfeld" aus. Der Flurname beruht auf den auf dem Areal häufig freigepflügten römischen Ziegeln. Fast alle für die Spätantike bekannten Grabtypen vereinten sich hier in all ihren Facetten, von schlichten Erdgräbern bis hin zu reich dekorierten Steinkistengräbern. Das Steinmaterial für diese entstammte großteils älteren, abgetragenen oder zerstörten Grabbauten. Offensichtlich fungierte dieser Grabtyp, wie Mehrfachbestattungen anzeigen, als Familiengruft. Anscheinend löste er am Ende des 4. Jhs. n. Chr. die variantenreichen Ziegelplattengräber aus der zweiten Hälfte des 4. Jhs. n. Chr. ab. Die vielen beigabenlosen Bestattungen des „Ziegelfeldes", besonders des östlichen Teils, entziehen sich einer Datierung. Die Funde aus den beigabenführenden Gräbern bezeugen eine Belegungsdauer von der zweiten Hälfte des 4. bis in die zweite Hälfte des 5. Jhs. n. Chr. Damit war das „Ziegelfeld" der jüngste Bestattungsplatz im römischen Lauriacum und gehörte zur Zivilbevölkerung, die das Lagerareal bewohnte.

Bei den beiden spätantiken Steinkistengräbern aus der Reinthalgasse am östlichen Hang des Georgenbergs fanden sich ebenfalls sekundär verbaute Reliefplatten älterer Grabbauten wieder. Die Parallelen mit den Steinkistengräbern und Beigaben des „Ziegelfeldes" legen auch für die Gräber im Reinthal eine ähnliche Datierung nahe.

Brigitte Muschal

## Frühes Christentum in Lauriacum

Schriftliche Quellen, Kleinfunde und zwei archäologisch nachgewiesene Kirchen verdeutlichen die einzigartige Stellung von Lauriacum in der Geschichte des frühen Christentums am österreichischen Limesabschnitt. Die ersten Hinweise auf die Anwesenheit von Christen in Noricum und in Lauriacum finden sich in der Überlieferung über den heiligen Florian (vgl. den Beitrag zum frühen Christentum). Konkrete Informationen zum frühen Christentum und darüber hinaus zum Alltagsleben finden sich ferner in der 511 n. Chr. vollendeten, sog. *Vita Severini* des Eugippius, in der Lauriacum als typische spätantike, bäuerlich geprägte, stadtähnliche Siedlung dargestellt wird. Die Romanen lebten innerhalb der vor umherstreifenden plündernden Gruppen schützenden Mauern des ehemaligen Legionslagers. Hier fanden auch die auf Anraten Severins aus Quintanis/Künzing, Batavis/Passau und Boiotro/Passau-Innstadt geflohenen Romanen eine vorübergehende Bleibe. Bischof Constantius von Lauriacum ist der einzige bekannte spätantik-frühchristliche Bischof an der österreichischen Donau. Neben seinen kirchlichen Aufgaben leitete er auch

Abb. 103: Enns. Lampe mit Christogramm (Kopie)

muss also nach 482 n. Chr. noch möglich gewesen sein, hier eine Ausbildung zum kirchlichen Notar und Kenntnisse über die Verwaltungspraxis zu erhalten. Dass die Einwohner von Lauriacum nach der Zerschlagung des Rugierreiches im Jahr 488 n. Chr. dem Befehl Odoakars zur Zwangsevakuierung der Romanen Folge geleistet haben, ist nicht anzunehmen, da die Siedlung nicht zum rugischen Machtbereich gehörte.

Archäologische Funde ergänzen das Bild des frühen Christentums in Lauriacum, wie es sich aus den schriftlichen Quellen gewinnen lässt, ganz wesentlich. Zu einer stark gebauchten nordafrikanischen Tonlampe aus dem späten 4./5. Jh. n. Chr., die im leicht eingetieften Spiegel ein Christogramm trägt, fehlt leider eine genaue Fundortangabe (Abb. 103). Ein Fingerring aus Silber, der auf der etwas abgesetzten, längsgestellten ovalen Ringplatte ein eingraviertes Christogramm trägt, wurde im Gräberfeld Espelmayrfeld bei der Bestattung einer jungen Frau an der rechten Hand gefunden. Ein Fingerring aus Bronze mit einem eingravierten Christogramm auf der kreisförmigen, gesondert aufgesetzten Ringplatte lag im Gräberfeld Ziegelfeld innerhalb eines Ziegelplattengrabes bei der Bestattung eines Mannes von über 60 Jahren oberhalb des Brustbereiches. Beide Ringe werden ins 4./5. Jh. n. Chr. datiert.

*Kirchenbauten*

Zwei archäologisch nachgewiesene spätantike Kirchenbauten, nämlich die Vorgängerkirche der heutigen Basilika St. Laurenz in Lorch und die der nicht mehr bestehenden Kirche Maria Anger, lassen die Umwandlung wichtiger kaiserzeitlicher Gebäude in Kirchen und damit die Änderungen im Erscheinungsbild der Siedlungen als archäologisch fassbare Folgen der Ausbreitung des Christentums in Lauriacum erkennen.

Im *valetudinarium* des Legionslagers wurde durch

die Verteidigung der Siedlung, die eine von den Bewohnern gebildete Miliztruppe gewährleistete. Als eine Lieferung Olivenöl, mit dem immer noch in der Tradition der Mittelmeerländer gekocht wurde, einlangte, versammelte Severin die Bedürftigen *in una basilica*. Nach dem Sprachgebrauch des Eugippius handelt es sich dabei um eine außerhalb der Mauern des früheren Legionslagers gelegene Klosterkirche. Vielleicht ist es die unter der Basilika St. Laurenz in Lorch freigelegte frühchristliche Kirche, die später ausführlich behandelt wird. In der 506 n. Chr. verfassten Vita des Antonius von Lérins berichtet Ennodius, Antonius sei nach dem Tod seines Lehrers, des *inlustrissimus vir Severinus*, bei seinem Onkel Bischof Constantius ausgebildet worden. Es

Abb. 104: Enns. Basilika St. Laurenz: Apsis und frei stehende Klerikerbank der frühchristlichen Kirche

Abmauerungen im Korridor in der Südost-Ecke ein annähernd rechteckiger, apsidenloser Saal von 18,20 m Länge und 7,30 m Breite eingerichtet. Reste der bei den Umbauten neu errichteten, frei stehenden Klerikerbank sichern die Deutung als frühchristlicher Kirchenraum. Mauerzüge des früheren Lagerspitals dienten als Süd- und Ostwand; es handelt sich daher um kein eigenes Kirchengebäude. Eine in der Raumachse liegende 1 x 1,50 m große elliptische Störung im Boden vor der Klerikerbank bezeichnet die ausgerissene Fundamentierung des Altares oder eine unter dem Altar befindliche Grube zur Aufnahme eines Reliquiars. Zwei Nebenräume könnten als Sakristei gedient haben. Der Eingang befand sich an der westlichen Schmalseite. Dass eine bei einer Bodenradaruntersuchung erfasste Struktur ein oktogonales Baptisterium sei, ist nicht anzunehmen, handelt es sich dabei doch eher um das Fundament des Turmes der mittelalterlichen Kirche. Eine nicht auf archäologische Funde, sondern auf vergleichbare Bauten gestützte Datierung des Kirchenraumes ins späte 4. oder frühe 5. Jh. n. Chr. erscheint plausibel. Die Nutzung des noch bestehenden Gebäudekomplexes des Lagerspitals in dieser Zeit ist nicht bestimmt, aber eine Verwendung in kirchlichem Sinn als repräsentatives *episcopium* für verwaltungstechnische und karitative Zwecke liegt nahe. Daher könnte der frühchristliche Kirchenraum innerhalb der spätrömischen Siedlung im ehemaligen Legionslager sehr wohl als Bischofskirche von Lauriacum gedient haben. Die darüber vermutlich im 11. Jh. n. Chr. entstandene spätere Wallfahrtskirche „Unsere liebe Frau Maria auf dem Anger" wurde nach ihrer Schließung 1785 profaniert und letztendlich abgetragen.

Die Laurentiuskirche von Lorch liegt im Zentrum des zivilen Siedlungsbereiches westlich des Legionslagers auf einer Geländestufe zur Donauniederung. Sie war bis 1553 Pfarrkirche der Stadt Enns und ist seit 1968 die Kirche der neuen Pfarre Enns – St. Laurenz. Die bei den Grabungen des Oberösterreichischen Landesmuseums in den Jahren 1960–1966 freigelegten Vorgängerbauten sind als eindrucksvollste bauliche Überreste des antiken Lauriacum in der Unterkirche zugänglich. Das älteste Bauobjekt aus dem späten 2./frühen 3. Jh. n. Chr. konnte bei einer Länge von 34,20 m in Ost-West-Richtung und einer größten Nord-Süd-Ausdehnung von 20,43 m nicht vollständig erfasst werden. Die zahlreichen Fragmente von Wandmalerei, von der kleine Partien noch *in situ* vorhanden sind, und das Kleinfundmaterial lassen sich einem vom späten 2. bis ins 4. Jh. n. Chr. bestehenden, wiederholt umgebauten Haus zuordnen. Möglicherweise handelt es sich um das Wohnhaus des *legatus legionis II Itali-*

cae, der zugleich auch *legatus Augusti pro praetore provinciae Norici* gewesen ist. Nach verschiedenen baulichen Veränderungen wurde in der ersten Hälfte des 4. Jhs. n. Chr. ein beheizbarer Apsidensaal für Repräsentationszwecke im nach wie vor bestehenden Gebäudekomplex eingerichtet. Er hat eine Länge von 21,60 m und eine Breite von 12,40 m, die nach Osten orientierte eingezogene Apsis weist eine Öffnungsweite von 7,90 m auf. Vermutlich im 5. Jh. n. Chr. entstand durch entsprechende Umgestaltungen eine 23,80 m lange und 12,40 m breite Kirche mit einer größeren, gestelzten Apsis und einer freistehenden, hufeisenförmigen Klerikerbank (Abb. 104). Die Süd-, West- und Nordmauer des Apsidensaales wurden weiterverwendet. Reste der architektonischen Ausstattung der frühchristlichen Kirche fehlen. Das ist nicht weiter verwunderlich, da gerade das Kircheninnere und der Altarbereich den geänderten liturgischen Anforderungen im Frühmittelalter angepasst werden mussten. Generell ist zu bemerken, dass durch die zahlreichen spätmittelalterlichen und neuzeitlichen Bestattungen bis in die ältesten Bauphasen hinab reichende Störungen entstanden, sodass aus den Grabungen kaum stratigraphisch relevantes Fundmaterial für die Spätantike zur Verfügung steht. In einem an drei Seiten ausgemauerten Schacht mit den Maßen 95 x 90 cm östlich des Altares der frühchristlichen Kirche war mit hoher Wahrscheinlichkeit der im Jahre 1900 im gotischen Hochaltar der Laurentiuskirche entdeckte antike Steintrog als Reliquiar untergebracht. Er enthielt bei seiner Auffindung – nach einer später durchgeführten anthropologischen Untersuchung – 87 Knochenfragmente von mindestens 31 Individuen, eingehüllt in den Rest eines Stoffes aus dem 4.–6. Jh. n. Chr., von dem der einzig erhaltene Rest im Museum Lauriacum aufbewahrt wird. Dabei könnte es sich um aus den Gräbern lokaler Märtyrer – möglicherweise der Gefährten des heiligen Florian – entnommene Gebeine handeln, die in der frühchristlichen Kirche als Reliquien östlich des Altares in einem Bodengrab geborgen waren. Beigabenlose Bestattungen, die der christlich-romanischen Bevölkerung zuzuweisen sind, nehmen auf die Apsis und die frühchristliche Kirche Bezug, sodass sie als Bestattungen *ad martyres* angesprochen werden können. Ob bei dieser Memorialkirche eine Klostergemeinschaft bestanden hat, wie die Bezeichnung *basilica* in der *Vita Severini* für eine Kirche in Lauriacum andeutet, lässt sich nicht beweisen. Nach größeren baulichen Umgestaltungen beim Ostabschluss und im Westteil der Kirche im 10./12. Jh. n. Chr. wurde der auf die Spätantike zurück gehende Kirchenbau Ende des 13. Jhs. wegen Baufälligkeit abgetragen und durch den noch heute bestehenden gotischen Kirchenbau ersetzt.

Reinhardt Harreither

**Besichtigung**
Im Gebiet der heutigen Stadtgemeinde Enns haben sich oberirdisch keine nennenswerten Reste des zur Römerzeit so bedeutenden Lauriacum erhalten. Das Steinmaterial der römischen Bauwerke ging großteils in der mittelalterlichen Stadt auf. Von den bei den vielen Grabungen zutage gekommenen Befunden wurden, abgesehen von wenigen vereinzelten Mauerzügen, lediglich die Bauten unter der Basilika St. Laurenz konserviert. Trotzdem lässt sich zumindest die militärische Anlage anhand diverser moderner Straßenzüge und Geländeformationen noch gut nachvollziehen.
Einen Einblick in das römerzeitliche Lauriacum mit eindrucksvollen Funden (u. a. Bauinschrift des Legionslagers, Deckenfresko, Silbergeschirrfund) sowie in die mittelalterliche und neuzeitliche Stadtgeschichte von Enns bietet das im ehemaligen Rathaus der Stadt untergebrachte Museum Lauriacum.

Website: http://www.museum-lauriacum.at
Funde befinden sich auch im Oberösterreichischen Landesmuseum in Linz.

**Literatur:**

Zur römischen Zeit:
Breitwieser 1991; Fabiankowitsch 2013; Friesinger – Krinzinger 1997, 187–195; Genser 1986, 126–164; Igl – Leingartner 2009; Kandler – Vetters 1986, 92–104; Keminger 2003; Keminger – Muschal 2002; Krenn u. a. 2007; Krenn u. a. 2008; Krenn – Muschal 2008; Muschal 2004a; Muschal 2004b; Muschal 2005a; Muschal 2005b; Petrovitsch 2006; Ployer 2013a; Traxler 2009; Ubl 1989; Ubl 1993; Ubl 1994a; Ubl 1997a; Ubl 1997b; Ubl 1998a; Ubl 1999b; Ubl u. a. 2001; Ubl 2005a; Ubl 2006a; Ubl 2006b; Ubl 2011; Weber 2006a; Winklehner 2013; Winkler 2003a; Winkler 2006b; Winkler 2007; Wlach 1990.

Zur christlichen Zeit:
Boshof – Wolff 1994; Bratož 1994; Dimt 2004; Ebner – Würthinger 2003; Eckhart 1981b; Fleischmann 1999; Glaser 2003; Harreither 1996; Harreither 1999; Harreither 2004a; Harreither 2004b; Harreither 2007; Igl 2008; Jernej 2000; Leingartner – Neubauer 2006; Lotter 2003; Neumüller 1971; Noll 1981; Nüsslein 1986; Pillinger 1986; Pillinger 1997; Pohl – Diesenberger 2001; Régerat 1991; Rehberger 2003; Ruprechtsberger 2003; Schwanzar 1994; Smolak 1994; Ubl 1994b; Ubl 2005b; Wolff 1989; Wolff 2003; Zinnhobler 2002.

# Albing

## Legionslager

Vom römischen Legionslager, das am Ostrand des Ortes Albing auf einer Niederterrasse etwa 2 km östlich der heutigen Ennsmündung liegt, sind im Gelände keine Reste mehr zu erkennen. Auch der antike Name des Platzes ist unbekannt.

### Forschungsgeschichte

Nach wie vor bilden die vor dem Ersten Weltkrieg von der Limeskommission durchgeführten Ausgrabungen die wichtigste Grundlage für die Rekonstruktion des Lagergrundrisses. In den Jahren zwischen 1973 und 2007 erfolgten mehrere Rettungsgrabungen. Mittlerweile liegt auch eine Reihe von Luftbildern des größtenteils unbebauten Areals vor.

### Legionslager

Das Lager war im sog. Spielkartenformat (rechteckige Grundform mit abgerundeten Ecken) angelegt worden (Abb. 105). Der Verlauf der Lagermauern ist an allen vier Seiten gesichert, sodass sich eine Größe von 568 × 412 m rekonstruieren lässt. Der Nordwesten des Lagers, der heute jenseits eines modernen Weges liegt, war in der Vergangenheit am stärksten von den Erosionskräften von Enns und Donau betroffen. Der nordwestliche Eckturm dürfte spätestens beim Bau des Enns-Kanals zerstört worden sein.

Beim Bau der Lagermauer wurde vor allem Flussgeschiebe verwendet. Die Mauerstärken schwankten zwischen 1,80 und 3,10 m. Am vollständigsten untersucht sind die Südwest-Seite mit dem rückwärtigen Lagertor (*porta decumana*) und den sechs innen angesetzten Zwischentürmen sowie die Südost-Seite mit der *porta principalis dextra* und vier Zwischentürmen. Ferner ist die abgerundete

Abb. 105: Albing. Luftbild des Legionslagers von Albing und der Fundstelle St. Pantaleon-Stein

Südwest-Ecke mit dem Turm gesichert. Von der Vorderfront des Lagers wurden die *porta praetoria* und ein östlich anschließender Zwischenturm freigelegt. Die drei bekannten Lagertore weisen alle einen unterschiedlichen Grundriss auf. Die *porta praetoria* besaß drei durch Mittelpfeiler unterteilte Tordurchfahrten, das rechte Lagertor hatte nur zwei Durchfahrten. Am kleinsten war die *porta decumana*, die bloß eine einfache, schmale Tordurchfahrt aufwies. Die Lage weiterer Zwischen- und Ecktürme konnte mit Hilfe der Luftbildarchäologie geklärt werden.

Im Lagerinneren verzeichnet der alte Gesamtplan einen Mauerrest, der, wie die Luftbilder auf den Feldern östlich der aktuellen Bebauung in Form von Trockenmarken zeigen, zum Zentralgebäude (*principia*) gehörte (Abb. 106). Der vordere, zu den Lagerhauptstraßen (*via praetoria*, *via principalis*) gelegene Teil des Stabsgebäudes zeichnet sich mit einer rund 72 m breiten Front ab. Die *principia* wiesen eine Mindestlänge von 90 m auf. Bemerkenswert ist ein ca. 28 × 25 m großer Torbau, der am Schnittpunkt der (in den Luftbildern nicht sichtbaren) Lagerhauptstraßen angelegt wurde. Nach Analogien, insbesondere im nordafrikanischen Legionslager Lambaesis, handelt es sich dabei um einen monumental gestalteten Straßen- und Eingangsbereich vor dem zentralen Stabsgebäude. Wie aus der Bauinschrift in Lambaesis hervorgeht, wurde ein solcher Torbau in der römischen Militärarchitektur als *groma* bezeichnet. Diese Bezeichnung geht auf das wichtigste römische Vermessungsinstrument, die *groma*, zurück, die zu Beginn des Lagerbaus am Schnittpunkt von *via praetoria* und *via principalis* aufgestellt wurde. Bautypologisch gesehen handelt es sich bei diesen *groma*-Bauten in Militärlagern um einen *quadrifrons* (Tetrapylon). Die *groma* von Albing zeigte an drei Seiten jeweils eine breitere, zentrale Bogenöffnung, die von kleineren Durchgängen flankiert war. Die vierte Seite des Torbaus setzte an die *principia*-Außenmauer an.

Abb. 106: Albing. Bewuchsmerkmale der *principia* im Luftbild

Im Lagerinneren ließ sich ansonsten nur der Straßenkörper der *via praetoria* im Bereich des Nordtores auf einer Länge von 80 m feststellen. Auf den Luftbildern sind im Großteil des Lagers keine in Stein errichteten Gebäude, Straßen oder Kanäle zu beobachten. Trotz mehrfacher, bis auf den gewachsenen Boden geführter Suchschnitte konnte man bei den Ausgrabungen kein vorgelagertes Grabensystem nachweisen. Im Gegensatz zu den zur selben Zeit durchgeführten Ausgrabungen im links der Enns gelegenen Nachfolgelager Lauriacum erbrachten die Untersuchungen in Albing erstaunlich wenig Fundmaterial. Diese Tatsache wurde immer als Argument für eine kurzfristige Nutzung von Albing herangezogen. Allem Anschein nach wurde die Anlage niemals fertiggestellt. Als Hintergrund dafür hat man Umwelteinflüsse vermutet, die aufgrund der exponierten Position des Albinger Lagers auf einer hochwassergefährdeten Donau-Enns-Terrasse zur Aufgabe der Anlage geführt hätten.

Aufgrund des Fundmaterials, insbesondere den aus dem Lagerareal stammenden Ziegelstempeln der 2. italischen Legion, ist das Albinger Lager mit den Markomannenkriegen im ausgehenden 2. Jh. n. Chr. in Verbindung zu bringen. Nach der Aufstellung der *legio II Italica* in den Jahren 165/166 n. Chr. in Oberitalien erbaute die Legion innerhalb eines Zeitraums von vermutlich weniger als 20 Jahren die beiden nur kurzfristig belegten Lager in Ločica (Lotschitz, Slowenien) und Albing. Der Zeitpunkt der Verlegung nach Lauriacum (Lorch/Enns) ist nicht genau zu bestimmen. Vielleicht erfolgte die Umstellung schon unter Commodus (180–192 n. Chr.). Spätestens unter Septimius Severus (193–211 n. Chr.) hatte die *legio II Italica* anscheinend ihr endgültiges Standlager in Lauriacum/Lorch bezogen.

Das Legionslager von Albing ist mit einer Gesamtfläche von 23,3 ha das größte römische Militärlager am österreichischen Donaulimes. Die bemerkenswerte Fläche des Albinger Lagers, die genau mit den *castra* in Ločica übereinstimmt, wurde damit erklärt, dass an beiden Plätzen die *ala Antoniniana* zusammen mit der Legion untergebracht war. Die *ala Antoniniana* wurde von Q. Herennius Silvius Maximus in Personalunion mit dem Oberbefehl über die 2. Legion kommandiert, der auf der Inschrift CIL IX 2213 aus Telesia in Samnium (Italien) als *legat(us) leg(ionis) II Italicae et alae Antoninianae* in Erscheinung tritt. Vergleichbare Lagergrößen sind allerdings auch von anderen Legionsstandorten bekannt, ohne dass man dort zwingend eine zusätzliche Einheit innerhalb des Lagers annehmen müsste. Die im Vergleich zu Lauriacum (21,5 ha) größere Fläche des Albinger Lagers könnte somit auch mit den unterschiedlichen topographischen Gegebenheiten oder abweichenden logistischen Aufgaben zu tun haben.

Christian Gugl

**Besichtigung**
Es sind keine oberirdisch sichtbaren Reste erhalten.

Literatur:
Genser 1986, 165–179; Kandler – Vetters 1986, 105–109; Ployer 2013a, 34–37.

# St. Pantaleon-Erla

Militärziegelei – Siedlung (?) – Militäranlage (?)

Die Gemeinde St. Pantaleon-Erla liegt etwa 7 km östlich von Enns an der Donau und umfasst neben den beiden namensgebenden Katastralgemeinden 13 weitere kleine Ortschaften, darunter auch Albing, nahe der sich ein Legionslager befand (vgl. den Beitrag zu Albing).

Die Ortschaften um St. Pantaleon-Erla sind bereits früh durch römische Funde aufgefallen. Aus Wagram und Stögen sind Münzfunde bekannt, aus Stein eine große Anzahl römischer Keramik aus dem 1.–3. Jh. n. Chr. In mehreren Ortschaften, wie Stein, Wagram, Stögen, St. Pantaleon und Kleinerla, stieß man auf römische Mauern, die Siedlungen in diesen Bereichen vermuten ließen. Aus der Gegend um Stögen sind neben Mauer- und Fundamentresten auch mehrere Ziegelgräber bekannt, denen unter anderem Lampen, ein Bronzezierblech mit dem Relief eines Kriegers, ein Paar Ohrringe aus Golddraht und eine Münze des Magnentius (350–353 n. Chr.) beigegeben wurden.

## Militäranlage (?)

In Stein machen Fragmente von fünf Militärdiplomen sowie andere Militaria, wie Gürtelbeschläge, Schildnägel, Bronzeösen und ein Pferdestirnschmuck aus Bronze, eine militärische Anlage wahrscheinlich (Abb. 105). Archäologische Untersuchungen sind hierzu noch ausständig.

# St. Pantaleon-Erla

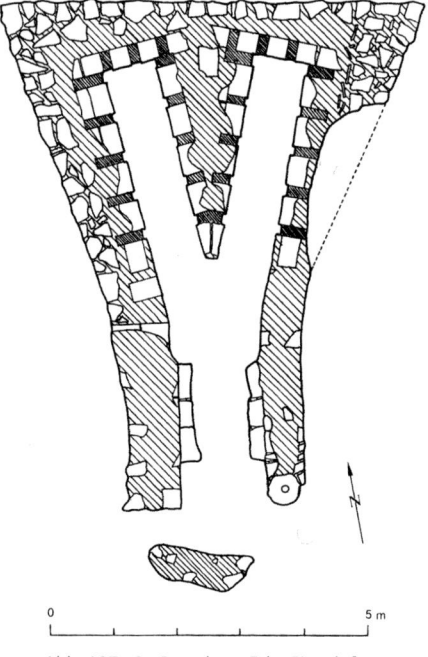

Abb. 107: St. Pantaleon-Erla. Ziegelofen

Abb. 108: St. Pantaleon-Erla. Ziegelstempel

## Militärziegelei

Am Westufer der Erla, in der Nähe des Klosters Erla, ist eine Vielzahl gestempelter römischer Ziegel aufgefunden worden. Die Flur trägt bezeichnenderweise den Namen „Ziegelfeld". Die Vermutung einer römischen Ziegelei konnte 1964 bestätigt werden: Bei Baggerarbeiten für eine Flussregulierung wurden römische Mauern angeschnitten und die Befunde von G. Melzer und H. Stiglitz in einer Notgrabung dokumentiert. Es handelte sich um einen Ziegelofen von 7 m Länge und 2,80 bis 6,50 m Breite (Abb. 107). Der obere Bereich wurde durch den Bagger zerstört, die Höhe ist aber mit 1,30 m zu rekonstruieren. Der Heizraum, der aus einem Y-förmigen Heizkanal bestand, war in den anstehenden Lehm gesetzt und aus Bruchsteinen, Ziegeln und Lehm errichtet. Insgesamt 39 Ziegelstempel wurden gefunden, welche die Ziegel zwei Gruppen zuweisen: Privatziegel und Militärziegel (Abb. 108). Die Ziegel der ersten Gruppe tragen den Stempel FIG SAB, *figlina Sabiniana*, einer privaten Ziegelei. Der zweiten Gruppe gehören Ziegel mit dem Stempel LEG II ITAL an, der *legio II Italica*, welche in Lauriacum/Enns stationiert war. Diese Stempel weisen stärkeren Variantenreichtum auf. Zu ihnen gehören auch Stempel mit der Nennung des Ursicinus, des *dux Pannoniae primae et Norici ripensis*, welcher die Wiederaufbauarbeiten am Donaulimes wohl unter Valentinian I. (364–375 n. Chr.) leitete. Die Kombination beider Stempelgruppen zu FIG LEG II ITAL SAB führte zur Vermutung, dass die vorerst zivile Ziegelei vom Militär übernommen wurde.

Kira Lappé

**Besichtigung**
Der Ziegelofen wurde zerstört.

**Literatur:**
Angrüner 1972; Dembski 1974b; Dembski 1980; Dembski 1982; Dembski 1983; Farka – Matouschek 1988; Franz – Neumann 1965, 106; Kandler – Vetters 1986, 110–112; Kremslehner 1993; Kropf – Dembski 1984; Kubiczek 1946–1950; Matouschek – Nowak 1996; Melzer – Stiglitz 1965; Pascher 1949, 144 f.; Risy 1994, 133 Nr. 37. Taf. 51 f.; Stiglitz 1969; Stiglitz 1971b; Ubl 2009; Winkler 1971a, 120.

# Au

## Burgus

Der dem Steinraub zum Opfer gefallene Burgus, der von keiner antiken Quelle genannt wird, stand auf einem Ausläufer der Strengberge über dem Auland der Donau, unmittelbar nördlich des Aubachs, in der Nähe der Engelbachmühle bei der Rotte Dorf (Abb. 109). Die nördlichste Spitze des in die Donauniederung vorspringenden Geländerückens ist hausbergartig zugerichtet und vom Hinterland durch einen Halsgraben abgeriegelt. In der Literatur wird der Burgus unter zahlreichen falschen Fundortbezeichnungen geführt (Au-Rotte Hof, Engelbachmühle, Strengberg, Thürnbuch).
Seit dem 19. Jh. fanden Untersuchungen interessierter Laien statt, die „Fundamente von zwei Rundtürmen" sowie zahlreiche Ziegelbruchstücke mit Stempel der *legio II Italica* und des *dux Ursicinus* beobachtet hatten. Da der Geländesporn zur Gewinnung von Erdreich abgebaggert wurde, war 1979 eine Rettungsgrabung durch das Bundesdenkmalamt (H. Ubl) notwendig. Dabei konnten noch Reste des Burgus mit quadratischem Grundriss von etwa 9 x 9 m festgestellt werden. Gestempelte Ziegel und eine Münze des Kaisers Valentinianus II. (375–392 n. Chr.) wiesen den Bau als spätantik aus. Als Besatzung kann entweder eine Unterabteilung oder möglicherweise nur ein Bautrupp der *legio II Italica* angenommen werden.

René Ployer

Abb. 109: Burgus Au. Geländesituation mit südlichem Halsgraben. Aufnahme 1970, Ansicht von Osten

**Besichtigung**
Der Burgus wurde zur Gänze abgetragen. Im Gelände ist aber heute noch der südliche Abschnittsgraben erkennbar.

**Literatur:**
CIL III 11853. 12536; Dembski 1976; Fahrngruber 1892; Fahrngruber 1899; Fischer 2002, 137; Friesinger – Krinzinger 1997, 185–196; Genser 1986, 180–183; Kandler – Vetters 1986, 112; Kubitschek 1904; Pascher 1949, Sp. 32 Nr. 1; Ployer 2013a, 38 f.; Schicker 1920–1933; Stockhammer 1916/1917, 139; Ubl 1980, 590.

# Wallsee – Adiuvense (?) / Locus Felix (?)

## Kastell – *vicus*

Das römische Kastell wurde auf einer Terrasse zwischen dem Steilabfall zur Donau und den Abhängen der Strengberge erbaut (Abb. 110).
Unterhalb des mittelalterlichen Ortskerns von Wallsee liegen die seit dem 19. Jh. mehrfach beobachteten Baureste des Lagers, dessen Identifizierung mit dem in der *Notitia dignitatum* (occ. XXXIV 40) erwähnten „Adiuvense" lange Zeit umstritten blieb. H. Ubl schlägt eine Gleichsetzung mit dem ebenfalls in der *Notitia dignitatum* (occ. XXXIV 33) und dem *Itinerarium Antonini* (234,4; 248,6) genannten „Locus Felix" („Loco Felicis") vor, dem Standort von berittenen Bogenschützen (*equites sagittarii*). Ein Inschriftfund, der den antiken Namen des Ortes trägt, ist jedoch bis heute nicht überliefert. Einzig zwei Ziegel, die den Stempel *loco* tragen unterstützen Ubls Namensvorschlag.

## Forschungsgeschichte

Bereits 1868/69 vermutete F. v. Kenner in der exponierten Lage des Ortes Wallsee ein geeignetes Terrain für ein Kastell. Kurze Zeit später gelangten zahlreiche, bei Aushubarbeiten gewonnene römerzeitliche Fundstücke in die Sammlung des Schlosses Wallsee. 1924 bekräftigte E. Nowotny die Lage des Kastells, als er eine zwei Meter abfallende Böschung südöstlich des Schulgebäudes als Südost-Ecke des Lagers wahrscheinlich machen konnte. Die Nordost-Ecke war bei der St.-Anna-Kapelle als eine bis zu sieben Meter hohe Geländestufe erkennbar. Aber erst die Beobachtungen des Heimatforschers E. Tscholl bestätigten in den 1960er-Jahren diese Annahmen. Ausgrabungen des Österreichischen Archäologischen Institutes (ÖAI, H. Stiglitz) und des Bundesdenkmalamtes (BDA, G. Melzer) im Bereich des alten Schulgebäudes brachten die Befunde des südöstlichen Eckturms und Teile eines spätantiken Restkastells zutage. Weitere Befunde wurden in den folgenden Jahren bei Kanalbauarbeiten dokumentiert. Bei Grabungen des BDA (H. Ubl) konnte die früheste Bauphase eines Holz-Erde-Lagers sowie Reste der *principia* im Bereich des Hauptplatzes festgestellt werden. 2008/09 (M. Krenn, BDA) wurden an der südöstlichen Ecke des Kastells Abschnitte der Kastellmauer sowie ein Hufeisenturm ergraben. In den Jahren 2011 bis 2013 konnte das spätantike Restkastell beinahe zur Gänze freigelegt und konserviert werden (G. Artner, Archäologie Service).

## Kastell

Die Lagermauern verlaufen innerhalb des heutigen Straßensystems im Ortskern von Wallsee und umfassen eine Fläche von etwa 3,4 ha (ca. 195 × 175 m). An der Südost-Ecke des Lagers, in der das spätantike Restkastell hineingesetzt wurde, sind ein nach Osten ausgerichteter Hufeisenturm mit vorge-

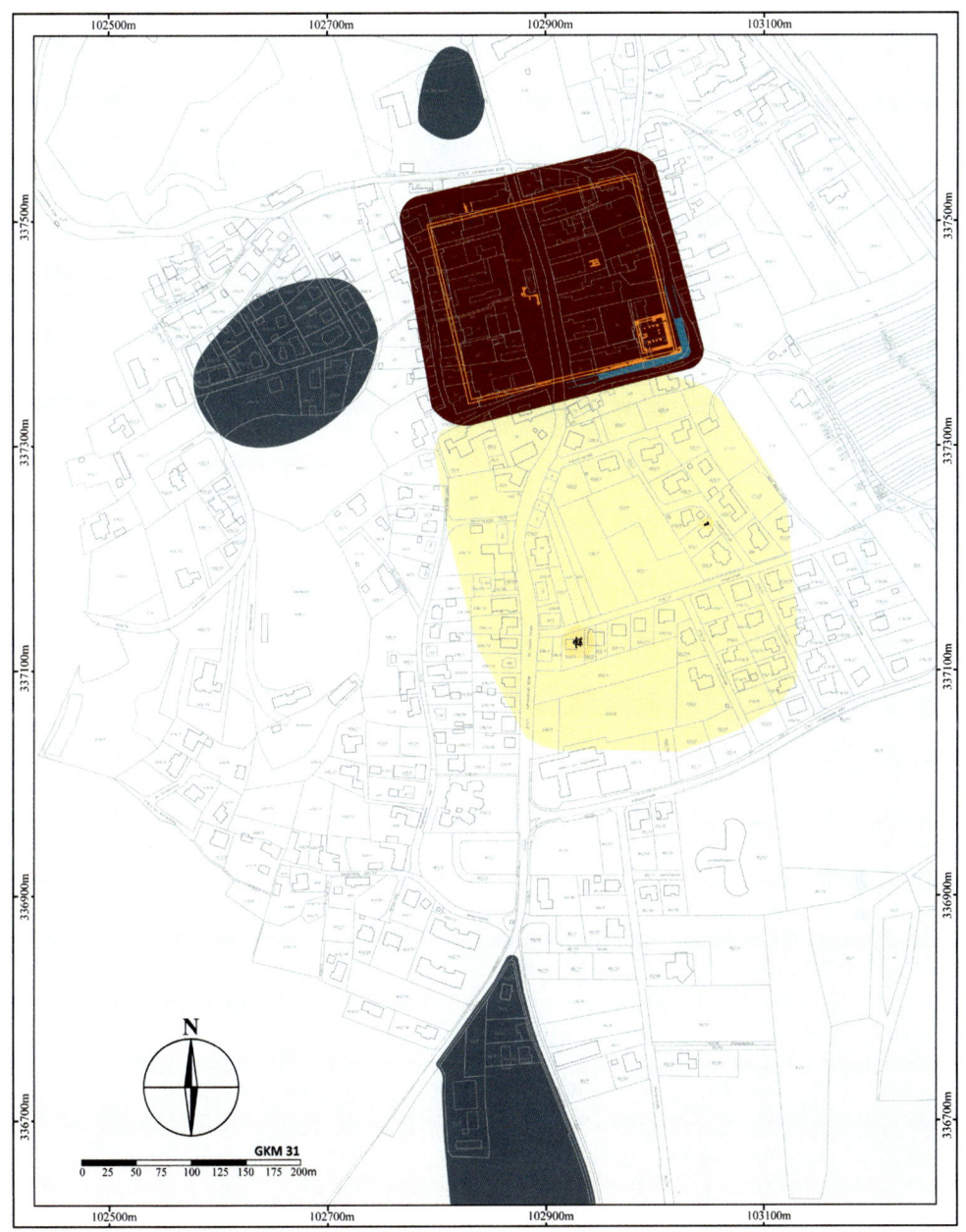

Abb. 110: Wallsee – Adiuvense (?) / Locus Felix (?)

lagertem Graben und Wall sowie eine ältere vorgelagerte Mauer nachgewiesen. Die Funktion dieser Mauer ist noch unklar. Ungewöhnlich ist der Hufeisenturm, wurden doch in der Spätantike an den Lagerecken sog. Fächertürme angebaut. Der im Bereich der St.-Anna-Kapelle zu vermutende Nordost-Turm dürfte abgerutscht sein, ein Zwischenturm der nördlichen Lagerfront lag auf Gst. Nr. 56. Die Türme der Südwest-Ecke und Nordwest-Ecke sind bislang nicht untersucht. Der heutige Hauptplatz folgt der Nord-Süd verlaufenden Lagerhauptachse. In der Platzmitte wurden im Bereich des Rathauses die *principia* mit Fahnenheiligtum lokalisiert. Die tiefsten Schichten des Lagers liegen etwa 1,10–1,20 m unter dem modernen Niveau, die Fundamente der 2,00–2,10 m mächtigen, aus Bruchsteinen mit Kalkmörtel errichteten Lagermauer reichen bis in 2,20 m Tiefe. Die südliche Lagermauer wurde auf einer Länge von über 41 m freigelegt. Ein an diese Mauer angebautes halbrundes Mauerfundament könnte einem Torturm angehören. Den Kleinfunden nach wurde das Lager in den letzten Jahrzehnten des 1. Jhs. n. Chr. in Holz-Erde-Bauweise errichtet. Während des 2. Jhs. n. Chr. wurde es in Stein ausgebaut. Zu dieser Zeit war das Kastell vermutlich Standort der *cohors I Aelia Brittonum*. Darauf weisen zahlreiche Ziegel hin, die den Stempel CIAB tragen. Die Auflösung der Abkürzung ist jedoch noch unsicher. An weiteren Truppenkörpern sind durch gestempelte Ziegel die *cohors V Breucorum*, die *legio II Italica* sowie die *legio X gemina pia fidelis* überliefert. Das heißt keinesfalls, dass alle diese Truppen als Besatzung des Lagers einzustufen sind, zumindest haben sie aber hierher Ziegel geliefert.

## Kleinkastell

Die Errichtung des burgusartigen Kleinkastells fand im späten 4. Jh. n. Chr. unter dem *dux Ursicinus* statt (Abb. 111). Bemerkenswert ist die Tatsache, dass der annähernd quadratische Bau (ca. 29,80 × 26,70 m)

Abb. 111: Kastell Wallsee. Freigelegte Mauerbefunde des spätantiken Restkastells. Aufnahme 2011

nicht in die Ecke an die bestehenden mittelkaiserzeitlichen Kastellmauern angebaut wurde (wie z. B. in Traismauer oder Zeiselmauer), sondern als neue, eigenständige Anlage ausgeführt wurde. Dies kann als Hinweis gesehen werden, dass zumindest in diesem Bereich das ursprüngliche Lager zerstört oder geschleift worden war. Das Restkastell, das in Schalenmauertechnik mit Gussmörtel ausgeführt worden war, wies in seiner Mitte einen mit Arkaden gesäumten Innenhof auf. Vorwiegend in den Pfeilern waren antike Spolien (vor allem Teile von Grabmonumenten) sekundär verbaut. Die spätantike Anlage dürfte noch bis weit in das 5. Jh. n. Chr. bestanden haben.

## *Vicus*

Südlich des Ortes und des Lagers, vorwiegend östlich der nach Sindelburg führenden Straße und nördlich der Straße nach Sommerau, erstreckte sich der Kastellvicus, der nach Süden durch den Tiefenweg (Ardaggerstraße) begrenzt werden kann. Im *vicus* wurden seit den späten 1970er-Jahren durch Grabungen und Fundbeobachtungen die Reste von Wirtschaftsbetrieben (darunter eine Ziegelei), mehrere zivile Wohnbauten und Abfallgruben dokumentiert. Im Gelände erkennbar ist ein südlicher Abgrenzungsgraben. Reste einer nach Süden führenden Straße (Gst. Nr. 219/2) liegen auf der fortgesetzten, Nord-Süd verlaufenden Hauptachse des Kastells.

## Gräberfelder

Grabsteine aus Wallsee sind bereits seit dem 19. Jh. bekannt. Nicht näher untersucht ist eine Nekropole nördlich des Kastells im Bereich des Parks des Schlosses Nieder-Wallsee, wo sich mehrere Brand- und Körpergräber fanden.

1967 stieß man bei Bauarbeiten westlich des Kastells in der Flur Brunnfeld im Bereich Kellergasse-Josefstraße-Josefgasse auf 23 Gräber eines Bestattungsplatzes unbekannter Ausdehnung aus dem 1.–4. Jh. n. Chr. Zuletzt wurde 1995/96 südlich von Wallsee, im Zwickel der beiden von Süden kommenden Landesstraßen, ebenfalls bei Bauarbeiten, ein Brandgräberfeld der Älteren Kaiserzeit angeschnitten, von dem bislang fünf Urnen- und Brandschüttungsgräber dokumentiert wurden.

René Ployer

**Besichtigung**
Viele Bereiche des Kastells sind heute überbaut bzw. zerstört, einzelne Teile als Bodendenkmal unter modernem Niveau erhalten. Ein Teil der Kastellmauer an der Südost-Ecke wurde konserviert. Das Restkastell wurde in einen Neubau integriert und kann besichtigt werden.

Literatur:
Artner 2002; Barta 1929, 95–104. 109–116; Farka 1992; Farka 1997; Fischer 2002, 41–43. 137–138; Friesinger – Krinzinger 1997, 196–201; Genser 1986, 184–198; Kandler – Vetters 1986, 113–117; Kenner 1869, 174. 214; Krenn u. a. 2009, Abb. 38; Krenn – Singer 2008; Moßler – Stiglitz 1966–1970; Müller – Leingartner 2011; Nowotny 1925, 112 f.; Pascher 1949, Sp. 160–162; Ployer 2013a, 40–43; Polaschek 1928, 21 f.; Ruprechtsberger 2008, 11–20; Stiglitz 1971a; Tscholl 1977/1978, 109–230 Taf. 12–21; Ubl 1977/1978, 231–246; Ubl 1988; Tscholl 1989, 63–77; Tscholl 1990, 35–81; Tscholl 2000/2001, 113–203; Ubl 1998b; Ubl 2000c; Ubl 2008, 169–184.

# Sommerau

## Burgus

Der heute zur Gänze abgekommene Burgus, dessen antiker Name unbekannt ist, stand nahe der Ortschaft Sommerau, nördlich der nach Wallsee führenden Straße, auf einem nach Norden, Westen und Süden steil abfallenden und nach Osten durch Abschnittsgräben vom Hinterland getrennten Geländesporn.

Bei Begehungen in den 1980er-Jahren wurde immer wieder römisches Fundmaterial aufgelesen. 1992 führte das Bundesdenkmalamt unter der Leitung von H. Ubl eine Grabung mit drei Sondierungsschnitten durch. Dabei wurden Mauerzüge einer mittelalterlichen Hausberganlage, der sog. Summerauer Burg, freigelegt. Es wird angenommen, dass die römischen Baustrukturen in der mittelalterlichen Burg, die in der frühen Neuzeit geschleift wurde, aufgegangen sind. Diverse spätantike Kleinfunde, darunter Ziegel mit Stempel der *legio II Italica*, des *dux Ursicinus* und der *auxiliares Lauriacenses*, lassen keinen Zweifel am Standort des Burgus zu und legen seine Errichtung in valentinianische Zeit nahe.

René Ployer

**Literatur:**
Fischer 2002, 138; Friesinger – Krinzinger 1997, 201 f.; Harreither – Kremslehner 1990; Ployer 2013a, 44 f.; Tscholl 2000/2001, 191–194; Ubl 1992b.

**Besichtigung**
Heute ist noch die einzigartige Geländesituation vor Ort erkennbar, sowie Abschnittsgräben und Verwallungen, die zum Teil beim Bau der mittelalterlichen Burg angelegt wurden, teilweise aber auf den spätantiken Burgus zurückgehen.

## Mauer an der Url – Locus Felix (?)

### Auxiliarkastell – *vicus*

Der Fundort liegt im nordwestlichen Ortsteil, etwa 10 km südlich des Limes und des Lagers Wallsee, an der Limesstraße von Enns nach Pöchlarn zwischen den heutigen Orten Mauer und Öhling am Ufer des Flusses Url (Abb. 112).

Das Lager wird als Auxiliarkastell interpretiert, die Benennung mit „Locus Felix" („Locus Felicis") (*Itinerarium Antonini* 234,4; *Notitia dignitatum* occ. XXXIV 33) löste nach allgemeiner Forschungsmeinung die ältere Deutung als „Ad Muros" ab.

### Forschungsgeschichte

Bereits 1787 wurde die damals teilweise noch sichtbar erhaltene Umfassungsmauer des Lagers durch Pater J. Schaukegel beschrieben und ein Grundriss in einem Kupferstich dokumentiert. In der zweiten Hälfte des 19. Jhs. wurde das aufgehende Mauerwerk abgetragen und die Graben-Wall-Anlage eingeebnet, wie aus Berichten des Linzer Altertumsforschers J. Gaisberger hervorgeht. Fundaufsammlungen und Beobachtungen wurden im Zuge der landwirtschaftlichen Nutzung immer wieder dokumentiert. Erste Ausgrabungen und Untersuchungen erfolgten durch die Limeskommission 1906–1910, infolge derer mehrere Gebäudereste freigelegt werden konnten. Lokale Heimatforscher lieferten bis in die frühen 1990er-Jahre Funde von Aufsammlungen. Dazu kamen ab den 1960er-Jahren kleinräumige Ausgrabungen im Zuge von Bautätigkeit, wie 1971 durch das Österreichische Archäologische Institut (ÖAI, H. Stiglitz). Durch diese Bautätigkeit wurden im 20. Jh. auch östlich und südlich des Lagers Gräberfelder entdeckt und ergraben (Bundesdenkmalamt, F. Sauer, und Niederösterreichisches Landesmuseum, F. Wimmer). Die letzte Grabung erfolgte 1999 im Zuge des Ausbaus der Westbahn im Bereich des Gräberfeldes Süd.

### Auxiliarkastell

Die Geschichte des Lagers und seiner Besatzung sind nach wie vor ungeklärt, an Ziegelstempeln liegen Exemplare der *legio II Italica* und der *legio I Noricorum* vor, für die Spätantike sind *equites sagittarii* anzunehmen. Aus dieser Zeit stammen auch Stempel des *dux Ursicinus*. Vermutlich liegen zwei Bauperioden vor. Der Lagergrundriss spricht für

# Mauer an der Url – Locus Felix (?)

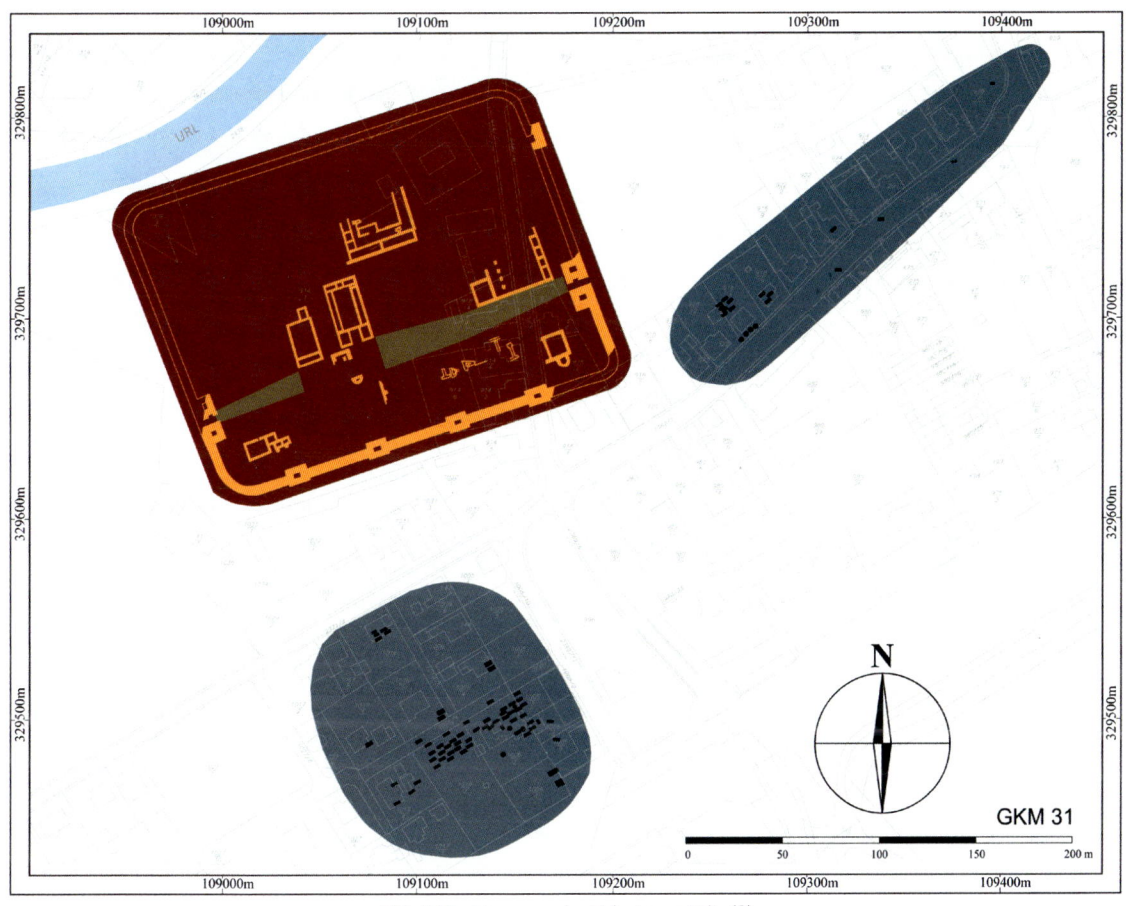

Abb. 112: Mauer an der Url – Locus Felix (?)

eine spätantike Anlage, auch die Münzen zeigen eine Massierung im 4. Jh. n. Chr.

Schon vor dem ausgehenden 18. Jh. war die Nordwest-Ecke des Lagers durch die Url zerstört worden, die Südost- und Nordost-Ecken des Kastells konnten aufgrund der bereits Anfang des 20. Jhs. bestehenden Bebauung nicht erfasst werden. Vom im Grundriss etwa rechteckigen Lager (200 × 160 m) sind die südliche und östliche Bewehrung mit Toranlagen und Zwischentürmen, die jeweils 1,5 m über die Umfassung vorspringen, bekannt.

Dokumentiert wurden nach innen springende Toranlagen im Westen und Osten des Lagers und vier in regelmäßigen Abständen gebaute Türme an der 220 m langen Süd-Mauer, die ab 1908 ergraben wurde. Dabei konnte festgestellt werden, dass kein Süd-Tor existierte.

Von der Innenbebauung liegen mehrere Gebäudegrundrisse, darunter wohl eine Badeanlage, vor, die vor allem bei der Ausgrabung der Limeskommission 1906–1910 freigelegt wurden. Sowohl nördlich als auch südlich der bereits 1907 erstmals angeschnittenen, West-Ost verlaufenden Lagerstraße wurden Gebäudeteile festgestellt. So lag etwa nördlich ein Gebäude mit Innenhof, 21 × 10 m groß, und im östlichen Bereich des Lagerinneren ein Gebäude mit Säulenstellung, das vom Ausgräber M. Nistler in eine späte Bauphase datiert wurde. Neben drei weiteren Bauten, die teilweise über Hypokaustheizungen verfügten, befand sich ein größeres Gebäude im nördlichen Teil des Lagers, das bereits zu einem Großteil durch die Url zerstört war. Gebäudereste einer eindeutig späteren Zeitstellung liegen teilweise über dem Straßenbefund. 1971 stellte H. Stiglitz bei einem Wasserleitungsbau kleine Spitzgräben fest, die sie als Befestigungs- und Palisadengräben eines älteren Kastells interpretierte – allerdings dürfte es sich dabei um Umfassungsgräben von Bestattungen des Gräberfeldes Süd handeln.

Südlich der Kastellmauer wurden 1910 mehrere 12 m lange Schnitte angelegt. Gräben wurden dabei nicht erkannt, obwohl von der Verfüllung solcher im 19. Jh. berichtet wurde.

*Vicus*

Der mittelkaiserzeitliche *vicus* ist durch einzelne Befunde im Bereich um die Hauptstraße im Osten, wie etwa einem zweiräumigen Bau, fassbar. Auch südlich und südöstlich des Lagers wurden Siedlungsreste festgestellt. Das Fundmaterial aus Mauer an der Url reicht vom 1. bis zum 4. Jh. n. Chr., allerdings dominiert Material des 4. Jhs. Der größte österreichische Verwahrfund umfasst das Inventar eines Tempelschatzes des Iuppiter Dolichenus aus der ersten Hälfte des 3. Jhs. n. Chr., entdeckt 1937 etwa 40 m südlich des Lagers. In einer flachen Grube und mit Steinplatten abgedeckt waren die Metallgegenstände sorgfältig vielleicht im Zuge eines Alamannen-Einfalles niedergelegt worden. Das Inventar der Deponierung beinhaltet u. a. Statuetten des Iuppiter Dolichenus, der Iuno und Victoria, silberne Votivreliefs, teilweise mit Inschriften, Metallgefäße, Beschläge aus Bronze und Eisenwerkzeuge. Etwa 1 m östlich davon wurde eine zweite Grube mit Keramikresten ergraben, welche R. Noll als Abfallgrube deutet. Verwahrt wird der Fund in der Antikensammlung des Kunsthistorischen Museums in Wien, er steht seit dem Jahr der Auffindung auch unter Denkmalschutz.

Gräberfelder

Östlich des Lagers und südlich eines aus dem östlichen Lagertor kommenden Wegzuges liegt das Gräberfeld „Mauer Ost" mit Brand- und Körperbestattungen, dessen Belegzeit von Anfang des 2. bis ins 5. Jh. n. Chr. zu datieren ist. Das Gräberfeld ist nur aus Teilaufschlüssen im Zuge von Baumaßnahmen erfasst, das Fundmaterial umfasst Münzen, Keramik, Trachtbestandteile und vereinzelt Waffen. Im Bereich südlich des Lagers verläuft das etwa 80 m breite Gräberfeld „Mauer Süd" mit über 120 Brand- und Körperbestattungen, wobei ein Nord-Süd verlaufender Graben das Gräberfeld begrenzte. Auch dieses Gräberfeld wurde über einen längeren Zeitraum belegt, wobei für die älteren Brandbestattungen, die im späten 1. Jh. n. Chr. einsetzten, Umfassungsgräben festgestellt wurden. Vereinzelt liegen auch seicht angelegte Brandschüttungsgräber vor, die beigabenlos blieben. Die Körpergräber des 3. und 4. Jhs. n. Chr. wurden als Erd-, aber auch als Steinkistengräber oder als gemauerter Sarkophag angelegt. Holzsärge konnten teilweise festgestellt werden. Die Grabbeigaben aus den Körpergräbern stellen das übliche Inventar des östlichen Ufernoricums der Spätantike, wie Glasgefäße, keramische Trinkgefäße, Schmuck und Trachtbestandteile, aber auch Werkzeuge und Geräte. Bei der letzten großflächigen Ausgrabung durch das Bundesdenkmalamt 1999 konnte eine Begrenzung durch einen beidseitigen Holzzaun festgestellt werden.

Eva Steigberger

> **Besichtigung**
> Vor Ort sind keine Befunde sichtbar. Der Verwahrfund des Tempelinventars ist im Kunsthistorischen Museum in Wien ausgestellt.

**Literatur:**
Genser 1986, 199–219; Kandler – Vetters 1986, 117–121; Noll 1980; Pollak 1988; Sauer – Czubak 1999; Sauer – Ott 1991; Traxler 2007a.

## Neumarkt an der Ybbs – Ad pontem Ises (?)

### Wachturm

Der Wachturm lag etwa 700 Meter nordöstlich von Neumarkt an der Ybbs, auf der linken Terrasse der Ur-Ybbs, in einer für den Autobahnbau genützten Schotterabbauzone. Er wurde bei einer Notgrabung des Bundesdenkmalamtes (G. Melzer, H. Stiglitz) aus Anlass der Anlage einer Schottergrube im Jahr 1961 entdeckt. Es handelte sich dabei vermutlich um einen an einem ehemaligen Flussübergang der Ybbs und an der Limesstraße gelegenen Wachturm, dessen Gleichsetzung mit dem in der *Tabula Peutingeriana* genannten „Ad Pontem Ises" (8 römische Meilen von Arelape/Pöchlarn entfernt) diskutiert wird. Der Südteil des Bauwerks war bereits zu Beginn der Ausgrabungen durch den Schotterabbau zerstört. Die Mauern des im Grundriss rechteckigen Gebäudes, das die Innenmaße von 4,30 × 2,90 m hatte, waren 0,40–0,60 m stark und bis in eine Höhe von 1,30 m erhalten. Die Innenseiten des aus vermörtelten Bruchsteinen errichteten Turms waren bis unter den Estrich mit feinem Mörtelputz versehen. Der Eingang lag an der Nordwest-Seite. Es konnten ein Stiegenaufgang mit zwei Stufen und eine Türschwelle dokumentiert werden. Im Mörtel an der Wand waren Holzabdrücke vorhanden, die auf einen hölzernen Türstock hinwiesen. Eine bis zu 0,70 m starke Versturzschicht mit spätantiken Funden überlagerte den Estrich. Nordwestlich des Turms, etwa 35 m entfernt, deckte man einen 5 m langen und 0,80 m breiten Graben auf, der mit Brandschutt verfüllt war.

René Ployer

> **Besichtigung**
> Der Turm ist heute zur Gänze zerstört.

**Literatur:**
Franz – Neumann 1965, 99; Genser 1986, 228–231; Kandler – Vetters 1986, 123; Melzer 1961–1965b; Ployer 2013a, 48 f.

# Ybbs an der Donau

## Burgus (?)

Aufgrund einer „am Donauufer bei Ybbs ausgegrabenen" Bauinschrift wird hier ein Burgus vermutet. Der ursprüngliche Fund- bzw. Aufstellungsort der Inschrift ist jedoch unbekannt (es wurde immer wieder auch Enns in Betracht gezogen). Laut den Humanisten W. Lazius und P. Apianus soll der Stein um 1508 von Johannes Fuchsmagen, einem Gefolgsmann des Kaisers Maximilian I., nach Wien verbracht worden sein. Hier ging er 1622 beim Bau des Jesuitenklosters verloren. In der Folgezeit sollen bei Ybbs immer wieder Funde römischer Zeitstellung getätigt worden sein. Im Sommer 2014 dürfte bei einer Grabung des Bundesdenkmalamtes der Nachweis eines Burgus oder Kastells in Ybbs gelungen sein.

Ein aufgrund der Bauinschrift CIL III 5670a und diverser Streufunde vermuteter Burgus in Ybbs konnte archäologisch lange Zeit nicht nachgewiesen werden. Erst kürzlich wurden bei Grabungen unmittelbar nordöstlich der Pfarrkirche die Reste eines mächtigen Mauerzugs freigelegt, der sich unter dem hochmittelalterlichen Passauer Hof fortsetzt. Aufgrund der Mächtigkeit und Bauweise dürfte es sich um die Umfassungsmauer eines römischen Militärbaus handeln. Als antiker Name für diesen kommt das in der *Tabula Peutingeriana* (segm. III 5) genannte und acht Meilen von Arelape/Pöchlarn entfernte „Ad Pontem Ises" in Betracht, das aber auch bei Neumarkt an der Ybbs angesiedelt wird (vgl. den Beitrag zu Neumarkt an der Ybbs). Als weiterer möglicher Ort wird das in der *Notitia dignitatum* (occ. XXXIV 40) genannte „Adiuvense" diskutiert, das aber häufig mit dem heutigen Wallsee gleichgesetzt wird. Als Bau ausführende Truppe des Burgus in Ybbs werden in der Inschrift Soldaten aus dem Legionslager Lauriacum/Enns (*milites auxiliares Lauriacenses*) genannt. Die Bauinschrift aus dem Jahr 370 n. Chr. lautete:

*DDD(ominorum) nnn(ostrorum) Valentiniani Valenti/s et Gratiani perennium Augustor/um saluberrima issionem hunc / burgum a [f]undamentis ordinante / viro clarissimo Equitio comite et / utriusquae militiae magistro i/nsistente etiam Leontio p(rae)p(osito) mili/tes auxiliares Lauriacenses cu/r(a)e eius conmissi consulatus / eorundem dominorum prin/ cipumque nostrorum tertii ad / summam manum perduxserunt / perfectiones*

Übersetzung (A. Hofeneder):
Auf heilbringenden Befehl unserer Herren, der stets regierenden Kaiser Valentinianus, Valens und Gratianus, haben diesen Burgus von den Fundamenten an bis zum äußersten Dachfirst aufgrund des Auftrags des *vir clarissimus*, des *comes* und Heermeisters beider Truppenteile, Equitius sowie unter Aufsicht des Kommandanten Leontius die dessen Befehl unterstellten Auxiliarsoldaten von Lauriacum im dritten Konsulat der oben genannten Herren und Fürsten errichtet.

René Ployer

**Besichtigung**
Es sind keine oberirdisch sichtbaren Denkmäler erhalten.

**Literatur:**
CIL III 5670a.
Betz 1935, Sp. 325 Nr. 473–475; Genser 1986, 220–227; Kandler – Vetters 1986, 122 f.; Kenner 1869, 134. 204. 210; Pascher 1949, 182 f.; Ployer 2013a, 92 f.

# Sarling

## Wachturm (?)

Während Restaurierungsarbeiten an der Filialkirche St. Veit in Sarling auf dem Veitsberg wurden bei Untersuchungen durch das Bundesdenkmalamt (G. Melzer) in den 1960er-Jahren römerzeitliche Befunde unter mehreren Vorgängerbauten des heutigen Kirchenbaus erkannt (Abb. 113). In der Südwest-Ecke des Langhauses fand sich das aus Bruchsteinen errichtete Fundament eines mindestens 4,0 × 5,50 m großen rechteckigen, Westnordwest-Ostsüdost orientierten Baus, dessen Destruktionsschicht auch knapp nördlich außerhalb der Kirche festgestellt werden konnte. Die Deutung des Baus ist offen. Möglicherweise handelte es sich um ein kleines Heiligtum, worauf die bereits 1950 an der Außenwand der Kirche festgestellten drei Altäre ohne Inschrift hindeuten könnten. Ihr ursprünglicher Aufstellungsort ist allerdings unbekannt. Aufgrund der exponierten Lage ist auch ein Wachturm in Betracht zu ziehen.

René Ployer

**Besichtigung**
Die Befunde sind nicht sichtbar.

**Literatur:**
Genser 1986, 747; Kandler – Vetters 1989, 124; Melzer 1961–1965a; Melzer 1975, 27–30 Abb. 6; Ployer 2013a, 93.

Abb. 113: Wachturm(?) Sarling. Grabungsbefund nach G. Melzer, BDA

## Pöchlarn – Arelape

### Auxiliarkastell

Das Lager Arelape liegt östlich der Mündung der Erlauf in die Donau im Bereich des heutigen Stadtkernes von Pöchlarn (Abb. 114). Es wird angenommen, dass sich das Kastell auf einer Art Insel zwischen dem Donauhauptstrom und einem etwa 1,5 km südlich liegenden Nebenarm der Donau befunden hat, dies ist jedoch nicht gesichert.

Der Name des Kastells wird mehrfach in antiken Quellen überliefert, z. B. als Station „Arelape" an der Limesstraße zwischen Vindobona und Lauriacum oder unter dem Namen „Arelate" auf der *Tabula Peutingeriana*. Aufgrund eines im Jahr 1962 in Pöchlarn entdeckten Grabsteines ist als Besatzung des Kastells in der mittleren Kaiserzeit die *cohors I Flavia Brittonum* belegt, bei der es sich um eine vermutlich 1000 Mann starke Infanterieeinheit gehandelt haben dürfte. Aufgrund des Fundmaterials, wie beispielsweise Bestandteile von Pferdegeschirr

Abb. 114: Pöchlarn – Arelape

und Teile der Ausrüstung von Reitern sowie insbesondere aufgrund einer bronzenen Besitzermarke, auf der berittene Einheiten genannt werden, ist jedoch auch von einer zeitweiligen Präsenz von Kavallerie in Pöchlarn auszugehen. Für die Spätantike ist diese eindeutig belegt, da die *Notitia dignitatum* für das späte 4. bzw. frühe 5. Jh. n. Chr. als Besatzung *equites Dalmatae* nennt. Zudem ist in Pöchlarn nun auch ein Teil der Donauflottille (*classis Arlapensis et Maginensis*) stationiert.

## Forschungsgeschichte

Bereits im 16. Jh. beschreibt der Humanist W. Lazius, dass die Donau in Pöchlarn noch über römische Pflaster und Gemäuer floss. Bis ins 19. Jh. wurde immer wieder über die Auffindung von römischen Inschriften- und Reliefsteinen berichtet. Im Jahr 1856 fanden in der Nähe von Pöchlarn die ersten Grabungen durch W. Gärtner statt, dessen Angaben jedoch kritisch zu behandeln sind. Weitaus klarer ist die Beschreibung von F. Weigelsperger, der die Reste einer römischen Badeanlage freilegte. In der Folgezeit führten weitere Funde zur allgemeinen Feststellung, dass „der Boden und die nächste Umgebung des heutigen Pöchlarn in antikrömischer Zeit besiedelt waren". Zahlreiche Zufallsfunde gelangten ab dem Jahre 1927 in das neu gegründete Heimatmuseum. In der Zwischenkriegszeit setzte sich E. Novotny mit dem römischen Pöchlarn auseinander. Er beobachtete im Zuge von Kanalbauarbeiten erstmals eindeutige Hinweise auf ein römisches Militärlager und legte dessen Lage fest. Auch nach dem Zweiten Weltkrieg reißen Meldungen über die Auffindung römischer Funde nicht ab, die durch den Kustos des Heimatmuseums, K. Wais, schriftlich festgehalten wurden. Besonders erwähnenswert ist die Freilegung von römischen Gräbern in der Rüdigergasse ab dem Jahre 1956. Ab den 1980er-Jahren wurden Fundmeldungen durch G. Melzer dokumentiert. Seine Aufzeichnungen lieferten konkrete Anhaltspunkte bezüglich der Ausdehnung des römischen Lagers. Erste großflächige archäologische Grabungen wurden auf dem Schlossareal in den Jahren 2002/03 durch das Bundesdenkmalamt durchgeführt. Dabei konnte durch die Freilegung der Südost-Ecke des Kastells eine genaue Positio-

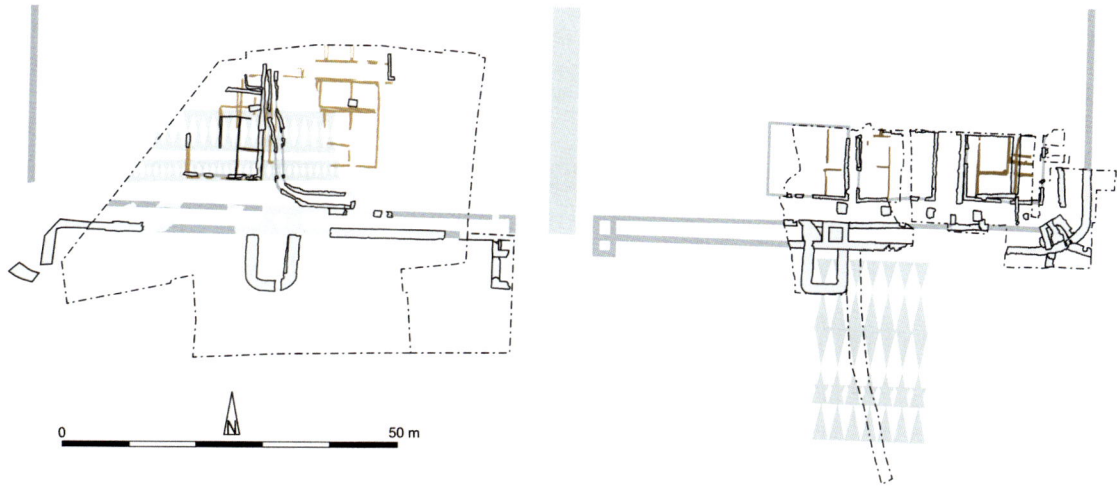

Abb. 115: Pöchlarn. Das Auxiliarkastell Arelape

nierung erfolgen. Die 2008/09 durchgeführten Untersuchungen im Innenstadtbereich westlich der Kirche untermauerten diese Erkenntnisse und lieferten neue Daten zur Entwicklungsgeschichte des römischen Kastells Arelape. Zuletzt konnte im Jahr 2012 ein Teil der südlichen Toranlage untersucht werden.

## Kastell

Das Kastell von Arelape befindet sich im Bereich des modernen Stadtzentrums von Pöchlarn. Durch die Ausgrabungen

Abb. 116: Pöchlarn. Fundamentgräben der ältesten Holzgebäude in der Südwest-Ecke des Kastells

der Jahre 2002/03, 2008/09 und 2012 wurden große Teile der südlichen Wehrmauer und Teile der daran anschließenden Innenbebauung untersucht (Abb. 115). Die Ost-West-Ausdehnung des Steinkastells beträgt knapp 160 m, wohingegen die Nord-Süd-Ausdehnung nicht mehr zu bestimmen ist, da der Großteil des Kastells der Erosion durch die Donau zum Opfer gefallen ist. Die frühesten feststellbaren Baustrukturen konnten im südwestlichen Bereich des Kastells dokumentiert werden. Dabei handelt es sich um zwei Ost-West orientierte Spitzgräben, deren genauere Datierung nicht möglich ist und die wohl von einem temporär genutzten Lager stammen dürften. Von diesen wie auch von zwei Ost-West gerichteten Holzgebäuden (Abb. 116) haben sich in der Südost-Ecke des Kastells (Schlossareal) keine Reste erhalten.

Die Bebauung in der Südost- und der Südwest-Ecke des Kastells von Pöchlarn weist signifikante Unterschiede auf. Das südöstliche Areal ist von drei hölzernen, etwa gleich großen Gebäuden geprägt, die als Zenturionenkopfbauten anzusprechen sind. Diese wurden in der zweiten Hälfte des 2. Jhs. n. Chr. in Stein ausgebaut (Abb. 118). In der Südwest-Ecke hingegen standen zunächst ebenfalls zwei Holzgebäude, die jenen im Südosten ähnelten. Eines der Gebäude wurde jedoch zu einem späteren Zeitpunkt wieder abgerissen. An seiner Stelle befand sich nun offenbar eine Freifläche mit einem Steinsockel. Das zweite, westliche Gebäude wurde in Stein ausgebaut. Zudem wurde im Osten dieses Steinbaues ein Kanal mit steinernen Kanalwangen angelegt, der sich vermutlich unter einer Straße befand und nach Süden führte. Größere spätantike Umbauten lassen sich im südwestlichen Bereich des Kastells nicht nachweisen, was möglicherweise auf die intensive nachantike Nutzung zurückzuführen ist. In der Südost-Ecke hingegen können einige Mauerzüge und Einbauten, wie etwa Öfen oder ein Heizkanal, in die Spätantike datiert werden.

Die Beurteilung der Wehranlagen ist derzeit nur schwer möglich, da sie zum großen Teil im Mittelalter ausgerissen oder bislang nicht genauer untersucht wurden. Spuren einer Holz-Erde-Befestigung konnten nicht nachgewiesen werden, die Errichtung der steinernen Umfassungsmauern mit Zwischen- und Ecktürmen erfolgte vermutlich in der ersten Hälfte des 2. Jhs. n. Chr. Auffällig hierbei sind zwei weitgehend gleichzeitig, in etwa 2 m Abstand voneinander errichtete Lagermauern. Den Mauern vorgelagert waren zwei Wehrgräben. In der Spätantike, vermutlich – in Analogie zu anderen Lagern – in tetrarchisch-konstantinischer Zeit, wurden die Ecktürme zu fächerförmigen Türmen und die Zwischentürme zu weit vor die Lagermauern vorspringenden Hufeisentürmen (Abb. 117) ausgebaut. Weiters wurden die beiden Wehrgräben zugeschüttet und ein neuer Spitzgraben angelegt.

*Vicus*

Der Kastellvicus erstreckt sich südöstlich, östlich und südwestlich des Lagers. Im Südosten, im Bereich des Schlossparkes, wurden ab dem Jahre 1913 immer wieder Hinweise auf eine Badeanlage verzeichnet. Weiters wurden Steinfundamente sowie Reste von Holzbauten freigelegt. Im Süden befindet sich der Lagervicus beiderseits der Gernotstraße und Oskar-Kokoschka-Straße, südwestlich des Kastells reicht er etwa bis zur Manker Straße. Die Aufzeichnungen von K. Wais und G. Melzer zeigten, dass im Zuge von Bauarbeiten immer wieder gut erhaltene Steinfundamente angeschnitten und zahlreiche Fundstücke geborgen werden konnten. Im Jahr 2002/03 wurde auf dem südlichen Schlossareal ein kleiner Ausschnitt der mehrphasigen und sehr komplexen Vicusverbauung archäologisch untersucht.

Gräberfeld

Das Gräberfeld liegt südöstlich des Lagers im Bereich des heutigen Friedhofes. Es wird im Norden durch die Wiener Straße und im Osten durch den Verlauf der Giselherstraße begrenzt. Im Süden reicht es bis knapp zum heutigen Bahnhofsgelände, die westliche Grenze befindet sich im Bereich der Fischergasse. Seit dem 19. Jh. existieren Aufzeichnungen über die Freilegung und Zerstörung zahlreicher Körper- und Brandgräber, die sich teilweise aber auch im Bereich der zivilen Siedlung befunden haben dürften. Besonders die Auffindung einzelner Inschriften- und Reliefsteine lieferte wichtige Hinweise zur ansässigen Bevölkerung und der in Arelape stationierten Soldaten. Weiters sind an der Pfarrkirche einige Reliefsteine römischer Grabbauten vermauert, deren genaue Herkunft ungeklärt ist. Großflächige Untersuchungen erfolgten bislang nur zwischen 1956 und 1960 in der Rüdigerstraße 45. Dabei wurden über 20 spätantike Körpergräber freigelegt. Teilweise waren die Toten in Steinkistengräbern bestattet, es überwogen jedoch klassische Erdgräber. Die Belegzeit reicht bis in die erste Hälfte des 5. Jhs. n. Chr.

Martina Hinterwallner – Sebastian Schmid

Abb. 117: Pöchlarn. Hufeisenförmiger Zwischenturm in der Südwest-Ecke des Kastells

Abb. 118: Pöchlarn. Überblicksaufnahme Südost-Ecke (Schlossareal) des Kastells mit fächerförmigem Eckturm (links unten) und hufeisenförmigem Zwischenturm (links oben)

**Besichtigung**
In den Mauern der Pfarrkirche sind mehrere römische Reliefsteine sichtbar vermauert. Im Seniorenheim, Nibelungenstraße 4, wurden Mauern des spätantiken Hufeisenturms konserviert. Eine Besichtigung ist auf Anfrage möglich. Reste eines weiteren Hufeisenturmes befinden sich in der Tiefgarage des Kommunalzentrums.
Im Welserturm ist das Stadtmuseum Arelape-Bechelaren-Pöchlarn mit einer Dauerausstellung zum römischen Pöchlarn untergebracht.
Website:
http://www.noemuseen.at/de/?tt=MUSEUM_R8&id=85953&ci=museum&oid=555

Literatur:
Fettinger – Jilch 2012; Genser 1986, 232–250; Hinterwallner u. a. 2011; Hofer – Michell 2003; Kandler – Vetters 1986, 124–128; Krenn – Hinterwallner 2009; Ployer 2013a, 50–53; Wais 1967.

## Melk-Spielberg

### Burgus

Erste Grabungen auf dem Plateau oberhalb der Donau führte der Wiener Maler L. H. Fischer im Jahr 1897 durch und berichtete von Resten römischen Mauerwerks. Einige Jahre später untersuchte F. Linde den Abhang des Felssporns. Beim Bau der Donaubrücke kam es 1969/70 auf dem gesamten Plateau zu einer Notgrabung durch das Bundesdenkmalamt (BDA, H. Adler und J. Offenberger).

### Burgus

Der Burgus erhob sich unmittelbar westlich oberhalb der Mündung der Pielach in die Donau auf einem etwa 70 × 40 m großen, kegelstumpfförmigen Felsplateau, welches spornartig in das Donautal hineinragt. Im Nordosten dieses Plateaus wurden Baureste gefunden, die als Burgus interpretiert werden. Ein zum Teil in den Felsen eingetiefter, 1,50 m breiter und 0,60 m tiefer Fundamentgraben beschreibt einen rechteckigen, etwa 16 × 17 m großen Grundriss. Der Fundamentgraben war mit zahlreichen Bruchsteinen und Mörtelbrocken verfüllt. Zum Teil war noch eine 0,80 m starke Mauer aus gemörtelten Bruchsteinen *in situ* erhalten, der Großteil aber sekundär verlagert. Am Rand des Plateaus befanden sich eine Abfallgrube sowie ein Kuppelofen. Das Fundmaterial weist die Befunde in die Spätantike.

René Ployer

**Besichtigung**
Der Burgus ist völlig zerstört; auf dem Plateau setzt heute eine Stütze der Brücke auf.

**Literatur:**
Farka 2000, 167–174; Genser 1986, 261–263; Kandler – Vetters 1986, 128–130; Krenn-Leeb 1994, 370–372; Ployer 2013, 54 f.

## Blashausgraben

### Burgus

Die Fundstelle liegt auf einer Hochterrasse am rechten Donauufer zwischen Aggsbach-Dorf und Schönbühel, in unmittelbarer Nähe der an der Einmündung des Blashausgrabens in die Donau stehenden Blashauskapelle.
Bei Renovierungsarbeiten an der Blashauskapelle im Jahr 1990 kamen römische Funde zum Vorschein. Begehungen durch das Bundesdenkmalamt in den darauf folgenden Jahren brachten zahlreiche Funde und den Nachweis von Mauerstrukturen zutage. Unmittelbar im Nordosten an die Kapelle anschließend sind im Gelände deutlich Fundamente eines im Grundriss rechteckigen Gebäudes (ca. 8 x 5 m) zu erkennen. Westlich der Kapelle befinden sich Reste eines weiteren Steinbaus, dessen Grundrissstruktur jedoch nicht so klar ausgeprägt ist. Aufgelesene römerzeitliche Keramik- und Ziegelbruchstücke sowie Steine mit Mörtelresten im Bereich um die Kapelle weisen auf die Lagestelle eines Burgus hin.

René Ployer

**Besichtigung**
Es sind keine oberirdisch sichtbaren Denkmäler erhalten.

**Literatur:**
Genser 1986, 747; Farka 2000, 170; Melzer 1991, 279; Ployer 2013a, 56 f.

# Bacharnsdorf

## Burgus

Der Burgus erhebt sich am nordöstlichen Ende der Flussniederung um Mitterarnsdorf, an der Einmündung des Kupfertals in die Donau, durch das eine Altstraße auf die Höhe des Dunkelsteinerwaldes führt (Abb. 119). Heute liegen die römischen Baureste inmitten des Ortes Bacharnsdorf, nördlich anschließend an das Haus Bacharnsdorf Nr. 7. Aus diesem Grund sind auch keine möglicherweise ursprünglich vorhandenen Annäherungshindernisse mehr festzustellen.

### Forschungsgeschichte

Der antike Name des Burgus ist nicht überliefert, auch gibt es keine Hinweise auf die Besatzung. Der Ortsname geht auf Bischof Arno von Salzburg zurück, der hier im 8. Jh. n. Chr. von Karl dem Großen ein Lehen erhielt. Schon seit dem 19. Jh. wurde vermutet, dass es sich bei dem Gebäude um ein

Abb. 120: Burgus Bacharnsdorf. Ansicht des heutigen Baubestands von Nordwesten

Bauwerk römischer Zeitstellung handeln könnte, doch wurde es erstmals 1965 als römischer Burgus erkannt. 1970 fanden erste archäologische Untersuchungen durch das Österreichische Archäologische Institut (ÖAI, H. Stiglitz) statt. 1985 wurde vom Bundesdenkmalamt eine Bauaufnahme und Restaurierung (BDA, M. Moreno-Huerta, H. Ubl, G. Wlach) veranlasst.

### Burgus

Von dem im Grundriss annähernd quadratischen Burgus (12,20 × 12,40 m) ist die bis zu 9 m hoch aufragende Südseite mit drei Geschossen erhalten (Abb. 120). Der aus Gussmauerwerk bestehende Bau erhebt sich über 1,50 bis 1,70 m starken Fundamenten. Im ersten Obergeschoß können auf jeder

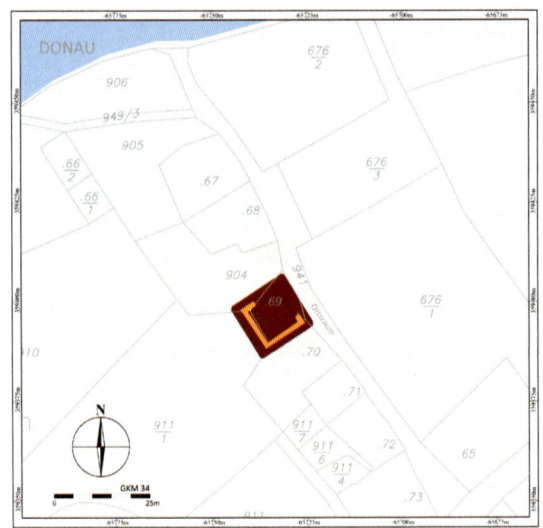

Abb. 119: Burgus Bacharnsdorf

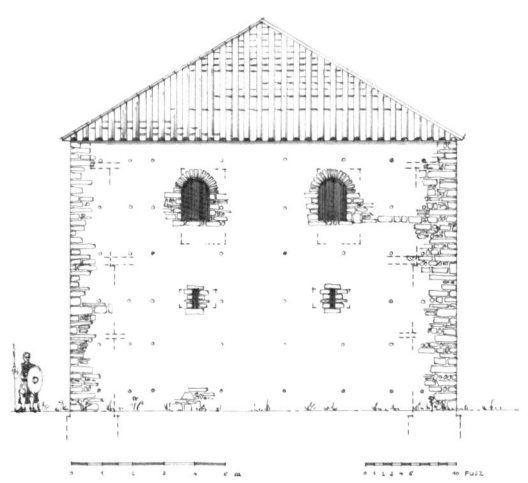 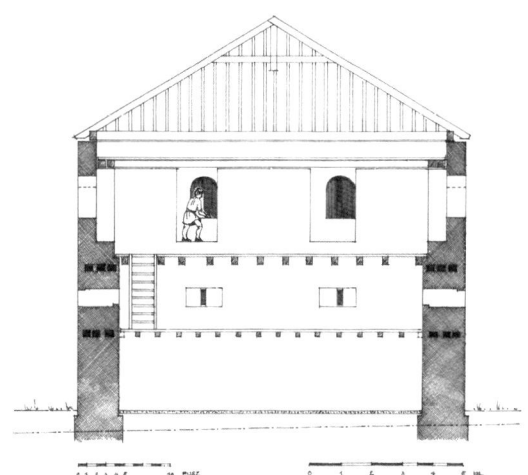

Abb. 121: Burgus Bacharnsdorf. Rekonstruktion der Außenseite, Schnitt und Innenansicht

Seite zwei schmale Schartenschlitzfenster rekonstruiert werden. Darüber befanden sich im zweiten Obergeschoß in Nischen eingesetzte Bogenfenster. Der Eingang befand sich im Norden vermutlich im Untergeschoß. Bedeckt war der Burgus wohl in Form eines Zeltdaches (Abb. 121). H. Ubl sieht das Untergeschoß als Vorratsraum, das erste Stockwerk als Wohnquartier für die Besatzung und das zweite Obergeschoß als Wachraum an. Der Burgus war Teil der valentinianischen Grenzbefestigung des späten 4. Jhs. n. Chr. und wurde im Hochmittelalter wieder benutzt. Nach dem Einsturz oder Abbruch der Nord-, Ost- und Westmauern wurde das Turminnere bis unter das antike Niveau abgesenkt und ein neuzeitlicher Keller eingetieft. Trotzdem gilt der Bacharnsdorfer Burgus als der besterhaltene spätrömische Wachturm am österreichischen Donaulimes.

Durch seine Lage blockierte der Burgus den Zugang in das vom Dunkelsteinerwald zur Donau hin sich öffnende Kupfertal. Vom Burgus ausgehend führt ein Altstraßenzug entlang des Nordufers des Dürnbachs in den Dunkelsteinerwald. Es ist sehr wahrscheinlich, dass dieser Straßenzug in antike Zeit zu setzen ist und wohl die Donau mit der römischen Reichsstraße verband.

René Ployer

**Besichtigung**
Die Südmauer mit jeweils einem Bogen- und Schlitzfenster ist erhalten, Fundamente der West- und Nordmauer sind konserviert.

**Literatur:**
Farka 2000, 170–172; Fischer 2002, 138; Friesinger – Krinzinger 1997, 203–206; Genser 1986, 264–266; Joppich – Kainz 1969, 98–104; Kainz 1968, 171–175; Kandler – Vetters 1986, 130–132; Ployer 2013a, 58 f.; Stiglitz 1966–1970; Ubl 1980, 591.

# St. Lorenz

## Burgus

Am Eintritt der Donau in die Flussniederung um Rossatz und leicht erhöht auf einer Hochterrasse steht die kleine Pfarrkirche St. Lorenz. Sie gehört zu jenen Gotteshäusern am Donauufer, die im Mittelalter von und für die Donauschiffer erbaut wurden. Eine von H. Ubl (Bundesdenkmalamt) im Jahr 1994 durchgeführte archäologische Bauanalyse zeigte, dass im Baubestand der Pfarrkirche und des an ihre Nordseite anschließenden Gebäudes aufgehende Mauerteile eines römischen Burgus oder Wachturms integriert sind (Abb. 122). Die Nordwestmauer des Kirchenschiffs entspricht der älteren Südostmauer des Hauses und damit des römischen Wachturms. Antikes Mauerwerk ist im Baubestand des nördlich an die Kirche anschließenden Hauses enthalten und heute noch an der Westseite zwischen dem Hausdach und der Kirche deutlich zu erkennen. Der Turm war Teil des spätantiken Grenzkordons von Ufernoricum.

René Ployer

**Besichtigung**
Teile des Baus sind in die Kirche integriert und sichtbar.

Abb. 122: Burgus St. Lorenz. Ansicht des heutigen Baubestands von Nordwesten. Das antike Mauerwerk ist noch im Zwickel unter der Dachrinne der Kirche erkennbar

**Literatur:**
Aichinger-Rosenberger – Woldron 2005, 17 f.; Farka 2000, 170; Fischer 2002, 138; Friesinger – Krinzinger 1997, 206 f.; Ployer 2013a, 60 f.

# Windstallgraben

## Wachturm – Burgus

Der Burgus, der in den bekannten antiken Quellen nicht genannt wird, liegt zwischen Rossatz und Mautern, südlich der Bundesstraße B 33, unterhalb von Rossatzbach, an der rechten Seite oberhalb der Einmündung des Windstallgrabens (früher Rossitzergraben) in die Donau.

### Forschungsgeschichte

Bereits im 19. Jh. wurde vom Göttweiger Benediktinerabt A. Dungl im Gebiet um den Windstallgraben ein römischer Wachturm postuliert. Das Bauwerk wurde aber erst 1952 beim Abholzen anlässlich von Straßenbauarbeiten entdeckt. Erste archäologische Untersuchungen fanden 1970 durch das Österreichische Archäologische Institut (ÖAI, H. Stiglitz) statt. 1992–1994 wurden die baulichen Reste von M. Moreno-Huerta und H. Ubl (Bundesdenkmalamt) aufgenommen und konserviert. Bei diesen Arbeiten konnte ein Vorgängerbau festgestellt werden.

### Wachturm / Burgus

Der Burgus besitzt einen quadratischen Grundriss von etwa 9 x 9 m. In der Südost-Ecke ist das in Gussmauertechnik ausgeführte Mauerwerk noch bis zu einer Höhe von 1,50 m erhalten. Die Nordseite ist durch die moderne Straße gestört. Die in seinem Bereich zutage gekommenen Funde, darunter gestempelte Ziegel, bestätigen die Datierung in valentinianische Zeit und eine Benutzung bis in das 5. Jh. n. Chr. Einige germanische Fundstücke deuten auf eine Besatzung mit Militärangehörigen germanischer Herkunft hin. Ein kleinerer Wachturm des 2./3. Jhs. n. Chr. wurde in der Südost-Ecke festgestellt (Abb. 123).

Turm und Burgus überwachten nicht nur den Donaulimes, sondern auch die südliche Talverbindung in das Hinterland. Vom Burgus führt ein Altstraßenzug durch den Windstallgraben nach Süden auf die Höhe des Dunkelsteinerwalds westlich von Obergern.

René Ployer

> **Besichtigung**
> Vom Burgus sind heute drei Seiten des teilweise noch aufgehenden Mauerwerks erhalten und konserviert.

Abb. 123: Burgus Windstallgraben. Konservierte Überreste des Burgus, Ansicht von Südosten

**Literatur:**
Farka 2000, 169 f.; Fischer 2002, 44 f. 139.; Friesinger – Krinzinger 1997, 207 f.; Genser 1986, 267–270; Joppich – Kainz 1969, 103 f.; Kainz 1968, 171–175; Kandler – Vetters 1986, 133 f.; Ployer 2013a, 62 f.; Ubl 1980, 591; Ubl 1990, 92 f.

## Mautern an der Donau – Favianis

### Kastell – *vicus*

Das römische Kastell Favianis befindet sich am Kreuzungspunkt zweier bedeutender antiker Handelsrouten, und zwar der Donau als zentraleuropäischer Ost-West-Achse mit dem Verkehrsweg durch das Kamptal in die *Germania magna*. Am Ausgang der Wachau gelegen, bevor die Donau in ein breites Überschwemmungsgebiet und Auland übergeht, bot sich die Topografie für eine Furt an. Das kaiserzeitliche Kastell und der *vicus* liegen auf einer vor Überschwemmungen sicheren alluvialen Donauterrasse, der spätantike nördliche Kastell-Annex reicht hingegen bis zur Donau (Abb. 124). Das Kastell erstreckt sich unter dem mittelalterlichen Altstadtkern von Mautern an der Donau. Teile der spätantiken Befestigungsanlagen, ein Fächerturm und ein Hufeisenturm, sind seit römischer Zeit bis heute sichtbar.

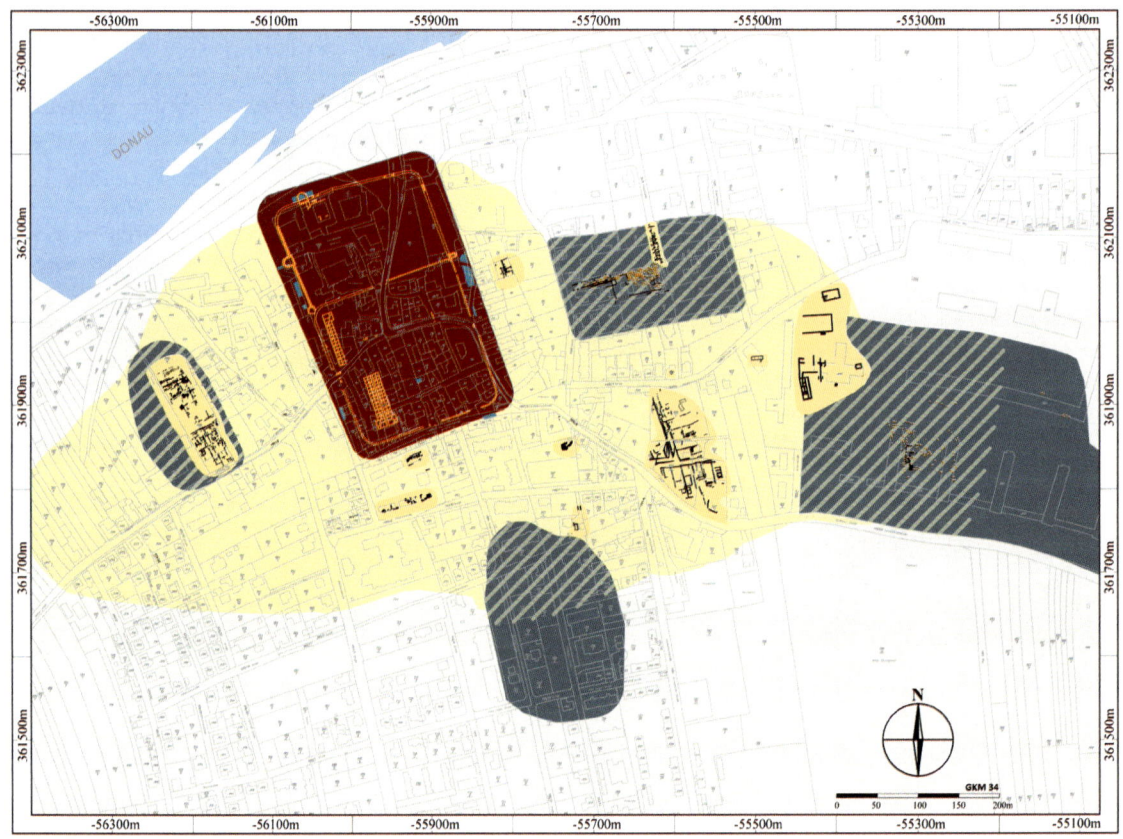

Abb. 124: Mautern an der Donau – Favianis

In der *Notitia dignitatum* (occ. XXXIV 41) wird *Fafianae* als Sitz des *praefectus legionis liburnariorum primorum Noricorum* überliefert. In der *Vita Sancti Severini* ist Favianis während des 5. Jhs. n. Chr. mehrfach Schauplatz des Geschehens, zumal sich der Heilige zuerst im Umland in einem *locum remotiorem*, genannt *ad vineas*, zurückzog und schließlich ein von ihm gegründetes Kloster *iuxta muros oppidi* (22,4) über einen längeren Zeitraum hinweg bewohnte (4,6; 10,1; 22,4; 23,1; 31,6). Favianis wird als *civitatula* (Kapitelübersicht 3), *civitas* (3,1) und schließlich *oppidum* (22,4; 42,1) unter der Kontrolle des Rugierkönigs bezeichnet. Eine Hungersnot (3,1) und ein Überfall von Räubern, die *extra muros hominum pecudumque reppererant* (4,1), sind überliefert.

## Forschungsgeschichte

Die archäologischen Forschungen reichen bis in das 19. Jh. zurück und waren ursprünglich vom Benediktinerstift Göttweig sowie lokalen Heimatforschern getragen. Ab der Mitte des 20. Jhs. setzten intensive Forschungen durch das Österreichische Archäologische Institut, die Österreichische Akademie der Wissenschaften, das Bundesdenkmalamt und den Verein ASINOE ein.

## Kastell

### Holz-Erde-Kastell 1

Die Anlage des ältesten Holz-Erde-Kastells (Periode 1, 70/80–100/110 n. Chr.) ist durch wenige Befunde der Innenbebauung und Reste eines Doppelgrabensystems im Süden und Westen belegt. Die erste Befestigung dürfte um circa ein Drittel kleiner als die mittelkaiserzeitlichen Lager sein.

### Holz-Erde-Kastell 2

In Periode 2 (100/110–120/140 n. Chr.) erfuhr das Kastell eine grundlegende Neukonzeption. Man erweiterte es mit Holzbauten zu seiner bis in die Spätantike gleichbleibenden Größe von ca. 3,1 ha Innenfläche. Im Süden (Grabung Frauenhofgasse) und im Westen (Grabung Essigfabrik) wurden die älteren Doppelspitzgräben mit Mannschaftsbaracken überbaut (Abb. 125). Die neue Befestigungsanlage bestand aus einem Doppelspitzgrabensystem mit *vallum*. Die Vergrößerung des Lagerareals könnte mit der Stationierung neuer Truppenteile, nämlich der *cohors II Batavorum*, in Zusammenhang gebracht werden.

### Steinkastell 1

In Periode 3 (130/140–170/180 n. Chr.) fand bei der Errichtung neuer Befestigungsanlagen und Mannschaftsbaracken erstmals Steinmaterial Verwendung. Vom Ausbau der Befestigungsanlage in Stein zeugen die Reste einzelner Mauerabschnitte eines innen liegenden Turmes an der Westfront (Grabung Essigfabrik) und Mauerabschnitte des nördlichen Lagertores, welches mit ca. 15 m Breite und einer Tordurchfahrt ohne *spina* rekonstruiert

Abb. 125: Mautern. Kastell Favianis. Mannschaftsbaracke mit verstürzter Lehmziegelmauer

wird. An Innenbebauung sind kleinflächige Reste von Mannschaftsbaracken mit Steinfundamenten und Fachwerkwänden für Infanterie und Kavallerie, also für eine teilberittene Einheit, angetroffen worden. In der nordwestlichen *praetentura* dürfte sich das Kastellbad befunden haben. Der Ausbau in Stein könnte im Zuge der Stationierung der *cohors I Aelia Brittonum* erfolgt sein. Aus dem Lagerinneren ist kein flächiger Brandhorizont aus der Zeit der Markomannenkriege dokumentiert, dennoch werden die Mannschaftsbaracken (bei gleichbleibenden Grundrissen) am Beginn der Periode 4 (170/180–250/260 n. Chr.) umgebaut bzw. adaptiert. Diese letzte mittelkaiserzeitliche Periode 4 endet mit einem Brandhorizont, der anhand eines Münzfundes aus einem *contubernium* (Grabung Frauenhofgasse) um bzw. nach 251 n. Chr. datiert werden kann.

*Steinkastell 2*
Nach einem durch den Brandhorizont bedingten Hiatus in der Kastellentwicklung werden in Periode 5 (260/270–360/370 n. Chr.), teilweise noch unter Bezugnahme auf ältere Baustrukturen, neue, einfache Innenbauten errichtet. Die Wiederbesetzung des Kastells in den 70/80er-Jahren des 3. Jhs. n. Chr. kann wohl in Zusammenhang mit den Reformen des Kaisers Diokletian gesehen werden, der in Noricum eine neue Legion, die *legio I Noricorum*, einsetzte, die zumindest in Teileinheiten als Besatzung des Kastells Favianis verstanden wird. In Periode 5 dürfte das in seiner Dimension mit dem kaiserzeitlichen Kastell identische Lager mit Fächer- und Hufeisentürmen fortifikatorisch verstärkt worden sein. Im Nordwestteil des Kastells wird ein Gebäude mit Schlauchheizung (Grabung Essigfabrik) gegen Ende der Periode 5 durch einen Brand zerstört.

*Steinkastell 3*
In Periode 6 (370/380–450 n. Chr.) ist ein Funktionswechsel der Innenbebauung des Kastells festzustellen, der als eine Neubebauung des Areals ohne Bezugnahme auf ältere Baustrukturen gewertet werden kann. Teile einfacher Gebäude mit Lehmböden und Lehmziegelmauerwerk und zahlreiche z. T. sehr groß und tief dimensionierte Abfallgruben mit einem breiten Spektrum keramischen Fundmaterials sind deutliche Indizien für den Siedlungscharakter dieser neuen Bebauung. Das Kastell wird als Fliehburg, *oppidum vel castellum*, wahrscheinlich in Periode 6 nach Norden bis zur Donau auf eine Größe von ca. 5,25 ha erweitert. Von dieser Kastellerweiterung sind einzelne Abschnitte der 2,70–2,95 m starken Lagermauern der West-, Nord- und Ostfront, zwei mächtige Hufeisentürme an der West- und Nordfront und Reste einer Innenbebauung von einem Gebäude mit Schlauchheizung nachgewiesen. Die in Periode 7 (450–480/500 n. Chr.) getätigten Baumaßnahmen sprechen für eine eingeschränkte Siedlungstätigkeit innerhalb der Kastellmauern in der zweiten Hälfte des 5. Jhs. n. Chr.

*Vicus*
Der *vicus* erstreckt sich aufgrund der topographischen Voraussetzungen im Westen, Süden und am weitläufigsten im Osten des Kastells. Der *vicus* wurde durch drei Hauptverkehrsrouten erschlossen: einerseits Fortsetzungen der West-Ost verlaufenden *via principalis* und der Nord-Süd orientierten *via decumana* und andererseits durch eine südliche Tangentiale von 5–6 m Breite. Etwa 600 m östlich des Kastells dürfte sich die Limesstraße geteilt haben, die Haupttrasse zielte auf die *porta principalis dextra*, rund 100 m südlich des Kastells verlief hingegen eine West-Ost-Passage durch den *vicus*. Eine Erschließung des *vicus* durch Nord-Süd orientierte Querstraßen und parallel geführte West-Ost-Straßen ist zu erfassen.

Außerhalb des rund 40 m breiten Glacis mit zwei *fossae* erstreckte sich bis in die späte mittlere Kaiserzeit das Siedlungsgebiet des *vicus* bis 500 m im

Osten, 200 m im Süden und 350 m im Westen. Die Gesamtfläche der Siedlung könnte bei maximaler Nutzung bis zu 30 ha erreicht haben. Innerhalb des Parzellierungsschemas der Grundstücke sind zwei Normbreiten von 9,50 und 12 m festzustellen. Für eine Fläche von rund 0,5 ha im „vicus Ost" konnte die Abfolge der einzelnen Siedlungsperioden im Detail unter Heranziehung aller Befunde und Funde analysiert werden: In der ältesten, flavischen, Periode ist eine Parzellierung der Baugrundstücke und eine Verbauung mit Mehrraumhäusern in den straßennahen und mittleren Abschnitten der Grundstücke zu konstatieren. Neben diesen komplexen Hausformen wurden auch Grubenhütten errichtet. Die straßenabgewandten Teile sind als Wirtschaftshöfe zu interpretieren. Ein seichter Sohlgraben begrenzt den äußersten Rand der Parzellen. Für die im Lagerdorf Favianis ausschließlich während der Gründungsphase des Kastells errichteten Mehrraumhäuser, mit großzügigen Dimensionen von 100 m² Fläche und einer leichten Holz-Schwellbalkenkonstruktion, sind die besten Parallelen in den Westprovinzen zu finden. Der treffendste Vergleich ist mit der spätflavischen Bebauung im Kastellvicus von Bendorf (Mayen-Koblenz) zu ziehen, wo, wie in Mautern, die Häuser einen großen, bis zu rund 80 m² messenden Kernbereich und einen kleineren und zugleich schmäleren Anbau aufweisen. Diese Übereinstimmung mit Obergermanien spiegelt sich nicht nur in der Bautypologie wider, sondern auch in charakteristischen Formen der materiellen Kultur. Die flavische Bebauungsstruktur wurde bereits in trajanischer Zeit, wahrscheinlich zeitgleich mit einer Neustationierung im Kastell, zugunsten einer einfachen Nutzung der Parzellen mit Grubenhütten aufgegeben. Auf der bereits angesprochenen, im Detail analysierten Siedlungsfläche des „vicus Ost" befanden sich die eingetieften Hütten zumeist im straßennahen Bereich und waren innerhalb der normierten streifenförmig parzellierten Grundstücke gruppiert. Eine Gegenüberstellung mit diversen Befunden ländlicher nordwestpannonischer Siedlungen zeigt eine gleichartige Struktur mit Reihen von Grubenhütten entlang eines Weges bzw. einer Straße. Die Hütten z. B. in Levél und Ménfőcsanak-Szeles messen durchschnittlich 12–15 m², im vicus Favianis sind die Ausmaße geringer, bei durchschnittlich 8,5 m². Allerdings sind ebenda auf einer Grundstückseinheit (Streifenparzelle) durchwegs mehrere Grubenhütten zeitgleich genützt worden. Die in den Bauformen feststellbare Übereinstimmung mit der pannonischen Kultur zeigt sich auch in den materiellen Hinterlassenschaften; so sind zahlreiche Analogien der lokal hergestellten mittelkaiserzeitlichen Gebrauchskeramik in Pannonien zu finden.

Komplexe Bauten mit Steinfundament, die teilweise mit Keller oder Hypokaustheizung ausgestattet waren, sind zwar präsent, jedoch für die mittelkaiserzeitliche Periode nur in lockerer Streuung in den Vicusarealen von Favianis nachweisbar. Hervorzuheben ist ein Streifenhaus mit Nischenkeller im „vicus Ost", dessen Zerstörung durch Brand in die mittleren Jahrzehnte des 3. Jhs. n. Chr. datiert. Zeitgleich mit der Zerstörung des Kastells nach 251 n. Chr. ist auch ein Niederbrennen der Häuser mit Steinfundamenten zu konstatieren. Ein Plündererhort, u. a. mit demontierten Baubeschlägen aus Metall, und weitläufige Brandschuttdeponierungen im Norden des „vicus Ost" bezeugen eine massive Zäsur in der Siedlungsentwicklung.

Ein Neubeginn der Besiedlung, nach einem Hiat von rund 30 Jahren, war im späten 3. und im 4. Jh. n. Chr. gekennzeichnet durch die Errichtung einfacher, kleinflächiger, ebenerdiger Bauten mit Steinfundamenten, die fallweise auch mit schlauchförmigen Heizungen ausgestattet waren. Grubenhütten wurden in dieser jüngsten Periode des vicus keine mehr angelegt.

Abb. 126: Mautern. *Vicus* Ost. Keramikbrennofen mit Fehlbrand

## Produktionszweige

Buntmetallguss und Eisenschmieden sind im *vicus* ebenso belegt wie Beinschnitzerei, Gerberei, Textilherstellung sowie, unmittelbar vor dem südlichen Glacis, eine Bäckerei. Der für Favianis jedoch besonders charakteristische Produktionszweig ist auf die Fertigung von Keramik spezialisiert, und zwar vom 2. bis zum 5. Jh. n. Chr. In mehreren Fällen ist im *vicus* die Ablöse der Eisen- durch Keramikherstellung aufzuzeigen. Zum überwiegenden Teil wurde fein- und grobtonige Gefäßkeramik produziert, erwähnenswert ist zudem die Herstellung von Appliken und Lampen. Bislang sind 13 Keramikbrennöfen aus dem Kastellvicus bekannt, die meisten wurden aufgrund der Nähe zum Abbaugebiet der kaolinhaltigen Tonerde im Osten errichtet. Von den 13 Brennöfen datieren elf mittelkaiserzeitlich und zwei spätantik. Ein mehrphasiger Standort zweier Töpfereien des 2. Jhs. n. Chr. wurde im „*vicus* Ost", rund 300 m vom Kastell entfernt, im Detail wissenschaftlich ausgewertet (Abb. 126). Neben den überdachten Arbeitsplätzen mit Lochtennenöfen konnten Grubenhütten, Arbeitsgruben und Gruben mit Abwurf dokumentiert werden. Diese Werkstätten wurden von einer Gruppe von Töpfern betrieben, die aus den unteren Donauprovinzen stammten und als Besonderheit das Formenrepertoire der lokal hergestellten Gebrauchskeramik durch unterpannonische bzw. moesische Typen bereicherten. Die allochthonen Produzenten siedelten sich nach den Dakerkriegen im Zuge einer Neustationierung einer Truppe in Favianis an.

Der jüngste Nachweis einer Produktion von Gefäßkeramik, nämlich von eingeglätteter Ware, datiert in das späte 4./5. Jh. n. Chr. Der Keramikbrennofen wurde unmittelbar nordöstlich des Hufeisenturms der Westfront *extra muros* zu einem Zeitpunkt betrieben, als eine Siedlungstätigkeit außerhalb der schützenden Lagermauern nicht mehr Usus war.

## Gräberfelder

### Gräberfeld Ost

Grabbauten eines ausgedehnten kaiserzeitlichen Gräberfeldes sind in Mautern ab einer Entfernung von 850 m südöstlich der *porta principalis sinistra* nachgewiesen. Die östlichen Baubefunde des *vicus* lagen in ca. 500 m Entfernung zu dieser Nekropole. In aufgegebenen Baustrukturen am Ostrand des *vicus* wurden Brandbestattungen während des 4. Jhs. n. Chr. angelegt. Bis ins 5. Jh. n. Chr. erfolgte hier die Anlage einer ausgedehnten Nekropole mit Körperbestattungen in einfachen Erd-, seltener Ziegel- und Steinkistengräbern.

### Gräberfeld Nordost

Der nordöstliche Abschnitt des Vicusareals wurde

nach der Aufbringung von Brandschuttplanierungen ab der zweiten Hälfte des 4. Jhs. bis in die zweite Hälfte des 5. Jhs. n. Chr. als Gräberfeld genutzt. Dieser rund 1 ha große Bestattungsplatz reichte bis auf 130 m an das Kastell heran und war von diesem durch einen Nord-Süd verlaufenden Spitzgraben abgegrenzt. Die Körperbestattungen erfolgten in Erdgräbern sowie in Stein- und Ziegelkisten.

*Gräberfeld Süd*

Ein zweites kaiserzeitliches Gräberfeld mit Brandbestattungen folgte direkt auf die letzten Siedlungsspuren 250 m südlich der *porta praetoria*. Seine Nord-Süd-Ausdehnung dürfte mindestens 290 m betragen haben, die Ost-West-Erstreckung kann mit mindestens 190 m angenommen werden. Die Belegung dieser Nekropole mit Körpergräbern wurde im 4. und 5. Jh. n. Chr. fortgesetzt.

*Gräberfeld West*

Für ein im Westen gelegenes kaiserzeitliches Gräberfeld gibt es keine Indizien. Eine kleinere Gruppe von Körpergräber ist im ehemaligen Siedlungsareal des „vicus" West" zu orten. In den Steinkistengräbern mit Mehrfachbestattungen sind Trachtbestandteile vorhanden, die eine Belegungszeit bis an das Ende des 5. Jhs. n. Chr. indizieren.

Stefan Groh – Helga Sedlmayer

### Besichtigung

Die Westmauer des Kastells mit Fächer- und Hufeisenturm (Abb. 127) sowie die Südmauer als Teil der Margaretenkapelle sind sichtbar und zugänglich. Von der Gaststube im Nikolaihof aus sind die Grundmauern des östlichen Hufeisenturmes sichtbar. Im „vicus Ost", am Parkplatz der Billafiliale, St. Pöltner Straße 29, ist ein römischer Brunnen konserviert.

Das Römermuseum Favianis Mautern ist im Schüttkasten des Schlosses untergebracht und zeigt Funde und Bildmaterial der Ausgrabungen (Website: www.mautern-donau.at). Direkt am Parkplatz des Museums beginnt der „Kulturweg Favianis Mutaren Mautern", der durch die Altstadt führt und Einblicke in die römische und mittelalterliche Vergangenheit Mauterns bietet.

Abb. 127: Mautern. Spätantiker Hufeisenturm an der Westseite des Kastells

**Literatur:**
Friesinger – Krinzinger 1997, 208–215; Gassner u. a. 2000; Genser 1986, 271–303; Groh 2001; Groh – Sedlmayer 2002; Groh – Sedlmayer 2005; Groh – Sedlmayer 2006; Groh – Sedlmayer 2013; Hölbling 2009; Kandler – Vetters 1986, 134–140; Krenn u. a. 2005; Krenn – Hinterwallner 2006; Obenaus 2006; Ployer 2013a, 64–69; Pollak 1993; Sedlmayer 2006; Sedlmayer 2010; Sedlmayer 2013; Steigberger 2012b; Wewerka 2004; Zimmermann u. a. 2007

## St. Pölten – Aelium Cetium

### Autonome Stadt

Aelium Cetium zählt mit einer Fläche von ca. 216.000 m² zu den kleineren Verwaltungsstädten im Römischen Reich. Die Gründung des *municipium* erfolgte im Hinterland der Limeszone am Schnittpunkt zweier ehemaliger, sehr alter Handelswege, direkt an einem Traisenübergang. Der Name der Stadt „Aelium Cetium" setzt sich nach römischer Gewohnheit aus dem Gentilnamen des Gründers und einem aus der örtlichen Topographie entnommenen Bestandteil zusammen. Dem Familiennamen nach (der *gens Aelia*) kann also die Gründung nur unter den Kaisern Publius Hadrianus (117–138 n. Chr.) oder Antoninus Pius (138–161 n. Chr.) erfolgt sein. „Cetium" hingegen leitet sich von einer keltischen Wortwurzel für „Wald", „Holz" ab und bezieht sich auf die antike Bezeichnung als *mons cetius* für die bewaldeten Ausläufer der Ostalpen, zu denen auch der heutige Wienerwald zu zählen ist.

### Forschungsgeschichte

Lange Zeit war unser Wissen über das aus Inschriften und Reiseitinerarien bekannte *municipium Aelium Cetium*, dessen Lokalisation bei bzw. in St. Pölten seit der Publikation des Nitzinger Meilensteines durch Wilhelm Kubitschek 1894 in der Fachwelt unumstritten ist (s. den Beitrag zu Nitzing), marginal. Erste wissenschaftlich orientierte Grabungen wurden zwischen 1949 und 1953 punktuell im Dombereich durchgeführt (Abb. 128). Erst eine Untersuchung des Bundesdenkmalamtes im Rathaus 1985 ließ aber annähernd die wahre Größe des verbauten Stadtgebietes erahnen. Von 1988 bis 2009 wurden im Rahmen eines Forschungsvorhabens am Österreichischen Archäologischen Institut innerstädtische Bauvorhaben archäologisch betreut. Seit dem 1. Juni 2010 erfolgt die kontinuierliche Betreuung der archäologischen Belange durch einen am Magistrat St. Pölten beschäftigten Stadtarchäologen. Jährlich werden zwischen 10 und 15 archäologische Maßnahmen durchgeführt, die unser Wissen über die einst unbekannteste Römerstadt Aelium Cetium ständig erweitern.

### Stadtgründung

Bisher fehlt jeglicher Beweis einer direkt der Gründung vorausgehenden römischen, aber auch der Nachweis einer immer wieder postulierten keltischen Vorgängersiedlung, an welche die Gründung anknüpfte, sodass weiterhin von einer Neuanlage ausgegangen werden muss. Die Forschung ist sich vorbehaltlos einig, dass die Gründung in die Regierungszeit Kaiser Hadrians fällt, und zwar unmittelbar nach seinem aufgrund von Münzprägungen erschlossenen Besuch in Noricum im Jahre 122 n. Chr. Eine wichtige Rolle spielte dabei sicherlich auch das Bild Hadrians als „Gründer zahlreicher

Abb. 128: St. Pölten. Balduin Saria bei Ausgrabungen im Diözesangebäude 1949

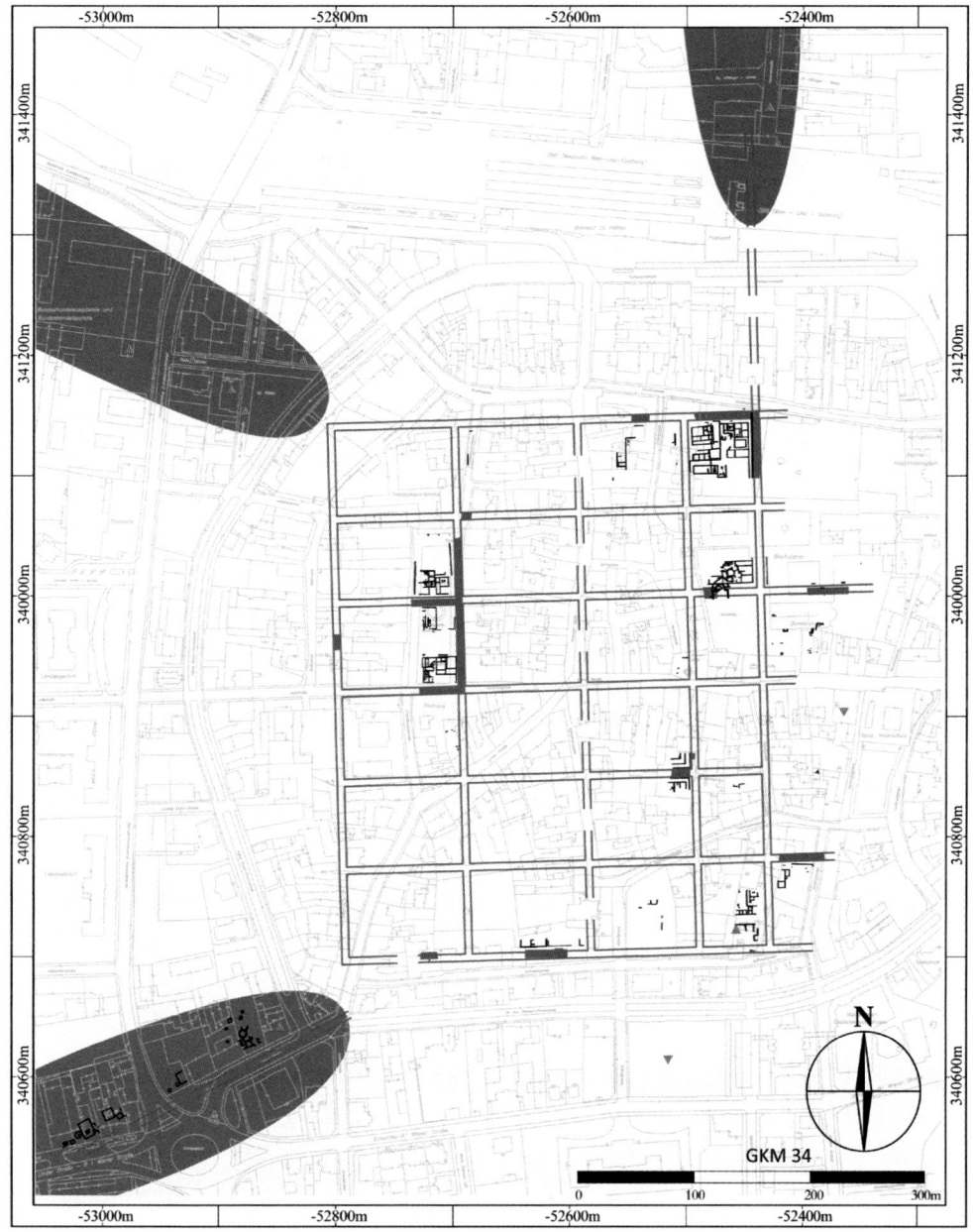

Abb. 129: St. Pölten – Aelium Cetium

Städte". Allerdings muss betont werden, dass das bisher geborgene Fundmaterial, vorbehaltlich einer noch ausstehenden detaillierten Bearbeitung, eine frühhadrianische Gründung bisher nicht bestätigt, sondern auf einen Siedlungsbeginn frühestens in der Spätzeit der Regierung Hadrians, wenn nicht überhaupt erst unter Antoninus Pius, hinweist.

## Stadt

Cetium wurde auf einer Niederterrasse, dem Usus römischer Städte entsprechend in einem strengen Rastersystem, das etwas von den Haupthimmelsrichtungen abweicht, angelegt (Abb. 129). Unregelmäßigkeiten im Planschema sind nicht auf ehemals vorhandene ältere Siedlungsstrukturen bzw. Straßen zurückzuführen, sondern topographisch bedingt. Die Ostgrenze wird durch eine zur Traisen hin abfallende leichte Geländestufe bestimmt.

Die durch zwei Gräberfelder mit Sicherheit zu erschließenden Hauptausfallsstraßen liegen nicht in Verlängerung der Hauptvermessungsachsen, wie bei neu angelegten Städten zu erwarten wäre. Ausschlaggebend dafür war die Geländestufe im Westen, die nur an bestimmten Stellen überwunden werden konnte. Die Überprüfung der schriftlichen Quellen zu den römischen Straßen in Verbindung mit archäologischen Zeugnissen zeigte überraschend klar, dass die nordwestliche Ausfallsstraße von Cetium die Verbindung zu der bereits im 1. Jh. n. Chr. existierenden Reichsstraße, der sog. Tabula- oder Limesstraße, herstellt. Die südwestliche Ausfallsstraße ist hingegen Bestandteil einer über das Perschlingtal in das Tullner Becken führenden Reichsstraße, die nach der Gründung von Cetium im Bereich einer seit Urzeiten existierenden Verbindung angelegt wurde und Eingang in das *Itinerarium Antonini* fand (Abb. 130).

Das öffentliche Zentrum einer römischen Planstadt, das *forum*, in dessen Bereich der Großteil der öffentlichen Gebäude als Sitz politisch und religiös

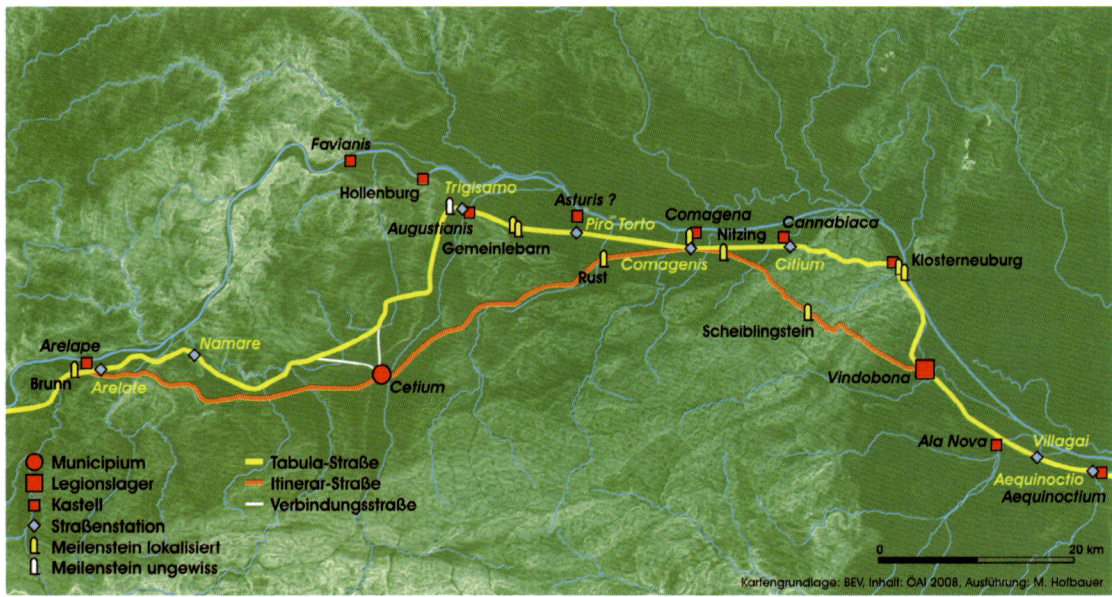

Abb. 130: St. Pölten. Rekonstruktion der römischen Reichsstraßen zwischen Arelape/Arelate (Pöchlarn) und Vindobona (Wien)

wichtiger Einrichtungen zu vermuten ist, lag mit einiger Sicherheit im Gebiet zwischen Kremser Gasse und Herrenplatz rund um den Schnittpunkt der beiden Hauptachsen (heute Riemerplatz). Für diese Lokalisation sprechen auch die Fundorte zweier Inschriftsteine, deren ursprünglicher Aufstellungsort im Bereich des *forum* anzunehmen ist. Bei der einen Inschrift handelt es sich um die linke Hälfte einer Tempelbauinschrift der städtischen Handwerkergilde (*collegium fabrum*) aus der Herrengasse, bei der zweiten um einen am Herrenplatz in sekundärer Verwendung gefundenen Weihaltar an Neptun, der offensichtlich nach Regulierungsarbeiten an einem Bach um 276 n. Chr. aufgestellt worden war. Dieser Altar nennt uns auch den antiken Namen der Traisen „Tragisama" (Abb. 131). Die in den Jahren 2000 bis 2002 partiell freigelegte Doppelportikus im Gartenareal Wiener Straße 16 kann als Bestandteil einer öffentlichen Platzanlage interpretiert werden und ist im weitesten Sinne vielleicht Bestandteil des Forumskomplexes.

Bisher sind 19 Straßenabschnitte des innerstädtischen Straßennetzes definitiv bekannt und durch Grabungen nachgewiesen, die sieben in Ost-West-Richtung laufenden Straßenzügen, sog. *decumani*, und vier Nord-Süd-Straßen (*cardines*) zugeordnet werden können. Der Aufbau der Straßen zeigt ein sehr einheitliches Bild. Alle waren geschottert, der Schotterbelag zur besseren Festigkeit mit Mörtel angereichert. Ein Kanalisierungssystem, wie es für andere Städte nachgewiesen ist, fehlt in Aelium Cetium. Allerdings besaßen die meisten der Straßen an den Seiten begleitende Abwassergräben, die zur Aufnahme der Oberflächenwasser dienten. Entgegen früheren Vermutungen ist die Existenz eines römischen Befestigungsringes inzwischen eher auszuschließen.

Die Wohnbauten aus der Gründungsphase der Stadt sind archäologisch oft nur schwer fassbar. Sie bestanden meist aus über einem Schotterfun-

Abb. 131: St. Pölten. Weihestein an Neptun

dament errichteten Sockelmauern, das Aufgehende war in Holz- oder Fachwerktechnik gebaut. In der Steinergasse konnten die Reste zweier dieser Häuser dokumentiert werden. In einem mit Brandschutt verfüllten Erdkeller befanden sich zahlreiche Gefäße, auch Ganzgefäße, deren erster Datierungsansatz wie auch zeitgleiche Zerstörungshorizonte am Rathausplatz von P. Scherrer mit dem Einfall der Markomannen in Verbindung gebracht wurde (Abb. 132). Interessant ist die Beobachtung, dass die Häuser aus der Gründungszeit allesamt keine beheizten Räume besaßen, sondern mit kleinen

Abb. 132: St. Pölten. Mit Brandschutt verfüllter Keller Steinergasse 2a, 1991

Öfen bzw. Herdstellen ausgestattet waren. Der Einbau von Fußbodenheizungen erfolgte erst an der Wende vom 2. zum 3. Jh. n. Chr. Diese Tatsache wird von H. Zabehlicky und W. Vetters mit einer im Zuge des Ausbruchs des Vulkans Taupo auf Neuseeland im Jahre 186 n. Chr. einsetzenden Klimaverschlechterung in Zusammenhang gebracht. Nach weiteren Zerstörungen des Jahres 240 n. Chr. waren manche Stadtviertel nicht mehr in der bisherigen Dichte verbaut. Am Rathausplatz hatte nur das um 270 n. Chr. abgebrannte Depot eines Keramikhändlers, der neben Eigenproduktionen auch Terra Sigillata aus Rheinzabern vertrieb, Bestand.

Nach dieser Zeit der Rezession und einer möglichen Zerstörung durch ein Hochwasser in der zweiten Hälfte des 3. Jhs. n. Chr. erfolgte ein neuerlicher Aufschwung ab konstantinischer Zeit. Dieser machte sich in zahlreichen Neu- und Umbauten, die zu starken Veränderungen im ursprünglichen Planschema führten, bemerkbar. Die Front der spätantiken Gebäude liegt teilweise im ehemaligen Straßenbereich, ihre Orientierung richtet sich nicht mehr so streng nach dem Raster und ihr Grundriss nimmt häufig keinen Bezug mehr auf die Vorgängerbauten. Die im Stadtzentrum gelegene, als Teil eines öffentlichen Gebäudekomplexes zu interpretierende Doppelportikus wurde aufgegeben und mit einem einfachen, eher privaten Zwecken dienenden Holzbau überbaut. An der Neuerrichtung von aus massiven Steinmauern bestehenden und gut ausgestatteten Gebäuden wie Bau T am Rathausplatz wird der Aufschwung ebenfalls kenntlich (Abb. 133).

Zu Beginn des 4. Jhs. n. Chr. lebte der pensionierte Kanzleivorstand des norischen Statthalters Florian, der im Jahre 304 n. Chr. in Lauriacum das Martyrium erlitt, wahrscheinlich auf einem Landgut bei Aelium Cetium (vgl. den Beitrag zum frühen Christentum) (Abb. 134).

In der zweiten Hälfte des 4. Jhs. n. Chr. erfolgten weitere grundlegende Eingriffe, wie am Beispiel des ehemals repräsentativen Stadthauses Wiener Straße 16 gezeigt werden kann. Die Heizanlagen wurden umgebaut oder aufgegeben, die Portiken abgerissen und darin eine Abfallgrube angelegt, in der Bestandteile von mehr als 30 regulär geschlachteten Tierkadavern entsorgt wurden. Die Errichtung von Holzgebäuden im Laufe des 4. Jhs. n. Chr., von denen einzelne Räume mit Schlauchheizungen ausgestattet waren, z. T. ältere Gebäudestrukturen mitbenutzend, z. T. keine Rücksicht auf die ehemalige Verbauung nehmend, wurden nicht nur im zentrumsnahen Bereich, sondern auch am Rathaus-

# St. Pölten – Aelium Cetium

Abb. 133: St. Pölten. Blick auf das Grabungsgelände im Norden des Rathausplatzes 1989

platz, im Rathausinnenhof, in der Kugelgasse oder bei den großflächigen Grabungen im Klostergarten nachgewiesen.

Der spektakulärste Befund der letzten Jahre kam im Zuge von Ausgrabungen am Domplatz von St. Pölten zu Tage (Abb. 135). Ein großes Gebäude des 2. und 3. Jhs. n. Chr., bestehend aus Sockelmauern und Fachwerkbau im Aufgehenden, das sich exakt in den orthogonalen Raster des *municipium Aelium Cetium* einfügte und im Süden von einer Portikus begleitet wurde, konnte teilweise angeschnitten werden. Die im Osten und Süden angrenzenden innerstädtischen Straßenzüge konnten ebenfalls lokalisiert werden. Es handelt sich hierbei offenbar um eine geschlossene Baublockverbauung im Gegensatz zu den Randbereichen der römischen Stadt, wie z. B. am Rathausplatz, wo innerhalb des Baublocks einzelne Häuser stehen und dazwischen liegende offene Bereiche für handwerkliche Tätigkeiten genutzt wurden. Massive Brandschuttschichten zeigen, dass dieses Gebäude, das vielleicht als vornehmes Stadthaus zu interpretieren ist, durch Brand zerstört wurde. Eine periphere Nachnutzung ohne Berücksichtigung der Vorgängermauern konnte an wenigen Stellen anhand von Pfostenstellungen und Lehmböden nachgewiesen werden. Dies bestätigt einmal mehr, dass im Laufe des 3. Jhs. n. Chr. eine massive Rezession im gesamten Stadtareal, einhergehend mit einer Naturkatastrophe, vielleicht einer Überschwemmung, einsetzte. Im 4. Jh. n. Chr. wurde darüber ein in Grundriss und Funktion völlig unterschiedlicher mehrteiliger Gebäudekomplex errichtet, bestehend aus einem zur Gänze freigelegten, frei stehenden Badehaus und einem nur angeschnittenen Wohn- bzw. Verwaltungstrakt. Das Bad, das in erster Linie aus Rundmauern besteht, besitzt einen

Abb. 134: St. Pölten. Dachziegelfragment mit Ritzinschrift „Vivas Nobis" (Lebe für uns), eines der bisher wenigen bekannten Zeugnisse, die auf eine Christengemeinde im 4. Jh. n. Chr. verweisen

sehr individuellen Grundriss. Um einen zentralen kreisförmigen Raum gruppieren sich im Norden die beheizten Baderäume, während im Westen und Süden wahrscheinlich mit Eingangsbereich und Umkleideraum zu rechnen ist. Vom eigentlichen Wohngebäude konnte die Aula, ein großer, Repräsentationszwecken dienender Raum mit Apsis im Norden, freigelegt werden. Solche Säle mit Apsis gehörten zum Standardrepertoire spätantiker Großvillen, von Statthalterpalästen oder Kaiserresidenzen. Die Anlage, die einen ehemaligen innerstädtischen Straßenzug überbaut, kann im weitesten Sinn als Verwaltungspalast eines ranghohen Beamten interpretiert werden. Diese Entdeckung zeigt, dass Aelium Cetium in der Spätantike eine viel höhere Bedeutung zukommt, als bisher von der Forschung allgemein vermutet wurde. In den Mauern des spätantiken Palastes sind zahlreiche Spolien aus Marmor verbaut, die von ehemaligen Grabbauten aus dem 2. und 3. Jh. n. Chr. stammen. Die Verwendung älterer Bauglieder ist ein für die Spätantike typisches Phänomen. Der erwähnte Repräsentationssaal wurde in einer zweiten Bauphase nochmals vergrößert, die Apsis besaß nun einen Durchmesser von 7 m, der Saal eine Breite von 12 m, eine durchaus imposante Größe. Zur selben Zeit wurde auch das singulär stehende Badegebäude durch eine Mauer mit dem Verwaltungstrakt verbunden. Dieser Umbau ist auf alle Fälle in die zweite Hälfte des 4. Jhs. n. Chr. zu datieren. Ob die erste Bauphase ebenfalls in diese oder in die konstantinische Zeit fällt, lässt sich derzeit nicht bestimmen.

## Gräberfelder

Derzeit sind zumindest zwei Gräberfelder der römischen Stadt bekannt. Im Nordwesten beidseits der Radetzkystraße und im Bereich der HAK und HTL am Schießstattring wurden im Zuge des Stadtausbaus seit der Mitte des 19. Jhs. mehrfach spätantike Körpergräber angefahren. Das zweite Gräberfeld, im Südwesten der Stadt entlang der Linzer Straße gelegen, konnte bei mehreren durch Bauvorhaben bedingten Grabungen in den Jahren 1991, 2005, 2006 und 2011 untersucht werden. Dabei wurden nicht nur Brandbestattungen des 2. und 3. Jhs. n. Chr., sondern auch Einfassungen von Grabgärten mit innen liegenden Fundamenten für Grabbauten, kreisförmige Rundbauten, vielleicht Tumulusgräber, aber auch spätantike Körpergräber freigelegt. Ob ein ebenfalls bei Bauarbeiten im Jahre 1902 freigelegtes Mädchengrab des 4./5. Jhs. n. Chr. einem weiteren großen Gräberfeld zuzuordnen ist, kann derzeit nicht beantwortet werden.

Generell kann mit einer großflächigen Besiedlung Aelium Cetiums bis in das erste Viertel des

Abb. 135: St. Pölten. Fotomontage der Grabungen am Domplatz 2010-2013

5. Jhs. n. Chr. gerechnet werden. Einzelne in den peripher gelegenen ehemaligen Wohnvierteln errichtete Gräber weisen auf einen Fortbestand der Siedlung in stark verkleinerter Form hin. Ein nicht mehr vollständig erhaltenes Grab ohne feststellbare Beigaben kam bei den Grabungen auf dem Rathausplatz zutage. Das Grab einer 55- bis 60-jährigen Frau, das im Jahre 1991 im Haus Steinergasse 2A freigelegt wurde, kann aufgrund der beigegebenen kleinen, bikonischen, mit Einglättdekor verzierten Schüssel in das dritte Viertel des 5. Jhs. n. Chr. datiert werden (Abb. 136). 2011 kam auf der benachbarten Parzelle ein weiteres Grab zum Vorschein, das sich aufgrund von C14-Daten grob in die Zeit von 380 bis 560 n. Chr. datieren lässt. Jüngere Funde konnten bisher nicht aufgedeckt werden, sodass davon ausgegangen werden kann, dass die Stadt noch im Laufe des 5. Jhs. n. Chr. systematisch verlassen wurde und sich die noch vorhandene Restbevölkerung auf das Land zurückgezogen hat.

Trotz der zumindest bis zur – frühestens um 800 n. Chr. erfolgten – Klostergründung bestehenden Diskontinuität in der Siedlungsgeschichte scheint die mittelalterliche Stadtentwicklung stark von der Anlage der römischen Stadt beeinflusst zu sein. Vergleicht man nämlich den römischen Stadtplan mit dem Kataster der Stadt St. Pölten, so zeigt sich, dass zahlreiche Straßen der Innenstadt über römischen Straßenzügen zu liegen kommen bzw. als deren etwas verzogene Derivate angesprochen werden können.

Ronald Risy

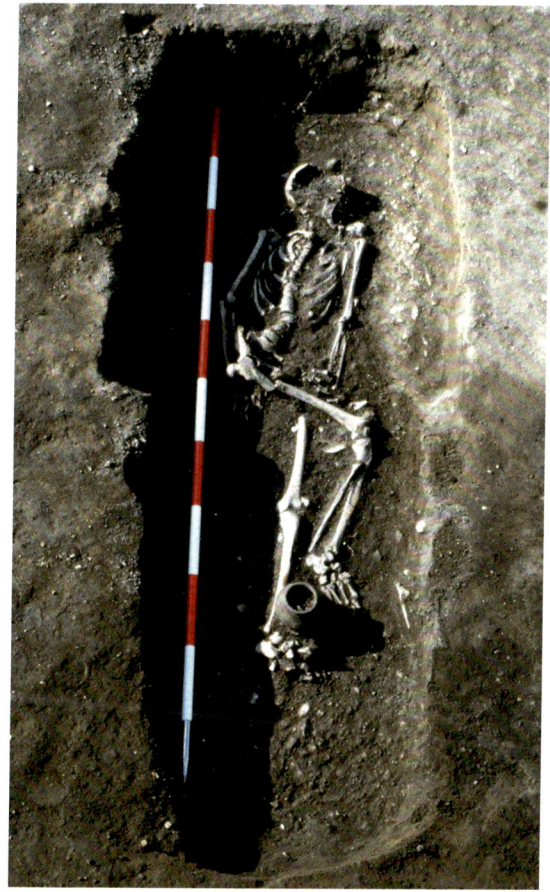

Abb. 136: St. Pölten. Grablegung einer Frau, Mitte 5. Jh. n. Chr., Steinergasse 2A, 1991

**Literatur:**
Friesinger – Krinzinger 1997, 215–220; Risy 2008; Risy 2009a; Risy 2009b; Risy 2011a; Risy 2011b; Risy 2013; Risy – Scherrer 2005; Scherrer 1991; Scherrer 1994; Scherrer 1999a; Scherrer 1999b; Scherrer 2002; Ubl 1979b.

**Besichtigung**
Eine umfangreiche Schausammlung von ur- und frühgeschichtlichen sowie römischen Funden befindet sich im Stadtmuseum St. Pölten.
Website:
http://www.stadtmuseum-stpoelten.at/

# Hollenburg

## Burgus

Ein römischer Burgus im Bereich der mittelalterlichen Burg Bertholdstein wurde seit dem 18. Jh. vermutet. Der Nachweis gelang erst 1981, als beim Bau der Schnellstraße S 33 antikes Mauerwerk angeschnitten und durch das Bundesdenkmalamt (BDA, H. Ubl) untersucht wurde. Seit dem Beginn des 20. Jhs. wurden in der südwestlich des Burgus gelegenen Ortschaft Kleedorf immer wieder spätantike Gräber bei Bauarbeiten und landwirtschaftlicher Tätigkeit aufgefunden. Bei Straßenarbeiten im Jahr 2005 wurden die Reste eines Gebäudes angeschnitten.

## Burgus

Der Burgus befand sich westlich des Ortes Hollenburg und unmittelbar oberhalb der Donau, auf dem nördlichen Vorwerk der mittelalterlichen Burg. Die an der Basis der mittelalterlichen Kernwerksschüttung aufgedeckten Mauerreste wurden von H. Ubl als Reste eines Kleinkastells gedeutet. An der Ostseite konnten noch ein Sohl- und ein Spitzgraben festgestellt werden. In mehreren Abfallgruben wurde Keramik der Jüngeren Kaiserzeit gefunden. Auf der Anhöhe der Burg Bertholdstein aufgefundenes Mauerwerk könnte ebenfalls römerzeitlich sein. Ein ebenso beim Straßenbau aufgedeckter und heute noch sichtbarer Brunnen ist als mittelalterlich zu bezeichnen. Der Burgus selbst wurde beim Straßenbau abgetragen; der noch erhaltene Geländesporn, auf dem sich die Burgruine erhebt, steht unter Denkmalschutz.

## Sonstige Befunde

Etwa 300 m südwestlich des Burgus wurden im Bereich der heutigen Ortschaft Kleedorf bislang mindestens 16 spätantike Körperbestattungen in Stein-

Abb. 137: Burgus Hollenburg. Bei Straßenbauarbeiten angeschnittene Befunde des Burgus mit Sohl- und Spitzgraben (in der rechten Bildhälfte, Aufnahme 1981)

kisten- und Ziegelplattengräbern sowie die Reste eines römerzeitlichen Gebäudes festgestellt. Von diesem Objekt, das bereits beim Bau einer Straße um 1900 großteils zerstört worden war, konnte noch das Fundament der Südseite dokumentiert werden. Die aufgehenden Mauern wurden spätestens im Frühmittelalter abgetragen und die Fläche planiert.

Etwa 800 m östlich des Burgus bei der Ruine Bertholdstein erhebt sich die Pfarrkirche Mariae Himmelfahrt im Ort Hollenburg, an einer Kante der steil zur Niederung abfallenden rechten Hochterrasse der Donau. Bei Sanierungsarbeiten wurden in den Jahren 2001 und 2003 im Inneren der Kirche Grabungen durchgeführt. Im Nordteil des Langhauses und in der anschließenden Floriani-Kapelle wurde ein Teil eines etwa Nordwest-Südost orientierten Gebäudes dokumentiert, das sich im Norden über die Kirche hinaus erstreckt. Die südliche Mauer ist etwa 12 m lang und 1,10 m stark. Im Inneren des Gebäudes lagen Dachziegel, Keramikbruchstücke des 4./5. Jhs. n. Chr. und Bauschutt unter einer Brandschicht, die auf ein Brandereignis hindeutet. Zwei gestempelte Ziegel dürften aus einer privaten Ziegelei stammen. Ob dieser Befund deshalb und aufgrund der Nähe zur Anlage bei der Burg Bertholdstein als weiterer Burgus zu bewerten ist, muss vorerst unsicher bleiben. Das Objekt ist heute zum Teil unter dem rezenten Kirchenboden erhalten.

René Ployer

**Besichtigung**
Der römische Burgus wurde bei den Straßenarbeiten vollständig abgetragen. Auch die anderen römischen Befunde sind nicht sichtbar.

**Literatur:**
Farka u. a. 2005, 24; Gattringer 1975; Genser 1986, 748; Kandler – Vetters 1986, 140 f.; Krenn – Pieler 2001; Leib 2007, 407. 412–414. 456–463; Neugebauer – Gattringer 1981, 159 f.; NÖLM 1934–1937; NÖLM 1938/1939; Pascher 1949, 52 Nr. 1; Pieler 2003; Pieler 2005, 393. 397–399; Ployer 2013a, 70–73; Stiglitz – Melzer 1966–1970; Weißhäupl 1920–1933; Werneck 1955, 32 f.

## Traismauer – Augustiana

### Kastell – *vicus*

■ Aufgrund der in frühmittelalterlichen Quellen genannten Orte „ad Trigisamam" und „Treisma" wurde ab dem 18. Jh. eine Gleichsetzung mit der in der *Tabula Peutingeriana* genannten Straßenstation „Trigisamum" vermutet, doch ist heute die Identifizierung mit dem in der *Notitia dignitatum* (occ. XXXIV 35) genannten „Augustiana" unumstritten, das sich von der ersten bekannten Truppe im Steinlager ableitet (Abb. 138). Die Straßenstation Trigisamum an der Reichsstraße von Vindobona nach Cetium ist etwas weiter südlich im Raum Pottenbrunn/Unterradlberg zu vermuten.
Die erste Lagerbesatzung ist bisher archäologisch nicht nachgewiesen, erwogen wird spätestens ab 79 n. Chr. eine *ala I Thracum victrix*, die nach R. Risy spätestens 126 n. Chr. nach Oberpannonien verlegt wurde. Sie wurde wohl von der *ala I Augusta Thracum* als Besatzung des Steinkastells abgelöst, die ab 140/144 n. Chr. jedenfalls als gesichert gilt.
Nach der *Notitia dignitatum* sind *equites Dalmatae* als Besatzung des Reiterlagers nach der Heeresreform im 4. Jh. n. Chr. ausgewiesen, die Nennung belegt die Nutzung auch in der Spätantike. Inschriftenfunde und Ziegelstempel aus Traismauer liefern seit dem 19. Jh. wichtige historische Quellen zur Truppen- und auch Bevölkerungsgeschichte von Noricum.

### Forschungsgeschichte
Aufgrund eines über dem Tor des Schlosses vermauerten Inschriftsteines der *ala I Augusta Thracum* (CIL III 5654) wird seit dem 16. Jh. ein Kastell im Bereich von Traismauer vermutet. Als archäologischer Nachweis dieses Kastells wurden Baureste postuliert, die beim Bahnbau 1885 gefunden wurden. Sie dürften aufgrund der Lage aber zum südlichen Lagervicus gehören. Erst ab 1966 erbrachten baubegleitende Untersuchungen und kleinräumige

## Kastell

### Holz-Erde-Kastell

Das Kastell wurde am rechten Donauufer östlich einer Biegung der Traisen unterhalb des Venusberges errichtet und nutzt die Traisen auf seiner Schmalseite als linken Flankenschutz. Ein erstes, vermutlich zwei- oder dreiphasiges Holz-Erde-Lager aus julisch-claudischer oder flavischer Zeit, von dem ein Spitzgraben in der Florianigasse und Kasernenbauten im Bereich der Pfarrkirche und im Ostteil des Lagers angetroffen wurden, ist bisher nur in Einzelaufschlüssen bekannt. Seine Lage entspricht etwa dem späteren Steinlager, doch sind die Wälle an der Nord- und Ostfront etwas innerhalb der Steinmauern situiert. An der West- und Südfront wurden bisher keine entsprechenden Untersuchungen durchgeführt. Erst 1991 konnte knapp westlich des Römertores (Wiener Straße) der Nachweis von drei frühen Holzbauphasen erbracht werden, wobei die älteste aus der Entstehungszeit des Lagers stammt und vom Wall des Holz-Erde-Lagers bereits überlagert wird. Innerhalb der steinernen Kastellmauer lag ein Wall mit waagrechter Holzrahmenkonstruktion des frühen Holz-Erde-Lagers zusammen mit einer *via vallaris*, westlich anschließend Kasernenbauten mit zwei Holzbauphasen, wobei die jüngere Phase einem Brand zum Opfer fiel. 1998 konnte im

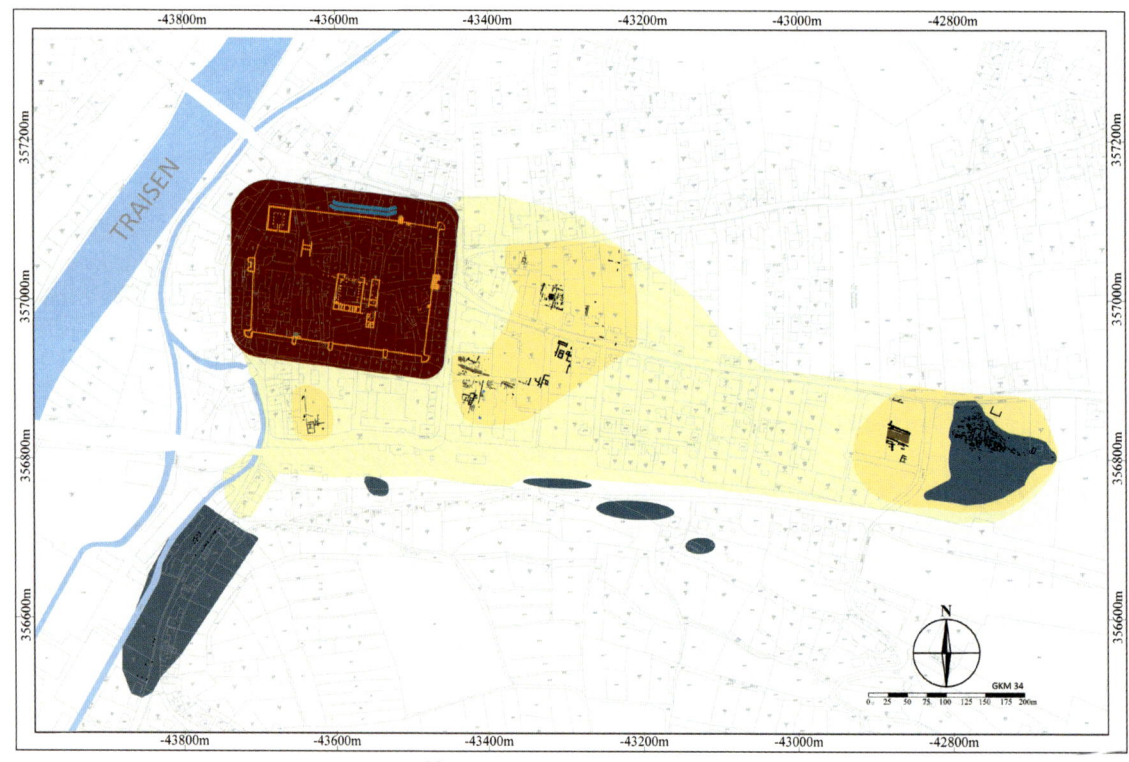

Abb. 138: Traismauer – Augustiana

Bereich des Hungerturmes die Nordfront des Holz-Erde-Lagers erfasst werden.

*Steinkastell*

Das Steinkastell, nach der erwähnten Inschrift vom Römertor erbaut von der namensgebenden *ala I Augusta Thracum* in der späten ersten Hälfte des 2. Jhs. n. Chr., wurde durch einen nicht exakt datierten Brand im Laufe des 2. Jhs. n. Chr. zerstört, danach verbreitert und weiter nach außen versetzt, wobei die Achsausrichtung beibehalten wurde (Innenfläche von etwa 3,75 ha). So ist die Ostfront in die Ostwange des Lehmwalles des Vorgängerlagers eingebaut, daran entlang wurde ein Steinplattenbelag der Berme ergraben. Die Westfront entspricht dem Verlauf der spätmittelalterlichen Marktbefestigung, während die drei anderen Fronten innerhalb des Mauerringes liegen. Aufrecht stehende Teile der jüngeren Steinbauphase des Lagers wie das Wienertor, ein Hufeisenturm (Reckturm) und der Fächerturm in der Venusbergerstraße 10 wurden im Mittelalter weiterverwendet und blieben daher sichtbar erhalten (Abb. 139). Dabei entspricht das Wienertor der *porta principalis dextra* des Lagers, der Nachweis der *porta principalis sinistra* im Verlauf der Venusbergerstraße 1976 ist nicht gesichert. Vom quer rechteckigen Lager sind, neben einzelnen Partien der Lagermauer und der beiden Tortürme im Osten, Fächertürme an den Südecken nachgewiesen, an der Nord- und Südfront jeweils Hufeisentürme. Die Datierung der mehrphasigen Toranlage des Wienertores mit zwei Türmen und gepflasterter Durchfahrt ist im Erdgeschoßbereich aufgrund der im Jahre 2009 durchgeführten bauhistorischen Untersuchungen, die auch für die anderen erhaltenen Bereiche durchgeführt und bestätigt wurden, gesichert. Der im Anschluss an die Untersuchungen neu restaurierte Hungerturm zeigt heute in Sichtfenstern das Originalmauerwerk. Im Norden und Osten wurden vorgelagerte Doppel-Spitzgräben ergraben, die auch die Türme einbinden. Auch hier wechseln sich mehrere Bauphasen ab und ältere Gräben, die durch Traisenhochwasser in Mitleidenschaft gezogen worden waren, wurden durch den Fächerturm Venusbergerstraße 10 überbaut. Kasernenbauten sind östlich der gut untersuchten *principia* (Lagerzentralbau mit Fahnenheiligtum und dreiseitiger Pfeilerhalle unter der heutigen Pfarrkirche und am anschließenden Kirchenplatz) und im Bereich des Hauptplatzes, des Kirchenplatzes und entlang der Wiener Straße gesichert. Östlich der *principia* ist Buntmetallverarbeitung nachgewiesen (Wiener Straße). Straßenschotterung konnte innerhalb des Lagers ebenfalls mehrfach erfasst werden (Hauptplatz, Wiener Straße, Venusbergerstraße).

Die Hufeisen- und Fächertürme entstanden erst während Ausbaumaßnahmen im 4. Jh. n. Chr. Im 5. Jh. n. Chr. folgte einer weiteren, massiven Brandzerstörung im Lagerbereich eine Besiedlung in einfachen Holzhütten (z. B. im Bereich der *principia*), eine Nachnutzung des südwestlichen Fächerturmes Venusbergerstraße 10 als Wohnbau ist ebenfalls belegt (so beinhaltet ein bemerkenswerter Fund Kästchenbeschläge mit Musendarstellungen und alt- und neutestamentlichen Szenen). Während der Spätantike war vermutlich in der Nordwest-Ecke des Lagers ein Kleinkastell eingebaut, das sich in der Struktur des Schlosses erhalten hat.

*Vicus*

Der zugehörige *vicus* mit Holz- und Steinbebauung des 1.–4. Jhs. n. Chr., in dem auch Töpferei und Buntmetallverarbeitung nachgewiesen sind, erstreckt sich im Süden bis zum Fuß des Venus- oder Schullerberges, im Osten beiderseits der heutigen Bundesstraße, die über große Strecken der Limesstraße entspricht, bis nach Stollhofen. Die Nordgrenze dürfte etwa der heutigen Mitterndorfer Straße entsprechen. Auch das Lagerbad lag östlich außerhalb der *porta principalis dextra* im Bereich des *vicus*.

# Hollenburg

Die Bebauungsstruktur ist durch Grabungen und Baubeobachtungen seit den 1960er-Jahren mehrfach nachgewiesen. Es handelt sich um Streifenhäuser einer mehrphasigen Holzbebauung ab flavischer Zeit (69–96 n. Chr.), die häufig durch Brand endete. Im 2. Jh. n. Chr. wurden Rollsteinfundamente anstelle der Holzschwellenbauten häufiger, im 3. und 4. Jh. wurden Gebäude auch teilweise in Steinbauweise errichtet. Durchgängig blieb jedoch Holzverbauung mit Rutenputzwänden und Estrich- oder Stampflehmböden bestehen. Die typischen Grundrisse der Streifenhäuser orientieren sich mit einem Geschäftsbereich zu den Straßen, die vom Lager wegführten. Dabei konnten eine 0,40 m mächtige, sehr fundreiche Straßenschotterung der Limesstraße mit bis zu 8 m Breite und begleitende Straßengräben nachgewiesen werden. Die anschließenden Privat- und Wirtschaftsräume mit Hof und häufig eingetieften Kellern mit Holzverschalung oder Kalkmörtelputz, sowie gemauerten Brunnen behalten ihre Ausrichtung auch bei Umbauten zumeist bei. Hypokaustanlagen, Wandheizungen und Wandmalerei sind im Vicusbereich ebenso nachgewiesen wie Steinplattenkanäle und hölzerne Portiken an den Gebäuden. Im Bereich des heutigen Bahnhofgebäudes ist ein Heiligtum zu vermuten, da hier 1885 ein großer, mehrräumiger Bau angetroffen wurde, aus dem eine Votivplatte mit Iuppiter Dolichenus-Darstellungen der Zeit um 260/270 n. Chr. stammt.

Das Zurückgehen der Siedlungsfläche des *vicus* lässt sich anhand von Bestattungen, die den Siedlungsbereich überlagern (Gräberfeld am Nordostfuß des

Abb. 139: Traismauer. Das Wienertor, die *porta principalis dextra* des Kastells

Venusberges) und in den obersten Schichten anhand der Verteilung des spätantiken Fundmaterials feststellen.

## Gräberfelder

Zum Lager gehören zumindest drei Bestattungsplätze. Der größte befand sich unmittelbar östlich an den *vicus* anschließend und ergab bisher rund 700 Bestattungen des 4. und 5. Jhs. n. Chr. Südlich des Lagers befand sich beiderseits der auf den Venusberg führenden Straße ein weiteres spätantikes Gräberfeld mit rund 80 Bestattungen, südlich anschließend ein Brandgräberfeld des 2. Jhs. n. Chr. Ein drittes, bislang nur in wenigen Aufschlüssen bekanntes Gräberfeld liegt am Nordostfuß des Venusberges. Einzelne Grabbauten sind am Südrand des *vicus* und südlich außerhalb des Brandgräberfeldes am Venusberg bekannt.

Eva Steigberger

### Besichtigung

Sichtbar erhalten sind neben dem Wienertor, das der *porta principalis dextra* des Lagers entspricht, ein Fächerturm in der Venusbergerstraße 10 und ein Hufeisenturm in der Florianigasse, der sog. Hungerturm. In diesem ist das Stadt- und Heimatmuseum von Traismauer untergebracht, im ersten Stock sind römische Funde ausgestellt.
Website: http://www.noemuseen.at/museen-und-sammlungen/

Unter der Pfarrkirche können die Reste der *principia* besichtigt werden. Im Innenhof des Schlosses befinden sich noch Mauern des Restkastells.

Literatur:
Friesinger – Krinzinger 1997, 221–225; Genser 1986, 304–327; Kandler – Vetters 1986, 142–146; Offenberger 1983; Offenberger 1993; Risy 2008; Schön – Hofer 2010; Steigberger 2012a.

## Maria Ponsee

### Wachtürme

Bei Kommassierungsarbeiten wurden 1972 die Reste zweier Wachtürme entdeckt und durch das Bundesdenkmalamt (BDA, J. Offenberger) untersucht. Die Türme lagen südlich der von Maria Ponsee nach Preuwitz führenden Straße im Bereich verlandeter Donauarme im ehemaligen Au- und Überschwemmungsgebiet der Donau, etwa 1,5 km westlich von Maria Ponsee. Es handelte sich um zwei zeitlich aufeinander folgende Wachtürme, die sich unmittelbar südlich eines alten Donauarms befanden. Turm I besaß einen rechteckigen Grundriss (6,0 × 2,80 m), dessen Längsseite West-Ost ausgerichtet war. Das 60 cm breite Fundament aus Bruchsteinmauerwerk war noch 20 cm hoch erhalten, die Nordwest-Ecke fehlte. An der Nordseite des Kernwerks konnten die Reste eines umlaufenden Palisadengrabens, an der Südseite ein noch etwa 1 m breiter Sohlgraben nachgewiesen werden. Der Turm bestand vermutlich im 2./3. Jh. n. Chr. und wurde von einem Hochwasser zerstört.

Etwa 20 m weiter östlich wurde an der höchsten Stelle des Geländes der quadratische Grundriss (6 × 6 m) von Turm II mit einer Mauerstärke von etwa 70 cm dokumentiert. Seine Nordseite war bereits weitgehend zerstört. Das Kernwerk mit einem Durchmesser von 11 m war von einem ringförmigen Sohlgraben umgeben. Die nördlich des Ringgrabens dokumentierte längsovale Verfärbung kann als Rest des zum Donauarm ziehenden Abhangs interpretiert werden, in dem römisches Fundmaterial aufgelesen wurde. Auch der zweite Turm kann nicht näher datiert werden.

René Ployer

### Besichtigung
Heute sind die Türme zur Gänze abgekommen.

Literatur:
Offenberger 1972; Ubl 1980, 592; Genser 1986, 334–336; Kandler – Vetters 1989, 146–147; Ployer 2013a, 78 f.

# Zwentendorf an der Donau – Asturis

## Kastell – *vicus*

Das römische Kastell Zwentendorf befindet sich auf halbem Weg zwischen den Lagern von Tulln-Comagenis und Traismauer-Augustianis im Osten des norischen Donaulimes. Die Entfernung zu den beiden benachbarten Kastellen beträgt in der Luftlinie 12 km bzw. 11 km und am Landweg in römischer Zeit ca. 10 Meilen.

Das Kastell und den *vicus* errichtete man, vergleichbar den benachbarten Befestigungen, auf einer Niederterrasse direkt am rechten Donauufer – im vorliegenden Fall am Rande eines mindestens 3,5 km breiten und von der *Germania magna* aus unpassierbaren Überschwemmungsgebietes. Im Zuge von Erosionsprozessen des Flusses wurden der Nord- und Nordostteil des Kastells Zwentendorf weitgehend abgetragen (Abb. 140). Somit können auch keinerlei Aussagen über die Existenz oder die Ausgestaltung eines Kastellvicus in diesen Bereichen getroffen werden. In seiner Positionierung unterscheidet sich Zwentendorf grundlegend von den benachbarten Kastellen am Donaulimes, für deren Platzwahl die verkehrstechnische Erschließung, der Verlauf von Handelsrouten und/oder vor allem die Einmündung von Flüssen in die Donau ausschlaggebend waren. Das Kastell und den *vicus* von Zwentendorf verband eine Stichstraße mit der ca. 1,5 km weiter südlich verlaufenden Limesstraße.

Der Name des Kastells leitet sich von der dort stationierten *cohors I Asturum* ab. Ein Bleietikett nennt einen Feldzeichenträger aus Asturis: *Novelli / signife/ri // Sin(gularis?) ab Astur(is)* (AEA 2008, 97). In der Vita Sancti Severini (1,1) wird ein *parvo oppido, quod Asturis vocabatur*, als Aufenthaltsort des heiligen Severin *in vicinia Norici Ripensis et Pannoniorum* überliefert.

## Forschungsgeschichte

Die Lokalisierung des Kastells in Zwentendorf erfolgte erst sehr spät in den Jahren nach dem Zweiten Weltkrieg. In schriftlichen Quellen wird ab dem 18. Jh. wiederholt der sog. Krottenturm, ein mottenartiger, mittelalterlicher Befestigungsbau (11. – Ende 13. Jh. n. Chr.) erwähnt, der in der Südost-Ecke der römischen Befestigung liegt. Erste systematische Forschungen wurden ab 1953 durchgeführt, nachdem 1952 in der Pfarrkirche von Zwentendorf zwei römische Reliefsteine zutage gekommen waren und von K. Hetzer eine Lokalisierung des römischen Kastells anhand von Oberflächenfunden vorgenommen worden war. In den Jahren 1953–1962 wurden vom Niederösterreichischen Landesmuseum in Zusammenarbeit mit dem Österreichischen Archäologischen Institut (ÖAI, F. Hampl, H. Stiglitz, E. Vorbeck) Forschungsgrabungen im Südteil des Kastells von Zwentendorf durchgeführt. 1994 erfolgten Luftbildauswertungen durch M. Doneus, 2002–2009 geophysikalische Messungen und Surveys im Kastell- und Vicusareal (S. Groh und H. Sedlmayer). Eine detaillierte Auswertung der Prospektionsdaten von Kastell und *vicus* unter Berücksichtigung der Altgrabungsbefunde sowie einer diachronen Auswertung von Oberflächenfunden wurde vorgelegt. 2003–2009 kam es zu durch Schotterabbau bedingten Denkmalschutzgrabungen im westlichen *vicus* und dem Gräberfeld West (Ch. Blesl).

## Kastell

*Holz-Erde-Kastell*

Die Anlage des ältesten Kastells von Zwentendorf in Holz-Erde-Bauweise dürfte in spätdomitiani-

# Zwentendorf an der Donau – Asturis

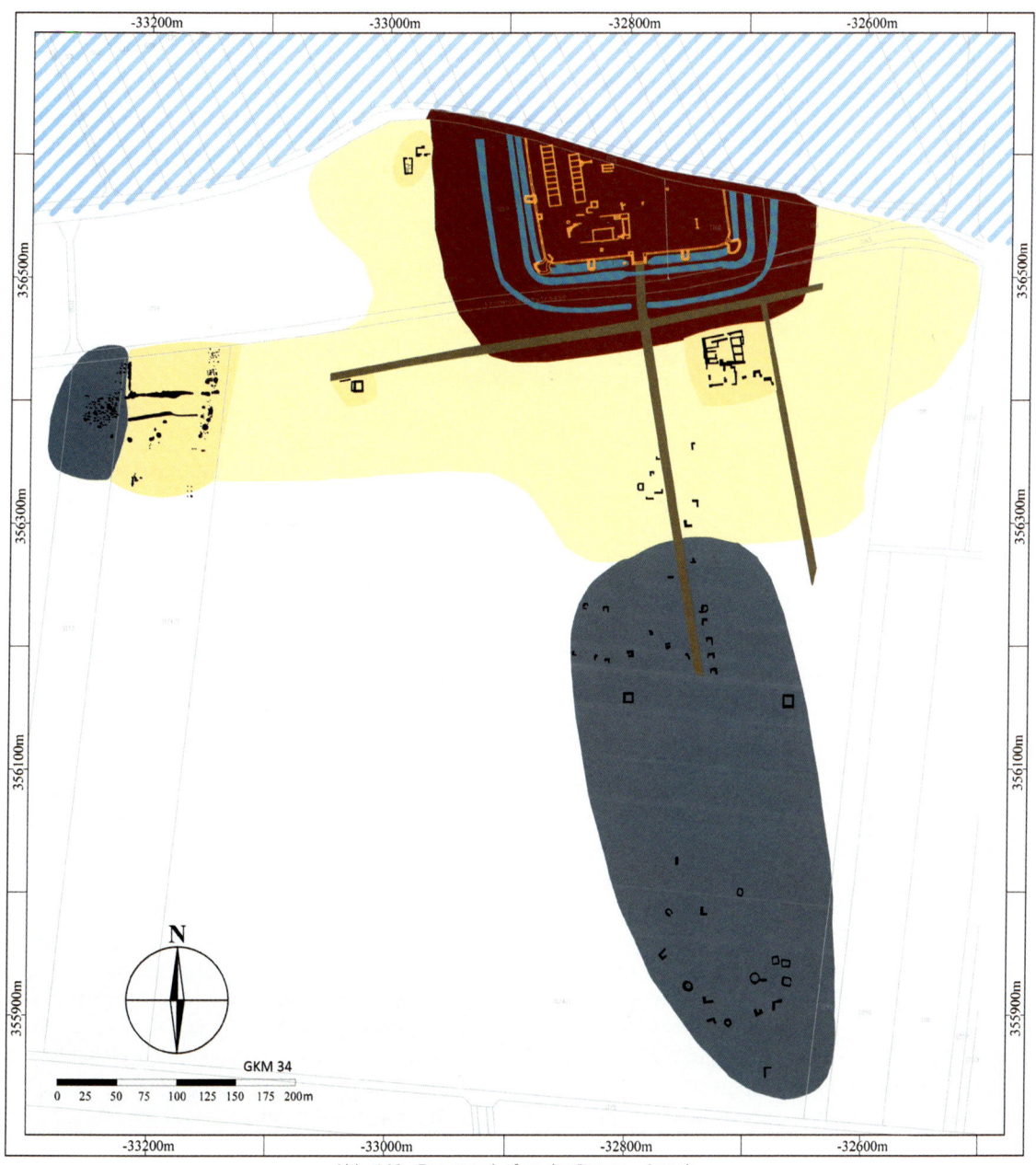

Abb. 140: Zwentendorf an der Donau – Asturis

scher oder trajanischer Zeit erfolgt sein (Periode 1, 90/100–120/130 n. Chr.). Von diesem Lager konnten nur wenige Reste untersucht werden. Es war mit (zumindest) einem 1,70 m tiefen und 5–7 m breiten Graben befestigt und besitzt mit 141 m Breite eine deutlich schmälere Südfront als das spätere Steinkastell (156 m). Von H. Stiglitz wurden diesem Holz-Erde-Kastell drei Kellerräume, eine Grube und ein Brunnen zugeschrieben. Die Aufgabe des Holz-Erde-Kastells datiert in die Jahre nach 112/114 n. Chr. Als Truppenbesatzung der ersten Kastelle käme, aufgrund von gestempelten Ziegeln aus dem Kastell und dem *vicus*, die *cohors V Breucorum equitata civium Romanorum* in Frage; sie könnte die maßgebliche Truppe für den Bau des Holz-Erde-Kastells gewesen sein.

*Steinkastell 1*
In Periode 2 (120/130–170/180 n. Chr.) wurde das Kastell Zwentendorf in Stein umgebaut. Dieser Umbau erfolgte als Neuanlage ohne Rücksichtnahme auf die bestehenden Holz-Erde-Strukturen. Man vergrößerte das Kastell auf 156 × >104 m (wahrscheinlich 170 m) bzw. ca. 2,65 ha. Das Kastell war mit einer 1,10 m starken Befestigungsmauer, innen liegenden Rechtecktürmen und mindestens zwei Lagergräben versehen. Im Lagerinneren wurden zwei Baracken und ein Gebäude untersucht, welches entweder als *praetorium* oder als besonders qualitätsvoll ausgestattetes Gebäude anderer Funktion interpretiert werden kann. Die zweite für das Kastell Zwentendorf durch drei Ziegelstempel belegte Einheit ist die *cohors I Asturum equitata quingenaria*. Sie dürfte die teilberittene Stammeinheit von Zwentendorf bis in das 3. Jh. n. Chr. darstellen. Es gibt keinerlei Indizien für eine Zerstörung des Kastells bzw. des *vicus* von Zwentendorf im Zuge der Markomannenkriege in den 60er-Jahren des 2. Jhs. n. Chr. Diese kriegerischen Ereignisse wirkten sich offensichtlich auf den ostnorischen Limesabschnitt nur insofern aus, als dass es zu Verödungen in den Kastell- und Vicusarealen kam.

Die Periode 3 (170/180–250/270 n. Chr.) ist hinsichtlich der Ausgestaltung des Kastells von der Periode 2 nicht zu trennen. Etwaige Umbauarbeiten können anhand des Grabungsbefundes nicht verifiziert werden. Ein gestempelter Dachziegel der *legio II Italica* wurde in einer Hüttenlehmschicht mit Brandschutt eines Dachversturzes im Kopfbau einer Mannschaftsbaracke angetroffen und datiert den Brand in dieser Baracke in die Zeit nach der Stationierung der Legion in Lauriacum nach 187/188 n. Chr.

*Steinkastell 2*
In die Periode 4 (250/270–370/400 n. Chr.) fällt wahrscheinlich der Um- und Ausbau der Befestigungsanlage des Kastells. Die innen an der Lagermauer gelegenen Rechtecktürme wurden geschleift und man befestigte das Kastell mit Fächertürmen an seiner Südwest- und Südost-Ecke. Im Zuge der Errichtung der Fächertürme überbaute man den ersten Lagergraben und gab ihn, zumindest im Bereich der Türme, auf. Man befestigte das Kastell mit einem dritten Graben, das Grabensystem hatte nun eine Breite von 40–42 m. Im Lagerinneren erfolgten Umbauten in minderer Bauqualität, mehrere der untersuchten Räume wurden mit einer einfachen, aus einem Kanal bestehenden Schlauchheizung versehen.

Der Umbau des Kastells Zwentendorf und die Verstärkung der Befestigungsanlagen dürften wahrscheinlich mit den Reformen des Kaisers Diokletian und der Neurekrutierung einer *legio I Noricorum* in Zusammenhang gebracht werden. Der Nachweis der *legio I Noricorum* ist in Zwentendorf durch mindestens vier gestempelte Dachziegel gegeben. Hinzu kommt ein Ziegel der *leg(ionis) II Ital(icae) [--- / ?] temp(ore) Ursic(in- ) dux (?)*, der wahrscheinlich in St. Pantaleon in der zweiten Hälfte des 4. Jhs.

n. Chr. hergestellt wurde (vgl. den Beitrag zu St. Pantaleon-Erla).

Die Periode 5 (370/400 – Mitte des 5. Jhs. n. Chr.) beschreibt die Aufgabe des Kastellvicus und den Rückzug der Bevölkerung in das Kastell. Die Innenbebauung in Periode 5 dürfte die letzte Nutzung des Kastells als Fliehburg darstellen. Die Mannschaftsbaracken und übrigen Bauten im Lagerinneren werden aufgegeben und durch neue kleinere Einzelhäuser bzw. -gebäude mit Schlauchheizungen ersetzt. Es fanden sich Ziegel der *legio I Noricorum* und der OFARN-Gruppe, für deren Datierung die Jahre vom Ende der Regierungszeit des Constantius II. oder die frühvalentinianische Zeit in Betracht kommen.

## Vicus

Im Umfeld des Kastells entwickelte sich ein ausgedehnter Lagervicus, von dem heute noch ca. 16 ha Siedlungsfläche erhalten sind (Abb. 141). Um den äußersten Lagergraben bleibt ein Glacis von ca. 30 m unbebaut. Die antike Besiedlung dürfte bis in eine Entfernung von ca. 170 m vom Kastell nach Westen reichen, die Gesamtfläche des heute noch erhaltenen *„vicus* West" beträgt ca. 2 ha. Es können in diesem Bereich nur wenige Mauerstrukturen und keine Straße eindeutig identifiziert werden, über 200 Objekte bezeugen jedoch eine intensive Nutzung des Areals mit Gruben und wenigen einfachen Hütten bzw. Erdkellern, es sind auch weitere punk-

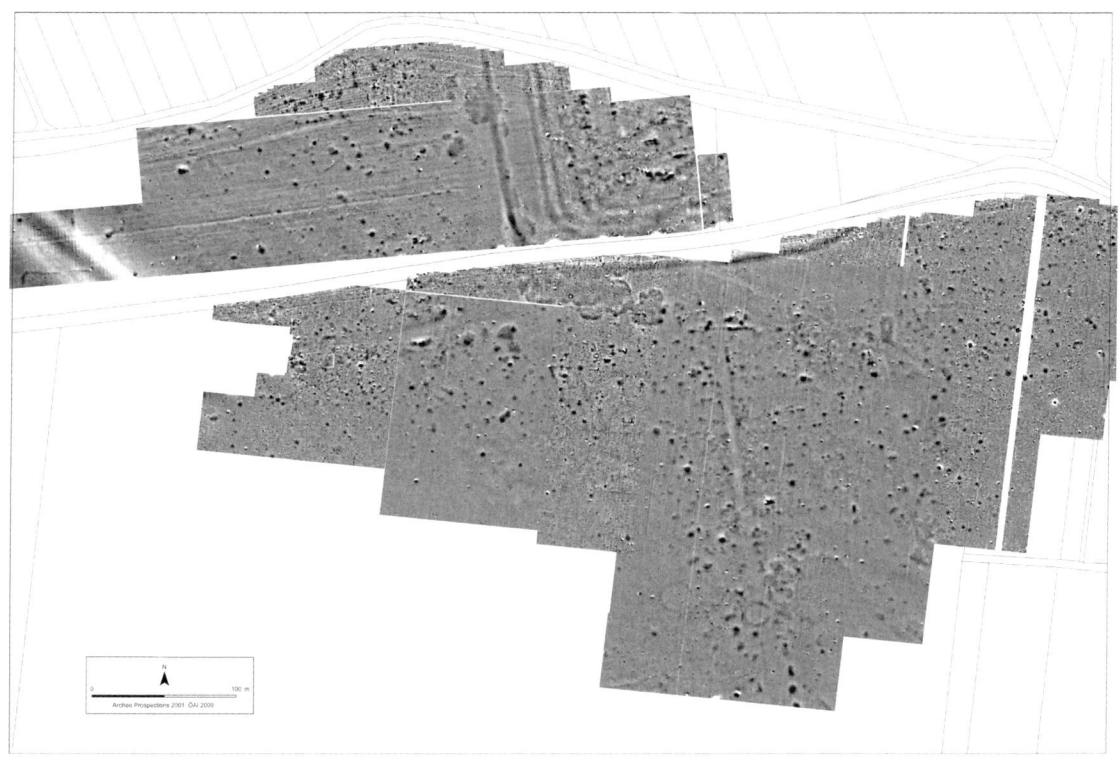

Abb. 141: Zwentendorf. Geophysikalische Messungen mit Magnetik im Kastell und *vicus* von Zwentendorf

tuelle Steinstrukturen erkennbar. Denkmalschutzgrabungen auf der Parzelle 1174/2 bezeugen für den äußersten Westteil des *vicus* die Existenz von Brunnen, Öfen, Vorratsgruben, kellerartigen Eintiefungen, Pfostengruben und Fundamentgräben der römischen Kaiserzeit. Von besonderem Interesse ist die Erwähnung von drei Spitzgräben, die als Indizien für einen westlich des Kastells gelegenen *campus* oder ein temporäres Lager zu werten sind. Von einem wahrscheinlich vorhandenen „*vicus* Ost" sind nur wenige Bereiche erhalten. Der Großteil des Gebietes östlich des Kastells wurde von der Donau abgetragen bzw. ist durch den Verlauf der modernen Bundesstraße nicht mehr zugänglich. Der „*vicus* Süd" wird von einer Straße in Ost-West- und zumindest zwei Straßen in Nord-Süd-Richtung erschlossen. Vom Südtor des Kastells zieht eine ca. 6–7 m breite Schotterstraße (Hauptausfallstraße) nach Süden, die in geophysikalischen Messdaten über eine Länge von 300 m und auf den Luftbildern über 640 m verfolgt werden kann. Sie erschloss das Siedlungsgebiet bis ca. 170 m südlich des Kastells und führte dann durch das „Gräberfeld Süd", wobei Grabbauten die Straße, soweit ihre Trasse verfolgbar ist, flankieren. Entlang der Hauptausfallstraße war das Bauland parzelliert. Zu beiden Seiten der Straßen waren streifenförmige Parzellen im rechten Winkel zum Verlauf der Straße gruppiert, ihre Breite variierte zwischen 10,50 m und 14 m, wobei der überwiegende Teil der Parzellen 10 m breit war. Die nahe dem Kastell gelegenen Parzellen waren 45–50 m lang, die weiter entfernt gelegenen maßen nur an die 40 m. Die Innenbebauung der Parzellen setzte sich aus Erdkellern und Grubenhütten sowie einzelnen Gruben zusammen. Auch gibt es mehrere, solitär stehende, quadratische bis rechteckige Steinstrukturen von 4,50 × 5–6 m Größe, die wahrscheinlich als Fundamente von Einraumhäusern angesehen werden können. Im südlichen Vorfeld des Kastells befindet sich das größte noch erhaltene Steingebäude des *vicus*, das, mit einer Grundfläche von ca. 34 × 40 m bzw. 1360 m² und einem charakteristischen Grundriss, als *mansio* interpretiert wird.

Der Kastellvicus beschränkt sich in der Periode 1 auf eine kleine Ansiedlung entlang der nach Süden führenden Ausfallstraße, die in den Perioden 2–3 deutlich erweitert wird. Neben dem Hinweis auf Handelsaktivitäten aufgrund von Gefäß- wie auch Lebensmittelimporten sind in der mittleren Kaiserzeit indirekte Indizien auch für Handwerk im *vicus* vorhanden. Die konzentriert am südlichen Rand des römischen Lagerdorfes dokumentierten spezifischen Funde lassen auf Eisen- und Buntmetallverarbeitung sowie auf Beinschnitzerei schließen. In der späten Kaiserzeit (Periode 4) darf von einem reduzierten Siedlungsgebiet konzentriert auf das Areal unmittelbar südlich der *porta decumana* des Kastells ausgegangen werden, in Periode 5 wird der *vicus* aufgegeben.

## Gräberfelder

An den Rändern der Vicusbebauung entwickelten sich die Nekropolen, von denen Evidenzen für ein räumlich klar abgrenzbares Gräberfeld im Westen und ein ausgedehntes Gräberfeld im Süden vorliegen. In ca. 500 m Entfernung vom Kastell wurde das „Gräberfeld West" freigelegt. Es gelang, 97 Körpergräber und vier Brandgräber eines spätantiken Gräberfeldes des 4. Jhs. n. Chr. zu bergen. Die Anlage und Belegung des am äußersten Westrand des *vicus* gelegenen „Gräberfelds West" könnte bereits in die Periode 4 fallen. 280 m südlich des Lagersüdtors endet der *vicus* von Zwentendorf und geht in eine kaiserzeitliche Nekropole mit zahlreichen einzelnen, rechteckigen bis quadratischen Grabbauten bzw. -bezirken über. Das „Gräberfeld Süd" ist die größte bekannte Nekropole des *vicus*. Ihr südliches Ende ist nicht erfasst, wahrscheinlich flankierten Grabbauten die Hauptausfallstraße bis zu ihrer Einmündung in die Limesstraße in ca. 1500 m Entfernung vom Kastell.

Stefan Groh

**Besichtigung**
Es sind keine sichtbaren Denkmäler erhalten. Römische Funde sind im Heimatmuseum Zwentendorf ausgestellt.
Website: http://www.museum-zwentendorf.at

**Literatur:**
AEA 2008 = Holzer 2009; Doneus 1994, 83 Abb. 11; Genser 1986, 337–355; Groh – Sedlmayer 2010; Heinrich 2001; Kandler – Vetters 1986, 148–153; Ployer 2013a, 80–83; Stiglitz 1975; Szameit 1989; Weber 2012.

## Tulln an der Donau – Comagenis

### Kastell – *vicus*

Das römische Kastell wurde zur Sicherung einer Furt in exponierter Lage am rechten Donauufer auf einer durch die Flüsse Kleine und Große Tulln begrenzten alluvialen Schotterterrasse errichtet (Abb. 142). Durch fluviatile Erosion sind Teile des nördlichen Abschnitts der *praetentura* abgetragen. Der Kastellstandort befand sich an der Limesstraße, ein in Tulln gefundener Meilenstein (CIL XVII/4, 76) misst die Entfernung *a Ceti(o) m(ilia) p(assuum) XXII[..]*. Das *Itinerarium Antonini* (234,1; 248,3) nennt „Comagenis" als Posten zwischen „Vindobona" und „Cetio" und die *Tabula Peutingeriana* (segm. IV 1) zwischen „Citium" und „Piro torto". Die westliche Ausfallstraße ist durch die Gräberstraße (Fundplatz ehemalige Feuerwehrschule) in ihrer Nordost-Südwest-Orientierung fassbar und zielt im weiteren Verlauf auf die über Piro torto Richtung Cetium-St. Pölten geführte Hauptverkehrsroute. Asturis, das nächstgelegene Kastell im Westen, wurde über eine Abzweigung der Limesstraße erreicht.

### Forschungsgeschichte

Der in seiner Gestalt bis heute erhaltene Hufeisenturm des Kastells (sog. Salzturm) der westlichen Praetenturfront war bis ins 13. Jh. in die mittelalterliche Stadtbefestigung nächst dem Flussufer integriert, diente später als Pulverturm und ab dem 19. Jh. als Salzdepot. Neben diesem besonderen Wahrzeichen römischer Vergangenheit in Tulln sind weitere Bodendenkmäler in ihrer ursprünglichen Befundsituation konserviert und in Teilen museal aufbereitet. Die bis zu den Grundmauern ausgerissene *porta principalis dextra* und der südöstliche Fächerturm befinden sich in Schutzbauten, zudem ist die Position der südlichen Lagermauer gekennzeichnet. Die Bodendenkmalpflege erfolgt in Tulln primär durch das Bundesdenkmalamt (BDA) und den Verein ASINOE. Wissenschaftliche Ergebnisse der archäologischen Forschungen mit einer umfassenden Dokumentation und Analyse von Befunden und Funden sind nur im Falle der Grabungen an der südlichen römischen Befestigungsanlage (Fundort Sporthauptschule) publiziert.

### Kastell

*Holz-Erde-Kastell*
Für die Frühphase des in Holz-Erde-Technik erbauten Kastells des späten 1. Jhs. n. Chr. sind Befunde

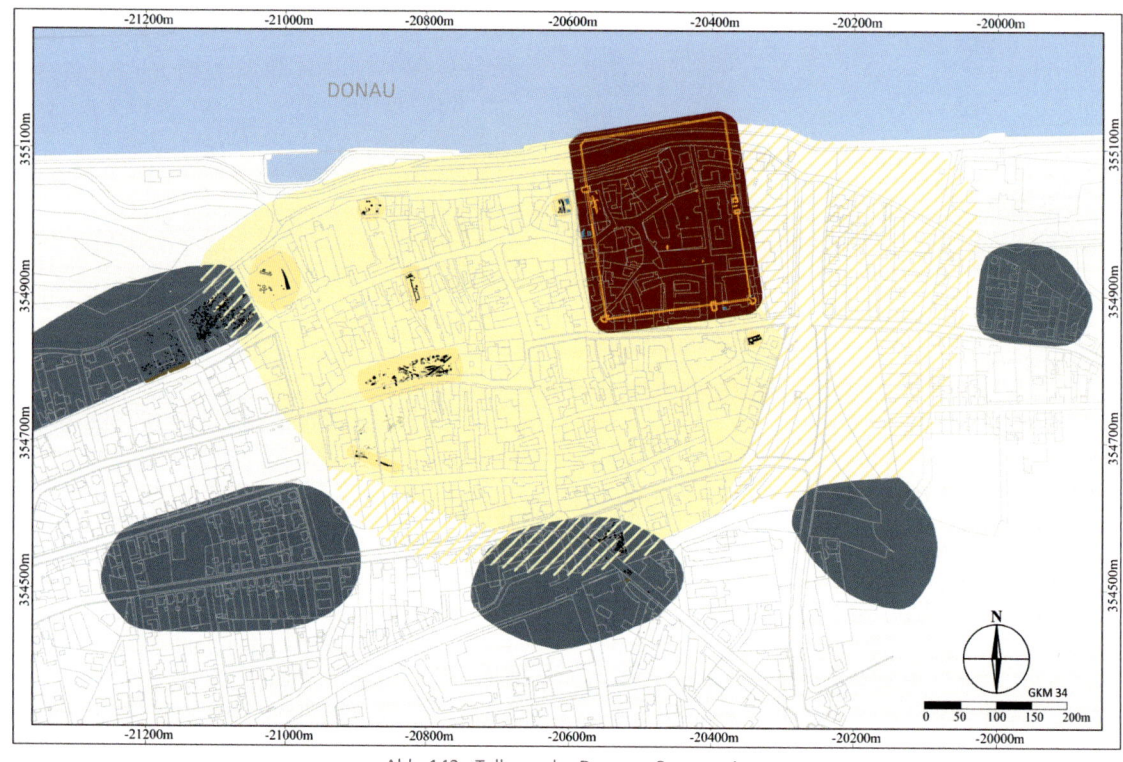

Abb. 142: Tulln an der Donau – Comagenis

der Befestigungsanlage überliefert. Eine 2 m hohe, dem Wall vorgeblendete Lehmziegelmauer als Unterbau einer Palisade konnte auf 30 Laufmeter dokumentiert werden. Für den Osten der Befestigung werden Annäherungshindernisse postuliert, im Westen konnte der vorgelagerte Spitzgraben festgestellt werden. Dieser wurde im Zuge der Aufgabe der ältesten Wehranlage mit abgetragenen Lehmziegeln verfüllt. Die Westbegrenzung des Lagers verlief auf Höhe der späteren Stein-Befestigung. Über die im 1. Jh. n. Chr. stationierte Truppe liegen keine Informationen vor.

*Steinkastell 1*
Für den ältesten Ausbau in Stein ist eine geringe Erweiterung nach Osten festzustellen – jedenfalls wurde nach Verfüllung des Grabens der Holz-Erde-Befestigung die Kastellmauer 1 m weiter östlich errichtet. Die Mauer des Steinkastells wies eine Breite von 1,20–1,50 m im Westen sowie im Osten und von 2 m im Süden auf. Eine Abfolge vorgelagerter Gräben ist festzustellen.

Die durch zwei ca. 1,90 m vorspringende Rechtecktürme flankierte und durch eine Trennmauer in zwei Durchfahrten geteilte, insgesamt 22 m in der Breite messende *porta principalis dextra* wurde vollständig freigelegt und konserviert. Da auch die Position der südöstlichen Lagerecke archäologisch untersucht ist, kann bei Annahme einer mittigen Position der Toranlage von einer ursprünglichen

Süd-Nord-Längserstreckung der Lagermauer von 250 m ausgegangen werden. Unter Berücksichtigung aller für den Westen, Süden und Osten bekannten Grabungsbefunde der in Stein ausgebauten Befestigung ist demnach auf eine Gesamtfläche des Kastells von rund 5 ha zu schließen.

Bei der *porta principalis dextra* wurden zwei Plattenfragmente einer Bauinschrift sekundär in der spätantiken Vermauerung der südlichen Tordurchfahrt verbaut, deren Text für den Ausbau des Kastells Comagenis ein stichhaltiges historisches Datum liefert. Die Inschrift bezeugt, dass 104 n. Chr. die *ala I Commagenorum* ein Gebäude errichtet hatte und kann demnach als ein Indiz für den Zeitrahmen des Ausbaus in Stein gewertet werden. Die auf dem Inschriftenrahmen erfolgte nachträgliche Einfügung des vermutlich unter Caracalla verliehenen Beinamens der Truppe, *Antoniniana*, macht deutlich, dass der Bau über 100 Jahre hinweg am Truppenstandort Bestand hatte (AEA 2008, +55):

[Imp(eratori) Caes(ari) divi Nervae fil(io)] /
[Nervae Traiano Aug(usto) Germ(anico)] /
Da[c(ico)] pontif(ici) ma[x(imo) trib(unicia)] /
pot(estate) V[I]II imp(eratori) IIII c[o(n)s(uli) V
pat(ri) patr(iae)] / a[l]a Commag[enorum] /
Antonin[iana]

Die Quelle ist zugleich der Beleg für die frühestmögliche Anwesenheit der ursprünglich im kleinasiatischen Kommagene rekrutierten Truppe in Noricum. In Tulln ist sie auch durch einen Ziegelstempel mit dem Kürzel AIC für *a(la) I C(ommagenorum)* überliefert und scheint im Verband des norischen Heeres auf Militärdiplomen von 106 n. Chr. (CIL XVI 52), 138 n. Chr. (AEA 2009, 31) und 151 n. Chr. (RMM 32) auf. Letztere nennen sie als *ala I Commagenorum ∞ (milliaria) sagittaria*. Für eine bis zu 1000 Mann starke berittene Truppe ist in jedem Fall eine Kastellfläche von 5 ha anzunehmen.

Über den Innenausbau des Kastells liegen geringe Informationen vor. Im Westteil des Kastells konnte eine Nord-Süd orientierte Mannschaftsbaracke auf 30 Laufmetern dokumentiert werden, die eine Innenteilung mit Kontubernien von rund 6 m lichter Weite und Estrichböden aufwies.

*Steinkastell 2*

In der letzten Phase wurde die Befestigung des Kastells durch Türme verstärkt. Ein Teil des Fächerturms der Südost-Ecke wurde archäologisch untersucht, für die Südwest-Ecke wird ein gegengleicher Turm postuliert. Der 8 m in der Länge und mindestens 10 m in der Höhe messende Hufeisenturm (sog. Salzturm) an der Front der westlichen *praetentura* war um 3,10 m in das Lagerinnere zurückversetzt (Abb. 143). Er könnte ein Pendant in Form eines Zwischenturms im Süden der *retentura* (Bonvicini-Straße) aufgewiesen haben. Die Grabenanlagen wurden in der jüngsten Periode durch einen spätantiken Spitzgraben geschnitten. Die *porta principalis dextra* erfuhr einen Rückbau, in dem die südliche Tordurchfahrt zugemauert wurde.

Die *Notitia dignitatum* überliefert als Truppen des spätantiken Kastells *equites promoti* (occ. XXXIV 36)

Abb. 143: Tulln. Spätantiker Hufeisenturm der Westfront (sog. Salzturm)

und *lanciarii Comaginenses* (occ. V 260; VII 59) (Abb. 144). Für das 5. Jh. n. Chr. geben mehrere Kapitel der *Vita Sancti Severini* (1,4; 2; 3,1; 33) detailreich Aufschluss über die Situation im *oppido, cui erat vocabulum Comagenis, per eum mirabiliter ab hostibus liberato*. Zu diesem Zeitpunkt diente das Kastell bereits als befestigter Zentralort ziviler und militärischer Bevölkerung, von *Romani* und Foederaten – *cum Romanis foedus inierant* (Vita Sancti Severini 2,2; 1,4).

Abb. 144: Tulln. Schildzeichen der *lanciarii Comaginenses* nach der *Notitia dignitatum*

## Vicus

Befunde im weitläufigen Lagerdorf liegen südlich und westlich des Kastells vor. Sie erstrecken sich im Westen, außerhalb der rund 20 m breiten Grabenanlage der Befestigung, auf 500 Laufmeter Ost-West und bis zu 375 m Süd-Nord. Im Südvicus wurden Strukturen nahe der *fossa* angetroffen. Komplexere Siedlungsstrukturen sind kaum erfasst, ein geschlossenes Siedlungsareal des *vicus* ist rein hypothetischer Natur. Im Westen ist der Focus der Siedlungstätigkeit auf die Trasse der Limesstraße und eine Tangentiale dieser Hauptverkehrsroute gerichtet. Abseits der Hauptverkehrsroute dünnen die Befunde aus. Als Bautypen innerhalb des *vicus* sind sowohl Grubenhütten als auch Streifenhäuser mit Fundamentmauern nachgewiesen. Ein spätantikes Haus mit T-förmiger Heizung wurde nahe der südlichen Front der *retentura* (Grabung Stadtpfarrkirche) erfasst.

Das in weiten Bereichen zu konstatierende Fehlen komplexer Baustrukturen ist gepaart mit den nur in sehr bescheidenem Maß überlieferten Nachweisen von Produktionszweigen im Kastellvicus. Signifikante Funde für Beinschnitzerei sind aus dem südlichen Siedlungsareal bekannt.

Die Aufgabe von Siedlungsgebieten im *vicus* ist durch eine Superposition mit spätantiken Bestattungen am äußersten Westrand sowie im Süden des *vicus* zu beobachten.

## Gräberfelder

Weitläufige Gräberfelder erstrecken sich im Einzugsgebiet der Ausfallstraßen im Westen und Süden am Rande der Vicusareale. Brandbestattungen des späten 1. bis Anfang des 3. Jhs. n. Chr. wurden an der aus dem Kastell nach Westen führenden Hauptverkehrsroute erfasst. Zum größten Teil handelt es sich bei den Befunden allerdings um spätantike Bestattungen unterschiedlichen Typs (Erd-, Steinkisten- und Ziegelplattengräber). Östlich des Kastells ist bislang nur ein kleinerer mittelkaiserzeitlicher Grabbezirk dokumentiert.

Helga Sedlmayer

### Besichtigung

Der vollständig erhaltene Hufeisenturm, der sog. Salzturm, ist an eine Studentenverbindung verpachtet. Sowohl die *porta principalis dextra* also auch der südöstliche Eckturm sind durch Schutzbauten gesichert und (letzterer mit Führungen) zugänglich. Im Römermuseum Tulln befindet sich eine Dauerausstellung zum Thema „Tulln unter der Erde".
Website: http://erleben.tulln.at/donau/roemer/roemermuseum_tulln/

**Literatur:**
AEA 2008 = Holzer 2009; AEA 2009 = Holzer – Weber-Hiden 2010; Breibert u. a. 2007; Friesinger – Krinzinger 1997, 226–230; Genser 1986, 356–375; Hübl 2004; Kandler – Vetters 1986, 153–159; Krenn u. a. 1993; Ployer 2013a, 84–87; RMM = Pferdehirt 2004; Sedlmayer 2006; Scholz u. a. 2007; Ubl 2003a; Ubl 2003b.

# Nitzing

## Meilenstein

Etwa 1,8 km südöstlich des Tullner Bahnhofes steht noch heute *in situ* der sog. Nitzinger Meilenstein. Der seit dem 14. Jh. bekannte und 1892 wiederentdeckte Stein war an der Limesstraße, die Vindobona/Wien mit Comagena/Tulln und, in weiterer Folge, mit Aelium Cetium/St. Pölten verband, aufgestellt.

### Meilenstein

Im November 1892 ließ W. Kubitschek die Basis des Meilensteines freilegen. Der 2,32 m hohe Stein besaß im oberen Bereich einen Durchmesser von 0,65 m und war durch einen runden, sorgfältig aus Bruchsteinen gesetzten Mantel im Boden fixiert. Die Inschrift des im Volksmund auch als „Erdäpfelsack von Nitzing" bezeichneten Meilensteines lautet:

*[[[Imp(erator) Caes(ar) Mar(cus) Opellius]]]*
*[[[Severus] M[acrinus]]]*
*[[[pius felix] Aug(ustus) [p(ontifex) m(aximus) trib(unitia) pot(estate) II]]]*
*[[[p(ater) p(atriae) co(n)sul proco(n)sul et] M(arcus) [Opellius]]]*
*[[[Antoninus Diadumenianus]]]*
*[[[nobilissimus Caesar prin]]]*
*[[[ceps iuv]e[ntutis]]]*
*[provi]dentissim[i Aug(usti)]*
*fecerunt*
*a C(etio) m(ilia) p(assuum)*
*XXVI*

Auf der Rückseite wurde nachträglich ein Kreuz auf einem offenen Halbkreis, Symbol für den Hügel Golgota, eingeritzt (Abb. 145).
Der Meilenstein gibt die Entfernung nach Cetium mit 26 Meilen an (*a C(etio) m(ilia) p(assuum) XXVI*). Die Namen der Kaiser sind eradiert, d. h. nachträglich getilgt. Auf Grund der verwendeten Formeln kann es sich nur um Macrinus und seinen Sohn Diadumenianus handeln, wodurch sich die Errichtung des Meilensteines auf die Jahre 217/218 n. Chr. datieren lässt.
Ein weiterer Meilenstein des Macrinus und des Diadumenianus ist 1998 in Gemeinlebarn, 20 km westlich von Nitzing, freigelegt worden. Insgesamt sind aus Noricum bislang zehn Meilensteine von Macrinus und Diadumenianus bekannt. Nach der Vermutung von H. Ubl ist die große Zahl von Meilensteinen dieser – nur ein gutes Jahr (11. April 217 – 8. Juni 218 n. Chr.) herrschenden – Kaiser damit zu erklären, dass das umfangreiche Straßenbauprogramm ihrer Vorgänger, des Septimius Severus und seines Sohnes Caracalla (193–211 bzw. 211–217 n. Chr.), zum Zeitpunkt der Ermordung Caracallas noch nicht abgeschlossen war. Die neu fertiggestellten Straßenabschnitte erhielten Meilensteine mit den Namen der regierenden Kaiser – des Macrinus und seines Sohnes Diadumenianus.
Aus Nitzing stammen zusätzlich mehrere römische Kleinfunde, darunter römische Münzen des 2. und

3. Jhs. n. Chr. Bauliche Befunde sind bislang nicht bekannt.

Kira Lappé

> **Besichtigung**
> Der Stein steht noch *in situ*, an seinem Errichtungsort an der Straße von Tulln nach Königstetten (48°18'57.4"N 16°05'42.5"E). Die Inschrift ist inzwischen vollständig unleserlich. Eine Kopie mit lesbarer Inschrift befindet sich im Kreisverkehr am Severinplatz in Tulln.

Abb. 145: Nitzing. Römischer Meilenstein mit nachträglich eingeritztem Kreuz auf der Rückseite

**Literatur:**
CIL III 13534 + p. 2287 = CIL XVII/4, 75 = AEA 2004, +30 = AEA 2005, +50 = AEA 2007, +12 = AEA 2008, +43 = AEA 2008, +55 = AE 2003, 1317.

Deringer 1953, 292 f. Nr. 39; 305 f.; Franz – Neumann 1965, 100; Gattringer u. a. 1998, insb. 186; Kandler – Vetters 1986, 159 f.; Kubitschek 1894; Münsterberg 1911; Oehler 1913, 11; Pascher 1949, 102. 193 Anm. 75; Pink 1932, 66 Nr. 61; Ubl 2003c.

# Zeiselmauer – Cannabiaca (?)

## Kastell – *vicus*

Der Ort Zeiselmauer erhebt sich am östlichen Rand der Donauniederung des Tullner Beckens, ca. 1 km südlich der heute regulierten Donau. Das Auxiliarkastell mit zahlreichen heute noch aufrecht stehenden Bauteilen liegt auf einer schwach vorspringenden Schotterterrasse des rechten Donauufers unter dem heutigen Ort (Abb. 146). Östlich erheben sich die Höhenrücken des Wienerwaldes, in dem die Grenze zwischen den Provinzen Noricum und Pannonien verlief. Die Zivilsiedlung erstreckte sich südlich des Kastells. Im Südosten wird der *vicus* beiderseits der Klosterneuburger Straße zum Teil von einem spätantiken Gräberfeld überlagert. Eine weitere Nekropole lag etwa 700 Meter südwestlich des Lagers und östlich der Königstettner Straße bzw. beiderseits der von dieser abzweigenden Wolfpassinger Straße.

Der mittelalterliche Ort Zeiselmauer entwickelte sich über den Hinterlassenschaften des römischen Kastells. Dieses war das östlichste Kastell der Pro-

# Zeiselmauer – Cannabiaca (?)

Abb. 146: Zeiselmauer – Cannabiaca

# Zeiselmauer – Cannabiaca (?)

Abb. 147: Kastell Zeiselmauer. Konservierte Überreste des nordöstlichen Fächerturms, Ansicht von Nordosten

vinz *Noricum/Noricum ripense* am Donaulimes. Der antike Name ist zwar nicht eindeutig gesichert, am wahrscheinlichsten gilt aber das in der *Notitia dignitatum* (occ. XXXIV 46) genannte „Cannabiaca".

## Forschungsgeschichte

Nachrichten über römische Funde aus Zeiselmauer sind seit dem 18. Jh. bekannt. Die Limeskommission führte unter G. v. Kaschnitz von 1904 bis 1911 Untersuchungen im Kastellbereich durch. Trotz der sichtbaren Mauerteile vermutete erst E. Nowotny 1925 im mittelalterlichen Stadtkern die Strukturen eines römischen Kastells. Ab 1969 führte das Bundesdenkmalamt (H. Ubl) Ausgrabungen durch und konnte damit den endgültigen Nachweis eines römischen Kastells sowie eines spätantiken Burgus liefern. Seit dem Ende des 19. Jhs. brachten Bautätigkeiten im Ortsbereich Hinweise auf die Siedlung und die zugehörigen Gräberfelder.

## Auxiliarkastell

In den letzten Jahrzehnten des 1. Jhs. n. Chr. wurde ein Holz-Erde-Lager errichtet, das nach einem Brand bis zur Mitte des 2. Jhs. n. Chr. allmählich in Stein erneuert wurde. Für die Innenbauten lieferten die *legio X gemina* aus Vindobona/Wien und die *legio II Italica* aus Lauriacum/Enns Ziegel. Erste Besatzungstruppe des Zeiselmauer Kastells war vermutlich die *cohors V Breucorum*. Von 122 n. Chr. bis in das 3. Jh. war es Standort der *cohors II Thracum equitata pia fidelis*, die durch eine Weihinschrift bezeugt ist. Ab dem beginnenden 4. Jh. n. Chr. wurden die zum Teil heute noch sichtbaren Fächertürme erbaut (Abb. 147). Türme mit hufeisenförmigem Grundriss zwischen den Lagerecken und den Toren sicherten die 1,40 m mächtige Lagermauer zusätzlich. Das Geviert der Kastellmauer umschloss eine Fläche von 150 × 135 m (2,025 ha). An der Nordseite konnten zwei vorgelagerte, durch einen Wall getrennte Spitzgräben festgestellt werden. Innerhalb des Kastells wurden neben den *principia*, dem Lagerzentralbau mit Fahnenheiligtum (unter der heutigen Kirche), mehrfach Baureste von Kasernen und ein Wirtschaftsgebäude mit Speicher nachgewiesen. Freigelegt wurde weiters die *via principalis*, die in Richtung Torbogen im „Körnerkasten" (*porta principalis dextra*) verlief (Abb. 148).

## Kleinkastell

Nach der Mitte des 4. Jhs. n. Chr. wurde über den abgetragenen Teilen des nordwestlichen Fächerturms ein turmartiges Kleinkastell mit Innenhof errichtet (Abb 149). Dieser spätantike Burgus mit den Ausmaßen von 20 × 21 m nahm eine kleine militärische Einheit auf. Das übrige Lagerareal wurde nun von der zivilen Bevölkerung genutzt. In dieser Phase der zivilen Nachnutzung erfuhr das Areal eine grundsätzliche Umgestaltung, wie dies die flächige spätantike Verbauung mit partiell ergrabenen Gebäuden zeigt, die in das 5. Jh. n. Chr. datieren. Am Ende des 5. Jhs. verfällt der Ort und wird erst wieder zur Zeit Karls des Großen im ausgehenden 8. Jh. n. Chr. besiedelt.

## Vicus

Die in der frühen Kaiserzeit entstandene Zivilsiedlung erstreckte sich südlich des Kastells. Bislang sind aber nur Streufunde und einzelne Mauerreste bekannt. Gegen Ende des 4. Jhs. n. Chr. aufgegeben, wurde der *vicus* zum Teil von einem spätantiken Gräberfeld überlagert, von dem etwa 15 Körperbestattungen in einem ausgedehnten Bereich fassbar sind. Die tatsächliche Ausdehnung und Belegungsdichte ist jedoch unklar.

## Gräberfeld

Von dem nur in Teilaufschlüssen bekannten Gräberfeld südwestlich des Kastells sind insgesamt 70 Brand- und Körperbestattungen überliefert. Neben einfachen Erdgräbern konnten auch sieben Steinkisten mit bis zu drei Beisetzungen freigelegt werden. Die nur sehr schlecht dokumentierten Brandgräber

Abb. 148: Kastell Zeiselmauer. *Porta principalis dextra* („Körnerkasten") im heutigen Bauzustand, Ansicht von Nordosten

gehören aufgrund der besser datierbaren Funde ebenfalls den spätantiken Bestattungen an. Die wenigen älteren Funde aus Brandgräbern stellen eventuell Reste eines frühen Belegungshorizonts dar, der aber aufgrund der vorhandenen Dokumentation kaum fassbar ist.

René Ployer

Abb. 149: Kastell Zeiselmauer. Konservierte Überreste des spätantiken Restkastells, Ansicht von Norden

> **Besichtigung**
> Heute sind Teile der Lagermauer, der nordöstliche und südwestliche Fächerturm, der Körnerkasten (*porta principalis dextra*) sowie das Restkastell in der Augasse als aufgehende Bauwerke erhalten. Reste eines Hufeisenturms sind unter der Volksschule, Teile der *principia* (Fahnenheiligtum) unter der Pfarrkirche konserviert.

Literatur:
Dembski 1974a; Fettinger – Krenn 2010; Fischer 2002, 51 f. 143 f.; Friesinger – Krinzinger 1997, 231–236; Genser 1986, 376–396; Kandler – Vetters 1986, 160–165; Kaschnitz 1907, 144–146; Kaschnitz 1910, 111–114; Kaschnitz 1911, 28–31; Kenner 1869, 205. 214; Kenner 1877, 290 f.; Kreitner – Fragner 2003; Krenn – Leingartner 2009; Kubitschek 1910, 115–121; Nowotny 1923/1924, 167 f.; Nowotny 1925, 115 Anm. 18; Ployer 2013a, 88–91; Schröder 2006; Ubl 1971; Ubl 1973; Ubl 1974; Ubl 1976; Ubl 1977, 251–262; Ubl 1977/1978, 231–246; Ubl 1980, 592; Ubl 1985/1986, 301–307; Ubl 1994c; Ubl 1997; Ubl 2000b.

# Greifenstein

## Wachturm (?)

Im Jahre 1969 wurden unterhalb der mittelalterlichen Burg Greifenstein bei Fundamentierungsarbeiten Funde aus mehreren Zeitepochen, von der Urnenfelderzeit bis ins Mittelalter, gemacht. Darunter befanden sich auch römische Keramik- und Dachziegelfragmente, die einen Wachturm an dieser Stelle vermuten lassen. Bereits zuvor war eine römische Münze, eine Großbronze Hadrians (117–138 n. Chr.), am Abhang des Eichberges gefunden worden. Baubefunde konnten nicht dokumentiert werden, die Annahme eines Wachturms bleibt hypothetisch.

Kira Lappé

> **Besichtigung**
> Es sind keine oberirdisch sichtbaren Denkmäler erhalten.

Literatur:
Genser 1986, 397 f.; Hutter 1942–1948; Kandler – Vetters 1986, 166; Neugebauer 1966–1970; Ubl 1974/1975, 156.

# Maria Gugging

## Wachturm (?)

Westlich von Maria Gugging, auf dem Abhang einer Wiese, erfolgte im Dezember 1909 im Zuge von Bauarbeiten an einer Rodelbahn die Freilegung zweier Inschriftensteine. Bei beiden handelt es sich um lokal gebrochene Sandsteinblöcke, die etwa 3 m voneinander entfernt lagen. Der größere Stein weist eine Größe von 1,12 m Höhe, 0,47–0,52 m Breite und 0,25 m Tiefe auf und stellt eine Weihung an den römischen Waldgott Silvanus dar. Die Inschrift ist gut erhalten und lautet:

*Silvano*
*sacrum*
*p(ro) s(e) et su(is)*
*Cornelius*
*l(ibens) <f>(ecit) (?)*

Der obere Teil des zweiten, kleineren Sandsteines (Maße in Metern: 0,42 h × 0,34 b × 0,22 t) ist abgebrochen. Die erste Zeile der Inschrift fehlt, meist wird auch hier Silvanus als Adressat der Weihung angenommen. Als Stifter ist ein Soldat der *legio X* genannt:

*[Silvano]?*
*sacru[m]*
*Ulp(ius) Genia-*
*lis m(iles) l(egionis) X*
*v(otum) s(olvit) l(ibens) l(aetus) m(erito)*

Als Aufstellungsort vermutet R. Münsterberg das *sacellum*, das Fahnenheiligtum, eines Wachturmes an der hier angenommenen Limesstraße. Von einem solchen Wachposten sind bislang keinerlei Baubefunde bekannt. Die Inschriftensteine werden im Niederösterreichischen Landesmuseum verwahrt.

Kira Lappé

**Besichtigung**
Es sind keine oberirdisch sichtbaren Denkmäler erhalten.

**Literatur:**
AE 1910, 102.
Betz 1935, 298 Nr. 98; Franz – Neumann 1965, 91; Genser 1986, 399–401; Hild 1968, 263 f. Nr. 414. 415; Humer – Kremer 2011, 114; Kandler – Vetters 1986, 166 f.; Kubitschek 1909; Münsterberg 1909; Oehler 1909; Pascher 1949, 43.

## Klosterneuburg

### Auxiliarkastell – *vicus*

Zahlreiche Grabungen erbrachten in den letzten Jahren wesentliche Erkenntnisse zum römischen Klosterneuburg. Da die römischen Befunde in Klosterneuburg aufgrund der intensiven jahrhundertelangen baulichen Nutzung des Areals in sehr großer Tiefe liegen, sind konkrete archäologische Ergebnisse hier nur im Rahmen massiver Bodeneingriffe oder als Ergebnis gezielter Forschungsgrabungen zu erwarten.

### Auxiliarkastell

Das westlichste Militärlager Pannoniens lag im Bereich des heutigen Augustiner Chorherrenstiftes. Das Plateau mit seinen steilen Abhängen im Westen und Norden bot einen ebenso günstigen, großflächigen Bauplatz wie einen hervorragenden Aussichtspunkt und war somit prädestiniert für die Anlage einer militärischen Station. Es handelte sich um ein Hilfstruppenlager, das eine Kohorte beherbergte. Ziegelstempel überliefern uns die Stationierung von drei einander ablösenden Kohorten im Lager von Klosterneuburg. Das Kastell wurde noch im Laufe des 1. Jhs. n. Chr. als Holz-Erde-Bau angelegt und vermutlich bereits seit dem frühen 2. Jh. in Steinbauweise umgestaltet. Im ausgehenden 4. Jh. n. Chr. wurde die Lagermauer zusätzlich mit Hufeisentürmen befestigt. Im 5. Jh. ist eine zivile Bebauung des Lagerinneren zu beobachten, als die Truppe bereits massiv verkleinert war und somit Bauplätze im mauergeschützten Lagerinneren zur Verfügung standen. Aufgrund der derzeitigen Fundlage ist für Klosterneuburg eine kontinuierliche Weiterbesiedlung des ehemaligen Kastells im Frühmittelalter noch nicht klar belegbar, erst die Errichtung der Burg in babenbergischer Zeit erhellt wieder unser Bild der Nutzung des heutigen Stiftsareals. Eindeutiges Fundmaterial aus der Zeit des 6.–10. Jhs. n. Chr. fehlt bislang aus dem Stiftsareal. Bis vor wenigen Jahren war die exakte Ausdehnung des Kastells innerhalb des heutigen Stiftsareals umstritten, einzig der Verlauf der östlichen Kastellmauer konnte im Rahmen von Grabungen in den Jahren 1953/54 festgestellt werden. Ein wesentlicher Beitrag zur Kenntnis der Ausmaße des römischen Militärkastells konnte in den Jahren 2000–2002 im Rahmen einer archäologischen Untersuchung im ehemaligen Schmiedehof des Stifts (Albrechtsbergergasse 4–6) geleistet werden: Unter der Leitung von H. Ubl wurde im Innenhof (Parzelle 192/4) ein West-Ost orientierter Schnitt angelegt. Dieser Schnitt 1 lag direkt innerhalb der Verfüllschichten des römischen Lagergrabens und erbrachte große Mengen an mittelalterlichem und frühneuzeitlichem Kleinfundmaterial aus späteren Auffüllungen. Im Jahr 2001 wurden die Untersuchungen fortgesetzt und Spitzgräben erfasst, die bis in eine Tiefe von 4,70 m unter Geländeniveau reichten. Dem Militärlager von Klosterneuburg waren also zwei tiefe Gräben als Annäherungshindernisse vorgelagert. Innerhalb mehrerer Teilverfüllschichten war auch ein starker Mauerversturz mit teilweise sehr großen Bruchsteinen und hohen Kalkmörtelanteilen als Abbruchmaterial der Lagermauern festzustellen. Im Jahr 2002 wurden daraufhin die Grabungsarbeiten auf die Parzelle 193/1, den sog. Dechanteihof, verlegt. Hier lag bereits in 1 m Tiefe massives und gut erhaltenes kalkmörtelgebundenes Bruchsteinmauerwerk des südöstlichen Eckturmes des Klosterneuburger Hilfstruppenkastells vor. Die Umfassungsmauer des Lagers mit einer Stärke von 0,90 m verlief hier in einem Viertelbogenkreis um die Ecke. Dahinter, also ins Lagerinnere hineinreichend, lagen die Mauerzüge eines trapezförmigen Eckturmes. In einer späteren Ausbauphase des Kastells wurde vermutlich im späten 4. Jh. n. Chr. außen an die Lagermauer ein Fächerturm angesetzt, dessen Hals untersucht werden konnte. Das teilweise sogar im Aufgehenden erhaltene Mauerwerk des Fächerturmes zeigt Mauerbreiten von ca. 1,60 m. In der Feststellung der südöstlichen Eckturmsituation wird sich nun die Größe des Lagers wesentlich genauer bestimmen lassen, da der Lagergrundriss durch die bekannte Ostflanke am Stiftsplatz einerseits und durch die Steilabbrüche gegen Westen und Norden andererseits natürlich vorgegeben und relativ genau rekonstruierbar ist. Aus dem Vorhandensein einer spätrömischen Ausbaustufe mit der Verstärkung der Lagerecke durch den Fächerturm ist nun auch ein weiterer, klarer, baulicher Hinweis auf eine starke militärische Präsenz in der Spätphase des römischen Klosterneuburg gegeben.

In der Stiftskirche, also inmitten des antiken Militärlagers selbst, wurden im Rahmen von Aushubarbeiten zur Schaffung einer Fußbodenheizung punktuell römische Befunde erfasst. Aufgrund der schmalen Gräben ließen sich jedoch einzelne Pfosten- und Balkengräbchen keiner eindeutigen Bauphase des Kastells zuordnen.

Steinmauern von Mannschaftsbaracken wurden im Jahr 2000 außerhalb der Kirche erfasst. Auch diese Untersuchung erbrachte nur punktuelle Ergebnisse. Details zur Innenbebauung und Gliederung des Militärlagers wird eine der großen Aufgaben künftiger Forschungen sein.

Im Jahre 2013 wurde im Bereich des Stiftsplatzes die südliche Lagermauer freigelegt, die Ergebnisse der Untersuchungen sind noch in Arbeit.

## Vicus

Im Bereich der antiken Zivilsiedlung (*vicus*) konnten im Rahmen zahlreicher Denkmalschutzgrabungen archäologische Befunde beobachtet werden, die eine Erstreckung der Zivilsiedlung südlich des Militärlagers belegen und eine bessere Abgrenzung von Siedlungsflächen von den Gräberfeldern erlauben werden.

Einen wesentlichen Beitrag zur Kenntnis der topographischen Verhältnisse in römischer Zeit lieferten die Untersuchungen durch J.-W. Neugebauer im Rathauspark: Hier konnte in den Jahren 1999 und 2000 abgesehen von mächtigen mittelalterlichen Schichtpaketen und der Lokalisierung der mittelalterlichen Schranne in einer Tiefe von 2,60 m unter der Geländeoberkante eine 5 m breite Straße des 2./3. Jhs. n. Chr. festgestellt werden. Die gut erhaltene Straße wurde vom Ausgräber als Beleg für eine Verbindung zwischen der am Fuße des Buchberges vorbeiziehenden Limesstraße und der Haupttoranlage des Militärlagers gedeutet. Der Unterbau des Straßenkörpers bestand aus einer massiven Bruchsteinlage, die seitlich von großen Sandsteinen und Gräbchen zur Ableitung von Oberflächenwasser begleitet war. Die Straße war flankiert von einfachen, spätantiken Holzbauten, deren Pfostengruben und Feuerstellen dokumentiert werden konnten. Im 4. und 5. Jh. n. Chr. war die in der älteren römischen Kaiserzeit gepflogene Praxis, ein freies Glacis ringsum die Kastelle unverbaut zu halten, aufgegeben worden. Die Grabung erbrachte auch größere Mengen an Fundmaterial vom 1.–5. Jh. n. Chr.

Nach wie vor sind im Bereich der antiken Zivilsiedlung durch die Archäologie noch keine vollständigen Hausgrundrisse freigelegt worden. Dies ist insbesondere auf die dichte bestehende Verbauung des Areals als auch auf die sehr tiefe Lage der archäologischen Befunde unter dem heutigen Niveau zurückzuführen.

## Gräberfelder

Punktuelle kleinere Grabungen bestätigten im Wesentlichen die bereits früher vermutete Lage der Gräberfelder. Vor allem am Fuße des Buchberges und konkret in der Buchberggasse / Ecke Raphael-Donner-Gasse konnten wiederholt römische Gräber beobachtet werden. Mehrere Denkmalschutzgrabungen im Bereich der Leopoldstraße erbrachten Belege von ziviler Siedlungstätigkeit, zumeist Abfallgruben, Öfen etc.

Roman Igl

### Besichtigung

Die Mauerzüge unter dem Stiftsplatz, bereits in den Jahren 1953/54 ergraben und danach wieder zugeschüttet, konnten im Jahr 2005 teilweise wieder freigelegt, konserviert und dauerhaft öffentlich zugänglich gemacht werden. Nunmehr ist abgesehen von den Mauern der 1212 errichteten Capella Speciosa auch das römische Turmmauerwerk der östlichen Lagermauer jederzeit zu besichtigen.

Eine große Auswahl an Kleinfunden und Inschriftensteinen aus römischer Zeit ist mit Führung im Lapidarium des Stiftes Klosterneuburg zu besichtigen.

Website: http://www.stift-klosterneuburg.at

**Literatur:**
Friesinger – Krinzinger 1997, 236–240; Genser 1986, 402–429; Kandler – Vetters 1986, 167–173; Neugebauer 1999; Neugebauer 2000; Neugebauer-Maresch – Neugebauer 1986; Neugebauer-Maresch – Neugebauer 1992; Ubl 1991; Ubl 1992a; Ubl 1999a; Ubl 2000a; Ubl 2002.

## Wien – Vindobona

Legionslager – *canabae legionis* – Zivilsiedlung

### Historischer Abriss (Abb. 150)

Zwei Generationen nach der Gründung des Legionslagers Carnuntum durch die *legio XV Apollinaris* errichtete die römische Armee im Zuge des *bellum Suebicum* des Domitian knapp 30 römische Meilen die Donau stromaufwärts im heutigen Stadtgebiet von Wien einen weiteren Militärstützpunkt. Die Stationierung der *ala I Flavia Augusta Britannica milliaria civium Romanorum* am Standort Vindobona ist im letzten Jahrzehnt des 1. Jhs. n. Chr. durch drei Grabsteine von Reitersoldaten nachweisbar (Abb. 159). Ihr Kastell dürfte nur wenige hundert Meter westlich des späteren Legionslagerareals auf dem Gelände des im 12. Jh. gegründeten Schottenklosters zu lokalisieren sein. Doch bereits lange zuvor war das von boischen Kelten besiedelte Gebiet an der Grenze von Noricum und Pannonien unter römischer Kontrolle, wie unter anderem der tiberische Grabstein des C. Atius, eines aktiven Soldaten der *legio XV Apollinaris*, der hier im späteren Vindobona starb, nahelegt.

Frühestens ab 97 n. Chr. begannen in der Provinz Pannonien großangelegte militärische Bauprogramme, die unter anderem die Errichtung der Legionslager von Brigetio und Vindobona zur Folge hatten. Zur Errichtung des Lagers Vindobona wurde die *legio XIII gemina* an die Donau verlegt. Auf der Wiener Stadtterrasse, einem Plateau, auf dem sich heute die Wiener Innenstadt erstreckt, unmittelbar am südlichsten und damals schiffbaren Hauptarm der Donau, fanden sie ein fortifikatorisch günstiges Gelände vor, das genug Platz für ein 22 ha großes Legionslager und seine Lagervorstadt (*canabae legionis*) bot. Zum Fluss hin entwässernde Wienerwaldbäche sorgten für genügend Wasser und einer von diesen, der Ottakringer Bach, ersparte zudem die Anlage eines westlichen Legionslagergrabens.

Die Bauinschrift eines Zenturios der Legion und zahlreiche gestempelte Ziegel innerhalb des Lagerareals weisen auf das Wirken der 13. Legion hin. In dieser Zeit wurde die für ein Unternehmen dieser Größenordnung benötigte Infrastruktur im Umland Vindobonas mit Straßen, Steinbrüchen und vor allem der Ziegelproduktion aufgebaut. Wenig später, im Jahr 101 n. Chr., wurde die Truppe nach Dakien abgezogen.

Die nachfolgende *legio XIIII gemina Martia victrix*, führte schließlich die Arbeiten, wahrscheinlich nach dem Herbst 102 n. Chr., zu Ende. Die Befestigungsanlagen und die Sondergebäude wie *principia*, *praetorium*, Thermen, Tribunenhäuser, *fabrica* sowie die Kasernen der ersten Kohorte wurden bereits von Beginn an in Steinbauweise konzipiert. Die einfachen Kasernenbauten der übrigen, quingenaren Kohorten hingegen bestanden aus Lehmziegeln, die erst am Ende des 2. Jhs. n. Chr. Fundamentsockel aus Bruchsteinen erhielten. Spätestens während der Stationierungszeit der 14. Legion begann neben dem Ausbau der Lagervorstadt auch die Errichtung einer zwölf Meilen langen Wasserleitung, die vom Südwesten aus kalkhaltigen Regionen des Wienerwaldes in das Siedlungszentrum führte.

Außerhalb der Leugenzone des Legionslagers entstand entlang der Limesstraße Richtung Carnuntum eine Zivilsiedlung mit archäologisch nachgewiesenen Wohnbauten und Gewerbebetrieben, Gaststätten und Ziegelproduktion. Einzelfunde, wie ein Merkuraltar, ein Mithrasrelief oder der Torso einer Götterstatue, deuten auch auf sakrale Bereiche innerhalb der Siedlung, ohne dass allerdings bislang ein Forum oder Tempelbezirke lokalisiert werden

# Wien – Vindobona

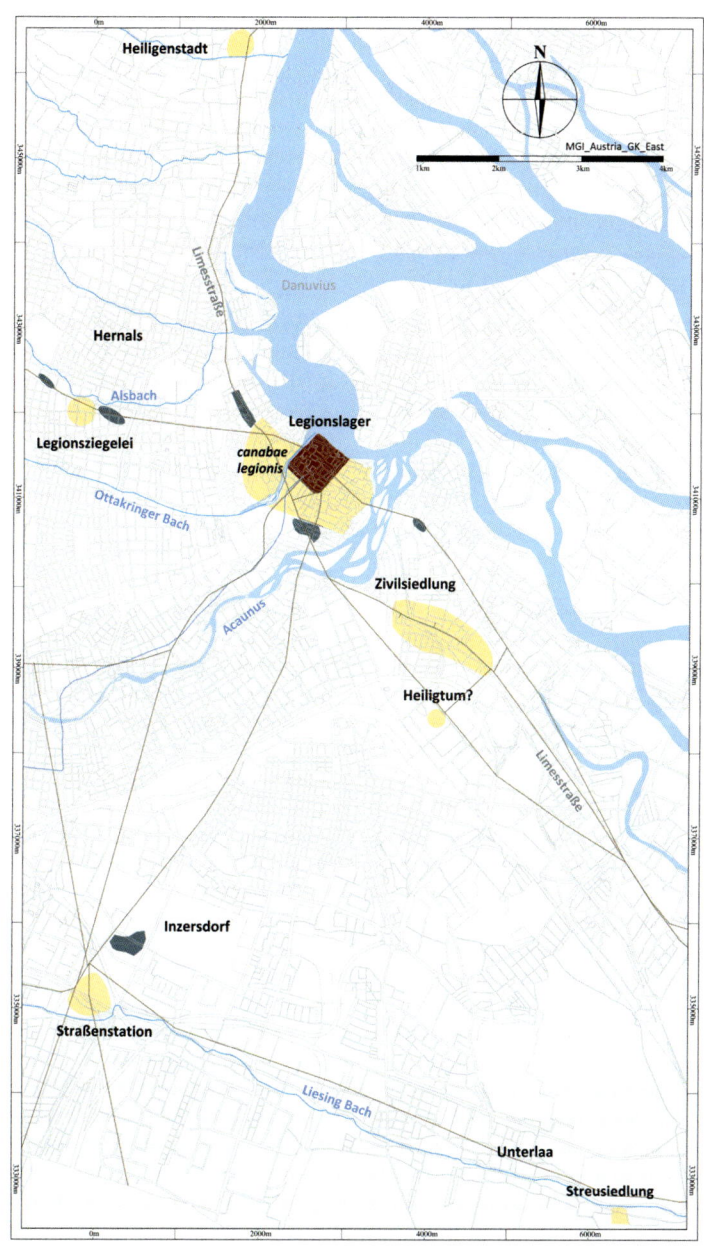

Abb. 150: Wien – Vindobona

konnten. Auch der rechtliche Status der Zivilsiedlung von Vindobona in Bezug auf den Zeitpunkt einer Erhebung zum *municipium* bleibt bislang unklar.

Im Jahr 114 n. Chr. oder spätestens unter Kaiser Hadrian erfolgte an der mittleren Donau eine letzte, größere Dislokation von Truppenverbänden, bei der die *legio XIIII gemina Martia victrix* nach Carnuntum und die *legio X gemina* von Aquincum nach Vindobona verlegt wurde. Knapp 2000 gestempelte Ziegel und ca. 30 weitere Inschriften zeugen vom 300-jährigen Aufenthalt der Legion in der Wiener Garnison. In den ersten Jahrzehnten ihrer Stationierung wuchs der Siedlungsraum von Vindobona, sowohl die *canabae legionis* als auch die Zivilsiedlung, stetig an und erreichte ihren Höhepunkt in severischer Zeit (Abb. 151). Die Markomannenkriege bedeuteten zumindest archäologisch gesehen keine größere Zäsur. Es folgte zwar danach innerhalb des Legionslagers eine neue, qualitätsvollere Bauperiode, vorangegangene Zerstörungen konnten aber nicht festgestellt werden. Eine Reihe von Ziegelstempel deutet auf die Anwesenheit einer Vexillation der *legio II Italica* in Vindobona während der Kriegsereignisse hin. Ein weiteres Detachement, jenes der *legio VIII Augusta*, lässt sich viel später in den Jahren zwischen 261 und 268 n. Chr. nachweisen, als dieses nach dem *bellum Serdicense* von Sirmium nach Vindobona abkommandiert wurde.

Im fortgeschrittenen 3. Jh. n. Chr. kündigten sich schließlich tiefgreifende siedlungsgeschichtliche Umwälzungen an. Die Zivilsiedlung ist, nach dem Fundmaterial zu schließen, spätestens in der zweiten Hälfte des Jahrhunderts bereits verlassen. Die Lagervorstadt erleidet ebenfalls einen Bevölkerungsrückgang, der sich in der Anlage von Körper-

Abb. 151: Wien. Rekonstruktion des antiken Wien

bestattungen in Ziegelplatten- und Steinkistengräbern innerhalb von ehemaligen Siedlungsräumen widerspiegelt. Diese Tendenz führte schließlich zum vollständigen Rückzug der Bewohner in das ummauerte Areal des Legionslagers. Dies dürfte unmittelbar nach der Reduktion der Mannschaftsstärke der *legio X gemina* am Standort Vindobona im Rahmen der diokletianisch-konstantinischen Militärreformen erfolgt sein, als der frei werdende Platz durch den Zuzug ziviler Bevölkerung genutzt wurde. Vielleicht noch im 3. Jh. n. Chr. führte ein von der Donau verursachter Hangrutsch zur Zerstörung des nordwestlichen Abschnitts des Lagers und der anschließenden Gebiete. Danach ist kein Neubau, sondern nur eine Erneuerung der Befestigungsanlagen festzustellen, was ebenfalls indirekt den reduzierten Raumbedarf in der Spätantike widerspiegelt. Vindobona zeigte sich im 4. Jh. n. Chr. als Festungsstadt mit zum Teil Gewerbe treibenden zivilen Bewohnern und Militärbesatzung sowie als Flottenstützpunkt der *classis Histrica*. Überregionale wirtschaftliche Bedeutung bis in diese Zeit dürfte Vindobona in der Produktion und dem Handel von Ziegeln erlangt haben, da entsprechendes Material der *legio X gemina* in der gesamten *Pannonia prima* und *Valeria*, aber auch jenseits der Donau zu finden ist. Der Produktionsstandort befand sich am Alsbach, einem der Wienerwaldbäche, etwa zwei römische Meilen westlich der Stadt. Ganz in dessen Nähe zeugen aufgefundene Bauteile von Grabädikulen von ausgedehnten Gräberstraßen der Siedlung, die auch Richtung Süden archäologisch nachgewiesen sind. Die spätantike Bevölkerung ist durch eine steigende Akkulturation von einheimisch römischen mit germanischen und wohl auch anderen Gruppierungen geprägt, die auch in eine Vielzahl von Glaubensvorstellungen mündete, wobei allerdings das frühe Christentum bislang in Vindobona schwer zu fassen ist. Im näheren Umkreis von Vindobona scheinen vereinzelte spätantike Bestattungen auf kleinere Ansiedlungen zu weisen, insbesondere im Bereich des heutigen Arsenals, außerhalb der ehemaligen Zivilsiedlung, wo Architekturteile mittelkaiserzeitlicher Kultanlagen als Spolien für Steinkistengräber Wiederverwendung fanden (Abb. 162). Nach Analyse des entsprechenden Fundmaterials scheint sich frühestens gegen Ende des 4. Jhs. n. Chr. die militärisch strukturierte und verwaltete Siedlung im Lager von Vindobona aufgelöst zu haben. Während des ersten Drittels des 5. Jhs. n. Chr. sind vereinzelte Baumaßnahmen innerhalb des Lagerareals festzustellen, die aber meist nur von kurzer Dauer waren, bis schließlich das Lager vollständig verlassen wurde.

## Legionslager (Abb. 152)

Schon aus frühneuzeitlichen Stadtplänen, wie etwa dem Grundrissplan der Stadt Wien von Bonifaz Wolmuet aus dem Jahr 1547, kann die Fläche des römischen Legionslagers anhand der alten Parzellierungen und Gassen erahnt werden. Doch erst am Ende des 19. Jhs. wurden federführend durch F. Kenner auch archäologisch Beweise erbracht, die das Lagerareal im Zentrum der Wiener Innenstadt lokalisieren lassen. Die Auffindung der *porta principalis sinistra* an der Hohen Brücke über dem Tiefen Graben sowie der *porta decumana* mit anschließender Umfassungsmauer im Bereich Naglergasse/Tuchlauben am Beginn des 20. Jhs. konkretisierte das exakte Ausmaß der Fortifikationsanlage. So waren bald ihre von der Plateaulage auf der Wiener Stadtterrasse definierten Grenzen ausgemacht: Im Westen fungierte als natürliche Barriere der Tiefe Graben, durch welchen zur Römerzeit noch der Ottakringer Bach floss. Dort, wo die Naglergasse in den Heidenschuß mündet, spiegelt sich noch heute in der Außenflucht der Parzellen die abgerundete Südwest-Ecke des Legionslagers (Abb. 152 Nr. 1). Entlang der Naglergasse verlief die Südmauer mit daran anschließendem, dreiteiligem

# Wien – Vindobona

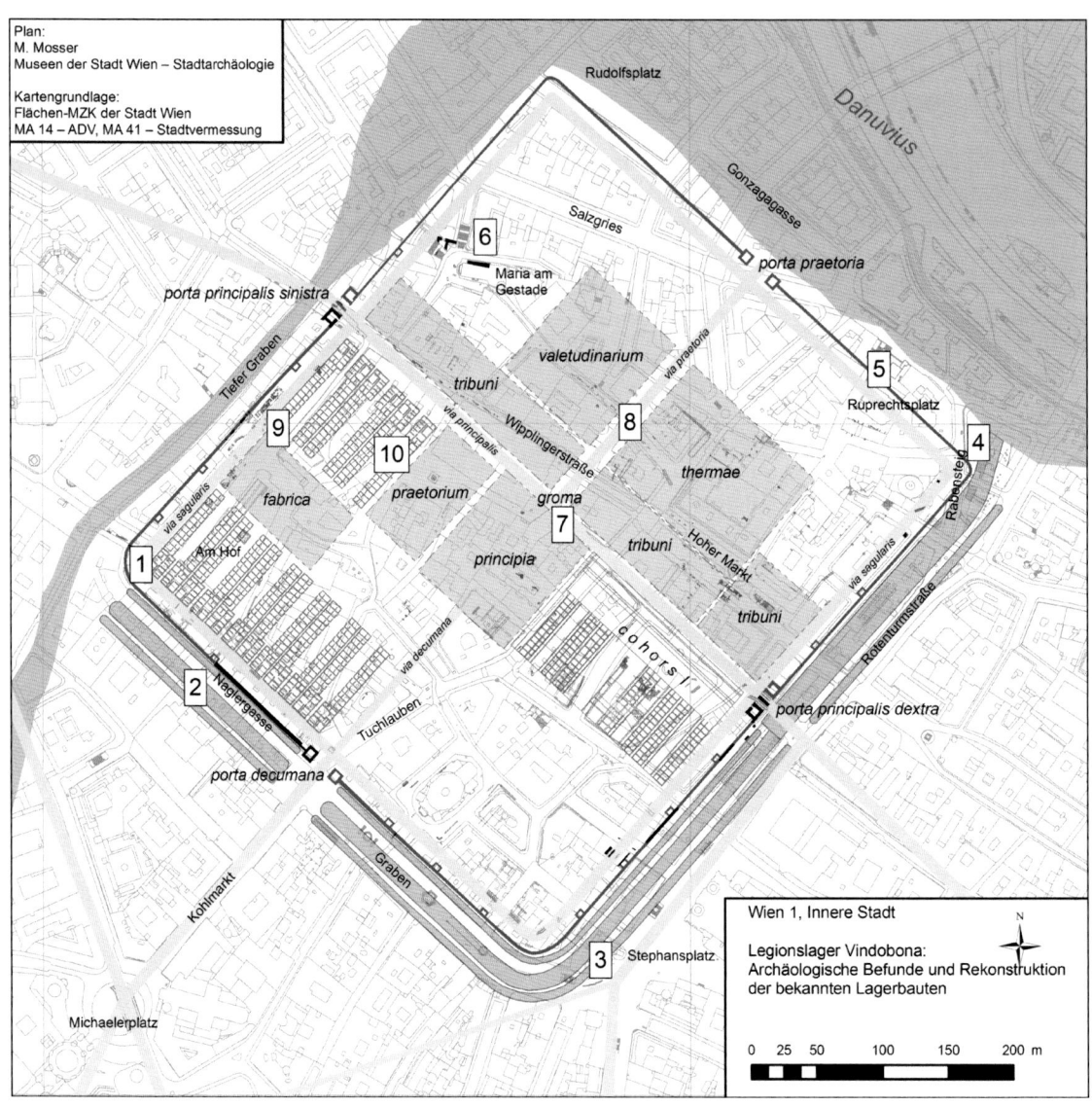

Abb. 152: Wien. Plan des Legionslagers Vindobona

# Wien – Vindobona

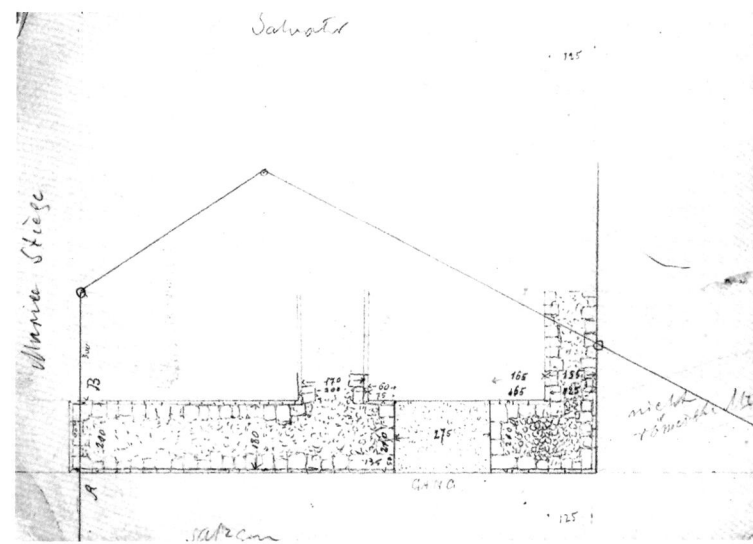

Abb. 153: Wien. Planskizze der spätrömischen Hafenbefestigung, Am Gestade 2, 1901

den Donaukanal vermittelt am besten die antike Situation auf dem Plateau oberhalb des südlichsten schiffbaren Donauarms (Abb. 152 Nr. 5). Der weitere Verlauf ist zwischen Salzgries und Gonzagagasse mit der Nordwest-Ecke am Südrand des Rudolfsplatzes an der Einmündung der Heinrichsgasse zu suchen. Die spätantike Situation spiegelt sich dagegen im Gelände um die Kirche Maria am Gestade am besten wider (Abb. 152 Nr. 6). Die dortige Stiegenanlage vom Passauer-Platz hinunter zum Tiefen Graben und zum Salzgries stellte in spätrömischer Zeit den Abgang vom Lagerplateau zu den Hafenanlagen der Donauflotte (*classis Histrica*) dar. Ein 1901 aufgedecktes, massives quadratisches Turmfundament mit anschließendem Mauerzug (Passauer-Platz 5, Am Gestade 2) am Fuß des Plateaus dürfte auf entsprechende Hafenbefestigungen hindeuten (Abb. 153). Im unterkellerten Bereich der Kirche Maria am Gestade deuten Mauerreste auf den Verlauf

Grabensystem, das sich über dem auch jetzt noch als „Graben" bezeichneten Straßenzug nach Osten fortsetzte. Im abfallenden Gelände beim Haarhof (Abb. 152 Nr. 2) ist der Lagergraben noch fassbar. Die Südost-Ecke ist noch heute durch die gerundete Fassade in der modernen Architektur des „Haas-Hauses" (Stock-im-Eisen-Platz 4/Stephansplatz 12; Abb. 152 Nr. 3) nachvollziehbar. Über Stephansplatz, Rotenturmstraße und Rabensteig verliefen die Lagergräben an der Ostseite, die Lagermauer selbst ist aber parallel nach Westen versetzt entlang der Kramergasse und Rotgasse zu suchen, wobei an der Ecke zur Ertlgasse die im Jahr 1843 erstmals entdeckte, damals aber unerkannte *porta principalis dextra* zu positionieren ist. Der ursprünglich rechteckige Lagergrundriss ist im nördlichen Abschnitt durch den spätrömischen Hangrutsch heute nicht mehr im Gelände nachvollziehbar. Von der Nordost-Ecke am Rabensteig (Abb. 152 Nr. 4) dürfte die nördliche Umfassungsmauer zunächst zur Geländekante am Ruprechtsplatz geführt haben. Dieser Aussichtspunkt mit heutigem Blick auf

Abb. 154: Wien. Rekonstruktion der *porta principalis dextra* des Legionslagers Vindobona

# Wien – Vindobona

der spätrömischen Befestigung entlang der nördlichen Geländekante.

Die Innenbebauung des Lagers kann hingegen in den heutigen, meist auf mittelalterliche und frühneuzeitliche Parzellierungen zurückgehenden Häuserzeilen nicht erkannt werden. Auch die Hauptdurchzugsstraßen und Lagergassen finden sich nicht mehr im Verlauf der heutigen Innenstadtgässchen. So hatten zwar die römischen Tortürme zumindest zum Teil (*porta principalis sinistra* und *porta decumana*) Nachfolger in der mittelalterlichen Stadtbefestigung, die von dort abführenden Straßenachsen (*via principalis* und *via decumana*) nahmen aber einen anderen Verlauf als heute die auf das Mittelalter zurückgehende Wipplingerstraße und die Tuchlauben. Daher konnten alle Erkenntnisse betreffend der Lage und Orientierung der Innenbauten und Lagerstraßen nur über die Ausgrabungen der letzten 120 Jahre gewonnen werden. Ausgehend von den Lagerachsen soll nun kurz auf die bekannten Positionen von Kasernen und Sondergebäuden eingegangen werden:

Die *via principalis* führte vom Torturm an der Hohen Brücke nach Osten kurz über die Wipplingerstraße. Danach folgte sie dem Verlauf der Schultergasse und Landskrongasse, ehe sie im Bereich Kramergasse/Ertlgasse bei der *porta principalis dextra* das Lager verließ (Abb. 154). Die sechs Tribunenhäuser, von welchen Reste im Römermuseum am Hohen Markt besichtigt werden können (s. u. Denkmäler Wien 1, Hoher Markt 3; Abb. 168), reihten sich im Norden entlang dieser Hauptstraße. Etwa im Bereich Schultergasse/Jordangasse

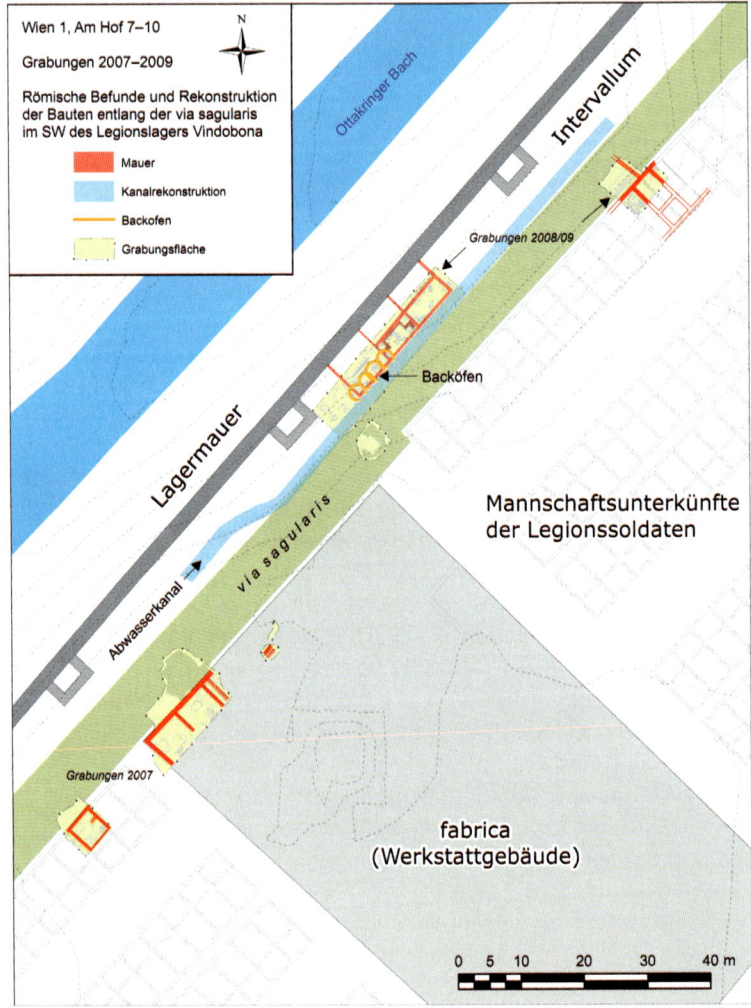

Abb. 155: Wien. Übersichtsplan zu den Ausgrabungen in Wien 1, Am Hof 7–10 in den Jahren 2007–2009

befand sich mit dem großen Torbau der *groma* das Zentrum des Lagers (Abb. 152 Nr. 7), dem südlich anschließend das Kommandogebäude der *principia* folgte. Der Palast des Legionskommandanten (*praetorium*) schloss westlich im Bereich Kurrentgasse/Parisergasse bzw. im östlichen Teil des Judenplatzes an. Östlich der *principia* im Bereich Wildpretmarkt reihten sich die qualitätvoller als die übrigen ausgestatteten Kasernen der ersten Kohorte. Vom Lagerzentrum an der *groma* führte die *via praetoria* nach Norden Richtung Donau. Hinter den Tribunenhäusern, etwa auf Höhe der heutigen Salvatorgasse (Abb. 152 Nr. 8), trennte sie das Lagerspital (*valetudinarium*) im Westen von den großen Thermen im Osten. Letztere umspannten in etwa das Areal im nördlichen Bereich des Hohen Marktes, der Sterngasse und der Marc-Aurel-Gasse (s. u. Denkmäler Wien 1, Sterngasse 2–4). Die *via decumana*, die südlich der *principia* zum südlichen Torturm führte, scheint hingegen nur Kasernengebäude diverser Legionskohorten voneinander getrennt zu haben. Eine weitere wichtige Lagerstraße stellte die an der

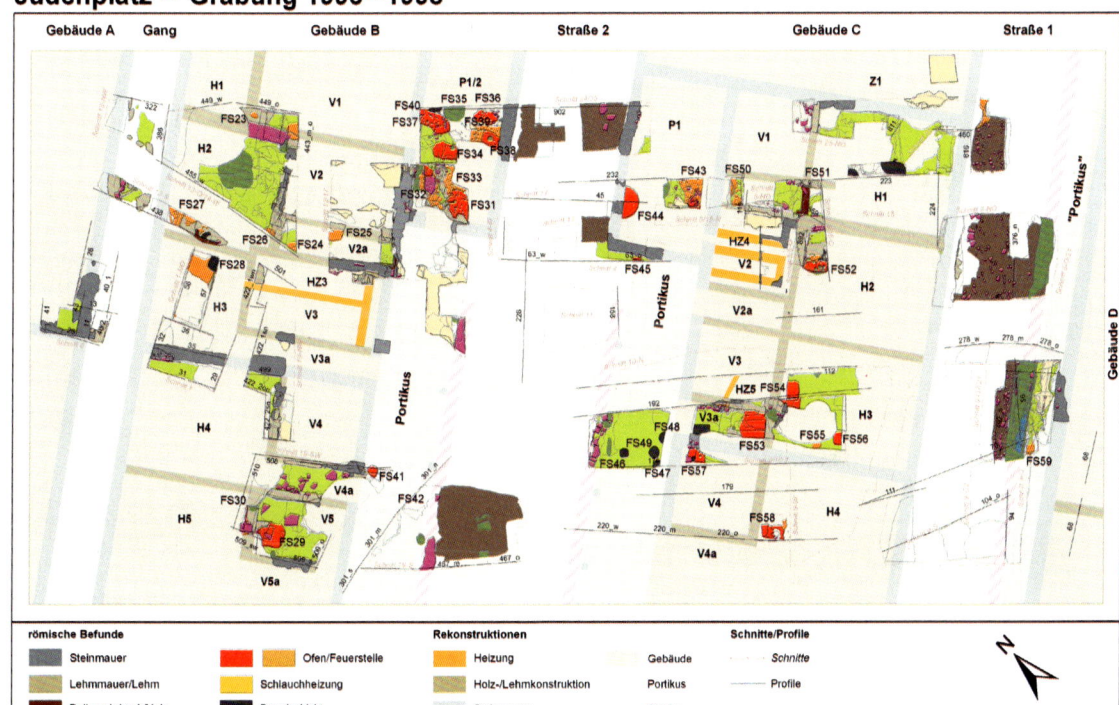

Abb. 156: Wien. Plan von Bauphase 5 (zweite Hälfte 4. Jh. n. Chr.) der am Judenplatz ausgegrabenen zivilen Gebäude innerhalb des Legionslagerareals

# Wien – Vindobona

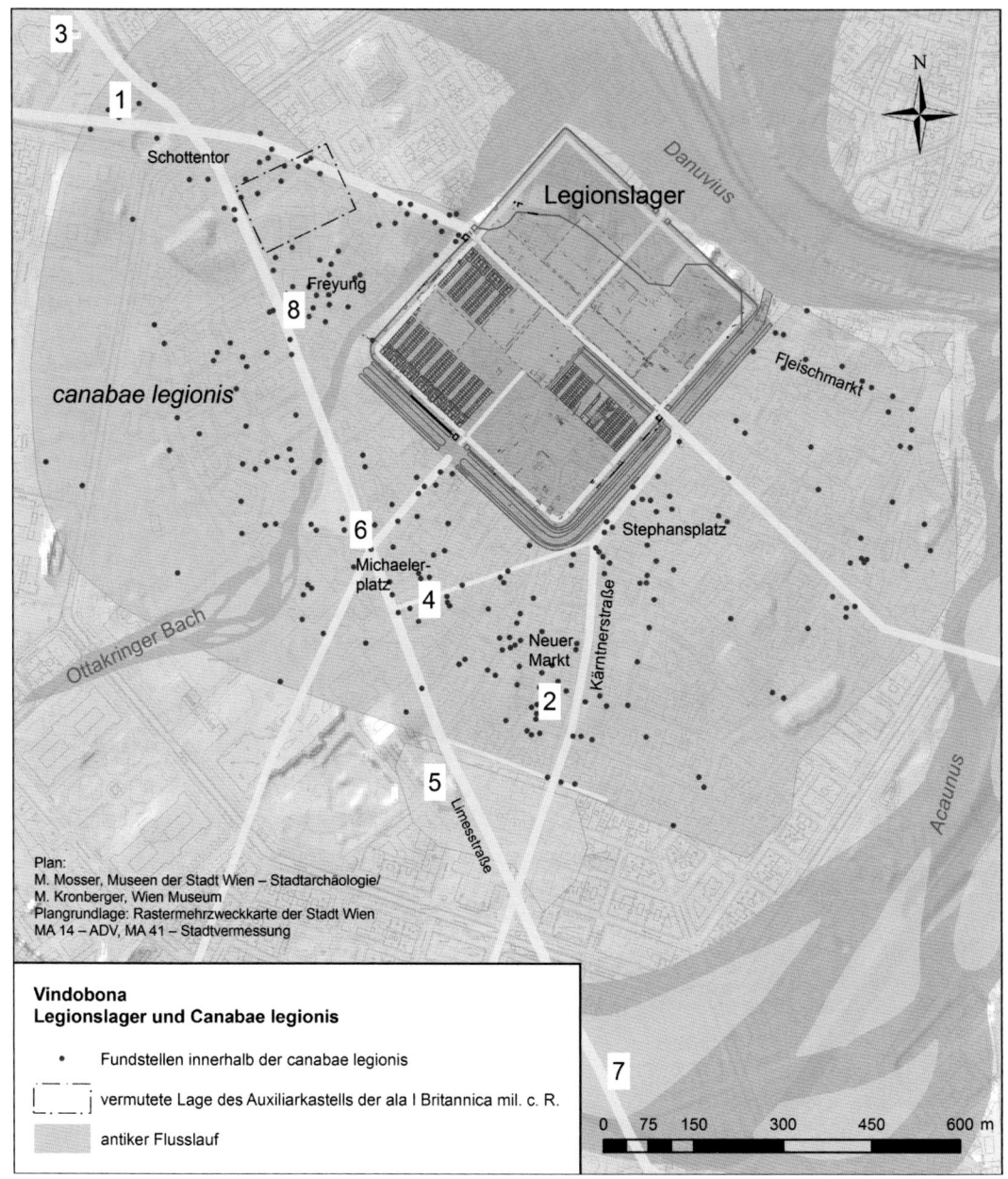

Abb. 157: Wien. Übersichtsplan zu den *canabae legionis* von Vindobona

Innenseite der Umfassungsmauer verlaufende *via sagularis* dar, die vor allem bei den Grabungen im Bereich der Feuerwehrzentrale Am Hof (2007–2009) genauer dokumentiert werden konnte (Abb. 155). Es zeigte sich, dass das große Werkstattgebäude des Lagers (*fabrica*) den gesamten nördlichen Teil des Platzes Am Hof einnahm. Dabei konnte Metallverarbeitung und eine Malerwerkstätte innerhalb dieses Gebäudes dokumentiert werden. Zwischen westlicher Umfassungsmauer und Straßenrand der *via sagularis* befand sich im Bereich des Hauses Am Hof 10 (altes Bürgerliches Zeughaus, Abb. 152 Nr. 9) eine Backofenbatterie zur Brotversorgung der Legionssoldaten. Auf mindestens 60 m Länge war unmittelbar davor ein aus Bruchsteinen gemauerter Abwasserkanal mit Ziegel gedeckter Sohle feststellbar (s. u. Denkmäler Wien 1, Am Hof 9 – Feuerwehrzentrale), wie er auch anderswo entlang der Hauptstraßen identifiziert wurde.

Vor allem im östlichen und nördlichen Teil des Legionslagerareals befinden sich noch weniger gut erforschte Bereiche, die – ähnlich wie die ausgezeichnet dokumentierten Kasernen am Judenplatz (Abb. 152 Nr. 10) – wohl meist mit weiteren Mannschaftsunterkünften für die insgesamt 5000–6000 Soldaten rekonstruiert werden können. Durch die Grabungen am Judenplatz (1995–1998) konnte zumindest punktuell der gesellschaftliche Wandel in der Spätantike durch eine zivile Nutzung der ehemals militärischen Anlagen nachgewiesen werden (Abb. 156). Frühestens am Ende des 4. Jhs. n. Chr. wurden die Gebäude aber nach und nach verlassen oder zu kleineren Wohneinheiten, die nichts mehr mit den früheren militärischen Strukturen gemein haben, umgebaut.

*Canabae legionis* (Abb. 157)

Von den *canabae legionis* von Vindobona sind nur wenige Baureste bekannt. Bedingt durch den vorherrschenden Zeitmangel auf den Baustellen und wohl auch durch die Grabungstechnik des 19. Jhs. wurden besonders Holzbauten und somit die Siedlungsstrukturen bei den groß angelegten Umbauarbeiten in der Wiener Innenstadt nicht als solche erkannt. Der Steinraub der Jahrhunderte zog zudem nach sich, dass besonders in den Bereichen der vormaligen Lagervorstadt wohl bereits seit der Spätantike verwertbares Baumaterial gezielt abgetragen wurde. Somit fehlen Nachweise auf größere infrastrukturell wichtige und sicher auch ursprünglich vorhandene Bauwerke, wie das Forum, Tempel, Theater, Thermen etc. bislang gänzlich.

Spektakulär waren hingegen zahlreiche Grabfunde, die immer wieder im Innenstadtbereich aufgedeckt wurden. So entstand im Laufe der Zeit die Forschungsmeinung, es hätte gar keine und wenn überhaupt nur eine sehr begrenzte Lagervorstadt gegeben. Diese Ansicht hielt sich stetig bis in die 1980er-Jahre, als die ersten modernen Innenstadtgrabungen von der Stadtarchäologie Wien durchgeführt wurden und großflächige Wohn- und Werkstättenbereiche besonders um die Freyung (Abb. 157 Nr. 8) und den Michaelerplatz (Abb. 157 Nr. 6) nachgewiesen werden konnten (s. u. Denkmäler Wien 1, Michaelerplatz; Abb. 158).

Durch die Kartierung aller römischen Fundstellen im Wiener Innenstadtbereich in digitalen Stadtkarten, die Sichtung und Aufnahme des Fundmaterials, der Auswertung aller Grabfunde in der Wiener Innenstadt und die virtuelle Rekonstruktion der naturräumlichen Landschaft der Wiener Stadtterrasse konnte sowohl die dem heutigen Wissensstand entsprechende Ausdehnung der *canabae legionis* auf eine Fläche von 100 ha umrissen, als auch eine ungefähre Chronologie des Wachstums und des Niederganges der Siedlung und der Gräberfelder herausgearbeitet werden (vgl. Abb. 157).

In der Lagervorstadt siedelten sich bevorzugt Handwerker an. Von der Freyung (Abb. 157 Nr. 8) bis zum Michaelerplatz (Abb. 157 Nr. 6) und auf dem

# Wien – Vindobona

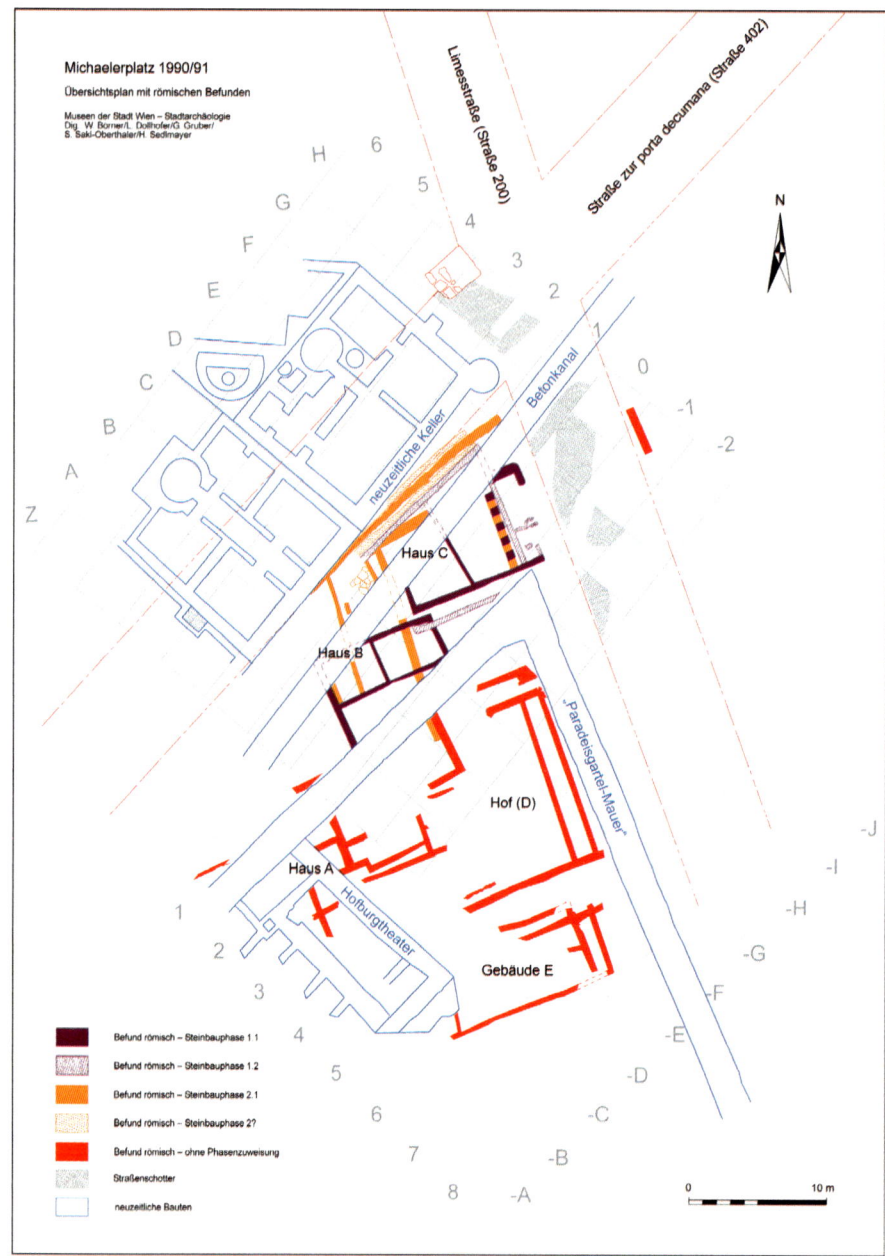

Abb. 158: Wien. Gesamtplan der Ausgrabungen am Michaelerplatz in den Jahren 1990/1991

Neuen Markt (Abb. 157 Nr. 2) konnten Nachweise von Töpferhandwerk, Beinschnitzerei und Metall verarbeitenden Betrieben dokumentiert werden. Gerade die Lage im Nahbereich des Ottakringer Baches und der großen Durchzugsstraßen war dafür in jeder Hinsicht ideal.

Bereits am Ende des 3. Jhs. n. Chr. dürfte die Lagervorstadt nach und nach verlassen worden sein. Die Bevölkerung zog es nun vor, innerhalb der Mauern des Legionslagers zu wohnen. Steinmaterial aus den *canabae* wurde abgetragen und anderweitig verbaut.

Siedlungstätigkeit außerhalb des Legionslagers konnte in der Spätantike bislang nur noch im Bereich der Eisenschmiede des Michaelerplatzes nachgewiesen werden. Wahrscheinlich war auch hier die verkehrsgünstige Lage an einem wichtigen Straßenknotenpunkt Ausschlag gebend.

## Straßennetz

Bemerkenswert ist, dass sich das römische Straßennetz auch heute noch im Wiener Stadtbild abzeichnet. Anhand mehrerer Fundpunkte konnte der Verlauf der Limesstraße vom Hilfstruppenlager in Klosterneuburg entlang der Donau über Vindobona nach Carnuntum im Wiener Stadtgebiet rekonstruiert werden (Abb. 150). Die Streckenführung kann wie folgt dargestellt werden: Nußdorfer Platz – Döblinger Hauptstraße – Nußdorfer Straße – Währinger Straße – Schottengasse – Herrengasse – Augustinerstraße – Künstlerhaus – Rennweg. Ungefähr im Bereich zwischen Herrengasse 11 und 13 musste der Ottakringer Bach, der über den heutigen Tiefen Graben zur Donau hin entwässerte, überquert werden.

Auf dem Areal vor der Votivkirche ist eine Kreuzung anzunehmen, an der eine Straße abzweigte, die zur *porta principalis sinistra* des Legionslagers führte (Abb. 157 Nr. 1). Hier ist auch der Ausgangspunkt für den Verkehrsweg in Richtung Westen zu suchen, der zu den römischen Legionsziegeleien im heutigen 17. Wiener Gemeindebezirk führte (Abb. 150). Die Straßenkreuzung zwischen Limesstraße und der Verlängerung der *via decumana* wurde am Michaelerplatz lokalisiert (s. u. Denkmäler Wien 1, Michaelerplatz; Abb. 158). Letztere schlug man ein, wenn man den Weg nach Cetium nehmen wollte (Abb. 150, 157).

Neben der Limesstraße führte eine weitere wichtige Ausfallstraße in Richtung der Zivilstadt von Vindobona. Ausgehend von der *porta principalis dextra* verlief sie, heute keiner bestimmten Straße folgend, in Richtung Wienfluss, den sie bei der Weiskirchnerstraße querte und im Verlauf der Landstraßer Hauptstraße nach Osten wies (Abb. 150, 161). Von diesem Lagertor konnte aber auch eine nach Süden verlaufende Straße gewählt werden, die der heutigen Kärntnerstraße entspricht. Sie querte den Wienfluss an einer Steilstufe wahrscheinlich mittels einer Brücke, folgte der Wiedner Hauptstraße und führte zu einer Straßenstation bei Inzersdorf (Abb. 164), die ihrerseits ein wichtiger Verkehrsknotenpunkt im Hinterland von Vindobona für Wege Richtung Scarbantia und Aquae war.

## Gräberfelder

Aus dem Wiener Innenstadtbereich sind zahlreiche Bestattungen bekannt. Durch die chronologische und kulturhistorische Einordnung der Grabtypen und des Fundmaterials konnte herausgefiltert werden, wie sich in den jeweiligen Stadtvierteln die Abfolge von Siedlung und Gräberfeld ereignete und wann dies voraussichtlich geschah. Konkret stellte sich heraus, dass die frühesten Gräber längs der Limesstraße angelegt wurden (Abb. 157 Nr. 4). Hier fanden sich drei Grabstelen von zwei Reitersoldaten und einem Veteranen der *ala I Britannica milliaria civium Romanorum* aus den Jahren zwischen 91 und 110 n. Chr. (Abb. 159) sowie ein *in situ* angetroffenes Urnengrab ähnlicher Zeitstellung. Dieses Friedhofsareal dürfte bereits kurz danach wieder

Abb. 159: Wien. Grabstele des T. Flavius Draccus, Reitersoldat der *ala I Flavia Augusta Britannica mil. c. R.*

von der rasch wachsenden Lagervorstadt überbaut worden sein. Ebenfalls an dieser Ausfallstraße legte man im Westen an der Währingerstraße (Abb. 157 Nr. 3) und im Süden an der Augustinerstraße, etwa ab der Albertina, Gräberfelder an. Hier konnte im Zuge des Baus eines Tiefspeichers der bislang einzige geschlossene Friedhofsbereich mit 97 Körper- und 40 Brandgräbern dokumentiert werden, der wohl vom beginnenden 2. bis zumindest an das Ende des 4. Jhs. n. Chr. Bestand hatte (Abb. 157 Nr. 5). Monumentale Grabbauten sind entlang der Limesstraße noch weiter südlich, am Ufer des Wienflusses (*Acaunus*), im Bereich des heutigen Karlsplatzes, nachweisbar (Abb. 157 Nr. 7).

Ab der Wende vom 3. zum 4. Jh. n. Chr. wurden große Bereiche der ehemaligen *canabae legionis* nach und nach verlassen, abgetragen und das Ruinengelände zur Anlage von Gräberfeldern, auch in dieser Zeit noch bevorzugt an den Hauptdurchzugsstraßen, genützt. In der zweiten Hälfte des 4. Jhs. n. Chr. scheint es nur noch wenige ehemalige Stadtviertel gegeben zu haben, die nicht zu Bestattungszwecken genutzt worden wären.

## Zivilsiedlung (Abb. 161)

Besonders im Bereich der späteren Zivilstadt von Vindobona haben sich Spuren der ursprünglich hier einheimischen Bevölkerung – der keltischen Boier – erhalten. Verschiedene Fundstellen auf einer erhöhten Terrasse im Einflussbereich der Donau im Norden und des Wienflusses im Westen geben seit dem 19. Jh. zumindest punktuelle Hinweise auf die Ausdehnung ihres Wohnraumes im heutigen 3. Wiener Gemeindebezirk. Trotz vermehrter Ausgrabungen gelang es bislang noch immer nicht Licht in die Übergangszeit der römischen Landnahme zu bringen. Eine gleichzeitige Siedlungstätigkeit konnte nach wie vor nicht nachgewiesen werden. Wohl aber haben sich keltische Namen, Kleidungssitten und Religionsvorstellungen bis ins 2. Jh. n. Chr. unter den provinzialrömischen Einwohnern Vindobonas erhalten (Abb. 160).

Den größten Anreiz für das Wachsen der Zivilstadt entlang des heutigen Rennwegs war wohl die hier verlaufende Hauptverkehrsader nach Carnuntum (Abb. 161). Dies zeigt sich auch in der Verbauung, waren doch die hier errichteten langgestreckten Streifenhäuser auf die Limesstraße ausgerichtet. Ab dem ausgehenden 1. Jh. n. Chr. kann eine zunehmende Ausdehnung der Zivilsiedlung beobachtet werden. Der Prozess gipfelte im 2. Jh. n. Chr. mit der Anlage einer Stadtmauer, die ein Areal von 132.750 m² umschloss, jedoch bald schon aus nicht ersichtlichen Gründen geschleift wurde. Vereinzelte Funde von Steindenkmälern sakraler Natur, Nachweise einer nicht unerheblichen Anzahl von Handwerksbetrieben, wie Töpfereien und der Ziegelproduktionsstätte des M. ANTONIVS TIBERIANVS, vor allem aber die neueren Ausgrabungen Rennweg 44 (1990), Rennweg 57/ Schützengasse (2005) und Rennweg 16 (2005) legen Zeugnis für ein blühendes Gemeinwesen ab, in dem Heiligtümer,

Abb. 160: Wien. Scherbe mit Aufschrift VATTA

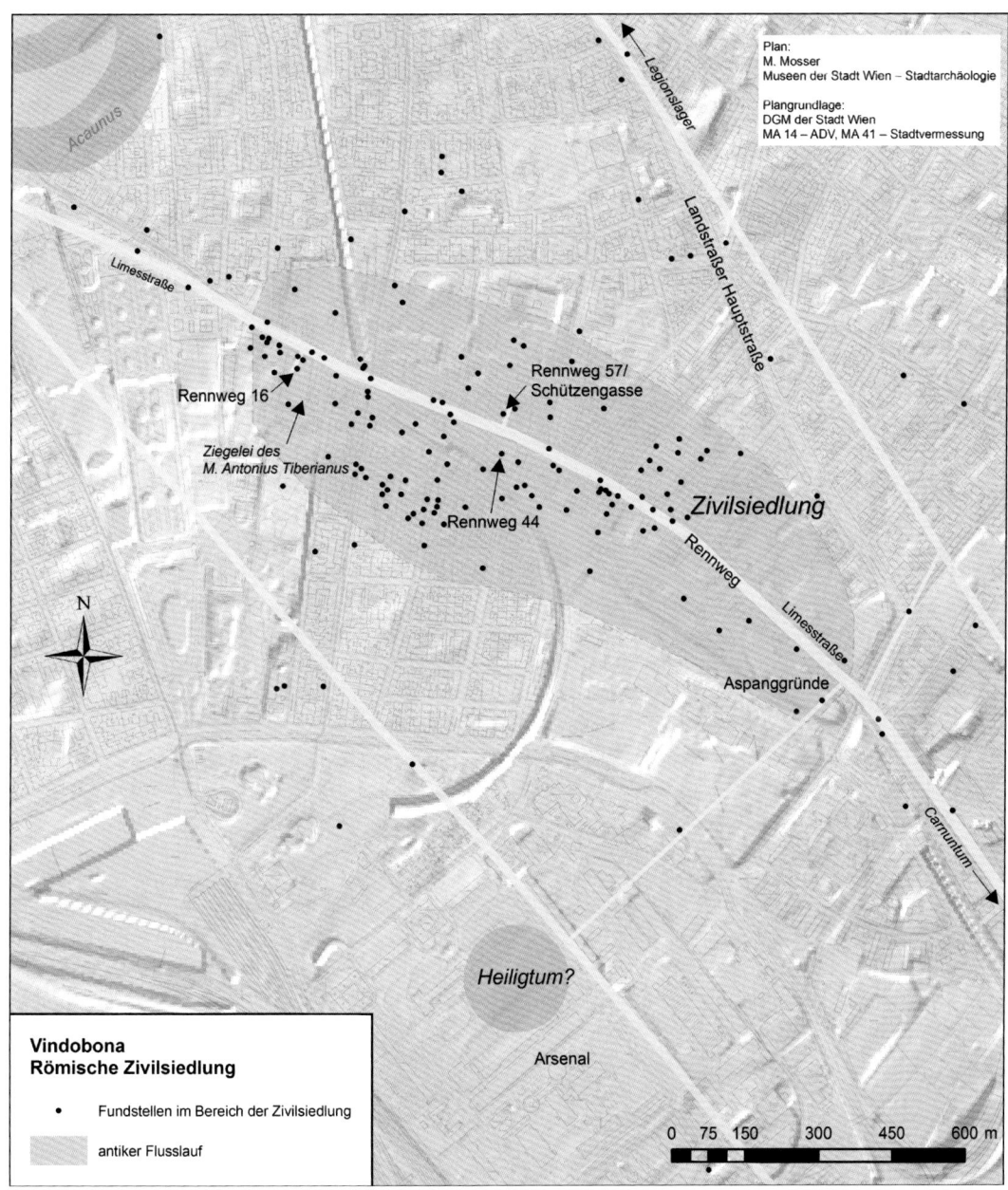

Abb. 161: Wien. Überblicksplan zur Zivilsiedlung von Vindobona

Abb. 162: Wien. In einem spätantiken Steinkistengrab wiederverwendeter Reliefstein, gefunden 1890/91 beim Arsenal, sog. „Kyknosrelief"

Thermen, Bäckereien, Gaststätten und Gewerbe genauso Bestand hatten, wie das bislang noch nicht lokalisierbare Forum. Ab der Mitte des 3. Jhs. n. Chr. dürfte es zu einer Abwanderung der Bevölkerung und einer Verkleinerung der Wohnbereiche gekommen sein. So konnte archäologisch nachgewiesen werden, dass zu diesem Zeitpunkt ein von der Limesstraße abzweigender Weg knapp östlich der Siedlung nicht mehr befahren wurde. Auch hier – vergleichbar zu den Siedlungsprozessen in den *canabae legionis* – ist eine Änderung der Raumnutzung bemerkbar. Ein gutes Beispiel dafür ist ein spätantiker Gräberfeldbereich an der antiken Umfahrungsstraße der Zivilstadt, der bereits 1890 beim Arsenal dokumentiert wurde. Hier fanden sich Steinkistengräber, die aus reliefierten Steinplatten des 2. oder beginnenden 3. Jhs. n. Chr. zusammengesetzt worden waren (Abb. 162). Ursprünglich zierten sie wohl auf Grund der mythologischen Darstellungen und ihrer Monumentalität einen großen öffentlichen Bau, der möglicherweise im Kontext mit einem Heiligtum zu sehen ist. Über die Beifunde, vor allem typische Zwiebelknopffibeln, wissen wir um eine Grablege der Verstorbenen in der Zeit der letzten drei Viertel des 4. Jhs. n. Chr. In dieser Zeit erfüllte dieses Bauwerk keinen Zweck für das Gemeinwesen mehr, sein architektonischer Schmuck konnte somit einer anderen Nutzung zugeführt werden.

### Legionsziegelei (Abb. 163)

Seit etwas mehr als 100 Jahren ist der Produktionsstandort der Legionsziegel Vindobonas im 17. Wiener Gemeindebezirk (Hernals) bekannt. Die bisher bekannten Strukturen der Legionsziegelei in Hernals umfassen ein Gebiet von mindestens 3,3 ha (Abb. 163). Dieses zeigt eine Konzentration der Ofenanlagen im Süden, die wohl Richtung Norden von zugehörigen Trockenhallen abgelöst werden und eventuell in einer zweiten Reihe noch einmal Brennöfen folgen lassen (siehe Kap. Denkmäler Wien 17, Kirche St. Bartholomäus). An der Geländekante zum Alsbach dürften dann eher Abraumhalden und Ziegelschutt anzutreffen sein. Doch erst seit kurzem konnten durch die Ausgrabungen 2012/13 in der Steinergasse/Geblergasse tatsächlich auch entsprechende Ofenanlagen archäologisch dokumentiert werden. Zumindest bis ins 3. Jh. n. Chr. ist eine durchgehende Produktion im Raum Hernals als erwiesen zu betrachten. Bis zu diesem Zeitpunkt hat der Siedlungsraum von Vindobona seine maximale Ausdehnung erreicht, was sich auch daran zeigt, dass die Gräber, die sich entlang der Fernverkehrsstraße Richtung Comagenis (Tulln) reihten, beinahe bis zum Areal der Legionsziegelei reichten. Dies beweisen die Bestandteile von Grabbauten, die 2003 im Haus Ottakringerstraße 16 gefunden wurden.

Wien – Vindobona

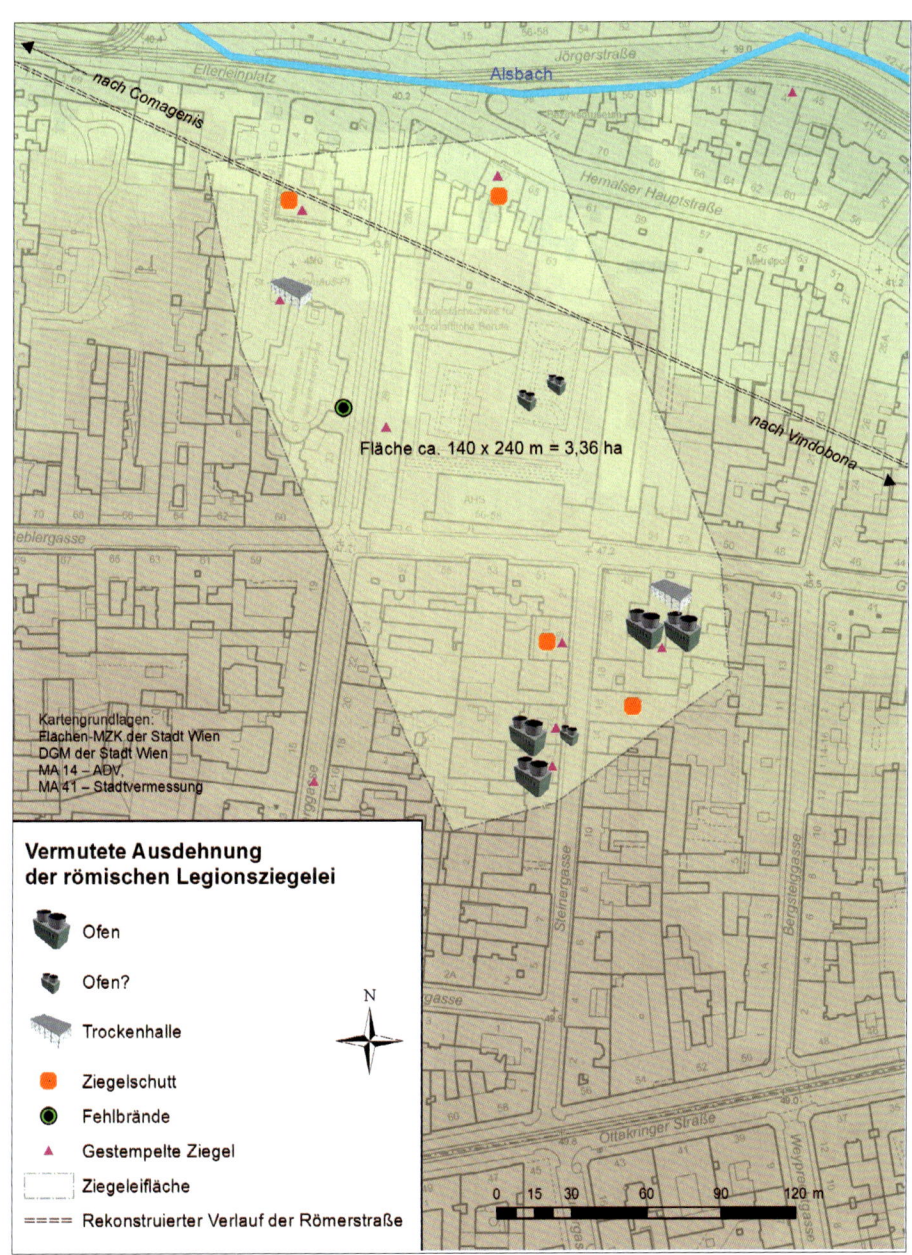

Abb. 163: Wien. Überblicksplan zu den römischen Legionsziegeleien in Wien 17, Hernals

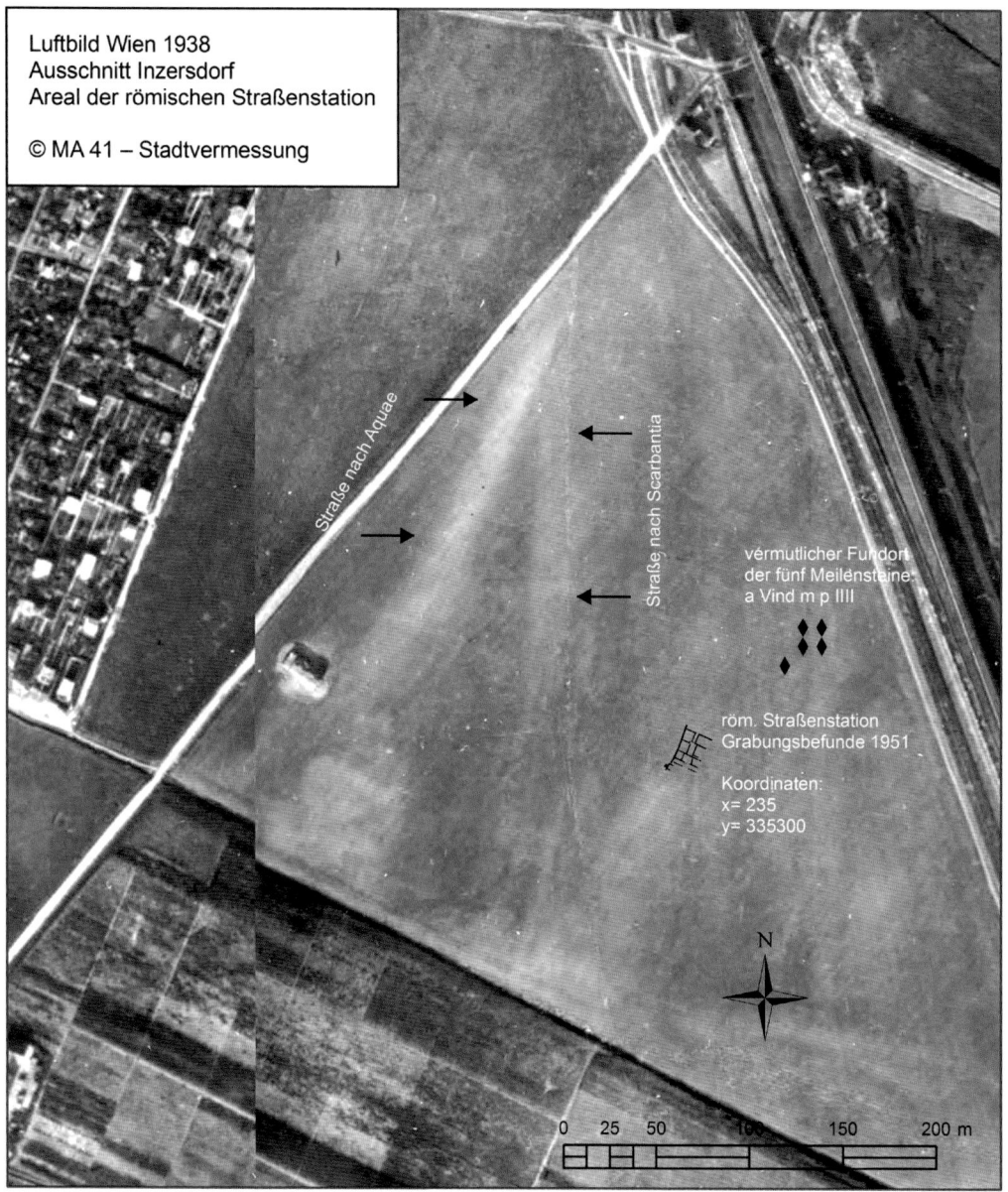

Abb. 164: Wien. Luftbild Wien 1938, Ausschnitt Inzersdorf mit den sich abzeichnenden hellen Streifen der römischen Fernstraßen am Kreuzungspunkt der postulierten Straßenstation

## Das Umland (Abb. 150)

Die Topographie des Großraumes um Vindobona war geprägt von den Anhöhen des Wienerwaldes mit zahlreichen zur Donau hin entwässernden Bachläufen im Westen und Südwesten sowie im Süden und Osten durch den Höhenzug des Laaer- und Wienerberges, welcher den römischen Siedlungsraum von der Ebene des Wiener Beckens trennt.

Abgesehen von diversen Importgütern erhielt der Legionsstandort aus diesem Umland seine Rohstoffe, Nahrungsmittel und Baumaterialien. Dies lässt auf die Existenz kleinerer Siedlungen, landwirtschaftlicher Gutshöfe, Holz verarbeitender Betriebe, Steinbrüche und Ziegelproduktion schließen, die mit dem Siedlungszentrum durch ein entsprechendes Straßen- und Wegenetz verbunden waren (Abb. 150). Einige wenige archäologisch bekannte Fund-

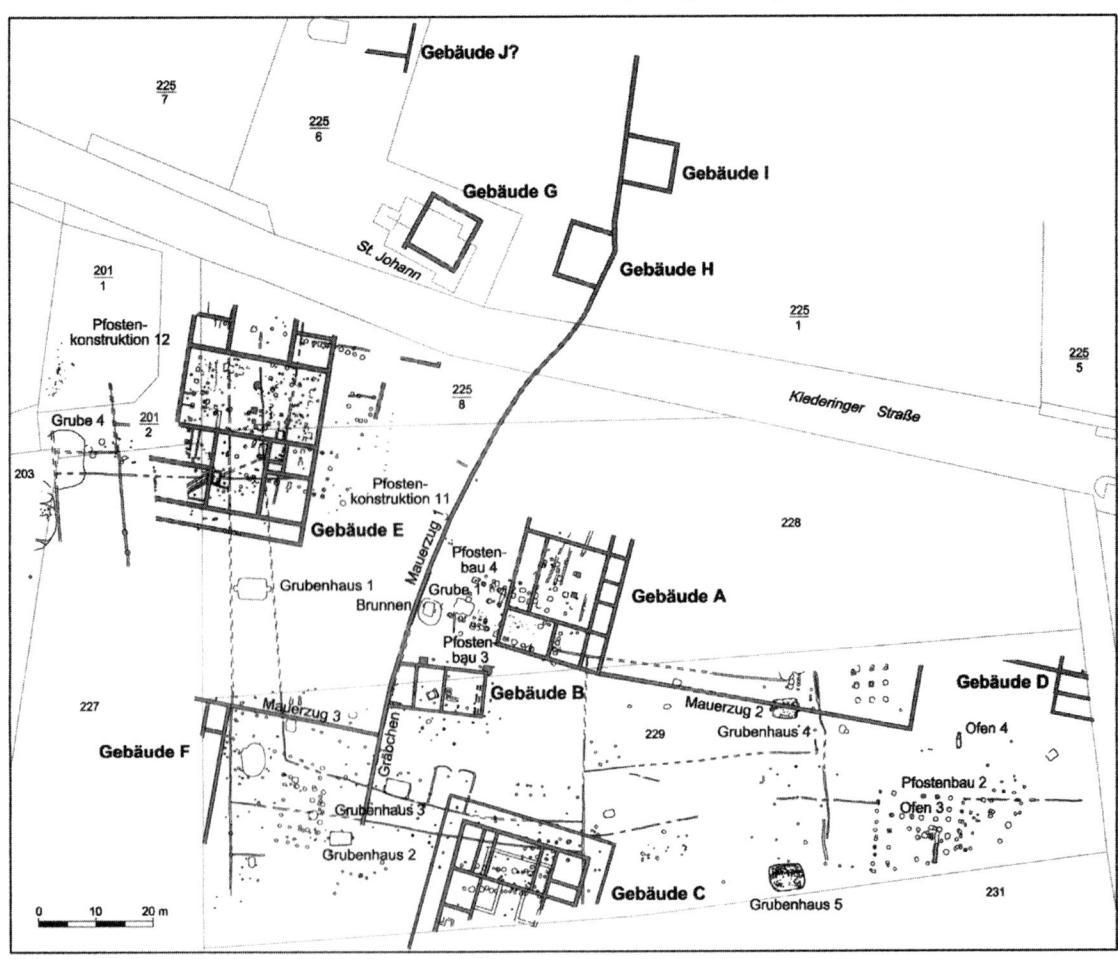

Abb. 165: Wien. Gesamtplan zu den Grabungen in Wien 10, Unterlaa

stellen lassen sich auch tatsächlich damit in Beziehung setzen.

Archäologische Grabungen in den Jahren 1951/52 brachten in Inzersdorf ein Gebäude zum Vorschein, dessen ungefähre Maße (ca. 25 × mind. 15 m) sowie der Grundriss mit Innenkorridor und vorgesetzter Portikus ohne weiteres mit analogen Anlagen römischer Straßenstationen in Verbindung gebracht werden können (Abb. 164). Dass es sich dabei um eine von den Legionen aus Vindobona beaufsichtigte Station handelte, beweisen über 70 gestempelte Ziegel, hauptsächlich der 10. Legion, aber auch der 13. und 14. Legion, von diesem Fundort. Ein zugehöriges, nördlich anschließendes Gräberfeld, das Bestattungen bis in die Spätantike aufweist, deutet auf ein größeres Anwesen an diesem Straßenknotenpunkt hin.

Am besten archäologisch dokumentiert ist aber eine Streusiedlung in Wien-Unterlaa, im Liesingtal, südlich des Laaerberges gelegen, die von flavischer Zeit bis in die zweite Hälfte des 4. Jhs. n. Chr. bestanden hatte (s. u. Denkmäler Wien 10, Unterlaa, Klederingerstraße). Zunächst waren es zum Teil große auf spätlatènezeitliche Vorbilder zurückzuführende Pfostenbauten („Umgangsbau"), dazu Grubenhäuser und Zäune, welche das Erscheinungsbild der Siedlung prägten. Diese werden am Ende des 2. oder Anfang des 3. Jhs. n. Chr. von Steingebäuden, zum Teil mit zentralem Innenhof und auch mit umlaufender Halle ausgestattet, abgelöst. Dazu kommt eine Reihe von Mauerzügen, welche die jeweiligen Hofareale voneinander abgrenzten. Es handelte sich also um blockartige Parzellenstrukturen, die vielleicht auf die ursprüngliche, einheimische Bauweise zurückzuführen sind, im Gegensatz zu den sonst üblichen römischen Streifenparzellen (Abb. 165). Weitere, vorerst nicht näher interpretierbare römische Fundstellen, die wahrscheinlich ebenfalls mit der Versorgung des Legionsstandortes in Verbindung zu bringen sind, fanden sich auf dem Weg entlang

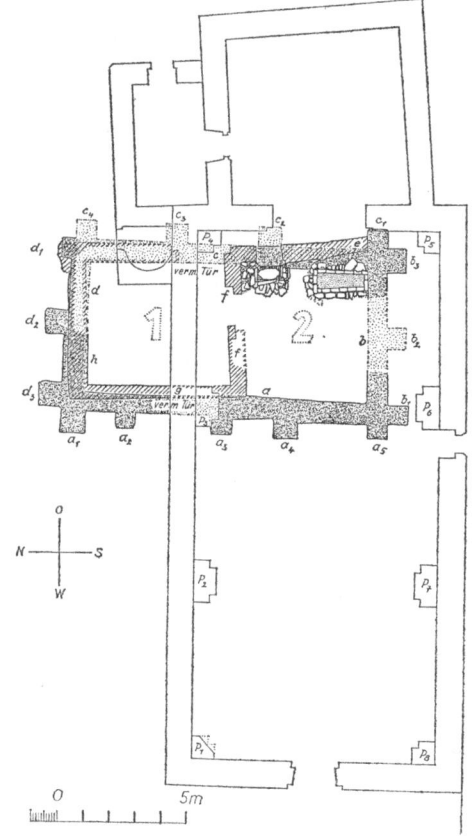

Abb. 166: Wien. Plan der römischen Überreste unter der St. Jakobskirche in Wien 19, Heiligenstadt

des Liesingbaches nach Westen zur Straßenstation in Inzersdorf im Bereich der heutigen Sulzengasse sowie an den Ausläufern des Wienerwaldes. Hier ist einerseits eine Siedlungsstelle im Lainzer Tiergarten, nahe dem Dianator (KG Laab im Walde), zu nennen, andererseits ein Hügelgräberfeld im Schuhbrecherinwald im 14. Wiener Gemeindebezirk, das wohl einer bislang unbekannten, in der Nähe befindlichen Siedlung zuzuordnen ist.

Grundsätzlich anders zu interpretieren ist eine Fundstelle an der Limesstraße zwischen dem Auxiliarlager Klosterneuburg und Vindobona unterhalb der St. Jakobskirche in Wien-Heiligenstadt (s. u.Denkmäler Wien 19, Kirche St. Jakob in Heiligenstadt). Hier wurden 1952/53 die Überreste eines 10,5 × 5 m großen Gebäudes freigelegt, das durch außen an die Mauern angebrachte Strebepfeiler am ehesten als Speicherbau (*horreum*) zu interpretieren ist (Abb. 166). Zahlreiche dabei gefundene Legionsziegel, aber auch spätrömische Ziegel des *Ursicinus dux, bonus magister* und des Maxentius lassen auf ursprünglich vom Militär angelegte Strukturen im Umfeld der St. Jakobskirche denken. Ein Zusammenhang könnte mit vermuteten nahegelegenen Steinbrüchen hergestellt werden, die ein entsprechendes Arbeitslager mit der notwendigen Infrastruktur benötigten. In dieses mehrphasig genutzte Gebäude setzte man schließlich in spät- oder nachantiker Zeit zwei gemauerte rechteckige Strukturen, die vom Ausgräber als spätrömische Grabstätten interpretiert wurden.

Michaela Kronberger – Martin Mosser

**Sichtbare Denkmäler** (Abb. 167)

**Wien 1, Am Hof 9:** *Schauraum mit Abwasserkanal der via sagularis*
Der kleine Schauraum im Keller zeigt ein 2 m langes Stück eines Abwasserkanals bestehend aus zwei Bruchsteinmauern, welche die mit Ziegeln ausgelegte Kanalsohle einfassen. Dieser ursprünglich begehbare Abwasserkanal war unterhalb der *via sagularis* angelegt, also der entlang der Innenseite der Umfassungsmauer um das gesamte Legionslager verlaufenden Straße.
Besichtigung:
Website: http://www.wienmuseum.at/de/standorte/roemische-baureste-am-hof.html

**Wien 1, Hoher Markt 3:** *Römermuseum*
(Abb. 168)
Im Zuge der Neubauten und Sanierung der Infrastruktur nach dem zweiten Weltkrieg am Hohen Markt entdeckte man ab 1948 ansehnliche Reste der Römerzeit. Weitere Ausgrabungen mündeten in der Einrichtung eines Schauraums. Um diesen für das Publikum begehbar zu machen, mussten Teile des Mauerwerks abgetragen werden, ihr Verlauf wurde auf dem Gehniveau in weißen Bodenmarkierungen aufgetragen.
2008 gelang mit der Eröffnung des Römermuseums, eines Standortes des Wien Museums, die museale Präsentation des antiken Vindobona, die einen würdigen Rahmen für die in seinem Keller situierte, größte konservierte Ausgrabungsstätte innerhalb von Wien bietet. In der Dauerausstellung wird der Legionsstandort mit seinen militärischen und zivilen Siedlungsbereichen sowie den Gräberfeldern in seiner größten Ausdehnung bis zur Mitte des 3. Jhs. n. Chr. topographisch aufbereitet. In verschie-

## Wien – Vindobona

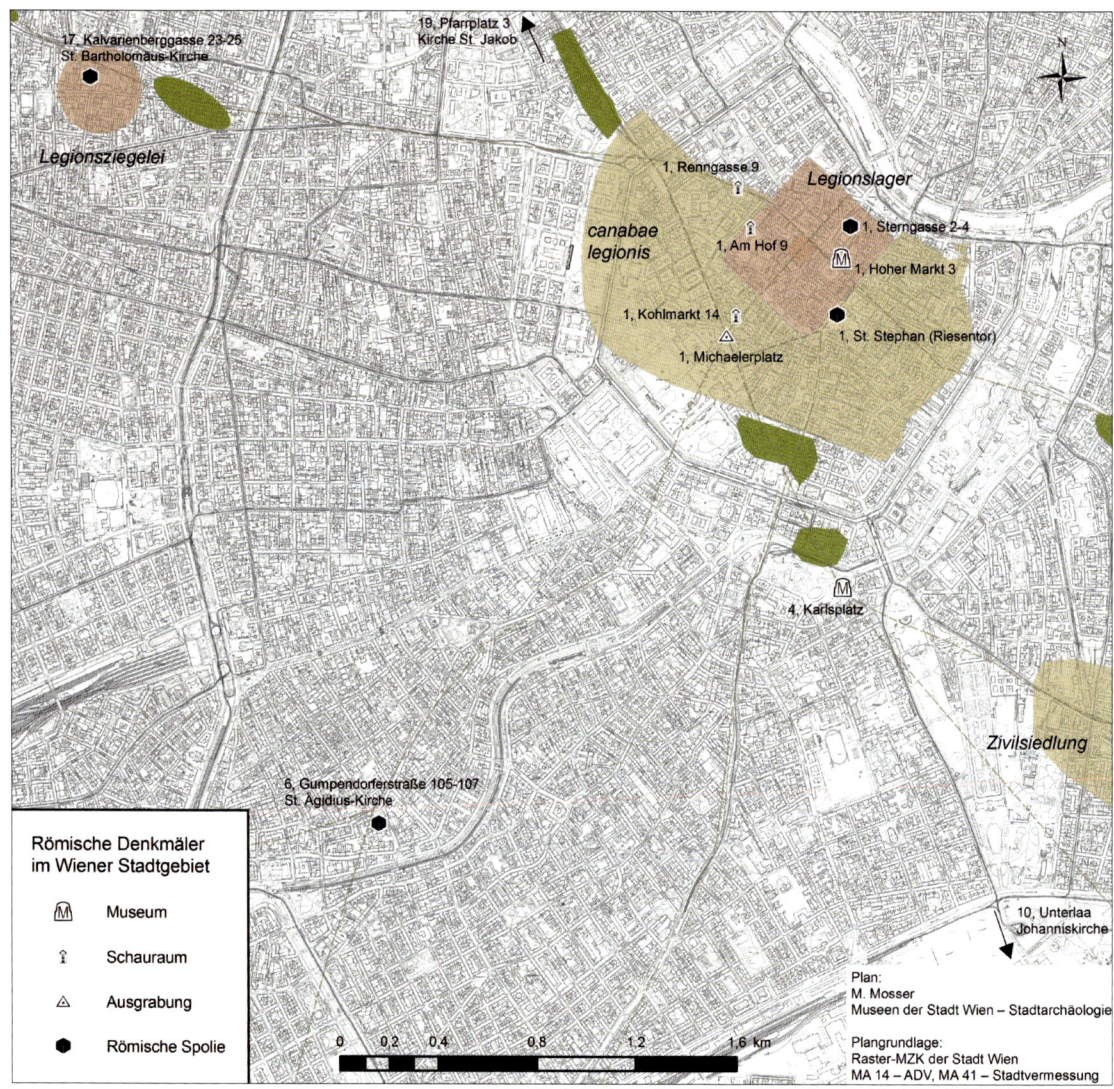

Abb. 167: Wien: Übersichtskarte zu den römischen Denkmälern im Wiener Stadtgebiet

denen Kapiteln werden zudem Themen zum Alltagsleben in Vindobona aufgegriffen. Interaktive Angebote sowie eine kleine Wechselpräsentation zu aktuellen Ausgrabungen in Wien runden den Museumsbesuch ab.

Die Auswertung von Ausgrabungsdokumentationen ab dem frühen 20. Jh. und die Einordnung der Fundstelle innerhalb des rekonstruierten Planes des Legionslagers entlang der *via principalis*, der bedeutendsten Ost-West gerichteten Durchzugsstraße, erlauben es, die Baustrukturen als zwei, durch eine enge Gasse geteilte Unterkünfte von Militärtribunen anzusprechen. Die insgesamt sechs Tribunen gehörten neben dem Legionskommandanten und dem Lagerpräfekten zu den hochrangigsten Befehlshabern der Legion. Das östliche der beiden, in der Art von stadtrömischen Peristylvillen erbauten Gebäude erstreckte sich bis zur nördlichen Gebäudefront des heutigen Hohen Marktes und nahm wohl eine Fläche von bis zu 3.500 m² ein. Da es weitläufiger als das westlich anschließende Tribunenhaus war, könnte es dem nach dem Legionskommandanten ranghöchsten Offizier, dem *tribunus laticlavius*, vorbehalten gewesen sein. Er residierte hier mit seiner Familie, seinem Haushalt und seinen Sklaven. Gleichzeitig bot das Haus so viel Platz, dass es ihm vor Ort möglich war, gemeinsam mit seinem Stab seine Aufgaben in der Verwaltung, der Jurisdiktion und bei der Ausbildung der Soldaten zu erfüllen.

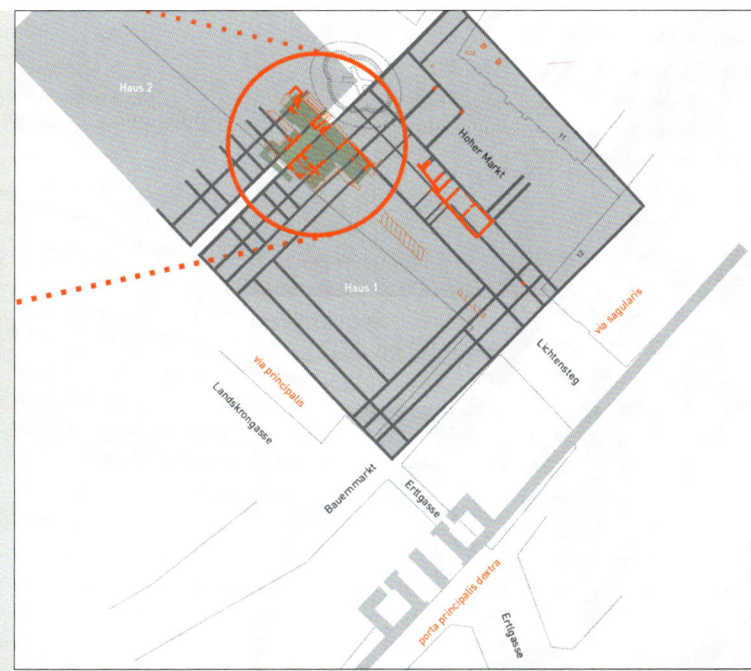

Abb. 168: Wien. Grundrissplan zu den Überresten der römischen Tribunenhäuser am Hohen Markt

Zu sehen ist eine Anzahl von Raumeinheiten nordwestlich eines nicht ausgegrabenen großen Innenhofes. Am Aufbau der Mauern ist eine Vielzahl von Bauphasen abzulesen. Ihre Fundamente und teilweise die Sockelbereiche stammen wohl aus der ersten Bauphase, die in die Errichtungszeit des Legionslagers am Ende des 1. Jhs. n. Chr. fällt. Das Aufgehende ist zum Teil schwer interpretierbar, da lediglich spärliche Dokumentationen zu den Ausgrabungen und kaum Verknüpfungen zum noch in der Sammlung des Wien Museums auszugsweise erhaltenen Fundmaterial bestehen. Auf Grund von Analogien zu Mauerstrukturen neuerer Ausgrabungen (Judenplatz 1995–1998, Am Hof 2007–2009) können die baulichen Reste wahrscheinlich mehreren spätantiken Um- und Ausbauphasen zugerechnet werden. Besonders der Einbau der hypokaustierten Boden- und Wandheizung weist auf gehobenen Wohnkomfort hin. Es könnte sich hier sogar um den Badetrakt des repräsentativen Hauses handeln. Auffällig ist hier das verwendete Baumaterial, das sich aus den verschiedensten Ziegeltypen vergangener Bauvorgänge, wie etwa Keilziegel für den Bau von Gewölben oder Rundziegel, die wohl verputzt einst Bestandteile von Säulchen waren, und sogar kleineren Steinquadern zusammensetzt. Anscheinend wurde hier gezielt Altmaterial verwendet, eine antike Variante des Recycling gewissermaßen. Durch wen und wofür es in der Spätantike zivil oder militärisch genutzt wurde, ist derzeit nicht zu sagen.

Das westliche Gebäude präsentiert sich ebenfalls in seiner spätantiken Ausprägung. Im Unterschied zum vorher beschriebenen Bauwerk wurde hier jedoch eine Y-förmige Schlauchheizung eingezogen. Dies war wohl die günstigere und weniger aufwändige Variante, um angenehme Raumtemperaturen zu erzielen. An diesem Haus kann die letzte Veränderung in der Besiedlung Vindobonas besonders gut nachvollzogen werden. Sowohl die Verbauung der kleinen Gasse, die die beiden Gebäude voneinander trennte, mit Mauerstrukturen, wie auch die Einbauten im Raum selbst, die den früheren, großzügigen Raum in kleinere Wohneinheiten teilten, weist auf eine gänzlich unterschiedliche Nutzung des Areals hin. Diese Bauphase, die sich dadurch auszeichnet, dass die Wände vermehrt mit Altmaterial, wie Ziegelbruch und sogar älteren Estrichfragmenten, durchsetzt sind, spiegelt das Ende Vindobonas in den ersten Jahrzehnten des 5. Jhs. n. Chr. wider.

Besichtigung:
Website: http://www.wienmuseum.at/de/standorte/roemermuseum.html

**Wien 1, Kohlmarkt 14 (Café Demel):** *römische Säulenteile*

Im Keller der Hofzuckerbäckerei ist ein spezielles „Demel-Museum" eingerichtet, das in Form diverser Exponate und Dokumente auf die Geschichte der Zuckerbäckerei eingeht. Doch sind in den Schauräumen auch römische Architekturstücke zu finden, die 1995 während der Umbauarbeiten im Keller des Hauses gefunden wurden. Neben einer langen, steinernen Rinne oder Tränke dürften eine Säulenbasis sowie ein Säulenschaft von Portiken oder Gebäuden an der, in unmittelbarer Nähe zu vermutenden, Hauptstraße stammen, die als Verlängerung der *via decumana* aus dem Legionslager zur Kreuzung mit der Limesstraße am Michaelerplatz führte.

**Wien 1, Michaelerplatz** (Abb. 158)

Inmitten der Platzanlage können in einem offenen Segment die erhalten gebliebenen Mauerreste der in den Jahren 1990/91 erfolgten, großflächigen Ausgrabungen besichtigt werden. Neben den neuzeitlichen Kellern des sog. „Stöckls", einer auf das Mittelalter zurückgehenden Häusergruppe, und den Fundamentmauern des Paradeisgartls als Umgrenzung einer Gartenanlage der Hofburg aus dem 16. Jh., sind es Mauerreste von Wohngebäuden und Werkstätten der römischen Lagervorstadt (*canabae legionis*), die hier an der Kreuzung der Limesstraße mit der südlichen Ausfallstraße aus dem Legionslager zu sehen sind. Bei den Grabungen konnte eine römische Eisenschmiede dokumentiert werden, darüber hinaus fanden sich Indizien für Buntmetallverarbeitung, Beinschnitzerei und Töpfereiwerkstätten. Vom dortigen Siedlungsbereich konnten mindestens zwei gut ausgestattete Wohnhäuser und ein Wirtschaftsareal ergraben werden.

**Wien 1, Renngasse 9 / Wipplingerstraße 27**
Im kleinen Schauraum im Keller des Möbelgeschäftes „Roche Bobois" können Artefakte der Ausgrabungen des Jahres 1990 sowie eine kleine Dokumentation dieser Fundstelle inmitten der Lagervorstadt von Vindobona besichtigt werden.

**Wien 1, St. Stephan – Riesentor:** *Grabinschrift*
Im Eingangsbereich des Riesentores ist rechterhand der an allen Seiten abgeschnittene Inschriftblock eines römischen Grabsteines als Bauteil des Stephansdomes, um 90° gedreht, vermauert worden. Der Text der Inschrift ist nur noch schwer zu entziffern und lautet wie folgt:
[...]
[...] m(iles) l(egionis) X G(eminae) S(everianae) O[...]
[...] [a]nn(orum) XXXV [...]
[...] et pro [...]
[...] vix(it) ann(os) [...]
[...] ex vot(o) [...]
[...] VI vix(it) an[nos ...]
[...] Aur(elius) Ursus [...]

Es handelt sich dabei um einen Familiengrabstein, auf dem ein mit 35 Jahren verstorbener Soldat der 10. Legion, ein mit 6 Jahren verstorbenes Kind sowie ein Aurelius Ursus zu identifizieren sind. Dazu kommt noch mindestens eine weitere bestattete Person. Der Stein ist mit Angabe des Legionsbeinamens „Severiana" in die Regierungszeit des Severus Alexander zwischen 222 und 235 n. Chr. zu datieren.

**Wien 1, Sterngasse 2–4 (Theodor-Herzl-Stiege):** *„Riesenquader" von den Thermen des Legionslagers*
Drei übereinander geschichtete, steinerne Bauquader, linkerhand am Aufgang der Theodor-Herzl-Stiege, unmittelbar neben einer Parkgarageneinfahrt, stellen als Denkmal eher ein Monument des schlechten Gewissens dar, als dass es nur annähernd eine Vorstellung vermitteln würde, welch bedeutendes Gebäude einst hier gestanden hatte. Beim Abriss der Häuserzeilen Sterngasse 5–7 ab 1962 erkannte die Archäologin Herta Ladenbauer-Orel zwar die stadtgeschichtlich bedeutende Bausubstanz, die hier zutage kam, doch war es ihr nur während der Pausenzeit der Bauarbeiten gestattet, das Vorgefundene zu dokumentieren: Mächtige, zum Teil quaderverkleidete Bruchsteinmauern, hochqualitative Wandmalereien, Fußboden- und Wandheizungen, halbrunde Apsidenräume und ein bereits 1847 in der Marc-Aurel-Straße aufgedecktes großes Badebecken lieferten den letzten Beweis, dass das mittelalterliche Wien in den erhaltenen monumentalen Resten der römischen Lagerthermen seine Wurzeln hatte.

**Wien 4, Karlsplatz:** *Wien Museum*
In der Dauerausstellung des Wien Museums am Karlsplatz sind herausragende römische Objekte aus verschiedenen Ausgrabungen präsentiert. Dazu zählen die Grabstele des T. Flavius Draccus (Abb. 159) sowie mehrere Bauteile der Grabbauten vom Gräberfeld am Karlsplatz (vgl. Abb. 157 Nr. 7).
Besichtigung:
Website: http://www.wienmuseum.at/de/standorte/wien-museum-karlsplatz.html

**Wien 6, Gumpendorfer Pfarrkirche St. Ägidius:** *Bauinschrift mit Kaisertitulatur (Trajan)*
An der Westseite im Sockelbereich der Gumpendorfer Pfarrkirche zeigen zwei etwas voneinander entfernt eingemauerte Steinquader die Reste einer monumentalen römischen Bauinschrift, die (vermutlich) folgendermaßen zu ergänzen ist:

*[Im]p(erator) Ca[esar divi Nervae
f(ilius)] Nerv[a Traian]us Aug(ustus) Ger
[ma]nicu[s Dacicus p]ontif(ex) ma
[ximus trib(unicia) potestat(e) VIII]
imp(erator) IIII co(n)s(ul) V
[p(ater) p(atriae) per leg(ionem) XIII
Gem(inam) Mart(iam) Victr(icem) fecit]*

Die in die Jahre 103–104 n. Chr. zu datierenden Inschriftensteine waren ursprünglich gemeinsam mit weiteren römischen Quadern im Turm der alten, aus dem 12. Jh. n. Chr. stammenden Pfarrkirche vermauert, die bis ins 18. Jh. nahe am Wienfluss im Bereich der heutigen Häuser Mollardgasse 40–42 stand. Beim Abbruch des Turmes im Jahre 1765 wurde das Steinmaterial für den Sockelbereich der neuen Kirche wiederverwendet. Von welchem römischen Bau die Steine stammen, kann nur vermutet werden. Die Auffindung nahe dem Wienfluss lässt an eine römische Brücke denken, die zur Regierungszeit Kaiser Trajans errichtet und mit einer entsprechenden Bauinschrift ausgestattet wurde.

**Wien 10, Unterlaa, Klederingerstraße:**
*Johanniskirche mit unterirdischem Schauraum und benachbartem Museum*

Unterhalb der Johanniskirche sind neben mittelalterlichen Bestattungen auch ältere Bauelemente der Kirche und die Reste eines römischen Gebäudes mit Steinfundamenten in *opus spicatum*-Bauweise zu sehen. Dieses Gebäude gehörte zur römischen Streusiedlung, die hier südlich des Liesingbaches in jahrelangen Ausgrabungskampagnen seit den 1950er-Jahren freigelegt wurde (siehe Kapitel Umland). Eine Dokumentation der Ausgrabungen, Steindenkmäler, wie zum Beispiel der Grabstein des Devomarus aus Unterlaa, sowie Vitrinen mit Fundmaterial sind im kleinen Museumsgebäude unmittelbar nördlich der Kirche zu besichtigen. Das dazwischen liegende kleine Ruinenfeld zeigt Mauerreste eines mittelalterlichen Hospizes des Johanniterordens.

Besichtigung: von Mai bis Oktober jeden 1. Sonntag im Monat; Treffpunkt um 14 Uhr vor der Johanneskirche in der Klederinger Straße. Kontakt für Anfragen: ML Anton Lang, Telefon 971 93 68

**Wien 17, Kirche St. Bartholomäus:**
*Ziegelfehlbrände*

Die 1894 errichtete Natursteinmauer des die St. Bartholomäus-Kirche an drei Seiten umgebenden „Kalvarienberges" besitzt als eine Art dekoratives Bauelement zahlreiche Stücke von Ziegelfehlbränden. Ohne dass deren genaue Herkunft bekannt wäre, scheint es plausibel, dass diese beim Ausheben des Fundaments für die Mauer im Jahre 1894 zum Vorschein gekommen und danach verbaut worden sind. Da sich die Kirche inmitten des Areals der römischen Legionsziegelei befindet, stammen diese Fehlbrände wohl von den entsprechenden Ziegelbrennöfen.

**Wien 19, Kirche St. Jakob in Heiligenstadt:**
*Schauraum mit Resten eines Speicherbaus (horreum)*

Im Schauraum unterhalb der Kirche befinden sich die Überreste eines in den Jahren 1952/53 ausgegrabenen, 10,5 × 5 m großen Gebäudes, das durch außen an die Mauern angebrachte Strebepfeiler als Speicherbau (*horreum*) zu interpretieren ist. Zahlreiche Legionsziegel lassen militärische Anlagen (im Umfeld römischer Steinbrüche?) im Bereich der St. Jakobskirche vermuten. In dieses Gebäude setzte man in spät- oder nachantiker Zeit zwei gemauerte rechteckige Strukturen, die vom Ausgräber als spätrömische Grabstätten interpretiert wurden. Ein in vergangener Zeit öfter postulierter

Zusammenhang mit dem Grab des Heiligen Severin ist heute auszuschließen.
Besichtigung: Pfarrplatz 3, Öffnungszeiten: 1. bis 3. Sonntag im Monat, 15 bis 17 Uhr
Kontakt für Anfragen: Pfarrkanzlei Heiligenstadt, Tel.: 370 13 43

Literatur:
Adler-Wölfl 2012; Friesinger – Krinzinger 1997, 241–253; Genser 1986, 430–531; Kandler – Vetters 1986, 173–186; Kronberger 2005; Kronberger 2009; Mosser 2005; Mosser 2008; Mosser u. a. 2010; Mráv – Harl 2008; Müller 2008; Müller u. a. 2011; Ranseder – Sakl-Oberthaler u. a. 2011; Öllerer u. a. 2007; Sakl-Oberthaler 2008; Sakl-Oberthaler 2011.

# Schwechat – Ala Nova

## Auxiliarkastell – *vicus*

Das pannonische Kastell Ala Nova – Schwechat wurde am östlichen Rand des Wiener Beckens auf einer leichten Erhöhung im Gelände errichtet. Schwechat liegt südwestlich der Mündung der Schwechat in die Donau, etwa 3,5 km vom heutigen rechten Donauufer entfernt. Das Lager befand sich westlich der heutigen Stadt Schwechat auf dem Areal, welches von der Wienerstraße über den Ala-Nova-Platz, den Friedhof und das Gelände der Brauerei Schwechat reicht (Abb. 169). Der *vicus* dürfte das Kastell zumindest im Süden, Osten und Westen umgeben haben. Gräberfelder lagen südöstlich, südlich und südwestlich des Kastells, vermutlich entlang der in Ost-West-Richtung beziehungsweise in Richtung Süden verlaufenden Straßen.

Der Name „Ala Nova" ist sowohl im *Itinerarium Antonini* (248,1) zusammen mit Aequinoctium und Vindobona (*Aequinoctio et Ala Nova in medio Vindobona*) als auch in der *Notitia dignitatum* (occ. XXXIV 7: *Alanova*) genannt. Die Identifizierung des aus den Quellen bekannten Namens „Ala Nova" mit den römischen Befunden im heutigen Schwechat gilt seit Anfang des 20. Jhs. als gesichert. Der Name „Ala Nova" weist jedenfalls auf die Stationierung einer berittenen Truppe hin, die in der Grabung des Jahres 2010 zumindest für die früheste Steinbauphase des Kastells eindeutig nachgewiesen werden konnte. Für die Spätantike ist in der *Notitia dignitatum* (occ. XXXIV 18) für Ala Nova eine Truppe dalmatischer Reiter überliefert.

## Forschungsgeschichte

Erste antike Artefakte und Mauerreste kamen bei Bauarbeiten, vor allem in der Brauerei Schwechat, und bei landwirtschaftlichen Aktivitäten im ausgehenden 19. Jh. bzw. um die Jahrhundertwende zu Tage. Hinweise auf die Zuordnung der Mauern zur römischen Zeit gaben, laut M. Groller, die häufig zu Tage kommenden Ziegel der in Wien stationierten *legio X gemina*. Erste Grabungen unter wissenschaftlicher Aufsicht fanden 1910 auf Anregung des damaligen Bürgermeisters von Schwechat, J. Ableidinger, statt. Die dafür angelegten Suchschnitte konzentrierten sich auf die Erfassung des Verlaufs der Umwehrung und der Straßen des Kastells. 1937 legte J. Ableidinger bei Kanalaushubarbeiten wieder einen Abschnitt der Umwehrungsmauer frei. Grabungen des 20. Jhs. brachten einige Gräber südöstlich des Kastells zu Tage. 1979 stieß H.-J. Ubl bei Grabungen südlich des Kastells

# Schwechat – Ala Nova

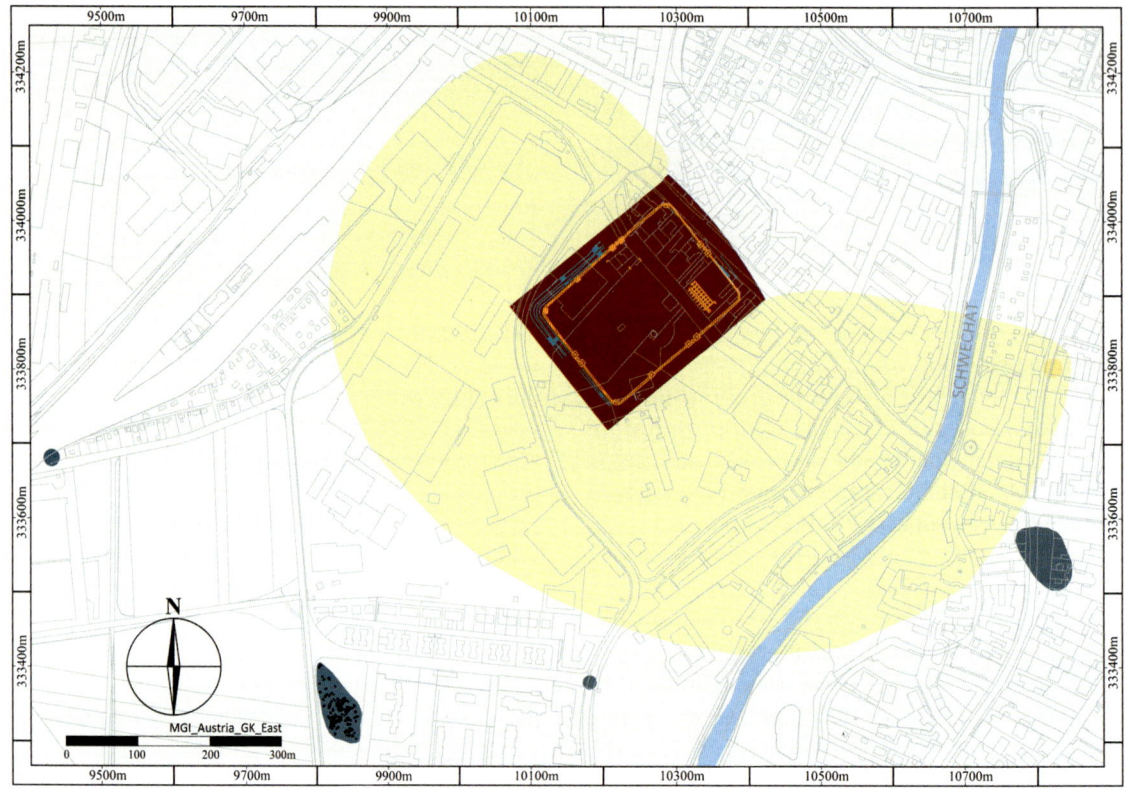

Abb. 169: Schwechat – Ala Nova

auf Spitzgräben, die er einem Holz-Erde-Kastell zuordnet. Im Jahr 2000 führte K. Süss eine Probegrabung in jenem Areal an der Wienerstraße 29–33 durch, das 2010 systematisch untersucht werden sollte. Die Grabung von U. Scholz im Jahre 2010 brachte nicht nur den Ansatz des Lagergrabens, sondern auch Ausschnitte zweier Mannschaftsbaracken mit Stallräumen zu Tage. Für die Berechnung der Größe des Lagers ist insbesondere die Tatsache, dass der Lagergraben ca. 30 m weiter nördlich als bisher vermutet angetroffen wurde, von Relevanz. Das Auxiliarkastell dürfte, nach U. Scholz, demnach mit ca. 3,7 ha größer sein als bislang angenommen.

## Kastell

Bei Grabungen etwa 400 m südlich des späteren Steinkastells wurden mehrere Spitzgräben angeschnitten, die erstmals vom Ausgräber H.-J. Ubl als Wehrgräben eines postulierten Holz-Erde-Kastells angesprochen wurden. Im Bereich des späteren Steinkastells konnte kein Holz-Erde-Vorgänger nachgewiesen werden. Von der Umwehrung des Steinkastells legten J. Ableidinger, J. Nowalski de Lilia und E. Nowotny den südwestlichen Eckturm, einen nach innen vorspringenden Zwischenturm der Südwest-Nordost verlaufenden Lagerfront sowie die *porta principalis sinistra* frei. Die *porta prin-*

*cipalis* sprang leicht nach außen vor und verfügte über zwei, durch einen zentralen Pfeiler getrennte Durchfahrten. Außerdem dokumentierte man die etwa einen Meter starke Wehrmauer an mehreren Stellen. Der Wehrmauer waren zwei Gräben vorgelagert, an ihrer Innenseite konnte stellenweise eine Pfostenreihe nachgewiesen werden, die möglicherweise als Substruktion für einen Wehrgang anzusprechen ist. Die *via principalis* des Lagers war etwa 17 m breit und von Mauern flankiert. Die *via sagularis* hingegen hatte eine Breite von knapp 10 m.

Durch die Grabung von 2010 wurde der Wissensstand zum Kastell Schwechat vor allem hinsichtlich der Bauphasen und Belegung beträchtlich erweitert: Von der Innenbebauung sind Ausschnitte zweier Mannschaftsbaracken ergraben worden (Abb. 170). Die früheste Phase dieser in Stein ausgeführten Innenbebauung datiert an den Beginn des 3. Jhs. n. Chr. Für diese Zeit ist die Stationierung einer berittenen Truppe mit Hilfe von Uringruben in den Stallräumen, die den Contubernien vorgelagert waren, eindeutig belegt. Diese Stallräume wurden in der Spätantike aufgegeben. Dies ist insofern bemerkenswert, als der *Notitia dignitatum* (occ. XXXIV 18) zu entnehmen ist, dass in Ala Nova dalmatische Reiter stationiert waren. Das Lager war vermutlich bis in das 4. Jh. n. Chr. von römischen Truppen besetzt. Im 5. Jh. folgte nach der Aufgabe der Mannschaftsunterkünfte eine Phase ziviler Nutzung, die sich in der Errichtung neuer Gebäude manifestiert. Anfangs orientierten sich diese Gebäude noch an der Ausrichtung der Mannschaftsbaracke, während man diese Orientierung nach einem weiteren Umbau aufgab. Über den spätantiken Wohnbauten befanden sich frühmittelalterliche Befunde des 6. und 7. Jhs. n. Chr. Hoch- und spätmittelalterliche Funde fehlen in den Ausgrabungen des Jahres 2010 hingegen.

Noch im frühen 19. Jh. waren antike Mauern oberirdisch im Bereich des heutigen Pfarrfriedhofs von Schwechat, der direkt über der *retentura* des Kastells liegt, zu sehen. Reste römischer Mauern waren bis in die 1870er-Jahre auch südlich des Kastells im *vicus* beziehungsweise vermutlich eher in einem Gräberfeld, im sog. Frauenfeld, sichtbar.

### Kastellvicus

Über den Kastellvicus ist wenig bekannt, da entsprechende Siedlungsbefunde fehlen. Als spärlicher Hinweis auf den *vicus* könnten, nach J. Ableidinger, Konzentrationen von Funden südlich des Kastells im Bereich der Brauerei dienen. In der Sendnergasse freigelegte Ofenbefunde dürften dem *vicus* angehören. Möglicherweise kann, so U. Langenecker, eine Grube des 2. bzw. 3. Jhs. n. Chr., die den südlich des Kastells freigelegten

Abb. 170: Schwechat. Kastell Ala Nova, Mannschaftsbaracken, Aufnahme von Südosten

Spitzgraben stört, als Siedlungsbefund angesprochen werden. Die Ausdehnung des *vicus* kann über die umliegenden Gräberfelder ungefähr geschätzt werden.

## Gräberfelder

Südwestlich, südöstlich und südlich des Kastells stieß man im frühen 20. Jh. immer wieder auf einzelne Gräber oder kleinere Gruppen von Gräbern. Größere Areale wurden bei keiner dieser Grabungen freigelegt. Erst in den Grabungen von R. Igl und B. Leingartner in den Jahren 2009/10 konnte ein Gräberfeld in seiner mehr oder weniger vollständigen Ausdehnung ergraben werden. Dieses erstreckte sich etwa 500 m südwestlich des Kastells in nordwest-südöstlicher Richtung und umfasste etwa 135 römische Gräber, wobei Körpergräber etwas häufiger dokumentiert wurden als Brandgräber. Während einige Gräber südlich (Brauereigelände) und östlich (Hauptplatz Schwechat) des Kastells in die Spätantike zu datieren sind, können die Bestattungen südwestlich des Lagers („Flur Frauenfeld") in die mittlere Kaiserzeit gesetzt werden.

Ana Zora Maspoli

**Besichtigung**
Es haben sich keine oberirdischen Baureste erhalten. Ein großer Teil der römischen Funde wird im Museum in Carnuntum verwahrt (s. den Beitrag zu Carnuntum).

Literatur:
Ableidinger 1929; Ableidinger 1930–1934; Ableidinger 1935–1938; Genser 1986, 532–547; Groller v. Mildensee 1904, 8–11; Igl 2010; Kandler – Vetters 1986, 187–192; Krenn – Igl 2009; Langenecker 1994; Leingartner 2010; Kubitschek 1906b; Moßler 1974; Neumann 1959; Neumann 1967; Nowotny 1911; Polaschek 1942a; Polaschek 1942b; Ubl 1979a; Walter 1967; Scholz – Müller 2010; Süss 2000; Kandler 1980; Weber 1968–1971; Seren – Totschnig 2011.

# Fischamend – Aequinoctium

## Römische Siedlung – Wachtürme (?)

Die römische Siedlung Aequinoctium, die auf der *Tabula Peutingeriana*, im *Itinerarium Antonini* und in der *Notitia dignitatum* Erwähnung findet, ist im Ortsbereich des heutigen Fischamend zu lokalisieren.

Der bemerkenswerte antike Ortsname bezeichnet die „Tagundnachtgleiche" und nimmt anscheinend Bezug auf Phänomene in der Astronomie oder Landvermessung. An den Frühlings- und Herbstäquinoktien im März und September jeden Jahres sind die Tage und Nächte von gleicher Länge. Im römischen Vermessungswesen fand der Begriff *aequinoctium* hingegen bei der Bestimmung von West-Ost verlaufenden Vermessungslinien Verwendung. In der archäologischen und in der populärwissenschaftlichen Literatur wurde deshalb bereits die Lage des römischen Fischamend am Schnittpunkt einer Nord-Süd mit einer West-Ost verlaufenden Achse thematisiert. Das römische Fischamend befand sich einerseits genau nördlich von Claudia Savaria (Szombathely, Ungarn), eine der ältesten Kolonien Pannoniens, sowie andererseits auch auf einer West-Ost-Achse, die nach Carnuntum weist.

# Fischamend – Aequinoctium

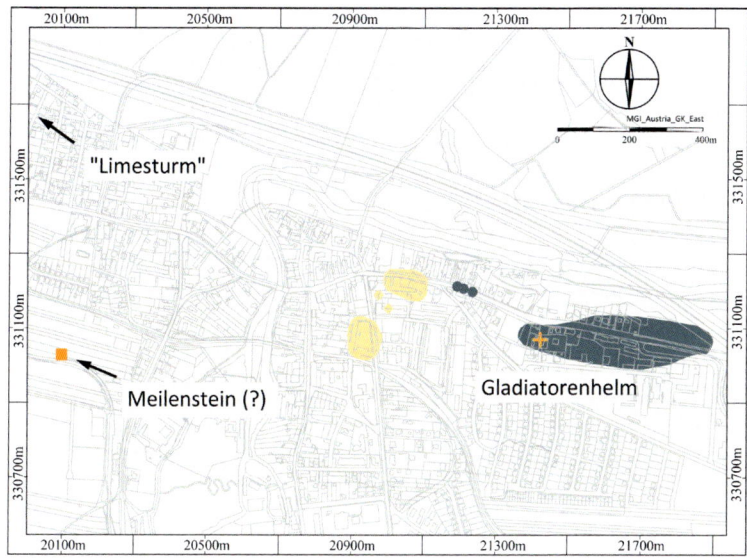

Abb. 171: Fischamend – Aequinoctium

## Forschungsgeschichte

Das heutige Fischamend ist eine Doppelsiedlung, geteilt durch den Fischa-Fluss, der hier die am rechten Donauufer entlang ziehende Schotterterrasse durchbricht und in die Donau mündet (Abb. 171, 172). Die römerzeitlichen Fundstellen konzentrieren sich auf den rechts der Fischa liegenden Ortsteil Fischamend Markt. Im heutigen Ortszentrum kamen bei den Grabungen der Limeskommission am Anfang des 20. Jhs. sowie bei mehreren Nachuntersuchungen in den letzten Jahrzehnten immer wieder Mauerreste und römerzeitliches Fundmaterial zum Vorschein. Über die Größe, die Struktur und die Entwicklung dieser Siedlung, die man im Bereich des Getreideplatzes, der Enzendorferstraße und der Hainburger Straße annehmen kann, lassen sich kaum konkrete Aussagen treffen. Ein eindeutiger Hinweis auf die Existenz eines Militärlagers des 2./3. Jhs. n. Chr. in diesem topographisch ungünstig, in einer Senke zwischen den Schotterterrassen gelegenen Bereich liegt nicht vor.

## Spätantike Militärgarnison (?)

Während für die Kaiserzeit keine Nachrichten zu einer Militärgarnison vorliegen, ist für die Spätantike eine Einheit von *equites Dalmatae* literarisch bezeugt. Aufgrund der veränderten fortifikatorischen Rahmenbedingungen wären für die Spätzeit andere Kastellstandorte in Erwägung zu ziehen, in erster Linie wohl eine sanfte Kuppe im Zwickel zwischen der Fischa-Mündung und einem ehemaligem Altarm der Donau. Auf dessen östlichem Ende erstreckt sich die Pfarrkirche von Fischamend Markt. Diese kleine, sanfte Erhebung könnte für eine spätantike Kleinbefestigung gerade noch genügend Raum geboten haben. Der Standort wäre einerseits stärker zur Donau hin orientiert und läge andererseits rund 280 m von den bekannten, entlang der Hainburger Straße entdeckten spätantiken Skelettbestattungen entfernt.

## „Limestürme"

In der archäologischen Literatur fest verankert ist die Lokalisierung von drei „Limestürmen" in Fischamend: ein mächtiges Turmfundament westlich der Fischa-Mündung sowie ein „Holzturm" und ein „Steinturm" am Ostrand von Fischamend Markt. Letztere sind in dem ansteigenden Gelände zwischen der Hainburger Straße und der Brucker Straße im Bereich des heutigen Friedhofs zu lokalisieren (Abb. 173). Beide Befunde lagen innerhalb eines römerzeitlichen Gräberfeldes. Der unspezifische, rechteckige Grundriss des sog. Steinturmes mit Ausmaßen von 4,60 × 5,25 m erlaubt keine weiterführende Interpretation des Befundes. Ein als Holzturm gedeuteter Bau befand sich, hangabwärts gelegen, 94 m westlich davon. Innerhalb eines kreisförmigen, im Durchmesser 15 m großen Mauerkranzes, von dem noch die Steinfundamente erhalten waren, beobachtete man einen sehr schlecht erhaltenen Holzeinbau (angeblich 4,50 × ca. 4,30 m). Dieser saß offenbar unmittelbar auf dem anstehenden Boden auf. Für einen Limeswachturm wäre die Kombination eines Holzturms mit einer schützenden Steinmauer außergewöhnlich, würde man in diesem Fall doch eher einen Steinturm mit einer vorgelagerten Holzpalisade erwarten. Ein weiteres Argument gegen eine Interpretation als hölzerner Limeswachturm ist ferner das Fehlen der massiven Eckpfosten, die bei den Ausgrabungen sicher aufgefallen wären. Im Inneren der Holzstruktur, vor allem in dessen Nordwest-Ecke, beobachtete man reichlich Brandspuren und, eingebettet in einer angeblich 30 cm dicken Schicht, zahlreiche hitzedeformierte Metallfunde, die anscheinend nicht von der Ausrüstung und Bewaffnung römischer Soldaten stammen. Stattdessen fanden sich Waffen, die, wie zum Beispiel zwei Helmbestandteile, zur Ausrüstung eines Gladiators zu zählen sind. Bei diesem Befund handelt es sich wohl weniger um einen militärischen Wachturm als vielmehr um ein Rundgrab. In diesem Zusammenhang ist noch auf den Fund dreier weiblicher, knapp unterlebensgroßer Kalksteinköpfe hinzuweisen, die bereits mehrere Jahre vor den Grabungen von 1901 ganz nahe der Umfassungsmauer entdeckt wurden und unter Umständen zu diesem oder einem benachbarten Grabbau gehörten.

Der westlich von Fischamend Dorf gelegene, bereits 1896 beim Bau einer Mastanstalt entdeckte und 1901 teilweise freigelegte Turm zeichnete sich durch seine massive Bauweise aus (Abb. 174). Das im Grundriss rechteckige, 6,38 × 6,68 m große Turmfundament bestand aus einer hochwertigen, noch bis zu einer Höhe von 1,75 m erhaltenen, 80–90 cm breiten Bruchsteinmauer. Im Inneren beobachtete man einen 30 cm mächtigen „Fußboden

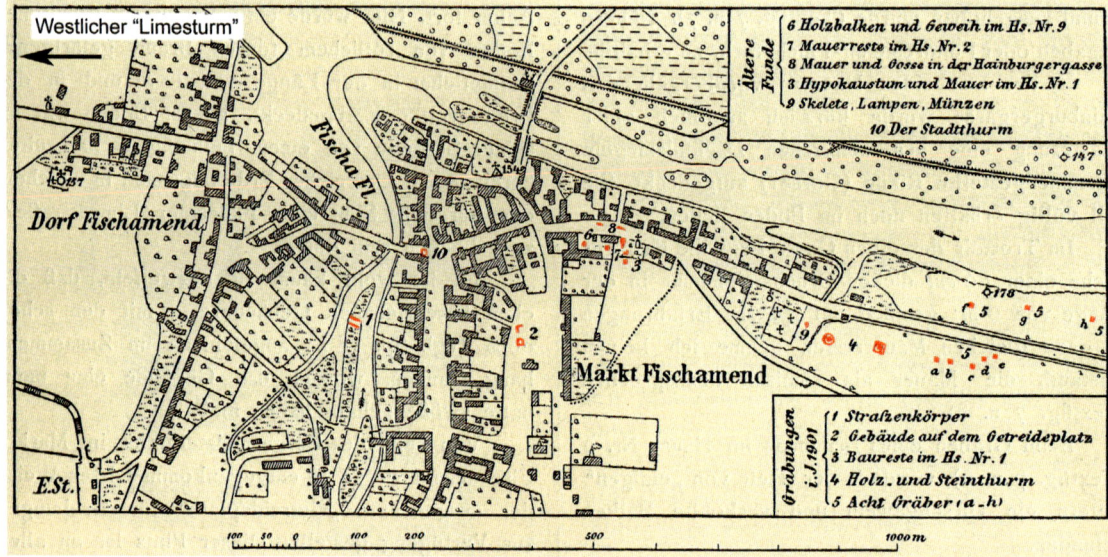

Abb. 172: Fischamend – Aequinoctium

# Fischamend – Aequinoctium

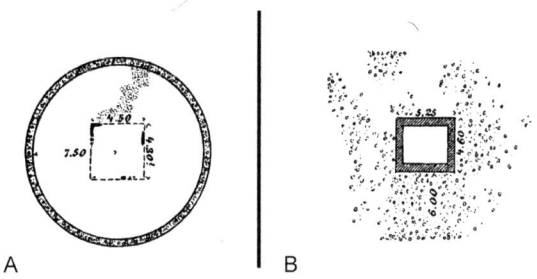

Abb. 173: Fischamend. Die sog. „Limestürme" in Fischamend Markt. A: „Holzturm" mit steinerner Ringmauer. B: „Steinturm"

aus Gußwerk", der den Ausgräber zu einem Vergleich mit dem westlichen Torturm der *porta decumana* des Carnuntiner Legionslagers veranlasste. Zur topographischen Lage dieses „Limesturms" merkte er an, dass das Gelände bis zum Steilrand der Donau noch um 3–4 m anstieg, sodass sich zur Donauniederung hin ein toter Winkel ergab.

## Limesstraße

Gute Indizien für den Verlauf der Limesstraße liegen am Ostende von Aequinoctium vor, wo Grabmonumente entdeckt wurden, die beidseits einer Straße angeordnet waren. Diese Grabmonumente dürften an der Limesstraße gestanden haben, die von hier am ehesten geradlinig weiter Richtung Carnuntum führte. Zweifelhaft ist der bisher rekonstruierte Verlauf der Römerstraße, der einen weiten Bogen nach Süden – ähnlich der heutigen Autobahn – beschreibt und einfach sämtliche damals bekannten Fundstellen miteinander verband. Soweit überhaupt noch nachvollziehbar, wird es sich bei diesen Fundplätzen um verschiedene ländliche Siedlungsformen einschließlich zugehöriger Gräberfelder handeln. Die Trasse der römischen Limesstraße dürfte in diesem Abschnitt allerdings weitgehend mit dem Verlauf der alten Reichsstraße Wien–Preßburg, der heutigen Bundestraße B9, zusammenfallen.

Christian Gugl

**Besichtigung**
Im Gelände sind keine antiken Überreste mehr zu sehen, dennoch lohnt sich ein Besuch im örtlichen Heimatmuseum, das im Fischaturm, dem Wahrzeichen der Stadt, untergebracht ist.
Website: http://www.heimatmuseum-fischamend.at

**Literatur:**
Genser 1986, 548–557; Groller 1903, 1–52; Gugl 2013, 200–215; Kandler – Vetters 1986, 192–195.

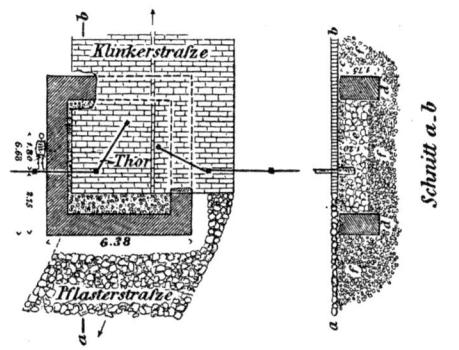

Im Schnitt: a_b recente Straße, c Fußboden, d Thurmmauern, e Steinschüttung, f echter Kiesschotter.

Abb. 174: Fischamend. „Limesturm" in Fischamend Dorf

# Maria Ellend

## Wachtürme (?)

Aus dem Raum südlich von Maria Ellend sind seit den Ausgrabungen der Limeskommission zu Beginn des 20. Jhs. mehrere römische Fundstellen bekannt, die Maximilian von Groller als militärische Wachtürme („Limestürme") deutete. Maria Ellend gilt ferner als Fundstelle eines Meilensteines. Beides ist aus heutiger Sicht zu hinterfragen.

Der von Groller rekonstruierte Verlauf der Limesstraße östlich von Fischamend ist grundsätzlich zweifelhaft. Nach seiner Ansicht verlief die römische Limesstraße von Aequinoctium (Fischamend) ausgehend rund 3 km Richtung Südosten (Abb. 175). Südlich der ehemaligen Ellender Weingärten (heute Traunberg) soll sich die römische Straße nach Osten gewandt haben, um nach weiteren 8 km eine Richtungsänderung nach Nordosten, bei Regelsbrunn vorbeilaufend, zu beschreiben. Entlang der vermuteten Trasse zwischen Traunberg und dem Ellender Hof konnte Groller zwei Fundstellen untersuchen. Dort lokalisierte er neben anderen Gebäuden auch mehrere „Limestürme".

## Grabbauten (?)

Die etwa 1,1 km westlich des Ellender Hofs gelegene Gebäudegruppe bestand aus fünf Bauten. Bei den beiden als Wachtürme bezeichneten Objekten dürfte es sich mit hoher Wahrscheinlichkeit um die Reste von Grabbauten handeln, die in einem Fall innerhalb eines 9,70 × 8,20 m großen, ummauerten Grabbezirks lagen. Allem Anschein nach handelt es sich um einen Gutshof oder eine andere ländliche Kleinsiedlung mit angeschlossener Nekropole. Diese Deutung dürfte auch auf die andere, südlich des Traunbergs gelegene Gebäudegruppe zutreffen. Einer der drei nachgewiesenen Bauten weist Merkmale auf, die ebenfalls für einen 4,0 × 4,80 m

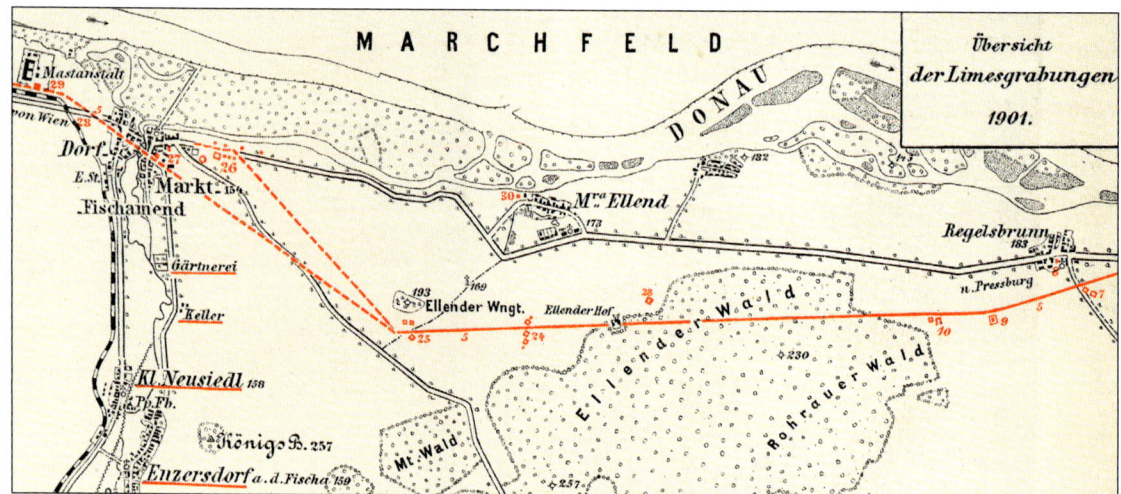

Abb. 175: Maria Ellend. Römische Fundstellen und hypothetischer Verlauf der Limesstraße zwischen Aequinoctium-Fischamend und Maria Ellend (nach den Vorstellungen von M. v. Groller).

großen Grabbau innerhalb einer viereckigen Grabumfriedung sprechen.

Die Lokalisierung eines Meilensteins etwa 1,3 km südöstlich von Maria Ellend ist ein Versehen, das auf die fehlerhafte Kartierung der Fundstelle zurückzuführen ist. Der von Groller erwähnte Meilenstein, der schon damals als verschollen galt, wurde stattdessen in Fischamend Dorf gefunden. In ihrer Bedeutung nicht näher einzuschätzen sind alte Mauerreste, die im Ortskern von Maria Ellend zutage getreten sind. Unter Umständen verlief die römische Limesstraße – und ihr folgend die alte Reichsstraße Wien–Preßburg – direkt durch das Ortsgebiet.

Christian Gugl

**Besichtigung**
Im Gelände sind keine Strukturen sichtbar.

Literatur:
Genser 1986, 558–563; Groller 1903, 9–15; Kandler – Vetters 1986, 195–197; Weber 1968–1971, 125 f. Nr. 3 Abb. 4.

# Höflein

## Kleinkastell – Zivilsiedlung – Straße – *villae rusticae*

Höflein, dessen antiker Name noch unbekannt ist, liegt ca. 5 km südlich der Donau und 5 km nördlich von Bruck an der Leitha am Fuße der Hügelgruppe des Maria Ellender Waldes. Die römischen Anlagen von Höflein bildeten somit einen Bestandteil des Hinterlandes der römischen Provinzhauptstadt Carnuntum.

### Forschungsgeschichte

Die Erforschung der römischen Denkmäler Höfleins begann erst spät, obwohl der Ort und seine Umgebung bereits seit der Mitte des 19. Jhs. als Fundstelle bekannt waren. Nach Versuchsgrabungen am Kirchenberg in Höflein im Jahre 1896 durch W. Kubitschek erfolgten 1900–1902 großflächige Untersuchungen durch M. v. Groller-Mildensee. Dabei wurden Teile des Kastells am Kirchenberg, Reste einer römischen *villa* im Kirchenthal und Straßentürme in der Umgebung von Höflein entdeckt. Die Freilegung der *villa rustica* von Höflein-Aubüheln erfolgte in den Jahren 1991–1994.

### Kleinkastell

Das römische Kastell (Abb. 176) lag auf der höchsten Erhebung des Ortes, dem sog. Kirchenberg. Sein Areal ist fast zur Gänze durch die mittelalterliche Wehrkirche St. Ulrich und den zugehörigen Friedhof bedeckt. Aus diesem Grund konnten bislang nur Teile der Umfassungsmauer aufgedeckt werden. Die 1,15 m dicke Mauer umschloss ein leicht verschobenes Viereck von rund 38,60 x 59,0 m. Die Ecken dieser Befestigungsanlage waren abgerundet. Reste von Türmen an der Innenseite der Mauer konnten ebenso wenig festgestellt werden wie Tordurchgänge. Ein stark zerstörter, rechteckiger Turm konnte an der Nordseite des Kastells unmittelbar außerhalb der Mauern festgestellt werden. Das Eingangstor zu dieser Befestigung befand sich möglicherweise an der bisher noch nicht ergrabenen Südfront. Für diese Annahme spricht der Umstand, dass die Limesstraße in rund 300 m Entfernung an der Südfront des Kastells vorbeiführte. Ein rund 5 m breiter und 1,50 m tiefer Spitzgraben konnte an der Ostseite nachgewiesen werden.

Die wenigen Funde erlaubten keine Datierung des Kastells. Ebenfalls unbekannt ist bislang der Name der im Kastell stationierten römischen Truppeneinheit. Zwei Grabsteinfragmente, verbaut in der Süd- beziehungsweise Westmauer der Wehrkirche, nennen zwar eine Legion und eine Straßenwacht (*beneficiarii*), jedoch ist der Zusammenhang dieser Grabsteine mit dem Kastell nicht gesichert.

## Römische Straße und Wachtürme

Im Gemeindegebiet von Höflein konnten weiters Teile der römischen Fernstraße von Carnuntum nach Scarbantia/Sopron näher untersucht werden. In der Flur „Geißbergen" wurde 1902 das Fundament eines quadratischen, zumindest einstöckigen Turmes mit 6 m Seitenlänge aufgedeckt. Unmittelbar nördlich dieses Turmes fand sich ein Abschnitt der 6 m breiten, römischen Straße, die noch teilweise die originale Pflasterung aufwies.

Rund 2 km außerhalb von Höflein in der Flur „In der Sulz" konnte 1991 bei der erneuten Untersuchung der Anlage der Verlauf der gepflasterten Römerstraße aufgefunden werden. Am Straßenrand befand sich ein rechteckiger, 9,35 x 11,35 m großer Turm mit Innenmauern und einer Feuerstelle. Das Dach des Turms war mit Dachziegeln gedeckt.

Mangels eindeutig datierbarer Funde lassen sich die beiden römischen Wachtürme nicht genauer zeitlich einordnen. Diese Feststellung gilt auch für einen weiteren römischen Turm 2 km nordwestlich des Ortes. Die allgemein als Signalturm bezeichnete Anlage gehörte wahrscheinlich zu einer anderen Straße. Die Wachtürme und der Straßenkörper wurden nach Abschluss der Untersuchungen wieder zugeschüttet.

## *Villae rusticae*

Im „Kirchental" südlich von Höflein wurde die Römerstraße Carnuntum – Scarbantia ein weiteres Mal angetroffen. Westlich der Straße wurden dabei Teile eines römischen Gutshofs freigelegt. Einer der drei ausgegrabenen Räume war mit einer Fußbodenheizung ausgestattet. Zwei spätantike Münzen, die während der Ausgrabungen gefunden wurden, erlaubten keine sichere Datierung des Gebäudes. Bei einer Nachuntersuchung im Jahr 1990 konnten die Reste dieses Gutshofes nicht mehr lokalisiert werden.

Ein zweiter römischer Gutshof wurde 1 km nordwestlich des Ortes in der Flur „Aubüheln" entdeckt und von 1991–1994 archäologisch untersucht. Im Verlauf der Grabungsmaßnahmen gelang es, ein römisches Gebäude aus der zweiten Hälfte des 4. Jhs. n. Chr. vollständig freizulegen. Es handelt sich dabei um das Wohngebäude einer *villa rustica* mit den Maßen von 13 x 20 m (Abb. 177). Das Gebäude war an einem flachen Hang angelegt. Die mit zwei Vorbauten versehene Südseite der *villa* war auf eine wahrscheinlich bereits in der Antike bestehende Wasserstelle ausgerichtet, die man heute zu einem Feuchtbiotop ausgestaltet hat. Das in rechteckiger

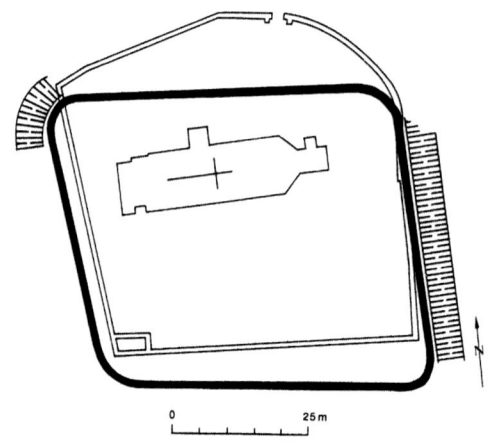

Abb. 176: Höflein. Kleinkastell

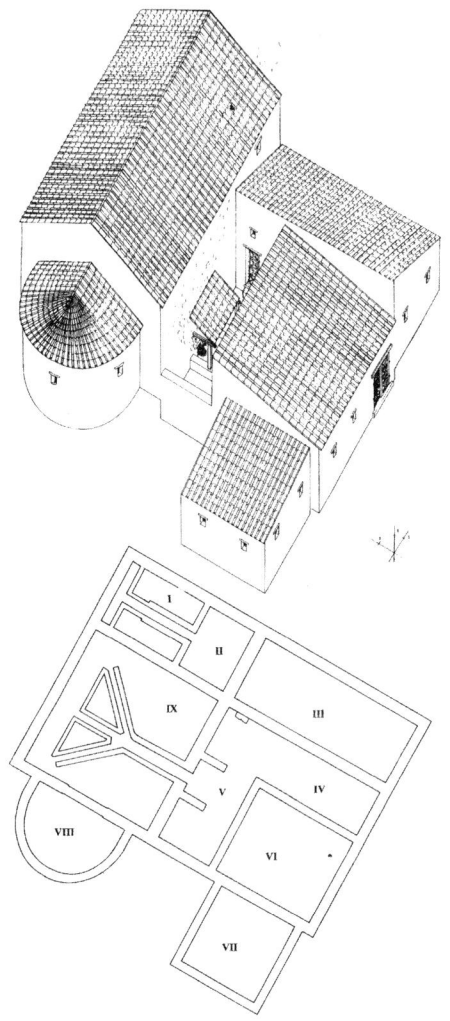

Abb. 177: Höflein. Idealrekonstruktion des Wohngebäudes der *villa rustica* von Höflein-Aubüheln

Form angelegte Gebäude besaß acht Räume. An der Westseite des Bauwerks lag ein großer, quadratischer Raum mit vorgelegter Apsis. Dieser Raum ist mit einer Fußbodenheizung ausgestattet. Die zugehörige Heizstelle dieser Fußbodenheizung, das *praefurnium*, befand sich im östlich anschließenden Korridor. Neben der Feuerungsstelle für die Heizung befand sich auch die Küche des Hauses. Nördlich an den Hauptraum schließt ein kleineres, ebenfalls beheiztes Zimmer mit Vorraum an. Die Westseite des Gebäudes war demnach in einen beheizten Wohnraum, einen ebenfalls beheizten Schlafraum und in die Küche gegliedert. Die drei Räume der östlichen Gebäudehälfte und der kleine rechteckige Vorbau sind am ehesten als Wirtschaftsräume beziehungsweise kleinere Lagerräume für die häuslichen Vorräte anzusprechen.

Raimund Kastler

**Besichtigung**
Die Befunde der *villa* Aubühel wurden konserviert und mit einer Informationstafel versehen. In der Limeshalle in Höflein sind wenige römische Funde der Umgebung ausgestellt.

**Literatur:**
Friesinger – Krinzinger 1997, 253–258; Genser 1986, 564–573 (mit älterer Literatur); Kandler – Vetters 1986, 199–202; Kastler 1993/1994; Kastler 1995; Kastler 1998; Turnovsky 1992.

# Carnuntum

## Legionslager – *canabae legionis* – Auxiliarkastell – Stadt

■ Das römische Legionslager Carnuntum wurde unweit der Ungarischen Pforte angelegt. Zwischen Hainburg und Bratislava durchbricht die Donau die Kleinen Karpaten, gleichzeitig mündet die von Norden kommende March bei Bratislava-Devín in den Strom ein. An diesem strategischen Nadelöhr zwischen dem Ostalpenrand und dem Karpatenbecken platzierten die Römer einen ihrer wichtigsten Militärstützpunkte am gesamten Donaulimes. Der Name „Carnuntum" ist vorrömischen Ursprungs und weist auf das felsige Gelände hin, das auch heute noch das Landschaftsbild im Umfeld des Bad Deutsch-Altenburger Kirchenberges sowie des Pfaffenberges prägt. Die günstige Lage am Schnittpunkt einer durch die Donau vorgegebenen West-Ost-Verbindung mit einer überregional

Abb. 178: Carnuntum

wichtigen Nord-Süd-Route („Bernsteinstraße") förderte die Entstehung einer der größten römischen Siedlungen nördlich der Alpen. Das Legionslager und die später entstandene römische Stadt lagen, vor Überschwemmungen geschützt, am südlichen Hochufer der Donau (Abb. 178). Von hier aus hatte man einen ausgezeichneten Blick auf die endlosen Auwälder des Marchfeldes.

Plinius der Ältere berichtet, dass Carnuntum einst unter der Kontrolle der Noriker stand. Wo sich dieses vorrömische Carnuntum befand, ist nicht eindeutig geklärt. Vieles deutet darauf hin, dass es nicht am Braunsberg (bei Hainburg auf der Südseite der Donau) zu suchen ist, sondern nördlich der Donau bei Bratislava (am Burgberg bzw. bei Devín) lag. In den römischen Quellen tritt Carnuntum erstmals im Zusammenhang mit den Ereignissen des Jahres 6 n. Chr. in Erscheinung. Tiberius, der spätere Kaiser, operierte hier mit seinen Truppen gegen die in Böhmen siedelnden Markomannen. Archäologische Spuren dieses Feldzugs haben sich bisher im Raum Carnuntum nicht finden lassen.

Eine durchgehende Grenzsicherung entlang der Donau hat in diesen Jahren noch nicht bestanden. Unter Kaiser Claudius (41–54 n. Chr.) änderten die Römer aufgrund der zunehmenden germanischen Präsenz nördlich der Donau ihre Pläne und verlegten eine Legion und pannonische Hilfstruppen als ständige Garnison an die Flussgrenze. Die *legio XV Apollinaris* bildete bis in das frühe 2. Jh. n. Chr. beinahe durchgehend – nur kurz unterbrochen durch einen Orient-Feldzug – die Stammtruppe im Carnuntiner Lager. Auf sie folgte die 14. Legion, die bis in die Spätantike in Carnuntum verblieb. Unterstützt wurde die Legion von einer Reitereinheit (*ala Pannoniorum* u. a.), die anscheinend häufiger abgelöst wurde.

Ausgehend vom Legionslager entwickelte sich im Bereich der heutigen Gemeinden von Bad Deutsch-Altenburg und Petronell eine ausgedehnte Siedlung, die aus zwei Kernzonen bestand. Im Osten befand sich der militärische Bereich mit dem Le-

Abb. 179: Carnuntum: Virtuelles Gesamtmodell

gionslager, dem Statthalterpalast und einer Lagervorstadt (*canabae legionis*), im Westen entstand eine Zivilsiedlung, die zunächst einen dörflichen Charakter aufwies (*vicus*) (Abb. 179). Dem stetigen Wachstum dieser Zivilsiedlung wurde unter Kaiser Hadrian (117–138 n. Chr.) Rechnung getragen, indem man ihr das Stadtrecht verlieh (*municipium Aelium*).

Legionslager (Abb. 180)

Das Carnuntiner Legionslager (*castra legionis*) ist, abgesehen von konservierten Resten des Osttores, heute nur noch als Geländeformation wahrzunehmen. Dennoch ist das Lager als eines der wenigen unverbauten militärischen Großanlagen an der römischen Rhein- und Donaugrenze ein archäologisches Denkmal von überregionaler Bedeutung. Der unregelmäßige Grundriss der ursprünglich knapp 18 ha großen Befestigung mit den Vertiefungen der vorgelagerten Verteidigungsgräben hebt sich als Plateau von seiner Umgebung ab. Die heutige Landesstraße 2026 schneidet das Lager etwa an der Stelle, wo sich eine der beiden antiken Lagerhauptstraßen (*via principalis*) befand. Der Aufbau der *castra* ist durch Ausgrabungen der Jahre zwischen 1877 und 1913 weitgehend gesichert, während neuere, zwischen 1968 und 1977 durchgeführte Untersuchungen vor allem Einblicke in die Entwicklung der Anlage brachten.

*Innenbebauung*
Nördlich der modernen Landesstraße lagen die Wohnquartiere der Stabsoffiziere (Tribunen), zwei Kohorten von Legionären (aus römischen Bürgern rekrutierte Fußsoldaten) sowie vermutlich die Lagerthermen (Abb. 180 Nr. 6, 8). Die fehlende Nordfront des Lagers ist bereits zur Donau hin abgerutscht. Südlich der Straße befanden sich die *principia*, das zentrale Stabsgebäude des Lagers, wo die Verwaltungseinrichtungen der Legion und die Lagerkasse untergebracht waren (Abb. 180 Nr. 1). An einen Innenhof anschließend folgte eine quergestellte Basilika und dahinter eine Raumreihe, in deren Zentrum das Lagerheiligtum lag. Hier wurden die Feldzeichen der Legion aufbewahrt. Die *principia* waren auch der Ort, wo die Soldaten dem Kaiserhaus huldigten, wie in der Basilika gefundene Statuenfragmente zeigen. Die Unterkunft des Legionskommandeurs lag in südöstlicher Nachbarschaft des Zentralgebäudes (Abb. 180 Nr. 2). Um einen Innenhof gruppierten sich allseitig zahlreiche Räume, die dem senatorischen Stand des *legatus legionis* entsprechend luxuriös ausgestattet waren. Mit rund 6.350 m² war das neben dem Wohnhaus des Kommandanten gelegene *valetudinarium* (Lagerlazarett) flächenmäßig das größte Gebäude im Carnuntiner Legionslager (Abb. 180 Nr. 3). Um einen Innenhof waren entlang eines Korridors mehrere Kammerreihen angeordnet, in denen die erkrankten und verwundeten Soldaten untergebracht waren. In das *valetudinarium* war auch ein kleines Heiligtum (*sacellum*) integriert, das vermutlich dem Äskulap und der Hygieia geweiht war. Auf der gegenüberliegenden Seite des Kommandantengebäudes folgten mehrere größere Wirtschaftsbauten, die als Werkstätten und Magazine für die Versorgung der Truppe maßgeblich waren (Abb. 180 Nr. 4–5). Werkstattabfälle in einem Gebäude weisen darauf hin, dass hier wahrscheinlich die *fabrica* der Legion zu lokalisieren ist. Den größten Teil der Innenfläche nahmen die Mannschaftsunterkünfte ein, die entsprechend der Struktur des kaiserzeitlichen Heeres aufgebaut waren. Um eine zentrale Lagergasse bzw. einen Kasernenhof gruppierten sich jeweils zwei Zenturien zu je 80 Mann, deren Soldaten zu acht in eng aneinandergereihten, zweigeteilten Kammern untergebracht waren. Dem Zenturio stand als Befehlshaber ein größerer, komfortablerer Wohntrakt am Ende des jeweiligen Kasernenblocks zur Verfügung. Die erste Kohorte war eine Eliteein-

Abb. 180: Carnuntum: Plan des Legionslagers. 1: *principia*, 2: *praetorium*, 3: *valetudinarium*, 4–5: Wirtschafts- und Speicherbauten, 6: Tribunenhäuser, 7: Kasernen der ersten Kohorte, 8: mutmaßliche Thermen.

heit und umfasste die doppelte Mannschaftsstärke. Sie war östlich der *principia* in größeren Kasernen einquartiert (Abb. 180 Nr. 7).

*Befestigung*
Schutz gewährte eine anfangs nur 1,20 m mächtige Lagermauer mit innen angeschüttetem Erdwall, die von Zwischen- und Ecktürmen verstärkt wurde. Die vier Lagertore – nur drei haben sich erhalten – wurden von Doppeltürmen flankiert. Die durch die Grabungen dokumentierte Struktur des Carnuntiner Legionslagers entspricht dem Zustand der antoninisch-severischen Zeit. Trotz der spätantiken Neugliederung Pannoniens in vier Teilprovinzen und der Verlagerung der zivilen Verwaltungsagenden aus Carnuntum nach Savaria (Szombathely), verblieb das militärische Oberkommando, dem die Grenzsicherung anvertraut war, in Carnuntum. Wie aus der *Notitia dignitatum*, einem spätantiken Verwaltungshandbuch, hervorgeht, befehligte der *dux Pannoniae primae* nicht nur die Truppen in dieser Teilprovinz, sondern auch in der westlichen Nachbarprovinz *Noricum ripense*. Gegenüber der mittleren Kaiserzeit, als 5000–6000 Mann im Legionslager einquartiert waren, hatte sich die Stärke der in Carnuntum stationierten Truppen in der Spätantike erheblich verringert. Neben einer Teileinheit der 14. Legion waren jetzt noch eine Flottenabteilung (*classis Histrica*) in Carnuntum untergebracht sowie eine zentrale Schildfabrik (*Carnutensis scutaria*) eingerichtet worden. Ihre Aufgabe war es, die Truppen der Provinz *Pannonia prima* mit Waffen und Ausrüstung zu versorgen. Bei Ausgrabungen im Lagerinneren ist es gelungen, Produktionseinrichtungen für diese Schildfabrik nachzuweisen: mehrere, an der Innenseite der Lagermauer eng aneinander gereihte Rundbecken. Diese Gerbbecken waren während der ersten Hälfte des 4. Jhs. n. Chr. in Gebrauch und belieferten die Schildfabrik mit Leder.

*Spätantike Umbauten*
Um die neuen fortifikatorischen Anforderungen der Spätantike erfüllen zu können, fand im Legionslager eine Reihe von weiteren Umbaumaßnahmen statt. Die Befestigungsanlagen des Legionslagers wurden im 4. Jh. n. Chr. ein letztes Mal ausgebaut, indem man die Breite und die Höhe der Lagermauer verstärkte. Zu einem nicht näher bekannten Zeitpunkt wurde schließlich die Flottenabteilung nach Vindobona/Wien verlegt. Inschriftlich lassen sich Umbaumaßnahmen noch in den Regierungsjahren der Kaiser Valentinian I., Valens und Gratian (367–375 n. Chr.) belegen. In welcher Form ältere Einrichtungen, wie das Lagerlazarett, das Wohnhaus des Lagerkommandanten, die Offiziersunterkünfte, die Lagerthermen und das zentrale Verwaltungsgebäude, in der Spätantike genutzt wurden, entzieht sich unserer Kenntnis. In der Spätzeit war jedenfalls aus dem einstigen reinen Militärlager eine befestigte Grenzstadt geworden, in der sich große Teile der in Carnuntum verbliebenen Zivilbevölkerung angesiedelt hatten.

*Canabae legionis*
Die Siedlungsflächen vor den Toren des Legionslagers wurden in der frühen und mittleren Kaiserzeit offenbar nur unter gewissen Einschränkungen für die private Nutzung freigegeben. Inschriften aus dem Iuppiterheiligtum am Pfaffenberg nennen ein mit *leuga* bezeichnetes Areal, das von römischen Bürgern bewohnt wurde. Diese Leugenzone dürfte sich mit einer Ausdehnung von rund 2,2 km um das Legionslager erstreckt haben. Innerhalb davon konnte man Grund und Boden zwar besitzen, aber nicht als souveränes Eigentum für sich beanspruchen. Diese prekären Besitzverhältnisse dürften dafür verantwortlich gewesen sein, dass manche es vorzogen, sich außerhalb der Leugenzone im Bereich der heutigen Ortschaft Petronell anzusiedeln. Das Aussehen der Carnuntiner Lagervorstadt konn-

te dank der luftbildarchäologischen Untersuchungen in den letzten Jahrzehnten in vielen Details geklärt werden. Die Carnuntiner *canabae* entwickelten sich im Westen, Osten und Süden des Legionslagers entlang der wichtigsten Ausfallstraßen: der Limesstraße, der sog. Gräberstraße und der Straße nach Gerulata. Die entlang dieser Straßen gelegenen Siedlungszonen waren in (nahezu) orthogonal angeordnete Baublöcke gegliedert, wobei Abmessungen von 200 und 300 römischen Fuß (ca. 60–90 m) bei der Aussteckung der Siedlungsflächen mehrfach zur Anwendung kamen.

*Amphitheater I*
Eine Reihe von Großbauten prägte das Erscheinungsbild der Lagervorstadt. Das in den letzten Jahrzehnten des 19. Jhs. ausgegrabene Amphitheater I, das in einer Geländesenke nordöstlich des Legionslagers eingebettet lag, ist der einzige heute noch sichtbare Bau aus den *canabae* (Abb. 181). Er wurde laut einer jüngst bei Nachgrabungen im Bereich des Osttores gefundenen Inschrift von der 15. Legion in den 70er-Jahren des 1. Jhs. n. Chr. errichtet. Der ca. 98 × 76 m große, ovale Bau bot schätzungsweise 6000–8000 Besuchern Platz, die

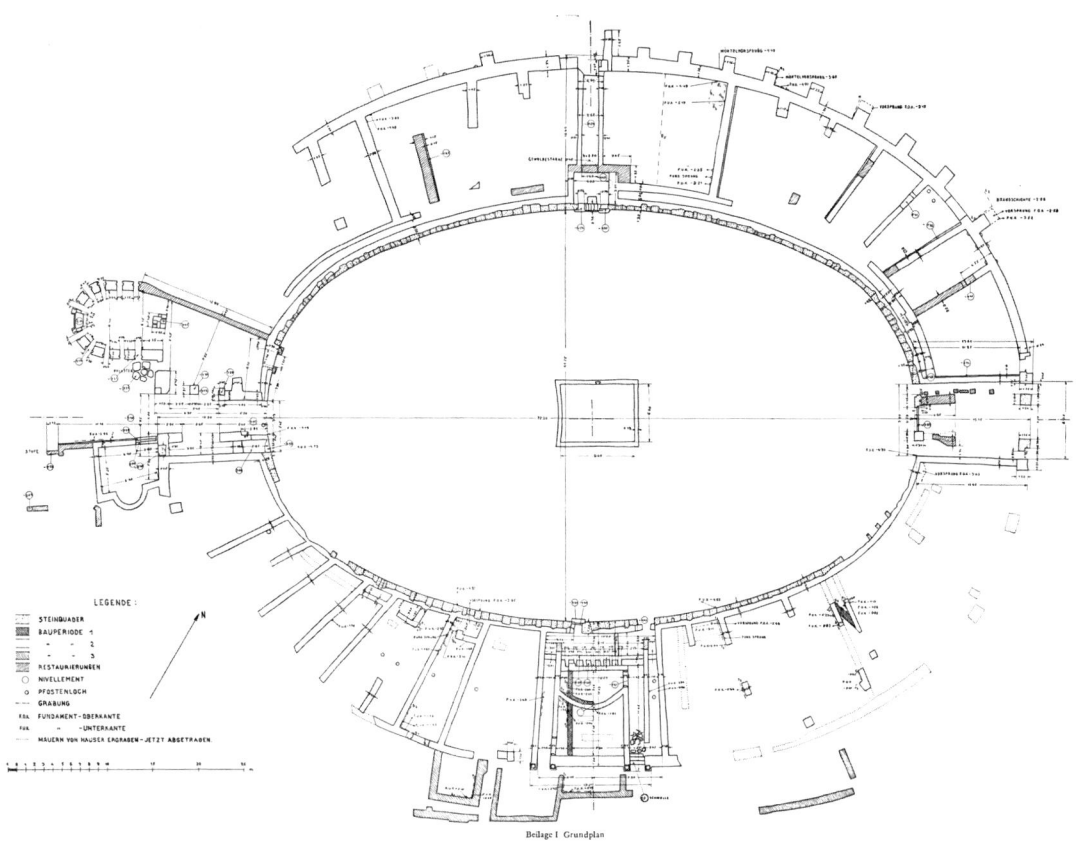

Abb. 181: Carnuntum. Plan des Amphitheaters I

auf Sitzstufen in der *cavea* den Schauspielen beiwohnten. An beiden Seiten befanden sich architektonisch hervorgehobene Besucherbereiche, die den Honoratioren vorbehalten waren. Die Arena, die mit einem zentralen Wasserbecken ausgestattet war, konnte über zwei an den Enden der Längsachsen gelegene, tonnengewölbte Tore erreicht werden. Im Norden des Westtores befand sich ein als Tierzwinger gedeuteter Anbau. Auf der anderen Seite der Zufahrt lag ein Heiligtum für Nemesis, die als Schicksalsgöttin einen engen Bezug zu den hier stattfindenden Gladiatorenspielen und Tierhetzen aufwies. Als Stifter der dort gefundenen Weihealtäre treten vor allem Soldaten der 14. Legion auf. Neben dem Amphitheater ist ein kleines Museum eingerichtet worden, in dem das Umfeld der Spiele thematisiert wird.

*Campus und Statthalterpalast*
Auf der gegenüberliegenden, südwestlichen Seite des Legionslagers lag der *campus* der Legion. Das militärische Übungs- und Exerziergelände mit der enormen Grundfläche von ca. 177 × 233 m war in seiner letzten Bauphase eine mit Brunnen ausgestattete Platzanlage, die an drei Seiten von länglichen Gebäudetrakten (offene oder geschlossene Hallen?) eingefasst war. Den Südabschluss bildete eine mächtige Basilika, welche an den Schmalseiten massive, eingestellte Apsiden aufwies. Dem *campus* gegenüberliegend, unmittelbar an der Donau, lag der Palast des Provinzstatthalters, der größtenteils durch die kontinuierlich am Hochufer auftretenden Hangrutschungen zerstört worden ist. Ein Weihealtar an die Göttin Aequitas bzw. Eudikia, gestiftet in den Jahren 244/249 n. Chr. vom *legatus Augusti* L. Pomponius Protomachus, sowie ein der Göttin Epona geweihter Altar, den Angehörige des statthalterlichen Fuhrparks 150/155 n. Chr. weihten, sind die einzigen Zeugnisse, die auf den Amtssitz des oberpannonischen Provinzstatthalters hinweisen. Hier hatte Septimius Severus seinen Palast, als er am 9. April 193 n. Chr. in Carnuntum zum Kaiser ausgerufen wurde.

*Heiligtümer*
In der Lagervorstadt sind mehrere Heiligtümer nachgewiesen worden. Das bedeutendste ist ein etwa 90 × 110 m großer Bezirk für den Iupiter Heliopolitanus am Südostrand der *canabae*, auf der Flur Mühläcker. Langjährige Ausgrabungen und aktuelle Bodenradaruntersuchungen lassen auf ein zentrales Heiligtum schließen, das von Versammlungsräumen für die Kultgemeinde, von Thermen und anderen Einrichtungen umgeben war. Der benachbarte, deutlich kleinere Bezirk für das Götterpaar Liber und Libera bestand aus einem Tempel und einer ihn an zwei Seiten umgebenden Säulenhalle. Ein herausragendes Heiligtum befand sich auf dem Pfaffenberg, der östlich von Carnuntum bereits außerhalb der *canabae* lag. Zahlreiche Weihinschriften, deren jüngste in das Jahr 313 n. Chr. datiert, wurden an diesem exponierten Platz dem Iupiter Optimus Maximus (Karnuntinus) geweiht und zum Wohlergehen des Kaiserhauses aufgestellt. Diese das Stadtbild beherrschende Kultstätte überdauerte die Jahrhunderte, bis sie erst in jüngster Vergangenheit den Steinbrucharbeiten zum Opfer fiel.

*Heiltherme*
In den östlichen *canabae* ragt auf der Flur Mühläcker ein weiteres außerordentlich großes Gebäude heraus, dessen Funktion und Entwicklung nicht völlig geklärt ist. Aufgrund der zahlreichen Badeeinrichtungen wurde der vielteilige Gesamtkomplex als Heiltherme interpretiert und wäre somit als antiker Vorläufer der heutigen Jod-Schwefel-Kuranstalt in Bad Deutsch-Altenburg zu verstehen. Luftaufnahmen und geophysikalische Messungen haben gezeigt, dass das Gebäude palastartiges Aus-

sehen hatte und sich weiter nach Westen ausdehnte als bisher angenommen. Im Gegensatz zu den oben genannten Heiligtümern war dieser zwischen 1875 und 1906 ergrabene Großbau nach Ausweis des Fundmaterials auch noch in der zweiten Hälfte des 4. Jhs. in Verwendung.

## Auxiliarkastell

Etwas mehr als 1 km südwestlich des Legionslagers lag ein zweites Militärlager, in dem eine 500 Mann starke, berittene Hilfstruppeneinheit in Garnison lag. Das Lagerareal schließt südlich an das unten genannte Museum an. Von der antiken Befestigung ist aber heute nichts mehr zu sehen, denn das Areal wurde nach den archäologischen Grabungen von einer Wohnsiedlung überbaut. In flavischer Zeit als rund 4 ha großes Holz-Erde-Lager angelegt, wurde es während der ersten Jahrzehnte des 2. Jhs. n. Chr. neu ausgerichtet und größtenteils in Stein umgebaut. Das auf eine Fläche von ca. 3,65 ha verkleinerte Kastell diente seitdem der *ala I Thracum victrix* als Stationierungsort. Bei den langjährigen Ausgrabungen im Auxiliarkastell gelang es, Teile der Umwehrung und große Bereiche der Innenbebauung freizulegen, darunter zahlreiche Mannschaftsbaracken, das Lagerheiligtum im Kommandogebäude (*principia*) und verschiedene infrastrukturelle Einrichtungen von Kastell 1, ferner Kasernen, ein Badegebäude, das Lazarett, Wohnhäuser für die Offiziere und die *principia* des Steinkastells. Ab der zweiten Hälfte des 3. Jhs. n. Chr. scheint das Reiterlager nicht mehr militärisch genutzt worden zu sein.

## Gräberfelder

Die Nekropolen wurden zunächst entlang der Ausfallstraßen angelegt. Die sog. Gräberstraße hatte am Westtor (*porta principalis sinistra*) des Legionslagers ihren Ausgangspunkt, verlief südwestwärts und war bis in den Raum Schaffelhof von zahlreichen Grabmonumenten gesäumt. Die zahlreichen hier gefundenen Denkmäler des 1./2. Jhs. n. Chr. geben Einblick in eine soziale Gemeinschaft, die sich anhand der Grabmonumente als eine „Soldatengesellschaft" bezeichnen lässt. Dennoch war die Gräberstraße nie ein reiner Soldatenfriedhof, sondern auch Bestattungsplatz für Zivilpersonen, die sich vornehmlich aus wirtschaftlichen Gründen in den *canabae* niedergelassen hatten. Auch Angehörige und Familienmitglieder der Legionäre sind vertreten.

Neben der Gräberstraße existierten weitere frühe Nekropolen, z. B. an der nach Südosten Richtung Gerulata führenden Straße. Stellenweise wurden Gräberfeldareale bereits im 2. Jh. n. Chr. wieder aufgelassen und – wie südöstlich des Auxiliarkastells – in weiterer Folge als Siedlungsfläche genutzt. Erst später entstanden – z. B. auf den Mühläckern – Grabstätten abseits der großen Hauptverkehrswege. Ab der zweiten Hälfte des 3. Jhs. n. Chr. setzten die ersten Verödungsprozesse in der Lagervorstadt ein. In der Spätantike waren weite Teile der *canabae* von ihren Bewohnern verlassen worden, sodass in den Ruinen Gräber angelegt werden konnten. In den letzten Jahrzehnten stieß man immer wieder auf Einzelgräber und kleinere Grabgruppen, die vor allem östlich und südlich des Legionslagers zutage traten. Die größte spätantike Nekropole mit über 100 Ziegelplatten- und Steinkistengräbern sowie Sarkophagen wurde jedoch bereits im späten 19. Jh. südlich des *campus* freigelegt.

## Zivilstadt in Petronell

Die Carnuntiner Zivilstadt wurde nach der Verleihung des Koloniestatus in der severischen Zeit (*colonia Septimia*) mit einem Mauerring versehen, dessen Verlauf an drei Seiten geklärt ist, während die Ausdehnung der Stadt nach Norden zur Donau hin nach wie vor offen bleiben muss. Nach Osten erstreckte sich die Stadt nicht wie bisher angenommen bis zur Langen Gasse, sondern endete bereits etwa 100 m westlich davon. Im Bereich des heutigen Friedhofs und der Schule kamen bereits Gräber der Spätantike zum Vorschein. Ein großes Mithräum lag südöstlich des Mauerrings außerhalb der Stadt. Aus diesem Kultbau dürfte ein an Sol Invictus Mithras gerichteter Weihealtar stammen, den im November 308 die regierenden Augusti und Caesares anlässlich der Carnuntiner Kaiserkonferenz stifteten. Im Umfeld der auf einer leichten Anhöhe liegenden romanischen Rundkapelle stieß man ebenfalls auf antike Gräber, die bereits außerhalb der Stadt lagen. Die Südbegrenzung verlief ungefähr im Bereich der heutigen Landesstraße, bevor sie in nordwestlicher Richtung durch den Tiergarten des Schlosses Petronell zog. Von der Westmauer, die den sog. Fischteich querte, sind mittlerweile der südwestliche Eckturm, ein kleineres Tor mit einer darauf ausgerichteten Wasserleitung sowie große Abschnitte der Mauerkurtine bekannt. Neuere Ausgrabungen und geophysikalische Messungen konnten im Süden zwei vorgelagerte Gräben nachweisen.

Die Lage und die Struktur des heute nicht mehr sichtbaren Stadtzentrums ist mittlerweile dank geophysikalischer Prospektion im Nordosten des Tiergartens geklärt (Abb. 282). Der Forumsplatz wurde im Norden von einer Basilika, im Süden von den wichtigsten sakralen und administrativen Einrichtungen der Stadt begrenzt. Nördlich an das 142 × 65 m große Forum anschließend verlief die West-Ost orientierte Hauptstraße, der antike *decumanus maximus*, der in etwa mit der heute durch den Wald führenden Schotterstraße zusammenfällt. Nördlich des *decumanus* bzw. unmittelbar neben dem zum Schloss gehörenden Meierhof erstrecken sich die konservierten Reste der sog. „Palastruine", dem wohl größten Gebäudekomplex der Zivilstadt. Tatsächlich handelt es sich um die Forumsthermen mit einem am *decumanus* gelegenen *macellum* (Markt-

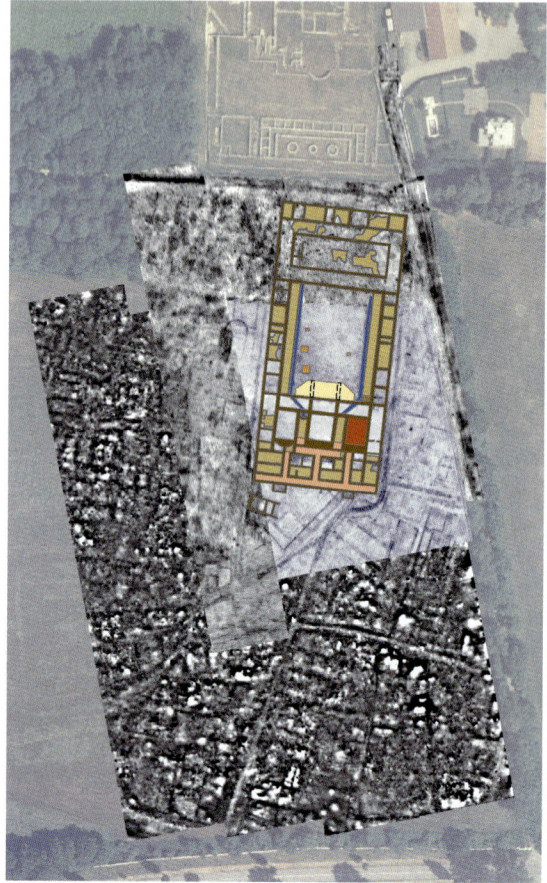

Abb. 182: Carnuntum. Das mit geophysikalischen Messungen entdeckte Forum der Zivilstadt

anlage). Der eine Grundfläche von ca. 1,5 ha umfassende Monumentalbau entstand in der Severerzeit. Er bestand aus zwei Teilen, die durch einen Hof (*palaestra*) getrennt wurden. Im Nordtrakt waren Badeanlagen untergebracht, die von Osten her betreten werden konnten. Zur Ausstattung gehörten Umkleideräume, Kaltwasserbecken und beheizbare Badesäle, die von mächtigen, außen angebauten *praefurnia* erhitzt wurden. Der an drei Seiten von Portiken eingefasste Hof, den man sich parkartig gestaltet vorzustellen hat, bot den Badegästen weitere Erholungsmöglichkeiten. Zwischen diesem Hof und dem *decumanus* befand sich eine Marktanlage, zu dessen auffälligsten Bauwerken zwei Oktogone und ein Rundbau gehörten. Herausragend ist ferner ein großer Saal im Westen, in dem der Weihealtar eines gewissen Faustinianus, gerichtet an den Genius des *collegium fabrum* (Feuerwehr) zum Heil des Kaisers Elagabal (218–222 n. Chr.), gefunden wurde. Man kann annehmen, dass sich hier die Mitglieder der städtischen Feuerwehr in ihrem Vereinslokal (*schola*) versammelten. Der Thermen-Macellum-Komplex wurde bereits in den Jahren zwischen ca. 260 und 280 n. Chr. durch einen Brand zerstört und nicht wieder aufgebaut. Das Gelände dürfte im Anschluss daran längere Zeit brach gelegen haben, bevor eine partielle Neuadaption der Bauruine erfolgte. Ab dem mittleren Drittel des 4. Jhs. n. Chr. finden sich Hinweise auf Abbrucharbeiten, auf eine Umnutzung von Tabernen zu Wohnraum und auf eine Verwendung von Teilen des Gebäudes als Werkplatz. In der Spätzeit wurden im einstigen Prunkbau – wie im Legionslager – schließlich Gräber angelegt.

Die einzelnen Wohnblöcke (*insulae*) waren in Nord-Süd orientierte Streifenparzellen gegliedert. Im Nordwesten des sog. Spaziergartens des Petroneller Schlosses, der heute den Kernbereich des Archäologischen Parks bildet, befand sich eine Thermenanlage und in unmittelbarer Nachbarschaft ein größerer Gebäudekomplex („*villa urbana*"). An den zur Stadtmauer hin gelegenen, rund 50–60 m langen und bis zu knapp 20 m breiten Streifenparzellen reihten sich langrechteckige Wohngebäude aneinander. Dazu zählt das „Haus des Lucius", das im vorderen Teil aus einem Eingangsbereich mit Innenhof und Küche, im mittleren Teil aus Wohnräumen und im hinteren Teil aus einem Garten bestand. Im rekonstruierten Hauptraum von „Haus IV" kann man einen der größten erhaltenen Mosaikfußböden aus Carnuntum bewundern. Eine gepflasterte, mit Kanalisation versehene Straße trennte diese Häuserzeile von dem nördlich gelegenen Häuserblock ab. Die Thermen beanspruchten eine Grundfläche von rund 2.000 m². Sie konnten von der nördlich anschließenden Straße über eine durchgehende Portikus betreten werden. Im straßenseitigen Trakt der Thermen waren ein gastronomischer Betrieb (*thermopolium*) sowie eine Latrine integriert. Nach dem Durchschreiten des Eingangsbereiches erreichte man die *basilica thermarum*, den zentralen Versammlungsraum der Thermen. Von hier aus erschloss sich die für römische Thermen typische Abfolge von Baderäumen: zunächst der Kaltbadebereich (*frigidarium*), dann ein mäßig warmer Raum (*tepidarium*) und zuletzt das *caldarium* mit hoher Luftfeuchtigkeit und Temperatur. Das *caldarium* lag direkt neben der zentralen Heizstelle, wo sich ein Heizkessel mit dem Warmwasser befand. Der Ostteil der Thermen bestand aus einer parallelen Raumabfolge. Der als „*villa urbana*" bezeichnete Bereich im Nordosten des Freilichtmuseums könnte ein *collegium* beherbergt haben. Ergraben und rekonstruiert wurden die Straßenhalle (*porticus*) und mehrere Räume unterschiedlicher Funktion, die sich um einen repräsentativen Apsidenraum gruppierten. Zum Ensemble gehörte auch ein von Hallen eingefasster Innenhof (*peristylium*). In seiner Funktion noch nicht geklärt ist das langrechteckige Gebäude zwischen den Thermen und der „*villa urbana*". Zu beiden Seiten eines zentralen Korridors lagen mehrere, annähernd gleich große Räume, die in der Vergangenheit zu einer – wahrscheinlich nicht korrekten – Deutung des Gebäudes als *valetudinarium* (Krankenhaus) geführt hatten.

Bei den neueren Ausgrabungen im Spaziergarten wurde auch ein Teil der römischen Stadtmauer einschließlich eines an der Innenseite befindlichen, rechteckigen Zwischenturms freigelegt. Das zweischalige, aufgehende Mauerwerk ruhte auf 0,60 m tiefen und 2,10 m breiten Fundamenten. Die Gesamthöhe wird bei einer Mauerstärke von durchschnittlich 1,65 m mit insgesamt 8,50–9,0 m rekonstruiert. Mehrere Frischwasserleitungen führten von außen durch den Mauerring in das Stadtinnere. Vom ausgehenden 1. Jh. n. Chr. bis in die Spätantike lassen sich verschiedene Nutzungsänderungen dieses Siedlungsareals in Stadtrandlage rekonstruieren. Einzelne Elemente der Infrastruktur, wie Kanäle, wurden offenbar bereits im ausgehenden 3. Jh. n. Chr. aufgegeben. Im 4. Jh. n. Chr. scheint das Stadtviertel von einer Erdbebenkatastrophe betroffen gewesen zu sein, die auch anderenorts in Carnuntum ihre Spuren hinterlassen hat. Zu welchem Zeitpunkt die Stadtmauer in der Spätzeit ihre Funktion verlor, ist noch ungeklärt.

## Umland

Jenseits der Befestigungsmauern waren im Westen, Süden und wohl auch im Osten unterschiedlich große Vorstadtzonen entstanden. Im südlichen Vorfeld der Zivilstadt erstreckten sich nicht nur Gräber, sondern auch Wohn- und Wirtschaftsbereiche. Wie Luftbilder und geophysikalische Messungen zeigen, waren diese entlang einer Straße angeordnet, die von der Stadt hinaus zum Nordtor von Amphitheater II führte.

*Amphitheater II*
Dieses für Besucher zugängliche Amphitheater lag 300 m außerhalb der Zivilstadt. Der etwa 126,50 × 111 m große Bau hatte aus unerklärlichen Gründen keine ideale, ovale Grundform. Dies könnte mit mehrfach erfolgten Umbauten zusammenhängen. Bei den Ausgrabungen in den 1920er-Jahren wurde eine Inschriftenplatte gefunden, die als Sitzplatzreservierung für die Priester des Kaiserkults diente. Auf dieser Inschrift wird Carnuntum noch als Munizipium bezeichnet, woraus man geschlossen hat, dass die Errichtung des Amphitheaters II in das 2. Jh. n. Chr. zu setzen ist. Der Zuschauerbereich (*cavea*) mit den mehrfach abgetreppten Sitzreihen wird mit einer Maximalhöhe von ca. 18 m rekonstruiert, sodass schätzungsweise 13.000 Besucher Platz fanden. Hinweise auf ein in das Amphitheater integriertes Heiligtum liefern Fragmente von Weihinschriften für Nemesis (Fortuna Karnuntina). Im Südeingang konnte bei Altgrabungen ein aus Spolien errichtetes Wasserbecken freigelegt werden, in dem man früher ein altchristliches Baptisterium erkennen wollte (Abb. 32). Sowohl die Deutung dieses Befundes als auch die Rekonstruktion einer frühchristlichen Kirche im aufgelassenen *valetudinarium* des Legionslagers werden in der heutigen Forschung kritisch bis ablehnend beurteilt (vgl. den Beitrag zum frühen Christentum). Westlich vom Amphitheater II entdeckte man erst jüngst dank Bodenradarmessungen einen alleinstehenden, bemerkenswerten Bau, der als Gladiatorenschule interpretiert wird.

Von der westlichen Vorstadt, die sich auf der Flur „Gstettenbreite" in Richtung Wildungsmauer ausdehnte, ist ebenfalls an der Oberfläche nichts mehr zu sehen. Diese Siedlungszone wurde erst durch Luftbilder in den 1970er-Jahren bekannt. Antike Reisende, die von Westen, zum Beispiel von Vindobona – Wien, nach Carnuntum kamen, passierten zunächst die entlang der Limesstraße gelegenen Gräber, dann die straßendorfartige Vorstadt, bevor sie die Stadtmauer erreichten und die Zivilstadt betraten.

*Heidentor*
Weit außerhalb der Zivilstadt, 900 m südlich des Mauerrings, entstand in der Spätantike ein bemerkenswerter Monumentalbau. Dieser Vierpfeilerbau (Tetrapylon/Quadrifrons) wird heute als Heidentor bezeichnet und wurde mittlerweile zum Wahrzeichen von Carnuntum (Abb. 183). Die beiden westlichen, im Grundriss 6 × 6 m großen Pfeiler mit dem ansetzenden Tonnengewölbe sind 2,40 m tief

# Carnuntum

Abb. 183: Carnuntum. Heidentor – aktueller Zustand und Rekonstruktion

in den Schotterboden fundamentiert. Sie stehen noch aufrecht, während ein Teil des Mauerwerks herabgestürzt daneben liegt. Seit der Mitte des 19. Jhs. hat man mehrere Restaurierungsmaßnahmen durchgeführt, wobei unter anderem die einsturzgefährdeten westlichen Pfeiler ummantelt wurden. Von den beiden östlichen Pfeilern haben sich nur mehr die Reste der untersten Quaderlagen erhalten. Im Mittelpunkt des Gebäudes befand sich ein mächtiger Rundsockel, der eine Durchfahrt für Wägen unmöglich machte bzw. erschwerte. Die Auswertung der vorliegenden Prospektionsdaten zeigte, dass das Heidentor nicht an einer Straßenkreuzung lag, wenngleich zahlreiche römische Flurgrenzen und ältere, nur temporär genutzte römische Militärlager und einzelne Gebäude in der Umgebung zu lokalisieren sind. Eine römische Straße, die offenbar vom Stadtzentrum nach Süden zur Gräberstraße („Bernsteinstraße") führte, dürfte an der Ostseite des Quadrifrons vorbeigelaufen sind. Neuere Ausgrabungen und Bauforschungen, bei denen zahlreiches Fundmaterial sowie im Monument sekundär verbaute Weihedenkmäler geborgen werden konnten, weisen auf eine Datierung in der zweiten Hälfte des 4. Jhs. n. Chr. hin. Rätselhaft bleibt weiterhin die Funktion des Heidentores. Eine Deutung als Grabbau, Torbau oder Straßenkreuzungspunkt kann man ausschließen. Eher wird man an einen Triumphalbau zu denken haben, dessen politischer Hintergrund aber im Unklaren bleibt. Möglich, aber nicht gesichert erscheint eine Zuweisung an Kaiser Constantius II. (351–361 n. Chr.), der nach Ausweis der Schriftquellen Triumphbögen in Gallien und Pannonien errichten ließ. Unter Umständen wurde das Heidentor aber erst unter Kaiser Valentinian I. (364–375 n. Chr.) errichtet, der zahlreiche Bauvorhaben am norisch-pannonischen Limes umsetzte und im Jahre 375 n. Chr. in Carnuntum residierte, um die Reichsgrenzen zu sichern.

## Carnuntum in der Nachantike

Ab dem 5. Jh. n. Chr. befand sich Carnuntum nahezu kontinuierlich in einer besonders exponierten, häufig umkämpften Randlage, welche die weitere Entwicklung der gesamten Region beeinflusste. Das ehemalige Legionslager, das in der Spätantike der wichtigste Rückzugsbereich für die ortsansässige Bevölkerung war, verödete ab der zweiten Hälfte des 5. Jhs. n. Chr. zusehends. Ein Aussetzen der Siedlungstätigkeit über mehrere Jahrhunderte kann innerhalb der Lagermauern nachgewiesen werden. Reichlich Keramik des 9.–10. Jhs. n. Chr. sowie Grubenbefunde und Gräben, die Analogien zu frühmittelalterlichen Siedlungen in Nordwestungarn und der Südwestslowakei aufweisen, zeigen, dass die antiken Ruinen erst wieder zu dieser Zeit intensiver genutzt worden sind. In dieser frühmittelalterlichen Siedlung wurde Bronzeverarbeitung betrieben, wie der Fund einer Gussform beweist, für deren Herstellung ein Dirhem des abbasidischen Kalifen Al-Mu'tadhid (892–902 n. Chr.) als Vorbild gedient hat. Mit Hilfe von Radiokarbondatierungen konnte gezeigt werden, dass zu dieser Zeit nicht nur im Lager bestattet wurde, sondern dass auch eine weitere Nekropole mit beigabenlosen Skelettgräbern vor dem Osttor des ruinösen Lagers in das fortgeschrittene 9. und 10. Jh. zu datieren ist.

Aus dem gesamten Siedlungsareal von Carnuntum liegt eine Reihe von völkerwanderungs- und awarenzeitlichen Funden vor. Zumeist handelt es sich dabei um Alt- und Oberflächenfunde mit mitunter zweifelhafter Herkunft. Dazu gehören byzantinische und karolingische Fundmünzen, Feinschmiedemodelle des 5. und 6. Jhs. n. Chr. sowie awarenzeitliche Oberflächenfunde aus dem Stadtgebiet. Demgegenüber kennen wir nur eine geringe Anzahl näher lokalisierbarer frühmittelalterlicher Befunde. Daraus kann man schließen, dass der Großraum um Carnuntum in der Völkerwanderungszeit weiter besiedelt blieb. Nähere Aussagen zur Entwicklung der Landschaft in diesen Jahrhunderten sind derzeit aber kaum möglich. Der im ehemaligen Legionslager entstandenen Siedlung des 9./10. Jhs. n. Chr. war jedenfalls keine lange Dauer beschieden. Etwa zeitgleich damit bestand eine frühmittelalterliche Wallanlage auf dem Kirchenberg bei Bad Deutsch-Altenburg. Um die Mitte des 11. Jhs. n. Chr. verlagerte sich der Siedlungsschwerpunkt der Region endgültig weiter ostwärts nach Hainburg.

Christian Gugl

**Literatur:**
Alram u. a. 2007; Doneus u. a. 2013; Friesinger – Krinzinger 1997, 258–272; Genser 1986, 574–684; Gugl – Kastler 2007; Humer 2006; Humer – Kremer 2011; Jobst 2001; Jobst 2006b; Kandler 2004a; Kandler 2008; Kandler 2011; Kandler – Vetters 1986, 202–230; Kremer 2012; Piso 2003; Ployer 2007; Stiglitz u. a. 1977.

**Besichtigung**
Das auf großer Fläche im Spaziergarten des Schlosses Petronell freigelegte römische Stadtviertel gibt Einblicke in den südöstlichen Randbereich der Carnuntiner Zivilstadt (Abb. 184). Heute bilden die konservierten Mauerreste und vor allem die rekonstruierten Gebäude die Hauptattraktion des Archäologischen Parks. Der Eingang zum Freilichtmuseum liegt direkt an der Landesstraße, vis-à-vis eines großen Parkplatzes, wo man über ein für die Niederösterreichische Landesausstellung 2011 erbautes, neues Besucherzentrum in das Freigelände gelangt. Auf dem Weg zu den rekonstruierten antiken Gebäuden kommt der Besucher an einem sehenswerten Gesamtmodell von Carnuntum vorbei, das im Maßstab 1:300 den Zustand der Siedlung in seiner Blütezeit unter den Severern (193–235 n. Chr.) auf einer Fläche von 23 × 15 m wiedergibt. Das östlich anschließende Freilichtmuseum bietet nicht nur konservierte Grundmauern römischer Wohnhäuser, sondern versucht durch ausgewählte Vollrekonstruktionen den Menschen von heute einen möglichst authentischen Eindruck vom Aussehen dieses Stadtviertels in der damaligen Zeit zu bieten.

Die in Carnuntum gefundenen Grabsteine sind sowohl im Museum Carnuntinum als auch in einem kleinen, von einem Privatverein betreuten Museum, das am Ostrand von Petronell direkt an der Landesstraße liegt, zu besichtigen.
Website: http://www.carnuntum.at
Im Museum des Museumsvereins Carnuntum sind Schaustücke zu den Bereichen Reiterlager, Wasserversorgung und Kreuzungsbauwerk ausgestellt.
Website: http://www.auxiliarkastell.at

Abb. 184: Carnuntum: Stadtviertel im „Spaziergarten" des Schlosses Petronell (Freilichtmuseum)

# Burg Devín

## Militärposten

Die Burg Devín (Theben) liegt westlich von Bratislava, am Zusammenfluss der Donau und der March, an der Kreuzung der Bernsteinstraße und der Donaustraße. Ihre strategische Lage auf einer Anhöhe bei einer Felsklippe ermöglichte die Kontrolle über ein weitläufiges Gebiet (Abb. 46). Die archäologischen Funde belegen eine Besiedlung von der Steinzeit bis in die Neuzeit. Die älteste schriftliche Erwähnung der Lokalität stammt aus dem Jahre 864 n. Chr. Die archäologische Fundstätte ist heute Teil des Areals der mittelalterlichen Burg.

### Forschungsgeschichte

Erste archäologische Untersuchungen begannen auf der Burg Devín im Jahre 1913 und wurden in den Jahren 1913 und 1921–1923 von I. L. Červinka geleitet. Zwischen 1933 und 1938 führte J. Eisner die Untersuchungen fort und erforschte im Zuge dessen auch das größte im Burgareal liegende römische Gebäude. In dieser Zeit erfolgte auch die Entdeckung der Fundamente eines einschiffigen Gebäudes mit zwei Apsiden. Aufgrund sekundär verwendeter Ziegel wurde es als römisches Militärgebäude aus dem 2. Jh. n. Chr. interpretiert. Erst die Revisionsgrabung unter V. Plachá, durchgeführt in den 1980er-Jahren, ergab, dass es sich um eine Kirche aus der zweiten Hälfte des 9. Jhs. n. Chr. handelt. In den 1950er-Jahren untersuchte auch J. Dekan die Burg und entdeckte mehrere Wohnobjekte aus römischer Zeit. Seit 1965 leitete V. Plachá systematische archäologische Nachforschungen auf der Burg. Die Funde stammen aus dem 1. bis 4. Jh. n. Chr.

### Militärposten

Die Römer nutzten die an der Grenze des *limes Romanus*, der Donau, strategisch gut situierte Festung Devín als Vorposten im Barbaricum. Unter den spätlatènezeitlichen Objekten und Kulturschichten findet man oftmals römisch-provinzielle (vor allem norische) Importe, z. B. Keramik, Schmuck und Münzen. Von der Burg Devín stammen auch die ältesten Terra Sigillata-Funde mit mehreren Stempeln, darunter ACATO (10/5 v. Chr. – 10/15 n. Chr.), APTI[SERI] (2/0 v. Chr. – 15 n. Chr.), MAE[PATIS], MVE[TTI] (AVE[TTI]?) und SEMP[RONI] a UTILIS (10 v. Chr. – 15 n. Chr.). In den spätlatènezeitlichen Kulturschichten sind auch zwei Silberdenare aus der Zeit der römischen Republik und 18 augusteische Münzen aus Kupfer und Bronze gefunden worden. 2003 wurde während der archäologischen Ausgrabungen am Burgbrunnen im Innenhof der mittleren Burg in einer spätlatènezeitlichen Schicht, zusammen mit spätlatènezeitlicher und römerzeitlicher Keramik, ein goldener augusteischer Aureus gefunden (Abb. 185). Die früheste Präsenz der Römer konnte direkt erst bei Revisionsnachforschungen in den Jahren 1997/98 festgestellt werden. Auf dem mittleren Burghof, in der Nähe von Gebäude I, wurden auf einer Fläche von 8 x 5 m die Überreste von Fußbödenestrichen und einige Bruchstücke von Lehm-

Abb. 185: Burg Devín. Aureus des Augustus

wänden eines oder mehrerer hölzerner Bauten gefunden, die wahrscheinlich als Mililtärbaracken dienten. Die Fußböden wiesen starke Brandspuren auf. Funde militärischer Gegenstände belegen eine zeitweilige römische Militärsiedlung in Devín in der spätaugusteischen Ära. Unter den Lehmfußböden wurden die Steinfundamente eines älteren Gebäudes, das ungefähr 3,50 x 4,80 m maß, entdeckt. Es handelt sich dabei vermutlich um Fundamente eines mehrstöckigen hölzernen Turmes (Abb. 186). Aufgrund der gefundenen Keramik lässt sich ein Zusammenhang mit dem römischen Strafzug gegen den Markomannenkönig Marbod im Jahre 6 n. Chr. vermuten. Zwei Urnengräber aus dem zweiten Viertel des 1. Jhs. n. Chr., welche, reich an Ausstattung, in der Nähe der Heilig-Kreuz-Kirche ausgegraben wurden, sind das älteste Zeugnis von germanischer Präsenz in Devín.

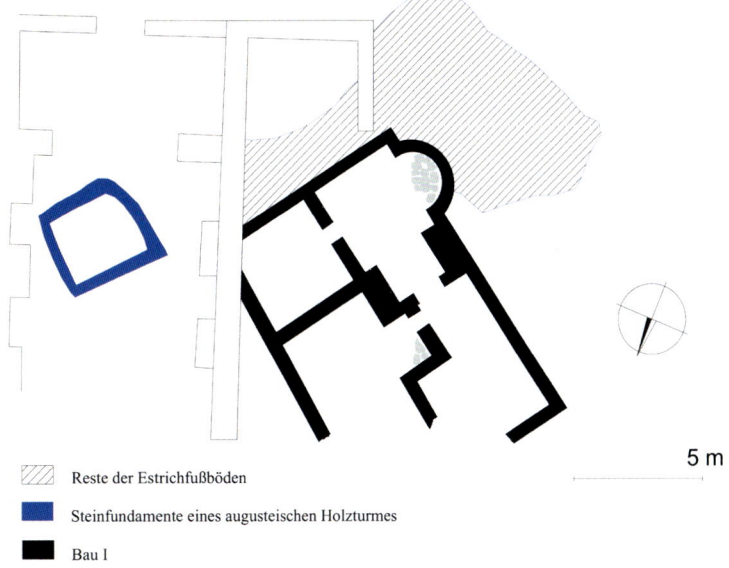

Abb. 186: Burg Devín: Der mittlere Burghof

*Gebäude I*
Während der langjährigen Ausgrabungen auf der Burg Devín konnten mehrere Wohnobjekte aus der Römerzeit, darunter vier mit gemauerten Wandkonstruktionen, freigelegt werden. Das bisher größte aus der römischen Zeit stammende Gebäude befand sich im Innenhof der mittleren Burg (Abb. 186). Gebäude I wurde bereits im Jahre 1936 von J. Eisner entdeckt und in das 4. Jh. n. Chr. datiert. Dabei wurden aber ältere Bauphasen nicht ausgeschlossen. Während der Revisionsgrabungen 1997/98 wurde das Gebäude nochmals gründlich untersucht. Der Bau war 13,50 x 9,0 m groß, Nordwest-Südost orientiert und besaß vier Räume (A–D). Der Innenraum A hatte einen quadratischen Grundriss mit einer Apside, welche mit ungleich gebrochenen Steinplatten gepflastert war. An den inneren Ecken der Apside wurden Reste von zwei Säulen gefunden. Die Nordwest-Ecke des Raumes wurde wahrscheinlich im Zuge von mittelalterlichen Bauarbeiten zerstört. Die Untersuchungen bestätigten zwei Bauphasen. Anhand der Kleinfunde wird das Gebäude ins 3. Jh. n. Chr. (Severer-Dynastie) datiert, mit einem Umbau in der zweiten Hälfte des 4. Jhs. n. Chr., wahrscheinlich zur Zeit der Herrschaft Kaiser Valentinians (364–375 n. Chr.). Das Objekt diente möglicherweise germanischen Adeligen als *villa*. Während der Revisionsgrabungen wurde bei der Apsis ein kleiner Hortfund, ein kleines Gefäß mit Münzen, gemacht. Von 70 Nachahmungen römischer Denare waren 36 mit den Wörtern RAVIS, IRAVISCI versehen. 33 waren ohne Beschriftung und eine trug das Wort ANSALI. Der

Schatz gehörte wahrscheinlich zur spätlatènezeitlichen Schicht, die in augusteischer Zeit entfernt wurde.

*Gebäude II*
In der Nähe des West-Tores lag das Gebäude II, welches stark von mittelalterlichen Bauarbeiten beschädigt wurde. Erhalten war teilweise der Malterboden und drei, aus sorgfältig gearbeiteten Quadern gebaute Ecken mit Aussparungen für Holzpfosten. Etwa 4,50 m von Gebäude II entfernt wurde ein 11 m langer Kanal aus Bruchsteinen, bedeckt mit Steinplatten, entdeckt. Das Gebäude wurde anhand der Funde in die erste Hälfte des 3. Jhs. n. Chr. datiert.

*Gebäude III*
Im Jahre 1975 wurde unweit von Gebäude II das etwas asymmetrische, 2,50 x 3,15 m große Gebäude III entdeckt. Das Objekt war Nord-Süd orientiert. An der Nordseite befand sich ein 2,05 m langer und 0,80 m breiter Eingang aus bearbeiteten Sandsteinquadern. In der Mauer des Eingangskorridors und in der Südwand sind einige Aussparungen für Holzpfosten erhalten. Der Fußboden im Inneren war mit Malter versehen, welcher kontinuierlich auf die Wände weiter gezogen wurde. Verputzreste sind auch an der Nordseite beim Eingang erhalten geblieben und tragen bis heute Spuren einer dunkelroten Färbung. Auf der Ostseite schlossen an das Gebäude noch zwei trocken gebaute Mauern an, die wahrscheinlich der Befestigung des Hanges, in den das Gebäude gebaut war, dienten. In der Verschüttung innerhalb des Baus wurden zwei Ziegel mit Stempeln der 14. Legion (LEG XIIII G), Ziegelfragmente mit den Stempeln G ANT[G MVI?], LEG X, zwei Eisenfibeln, ein Eisengewicht und ein Gefäßboden mit Swastika-Zeichen gefunden. In einer der Pfostengruben der Südwand befand sich ein eisernes, verzinntes Kreuz mit zwei Befestigungsnägeln. Der Fund dieses Kreuzes, zusammen mit dem Grundriss, deutet möglicherweise auf eine Nutzung des Gebäudes als frühchristlicher Sakralort in der zweiten Hälfte des 4. Jhs. n. Chr. hin.

*Weitere Gebäude*
In den Jahren 2000/01 wurden Reste eines weiteren Steingebäudes im oberen Teil des Hofes der mittleren Burg, nahe dem Garay-Palais, entdeckt. Von diesem Bau sind nur zwei rechteckig zueinander stehende Wände erhalten, von einer dritten Wand verblieb nur das Fundament. Ein Teil des Gebäudes wurde bei der Errichtung eines mittelalterlichen Grabens beschädigt, und eine Wand ist den Hang hinabgerutscht. Bei der Freilegung sind Funde aus dem 3.–4. Jh. n. Chr. sichergestellt worden.

Aus der Römerzeit wurden außer Steingebäuden auf der Burg Devín auch einige weitere, etwa 4,0 x 4,80 m große Hütten mit Mörtel- oder Malterböden entdeckt. Einige hatten in den nordöstlichen Ecken gut erhaltene, mit glatten Steinen belegte Feuerstellen. Die Wohnräume waren meist fundarm, die wenigen Funde beschränkten sich auf Keramik, Ziegelfragmente (manchmal gestempelt) und nur selten Eisengegenstände.

In der Umgebung von Devín wurden bis jetzt noch keine Bestattungen aus der Römerzeit gefunden. Im Jahre 1936 wurde angeblich ein reich ausgestattetes Grab auf dem Weg zwischen Devínska Nová Ves und Devín (bei der March, am Fuße des Thebener Kogels) entdeckt. Der Finder M. Hirš fand im Grab u. a. eine blaue Glasschüssel, ein Tongefäß und drei Bronzefibeln.

Die Römer nutzten Devín schon früh als einen Vorposten Carnuntums wegen seiner strategischen Lage. Dies bezeugen Ziegel mit Stempeln der 10. und 14. Legion Gemina. Mit Ausnahme der augusteischen Befunde sind die meisten Gebäude ins 3. und 4. Jh. n. Chr. zu datieren. Germanen besiedelten Devín wahrscheinlich schon in den 20er-Jahren des 1. Jhs. n. Chr. Nach römischem Vorbild ließen sie prunkvolle Steinbauten errichten, von denen die repräsentativsten auf der Burganhöhe lagen. Die Errichtung des großen Erdwalls im Norden der Burgwallanlage im 4. Jh. n. Chr. unter Kaiser Valentinian (364–375 n. Chr.) hängt wahrscheinlich mit dem zunehmenden Druck der Germanen auf den römischen Limes zusammen.

Katarina Harmadyová

**Besichtigung**
Die römischen Befunde liegen im Areal der mittelalterlichen Burg, die vom Museum der Stadt Bratislava verwaltet wird.
Website: http://www.muzeum.bratislava.sk/en/vismo/dokumenty2.asp?id_org=700016&id=1025&p1=52

Literatur:
Dekan 1961; Eisner 1936; Keller 1994; Kolník 1991; Pichlerová 1961; Pieta – Plachá 1999; Plachá u. a. 1990.

## Rusovce – Gerulata

### Auxiliarkastell – *vicus*

Rusovce – ein Stadtteil der Hauptstadt der Slowakischen Republik, Bratislava, – befindet sich im Donautiefland, auf dem rechten Donauufer, in unmittelbarer Nähe des sog. Rusovce-Arms. Der historische Rusovce-Arm (Rusovské rameno) wurde nach der Regulierung des Flusses Ende des 18. Jhs. in einen identisch benannten künstlichen Kanal umgewandelt. Das nahegelegene Umfeld ist als leicht profiliertes Flachland charakterisierbar.

Aus einem historisch-geographischen Blickpunt gesehen, befindet sich das heutige Rusovce am nördlichen Rand der römischen Provinz *Pannonia*. Direkt in Rusovce war das Kastell Gerulata gelegen, welches ein Bestandteil der Festungskette des *limes Romanus* war. Gerulata war das erste Kastell auf der Linie Carnuntum – Ad Flexum und von Carnuntum etwa 40 km entfernt. Das Lager hatte eine wichtige strategische Funktion: Es schützte die Ostflanke der Legionen, die in Carnuntum, der Hauptstadt der römischen Provinz Oberpannonien, stationiert waren. Den Namen „Gerulata" übernahmen die Römer wahrscheinlich von der autochthonen keltischen Bevölkerung.

Die ersten schriftlichen Zeugnisse über Gerulata finden sich im *Itinerarium Antonini* und in der *Notitia dignitatum*, welche „... berittene Bogenschützen in Gerolata" erwähnen. Die Lage des Kastells ist auch auf der *Tabula Peutingeriana* verzeichnet, einer mittelalterlichen Transkription einer römischen Karte aus dem 3. Jh. n. Chr. In den Werken anderer antiker Autoren – Tacitus, Patercula und Plinius – wird Gerulata nur am Rande erwähnt, nämlich bei Verweisen auf den Stamm der Cannanefaten, aus dem Niederrhein stammenden Germanen, welche die Besatzung Gerulatas darstellten.

### Stationierte Truppen

In Gerulata war die berittene Einheit *ala I Cannanefatium* stationiert. Die Ankunft der Cannanefaten in Gerulata vom Lager Lopodunum in Germanien (heute Ladenburg) wird für den Anfang des 2. Jhs. n. Chr. angenommen. Die Einheit bestand aus 500

Reitern. In den Jahren 138–146 n. Chr. erlangten die Mitglieder dieser Truppe das römische Bürgerrecht. Ab der Mitte des 3. Jhs. n. Chr. gibt es keine Nachweise ihrer Präsenz in Gerulata mehr. Die Stationierung dieser Einheit ist durch Inschriften auf Steinaltären in der Ausgrabungsstätte „Bergl" und durch einen Ziegel mit dem Stempel der Einheit belegt. Die Anwesenheit anderer Einheiten ist durch weitere Ziegel mit Stempelfragmenten bekannt. Zu diesen Truppen gehören die 10. Legion (*legio X gemina et pia fidelis*), die 14. Legion (*legio XIV gemina*), die 15. Legion (*legio XV Apollinaris*) und die 2. Legion (*legio II Italica*). Ziegel aus dem 4. Jh. n. Chr. verweisen auf einen Offizier namens Valentinianus Tempsonios Ursicinus, mit welchem der Ausbau des Limes in Zusammenhang gebracht wird. Dem 4. Jh. n. Chr. werden auch Ziegel mit Stempeln der 1. Kohorte der Bogenschützen (*cohors I Aelia Sagittariorum milliaria equitata*) zugeschrieben. Weitere gestempelte Ziegel weisen auf zivile Ziegeleien in Carnuntum im 2. Jh. n. Chr. hin (ATILIAE FIRMAE, C.I.IVL, CVACONSTKAR).

## Forschungsgeschichte

Die ersten archäologischen Ausgrabungen wurden von 1889 bis 1891 vom Geschäftsführer der historisch-archäologischen Gesellschaft des Komitates Moson (Wieselburg) und Kustos des Museums in Mosonmagyaróvár, Á. Sőtér (1837–1905), mit der Erlaubnis der Besitzerin, Gräfin L. Henckel, durchgeführt. Anfang der 1940er-Jahre versuchte A. Radnóti, ein Mitarbeiter des Nationalmuseums in Budapest, zum ersten Mal die Größe des Lagers zu bestimmen. Nach dem Jahre 1947 arbeitete der Numismatiker und Historiker V. Ondrouch (1891–1963) den ersten komplexen Plan zur römerzeitlichen Besiedlung von Rusovce anhand von Funden aus, die bei landwirtschaftlichen Arbeiten und bei Bauarbeiten gemacht wurden. In den 1960er-Jahren wurden bei Erdarbeiten an der Stelle „Bergl" die Pfeiler eines spätrömischen Bauwerkes aufgedeckt. Daraufhin begannen Untersuchungen unter der Leitung der Archäologin L'. Kraskovská. Ab 1965 setzte das Archäologische Institut SAV Nitra, geleitet von J. Dekan, die Untersuchungen bis zu ihrem Abschluss im Jahre 1972 fort. Zeitgleich mit den Forschungen auf dem Bergl, untersuchten L'. Kraskovská und M. Pichlerová die römischen Gräberfelder I, II und III. 1976 wurden die Grabungen unter der Leitung von L. Snopko fortgeführt. Im Zusammenhang mit der archäologischen Untersuchung der St. Vitus-Kirche im Schlosspark untersuchte M. Slivka auch das Gräberfeld IV. Im Jahre 1990 wurde das Bauverbot, das Barockhäuser auf der Hauptstraße und ältere Denkmäler unter Denkmalschutz stellte, aufgehoben. Damit begannen ein verstärkter Bau von Einfamilienhäusern und die Modernisierung der Infrastruktur. An den dadurch erforderlichen Rettungsgrabungen beteiligten sich mehrere Institutionen (Archäologisches Museum des Slowakischen Nationalmuseums, das Stadtmuseum in Bratislava und das Archäologische Institut der Slowakischen Akademie der Wissenschaften in Nitra).

## Auxiliarkastell

Anhand der bisherigen Untersuchungen können mehrere Bauphasen unterschieden werden. Wahrscheinlich gab es in der Nähe des Lagers auch eine Furt und anscheinend auch einen Hafen, diese wurden aber bisher nicht archäologisch nachgewiesen.

### *Holz-Erde-Lager*

Die erste Bauetappe war ein Holz-Erde-Lager, das in der zweiten Hälfte des 1. Jhs. n. Chr. zur Zeit der Herrschaft Kaiser Domitians erbaut wurde. Ein Doppelgraben, der dem Schutze des Lagers diente, zeigt die Größe des Kastells an. Von den Gebäuden innerhalb des Lagers wurden bisher nur einige Teile der Kasernen untersucht. Die Kasernenwände bestanden aus einer hölzernen Fachwerkkonstruktion mit Lehmbewurf, die mit Mörtel verputzt und mit Kalk gestrichen worden war.

*Steinkastell I*

In einer zweiten Bauphase wurde das Kastell in Stein umgebaut. Bei der St. Magdalena-Kirche wurde ein Abschnitt des nordwestlichen Doppelgrabens des Steinkastells aufgedeckt. Das nördliche Eck wurde erst kürzlich erforscht. Zur Innenbebauung des Steinkastells I gehörten vermutlich auch 0,40 bis 0,60 m breite Mauern, die im Bereich eines spätantiken, quadratischen Gebäudes beobachtet werden konnten.

*Steinkastell II*

Wie aus den Untersuchungen der Wehrmauer hervorgeht, wurde das Kastell in einer dritten Bauphase flächenmäßig deutlich reduziert und dabei wahrscheinlich auch komplett umgestaltet. Überreste der Wehrmauer entdeckte man unter dem Pfarrspeicher südlich des Museumsareals.

Burgus

In der Spätantike wurde ein turmartiges Kastell, ein *burgus*, in eine Ecke eines älteren Gebäudes aus der dritten Bauetappe eingebaut. (Abb. 187) Es maß 30 × 29 m, zwölf um einen Innenhof (12,0 × 12,40 m) stehende Pfeiler trugen eine Dachkonstruktion. Die Fundamente waren 3 bis 4 m eingetieft, auch ein dreistöckiges Gebäude kann nicht ausgeschlossen werden. Das Erdgeschoss war durchgängig, die oberen Etagen bewohnt. In der Mitte des Hofes befand sich ein asymmetrisch situierter Brunnen. In den Säulen und Wänden des jüngeren Kastells

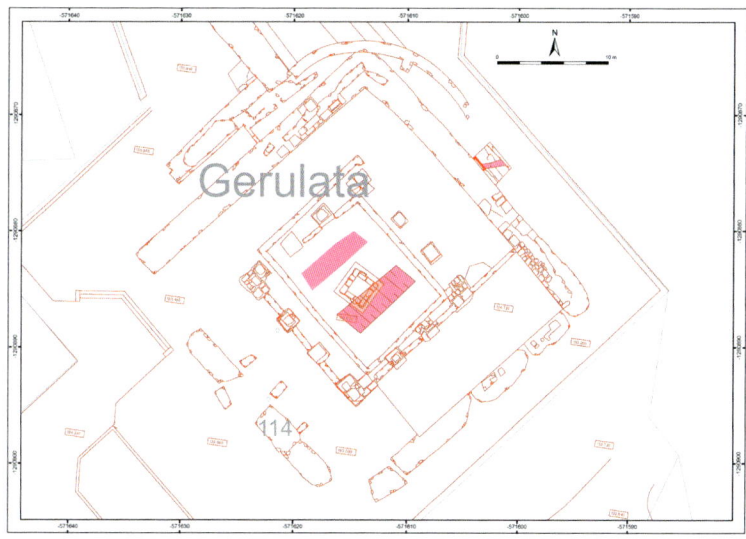

Abb. 187: Rusovce – Gerulata. Spätantiker Burgus

wurden sekundär Teile steinerner Kunstwerke eingebaut, welche sich jetzt im Lapidarium befinden. Ähnliche kleine Festungen findet man in vielen am norischen und pannonischen Donaulimes gelegenen Kastellen als spätantike Einbauten. Diese werden in die post-valentinianische Zeit (nach 380 n. Chr.) datiert.

*Vicus*

Die ältere Siedlung hatte einfache Erdhütten oder Gebäude mit Wänden aus Lehmziegeln. Die Siedlung vor dem Süd-Tor des Lagers ist nur teilweise erhalten. Die Zivilsiedlung (*vicus*) vor dem West-Tor nahm eine beträchtliche Fläche ein. Hier wurden einige Wohn- und Produktions-Anlagen (Öfen zur Ziegelherstellung, Kalköfen) sowie mehrere Kulturschichten freigelegt. Im Norden und Westen des Lagers standen die prunkvollsten Gebäude, bewohnt von den reichsten zivilen Ansässigen. Der *vicus* scheint sich hier entlang der Ausfallstraße erstreckt zu haben und ist durch steinerne Gebäudefundamente charakterisiert. Von diesen ist ein technisch hochentwickeltes Steingebäude mit Fußbodenheizung aus der dritten Bauphase des Lagers hervorzuheben.

## Gräberfelder

Gräberfelder umgaben in einem Bogen das ganze Lager. Aus der Frühzeit liegen vor allem birituale Bestattungen vor, in der Spätantike überwogen die Körperbestattungen. Weiters konnten Brandgräber (*ustrinum*- und *bustum*-Bestattungen) nachgewiesen werden. An Grabanlagen fand man einfache Gruben und mit Ziegeln eingefasste Gräber. In der älteren Literatur ist ein Sarkophagfund erwähnt, dieser ist aber nicht erhalten. Stelen und Ziegelfragmente deuten auf noch prunkvollere Bestattungsweisen hin. Bis jetzt konnten die Gräberfelder Ia, Ib, II, III, IV, V und VI lokalisiert werden.

## Hinterland

Etwa 2,5 km südwestlich des Lagers lag eine rustikale Siedlung. Aufgrund der dort freigelegten Gebäudereste (in die Erde eingetiefte Wohnhütten mit Pfahlkonstruktionen und Satteldach) nimmt man an, dass dort im 2. Jh. n. Chr. noch größtenteils eine indigene, weitgehend keltisch geprägte Bevölkerung gelebt hat. Erst im 3. Jh. n. Chr. wurde das Areal von rechteckigen Rinnen in Parzellen abgeteilt. Zusätzlich wurden in dieser Zeit auch zwei Gebäude mit Steinfundamenten errichtet.

Etwa 3 km südlich des Lagers befand sich eine *villa rustica*. Funde von römischen Dachziegeln signalisierten ihre Existenz. Der westliche Teil lag auf einer natürlichen Hochebene, der östliche in einer flachen Senke. Die Nord- und Westseite waren von einem Nebenarm der Donau umschlossen. Ein älterer Teil der Besiedlung bestand ursprünglich aus simplen Erdhütten. Die Überlagerung zweier solcher Hütten zeugt von mehreren Phasen auch im Rahmen dieser Besiedlung. Die sechs überirdischen Gebäude stellen eine landwirtschaftliche Hofanlage, eine *villa rustica*, aus der Zeit der Severer dar.

## Funde

Viele am Limes gelegene Kastelle sind bis heute anhand von Inschriften nachzuweisen. Andere hingegen haben wenige oder nur schwer lesbare Schriftdenkmäler. Die 36 Inschriften auf Steindenkmälern zeugen u. a. von der Wichtigkeit der Militäreinheiten in Bezug auf den Legionssitz in der nahegelegenen Provinzhauptstadt Carnuntum. Die Bedeutung der umfangreichen epigraphischen Sammlung steigerte sich mit der Entdeckung eines Meilensteines, der den Weg von Carnuntum nach Gerulata markierte. Er wird auf den Zeitraum zwischen Jänner 252 und August 253 n. Chr. datiert.

Ein Großteil der Fundstücke ist mit der Militärpräsenz auf Gerulata verbunden. Zu den gefundenen scharfen Hiebwaffen gehört der *gladius*, verschiedene Bronzebeschläge für die Scheiden der Schwerter und verschiedene Gurtbeschläge. Ferner gehören zu den Funden Stichwaffen, wie z. B. Messer, stumpfe Hiebwaffen, wie *dolabrae*, und Bronzeteile einer Tragetasche für Äxte. Aus der Gruppe der Fernkampfwaffen fand man Speerspitzen und Schleudergeschosse. Unter den Schutzwaffen ragt vor allem ein festlicher Bronzehelm des Typs Guisborough mit gravierten und vollplastischen Ornamenten heraus, der auf das 2. Jh. n. Chr. datiert wird. Weiters wurden verschiedene Rüstungsteile und Bronzeschildbuckel entdeckt. Zu den Militaria gehören auch verschiedene Teile des Pferdegeschirrs, wie Knebelgebiss, *phalerae* und Riemenverteiler.

Ein beträchtlicher Teil des gefundenen Schmucks stammt aus Gräbern im zivilen Teil Gerulatas. Kopfschmuck ist vor allem durch Knochennadeln und Perlenhalsketten repräsentiert. Sonstiger Schmuck ist vor allem durch Armbänder und Ringe vertreten. Es wurden Ringe aus Bronze, Silber und Gebein

Abb. 188: Rusovce. Museum „Antikes Gerulata"

gefunden, die auf verschiedene Weisen angefertigt worden sind: glatt, gestreift, mit Schild oder Gemme und mit gestochenem Ornament. Im *vicus* wurden ein Ring mit einer Gemme sowie eine uneingefasste Gemme gefunden. Die gefundenen Fibeln sind meist aus Bronze, einige aus Silber. Besonders interessant (und schön) sind tierförmige Fibeln, die teilweise mit Emaille bearbeitet sind. Zu den häufigen Funden gehören Gurtbestandteile wie Schnallen, Nieten, Endstücke und Beschläge. Einige Funde von medizinischen Instrumenten deuten auch auf eine frühe medizinische Praxis in Gerulata hin, z. B. Pinzetten, Kontaktsonden, Stechnadeln für Wundbehandlungen und Löffel.

Jaroslava Schmidtová

### Besichtigung

Das Museum „Antikes Gerulata" ist Bestandteil des Museums der Stadt Bratislava (Abb. 188). Die Ausstellung in Rusovce wurde der Öffentlichkeit im Jahre 1985 zugänglich gemacht. Im Lapidarium sind Steindenkmäler ausgestellt, die von archäologischen Funden, Rekonstruktionen, bilingualen Texten, Karten und Fotografien ergänzt werden. Unter freiem Himmel ist die vierte Bauetappe zu besichtigen – der spätantike *burgus* mit Pfeilern, Umfassungsmauern und einem Brunnen in der Mitte.
Website: http://www.muzeum.bratislava.sk/en/vismo/dokumenty2.asp?id_org=700016&id=1026&p1=1026

**Literatur:**
Dekan 1966; Friesinger – Krinzinger 1997, 277–280; Hošek 1985; Kraskovská 1974; Kovács – Schmidtová 2011; Pichlerová 1981; Radnóti – G abler 1 982; Schmidtová 2 006; Schmidtová 2008; Schmidtová 2012; Varsik 1996.

# Liste römischer Kaiser

### Julisch-claudische Dynastie

| | |
|---|---|
| Augustus | 27 v. – 14 n. Chr. |
| Tiberius | 14–37 n. Chr. |
| Caligula | 37–41 n. Chr. |
| Claudius | 41–54 n. Chr. |
| Nero | 54–68 n. Chr. |

### Vierkaiserjahr

| | |
|---|---|
| Galba | 68–69 n. Chr. |
| Otho | 69 n. Chr. |
| Vitellius | 69 n. Chr. |

### Flavische Dynastie

| | |
|---|---|
| Vespasian | 69–79 n. Chr. |
| Titus | 79–81 n. Chr. |
| Domitian | 81–96 n. Chr. |

### Adoptivkaiser und Antoninische Dynastie

| | |
|---|---|
| Nerva | 96–98 n. Chr. |
| Trajan | 98–117 n. Chr. |
| Hadrian | 117–138 n. Chr. |
| Antoninus Pius | 138–161 n. Chr. |
| Mark Aurel | 161–180 n. Chr. |
| Commodus | 180–192 n. Chr. |

### Zweites Vierkaiserjahr

| | |
|---|---|
| Pertinax | 192–193 n. Chr. |
| Didius Julianus | 193 n. Chr. |
| Pescennius Niger | 193–194 n. Chr. |

### Severische Dynastie

| | |
|---|---|
| Septimius Severus | 193–211 n. Chr. |
| Caracalla | 211–217 n. Chr. |
| Geta | 211 n. Chr. |
| Macrinus | 217–218 n. Chr. |
| Elagabal | 218–222 n. Chr. |
| Severus Alexander | 222–235 n. Chr. |

### Soldatenkaiser

| | |
|---|---|
| Maximinus Thrax | 235–238 n. Chr. |
| Gordianus I. & Gordianus II. | 238 n. Chr. |
| Balbinus & Pupienus | 238 n. Chr. |
| Gordianus III. | 238–244 n. Chr. |
| Philippus Arabs | 244–249 n. Chr. |
| Decius | 249–251 n. Chr. |
| Trebonianus Gallus | 251–253 n. Chr. |
| Aemilius Aemilianus | 253 n. Chr. |
| Valerian | 253–260 n. Chr. |
| Gallienus | 253–268 n. Chr. |
| Claudius II. Gothicus | 268–270 n. Chr. |
| Quintillus | 270 n. Chr. |
| Aurelian | 270–275 n. Chr. |
| Tacitus | 275–276 n. Chr. |
| Florianus | 276 n. Chr. |
| Probus | 276–282 n. Chr. |
| Carus | 282–283 n. Chr. |
| Numerianus | 283–284 n. Chr. |
| Carinus | 283–285 n. Chr. |

### Tetrarchie

| | |
|---|---|
| Diokletian | 284–305 n. Chr. |
| Maximinian | 285–310 n. Chr. |
| Constantius I. | 293–306 n. Chr. |
| Galerius | 293–311 n. Chr. |
| Maximinus Daia | 310–313 n. Chr. |
| Severus II. | 305–307 n. Chr. |
| Maxentius | 306–312 n. Chr. |
| Licinius | 308–324 n. Chr. |

### Konstantinische Dynastie

| | |
|---|---|
| Konstantin I. | 306–337 n. Chr. |
| Konstantin II. | 337–340 n. Chr. |

| | |
|---|---|
| Constans I. | 337–350 n. Chr. |
| Constantius II. | 337–361 n. Chr. |
| Julian | 360–363 n. Chr. |
| Jovian | 363–364 n. Chr. |

## Valentinianische Dynastie

| | |
|---|---|
| Valentinian I. | 364–375 n. Chr. |
| Valens | 364–378 n. Chr. |
| Gratian | 367–383 n. Chr. |
| Valentinian II. | 375–392 n. Chr. |

## Theodosianische Dynastie

| | |
|---|---|
| Theodosius I. | 379–395 n. Chr. |
| Arcadius | 395–408 n. Chr. |
| Honorius | 395–423 n. Chr. |
| Theodosius II. | 408–450 n. Chr. |
| Valentinian III. | 425–455 n. Chr. |
| Markian | 450–457 n. Chr. |

## Thrakische Dynastie

| | |
|---|---|
| Leo I. | 457–474 n. Chr. |
| Majorian | 457–461 n. Chr. |
| Anthemius | 467–472 n. Chr. |
| Leo II. | 474 n. Chr. |
| Julius Nepos | 474–480 n. Chr. |
| Zeno | 474–491 n. Chr. |
| Anastasius I. | 491–518 n. Chr. |

## Siglenliste

| | |
|---|---|
| AbhDüsseldorf | Abhandlungen der Rheinisch-Westfälischen Akademie der Wissenschaften |
| AbhMünchen | Bayerische Akademie der Wissenschaften, phil.-hist. Klasse, Abhandlungen |
| ActaAntHung | Acta antiqua Academiae scientiarum Hungaricae |
| AE | L'année épigraphique |
| AEA | Annona epigaphica Austriaca |
| AEM | Archäologisch-epigraphische Mitteilungen aus Österreich-Ungarn |
| AiD | Archäologie in Deutschland |
| AKorrBl | Archäologisches Korrespondenzblatt |
| AnalP | Analecta Papyrologica |
| Anodos | Anodos. Studies of Ancient World |
| ANRW | Aufstieg und Niedergang der römischen Welt |
| AnzWien | Anzeiger der Österreichischen Akademie der Wissenschaften, phil.-hist. Klasse |
| AÖ | Archäologie Österreichs |
| ArchA | Archaeologia Austriaca |
| ARozhl | Archeologické rozhledy |
| Aves | Arheološki vestnik (Ljubljana) |
| AW | Antike Welt. Zeitschrift für Archäologie und Kulturgeschichte |
| BARIntSer | British Archaeological Reports. International Series |
| BayVgBl | Bayerische Vorgeschichtsblätter |
| BeitrMAÖ | Beiträge zur Mittelalterarchäologie in Österreich |
| BerBayDenkmPfl | Bericht der Bayerischen Bodendenkmalpflege |
| BerMatÖAI | Berichte und Materialien des Österreichischen Archäologischen Institutes |
| BerRGK | Bericht der Römisch-Germanischen Kommission |
| BJb | Bonner Jahrbücher des Rheinischen Landesmuseums in Bonn |
| CarnuntumJb | Carnuntum Jahrbuch. Zeitschrift für Archäologie und Kulturgeschichte des Donauraumes |
| CIL | Corpus inscriptionum Latinarum |
| CommunicAHung | Communicationes archaeologicae hungaricae |
| CSIR | Corpus Signorum Imperii Romani |
| DenkschrWien | Denkschriften der Österreichischen Akademie der Wissenschaften, phil.-hist. Klasse |
| ErghÖJh | Ergänzungshefte zu den Jahresheften des Österreichischen Archäologischen Institutes in Wien |
| FiL | Forschungen in Lauriacum |
| FÖ | Fundberichte aus Österreich |
| FÖMat | Fundberichte aus Österreich. Materialhefte |
| FuWien | Fundort Wien. Berichte zur Archäologie |
| Germania | Germania. Anzeiger der Römisch-Germanischen Kommission des Deutschen Archäologischen Instituts |
| HistJbLinz | Historisches Jahrbuch der Stadt Linz |
| IBR | Inscriptiones Baivariae Romanae |
| JA | Jahrbuch für Altertumskunde |
| JbLkNÖ | Jahrbuch der Landeskunde von Niederösterreich |
| JbOÖMV | Jahrbuch des Oberösterreichischen Musealvereines |
| JbRGZM | Jahrbuch des Römisch-Germanischen Zentralmuseums Mainz |
| JbWels | Jahrbuch des Musealvereins Wels |
| JZK | Jahrbuch der K.K. Zentral-Kommission für Erforschung und Erhaltung der Kunst- und Historischen Denkmäler |

# Siglenliste

| | |
|---|---|
| LAF | Linzer Archäologische Forschungen |
| MFrAÖ | Mitteilungen zur Frühchristlichen Archäologie in Österreich |
| MiChA | Mitteilungen zur Christlichen Archäologie |
| MMVLaur | Mitteilungen des Museumsvereins Lauriacum |
| MPK | Mitteilungen der Prähistorischen Kommission der Österreichischen Akademie der Wissenschaften |
| MUAG | Mitteilungen der Österreichischen Arbeitsgemeinschaft für Ur- und Frühgeschichte |
| MZK | Mitteilungen der Zentral-Kommission für Denkmalpflege, früher: Mitteilungen der K. K. Zentralkommission für Erforschung und Erhaltung der Kunst- und historischen Denkmale |
| OÖHBl | Oberösterreichische Heimatblätter |
| ÖJh | Jahreshefte des Österreichischen Archäologischen Institutes in Wien |
| OstbGrenzm | Ostbairische Grenzmarken. Passauer Jahrbuch für Geschichte, Kunst und Volkskunde |
| PAR | Pro Austria Romana |
| RGF | Römisch-Germanische Forschungen |
| RLÖ | Der römische Limes in Österreich |
| RÖ | Römisches Österreich |
| SaalbJb | Saalburg-Jahrbuch. Bericht des Saalburg-Museums |
| SlovA | Slovenská archeológia |
| SoSchrÖAI | Sonderschriften des Österreichischen Archäologischen Instituts |
| UPA | Universitätsforschungen zur Prähistorischen Archäologie |
| WAS | Wiener Archäologische Studien |
| WForsch | Wiener Forschungen zur Archäologie |
| ZborSNM | Zbornik Slovenského Národného Múzea / Archeológia |
| ZEA | Zentraleuropäische Archäologie |
| ZPE | Zeitschrift für Papyrologie und Epigraphik |

# Literaturverzeichnis

| | |
|---|---|
| Ableidinger 1929 | J. Ableidinger, Geschichte von Schwechat (Schwechat 1929). |
| Ableidinger 1930–1934 | J. Ableidinger, Schwechat, FÖ 1, 1930–1934, 59. 238. |
| Ableidinger 1935–1938 | J. Ableidinger, Schwechat, FÖ 2, 1935–1938, 259 f. |
| Adler-Wölfl 2012 | K. Adler-Wölfl, Spätlatènezeitliche Fundstellen in Wien, ZborSNM 22=106, 2012, 166–186. |
| Aichinger-Rosenberger – Woldron 2005 | P. Aichinger-Rosenberger – R. Woldron, Rossatz und St. Lorenz. Kirchenführer (Rossatz 2005). |
| Aign 1973 | A. Aign, Zeugnisse aus Passaus römischer Zeit, OstbGrenzm 15, 1973, 177–191. |
| Alföldy 1974 | G. Alföldy, Noricum (London 1974). |
| Alram u. a. 2007 | M. Alram – F. Dick – G. Dembski (Hrsg.), Numismata Carnuntina. Forschungen und Material, Textbd. 1, DenkschrWien 353 (Wien 2007). |
| Altjohann 2012 | M. Altjohann, Das spätrömische Kastell Boiotro zu Passau-Innstadt. Materialhefte zur bayerischen Archäologie 96 (Kallmünz/Opf. 2012). |
| Angrüner 1972 | E. Angrüner, Erla, Gem. St. Pantaleon-Erla, FÖ 11, 1972, 93. 102 f. |
| Artner 2002 | G. Artner, KG Wallsee, FÖ 42, 2002, 35. |
| Aßkamp 2009 | R. Aßkamp (Kurator), 2000 Jahre Varusschlacht 2. Konflikt. Ausstellungskatalog Kalkriese (Stuttgart 2009). |
| Baatz 1989 | D. Baatz, Die Wachttürme am Limes, Kleine Schriften zur Kenntnis der römischen Besetzungsgeschichte Südwestdeutschlands 15 ²(Stuttgart 1989). |
| Barta 1929 | H. F. J. Barta, Die römischen Bildsteine in Wallsee an der Donau, Unsere Heimat 2, 1929, 95–104. 109–116. |
| Barton 1992 | P. F. Barton, Geschichte des Christentums in Österreich und Südmitteleuropa 1.2, Studien und Texte zur Kirchengeschichte und Geschichte, Reihe III 1, 2 (Wien 1992). |
| Bechert 1980 | T. Bechert, Zur Terminologie provinzialrömischer Brandgräber, AKorrBl 10, 1980, 253–258. |
| Bemmann u. a. 1911 | J. Bemmann – M. Hegewisch – M. Meyer – M. Schmauder (Hrsg.), Drehscheibentöpferei im Barbaricum. Technologietransfer und Professionalisierung eines Handwerks am Rande des Römischen Imperiums. Akten der Internationalen Tagung in Bonn vom 11. bis 14. Juni 2009, Bonner Beiträge zur Vor- und Frühgeschichtlichen Archäologie 13 (Bonn 1911). |
| Bender 1982 | H. Bender, Ein spätrömischer Wachtturm bei Passau-Haibach, OstbGrenzm 24, 1982, 55–77. |
| Bender 1983 | H. Bender, Der spätrömische Wachtturm von Passau-Haibach und seine Rekonstruktion, Germania 61, 1983, 597–602. |
| Bender u. a. 1991 | H. Bender u. a., Passau. Archäologischer Plan von Passau in römischer Zeit (Passau 1991). |
| Bender – Moosbauer 2003 | H. Bender – G. Moosbauer, Das römische Donaukastell Schlögen in Oberösterreich. Die Funde aus den Grabungen 1957–1959, 1984 und die Altfunde, Passauer Universitätsschriften zur Archäologie 8 (Rahden/Westfalen 2003). |
| Beszédes – Mosser 2002 | J. Beszédes – M. Mosser, Die Grabsteine der Legio XV Apollinaris in Carnuntum, CarnuntumJb 2002, 9–98. |
| Betz 1935 | A. Betz, Die römischen Militärinschriften aus Österreich, ÖJh 29, 1935, Beibl. Sp. 287–332. |
| Betz – Kenner 1937 | A. Betz – H. Kenner, Ausgrabungen und Funde im Lagerfriedhof von Carnuntum, RLÖ 18 (Wien 1937) 23–98. |
| Betz – Weber 1990 | A. Betz – E. Weber, Aus Österreichs römischer Vergangenheit (Wien 1990). |
| Birley 1993 | A. Birley, Marcus Aurelius (London 1993). |
| Bishop – Coulston 2006 | M. C. Bishop – J. C. N. Coulston, Roman Military Equipment from the Punic War to the fall of Rome ²(London 2006). |

| | |
|---|---|
| Blesl – Hölbling 2005 | Ch. Blesl – E. Hölbling, Römische Landgüter, in: Zeitschienen. Vom Tullnerfeld ins Traisental. Archäologische Funde aus 20.000 Jahren, FÖMat A 2 (Wien 2005) 107–113. |
| Bloier 2013 | M. Bloier, Blick über den Inn – Die Verteidigungsbauten des norischen Kastells Boiodurum, in: Ch. Flügel – J. Obmann (Hrsg.), Römische Wehrbauten. Befund und Rekonstruktion, Kolloquiumsband, Arbeitsgespräch "exclesae turres quater divisae" am 5. Juli 2010 in der Landesstelle für nichtstaatliche Museen im Alten Hof München (München 2013) 70–81. |
| Bockius – Łuczkiewicz 2004 | R. Bockius – P. Łuczkiewicz, Kelten und Germanen im 2. und 1. Jahrhundert vor Christus. Archäologische Bausteine zu einer historischen Frage, Monographien / Römisch-Germanisches Zentralmuseum, Forschungsinstitut für Vor- und Frühgeschichte 58 (Mainz 2004). |
| Böhme 1975 | H.W. Böhme, Archäologische Zeugnisse der Markomannenkriege, JbRGZM 22, 1975, 153–217. |
| Bormann 1895 | E. Bormann, Die älteste Gräberstraße von Carnuntum, AEM 18, 1895, 208–224. |
| Boshof – Wolff 1994 | E. Boshof – H. Wolff (Hrsg.), Das Christentum im bairischen Raum. Von den Anfängen bis ins 11. Jahrhundert, Passauer historische Forschungen 8 (Köln 1994). |
| Boshof u. a. 1999 | E. Boshof u. a. (Hrsg.), Geschichte der Stadt Passau (Regensburg 1999). |
| Boulasikis 2008 | D. Boulasikis, Das Nemeseum am Westtor des Lageramphitheaters, CarnuntumJb 2008, 95–109. |
| Boulasikis 2010 | D. Boulasikis, Neue Untersuchungen am Nemeseum des Amphotheaters I in Carnuntum, in: M. Meyer – V. Gassner (Hrsg.), Standortbestimmungen. Akten des 12. Österreichischen Archäologentages 28.2.–1.3.2008, WForsch 13 (Wien 2010) 257–263. |
| Bouzek u. a. 2000 | J. Bouzek – H. Friesinger – K. Pieta – B. Komoróczy (Hrsg.), Gentes, Reges und Rom. Auseinandersetzung – Anerkennung – Anpassung. Festschrift Jaroslav Tejral, Spisy Archeologického Ústavu AV ČR Brno 16 (Brno 2000). |
| Bratož 1994 | R. Bratož, Der „heilige Mann" und seine Biographie (unter besonderer Berücksichtigung von Eugippius, Leben des heiligen Severin), in: A. Scharer – G. Scheibelreiter (Hrsg.), Historiographie im frühen Mittelalter, Veröffentlichungen des Instituts für Österreichische Geschichtsforschung 32 (Wien 1994) 222–252. |
| Breeze 2011 | D. J. Breeze, The Frontiers of Imperial Rome (Barnsley 2011). |
| Breibert u. a. 2007 | W. Breibert – Th. Kreitner – O. Schmitsberger – U. Zimmermann, Römische Gräberstraße und mittelalterliches Handwerksviertel am Ufer der Donau, FÖ 45, 2006 (2007) 590–620. |
| Breitwieser 1991 | R. Breitwieser, Ein spätantiker Grabfund aus Enns-Reinthal, JbOÖMV 136, 1991, 43–47. |
| Burns 1982 | Th. S. Burns, The Watchtower at Passau-Haibach: A Historical Perspective, OstbGrenzm 24, 1982, 78–81. |
| Dekan 1961 | J. Dekan, Nálezy včasnej sigillaty v keltských objektoch na Devíne, Sborník Filozofickej Fakulty Univerzity Komenského / Musaica 12, 1961, 51–56. |
| Dekan 1966 | J. Dekan, Znovuobjavená Gerulata, Svet vedy 13, 1966, 143–149. |
| Dell 1893 | J. Dell, Ausgrabungen im Jahre 1891, AEM 6, 1893, 193–204. |
| Dembski 1974a | G. Dembski, Zeiselmauer, Gem. Zeiselmauer, BH Tulln, FÖ 13, 1974, 214. |
| Dembski 1974b | G. Dembski, Erla, Gem. St. Pantaleon-Erla, FÖ 13, 1974, 199. |
| Dembski 1976 | G. Dembski, Au am Leithaberge, Gem. Au am Leithaberge, BH Bruck an der Leitha, FÖ 15, 1976, 375–376 (fälschlich unter "Au am Leithaberge"). |
| Dembski 1980 | G. Dembski, St. Pantaleon, FÖ 19, 1980, 700. |
| Dembski 1982 | G. Dembski, KG St. Pantaleon, FÖ 21, 1982, 355. |
| Dembski 1983 | G. Dembski, KG St. Pantaleon, FÖ 22, 1983, 375 f. |
| Deringer 1953 | H. Deringer, Die römischen Meilensteine der Provinz Noricum, in: G. Moro (Red.), Beiträge zur älteren europäischen Kulturgeschichte, Festschrift. R. Egger (Klagenfurt 1953) 286–314. |
| Dimt 2004 | H. Dimt (Red.), Florian 2004 entflammt. Ausstellungskatalog Enns – Lorch – Stift St. Florian (Linz 2004). |
| Dobo 1968 | Á. Dobo, Die Verwaltung der römischen Provinz Pannonien von Augustus bis Diokletianus (Amsterdam 1968). |

# Literaturverzeichnis

| | |
|---|---|
| Doneus 1994 | M. Doneus, Luftbildarchäologie am Institut für Ur- und Frühgeschichte in Wien, AÖ 5/1, 1994, 76–87. |
| Doneus u. a. 2013 | M. Doneus – C. Gugl – N. Doneus, Die Canabae von Carnuntum. Eine Modellstudie der Erforschung römischer Lagervorstädte. Von der Luftbildprospektion zur siedlungsarchäologischen Synthese, RLÖ 47 (Wien 2013). |
| Ebner – Würthinger 2003 | J. Ebner – M. Würthinger (Hrsg.), Der heilige Florian. Tradition und Botschaft, Neues Archiv für die Geschichte der Diözese Linz 16 (Linz 2003). |
| Eckhart 1956–1960a | L. Eckhart, Eferding, BH Eferding, FÖ 7, 1956–1960, 115. |
| Eckhart 1956–1960b | L. Eckhart, Engelhartszell, BH Schärding, FÖ 7, 1956–1960, 115. |
| Eckhart 1960a | L. Eckhart, Die Grabungen 1960 in Schlögen, Oberranna und Eferding, PAR 10, 1960, 26–28. |
| Eckhart 1960b | L. Eckhart, Aschach an der Donau, FÖ 7, 1956-1960, 200. |
| Eckhart 1961–1965 | L. Eckhart, Haibach ob der Donau, BH Eferding, FÖ 8, 1961–1965, 110. |
| Eckhart 1962 | L. Eckhart, Zwei römische Ziegelöfen am oberösterreichischen Inn, JbOÖMV 107, 1962, 107–115. |
| Eckhart 1965 | L. Eckhart, St. Marienkirchen bei Schärding, FÖ 8, 1961–1965, 113 f. |
| Eckhart 1966–1970a | L. Eckhart, Eferding, Gem. Eferding, BH Eferding, FÖ 9, 1966–1970, 204. |
| Eckhart 1966–1970b | L. Eckhart, Aschach an der Donau, FÖ 9, 1966–1970, 18. |
| Eckhart 1967 | L. Eckhart, Aschach / Donau, JbOÖMV 112 II, 1967, 37 f. |
| Eckhart 1969 | L. Eckhart, Das Römische Donaukastell Schlögen in Oberösterreich. Die Ausgrabungen 1957–1959, RLÖ 25 (Wien 1969). |
| Eckhart 1974 | L. Eckhart, Eferding, FÖ 13, 1974, 121. |
| Eckhart 1981a | L. Eckhart, Die Skulpturen des Stadtgebietes von Ovilava, CSIR III 3, Österreich (Wien 1981). |
| Eckhart 1981b | L. Eckhart, Die Stadtpfarrkirche und Friedhofskirche St. Laurentius von Enns-Lorch-Lauriacum in Oberösterreich. Die Ausgrabungen 1960–1966 1. Dokumentation und Analyse, FiL 11 (Linz 1981). |
| Eckhart 1983 | L. Eckhart, Die dritten 50 Jahre römerzeitliche Archäologie in Oberösterreich, JbOÖMV 128,1, 1983, 27–44. |
| Egger 1950 | R. Egger, Oberösterreich in römischer Zeit, JbOÖMV 95, 1950, 133–168. |
| Egger 1969 | R. Egger, Ein Ziegelstempel des norischen Limes, TZ 32, 1969, 233–238. |
| Ehmig 2013 | U. Ehmig, Kein junges Gemüse für Petronius Severus, ZPE 185, 2013, 271–274. |
| Eisner 1936 | J. Eisner, Výzkum na hradě Děvíně u Bratislavy roku 1935. Bratislava. Časopis pro výzkum Slovenska a Podkarpatské Rusi 9, 1936, 426–439. |
| Eitelberger v. Edelberg 1856 | R. Eitelberger v. Edelberg, Die Aufgabe der Alterthumskunde in Österreich, MZK 1, 1856, 1-3. |
| Elschek 2013 | K. Elschek, Zohor. Ein neues Fürstengrab der „Lübsow-Gruppe" und Brandgräber mit Edelmetallbeigaben aus Zohor (Westslowakei), in: Hardt – Heinrich-Tamaska 2013, 91–123. |
| Engelmann 2000 | J. Engelmann, Ausgrabungen in der römischen Villa von Thalham bei Wilhering, AÖ 11, 2000, 37–39. |
| Engelmann 2001 | J. Engelmann, KG Schönering, FÖ 40, 2001, 668–670. |
| Erdrich 2001 | M. Erdrich, Rom und die Barbaren. Das Verhältnis zwischen dem Imperium Romanum und der germanischen Stämmen vor seiner Nordwestgrenze von der späten Römischen Republik bis zum Gallischen Sonderreich, RGF 58 (Mainz 2001). |
| Erdrich 2016a | M. Erdrich, Römische Keramik beiderseits der Grenzen, in: H.-U. Voß (Hrsg.), Archäologie zwischen Römern und Barbaren. Zur Datierung und Verbreitung römischer Metallarbeiten des 2. und 3. Jhs. n. Chr. im Reich und im Barbaricum - ausgewählte Beispiele (Gefäße, Fibeln, Bestandteile militärischer Ausrüstung, Kleingerät, Münzen), Kolloquien zur Vor- und Frühgeschichte 22 (Bonn 2016) 25–48. |
| Erdrich 2016b | M. Erdrich, Maroboduus and the Consolidation of Roman Authority in the Middle Danube Region, in: M. Karwowski – P. Ramsl (Hrsg.), Boii – Taurisci. Proceedings of the International Seminar, Oberleis-Klement, June 14th–15th, 2012, MPK 85 (Wien 2016) 237–251. |
| Ertel 1997a | Ch. Ertel, Grabbauten in Carnuntum, CarnuntumJb 1996, 1997, 9–32. |

# Literaturverzeichnis

| | |
|---|---|
| Ertel 1997b | Ch. Ertel, Grabbauten in Favianis/Mautern, FÖ 36, 1997, 253–262. |
| Ertel u. a. 1999 | Ch. Ertel – V. Gassner – S. Jilek – H. Stiglitz, Untersuchungen zu den Gräberfeldern in Carnuntum 1. Der archäologische Befund, RLÖ 40 (Wien 1999). |
| Faber 1991 | A. Faber, Neufunde römischer Ziegelstempel aus dem Kastellvicus von Künzing, Niederbayern, BayVgBl 56, 1991, 199–206. |
| Fabiankowitsch 2013 | A. Fabiankowitsch, Die Fundmünzen der antiken Zivilstadt Lauriacum aus den archäologischen Grabungen der Jahre 1951–1959 (Dipl. Universität Wien 2013). |
| Fahrngruber 1892 | J. Fahrngruber, Notizen, MZK N. F. 18, 1892, 245 Nr. 158. |
| Fahrngruber 1899 | J. Fahrngruber, Notizen, MZK N. F. 25, 1899, 58 Nr. 53. |
| Fasold u. a. 1998 | P. Fasold –T. Fischer – H.v. Hesberg – M. Witteyer (Hrsg.), Bestattungssitte und kulturelle Identität. Grabanlagen und Grabbeigaben der frühen römischen Kaiserzeit in Italien und den Nordwest-Provinzen, Xantener Berichte 7 (Bonn 1998). |
| Farka 1992 | Ch. Farka, KG Wallsee, in: Die Abteilung für Bodendenkmale des Bundesdenkmalamtes. Jahresbericht 1992, FÖ 31, 1992, 21. |
| Farka 1997 | Ch. Farka, KG Wallsee, in: Die Abteilung für Bodendenkmale des Bundesdenkmalamtes. Jahresbericht 1997, FÖ 36, 1997, 31 f. |
| Farka 2000 | Ch. Farka, Archäologische Kulturlandschaft Wachau. In: G. Hajós (Hrsg.), Denkmal – Ensemble – Kulturlandschaft am Beispiel Wachau. Internationales Symposion vom 12. bis 15. Oktober 1998 in Dürnstein (Wien-Horn 2000) 167–174. |
| Farka u. a. 2005 | Ch. Farka u. a., Die Abteilung für Bodendenkmale des Bundesdenkmalamtes. Jahresbericht 2005, FÖ 44, 2005, 9–95. |
| Farka – Matouschek 1988 | Ch. Farka – J. Matouschek, KG St. Pantaleon, FÖ 27, 1988, 314. |
| Fettinger – Jilch 2012 | B. Fettinger – G. Jilch, KG Pöchlarn, FÖ 51, 2012, 219 f. |
| Fettinger – Krenn 2010 | B. Fettinger – M. Krenn, KG Zeiselmauer, OG Zeiselmauer-Wolfpassing, VB Tulln, FÖ 49, 2010, 329–330. |
| Fietz 1934–1937 | E. Fietz, Kürnberg, Gde. Wilhering, GB Linz, VB Linz, FÖ 2, 1934–1937, 162. 269. |
| Fietz 1975 | E. Fietz, Auf dem Weg zum römischen Ziegelofen bei Wilhering, OÖHBl 29, 1975, 58–62. |
| Fischer 2002 | Th. Fischer, Noricum, Orbis Provinciarum (Mainz am Rhein 2002). |
| Fischer 2006 | Th. Fischer, Neue Chancen für eine archäologische Klimafolgenforschung, in: B. Schmidt – W. Gruhle, Globales Auftreten ähnlicher Wachstumsmuster von Bäumen. Homogenitätsanalyse als neues Verfahren für die Dendrochronologie und Klimaforschung, Germania 84, 2006, 431–465 (453–463). |
| Fischer 2012 | Th. Fischer, Die Armee der Caesaren (Regensburg 2012). |
| Fitz 1998 | J. Fitz (Hrsg.), Religions and Cults in Pannonia. Ausstellungskatalog Székesfehérvár (Székesfehérvár 1998). |
| Fleischer 1967 | Robert Fleischer, Die römischen Bronzen aus Österreich (Wien 1967). |
| Fleischmann 1999 | G. Fleischmann, Monumentale Apsidensäle und apsidale Basiliken. Untersuchung zur Ausprägung zweier Leittypen der kaiserzeitlichen bzw. spätkaiserzeitlichen Repräsentationsarchitektur mit dem Ziel der Interpretation des großen beheizbaren Apsidensaales unter der Kirche St. Laurenz in Lorch/Enns (Dipl. Universität Wien 1999). |
| Franz – Neumann 1965 | L. Franz – A. R. Neumann, Lexikon ur- und frühgeschichtlicher Fundstätten Österreichs (Wien 1965). |
| Friesinger u. a. 1994 | H. Friesinger – J. Tejral – A. Stuppner (Hrsg.), Markomannenkriege – Ursachen und Wirkungen. 6. internationales Symposium „Grundprobleme der frühgeschichtlichen Entwicklung im nördlichen Mitteldonaugebiet", Wien 23. November – 26. November 1993, Spisy Archeologického Ústavu AV ČR Brno 1 (Brno 1994). |
| Friesinger – Adler 1979 | H. Friesinger – H. Adler, Die Zeit der Völkerwanderung in Niederösterreich, Wissenschaftliche Schriftenreihe Niederösterreich 41/42 (St. Pölten 1979). |

## Literaturverzeichnis

| | |
|---|---|
| Friesinger – Krinzinger 1997 | H. Friesinger – F. Krinzinger, Der römische Limes in Österreich. Führer zu den archäologischen Denkmälern (Wien 1997). |
| Friesinger – Stuppner 2014 | H. Friesinger – A. Stuppner (Hrsg.), Akkulturationsphänomene beiderseits der Alpen in Antike und Frühmittelalter. Materialien des 22. Internationalen Symposiums „Grundprobleme der frühgeschichtlichen Entwicklung im mittleren Donauraum", Lendorf (Kärnten), 30.11.–4.12.2009, ArchA 96, 2012 (Wien 2014). |
| Friesinger – Szameit 1984 | H. Friesinger – E. Szameit, Bemerkungen zu den frühgeschichtlichen Grab- und Siedlungsfunden von Wien-Leopoldau, ArchA 68, 1984, 127–154. |
| Friesinger – Vacha 1987 | H. Friesinger – B. Vacha, Die vielen Väter Österreichs. Eine Spurensuche (Wien 1987). |
| Gabler 2009 | D. Gabler, Zur Frage der Militärstationen an der Donau in der augusteischen Zeit, in: Salač – Bemmann 2009, 557–575. |
| Galik 2013 | A. Galik, Die frühkaiserzeitlichen Fischreste von der Keplerwiese in Linz, LAF 43, 2013, 79–82. |
| Gáspár 2002 | D. Gáspár, Christianity in Roman Pannonia. An Evaluation of Early Christian Finds and Sites from Hungary, BARIntSer 1010 (Oxford 2002). |
| Gassner u. a. 2000 | V. Gassner – St. Groh – S. Jilek – A. Kaltenberger – W. Pietsch – R. Sauer – H. Stiglitz – H. Zabehlicky, Das Kastell Mautern – Favianis, RLÖ 39 (Wien 2000). |
| Gassner u. a. 2002 | V. Gassner – S. Jilek – S. Ladstätter, Am Rande des Reiches. Die Römer in Österreich, Österreichische Geschichte 2. 15 v. Chr. – 378 n. Chr. (Wien 2002). |
| Gassner 2003 | V. Gassner, Heiligtümer sogenannter orientalischer Kulte in Carnuntum, in: Stadt und Landschaft in der Antike, Anodos Suppl. 3 (Trnava 2003) 135–151. |
| Gassner 2005 | V. Gassner, Kulträume mit seitlichen Podien in Carnuntum. Überlegungen zum Tempel II im Iuppiterheiligtum auf dem Pfaffenberg, in: G. Grabherr – B. Kainrath – A. Larcher – B. Welte (Hrsg.), Vis Imaginum. Festschrift Elisabeth Walde (Innsbruck 2005) 79–90. |
| Gassner 2008 | V. Gassner, Eine Zauberpuppe aus dem Heiligtum des Iuppiter Heliopolitanus in Carnuntum, in: M. Novotná (Hrsg.), In honour of Werner Jobst, Anodos 8, 2008, 221–230. |
| Gassner u. a. 2009–2011 | V. Gassner – E. Steigberger – B. Tober, Das Heiligtum des Iuppiter Heliopolitanus in Carnuntum. Überlegungen zu den älteren Kultbauten an der Ostseite, ihrer Ausstattung und den Mechanismen ihrer Aufgabe, CarnuntumJb 2009–2011, 129–179. |
| Gassner u. a. 2010 | V. Gassner – G. Kremer – E. Steigberger – B. Tober, Die Anfänge des Heiligtums des Iuppiter Heliopolitanus in Carnuntum (Flur Mühläcker). Die Forschungen 2010, AnzWien 145/2, 2010, 11–36. |
| Gassner 2014 | V. Gassner – E. Steigberger – B. Tober, Das Heiligtum des Iuppiter Heliopolitanus in Carnuntum, Baalbek, in: M. van Ess – K. Rheidt (Hrsg.), Baalbek – Heliopolis. 10 000 Jahre Stadtgeschichte. Zaberns Bildbände zur Archäologie, AW Sonderbde. (Darmstadt 2014) 97–103. |
| Gattringer 1975 | A. Gattringer, Hollenburg, Gem. Krems an der Donau, FÖ 14, 1975, 156. |
| Gattringer u. a. 1998 | A. Gattringer – J.-W. Neugebauer – H. Ubl, Zur Bedeutung der Auffindung zweier römischer Meilensteine im Jahre 1998 in Gemeinlebarn, Stadtgemeinde Traismauer, Niederösterreich, FÖ 37, 1998, 179–211. |
| Genser 1986 | K. Genser, Der österreichische Donaulimes in der Römerzeit. Ein Forschungsbericht, RLÖ 33 (Wien 1986). |
| Genser 2007 | K. Genser, Lentia – Linz unter militärischem Aspekt, in: C. Schwanzar – G. Winkler (Hrsg.), Archäologie und Landeskunde, Beiträge zur Tagung im Linzer Schlossmuseum, 26.–28. April 2007, Studien zur Kulturgeschichte von Oberösterreich 17 (Linz 2007) 79–84. |
| Glaser 1997 | F. Glaser, Frühes Christentum im Alpenraum. Eine archäologische Entdeckungsreise (Graz 1997). |
| Glaser 2003 | F. Glaser, Beispiele frühchristlicher Kirchen an der Donau und an der Drau, in: H. R. Sennhauser (Hrsg.), Frühe Kirchen im östlichen Alpengebiet. Von der Spätantike bis in ottonische Zeit, AbhMünchen N. F. 123, 2003, 623–636. |
| Groh 2001 | St. Groh (Hrsg.), Die Grabung 1998 im Kastellvicus Süd von Mautern an der Donau/Favianis, ErghÖJh 1 (Wien 2001). |

| | |
|---|---|
| Groh – Sedlmayer 2002 | St. Groh – H. Sedlmayer, Forschungen im Kastell Mautern-Favianis. Die Grabungen der Jahre 1996 und 1997, RLÖ 42 (Wien 2002). |
| Groh – Sedlmayer 2005 | St. Groh – H. Sedlmayer, „Romanisierung" am Beispiel des Kastellvicus in Mautern-Favianis (Noricum), in: B. Brandt – V. Gassner – S. Ladstätter (Hrsg.), Synergia. Festschrift Friedrich Krinzinger (Wien 2005) 403–406. |
| Groh – Sedlmayer 2006 | St. Groh – H. Sedlmayer, Forschungen im Vicus Ost von Mautern-Favianis. Die Grabungen der Jahre 1997–1999, RLÖ 44 (Wien 2006). |
| Groh – Sedlmayer 2010 | St. Groh – H. Sedlmayer, Forschungen zum Kastell und Vicus von Zwentendorf am norischen Donaulimes. Luftbildauswertungen, geophysikalische Prospektionen, Surveys und Materialanalysen 2001 bis 2009, ZEA 1 (Wien 2010). |
| Groh – Sedlmayer 2013 | St. Groh – H. Sedlmayer, Contextual Archaeology: The Late Antique Fort and Vicus Favianis/Mautern. Methods and Results, in: L. Lavan – M. Mulryan (Hrsg.), Field Methods and Post-Excavation Techniques in Late Antique Archaeology, Late Antique Archaeology 9 (Leiden 2013) 483–509. |
| Groller 1900 | M. v. Groller, Die Gräber, RLÖ 1 (Wien 1900) 101–116. |
| Groller 1903 | M. v. Groller, Straßen- und Limesforschung, RLÖ 4, 1903, 1–52. |
| Groller v. Mildensee 1904 | M. Groller v. Mildensee, Ala Nova, in: M. Groller v. Mildensee, Straßenforschung, RLÖ 5, 1904, 8–11. |
| Gruber – Klimesch 2008 | H. Gruber – W. Klimesch, Stadtkernarchäologie in Linz 2005–2007. Neue Befunde zur mittelalterlichen Stadtbefestigung und zum antiken Lentia, Fines transire 17, 2008, 137–145. |
| Gugl 2013 | C. Gugl, Aequinoctium und das Heidentor von Carnuntum, in: M. Doneus – C. Gugl – N. Doneus, Die Canabae von Carnuntum. Eine Modellstudie der Erforschung römischer Lagervorstädte. Von der Luftbildprospektion zur siedlungsarchäologischen Synthese, RLÖ 47 (Wien 2013) 200–215. |
| Gugl – Kastler 2007 | C. Gugl – R. Kastler (Hrsg.), Legionslager Carnuntum. Ausgrabungen 1968–1977, RLÖ 45 (Wien 2007). |
| Halama 2011 | J. Halama, Terra sigillata v germánských hrobových nálezech a na pohřebištích v Čechách a v evropském barbariku: celkové srovnání (Terra Sigillata in germanischen Grabfunden und auf Gräberfeldern in Böhmen und im europäischen Barbaricum ein Gesamtvergleich), in: E. Droberjar (Hrsg,.), Archeologie barbarů 2010: hroby a pohřebiště Germánů mezi Labem a Dunaje. Stud. Arch. Suebica 1 (Olomouc 2011) 355–387. |
| Hardt – Heinrich-Tamaska 2013 | M. Hardt – O. Heinrich-Tamaska (Hrsg.), Macht des Goldes, Gold der Macht. Herrschafts- und Jenseitsinterpretationen zwischen Antike und Frühmittelalter im mittleren Donauraum. Akten des 23. Internationalen Symposiums der „Grundprobleme der frühgeschichtlichen Entwicklung im mittleren Donauraum", Tengelic, 16.–19.11.2011, Forschungen zu Spätantike und Mittelalter 2 (Weinstadt 2013). |
| Harl 1985 | O. Harl, Zum gallorömischen Umgangstempel, AKorrBl 15, 1985, 217–234. |
| Harl 2011 | O. Harl, Polybios bereist um 150 v. Chr. die östliche Cisalpina und besucht die norischen Taurisker, Tyche 26, 2011, 91–139. |
| Harmadyová 2009 | K. Harmadyová, Die ersten Spuren der Römer auf der Burg Devín, in: Salač – Bemmann 2009, 551–555. |
| Harrauer – Ruprechtsberger 2009/2010 | H. Harrauer – E. M. Ruprechtsberger, Vegetarierspeisen aus römischer Zeit, AnalP 21/22, 2009/2010, 105–119. |
| Harreither 1996 | R. Harreither, Der hl. Florian. Der einzige namentlich bekannte Martyrer in Noricum Ripense, in: R. Bratož (Hrsg.), Westillyricum und Nordostitalien in der spätrömischen Zeit, Situla 34 (Ljubljana 1996) 235–262. |
| Harreither 1999 | R. Harreither, Das frühe Christentum im Limesgebiet. Von den Anfängen bis zum Ende der römischen Herrschaft, in: R. Harreither – R. Pillinger (Hrsg.), Frühes Christentum am österreichischen Donaulimes. Ausstellung Traismauer (Wien 1999) 6–45. |
| Harreither 2004a | R. Harreither, Das frühe Christentum am österreichischen Donaulimes zwischen Florian und Severin, in: Dimt 2004, 30–45. |

## Literaturverzeichnis

| | |
|---|---|
| Harreither 2004b | R. Harreither, Die Reliquien aus dem gotischen Hochaltar der Laurentius-Kirche, in: Dimt 2004, 148–151. |
| Harreither 2007 | R. Harreither, Enns – Lauriacum. Eine Großstadt am Rande der zivilisierten Welt, in: Ch. Schwanzar – G. Winkler (Hrsg.), Archäologie und Landeskunde. Beiträge zur Tagung im Linzer Schlossmuseum 26.–28. April 2007, Studien zur Kulturgeschichte von Oberösterreich 17 (Linz 2007) 133–151. |
| Harreither – Kremslehner 1990 | R. Harreither – K. Kremslehner, KG Schweinberg, MG Wallsee-Sindelburg, VB Amstetten, FÖ 29, 1990, 252. |
| Heinrich 2001 | W. Heinrich, Zwentendorf – ein Gräberfeld aus dem 10. – 11. Jahrhundert. Anthropologische Auswertung, MPK 42 (Wien 2001). |
| Heinzelmann u. a. 2001 | M. Heinzelmann – J. Ortalli – P. Fasold – M. Witteyer (Hrsg.), Römischer Bestattungsbrauch und Beigabensitten in Rom, Norditalien und den Nordwestprovinzen von der späten Republik bis in die Kaiserzeit. Internationales Kolloquium Rom 1.–3. April 1998, Palilia 8 (Wiesbaden 2001). |
| Hemmers – Traxler 2012 | Ch. Hemmers – S. Traxler, Die römischen Grabdenkmäler von Ovilavis/Wels. Stein – Relief – Inschrift, in: Festschrift für Walter Aspernig zum 70. Geburtstag, JbOÖMV 157, 2012, 37–70. |
| Hild 1968 | F. Hild, Supplementum epigraphicum zu CIL III. Das pannonische Niederösterreich, Burgenland und Wien. 1902–1968 (Diss. Universität Wien 1968). |
| Hinterwallner u. a. 2011 | M. Hinterwallner – M. Krenn – U. Scholz, Archäologie am niederösterreichischen Limes, in: Amt der NÖ Landesregierung, Abteilung Kunst und Kultur (Hrsg.), Carnuntum und Limes, Denkmalpflege in Niederösterreich 45, 2011, 30–36. |
| Hofer – Michell 2003 | N. Hofer – P. Michell, KG Pöchlarn, FÖ 42, 2003, 26 f. |
| Hölbling 2009 | E. Hölbling, Kanalgrabungen in Mautern, AÖ 20/1, 2009, 20 f. |
| Hölbing 2011 | E. Hölbling, Das römische Gräberfeld von Pottenbrunn (Diss. Universität Wien 2011). |
| Holzer 2009 | M. Holzer, Annona epigaphica Austriaca 2008, Tyche 24, 2009, 163–214. |
| Holzer – Weber-Hiden 2010 | M. Holzer – I. Weber-Hiden, Annona epigaphica Austriaca 2009, Tyche 25, 2010, 185–204. |
| Hošek 1985 | R. Hošek, Tituli Latini Pannoniae Superioris annis 1967-1982 in Slovacia reperti (Praha 1985). |
| Hrnčiarik 2013 | E. Hrnčiarik, Römische Kulturgut in der Slowakei. Herstellung, Funktion und Export römischer Manufakturerzeugnisse aus den Provinzen in der Slowakei, UPA 222 (Bonn 2013). |
| Hübl 2004 | R. Hübl, Römisches Tulln: das antike Comagenis, Mitteilungen des Heimatkundlichen Arbeitskreises für die Stadt und den Bezirk Tulln 19 (Tulln 2004). |
| Humer 2006 | F. Humer (Hrsg.) Legionsadler und Druidenstab. Vom Legionslager zur Donaumetropole. Ausstellungskatalog Bad Deutsch-Altenburg (Wien 2006). |
| Humer – Kremer 2011 | F. Humer – G. Kremer (Hrsg.), Götterbilder – Menschenbilder. Religion und Kulte in Carnuntum. Ausstellungskatalog Bad Deutsch-Altenburg (St. Pölten 2011). |
| Humer u. a. 2011 | F. Humer – A. Konecny – M. Fenik – N. Fuchshuber, Petronell, FÖ 50, 2011, 284–286. |
| Humer u. a. 2014 | F. Humer – G. Kremer – E. Pollhammer – A. Pülz (Hrsg.), AD 313 – Von Carnuntum zum Christentum. Ausstellungskatalog Carnuntum (Wien 2014). |
| Hutter 1942–1948 | F. Hutter, Greifenstein, FÖ 3, 1942–1948, 19. |
| Igl 2008 | R. Igl, Die Basilika St. Laurentius in Enns. Aufnahme und Neuinterpretation der Grabungsbefunde, RLÖ 46 (Wien 2008). |
| Igl 2010 | R. Igl, Schwechat, FÖ 49, 2010, 316. |
| Igl – Leingartner 2009 | R. Igl – B. Leingartner, Götter – Gräber – Kalkbrennöfen. Neue Befunde aus Lauriacum/Enns, in: B. Hebert u. a., Tagungsbericht zum Fachgespräch „Archäologische Denkmalpflege in Österreich 1992–2008". Christa Farka zum Geburtstag, FÖ 48, 2009, 306–309. |
| Jäger-Wersonig 1999 | S. Jäger-Wersonig, Das römische Gräberfeld-Ost von Wels. Die Grabung in der Dr. Groß-Straße 1961 und in der Dr. Schauer-Straße 1962 (Dipl. Universität Wien 1999). |
| Jandaurek 1959 | H. Jandaurek, Der römische Meilenstein von Engelhartszell, Mitteilungen des Oberösterreichischen Landesarchivs 6, 1959, 294–304. |
| Jernej 2000 | A. Jernej, Sprachliche Untersuchungen zur Passio des Heiligen Florian (Dipl. Universität Wien 2000). |

| | |
|---|---|
| Jobst 1992 | H. Jobst, Orientalische Religionen und Kulte, in: H. Jobst (Hrsg.), Carnuntum I. Das Erbe Roms an der Donau. Ausstellungskatalog Bad Deutsch-Altenburg (Wien 1992) 17–81. |
| Jobst 2001 | W. Jobst, Das Heidentor von Carnuntum. Ein spätantikes Triumphalmonument am Donaulimes (Wien 2001). |
| Jobst 2006a | W. Jobst, Der römische Tempelbezirk auf dem Pfaffenberg/Carnuntum. Ausgrabungen - Funde - Forschungen (Klagenfurt 2006). |
| Jobst 2006b | W. Jobst, Das Heidentor von Petronell-Carnuntum, Kremser Humanistische Blätter 10, 2006, 67–76. |
| Joppich – Kainz 1969 | J. Joppich – F. Kainz, Beiträge zur Altstraßenforschung im Dunkelsteinerwald, Unsere Heimat 40, 1969, 88–105. |
| Kainz 1968 | F. Kainz, Römerstraßen zwischen Schenkenbrunn und Arnsdorf, Das Waldviertel 17, 1968, 171–175. |
| Kandler 1980 | M. Kandler, Eine unpublizierte Beobachtung zum Kastell Schwechat – Ala Nova, Mitteilungen der Gesellschaft der Freunde Carnuntums 4, 1980, 3–9. |
| Kandler 1992 | M. Kandler, Das Heiligtum des Iuppiter Optimus Maximus Dolichenus in Carnuntum. Mit einem Beitrag von Paul Pingitzer (St. Pölten 1992). |
| Kandler 1997 | M. Kandler, Römische Rundgräber (tumuli) in Carnuntum, in: M. Kandler (Hrsg.), Das Auxiliarkastell Carnuntum 2. Forschungen seit 1989, SoSchrÖAI 30 (Wien 1997) 69–88. |
| Kandler 1999 | M. Kandler, Das Forum der Colonia Carnuntum. Erste Ergebnisse von geophysikalischen Bodenprospektionen im Tiergarten des Schlosses Petronell, in: P. Scherrer – H. Taeuber – H. Thür (Hrsg.), Steine und Wege, Festschrift Dieter Knibbe, SoSchrÖAI 32 (Wien 1999) 359–368. |
| Kandler 2001 | M. Kandler, Liber und Libera in Carnuntum, in: F. W. Leitner (Hrsg.), Carinthia Romana und die römische Welt. Festschrift Gernot Piccottini (Klagenfurt 2001) 63–78. |
| Kandler 2004a | M. Kandler, Carnuntum, in: Šašel Kos – Scherrer 2004, 11–66. |
| Kandler 2004b | M. Kandler, Zur Deutung des Tempels II auf dem Pfaffenberg bei Carnuntum, in: L. Ruscu u. a. (Hrsg.), Orbis antiquus. Studia in honorum Ioannis Pisionis (Cluj-Napoca 2004) 377–388. |
| Kandler 2008 | M. Kandler, Das Reiterlager von Carnuntum und die Grabsteine im Lapidarium des Kulturhauses von Petronell-Carnuntum, Kleine Führer zu archäologischen Denkmälern N. S. 2 (Wien 2008). |
| Kandler 2011 | M. Kandler, Das Heiligtum des Iuppiter Optimus Maximus Dolichenus in Carnuntum, Neue Forschungen, Archäologischer Park Carnuntum 2 (St. Pölten 2011). |
| Kandler – Vetters 1986 | M. Kandler – H. Vetters (Hrsg.), Der römische Limes in Österreich. Ein Führer (Wien 1986). |
| Karasová 1998 | Z. Karasová, Die römischen Bronzegefäße in Böhmen, Fontes archaeologici Pragenses 22 (Prag 1998). |
| Karbinski 2005 | A. Karbinski, KG Engelhartszell, in: Die Abteilung für Bodendenkmale des Bundesdenkmalamtes. Jahresbericht 2005, FÖ 44, 2005, 39. |
| Karnitsch 1953 | P. Karnitsch, Der römische Urnenfriedhof, HistJbLinz 1952, 1953, 385–489. |
| Kaschnitz 1907 | G. v. Kaschnitz, Römisches aus Zeiselmauer, Monatsbl. d. Altertumsvereines zu Wien 8, 1907, 144–146. |
| Kaschnitz 1910 | G. v. Kaschnitz, Römische Funde in und nächst Zeiselmauer, JA 4, 1910, 111–114. |
| Kaschnitz 1911 | G. v. Kaschnitz, Zeiselmauer, JA 5, 1911, 28–31. |
| Kastler 1993/1994 | R. Kastler, Archäologie in Höflein bei Bruck a. d. Leitha. Tätigkeitsbericht 1993, CarnuntumJb 1993/94, 333–349. |
| Kastler 1995 | R. Kastler, Archäologie in Höflein bei Bruck a. d. Leitha. Tätigkeitsbericht 1994, CarnuntumJb 1995, 215–255. |
| Kastler 1998 | R. Kastler, Archäologie in Höflein bei Bruck an der Leitha. Tätigkeitsbericht 1995 und 1996, CarnuntumJb 1998, 135–260. |
| Kehne 2009a | P. Kehne, Rom in Not. Zur Geschichte der Markomannenkriege, in: Aßkamp 2009, 98–108. |
| Kehne 2009b | P. Kehne, Das Reich der Markomannen und seine auswärtigen Beziehungen unter König Marbod (Maroboduus) ca. 3 v. – 18 n. Chr. In: Salač – Bemmann 2009, 53–66. |

# Literaturverzeichnis

| | |
|---|---|
| Keller 1994 | I. Keller, Najstaršie germánske nálezy z Bratislavy, Pamiatky a múzeá 43, 1994, Nr. 2, 16 f. |
| Keminger – Muschal 2002 | B. Keminger – B. Muschal, KG Enns, FÖ 41, 2002, 37–42. |
| Keminger 2003 | B. Keminger, KG Enns, FÖ 42, 2003, 38 f. |
| Kenner 1869 | F. Kenner, Die Römerorte in Nieder-Oesterreich, JbLkNÖ 2, 1869, 119–214. |
| Kenner 1877 | F. v. Kenner, Zur Topographie der Römerorte in Niederösterreich, Berichte und Mittheilungen des Alterthums-Vereines zu Wien 17, 1877, 290–291. |
| Klanicová 2010 | S. Klanicová, Nálezy terry sigillaty v oblasti pod Pavlovskými vrchy (jižní Morava) a jejich vypovídací hodnota pro zkoumání římsko-barbarských vztahů (Finds of the Samian Ware in the area under Pavlov Hills (southern Moravia) and their values for research of Roman-Barbarian relations), Přehled Výzkumů, 51, 2010, 139–155. |
| Klee 2006 | M. Klee, Grenzen des Imperiums. Leben am römischen Limes (Stuttgart 2006). |
| Klestil 2013 | W. Klestil, Römische Gräberfelder des 1. bis 3. Jhs. in Noricum. Zum Stand der Forschung, der Strukturen sowie der Romanisierung anhand ausgewählter Beispiele (Dipl. Universität Wien 2013). |
| Klimesch 2009 | W. Klimesch, Auf den Spuren des antiken Lentia, in: N. Hofer (Hrsg.), Im Brennpunkt der Geschichte: Landhaus und Promenade in Linz, FÖMat A Sonderh. 8, 2009, 14–17. |
| Kolník 1991 | T. Kolník, Zu den ersten Römern und Germanen an der mittleren Donau im Zusammenhang mit den geplanten römischen Angriffen gegen Marbod 6 n. Chr., in: R. Aßkamp (Hrsg.), Die römische Okkupation nördlich der Alpen zur Zeit des Augustus. Kolloquium Bergkamen 1989, Bodenaltertümer Westfalens 26 (Münster 1991) 71–84. |
| Komoróczy 2009 | B. Komoróczy, Marcomannia. Der Militärschlag gegen die Markomannen und Quaden – ein archäologischer Survey, in: Aßkamp 2009, 114–125. |
| Kovács 2008a | P. Kovács, Some notes on the division of Illyricum, in: Piso 2008, 237–247. |
| Kovács 2008b | P. Kovács, Das Regenwunder Marc Aurels, ActaAntHung 48, 2008, 387–404. |
| Kovács – Schmidtová 2011 | P. Kovács – J. Schmidtová, Rímsky míľnik z Gerulaty. In: SlovA 59, 2, 311–318. |
| Kraskovská 1974 | L. Kraskovská, Gerulata-Rusovce. Rímske pohrebisko I (Bratislava 1974). |
| Kreitner – Fragner 2003 | T. Kreitner – B. Fragner, KG Zeiselmauer, FÖ 42, 2003, 36. |
| Krekovič 1992 | E. Krekovič, Skelettgräber der älteren römischen Kaiserzeit im Licht der Funde aus Gerulata, CarnuntumJb 1991, 1992, 71–79. |
| Kremer 2001 | G. Kremer, Antike Grabbauten in Noricum. Katalog und Auswertung von Werkstücken als Beitrag zur Rekonstruktion und Typologie, SoSchrÖAI 36 (Wien 2001). |
| Kremer 2004 | G. Kremer, Die rundplastischen Skulpturen, in: W. Jobst (Hrsg.), Das Heiligtum des Jupiter Optimus Maximus auf dem Pfaffenberg/Carnuntum, RLÖ 41 Sonderbd. 2 (Wien 2004). |
| Kremer 2012 | G. Kremer, Götterdarstellungen, Kult- und Weihedenkmäler aus Carnuntum, CSIR, Österreich, Carnuntum Suppl. 1 (Wien 2012). |
| Kremslehner 1993 | K. Kremslehner, KG Erla, FÖ 32, 1993, 740. |
| Krenn u. a. 1993 | M. Krenn – H. Rodriguez – B. Wewerka – M. Jeitler, Archäologische Untersuchungen im Bereich der Sporthauptschule Tulln, NÖ, FÖ 32, 1993, 171–283. |
| Krenn u. a. 2005 | M. Krenn – M. Hinterwallner – D. Schön, Mautern, in: Die Abteilung für Bodendenkmale des Bundesdenkmalamtes. Jahresbericht 2005, FÖ 44, 2005, 26 f. |
| Krenn u. a. 2006 | M. Krenn – R. Igl – B. Leingartner, KG Enns, FÖ 45, 2006, 44 f. |
| Krenn u. a. 2007 | M. Krenn – B. Leingartner – Y. Lins, KG Enns, FÖ 46, 2007, 39 f. |
| Krenn u. a. 2009 | M. Krenn – B. Leingartner – Y. Lins, KG Wallsee, FÖ 48, 2009, 429. |
| Krenn – Hinterwallner 2006 | M. Krenn – M. Hinterwallner, Mautern, in: Die Abteilung für Bodendenkmale des Bundesdenkmalamtes. Jahresbericht 2006, FÖ 45, 2006, 28–31. |
| Krenn – Hinterwallner 2009 | M. Krenn – M. Hinterwallner, KG Pöchlarn, FÖ 48, 2009, 427–428. |
| Krenn – Igl 2009 | M. Krenn – R. Igl, Schwechat, FÖ 48, 2009, 428. |
| Krenn – Leingartner 2009 | M. Krenn – B. Leingartner, KG Zeiselmauer, OG Zeiselmauer-Wolfpassing, VB Tulln, FÖ 48, 2009, 430. |

| | |
|---|---|
| Krenn – Muschal 2008 | M. Krenn – B. Muschal, KG Enns, FÖ 47, 2008, 43 f. |
| Krenn – Pieler 2001 | M. Krenn – F. Pieler, KG Hollenburg, in: Die Abteilung für Bodendenkmale des Bundesdenkmalamtes. Jahresbericht 2001, FÖ 40, 2001, 17. |
| Krenn – Singer 2008 | M. Krenn – M. Singer, KG Wallsee, FÖ 47, 2008, 40–41. |
| Krenn-Leeb 1994 | A. Krenn-Leeb, Das frühbronzezeitliche Gräberfeld sowie die ur- und frühgeschichtliche Besiedlung von Melk/Spielberg-Pielamünd. Eine Notgrabung der Abteilung für Bodendenkmale des Bundesdenkmalamtes in den Jahren 1969/70 (Diplomarbeit, Universität Wien 1994). |
| Kronberger 2005 | M. Kronberger, Siedlungschronologische Forschungen zu den canabae legionis von Vindobona. Die Gräberfelder, Monografien der Stadtarchäologie Wien 1 (Wien 2005). |
| Kronberger 2009 | M. Kronberger (Hrsg.), Vindobona – Das römische Wien. Kurzführer (Wien 2009). |
| Kronberger – Scherrer 1994 | M. Kronberger – P. Scherrer, Archäologische Untersuchung am Europaplatz: Ein Ausschnitt aus der Gräberstraße im Südwesten von Aelium Cetium, in: P. Scherrer (Hrsg.), Landeshauptstadt St. Pölten. Archäologische Bausteine II, SoSchrÖAI 23 (Wien 1994) 79–106. |
| Kropf – Dembski 1984 | W. Kropf – G. Dembski, KG St. Pantaleon, FÖ 23, 1984, 369. |
| Krüger 1967 | M.-L. Krüger, Die Rundskulpturen des Stadtgebietes von Carnuntum, CSIR I 2 (Wien 1967). |
| Krüger 1970 | M.-L. Krüger, Die Reliefs des Stadtgebietes von Carnuntum 1. Die figürlichen Reliefs, CSIR I 3 (Wien 1970). |
| Kubiczek 1946–1950 | H. Kubiczek, St. Pantaleon, FÖ 5, 1946–1950, 112. |
| Kubitschek 1894 | W. Kubitschek, Ein Meilenstein an der norischen Donaustrasse, AEM 17, 1894, 152–157. |
| Kubitschek 1904 | W. Kubitschek, in: Sitzungsbericht vom 12. Februar 1904, MZK 3. F., 3, 1904, 35. |
| Kubitschek 1906a | W. Kubitschek, Vom norischen Donauufer, MZK 3, F. 5, 1906, Sp. 27–59. |
| Kubitschek 1906b | W. Kubitschek, Carnuntina, JZK N.F. 4, 1906, 105–144. |
| Kubitschek 1909 | W. Kubitschek, Zu den Gugginger Steinen und zur Limesstraße, JA 3, 1909, 188–191. |
| Kubitschek 1910 | W. Kubitschek, Zeiselmauer (N.-Ö.), JA 4, 1910, 115–121. |
| Kuttner 2010 | E. Kuttner, Linz, in: E. Federhofer (Hrsg.), Archäologie – Erlebnis Donautal. Ausflüge zu Burgen, Kastellen und Bodendenkmälern zwischen Regensburg und Linz (Regensburg 2010) 195–212. |
| Kuttner 2012 | E. Kuttner, Archäologische Informationssysteme. Aufarbeitungen von Altgrabungen am Donaulimes (Linz-Altstadt), in: C. Reinholdt – W. Wohlmayr (Hrsg.), Klassische und frühägäische Archäologie, Akten des 13. Österreichischen Archäologentages, Paris-Lodron-Universität Salzburg, 25.–27. Februar 2010 (Wien 2012) 383–392. |
| Kuzmová 1997 | K. Kuzmová, Terrra Sigillata im Vorfeld des nordpannonischen Limes, Archaeologica Slovaca Monographiae Fontes 16 (Nitra 1997). |
| Kuzmová 2008 | K. Kuzmová, Die Südwestslowakei in der frührömischen Kaiserzeit im Lichte der archäologischen Quellen, in: P. Herz – P. Schmid – O. Stoll (Hrsg.), Zwischen Region und Reich. Das Gebiet der oberen Donau im Imperium Romanum (Berlin 2008) 57–74. |
| Langenecker 1994 | U. Langenecker, Schwechat, FÖ 33, 1994, 430. |
| Laser 1998 | R. Laser, Terra-Sigillata-Funde aus den östlichen Bundesländern, Materialien zur römisch-germanischen Keramik 13 (Bonn 1998). |
| Leeb u. a. 2003 | R. Leeb – M. Liebmann – G. Scheibelreiter – P.G. Tropper, Geschichte des Christentums in Österreich. Von der Spätantike bis zur Gegenwart (Wien 2003). |
| Leib 2007 | S. Leib, Die archäologischen Ausgrabungen in der Pfarrkirche Mariae Himmelfahrt in Hollenburg, Stadt Krems an der Donau, Niederösterreich, FÖ 46, 2007, 405–513. |
| Leingartner 2010 | B. Leingartner, Schwechat, FÖ 49, 2010, 317. |
| Leingartner – Neubauer 2006 | B. Leingartner – W. Neubauer, Neue Überlegungen zur Kirche „Maria am Anger" in Lauriacum, MiChA 12, 2006, 18–35. |
| Leskovar u. a. 2003 | J. Leskovar – Ch. Schwanzar – G. Winkler (Hrsg.), Worauf wir stehen. Archäologie in Oberösterreich, Kataloge des Oberösterreichischen Landesmuseums N. F. 195 (Linz 2003). |

## Literaturverzeichnis

| | |
|---|---|
| Liebmann – Liebmann 2014 | M. Liebmann – A. Liebmann, Konstantinisches Denkmal aus der Sicht des Theologen, in: Humer 2014, 74–81. |
| Lind 1981 | L. Lind, Roman denarii found in Sweden (Stockholm 1981). |
| Lotter 2003 | F. Lotter, Völkerverschiebungen im Ostalpen-Mitteldonau-Raum zwischen Antike und Mittelalter (375–600), Ergänzungsbände zum Reallexikon der germanischen Altertumskunde 39 (Berlin 2003). |
| Lugs 1996 | W. Lugs, Beitrag zu Lokalisierung der Römerorte Joviacum und Marinianium, JbOÖMV 141/1, 1996, 159–178. |
| Matouschek – Nowak 1996 | J. Matouschek – H. Nowak, KG St. Pantaleon, FÖ 35, 1996, 508–518. |
| Melzer 1961–1965a | G. Melzer, Säusenstein, BH Melk, FÖ 8, 1961–1965, 192. |
| Melzer 1961–1965b | G. Melzer, Neumarkt an der Ybbs, BH Melk an der Donau, FÖ 8, 1961–1965, 99–100. |
| Melzer 1975 | G. Melzer, Archäologische Untersuchungen in der Filialkirche St. Veit in Sarling, Gemeinde Ybbs an der Donau, FÖ 14, 1975, 27–30 Abb. 6. 7. |
| Melzer 1991 | G. Melzer, KG Aggsbach, MG Schönbühel-Aggsbach, VB Melk, FÖ 30, 1991, 279. |
| Melzer – Stiglitz 1965 | G. Melzer – H. Stiglitz, St. Pantaleon, FÖ 8, 1961–1965, 101. |
| Miglbauer 2002 | R. Miglbauer, Ovilava, in: Šašel Kos – Scherrer 2002, 245–256. |
| Miglbauer 2012 | R. Miglbauer, Archäologische Grabungen der vergangenen 20 Jahre in Wels, in: M. Chytrǎček – H. Gruber – J. Mihálek – R. Sandner – K. Schmotz (Hrsg.), Archäologische Arbeitsgemeinschaft Ostbayern, West- und Südböhmen, Oberösterreich, 21. Treffen, 22. bis 25. Juni 2011 in Stříbro (Rahden/Westfalen 2012) 57–84. |
| Mosser 2003 | M. Mosser, Die Steindenkmäler der Legio XV Apollinaris, WAS 5 (Wien 2003). |
| Mosser 2005 | M. Mosser, Die römischen Truppen in Vindobona, FuWien 8, 2005, 126–153. |
| Mosser 2008 | M. Mosser, Judenplatz. Die Kasernen des römischen Legionslagers. Wien archäologisch 5 (Wien 2008). |
| Mosser u. a. 2010 | M. Mosser u. a., Die römischen Kasernen im Legionslager Vindobona. Die Ausgrabungen am Judenplatz in Wien in den Jahren 1995–1998, Monografien der Stadtarchäologie Wien 5 (Wien 2010). |
| Moßler 1974 | G. Moßler, Schwechat, FÖ 8, 1974, 101. |
| Moßler – Stiglitz 1966–1970 | G. Moßler und H. Stiglitz, Wallsee, BH Amstetten, FÖ 9, 1966–1970, 81. 140. |
| Mráv – Harl 2008 | Zs. Mráv – O. Harl, Die trajanische Bauinschrift der porta principalis dextra im Legionslager Vindobona. Zur Entstehung des Legionslagers Vindobona, FuWien 11, 2008, 36–55. |
| Müller 2008 | M. Müller, Wohnbauten in der Zivilsiedlung von Vindobona, in: Scherrer 2008, 105–121. |
| Müller u. a. 2011 | M. Müller – I. Mader – R. Chinelli u. a., Entlang des Rennwegs. Die römische Zivilsiedlung von Vindobona, Wien archäologisch 8 (Wien 2011). |
| Müller – Leingartner 2011 | S. Müller – B. Leingartner, KG Wallsee, MG Wallsee-Sindelburg, FÖ 50, 2011, 304. |
| Münsterberg 1909 | R. Münsterberg, Römische Votivsteine aus Gugging bei Klosterneuburg, JA 3, 1909, 186 f. |
| Münsterberg 1911 | R. Münsterberg, Nitzing bei Tulln, JA 5, 1911, 214. |
| Muschal 2004a | B. Muschal, KG Kristein, FÖ 43, 2004, 50 f. |
| Muschal 2004b | B. Muschal, KG Enns, FÖ 43, 2004, 46–49. |
| Muschal 2005a | B. Muschal, KG Kristein, FÖ 44, 2005, 42. |
| Muschal 2005b | B. Muschal, KG Lorch, FÖ 44, 2005, 44 f. |
| Neugebauer 1966–1970 | J.-W. Neugebauer, Greifenstein, FÖ 9, 1966–1970, 182. |
| Neugebauer 1999 | J.-W. Neugebauer, KG Klosterneuburg, FÖ 38, 1999, 21. |
| Neugebauer 2000 | J.-W. Neugebauer, KG Klosterneuburg, FÖ 39, 2000, 19 f. |
| Neugebauer – Gattringer 1981 | J.-W. Neugebauer – A. Gattringer, Die Kremser Schnellstraße S 33. Vorbericht über Probleme und Ergebnisse der archäologischen Überwachung des Großbauvorhabens durch die Abt. f. Bodendenkmale des Bundesdenkmalamtes, FÖ 20, 1981, 157–190. |
| Neugebauer-Maresch – Neugebauer 1986 | Chr. Neugebauer-Maresch – J.-W. Neugebauer, Ein Friedhof der römischen Kaiserzeit in Klosterneuburg. Die Rettungsgrabungen des Bundesdenkmalamtes in den Jahren 1983-84 im Bereich des Evangelischen Pfarramtes, ArchA 70, 1986, 317–346. |

| | |
|---|---|
| Neugebauer-Maresch – Neugebauer 1992 | Chr. Neugebauer-Maresch – J.-W. Neugebauer, Das Gräberfeld der römischen Kaiserzeit und beginnnenden Völkerwanderungszeit in Klosterneuburg-Buchberggasse, in: F. Röhrig (Hrsg.), Klosterneuburg. Geschichte und Kultur 1. Die Stadt (Wien 1992) 97–120. |
| Neumann 1959 | A. Neumann, Schwechat, FÖ 5, 1959, 135. |
| Neumann 1967 | A. Neumann, Schwechat, FÖ 6, 1967, 100. |
| Neumüller 1971 | W. Neumüller, Der hl. Florian und seine „Passio", in: Sankt Florian. Erbe und Vermächtnis. Festschrift zur 900-Jahr-Feier, Mitteilungen des Oberösterreichischen Landesarchivs 10 (Wien 1971) 1–35. |
| Niemeier – Wandling 1992 | J.-P. Niemeier – W. Wandling (Hrsg.), Geschichte aus der Baugrube. Neue Ausgrabungen und Funde in der Region Passau 1987–1991 (Passau 1992). |
| Niemeier u. a. 1999 | J.-P. Niemeier – H. Wolff – H. Bender, Im Römischen Reich, in: E. Boshof u. a. (Hrsg.), Geschichte der Stadt Passau (Regensburg 1999) 29–58. |
| Niemeier 2003 | J.-P. Niemeier, Boiodurum: Keltisches Oppidum und römische Siedlung, in: Archäologische Arbeitsgemeinschaft Ostbayern, West- und Südböhmen 12 (Rahden/Westfalen 2003) 196–202. |
| Noll 1958 | R. Noll, Römische Siedlungen und Straßen im Limesgebiet zwischen Inn und Enns, RLÖ 21 (Wien 1958). |
| Noll 1980 | R. Noll, Das Inventar des Dolichenusheiligtums von Mauer an der Url (Noricum), RLÖ 30 (Wien 1980). |
| Noll 1981 | R. Noll, Eugippius, Das Leben des Heiligen Severin. Lateinisch und Deutsch (Passau 1981). |
| NÖLM 1934–1937 | Dir. der nö. Landessammlungen, Hollenburg, GB u. VB Krems, FÖ 2, 1934–1937, 21. |
| NÖLM 1938/1939 | N.-Ö. Landesmuseum, Hollenburg, Pol. Bez. Krems, FÖ 3, 1938/1939, 65 f. |
| Nothagel 2013 | M. Nothagel, Weibliche Eliten der Völkerwanderungszeit. Zwei Prunkbestattungen aus Untersiebenbrunn, Archäologische Forschungen in Niederösterreich 12 (St. Pölten 2013). |
| Nowotny 1911 | E. Nowotny, Vorläufige Berichte über die im Jahre 1910 in Schwechat und Carnuntum durchgeführten Grabungen der Limeskommission, AnzWien 48, 1911, 44–51. |
| Nowotny 1923/1924 | J. Nowotny, Römische Forschungen in Österreich 1912-1924, BerRGK 15, 1923/1924, 122–178. |
| Nowotny 1925 | J. Nowotny, Vom Donau-Limes, AnzWien 62, 1925, 89–142. |
| Nüßlein 1985 | Th. Nüßlein (Hrsg.), Eugippius, Vita Sancti Severini (Bamberg 1985). |
| Nüsslein 1986 | Th. Nüsslein, Eugippius, Vita Sancti Severini. Das Leben des heiligen Severin. Lateinisch/Deutsch (Stuttgart 1986). |
| Obenaus 2006 | M. Obenaus, Unerwartete Befunde in der Melkerstraße in Mautern – Abschließender Bericht zu den Rettungsgrabungen 2005/06, FÖ 45, 2006, 581–590. |
| Oehler 1909 | J. Oehler, Römersteine in Gugging, ÖJh 12 Beibl., 1909, 209 f. |
| Oehler 1913 | J. Oehler, Die Römer in Niederösterreich, in: 21. Jahresbericht des Mädchen-Obergymnasiums m. Öff.-R. des Vereines für erweiterte Frauenbildung 1912/13 (Wien 1913) 1–32. |
| Offenberger 1972 | J. Offenberger, Maria Ponsee, Gem. Zwentendorf an der Donau, BH Tulln, FÖ 11, 1972, 97–99. |
| Offenberger 1983 | J. Offenberger, Das römische Lager Augustianis - Traismauer, FÖ 22, 1983, 133–162. |
| Offenberger 1993 | J. Offenberger, Traismauer - Augustianis. Ergebnisse einer Sondage an der östlichen Stadtmauer, FÖ 32, 1993, 535–542. |
| Öllerer u. a. 2007 | Reallexikon der Germanischen Altertumskunde 34 $^2$(2007) 22–30 s. v. Wien. §2 Römerzeit (Ch. Öllerer – M. Mosser – M. Kronberger – S. Sakl-Oberthaler – M. Müller – K. Adler-Wölfl). |
| Pascher 1949 | G. Pascher, Römische Siedlungen und Straßen im Limesgebiet zwischen Enns und Leitha, RLÖ 19 (Wien 1949). |
| Peška – Tejral 2002 | J. Peška – J. Tejral, Das germanische Königsgrab von Mušov in Mähren, Monographien / Römisch-Germanisches Zentralmuseum, Forschungsinstitut für Vor- und Frühgeschichte 55 (Mainz 2002). |
| Petrikovits 1975 | H. v. Petrikovits, Die Innenbauten römischer Legionslager während der Principatszeit, AbhDüsseldorf 56 (Opladen 1975). |
| Petrovitsch 2006 | H. Petrovitsch, Legio II Italica, FiL 13 (Linz 2006). |

# Literaturverzeichnis

| | |
|---|---|
| Pferdehirt 2004 | B. Pferdehirt, Römische Militärdiplome und Entlassungsurkunden in der Sammlung des Römisch-Germanischen Zentralmuseums (Mainz 2004). |
| Pichlerová 1961 | M. Pichlerová, Nové nálezy z doby rímskej na slovenskom Pomoraví, ARozhl 13, 1961, 855–860. |
| Pichlerová 1981 | M. Pichlerová, Gerulata - Rusovce. Rímske pohrebisko II, Fontes Archeologického Ústavu Slovenského Národného Múzea v Bratislave 5 (Bratislava 1981). |
| Pieler 2003 | F. Pieler, KG Hollenburg, in: Die Abteilung für Bodendenkmale des Bundesdenkmalamtes. Jahresbericht 2003, FÖ 42, 2003, 17–18. |
| Pieler 2005 | F. Pieler, Ein Profil vom Paläolithikum bis zum Mittelalter in Hollenburg, Siedlung Kleedorf, in: Bericht über die Ausgrabungen des Vereins ASINOE im Projektjahr 2005, FÖ 44, 2005, 390–399. |
| Pieta 2010 | K. Pieta, Die keltische Besiedlung der Slowakei. Jüngere Latènezeit, Archaeologica Slovaca Monographiae - Studia 12 (Nitra 2010). |
| Pieta – Plachá 1999 | K. Pieta – V. Plachá, Die ersten Römer im nördlichen Mitteldonauraum im Lichte neuen Grabungen in Devín, in: Th. Fischer – G. Precht – J. Tejral (Hrsg.), Germanen beiderseits des spätantiken Limes. Materialien des X. Internationalen Symposiums "Grundprobleme der frühgeschichtlichen Entwicklung im nördlichen Mitteldonaugebiet", Xanten vom 2. - 6. Dezember 1997 (Köln 1999) 179–205. |
| Pillinger 1986 | R. Pillinger, Christenverfolgung und „Tempelsturm" in der Austria Romana, in: E. Zöllner (Hrsg.), Wellen der Verfolgung in der österreichischen Geschichte, Schriften des Instituts für Österreichkunde 48 (Wien 1986) 5–17. |
| Pillinger 1997 | R. Pillinger, Das frühe Christentum im Limesbereich, in: Friesinger – Krinzinger 1997, 128–133. |
| Pink 1932 | K. Pink, Der Geldverkehr am österreichischen Donaulimes in der Römerzeit, JbLkNÖ 25, 1932, 49–88. |
| Piso 1991 | I. Piso, Die Inschriften vom Pfaffenberg und der Bereich der Canabae legionis, Tyche 6 (1991) 132–169. |
| Piso 2003 | I. Piso, Das Heiligtum des Jupiter Optimus Maximus auf dem Pfaffenberg-Carnuntum 1. Die Inschriften, RLÖ Sonderbd. 1 (Wien 2003). |
| Piso 2008 | I. Piso (Hrsg.), Die römischen Provinzen. Begriff und Gründung (Cluj-Napoca 2008) |
| Plachá u. a. 1990 | V. Plachá – J. Hlavicová – I. Keller, Slovanský Devín (Bratislava 1990). |
| Ployer 2007 | R. Ployer, Siedlungsarchäologische Aspekte im Hinterland von Carnuntum. Die ländliche Besiedlung zwischen Leitha und Neusiedler See in römischer Zeit, CarnuntumJb 2007, 55–119. |
| Ployer 2013a | R. Ployer, Der norische Limes in Österreich, FÖMat B 3 (Horn 2013). |
| Ployer 2013b | R. Ployer, Römerzeitliche Funde und Befunde im Bereich des Linzer Schlosses, LAF 43, 2013, 93–108. |
| Pohl 2004 | W. Pohl, Die Germanen (München 2004). |
| Pohl – Diesenberger 2001 | W. Pohl – M. Diesenberger (Hrsg.), Eugippius und Severin. Der Autor, der Text und der Heilige, Forschungen zur Geschichte des Mittelalters 2, DenkschrWien 297 (Wien 2001). |
| Polaschek 1928 | E. Polaschek, Die Tabula Peutingeriana und das Itinerarium Antonini als geographische Quellen für Niederösterreich, JbLkNÖ 21, 1928, 6–42. |
| Polaschek 1942a | E. Polaschek, Zwölfaxing, FÖ 3, 1942, 83 f. |
| Polaschek 1942b | E. Polaschek, Schwechat, FÖ 3, 1942, 180. |
| Pollak 1980 | M. Pollak, Die germanischen Bodenfunde des 1.–4. Jahrhunderts n. Chr. im nördlichen Niederösterreich. Studien zur Ur- und Frühgeschichte des Donau- und Ostalpenraumes 1 = DenkschrWien 147 (Wien 1980). |
| Pollak 1988 | M. Pollak, Die römischen Gräberfelder von Mauer an der Url, VB Amstetten, Niederösterreich, ArchA 72, 1988, 159–201. |
| Pollak 1993 | M. Pollak, Spätantike Grabfunde aus Mautern/Favianis, MPK 28 (Wien 1993). |
| Pollak 2009 | M. Pollak, Frühgeschichtliche Siedlungen an der unteren March, Niederösterreich – Kontinuität einer Kulturlandschaft, Přehled výzkumů 50, 2009, 153–179. |

| | |
|---|---|
| Pollak 2010 | M. Pollak, Vom Erinnerungsort zur Denkmalpflege. Kulturgüter als Medien des kulturellen Gedächtnisses, Studien zu Denkmalschutz und Denkmalpflege 21 (Wien 2010). |
| Pollak – Rager 2000 | M. Pollak – W. Rager, In villa Antesna – Zur frühgeschichtlichen Siedlungsentwicklung im nördlichen Innviertel, FÖ 39, 2000, 357–379. |
| Preßlinger 2010 | H. Preßlinger, Metallkundliche Untersuchungsergebnisse von römerzeitlichen Spachteln, LAF Sonderh. 44, 2010, 55–61. |
| Pülz 2014 | A. Pülz, Frühes Christentum am österreichischen Donaulimes, in: Humer u. a. 2014, 52–59. |
| Quast – Erdrich 2013 | D. Quast – M. Erdrich (Hrsg.), Die Bernsteinstraße, AiD, Sonderh. 4, 2013 (Stuttgart 2013). |
| Radnóti – Gabler 1982 | A. Radnóti – D. Gabler, Rusovce (Oroszvár) ásatások (1942 – 1943), CommunicAHung 1982, 47–71. |
| Rager 2002 | W. Rager, St. Marienkirchen bei Schärding, FÖ 41, 2002, 669. |
| Rajtar 1994 | J. Rajtar, Zur Frage archäologischer Zeugnisse der Markomannenkriege in der Slowakei, in: Friesinger u. a. 1994, 217–232. |
| Ranseder – Sakl-Oberthaler u. a. 2011 | Ch. Ranseder – S. Sakl-Oberthaler u. a., Michaelerplatz. Die archäologischen Ausgrabungen, Wien archäologisch 1 ²(Wien 2011). |
| Rath 1937 | G. Rath, Die Burgen Wilhering und Alt-Wilhering, JbOÖMV 87, 1937, 471–480. |
| Rath 1938a | G. Rath, Wilhering, FÖ 2, 1935–1938, 42 f. 97 f. 187. |
| Rath 1938b | G. Rath, Schönering, FÖ 2, 1935–1938, 275 f. |
| Régerat 1991 | Ph. Régerat, Eugippe. Vie de Saint Séverin, Sources Chrétiennes 374 (Paris 1991). |
| Rehberger 2003 | K. Rehberger, Der heilige Florian. Ein Beitrag zu seiner Verehrungsgeschichte im frühen Mittelalter, in: Ebner – Würthinger 2003, 77–98. |
| Reitinger 1960 | J. Reitinger, Aschach an der Donau, FÖ 7, 1956–1960, 114. |
| Riess 1974 | W. Riess, Die Ustrina des westlichen römischen Gräberfeldes von Ovilava, OÖHBl 28, 1974, 154–156. |
| Ristow 2010 | S. Ristow, Die Datierung des ältesten Vorgängerbaus der Kirche St. Severin in Passau-Innstadt. Kommentar zur Deutung des Grabungsbefundes von 1976, BerBayDenkmPfl 51, 2010, 429–440. |
| Risy 2008 | R. Risy, Römische Reichsstraßen im Stadtgebiet von Cetium. Tabula Peutingeriana und Itinerarium Antonini im Widerspruch?, RÖ 31, 2008, 83–109. |
| Rollinger 2001 | R. Rollinger, Raetiam autem et Vindelicos ac Noricos Pannoniamque et Scordiscos novas imperio nostro subiunxit provincias. Oder: Wann wurde Raetien (einschließlich Noricums und Pannoniens) als römische Provinz eingerichtet? Eine Studie zu Vell. 2,38f. (mit einigen einleitenden Bemerkungen zur ‚provinzialrömischen Geschichte' im wissenschaftlichen Oeuvre Franz Hampls), in: P. Haider – R. Rollinger (Hrsg.), Althistorische Studien im Spannungsfeld zwischen Universal- und Wissenschaftsgeschichte. Festschrift Franz Hampl (Stuttgart 2001) 267–315. |
| Ruprechtsberger 1983 | E. M. Ruprechtsberger, Zum römerzeitlichen Gräberfeld von Lentia-Linz, LAF Sonderh. 5 (Linz 1983). |
| Ruprechtsberger 1999 | E. M. Ruprechtsberger, Das spätantike Gräberfeld von Lentia (Linz) (Bonn 1999). |
| Ruprechtsberger 2003 | E. M. Ruprechtsberger, Einige Gedanken zum zeitlichen und kulturellen Umfeld des Martyrers Florianus von Norikum – Ein Essay, in: Ebner – Würthinger 2003, 27–58. |
| Ruprechtsberger 2006 | E. M. Ruprechtsberger, Die römische Grabinschrift an der Kirche von Sindelburg, CarnuntumJb 2006, 21–44. |
| Ruprechtsberger 2008 | E. M. Ruprechtsberger, Elmar Tscholl (1919–2002) und seine Forschungen im antiken Wallsee, CarnuntumJb 2007, 11–20. |
| Ruprechtsberger – Urban 2010 | E. M. Ruprechtsberger – O. H. Urban, Zwei frührömische Erdkeller und deren Inhalt, LAF Sonderh. 44 (Linz 2010). |
| Ruprechtsberger – Urban 2013 | E. M. Ruprechtsberger – O. H. Urban, Vom Keltenschatz zum frühen Linze. Ausstellungskatalog Linz, LAF 43 (Linz 2013). |
| Risy 1994 | R. Risy, Römerzeitliche Brennöfen in Noricum (Dipl. Wien 1994). |
| Risy 2008 | R. Risy, Römische Reichsstraßen im Stadtgebiet von Cetium. Tabula Peutingeriana und Itinerarium Antonini im Widerspruch?, RÖ 31, 2008, 83–110. |

# Literaturverzeichnis

| | |
|---|---|
| Risy 2009a | R. Risy, Vom römischen Verwaltungszentrum zur hochmittelalterlichen Stadt, in: Sanct Ypoelten, Stift und Stadt im Mittelalter. Ausstellungskatalog St. Pölten (Melk 2009) 15–20. |
| Risy 2009b | R. Risy, Zeugnisse des Christentums im römischen St. Pölten, in: Standpunkt. Zeitschrift des evangelischen Bundes in Österreich 197, 2009, 16–23. |
| Risy 2011a | R. Risy (Hrsg.), Da steh i drauf! St. Pölten Domplatz 2010. Eine archäologische Zwischenbilanz. Ausstellungspublikation St. Pölten, St. Pölten: kompakt 1 (St. Pölten 2011). |
| Risy 2011b | R. Risy, Von Aelium Cetium nach St. Pölten – Archäologie versus Historie?, in: St. Pölten Geschichte und Gegenwart, Österreich in Geschichte und Literatur 55, 2011, H. 3, 246–265. |
| Risy 2013 | R. Risy, Straßen und Plätze in und um Aelium Cetium / St. Pölten, Niederösterreich, in: I. Gaisbauer – M. Mosser (Bearb.), Straßen und Plätze. Ein archäologisch-historischer Streifzug, Monografien der Stadtarchäologie Wien 7 (Wien 2013) 89–106. |
| Risy – Scherrer 2005 | R. Risy – Peter Scherrer, Municipium Aelium Cetium – Landeshauptstadt St. Pölten. Archäologische Grabungen und Forschungen 1999–2005, Hippolytus. St. Pöltner Hefte zur Diözesankunde N. F. Beih. 5 (2005). |
| Sakl-Oberthaler 2008 | S. Sakl-Oberthaler, Wohnhäuser in den canabae legionis von Vindobona, in: Scherrer 2008, 123–142. |
| Sakl-Oberthaler 2011 | S. Sakl-Oberthaler, Stadtarchäologische Forschungen in Wien. Der Status quo, FuWien 14, 2011, 9–17. |
| Salač 2009 | V. Salač, 2000 Jahre seit dem römischen Feldzug gegen Marbod und methodische Probleme der Erforschung der älteren römischen Kaiserzeit in Böhmen und Mitteleuropa. In: Salač – Bemmann 2009, 107–138. |
| Salač – Bemmann 2009 | V. Salač – J. Bemmann (Hrsg.), Mitteleuropa zur Zeit Marbods. Tagung Roztoky u Křivoklátu 4.–8.12.2006 anlässlich des 2000jährigen Jubiläums des römischen Feldzuges gegen Marbod. 19. Internationales Symposium „Grundprobleme der frühgeschichtlichen Entwicklung im mittleren Donauraum" (Praha 2009). |
| Šašel Kos – Scherrer 2002 | M. Šašel Kos – P. Scherrer (Hrsg.), Die autonomen Städte in Noricum und Pannonien. Noricum, Situla 40 (Ljubljana 2002). |
| Šašel Kos – Scherrer 2003 | M. Šašel Kos – P. Scherrer (Hrsg.), Die autonomen Städte in Noricum und Pannonien. Pannonia 1, Situla 41 (Ljubljana 2003). |
| Šašel Kos – Scherrer 2004 | M. Šašel Kos – P. Scherrer (Hrsg.), Die autonomen Städte in Noricum und Pannonien. Pannonia 2, Situla 42 (Ljubljana 2004). |
| Sauer – Czubak 1999 | F. Sauer – J. Czubak, KG Mauer bei Amstetten, FÖ 38, 1999, 26. |
| Sauer – Czubak 2001 | F. Sauer – J. Czubak, KG Eferding, FÖ 40, 2001, 40. |
| Sauer – Ott 1991 | F. Sauer – I. Ott, Das römische Gräberfeld von Mauer bei Amstetten, AÖ 2/2, 1991, 31 f. |
| Schaub 2001 | A. Schaub, Die förmliche Provinzkonstitution Raetiens unter Tiberius nach dem Zeugnis des Velleius Paterculus, Germania 79, 2001, 391–400. |
| Scherrer 1991 | P. Scherrer (Hrsg.), Landeshauptstadt St. Pölten – Archäologische Bausteine, SoSchrÖAI 22 (Wien 1991). |
| Scherrer 1992 | P. Scherrer, Grabbau – Wohnbau – Turmburg – Praetorium. Angeblich römerzeitliche Sakralbauten und behauptete heidnisch-chrsitliche Kultkontinuität in Noricum, BerMatÖAI 4 (Wien 1992). |
| Scherrer 1994 | P. Scherrer (Hrsg.), Landeshauptstadt St. Pölten – Archäologische Bausteine II, SoSchrÖAI 23 (Wien 1994). |
| Scherrer 1999a | P. Scherrer, Aelium Cetium – St. Pölten. Ein Beitrag der Stadtarchäologie zum römischen Erbe in der mittelalterlichen Stadtentwicklung, in: Chr. Rohr (Hrsg.), Vom Ursprung der Städte. Jubiläumsschrift zur 1200. Wiederkehr der Erstnennung von Linz (Linz 1999), 43–60. |
| Scherrer 1999b | P. Scherrer, Die Archäologie des Siedlungsraumes St. Pölten vom Neolithikum bis zum Ende des Frühmittelalters, in: Österreichische Kunsttopographie LIV: Die Kunstdenkmäler der Stadt St. Pölten und ihrer eingemeindeten Ortschaften, hrsg. vom BDA, bearbeitet von Th. Karl, H. Karner, J. Kronbichler, Th. Pulle, unter Mitarbeit von R. Gamsjäger, G. A. Stadler, P. Scherrer (Horn1999), S. XIX–LXII. |

| | |
|---|---|
| Scherrer 2002 | P. Scherrer (mit Beiträgen von M. Kronberger und W. Szaivert), Cetium, in: Šašel Kos – Scherrer 2002, 213–244. |
| Scherrer 2008 | P. Scherrer (Hrsg.), Domus. Das Haus in den Städten der römischen Donauprovinzen. Akten des 3. Internationalen Symposiums über römische Städte in Noricum und Pannonien, Sonderschriften ÖAI 44 (Wien 2008). |
| Schicker 1920–1933 | J. Schicker, Erla, Kloster, B.H. Amstetten, FÖ 1, 1920–1933, 51. |
| Schidlofski 2010 | A. Schidlofski, Eine Aucissa-Fibel mit Öse, LAF Sonderh. 44, 2010, 63–74. |
| Schidlofski 2013 | A. Schidlofski, Fragment einer gestempelten „Dressel 6B" Amphore und seine fiktive Umgebung, LAF 43, 2013, 119–142. |
| Schindler – Ruprechtsberger 2012 | E. Schindler – E. M. Ruprechtsberger, Das Fundmaterial aus zwei frührömischen Erdkellern auf der Keplerwiese in Linz/Römerberg, ÖJh 81, 2012, 233–276. |
| Schmidt 2000 | W. Schmidt, Spätantike Gräberfelder in den Nordprovinzen des Römischen Reiches und das Aufkommen christlichen Bestattungsbrauchtums, SaalbJb 50, 2000, 231–441. |
| Schmidtová 2006 | J. Schmidtová, Die vorrömische und frührömische Besiedlung von Gerulata, in: Humer 2006, 133–137. |
| Schmidtová 2008 | J. Schmidtová, Archeologická zbierka Rusovce, in: Z. Francová (Hrsg.), Múzeum mesta Bratislavy 1868 – 2008 (Bratislava 2008) 43–52. |
| Schmidtová 2012 | J. Schmidtová, Rusovce: rímsky vojenský tábor Gerulata a jeho zázemie, in: J. Šedivý (Hrsg.) Najstaršie dejiny Bratislavy (Bratislava 2013) 260–275. |
| Schmitzberger 2013 | M. Schmitzberger, Auf den Spuren von Viehzucht, Jagd und Lebensmittelversorgung im antiken Lentia, LAF 43, 2013, 143–153. |
| Scholz u. a. 2007 | U. Scholz – A. Steinegger – M. Singer – M. Krenn, Stadtkernarchäologie – Vom antiken Comagenis zum heutigen Tulln, AÖ 18/2, 2007, 4–18. |
| Scholz – Müller 2010 | U. Scholz – S. Müller, Schwechat, FÖ 49, 2010, 317–319. |
| Schönberger 1956 | H. Schönberger, Das Römerkastell Boiodurum – Beiderwies zu Passau – Innstadt, in: SaalbJb 15, 1956, 42–78. |
| Schön 1988 | D. Schön, Orientalische Kulte im römischen Österreich (Wien 1988). |
| Schön – Hofer 2010 | D. Schön – N. Hofer, Vom Hungerturm zum Römertor. Bauuntersuchungen am Nordostteil der Marktbefestigung von Traismauer, Niederösterreich, BeitrMAÖ 26, 2010, 221–236. |
| Schörner 2005 | G. Schörner (Hrsg.), Romanisierung – Romanisation. Theoretische Modelle und praktische Fallbeispiele, BARIntSer 1427 (Oxford 2005). |
| Schröder 2006 | K. Schröder, Cannabiaca. Das römische Zeiselmauer (Zeiselmauer 2006). |
| Schwanzar 1986 | Ch. Schwanzar, Der römische Grenzabschnitt zwischen Passau und Linz, in: W. Seipel (Hrsg.), Oberösterreich – Grenzland des Römischen Reiches. Ausstellungskatalog Linz (Linz 1986) 51–58. |
| Schwanzar 1993 | Ch. Schwanzar, Der römische Wachturm im Kürnbergwald (Linz-Land), JbOÖMV 138/1, 1993, 9–37. |
| Schwanzar 1994 | Ch. Schwanzar, Die Kleinfunde der Basilika St. Laurenz, Enns-Lorch, Oberösterreich, in: Boshof – Wolff 1994, 172–181. |
| Schwanzar 2003 | Ch. Schwanzar, Der Donaulimes in Oberösterreich, in: Leskovar u. a. 2003, 101–112. |
| Schwanzar 2011 | Ch. Schwanzar, Der verschüttete Raum und die Ausgrabungen im Linzer Schloss anläßlich der Wiedererrichtung des Südflügels, in: B. Kirchmayr – L. Laher – C. Schwanzar, Der verschüttete Raum. Ein Erinnerungsort im Museum, Kataloge der Oberösterreichischen Landesmuseen N.S. 125, 2011, 24–38. |
| Schweder – Winkler 2004 | B. I. Schweder – E.-M. Winkler, Untersuchungen zu den Gräberfeldern in Carnuntum 2. Die menschlichen Skelettreste des römerzeitlichen Gräberfeldes Petronell-Carnuntum südlich der Zivilstadt (Notgrabungen 1984–1986), RLÖ 43 (Wien 2004). |
| Sedlmayer 2006 | H. Sedlmayer, Vici der frühen und mittleren Kaiserzeit in Noricum (Stand der Forschung 2005), in: H. Sedlmayer – G. Tiefengraber, Forschungen im südostnorischen Vicus am Saazkogel (Steiermark), SoSchrÖAI 41 (Wien 2006) 229–255. |

## Literaturverzeichnis

| | |
|---|---|
| Sedlmayer 2010 | H. Sedlmayer, „Fremde Heimat" – Autochthones und Allochthones in Ostnoricum während der flavisch-trajanischen Zeit („Tuja domovina" – avtohtono in priseljeno prebivalstvo v vzhodnem Noriku v flavijsko-trajanskem času), AVes 61, 2010, 203–228. |
| Sedlmayer 2013 | H. Sedlmayer, Transformation von Zentrum und Peripherie. Vom römischen Favianis zur frühmittelalterlichen Civitas Mutarensis (Mautern an der Donau/Österreich). In: P. Ettel – L. Werther (Hrsg.), Zentrale Orte und zentrale Räume des Frühmittelalters in Süddeutschland. Tagung des Römisch-Germanischen Zentralmuseums Mainz und der Friedrich-Schiller- Universität Jena vom 7.–9.10.2011 in Bad Neustadt an der Saale, RGZM-Tagungen 18 (Mainz 2013) 193–216. |
| Seren – Totschnig 2011 | S. Seren – R. Totschnig, KG Schwechat, FÖ 50, 2011, 294. |
| Smolak 1994 | K. Smolak, Zum Martyrium des Heiligen Florian, MFrAÖ 6, 1994, 5–15. |
| Sommer 2008 | S. Sommer, Die Anfänge der Provinz Raetien, in: Piso 2008, 207–224. |
| Steigberger 2012a | E. Steigberger, Traismauer/Augustianis und der römische Donaulimes, in: C. Blesl (Hrsg.), Zeugen der Vergangenheit. Archäologie im Unteren Traisental – von den Steinzeiten bis zur Gründung des Stiftes Herzogenburg im Mittelalter, FÖMat A Sonderh. 18, 2012, 41–45. |
| Steigberger 2012b | E. Steigberger, Das Bad im Auxiliarkastell von Favianis/Mautern, in: S. Traxler – R. Kastler (Hrsg.), Colloquium Lentia 2010. Römische Bäder in Raetien, Noricum und Pannonien. Beiträge zur Tagung im Schlossmuseum Linz 6.–8. Mai 2010, Studien zur Kulturgeschichte von Oberösterreich 27 (Linz 2012) 89–95. |
| Steingruber 2003 | Ch. Steingruber, Die Kürnbergburg. Ur- und frühgeschichtliche Denkmale am Kürnberg bei Linz, OÖHBl 57, 2003, 69–114. |
| Stiglitz 1966–1970 | H. Stiglitz, Mitterarnsdorf, BH Krems an der Donau, FÖ 9, 1966–1970, 283. |
| Stiglitz 1969 | H. Stiglitz, Ein Ziegelofen an der Erla, JbOÖMV 114/I, 1969, 69–74. |
| Stiglitz 1971a | H. Stiglitz, Wallsee, Gem. Wallsee-Sindelburg, BH Amstetten, FÖ 10, 1971, 87. |
| Stiglitz 1971b | H. Stiglitz, Erla, Gem. St. Pantaleon-Erla, FÖ 10, 1971, 63. |
| Stiglitz 1975 | H. Stiglitz, Das römische Donaukastell Zwentendorf in Niederösterreich. Die Ausgrabungen 1953–1962, RLÖ 26 (Wien 1975). |
| Stiglitz u. a. 1977 | ANRW II 6 (1977) 583–730 s. v. Carnuntum (H. Stiglitz – M. Kandler – W. Jobst). |
| Stiglitz – Melzer 1966–1970 | H. Stiglitz – G. Melzer, Hollenburg, BH Krems an der Donau, FÖ 9, 1966–1970, 280. |
| Stockhammer 1916/1917 | G. Stockhammer, Beiträge zur römischen Topographie Niederösterreichs, JbLkNÖ 15/16, 1916/1917, 117–141. |
| Straub 1982 | D. Straub (Hrsg.), Severin. Zwischen Römerzeit und Völkerwanderung. Ausstellungskatalog Enns (Linz 1982). |
| Strobel 2009 | K. Strobel, Augustus und die Annexion des Alpenbogens. Die Einrichtung der Provinzen Raetia und Noricum, Germania 87, 2009, 437–509. |
| Stroh 1946–1950 | F. Stroh, Aschach, FÖ 5, 1946–1950, 236. |
| Stuppner 1995 | A. Stuppner, Einige Bemerkungen zu den frühkaiserzeitlichen, römisch-germanischen Handelsbeziehungen im nördlichen Niederösterreich, in: J. Tejral – K. Pieta – J. Rajtar (Hrsg.), Kelten, Germanen, Römer im Mitteldonaugebiet vom Ausklang der Latène-Zivilisation bis zum 2. Jahrhundert (Brno 1995) 199–211. |
| Stuppner 1997 | A. Stuppner, Römische Keramik im nördlichen Niederösterreich (Diss. Universität Wien 1997). |
| Stuppner 2008a | A. Stuppner, Der Oberleiserberg bei Ernstbrunn – eine Höhensiedlung des 4. und 5. Jahrhunderts n. Chr., in: H. Steuer – V. Bierbrauer (Hrsg.), Höhensiedlungen zwischen Antike und Mittelalter von den Ardennen bis zur Adria, Ergänzungsbände zum Reallexikon der germanischen Altertumskunde 58 (Berlin 2008) 427–456. |
| Stuppner 2008b | A. Stuppner, Stand der archäologischen Forschungen zu den römischen Vormarschtrassen und Befestigungsbauten in Österreich, in: J. Kühlborn (Hrsg.), Rom auf dem Weg nach Germanien: Geostrategie, Vormarschtrassen und Logistik. Internationales Kolloquium in Delbrück-Anreppen vom 4. bis 6. November 2004, Bodenaltertümer Westfalens 45 (Mainz 2008) 49–67. |

| | |
|---|---|
| Stuppner 2009 | A. Stuppner, Herrschaftszentren an der mittleren Donau und spätrömische religiöse Organisationsstrukturen, in: U. v. Freeden – H. Friesinger – E. Wamers (Hrsg.), Glaube, Kult und Herrschaft. Phänomene des Religiösen im 1. Jahrtausend n. Chr. in Mittel- und Nordeuropa. Akten des 59. Internationalen Sachsensymposions und der Grundprobleme der frühgeschichtlichen Entwicklung im Mitteldonauraum, Kolloquien zur Vor- und Frühgeschichte 12 (Bonn 2009) 81–94. |
| Süss 2000 | K. Süss, Schwechat, FÖ 39, 2000, 666–669. |
| Szameit 1989 | E. Szameit, Der Krottenturm. Eine mittelalterliche Burganlage bei Zwentendorf, BH Tulln, Niederösterreich, ArchA 73, 1989, 137–221. |
| Tejral 1992 | J. Tejral, Die Probleme der römisch-germanischen Beziehungen unter Berücksichtigung der neuen Forschungsergebnisse im niederösterreichisch-südmährischen Thayaflußgebiet, BerRGK 73, 1992, 377–468. |
| Tejral 2011 | J. Tejral, Einheimische und Fremde. Das norddanubische Gebiet zur Zeit der Völkerwanderung, Spisy Archeologického Ústavu AV ČR Brno 33 (Brno 2011). |
| Thomas 1982 | E. B. Thomas, Das frühe Christentum in Pannonien im Lichte der archäologischen Funde, in: Straub 1982, 255–293. |
| Thüry 2004 | G. Thüry, Oberösterreichs „ältester Brief". Zur spätantiken Ziegelinschrift von Wilhering, JbOÖMV 149/I, 2004, 255–259. |
| Trampler 1905 | J. Trampler, Joviacum. Das heutige Schlögen und seine Umgebung (Wien 1905). |
| Trathnigg – Miglbauer 1986 | G. Trathnigg – R. Miglbauer, Die Römerzeit, in: K. Holter – G. Trathnigg, Wels von der Urzeit bis zur Gegenwart, JbWels 25 ²(Wels 1986) 17–48. |
| Traxler 2004 | St. Traxler, Römische Guts- und bauernhöfe in Oberösterreich, Passauer Universitätsschriften zur Archäologie 9 (Rahden/Westfalen 2004). |
| Traxler 2007a | St. Traxler, Römische Grabdenkmäler an der norischen Donaugrenze, in: V. Höck – F. Lang – W. Wohlmayr (Hrsg.), Akten zum 2. Österreichischen "Römerstein-Treffen" 2006 in Salzburg (Wien 2007) 77–107. |
| Traxler 2007b | St. Traxler, Römische Sepulkralmonumente aus Lentia-Linz, JbOÖMV 152, 2007, 19–87. |
| Traxler 2009 | St. Traxler, Die römischen Grabdenkmäler von Lauriacum und Lentia. Stein – Relief – Inschrift, FiL 14 (Linz 2009). |
| Tscholl 1977/1978 | E. Tscholl, Römisches Limeskastell in Wallsee. 10 Jahre Beobachtungen zum Limeskastell von Wallsee (1966–1976), RÖ 5/6, 1977/1978, 109–230 Taf. 12–21. |
| Tscholl 1989 | E. Tscholl, Ausgrabungen im römischen Wallsee, JbOÖMV 134/1, 1989, 63–77. |
| Tscholl 1990 | E. Tscholl, Das spätantike Restkastell von Wallsee, JbOÖMV 135/1, 1990, 35–81. |
| Tscholl 2000/2001 | E. Tscholl, Archäologische Mosaiksteine aus Wallsee. Beobachtungen, Feststellungen, Fundbergungen und Grabungen im Bereich des Donau-Auxiliarkastells. Teil B: Neue Funde aus dem Kastellbereich Wallsee, 1979–1999. Hannsjörg Ubl zum 65. Geburtstag, RÖ 23/24, 2000/2001, 113–203. |
| Turčan 2012 | V. Turčan, Ein Baukomplex aus der römischen Kaiserzeit in Stupava. Ein Konzept der Bauentwicklung, in: G. Březinová – V. Varsik (Hrsg.), Archeológia na Prahu Histórie. K životnému jubileu Karola Pietu, Archaelogica Slovaca Monographiae – Communicationes 14 (Nitra 2012) 419–427. |
| Turnovsky 1992 | P. Turnovsky, Archäologie in Höflein bei Bruck a. d. Leitha. Tätigkeitsbericht 1991–1992, CarnuntumJb 1992, 149–160. |
| Tyszler 1999 | L. Tyszler, Terra Sigillata na ziemiach Polski, Acta archaeologica Lodziensia 43/44 (Łódź 1999). |
| Ubl 1969 | H. Ubl, Waffen und Uniform des römischen Heeres der Prinzipatsepoche nach den Grabreliefs Noricums und Pannoniens (Diss. Universität Wien 1969). |
| Ubl 1971 | H. Ubl, Zeiselmauer, Gem. Zeiselmauer, BH Tulln, FÖ 10, 1971, 87. |
| Ubl 1973 | H. Ubl, Zeiselmauer, Gem. Zeiselmauer, BH Tulln, FÖ 12, 1973, 111 f. |
| Ubl 1974 | H. Ubl, Zeiselmauer, Gem. Zeiselmauer, BH Tulln, FÖ 13, 1974, 121. |
| Ubl 1974/1975 | H. Ubl, Österreichische Limesforschung seit 1945, MUAG 25, 1974/1975, 145–194. |

# Literaturverzeichnis

| | |
|---|---|
| Ubl 1976 | H. Ubl, Zeiselmauer, Gem. Zeiselmauer, BH Tulln, FÖ 15, 1976, 279 f. |
| Ubl 1977 | H. Ubl, Der spätrömische Burgus von Zeiselmauer. Grabung und Restaurierung, in: Studien zu den Militätgrenzen Roms 2, Vorträge des 10. Internationalen Limeskongresses in der Germania Inferior, BJb Beih. 38 (Köln 1977) 251–262. |
| Ubl 1977/1978 | H. Ubl, Die Cohors II Thracum eq. p. f., eine bisher am norischen Limes unbekannte Truppe, RÖ 5/6, 1977/1978, 231–246. |
| Ubl 1979a | H. Ubl , Schwechat, FÖ 18, 1979, 464. |
| Ubl 1979b | H. Ubl, Die Skulpturen des Stadtgebietes von Aelium Cetium, CSIR, Österreich I 6 (Wien 1979). |
| Ubl 1980 | H. Ubl, Der österreichische Abschnitt des Donaulimes. Ein Forschungsbericht (1970-1979), in: W. S. Hanson – L. J. F. Keppie (Hrsg.), Roman Frontier Studies 1979. Papers presented to the 12th International Congress of Roman Frontier Studies, BARIntSer 71,2 (Oxford 1980) 587–611. |
| Ubl 1982a | H. Ubl, Frühchristliches Österreich, in: Straub 1982, 295–336. |
| Ubl 1982b | H. Ubl, Die archäologische Erforschung der Severinsorte und das Ende der Römerzeit im Donau-Alpen-Raum, in: Straub 1982, 71–97. |
| Ubl 1985/1986 | H. Ubl, Tulln, Zeiselmauer, Klosterneuburg. Neue Forschungsergebnisse zu drei Hilfstruppenlager im norisch-pannonischen Grenzbereich des österreichischen Limesabschnittes, RÖ 13/14, 1985/1986, 293–322. |
| Ubl 1988 | H. Ubl, KG Wallsee, MG Wallsee-Sindelburg, VB Amstetten, FÖ 27, 1988, 316. |
| Ubl 1989 | H. Ubl, Der Ennser Georgenberg, in: P. Scherrer (Hrsg.), Akten des 3. Österreichischen Archäologentages Innsbruck 3.–5. April 1987 (Wien 1989) 185–187. |
| Ubl 1990 | H. Ubl, Archäologie und Denkmalpflege am Donaulimes in Niederösterreich, CarnuntumJb 1989, 87–93. |
| Ubl 1991 | H. Ubl, Stiftsmuseum Klosterneuburg 1. Das römische Lapidarium (Klosterneuburg 1991). |
| Ubl 1992a | H. Ubl, Das römische Klosterneuburg, in: F. Röhrig (Hrsg.), Klosterneuburg. Geschichte und Kultur 1. Die Stadt (Wien 1992) 39–95. |
| Ubl 1992b | H. Ubl, KG Schweinberg, FÖ 31, 1992, 19. |
| Ubl 1993 | H. Ubl, KG Enns, FÖ 32, 1993, 625 f. |
| Ubl 1994a | H. Ubl, KG Enns, FÖ 33, 1994, 437–439. |
| Ubl 1994b | H. Ubl, Die Christianisierung von Noricum Ripense bis zum 7. Jahrhundert nach den archäologischen Zeugnissen, in: Boshof – Wolff 1994, 129–151. |
| Ubl 1994c | H. Ubl, KG Zeiselmauer, FÖ 33, 1994, 435. |
| Ubl 1997a | H. Ubl (Hrsg.), Schausammlung "Römerzeit" im Museum Lauriacum. Katalog der Austellung, FiL 12,2 = Sonderbd I 2 (Enns 1997). |
| Ubl 1997b | H. Ubl, KG Enns und Lorch, FÖ 36, 1997, 33–40. |
| Ubl 1997c | H. Ubl, KG Zeiselmauer, FÖ 36, 1997, 33. |
| Ubl 1998a | H. Ubl, KG Enns und KG Lorch, FÖ 37, 1998, 43–45. |
| Ubl 1998b | H. Ubl, KG Wallsee, FÖ 37, 1998, 40 f. |
| Ubl 1999a | H. Ubl, KG Klosterneuburg, FÖ 38, 1999, 23 f. |
| Ubl 1999b | H. Ubl, KG Enns und KG Lorch, FÖ 38, 1998, 40–43. |
| Ubl 2000a | H. Ubl, KG Klosterneuburg, FÖ 39, 2000, 19. |
| Ubl 2000b | H. Ubl, KG Zeiselmauer, FÖ 39, 2000, 36 f. |
| Ubl 2000c | H. Ubl, KG Wallsee, FÖ 39, 2000, 36. |
| Ubl u. a. 2001 | H. Ubl – B. Keminger – B. Muschal, KG Enns, FÖ 40, 2001, 40–42. |
| Ubl 2002 | H. Ubl, KG Klosterneuburg, FÖ 41, 2002, 19. |
| Ubl 2003a | H. Ubl, Eine Bauinschrift aus dem Alenlager Comagena, Tulln, NÖ, Römisches Österreich 26, 2003, 23–29. |
| Ubl 2003b | H. Ubl, Comagena (Comagenis)/Tulln am norischen Donauufer und die Ala I Commagenorum, Römisches Österreich 26, 2003, 31–38. |

| | |
|---|---|
| Ubl 2003c | H. Ubl, Gedanken zum römischen Meilenstein von Nitzing, RÖ 26, 2003, 17–21. |
| Ubl 2005a | H. Ubl, Lauriacum und die legio II Italica. Gründe für Wachstum und Vergehen einer Siedlung, in: László Borhy (Hrsg.), Die norisch-pannonischen Städte und das römische Heer im Lichte der neuesten archäologischen Forschungen. II. Internationale Konferenz über norisch-pannonische Städte, Budapest-Aquincum, 11.–14. September 2002, Aquincum nostrum II, 3 (Budapest 2005) 31–48. |
| Ubl 2005b | H. Ubl, Gedanken zu einem frühchristlichen Amulett vom norischen Limes, in: G. Grabherr – B. Kainrath – A. Larcher – B. Welte (Hrsg.), Vis imaginum. Festschrift Elisabeth Walde (Innsbruck 2005) 542–547. |
| Ubl 2006a | H. Ubl, Lauriacum und die legio II Italica, in: Winkler 2006a, 37–56. |
| Ubl 2006b | H. Ubl, Lauriacum - die zivilen Siedlungsräume, in: Winkler 2006a, 57–84. |
| Ubl 2006c | H. Ubl, Der Donaulimes, in: Winkler 2006a, 31–36. |
| Ubl 2008 | H. Ubl, Der Ziegelstempel des Iulius Iulianus magister figulinae aus dem Lager Wallsee (Locus Felicis) am norischen Limes, RÖ 31, 2008, 169–184. |
| Ubl 2009 | H. Ubl, Fragmente von drei unedierten norischen Militärdiplomen aus Stein bei St. Pantaleon, Pol. Bez. Amstetten, Niederösterreich, RÖ 32, 2009, 107–121. |
| Ubl 2011 | H. Ubl, Die Legionslager und Hilfstruppenkastelle von Noricum seit dem 2. Jahrhundert bis zum Abzug der Romanen aus Noricum ripense und ihr Wiedererstehen als Städte des frühen Mittelalters, in: M. Konrad – Chr. Witschel (Hrsg.), Römische Legionslager in den Rhein- und Donauprovinzen – Nuclei spätantik-frühmittelalterlichen Lebens?, AbhMünchen N. F. 138, 2011, 425–460. |
| Urban 1994 | O. H. Urban, Keltische Höhensiedlungen an der mittleren Donau 1. Der Freinberg, LAF 22 (Linz 1994). |
| Urban 2000 | O. Urban, Der lange Weg zur Geschichte. Die Urgeschiche Österreichs (Wien 2000). |
| Varsik 1996 | V. Varsik, Das römische Lager von Rusovce-Gerulata. In: JbRGZM 43, 1996, 531–600. |
| Varsik – Kolník 2013 | V. Varsik – T. Kolník, Cífer-Pác – Neue Erkenntnisse zur spätantiken quadischen Elitenresidenz, in: Hardt – Heinrich-Tamaska 2013, 71–90. |
| Visy 2003 | Z. Visy (Hrsg.), The Roman Army in Pannonia. An Archaeological Guide of the Ripa Pannonica (Budapest 2003). |
| Voss 2005 | H. Voss, Hagenow in Mecklenburg – ein frühkaiserzeitlicher Bestattungsplatz und Aspekte der römisch-germanischen Beziehungen, BerRGK 86, 2005, 20–59. |
| Wais 1967 | K. Wais, Die Geschichte der Museen und die Funde der Stadt Pöchlarn, in: F. Eheim, Heimatbuch der Stadt Pöchlarn (Pöchlarn 1967) 216–238. |
| Walter 1967 | H. Walter, Schwechat, FÖ 7, 1967, 111. |
| Weber 1968–1971 | E. Weber, Die römischen Meilensteine aus dem österreichischen Pannonien, ÖJh 49, 1968–1971, 121–145. |
| Weber 2006a | E. Weber, Das Stadtrecht von Lauriacum, in: Winkler 2006a, 85–92. |
| Weber 2006b | E. Weber, Der Ostalpenraum als Teil des Römischen Reiches, in: Winkler 2006a, 9–30. |
| Weber 2008 | E. Weber, Die Anfänge der Provinz Noricum, in: Piso 2008, 225–235. |
| Weber 2012 | E. Weber, Militärdiplome, ein Knopf und andere beschriftete Kleinfunde aus dem niederösterreichischen Limesgebiet, RÖ 34/35, 2012, 207–213. |
| Weber-Hiden 2008 | I. Weber-Hiden, Nemesisinschriften aus Carnuntum, Philippika 25, 2008, 615–635. |
| Weißhäupl 1920–1933 | R. Weißhäupl, Hollenburg, BH. Krems, FÖ 1, 1920–1933, 172. |
| Werneck 1955 | H. L. Werneck, Grundlagen zur Frühgeschichte zwischen Dunkelsteiner Wald und Unterlauf der Großen Tulln (Herzogenburg 1955). |
| Wewerka 2004 | B. Wewerka, Spätantike Gräber im Bereich der Burggartengasse in Mautern a. d. Donau – Ein Vorbericht, in: H. Friesinger – A. Stuppner (Hrsg.), Zentrum und Peripherie – Gesellschaftliche Phänomene in der Frühgeschichte, MPK 57 (Wien 2004) 411–430. |
| Wiltschke-Schrotta 2013 | K. Wiltschke-Schrotta, Spätantike Bestattungen auf der Keplerwiese, LAF 43, 2013, 155–161. |

## Literaturverzeichnis

| | |
|---|---|
| Winklehner 2013 | Th. P. Winklehner, Das Gräberfeld auf der Flur Steinpass in Lauriacum-Enns (Dipl. Universität Wien 2013). |
| Winkler 1969 | G. Winkler, Die Reichsbeamten von Noricum und ihr Personal bis zum Ende der römischen Herrschaft (Wien 1969). |
| Winkler 1971a | G. Winkler, Legio II Italica. Geschichte und Denkmäler, JbOÖMV 116/I, 1971, 85–138. |
| Winkler 1971b | G. Winkler, Der römische Meilenstein von Engelhartszell. CIL III 5755 = 11846, OÖHBl 25, 1971, 3–15. |
| Winkler 1975 | G. Winkler, Die Römer in Oberösterreich (Linz 1975). |
| Winkler 2002 | G. Winkler, Der römische Meilenstein von Engelhartszell, OstbGrenzm 44, 2002, 25–38. |
| Winkler 2003a | G. Winkler, Legio II Italica. Das "Hausregiment" von Lauriacum, in: Leskovar u. a. 2003, 131–136. |
| Winkler 2003b | G. Winkler, Der römische Meilenstein von Engelhartszell, in: J. Leskovar – Chr. Schwanzar – G. Winkler (Hrsg.), Worauf wir stehen. Archäologie in Oberösterreich. Ausstellungskatalog Linz (Linz 2003) 141 f. |
| Winkler 2006a | G. Winkler (Hrsg.), Museum Lauriacum. Schausammlung „Römerzeit". Textband, FiL 12,1 = Sonderbd I 1 (Linz 2006). |
| Winkler 2006b | G. Winkler, Zu den Bauinschriften des Legionslagers Lauriacum, RÖ 29, 2006, 17–28. |
| Winkler 2007 | G. Winkler, Legio II Italica. In: Chr. Schwanzar – G. Winkler (Hrsg.), Archäologie und Landeskunde. Beiträge zur Tagung im Linzer Schlossmuseum 26.–28. April 2007, Studien zur Kulturgeschichte von Oberösterreich 17 (Linz 2007) 153–160. |
| Witteyer 2011 | M. Witteyer, Dis Manibus – Den Totengöttern, in: Humer – Kremer 2011, 73–85. |
| Wlach 1990 | G. Wlach, Die Gräberfelder von Lauriacum, MMVLaur 28, 1990, 7–20. |
| Wolff 1989 | H. Wolff, Die Anfänge des Christentums in Ostraetien, Ufernoricum und Nordwestpannonien: Bemerkungen zum Regenwunder und zum hl. Florian, Ostbairische Grenzmarken 31, 1989, 27–45. |
| Wolff 2003 | H. Wolff, Die „Passio" des heiligen Florian. Zu den Anfängen des Christentums in Nordnoricum, in: Ebner – Würthinger 2003, 59–76. |
| Wolfram 1995 | H. Wolfram, Grenzen und Räume. Geschichte Österreichs vor seiner Entstehung, in: H. Wolfram (Hrsg.), Österreichische Geschichte 378 – 907 (Wien 1995). |
| Wolters 1990 | R. Wolters, Römische Eroberung und Herrschaftsorganisation in Gallien und Germanien. Zur Entstehung und Bedeutung der sog. Klientel-Randstaaten (Bochum 1990). |
| Zabehlicky 1985 | H. Zabehlicky, Zur Spolienverwendung in spätantiken Gräbern des österreichischen Donauraumes, in: M. Kandler (Hrsg.), Lebendige Altertumswissenschaft, Festschrift Hermann Vetters (Wien 1985) 279–285. |
| Zabehlicky 2008 | H. Zabehlicky, Die römische Palastanlage von Bruckneudorf, Kleine Führer zu archäologischen Denkmälern N. S. 1 (Bruckneudorf – Wien 2008). |
| Zimmermann u. a. 2007 | U. Zimmermann – M. Singer – F. Pieler – O. Schmitsberger, Rettungsgrabungen in der ehemaligen Essigfabrik in Mautern: Wesentlich neue Erkenntnisse zum Kastell Favianis, FÖ 46, 2007, 578–603. |
| Zinnhobler 2002 | R. Zinnhobler, Der Heilige Severin. Sein Leben und seine Verehrung $^{2}$(Künzing 2002). |

## Ortsindex

### A

Adiuvense *siehe* Wallsee
Ad pontem Ises *siehe* Neumarkt an der Ybbs
Aelium Cetium *siehe* St. Pölten
Aequinoctium *siehe* Fischamend
Ala Nova *siehe* Schwechat
Albing 34, 165, **178–181**
Arelape *siehe* Pöchlarn
Aschach an der Donau 50, 140, 141, **142–143**
Asturis *siehe* Zwentendorf an der Donau
Au **183–184**
Augustiana *siehe* Traismauer

### B

Bacharnsdorf 19, **200–201**
Blashausgraben **199**
Boiodurum *siehe* Passau
Boiotro *siehe* Passau

### C

Cannabiaca *siehe* Zeiselmauer
Carnuntum 11, 12, 15, 16, 18, 19, 22, 23, 24, 25, 33, 34, 41, 47, 51, 52, 55, 56, 57, 58, 60, 61, 63, 64, 65, 66, 67, 69, 70, 71, 72, 73, 74, 75, 76, 77, 79, 83, 84, 85, 86, 87, 88, 89, 90, 92, 93, 94, 100, 103, 110, 112, 113, 114, 115, 116, 123, 242, 244, 253, 254, 270, 273, 275, 276, **278–291**, 294, 295, 296
Cetium *siehe* St. Pölten
Comagenis *siehe* Tulln an der Donau

### D

Devín 101, 102, 103, 104, 112, 116, 278, 279, **292–295**

### E

Eferding 50, **143–144**
Engelhartszell 131, **137–138**
Enns 9, 10, 11, 12, 14, 15, 17, 18, 24, 34, 48, 51, 57, 61, 67, 71, 73, 81, 82, 85, 86, 87, 88, 89, 90, 91, 92, 93, 145, 146, **163–178**, 180, 181, 182, 188, 192, 236

### F

Favianis *siehe* Mautern an der Donau
Fischamend 52, 88, **270–273**, 274, 275

### G

Gerulata *siehe* Rusovce
Greifenstein **238**

### H

Hirschleitengraben 135, 150, **153–154**, 159
Höflein **275–277**
Hollenburg **218–219**

### I

Ioviacum *siehe* Schlögen, Aschach an der Donau

### K

Klosterneuburg 11, 23, 51, 52, 88, 89, **239–241**, 253, 261
Kobling-Rossgraben **142**

### L

Lauriacum *siehe* Enns
Lentia *siehe* Linz
Linz 10, 14, 18, 48, 50, 53, 71, 73, 74, 85, 86, 87, 89, 111, 128, 135, 136, 140, 150, 153, **155–162**, 178
Locus Felix *siehe* Wallsee, Mauer an der Url

### M

Maria Ellend **274–275**
Maria Gugging **238–239**
Maria Ponsee **223**
Mauer an der Url 12, 51, 52, 75, 88, 89, **188–190**
Mautern an der Donau 9, 10, 18, 19, 25, 34, 35, 50, 52, 53, 54, 77, 81, 82, 84, 86, 87, 88, 89, 90, **204–209**
Melk-Spielberg **198–199**

# Ortsindex

## N

Neumarkt an der Ybbs  **191,** 192
Nitzing  210, **233–234**

## O

Oberranna  19, 137, **138–139**
Ovilava *siehe* Wels

## P

Passau  25, 34, 52, 53, 110, 111, 128–130, 130–133, 134–135, 136, 137, 141, 174
    Boiodurum  47, 52, 53, 110, 128, 129, **130–133,** 137
    Boiotro  **128–130,** 131, 132, 133, 174
    Passau-Haibach  **134–135**
Pöchlarn  50, 85, 89, 188, 191, 192, **194–198,** 212

## R

Rusovce  44, **295–299**

## S

Sarling  **193**
Schlögen  13, 14, 52, 82, 137, 138, **140–142,** 143
Schwechat  52, 88, **267–270**
Sommerau  186, **187–188**
Stanacum *siehe* Oberranna
St. Lorenz  **202**
St. Marienkirchen bei Schärding  **135–136**
St. Pantaleon  151, 179, **181–183,** 226, 227
St. Pölten  23, 49, 50, 51, 52, 53, 61, 62, 63, 65, 66, 67, 70, 81, 86, 88, 94, **210–217,** 229, 233

## T

Traismauer  10, 11, 19, 50, 51, 85, 87, 90, 186, **219–223,** 224
Tulln  10, 18, 19, 27, 50, 51, 52, 53, 82, 85, 86, 87, 88, 89, 90, 111, 123, 224, **229–233,** 234, 256

## V

Vindobona *siehe* Wien

## W

Wallsee  19, 52, 85, 93, 145, **184–187,** 188, 192
Wels  23, 49, 50, 51, 61, 62, 66, 70, 86, 87, 88, 89, 90, 93, 136, **144–150**
Wien  9, 11, 14, 15, 18, 34, 47, 51, 52, 56, 57, 61, 63, 66, 70, 71, 83, 84, 86, 87, 89, 111, 116, 124, 190, 191, 192, 212, 233, 236, **242–267,** 273, 275, 282, 288
Wilhering  **150–152,** 153
Windstallgraben  19, **203**

## Y

Ybbs an der Donau  192

## Z

Zeiselmauer  10, 11, 17, 19, 50, 52, 88, 89, 186, **234–238**
Zwentendorf  11, 50, 53, 82, 86, 88, 94, **223–229**

# Abbildungsnachweis

| | |
|---|---|
| Abb. 1 | Stiftsarchiv Seitenstetten |
| Abb. 2 | J. Gaisberger, 1840 |
| Abb. 3 | Bundesdenkmalamt, Abt. f. Archäologie, Mappe der Central-Commission |
| Abb. 4 | K.k. Zentral-Commission zur Erforschung und Erhaltung der Baudenkmale, Die Bedeutung der Eisenbahnbauten für historische und archäologische Zwecke (Wien 1868), Deckblatt. |
| Abb. 5 | Archiv Bundesdenkmalamt |
| Abb. 6 | Archiv Bundesdenkmalamt |
| Abb. 7 | Foto: M. Pollak, Bundesdenkmalamt |
| Abb. 8 | Foto: Bundesdenkmalamt |
| Abb. 9 | Fischer 2012, 255 Abb. 382. |
| Abb. 10 | Fischer 2012, 258 Abb. 348. |
| Abb. 11 | Fischer 2012, 254 Abb. 378. |
| Abb. 12 | Privatbesitz; Foto: A. Pangerl |
| Abb. 13 | Fischer 2012, 98 Abb. 88. |
| Abb. 14 | Fischer 2012, 339 Abb. 491. |
| Abb. 15 | Fischer 2012, 211 Abb. 307. |
| Abb. 16 | Fischer 2012, 211 Abb. 1a-b. |
| Abb. 17 | Fischer 2012, 348 Abb. 504. |
| Abb. 18 | Zabehlicky 2008, 14 Abb. 8. |
| Abb. 19 | Groh – Sedlmayer 2006, 135 Abb. 128. |
| Abb. 20 | Blesl – Hölbling 2005, 108. |
| Abb. 21 | Friesinger – Krinzinger 1997, 94 Abb. 32. |
| Abb. 22 | M. Tschannerl, Wohnhaus und Kultbau – Die Häuser 1 und 2 der Grabung Klostergarten in St. Pölten/Aelium Cetium, in: Scherrer 2008, 102 Abb. 38. (M. Tschannerl 2007) |
| Abb. 23 | http://www.ubi-erat-lupa.org/monument.php?id=4823 (Foto: O. Harl), © Oberösterreichisches Landesmuseum/Schlossmuseum Linz |
| Abb. 24 | http://www.ubi-erat-lupa.org/monument.php?id=13635 (Foto: O. Harl), © Wien Museum |
| Abb. 25 | http://www.ubi-erat-lupa.org/monument.php?id=11412 (Foto: O. Harl), © Enns - Museum Lauriacum |
| Abb. 26 | Nach Reichel-Bormann 1895. |
| Abb. 27 | V. Gassner, Plan: PZP |
| Abb. 28 | Foto: E. Hütter |
| Abb. 29 | Österreichische Akademie der Wissenschaften (J. Reiter, auf Basis von C. Uhlir, Cultural Heritage Computing, Universität Salzburg) |
| Abb. 30 | Foto: R. Pillinger |
| Abb. 31 | Institut für Realienkunde des Mittelalters und der frühen Neuzeit, Universität Salzburg (P. Böttcher) |
| Abb. 32 | Luftbildarchiv, Institut für Urgeschichte und Historische Archäologie (M. Doneus) |
| Abb. 33 | Foto: R. Pillinger |
| Abb. 34 | Land Niederösterreich, Archäologischer Park Carnuntum (Foto: N. Gail) |
| Abb. 35 | http://www.ubi-erat-lupa.org/monument.php?id=470 (Foto: O. Harl), © Museum Lauriacum, Inv. RX 10. |
| Abb. 36 | Stadtarchäologie Wien (Foto: N. Piperakis) |
| Abb. 37 | Land Niederösterreich – Archäologischer Park Carnuntum, Bad Deutsch-Altenburg (Grabung A. Konecny) |
| Abb. 38 | http://www.ubi-erat-lupa.org/monument.php?id=512 (Foto: O. Harl), © Museum Lauriacum, Inv. RX 29. |
| Abb. 39 | http://www.ubi-erat-lupa.org/monument.php?id=495 (Foto: O. Harl), © Museum Lauriacum, Inv. RX 28. |

## Abbildungsnachweis

| | |
|---|---|
| Abb. 40 | Archäologischer Park Carnuntum (Foto: M. Pacher) |
| Abb. 41 | Luftbildarchiv, Institut für Urgeschichte und Historische Archäologie, Universität Wien |
| Abb. 42 | O. Urban, Der lange Weg zur Geschichte. Die Urgeschichte Österreichs, Österreichische Geschichte 1. bis 15 v. Chr. (Wien 2000) 365. |
| Abb. 43 | http://www.d-maps.com/carte.php?num_car=31266&lang=de (Überarbeitung) |
| Abb. 44 | Foto: F. Glaser, Klagenfurt |
| Abb. 45 | W. Zanier, Die Eroberung der Alpen, AiD 2014, H. 4, 22. |
| Abb. 46 | Gassner u. a. 2002, 62 (Foto: S. Jilek). |
| Abb. 47 | Pieta – Plachá 1999, Abb. 9. |
| Abb. 48 | Bockius – Łuczkiewicz 2004, Karte 39. |
| Abb. 49 | Voss 2005, Abb. 14. |
| Abb. 50 | Böhme 1975, Abb. 41. |
| Abb. 51 | Archiv des Archäologischen Instituts der Slowakischen Akademie der Wissenschaften zu Nitra/Neutra (Foto: J. Rajtár) |
| Abb. 52 | J. Scheid – V. Huet, La Colonne Aurélienne. Autour de la Colonne Aurélienne. Geste e image sur la colonne de Marc Aurèle à Rome (Tounhout 2000) Fig. 124. |
| Abb. 53 | Aßkamp 2009, 100 Abb. 2. |
| Abb. 54 | Institut für Urgeschichte und Historische Archäologie, Fotoarchiv |
| Abb. 55 | Grafik: Franz Siegmeth, Bad Vöslau |
| Abb. 56 | Institut für Urgeschichte und Historische Archäologie, Fotoarchiv |
| Abb. 57 | Aßkamp 2009, 115 Abb. 2. |
| Abb. 58 | Friesinger – Vacha 1987, 35 Abb. oben links. |
| Abb. 59 | Aßkamp 2009, 120 Abb. 13. |
| Abb. 60 | Aßkamp 2009, 126 Abb. 1, mit Ergänzungen nach Balázs Komoróczy, Lukáš Miroslav, Pavla Růžičková, Jan Šterc, Marek Vlach, Po stopách římských legií v kraji pod Pálavou (In the footsteps of Roman legions in the region of Pálava) (Pasohlávky 2010) S. 19 f. |
| Abb. 61 | Aßkamp 2009, 129 Abb. 2. |
| Abb. 62 | Hardt – Heinrich-Tamaska 2013, 72 Abb. 1. |
| Abb. 63 | Institut für Urgeschichte und Historische Archäologie, Luftbildarchiv |
| Abb. 64 | Grafik: S. Schwarz, Bruck/Lafnitz, u. B. List, Czernin Verlag Wien |
| Abb. 65 | Grafik: S. Schwarz, Bruck/Lafnitz, u. B. List, Czernin Verlag Wien |
| Abb. 66 | Institut für Urgeschichte und Historische Archäologie, Fotoarchiv |
| Abb. 67 | Archäologischer Plan von Passau (bearbeitet) |
| Abb. 68 | Boshof u. a. 1999, 55 Abb. 42. (Bayerisches Landesamt für Denkmalpflege ) |
| Abb. 69 | Boshof u. a. 1999, 35 Abb. 17. (bearbeitet) |
| Abb. 70 | Boshof u. a. 1999, 70 Abb. 1. |
| Abb. 71 | Boshof u. a. 1999, 70 Abb. 3. |
| Abb. 72 | Niemeier u. a. 1999, 43 Abb. 26. (bearbeitet) |
| Abb. 73 | Niemeier u. a. 1999, 43 Abb. 26. |
| Abb. 74 | Egger 1969, 235 Abb. 2. |
| Abb. 75 | Vorlage: R. Ployer und St. Schwarz, BDA; Bearbeitung: J. Reiter |
| Abb. 76 | Vorlage: R. Ployer und St. Schwarz, BDA; Bearbeitung: J. Reiter |
| Abb. 77 | Vorlage: R. Ployer und St. Schwarz, BDA; Bearbeitung: J. Reiter |
| Abb. 78 | Stadtmuseum Wels |
| Abb. 79 | Wels Marketing & Touristik GmbH |
| Abb. 80 | Oberösterreichisches Landesmuseum Linz |
| Abb. 81 | Engelmann 2001, 669 Abb. 559 (© Oberösterreichisches Landesmuseum). |
| Abb. 82 | Vorlage: R. Ployer und St. Schwarz, BDA; Bearbeitung: J. Reiter |

# Abbildungsnachweis

| | |
|---|---|
| Abb. 83 | E. Fitz |
| Abb. 84 | Vorlage: R. Ployer und St. Schwarz, BDA; Bearbeitung: J. Reiter |
| Abb. 85 | Foto: E.M. Ruprechtsberger |
| Abb. 86 | Foto: E.M. Ruprechtsberger |
| Abb. 87 | Foto: E.M. Ruprechtsberger |
| Abb. 88 | Foto: E.M. Ruprechtsberger |
| Abb. 89 | Foto: T. Hackl, Nordico |
| Abb. 90 | Foto: E.M. Ruprechtsberger |
| Abb. 91 | Foto: E.M. Ruprechtsberger |
| Abb. 92 | Foto: E.M. Ruprechtsberger |
| Abb. 93 | Foto: E.M. Ruprechtsberger |
| Abb. 94 | Foto: E.M. Ruprechtsberger |
| Abb. 95 | Vorlage: R. Ployer und St. Schwarz, BDA; Bearbeitung: J. Reiter |
| Abb. 96 | Museum Lauriacum, Bildarchiv |
| Abb. 97 | Grafik: J. Reiter, Kartengrundlage: OpenStreetMap-Mitwirkende, (Lizenz: CC BY-SA) |
| Abb. 98 | Grabungsplan Enns Parz. 1128/1, 2000 - 2003 (B. Muschal) |
| Abb. 99 | Bundesdenkmalamt (Foto: B. Muschal) |
| Abb. 100 | Museum Lauriacum, Bildarchiv |
| Abb. 101 | Museum Lauriacum (Foto: F. Gangl) |
| Abb. 102 | Bundesdenkmalamt (Foto: B. Muschal) |
| Abb. 103 | Museum Lauriacum (Foto: A. Sulzgruber) |
| Abb. 104 | Foto: N. Gail |
| Abb. 105 | Land Niederösterreich / BEV (Orthofoto 553502, Ausschnitt) |
| Abb. 106 | 2007 M. Doneus (Universität Wien, Luftbildarchiv). |
| Abb. 107 | Stiglitz 1969, 71 Abb. 1. |
| Abb. 108 | Stiglitz 1969, 73 Abb. 2. |
| Abb. 109 | Foto: G. Melzer, Bundesdenkmalamt |
| Abb. 110 | Vorlage: R. Ployer und St. Schwarz, BDA; Bearbeitung: J. Reiter |
| Abb. 111 | Foto: G. Artner, AS – Archäologie Service |
| Abb. 112 | Vorlage: R. Ployer und St. Schwarz, BDA; Bearbeitung: J. Reiter |
| Abb. 113 | G. Melzer, Bundesdenkmalamt |
| Abb. 114 | Vorlage: R. Ployer und St. Schwarz, BDA; Bearbeitung: J. Reiter |
| Abb. 115 | S. Schmid |
| Abb. 116 | Bundesdenkmalamt/Archäologie Service |
| Abb. 117 | Bundesdenkmalamt/Archäologie Service |
| Abb. 118 | Bundesdenkmalamt/Archäologie Service |
| Abb. 119 | Vorlage: R. Ployer und St. Schwarz, BDA; Bearbeitung: J. Reiter |
| Abb. 120 | Foto: B. Neubauer-Pregl, Bundesdenkmalamt |
| Abb. 121 | Zeichnung: H. Ubl, Bundesdenkmalamt |
| Abb. 122 | Foto: B. Neubauer-Pregl, Bundesdenkmalamt |
| Abb. 123 | Foto: B. Neubauer-Pregl, Bundesdenkmalamt |
| Abb. 124 | Vorlage: R. Ployer und St. Schwarz, BDA; Bearbeitung: J. Reiter |
| Abb. 125 | Österreichisches Archäologisches Institut |
| Abb. 126 | Österreichisches Archäologisches Institut |
| Abb. 127 | Foto: K. Lappé |
| Abb. 128 | Österreichisches Archäologisches Institut |
| Abb. 129 | Vorlage: Stadtmuseum St. Pölten; Bearbeitung: J. Reiter |
| Abb. 130 | Österreichisches Archäologisches Institut |

## Abbildungsnachweis

| | |
|---|---|
| Abb. 131 | Stadtmuseum St. Pölten (Foto: N. Gail) |
| Abb. 132 | Österreichisches Archäologisches Institut |
| Abb. 133 | Österreichisches Archäologisches Institut |
| Abb. 134 | Österreichisches Archäologisches Institut, Foto: N. Gail |
| Abb. 135 | Stadtmuseum St. Pölten |
| Abb. 136 | Österreichisches Archäologisches Institut |
| Abb. 137 | Bundesdenkmalamt (Foto: H. Ubl) |
| Abb. 138 | Vorlage: R. Ployer und St. Schwarz, BDA; Bearbeitung: J. Reiter |
| Abb. 139 | Bundesdenkmalamt (Foto: B. Neubauer-Pregl) |
| Abb. 140 | Vorlage: R. Ployer und St. Schwarz, BDA; Bearbeitung: J. Reiter |
| Abb. 141 | Groh – Sedlmayer 2010, 43 Abb. 16 |
| Abb. 142 | Vorlage: R. Ployer und St. Schwarz, BDA; Bearbeitung: J. Reiter |
| Abb. 143 | Foto: K. Lappé |
| Abb. 144 | Graphik: Österreichisches Archäologisches Institut, nach Vorlage in: http://www.ne.jp/asahi/luke/ueda-sar-son/NDlanciariiComaginenses.html (Zugriff 05.11.2014) |
| Abb. 145 | Foto: K. Lappé |
| Abb. 146 | Vorlage: R. Ployer und St. Schwarz, BDA; Bearbeitung: J. Reiter |
| Abb. 147 | Bundesdenkmalamt (Foto: B. Neubauer-Pregl) |
| Abb. 148 | Bundesdenkmalamt (Foto: B. Neubauer-Pregl) |
| Abb. 149 | Bundesdenkmalamt (Foto: B. Neubauer-Pregl) |
| Abb. 150 | Vorlage: M. Mosser, Museen der Stadt Wien – Stadtarchäologie; Kartengrundlage: DGM der Stadt Wien, MA 14 – ADV, MA 41 – Stadtvermessung; Bearbeitung: J. Reiter |
| Abb. 151 | Animation: M. Klein, 7reasons |
| Abb. 152 | Plan: M. Mosser, Museen der Stadt Wien – Stadtarchäologie; Kartengrundlage: Flächen-MZK der Stadt Wien, MA 14 – ADV, MA 41 – Stadtvermessung |
| Abb. 153 | Wien Museum |
| Abb. 154 | M. Klein, 7reasons |
| Abb. 155 | Plan: M. Mosser, Museen der Stadt Wien – Stadtarchäologie |
| Abb. 156 | Plan: Museen der Stadt Wien – Stadtarchäologie |
| Abb. 157 | Plan: M. Mosser, Museen der Stadt Wien – Stadtarchäologie, M. Kronberger, Wien Museum; Kartengrundlage: Raster-MZK der Stadt Wien, MA 14 – ADV, MA 41 – Stadtvermessung |
| Abb. 158 | Plan: Museen der Stadt Wien – Stadtarchäologie |
| Abb. 159 | Foto: Wien Museum |
| Abb. 160 | Foto: Wien Museum |
| Abb. 161 | Plan: M. Mosser, Kartengrundlage: DGM, Raster-MZK der Stadt Wien, MA 14 – ADV, MA 41 – Stadtvermessung |
| Abb. 162 | KHM Inv. Nr. A I 666; Foto: Wien Museum |
| Abb. 163 | Plan: M. Mosser, Museen der Stadt Wien – Stadtarchäologie, Kartengrundlage: Raster-MZK der Stadt Wien, MA 14 – ADV, MA 41 – Stadtvermessung |
| Abb. 164 | MA 41 – Stadtvermessung |
| Abb. 165 | Plan: K. Adler-Wölfl, Museen der Stadt Wien – Stadtarchäologie |
| Abb. 166 | Plan: A. Neumann |
| Abb. 167 | Plan: M. Mosser, Museen der Stadt Wien – Stadtarchäologie, Kartengrundlage: Raster-MZK der Stadt Wien, MA 14 – ADV, MA 41 – Stadtvermessung |
| Abb. 168 | Plan: L. Cerny |
| Abb. 169 | Vorlage: A. Maspoli; Bearbeitung: J. Reiter |
| Abb. 170 | Bundesdenkmalamt/Archäologie Service |
| Abb. 171 | Vorlage: Ch. Gugl, ÖAW; Bearbeitung: J. Reiter |
| Abb. 172 | Groller 1903, Abb. 7 (bearbeitet). |

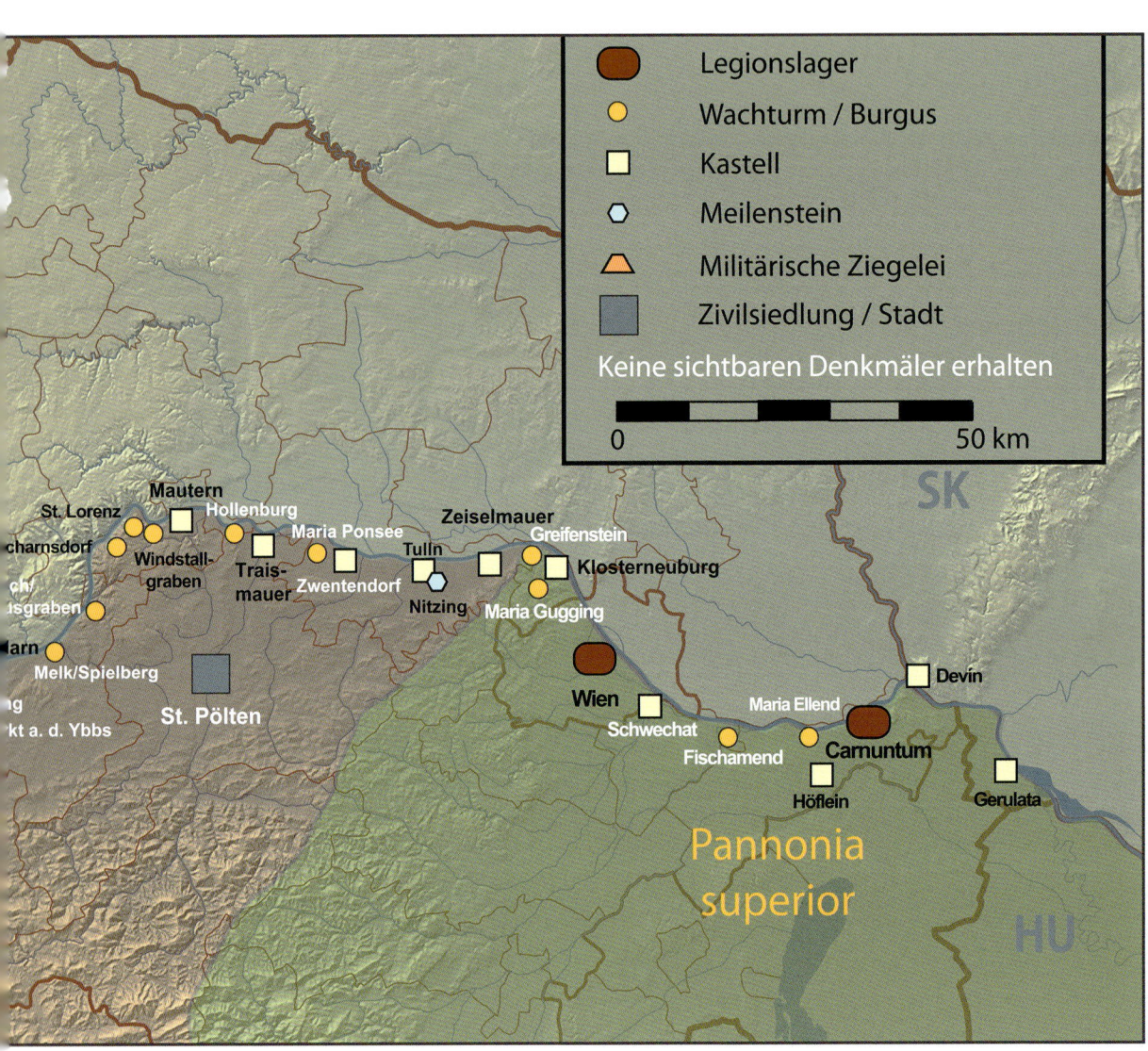

am österreichischen Limesabschnitt

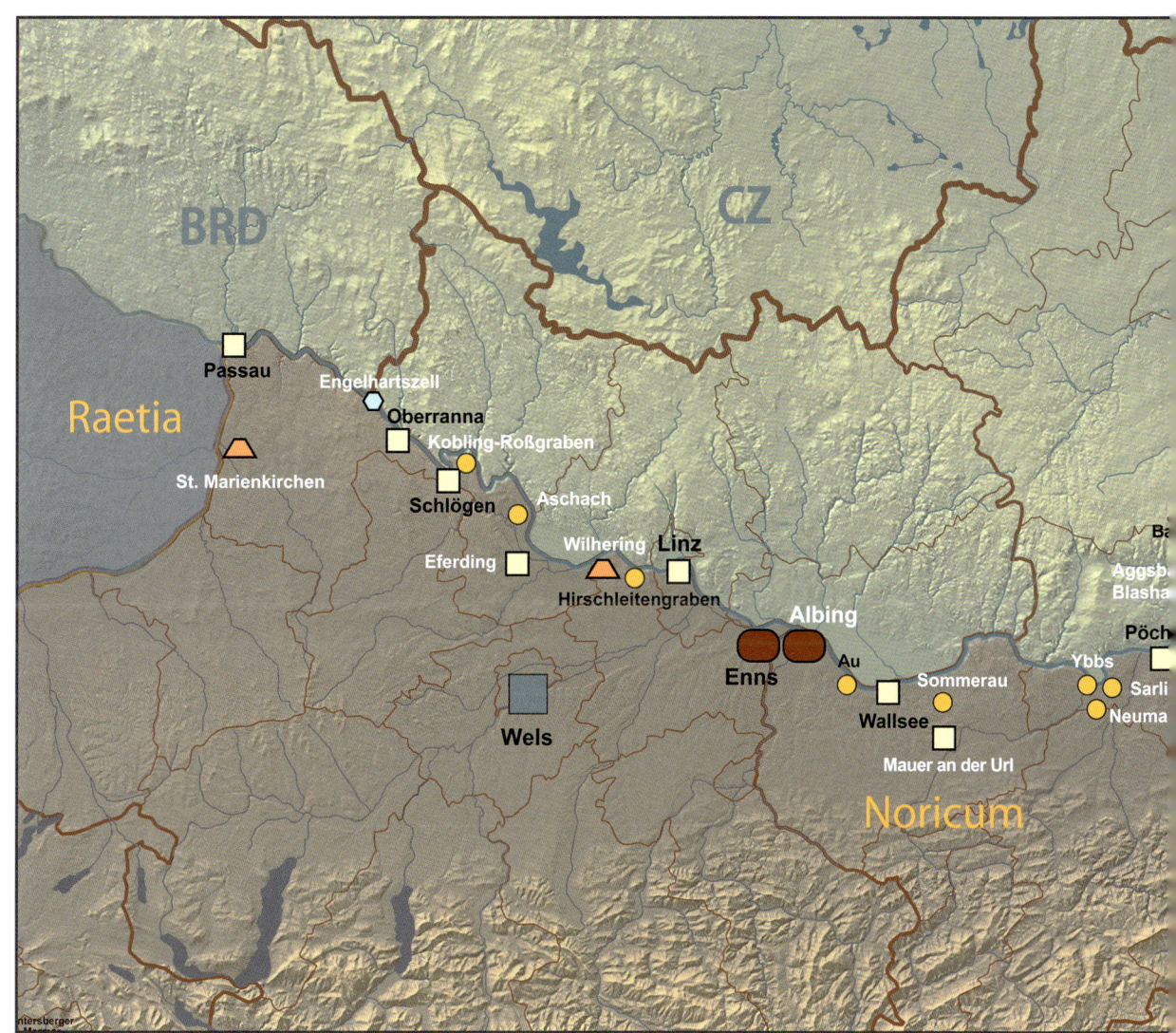

Abb. 189: Gesamtplan der Fundstellen

# Abbildungsnachweis

| | |
|---|---|
| Abb. 173 | Groller 1903, Abb. 10. |
| Abb. 174 | Groller 1903, Abb. 11. |
| Abb. 175 | Groller 1903, Taf. I (Ausschnitt). |
| Abb. 176 | M. v. Groller, Straßenforschung, RLÖ 3, 1902, Taf. III, 5. |
| Abb. 177 | Kastler 1998, 209 Abb. 10. |
| Abb. 178 | Vorlage: Ch. Gugl, ÖAW; Bearbeitung: J. Reiter |
| Abb. 179 | 7reasons |
| Abb. 180 | 2013 M. Doneus/C. Gugl/N. Doneus |
| Abb. 181 | Österreichische Akademie der Wissenschaften |
| Abb. 182 | Löcker / Neubauer (ZAMG Archeo-Prospections / LBI ArchPro) |
| Abb. 183 | Museum Carnuntinum/Land Niederösterreich |
| Abb. 184 | Museum Carnuntinum/Land Niederösterreich |
| Abb. 185 | Stadtmuseum Bratislava, Archiv |
| Abb. 186 | Nach Pieta – Plachá 1999, 180 Abb. 1. |
| Abb. 187 | Museum Bratislava (bearbeitet) |
| Abb. 188 | Foto: J. Schmidtová |
| Abb. 189 | Österreichische Akademie der Wissenschaften (J. Reiter, auf Basis von Ch. Uhlir, Cultural Heritage Computing, Universität Salzburg) |

Für die Zurverfügungstellung des Katasterplanes von Wels sei dem Amt der oberösterreichischen Landesregierung, Direktion Straßenbau und Verkehr, Abteilung Geoinformation und Liegenschaft Gruppe DORIS, sowie dem Oberösterreichischen Landesmuseum, Abteilung Archäologie, Römerzeit, Mittelalter und Neuzeit, Dr. Stefan Traxler herzlich gedankt, für die Katasterpläne von Schwechat und Fischamend dem Amt der niederösterreichischen Landesregierung, Abteilung Hydrologie und Geoinformation, sowie dem Archäologischen Park Carnuntum!